Beck-Rechtsberater

Der Betriebsrat

dtv

Beck-Rechtsberater

Der Betriebsrat

Wahlen – Organisation
Rechte – Pflichten

Von Dr. h. c. Günter Schaub
Vors. Richter am Bundesarbeitsgericht a. D.
und Burghard Kreft
Richter am Bundesarbeitsgericht

7., neubearbeitete Auflage
Stand: 1. März 2002

Deutscher Taschenbuch Verlag

Originalausgabe
Deutscher Taschenbuch Verlag GmbH & Co. KG,
Friedrichstraße 1 a, 80 801 München

Druck und Bindung: Druckerei C. H. Beck, Nördlingen
(Adresse der Druckerei: Wilhelmstraße 9, 80 801 München
Satz: Fotosatz Otto Gutfreund GmbH, Darmstadt
Umschlaggestaltung: Agentur 42 (Fuhr & Partner), Mainz,
unter Verwendung eines Fotos von Dirk Löffelbein, Mainz
ISBN 3 423 05202 3 (dtv)
ISBN 3 406 44364 8 (C. H. Beck)

Vorwort

Seit Erscheinen der Vorauflage dieses Rechtsbuchs sind mehr als sieben Jahre vergangen. Dies machte schon angesichts der seitdem ergangenen Rechtsprechung, der neu hinzu gekommenen Literatur und der Entwicklung der Gesetzgebung außerhalb des Betriebsverfassungsgesetzes – etwa im Insolvenzrecht – eine Neubearbeitung nötig. Unumgänglich wurde sie durch die jüngste Reform des Betriebsverfassungsgesetzes selbst. Insbesondere die Neuregelung des Wahlverfahrens hat zu grundlegenden Änderungen geführt. So haben die bisherigen Ausführungen zum Gruppenprinzip bei den Betriebsratswahlen nur für die Nachfolgeunternehmen der Deutschen Bundespost Bedeutung behalten, soweit in deren Betrieben Beamte beschäftigt werden und eine eigene Gruppe bilden. Die vorliegende Auflage hat die umfängliche Gesetzesreform vollständig eingearbeitet und bezieht sich bei der Darstellung des Wahlverfahrens bereits auf die im Dezember 2001 in Kraft getretene Wahlordnung.

Konzeption und Aufbau des Buchs sind bei der Neubearbeitung im Wesentlichen beibehalten worden. Es will weiterhin Arbeitgeber, Betriebsrat und Arbeitnehmer über die ihnen im Rahmen der Betriebsverfassung zustehenden Rechte und Pflichten unterrichten. Es versteht sich weder als systematisches Lehrbuch noch als Gesetzeskommentar. Es ist ein Lesebuch, das jedem Interessierten für die tägliche Arbeit einen verständlichen Zugang zu den vielschichtigen Problemen des Betriebsverfassungsgesetzes bieten möchte. Es ist deshalb auch für Studenten und Berufsanfänger ein geeigneter Einstieg in die Materie. Vor allem bei der Darstellung der Reformvorschriften wird der vom Gesetz verfolgte Zweck besonders herausgestellt, soweit dies für das Verständnis erforderlich ist. In einem Allgemeinen Teil werden vorweg die Grundbegriffe der Betriebsverfassung und der personelle und sachliche Geltungsbereich des Gesetzes erörtert. Zahlreiche Beispiele wollen die Verständlichkeit des Textes erleichtern. Mit den Ausführungen ist die Absicht der Verfasser verbunden, zum gegenseitigen Verständnis der Betriebsparteien in ihren manchmal gegenläufigen, oft aber auch gleich lautenden Interessen beizutragen.

Die Gesetzgebung, die Rechtsprechung des Bundesarbeitsgerichts und vielfach der Landesarbeitsgerichte und die wichtigste einschlägige Literatur sind bis Februar 2002 berücksichtigt.

Für die fachkundige Erstellung des Stichwortverzeichnisses danken wir Frau Heike Lißner und Frau Ingeborg Marburger. Für Kritik und Anregungen sind wir stets offen.

Schauenburg-Hoof/Erfurt, im März 2002 Die Verfasser

Inhaltsübersicht

Vorwort. V

Inhaltsverzeichnis. XI

Abkürzungsverzeichnis XXIII

Grafik: Das Zustimmungsersetzungsverfahren nach § 99 BetrVG XXXII

Abschnitt I. Allgemeiner Teil

§ 1. Begriff und Bedeutung der Betriebsverfassung 1

§ 2. Der persönliche Geltungsbereich des Betriebsverfassungsgesetzes 11

§ 3. Der sachliche Geltungsbereich des Betriebsverfassungsgesetzes 33

§ 4. Allgemeine Grundsätze der Betriebsverfassung 58

§ 5. Abweichung von den Vorschriften des BetrVG 70

Abschnitt II. Die Betriebsratswahl

§ 6. Aktives und passives Wahlrecht 87

§ 7. Der Zeitpunkt der Betriebsratswahl. 93

§ 8. Größe und Zusammensetzung des Betriebsrats 96

§ 9. Der Wahlvorstand 104

§ 10. Die Einleitung der Betriebsratswahl durch den Wahlvorstand 115

§ 11. Die Durchführung der Betriebsratswahl 124

§ 12. Die Kosten der Betriebsratswahl. 142

§ 13. Das Verbot der Wahlbehinderung 143

§ 14. Die Wahlanfechtung 145

Abschnitt III. Das Organisationsrecht

§ 15. Die Organe der Betriebsverfassung 153

1. Unterabschnitt: Der Betriebsrat und seine Mitglieder

§ 16. Die Amtszeit des Betriebsrats 154
§ 17. Die Ersatzmitglieder des Betriebsrats 167
§ 18. Der Betriebsratsvorsitzende 171
§ 19. Der Betriebsausschuss 176
§ 20. Die Betriebsratssitzung 183
§ 21. Die Beschlussfassung des Betriebsrats 194
§ 22. Die Sitzungsniederschrift 202
§ 23. Die Sprechstunden des Betriebsrats 204
§ 24. Die Kosten des Betriebsrats 206
§ 25. Die Rechtsstellung der Betriebsratsmitglieder 216

2. Unterabschnitt: Die Betriebsversammlung

§ 26. Die Einberufung der Betriebsversammlung 240
§ 27. Die Durchführung der Betriebsversammlung 248

3. Unterabschnitt: Die Vertretung in Unternehmen

§ 28. Der Gesamtbetriebsrat 258
§ 29. Die Betriebsräteversammlung 269

4. Unterabschnitt: Die Vertretung in Konzernen

§ 30. Der Konzernbetriebsrat 271

5. Unterabschnitt: Die Vertretung der Jugendlichen

§ 31. Die Jugend- und Auszubildendenvertretung. 274
§ 32. Die Jugend- und Auszubildendenversammlung. 287
§ 33. Die Gesamt-Jugend- und Auszubildendenvertretung . . 289
§ 34. Die Konzern-Jugend- und Auszubildendenvertretung . . 293

Abschnitt IV. Allgemeine Grundsätze für die Beteiligung des Betriebsrats

§ 35. Die verschiedenen Beteiligungsrechte des Betriebsrats . 297
§ 36. Allgemeine Grundsätze für die Beteiligung des Betriebsrats 305
§ 37. Die Vereinbarungen zwischen Arbeitgeber und Betriebsrat 316

Abschnitt V. Allgemeine Aufgaben des Betriebsrats

§ 38. Der allgemeine Aufgabenkatalog 339
§ 39. Unterrichtung des Betriebsrats zur Durchführung der allgemeinen Aufgaben 347
§ 40. Die Heranziehung von Sachverständigen 353

Abschnitt VI. Mitwirkung und Mitbestimmung des Betriebsrats in sozialen Angelegenheiten

§ 41. Die erzwingbare Mitbestimmung in sozialen Angelegenheiten 355
§ 42. Gegenstände der erzwingbaren Mitbestimmung 366
§ 43. Die freiwillige Mitbestimmung in sozialen Angelegenheiten 405
§ 44. Die Mitwirkung des Betriebsrats bei der Bekämpfung von Unfall- und Gesundheitsgefahren 408

Abschnitt VII. Gestaltung von Arbeitsplatz, Arbeitsablauf und Arbeitsumgebung

§ 45. Die menschengerechte Gestaltung des Arbeitsplatzes und der Arbeitsumgebung 413

Abschnitt VIII. Die Mitwirkung und Mitbestimmung in personellen Angelegenheiten

§ 46. Die Beteiligung in allgemeinen personellen Angelegenheiten 419
§ 47. Mitwirkung und Mitbestimmung bei der Berufsbildung 432
§ 48. Die Mitbestimmung des Betriebsrats bei personellen Einzelmaßnahmen 443
§ 49. Das Verfahren der Mitbestimmung des Betriebsrats bei personellen Einzelmaßnahmen 453
§ 50. Die Anhörung des Betriebsrats bei Kündigungen 475
§ 51. Abweichende Tarifverträge oder Betriebsvereinbarungen über das Mitbestimmungsrecht bei Kündigungen . . 504

§ 52. Der besondere Kündigungs- und Versetzungsschutz für Mitglieder und Wahlbewerber der Betriebsverfassungsorgane 505
§ 53. Die Entfernung oder Versetzung eines betriebsstörenden Arbeitnehmers 523

Abschnitt IX. Die Beteiligung des Betriebsrats in wirtschaftlichen Angelegenheiten

§ 54. Der Wirtschaftsausschuss 529
§ 55. Die Unterrichtung der Arbeitnehmer über wirtschaftliche Angelegenheiten 540
§ 56. Die Mitwirkung des Betriebsrats bei Betriebsänderungen 540
§ 57. Der Anspruch auf Nachteilsausgleich bei Betriebsänderungen 570

Abschnitt X. Rechte des einzelnen Arbeitnehmers im Betrieb

§ 58. Vorbemerkung 577
§ 59. Die Unterrichtung des Arbeitnehmers über seine Verantwortung und die Einordnung seiner Tätigkeit in den Arbeitsablauf 577
§ 60. Anhörungs- und Erörterungsrechte des Arbeitnehmers . 580
§ 61. Einsicht in die Personalakten 582
§ 62. Das Beschwerderecht des Arbeitnehmers 588
§ 63. Das Vorschlagsrecht des Arbeitnehmers 593

Abschnitt XI. Die Verfahren zur Durchsetzung von Rechten aus dem BetrVG

§ 64. Übersicht 595
§ 65. Verletzung betriebsverfassungsrechtlicher Pflichten durch den Arbeitgeber (§ 23 III BetrVG) 596
§ 66. Das Urteilsverfahren 601
§ 67. Das Beschlussverfahren 603
§ 68. Die Vollstreckung im Beschlussverfahren 620
§ 69. Die Einigungsstelle 621
Sachverzeichnis 637

Inhaltsverzeichnis

Seite

Vorwort V
Inhaltsübersicht VII
Abkürzungsverzeichnis XXV
Grafik: Das Zustimmungsersetzungsverfahren nach § 99 BetrVG XXXIV

Abschnitt I. Allgemeiner Teil

§ 1. Begriff und Bedeutung der Betriebsverfassung 1
I. Begriff der Betriebsverfassung 1
II. Entwicklung der Betriebsverfassung 2
III. Unternehmensverfassung 7
IV. Gesellschaftsrecht 10
V. Schrifttum zum Betriebsverfassungsgesetz 1972 10

§ 2. Der persönliche Geltungsbereich des Betriebsverfassungsgesetzes 11
I. Der Arbeitgeber 12
II. Die Arbeitnehmer 14
III. Einschränkung des Arbeitnehmerbegriffs (§ 5 II BetrVG) . 22
IV. Leitende Angestellte 24

§ 3. Der sachliche Geltungsbereich des Betriebsverfassungsgesetzes 33
I. Allgemeine Voraussetzungen für die Errichtung eines Betriebsrats 33
II. Betriebsteile, Kleinstbetriebe und Nebenbetriebe 37
III. Ausnahmen von der Anwendung und Einschränkungen des BetrVG 41
IV. Redaktionsstatut 54
V. Europäischer Betriebsrat 54
VI. Rechtsstreitigkeiten 58

§ 4. Allgemeine Grundsätze der Betriebsverfassung 58
I. Stellung der Gewerkschaften in der Betriebsverfassung 58

II. Das Verhältnis von Arbeitgeber und Betriebsrat 65
III. Verbot politischer Betätigung im Betrieb 68
IV. Die Stellung der Arbeitgeberverbände 69

§5. Abweichung von den Vorschriften des BetrVG 70
I. Allgemeines 70
II. Änderung der Organisation der Betriebsverfassung . . . 72
III. Unternehmenseinheitlicher Betriebsrat und Zusammenfassung von Betrieben (§ 3 I Nr. 1 BetrVG) 73
IV. Errichtung von Spartenbetriebsräten (§ 3 I Nr. 2 BetrVG) 74
V. Errichtung anderer Arbeitnehmervertretungsstrukturen (§ 3 I Nr. 3 BetrVG) 75
VI. Errichtung zusätzlicher betriebsverfassungsrechtlicher Gremien (§ 3 I Nr. 4 BetrVG) 76
VII. Errichtung zusätzlicher betriebsverfassungsrechtlicher Arbeitnehmervertretungen (§ 3 I Nr. 5 BetrVG) 77
VIII. Änderung durch Betriebsvereinbarung (§ 3 II BetrVG) . 79
IX. Änderung durch die Belegschaft (§ 3 III BetrVG) 80
X. Änderung und bestehender Betriebsrat (§ 3 IV BetrVG) 81
XI. Status der besonderen Organisationseinheiten und ihrer Arbeitnehmervertretungen (§ 3 V BetrVG) 82
XII. Rechtsstreitigkeiten 82
XIII. Sprecherausschüsse der leitenden Angestellten 83
XIV. Gewerkschaftliche Vertrauensleute 85

Abschnitt II. Die Betriebsratswahl

§6. Aktives und passives Wahlrecht 87
I. Aktives Wahlrecht 87
II. Passives Wahlrecht 90
III. Rechtsstreitigkeiten 93

§7. Der Zeitpunkt der Betriebsratswahl 93
I. Die regelmäßige Betriebsratswahl 93
II. Die außerordentliche Betriebsratswahl 94
III. Harmonisierung des Zeitpunkts der Betriebsratswahlen 96
IV. Rechtsstreitigkeiten 96

§8. Größe und Zusammensetzung des Betriebsrats 96
I. Zahl der Betriebsratsmitglieder 96
II. Zusammensetzung des Betriebsrats 100

§9. Der Wahlvorstand 104
I. Zusammensetzung des Wahlvorstands 104
II. Die Bestellung des Wahlvorstands 105
III. Die persönliche Rechtsstellung der Wahlvorstandsmitglieder 112
IV. Beendigung des Amtes 114
V. Rechtsstreitigkeiten 114

§10. Die Einleitung der Betriebsratswahl durch den Wahlvorstand 115
I. Geschäftsführung des Wahlvorstands 115
II. Aufstellung der Wählerliste 116
III. Die Berechnung der Verteilung der Betriebsratssitze . . . 120
IV. Das Wahlausschreiben 121
V. Rechtsstreitigkeiten 123

§11. Die Durchführung der Betriebsratswahl 124
I. Allgemeines 124
II. Die Wahl mehrerer Betriebsratsmitglieder in größeren Betrieben 125
III. Die Wahl mehrerer Betriebsratsmitglieder in Kleinbetrieben (vereinfachtes Wahlverfahren) 130
IV. Die Stimmabgabe bei der Wahl eines mehrköpfigen Betriebsrats 134
V. Die Wahl des einköpfigen Betriebsrats 141

§12. Die Kosten der Betriebsratswahl 142

§13. Das Verbot der Wahlbehinderung 143

§14. Die Wahlanfechtung 145

Abschnitt III. Das Organisationsrecht

§15. Die Organe der Betriebsverfassung 153

1. Unterabschnitt: Der Betriebsrat und seine Mitglieder

§16. Die Amtszeit des Betriebsrats 154
I. Beginn der Amtszeit 154
II. Dauer der Amtszeit 155
III. Ende der Amtszeit 155
IV. Übergangs- und Restmandat des Betriebsrats 156
V. Erlöschen der Mitgliedschaft im Betriebsrat 159
VI. Die Amtsenthebung des Betriebsrats 161

VII. Unterlassungsanspruch des Arbeitgebers. 163
VIII. Verletzung gesetzlicher Pflichten durch den Arbeitgeber 164

§ 17. Die Ersatzmitglieder des Betriebsrats 167
I. Begriff und Rechtsstellung der Ersatzmitglieder 167
II. Voraussetzungen des Nachrückens des Ersatzmitglieds . 168
III. Reihenfolge des Nachrückens der Ersatzmitglieder . . . 169

§ 18. Der Betriebsratsvorsitzende 171
I. Wahl des Betriebsratsvorsitzenden 171
II. Die Rechtsstellung des Betriebsratsvorsitzenden 172
III. Das Ende der Amtsdauer des Betriebsratsvorsitzenden . 175
IV. Der stellvertretende Vorsitzende des Betriebsrats. 176

§ 19. Der Betriebsausschuss 176
I. Wahl des Betriebsausschusses 176
II. Die Aufgaben des Betriebsausschusses 178
III. Stellung des Betriebsausschusses 179
IV. Sonstige Ausschüsse. 180
V. Arbeitsgruppen 181

§ 20. Die Betriebsratssitzung 183
I. Die Einberufung der Betriebsratssitzung 183
II. Die Zeit der Betriebsratssitzung 185
III. Die Leitung und Nichtöffentlichkeit der Betriebsratssitzung 186
IV. Die Teilnahme sonstiger Personen an den Betriebsratssitzungen 187

§ 21. Die Beschlussfassung des Betriebsrats 194
I. Die Beschlussfähigkeit 194
II. Die Beschlussfassung 195
III. Die Aussetzung von Betriebsratsbeschlüssen 198
IV. Der fehlerhafte Betriebsratsbeschluss. 200

§ 22. Die Sitzungsniederschrift 202

§ 23. Die Sprechstunden des Betriebsrats 204

§ 24. Die Kosten des Betriebsrats 206
I. Personelle Kosten 206
II. Aufwendungen des Betriebsrats 207
III. Überlassung von Räumen und sachlichen Hilfsmitteln an den Betriebsrat 210
IV. Schulungskosten 213

V. Rechtsstreitigkeiten über die Betriebsratskosten 215
VI. Umlageverbot 216

§25. Die Rechtsstellung der Betriebsratsmitglieder 216
I. Ehrenamtliche Tätigkeit 216
II. Die Arbeitsfreistellung aus konkretem Anlass (§ 37 II BetrVG) 217
III. Die vollständige Arbeitsfreistellung aufgrund der Betriebsgröße (§ 38 BetrVG) 221
IV. Die Arbeitsfreistellung zum Erwerb erforderlicher Kenntnisse (§ 37 VI BetrVG) 224
V. Die Arbeitsfreistellung zum Erwerb geeigneter Kenntnisse (§ 37 VII BetrVG) 230
VI. Die Vergütungsfortzahlung bei Betriebsratstätigkeit . . . 231
VII. Nachteilsausgleich bei Wahrnehmung eines Betriebsratsamts 236
VIII. Kündigungsschutz 238
IX. Besondere Pflichten der Betriebsratsmitglieder 238

2. Unterabschnitt: Die Betriebsversammlung

§26. Die Einberufung der Betriebsversammlung 240
I. Formen der Betriebsversammlung 240
II. Die Einberufung der ordentlichen Betriebsversammlung 242
III. Zeitliche und örtliche Lage der ordentlichen Betriebsversammlung 245
IV. Die außerordentliche Betriebsversammlung 247

§27. Die Durchführung der Betriebsversammlung 248
I. Die Versammlungsleitung 248
II. Themen und Rechte der Betriebsversammlung 250
III. Teilnahmerechte dritter Personen an den Betriebs- und Abteilungsversammlungen 253
IV. Aufzeichnungen 255
V. Die Kosten der Betriebsversammlung 256

3. Unterabschnitt: Die Vertretung in Unternehmen

§28. Der Gesamtbetriebsrat 258
I. Die Errichtung des Gesamtbetriebsrats 258
II. Die Geschäftsführung des Gesamtbetriebsrats 262
III. Beschlussfähigkeit und Stimmengewichtung des Gesamtbetriebsrats sowie des Ausschusses 264
IV. Die Zuständigkeit des Gesamtbetriebsrats 265

V. Die Amtszeit des Gesamtbetriebsrats 268
VI. Die Rechtsstellung der Gesamtbetriebsratsmitglieder . . 268

§ 29. Die Betriebsräteversammlung 269
I. Zweck und Zusammensetzung der Betriebsräteversammlung 269
II. Aufgaben der Betriebsräteversammlung 269
III. Einberufung und Durchführung der Betriebsräteversammlung 270

4. Unterabschnitt: Die Vertretung in Konzernen

§ 30. Der Konzernbetriebsrat 271
I. Errichtung und Zusammensetzung 271
II. Stimmengewichtung 273
III. Zuständigkeit des Konzernbetriebsrats 273
IV. Beginn und Ende der Mitgliedschaft 274

5. Unterabschnitt: Die Vertretung der Jugendlichen

§ 31. Die Jugend- und Auszubildendenvertretung 274
I. Wahl der Jugend- und Auszubildendenvertretung 274
II. Geschäftsführung der Jugend- und Auszubildendenvertretung 277
III. Aufgaben und Rechte der Jugend- und Auszubildendenvertretung 279
IV. Rechte der Mitglieder der Jugend- und Auszubildendenvertretung 282

§ 32. Die Jugend- und Auszubildendenversammlung 287
I. Zweck und Einberufung der Jugend- und Auszubildendenversammlung 287
II. Durchführung der Jugend- und Auszubildendenversammlung 288

§ 33. Die Gesamt-Jugend- und Auszubildendenvertretung . 289
I. Errichtung der Gesamt-Jugend- und Auszubildendenvertretung 289
II. Zusammensetzung der Gesamt-Jugend- und Auszubildendenvertretung 290
III. Die Geschäftsführung der Gesamt-Jugend- und Auszubildendenvertretung 292
IV. Rechte des Gesamt-Jugend- und Auszubildendenvertreters 293

§ 34. Die Konzern-Jugend- und Auszubildendenvertretung. 293

Abschnitt IV. Allgemeine Grundsätze für die Beteiligung des Betriebsrats

§ 35. Die verschiedenen Beteiligungsrechte des Betriebsrats 297
I. Überblick . . . 297
II. Gemeinsame Aufgaben von Arbeitgeber und Betriebsrat 297
III. Informationsrechte des Betriebsrats . . . 298
IV. Anhörungs-, Beratungs- und Initiativrechte . . . 300
V. Widerspruchsrechte . . . 301
VI. Mitbestimmungsrechte . . . 302
VII. Formelle und materielle Arbeitsbedingungen . . . 302
VIII. Durchsetzung der Beteiligungsrechte . . . 303
IX. Vorbeugender Rechtsschutz . . . 304

§ 36. Allgemeine Grundsätze für die Beteiligung des Betriebsrats . . . 305
I. Grundsätze für die Zusammenarbeit . . . 305
II. Parteipolitische Neutralität . . . 307
III. Gewerkschaftliche Betätigung . . . 308
IV. Grundsätze für die Behandlung der Betriebsangehörigen 309
V. Störungs- und Benachteiligungsverbot . . . 311
VI. Verschwiegenheitspflicht . . . 314

§ 37. Die Vereinbarungen zwischen Arbeitgeber und Betriebsrat . . . 316
I. Begriffliche Einteilung . . . 316
II. Die Betriebsvereinbarung . . . 316
III. Sonstige betriebliche Abreden . . . 334
IV. Die Durchführung von Abreden zwischen Arbeitgeber und Betriebsrat . . . 336

Abschnitt V. Allgemeine Aufgaben des Betriebsrats

§ 38. Der allgemeine Aufgabenkatalog . . . 339
I. Allgemeines . . . 339
II. Der Aufgabenkatalog . . . 339

§ 39. Unterrichtung des Betriebsrats zur Durchführung der allgemeinen Aufgaben . . . 347
I. Das Unterrichtungsrecht . . . 347
II. Vorlagepflicht . . . 348
III. Auskunftspersonen . . . 352
IV. Rechtsstreitigkeiten . . . 352

§ 40. Die Heranziehung von Sachverständigen . . . 353

Abschnitt VI. Mitwirkung und Mitbestimmung des Betriebsrats in sozialen Angelegenheiten

§ 41. Die erzwingbare Mitbestimmung in sozialen Angelegenheiten 355
I. Vorbemerkung 355
II. Vorrang gesetzlicher oder tariflicher Regelungen 355
III. Kollektive Maßnahmen 360
IV. Formelle und materielle Arbeitsbedingungen 361
V. Die Form der Mitbestimmung 361
VI. Initiative bei mitbestimmungspflichtigen Maßnahmen und deren Durchführung 362
VII. Rechtsfolgen der fehlenden Mitbestimmung des Betriebsrats 363
VIII. Unterlassungsanspruch des Betriebsrats 365

§ 42. Gegenstände der erzwingbaren Mitbestimmung 366
I. Abschließende Aufzählung 366
II. Fragen der Ordnung des Betriebs und des Verhaltens der Arbeitnehmer im Betrieb (§ 87 I Nr. 1 BetrVG) . . . 366
III. Die Verteilung der Arbeitszeit (§ 87 I Nr. 2 BetrVG) . . . 370
IV. Vorübergehende Verkürzung oder Verlängerung der betriebsüblichen Arbeitszeit (§ 87 I Nr. 3 BetrVG) 373
V. Zeit, Ort und Art der Auszahlung des Arbeitsentgelts (§ 87 I Nr. 4 BetrVG) 376
VI. Aufstellung allgemeiner Urlaubsgrundsätze und des Urlaubsplans (§ 87 I Nr. 5 BetrVG) 377
VII. Überwachungseinrichtungen (§ 87 I Nr. 6 BetrVG) . . . 379
VIII. Regelungen über den Unfall- und Gefahrenschutz im Rahmen der gesetzlichen Vorschriften und der Unfallverhütungsvorschriften (§ 87 I Nr. 7 BetrVG) 384
IX. Form, Ausgestaltung und Verwaltung von Sozialeinrichtungen (§ 87 I Nr. 8 BetrVG) 385
X. Werkswohnungen (§ 87 I Nr. 9 BetrVG) 389
XI. Betriebliche Lohngestaltung (§ 87 I Nr. 10 BetrVG) . . . 392
XII. Festsetzung von Akkord- und Prämiensätzen usw. (§ 87 I Nr. 11 BetrVG) 397
XIII. Grundsätze über das betriebliche Vorschlagswesen (§ 87 I Nr. 12 BetrVG) 402
XIV. Grundsätze über die Durchführung von Gruppenarbeit (§ 87 I Nr. 13 BetrVG) 403

§ 43. Die freiwillige Mitbestimmung in sozialen Angelegenheiten . . . 405
I. Begriff der freiwilligen Mitbestimmung . . . 405
II. Zuständigkeitskatalog für freiwillige Betriebsvereinbarungen . . . 405

§ 44. Die Mitwirkung des Betriebsrats bei der Bekämpfung von Unfall- und Gesundheitsgefahren . . . 408
I. Übersicht . . . 408
II. Mitwirkung bei der Bekämpfung von Unfall- und Gesundheitsgefahren . . . 408
III. Die Unfallanzeige . . . 412

Abschnitt VII. Gestaltung von Arbeitsplatz, Arbeitsablauf und Arbeitsumgebung

§ 45. Die menschengerechte Gestaltung des Arbeitsplatzes und der Arbeitsumgebung . . . 413
I. Grundgedanken der gesetzlichen Regelung . . . 413
II. Unterrichtungs- und Beratungsrechte des Betriebsrats . . . 413
III. Ausgleich bei nicht menschengerechter Gestaltung von Arbeitsplatz und Arbeitsumgebung . . . 416

Abschnitt VIII. Die Mitwirkung und Mitbestimmung in personellen Angelegenheiten

§ 46. Die Beteiligung in allgemeinen personellen Angelegenheiten . . . 419
I. Vorbemerkung . . . 419
II. Personalplanung . . . 419
III. Beschäftigungssicherung . . . 421
IV. Stellenausschreibung . . . 422
V. Personalfragebogen und Formularverträge . . . 424
VI. Auswahlrichtlinien . . . 427
VII. Beurteilungsgrundsätze (§ 94 II BetrVG) . . . 431

§ 47. Mitwirkung und Mitbestimmung bei der Berufsbildung 432
I. Die Förderung der Berufsbildung . . . 432
II. Einführung betrieblicher Berufsbildungsmaßnahmen . . 435
III. Die Durchführung betrieblicher Berufsbildungsmaßnahmen . . . 437
IV. Einzelne Bildungsmaßnahmen . . . 438

§ 48. Die Mitbestimmung des Betriebsrats bei personellen Einzelmaßnahmen 443
I. Begriff der personellen Einzelmaßnahme 443
II. Die Entstehung des Beteiligungsrechts des Betriebsrats . 450

§ 49. Das Verfahren der Mitbestimmung des Betriebsrats bei personellen Einzelmaßnahmen 453
I. Die Unterrichtung des Betriebsrats 453
II. Das Verhalten des Betriebsrats nach der Unterrichtung . 457
III. Die Verweigerung der Zustimmung des Betriebsrats . . . 458
IV. Das Verhalten des Arbeitgebers bei Verweigerung der Zustimmung des Betriebsrats 467
V. Die vorläufige personelle Maßnahme. 470
VI. Die Durchsetzung der Mitbestimmungsrechte des Betriebsrats 473

§ 50. Die Anhörung des Betriebsrats bei Kündigungen . . . 475
I. Voraussetzungen der Anhörung 475
II. Die Durchführung des Anhörungsverfahrens durch den Arbeitgeber. 482
III. Die Behandlung des Kündigungsersuchens durch den Betriebsrat 488
IV. Der Widerspruch des Betriebsrats 492
V. Rechtsfolgen des Widerspruchs 497

§ 51. Abweichende Tarifverträge oder Betriebsvereinbarungen über das Mitbestimmungsrecht bei Kündigungen. 504

§ 52. Der besondere Kündigungs- und Versetzungsschutz für Mitglieder und Wahlbewerber der Betriebsverfassungsorgane 505
I. Zweck des besonderen Kündigungsschutzes 505
II. Geschützter Personenkreis 506
III. Der Kündigungsschutz bei ordentlichen Kündigungen . 507
IV. Der Kündigungsschutz bei außerordentlichen Kündigungen 511
V. Ausnahmen vom Sonderkündigungsschutz 520
VI. Der Schutz gegen Versetzungen 522

§ 53. Die Entfernung oder Versetzung eines betriebsstörenden Arbeitnehmers 523
I. Voraussetzungen des Anspruchs auf Entfernung oder Versetzung eines betriebsstörenden Arbeitnehmers . . . 523

II. Das Ersuchen um Entlassung oder Versetzung 525
III. Die Entscheidung des Arbeitsgerichts 527

Abschnitt IX. Die Beteiligung des Betriebsrats in wirtschaftlichen Angelegenheiten

§ 54. Der Wirtschaftsausschuss 529
I. Errichtung des Wirtschaftsausschusses 529
II. Zuständigkeit des Wirtschaftsausschusses 532
III. Die Beratungen des Wirtschaftsausschusses 536
IV. Die persönliche Rechtsstellung der Ausschussmitglieder 538
V. Rechtsstreitigkeiten 539

§ 55. Die Unterrichtung der Arbeitnehmer über wirtschaftliche Angelegenheiten 540

§ 56. Die Mitwirkung des Betriebsrats bei Betriebsänderungen 540
I. Die Gliederung des Gesetzes 540
II. Die Voraussetzungen des Mitwirkungsrechts 542
III. Die Mitwirkung bei der unternehmerischen Entscheidung – Interessenausgleich – 550
IV. Der Sozialplan 554
V. Der Sozialplan in der Insolvenz 566
VI. Steuerliche und sozialversicherungsrechtliche Behandlung 568
VII. Rechtsstreitigkeiten 569

§ 57. Der Anspruch auf Nachteilsausgleich bei Betriebsänderungen 570
I. Anspruchsvoraussetzungen 570
II. Anspruchshöhe 574

Abschnitt X. Rechte des einzelnen Arbeitnehmers im Betrieb

§ 58. Vorbemerkung 577

§ 59. Die Unterrichtung des Arbeitnehmers über seine Verantwortung und die Einordnung seiner Tätigkeit in den Arbeitsablauf 577
I. Die Unterrichtung über die Aufgaben 577
II. Die Unterrichtung über Unfall- und Gesundheitsgefahren 578
III. Die Unterrichtung und Erörterung bei vorgesehenen Maßnahmen mit Auswirkungen auf Arbeitsplatz und Arbeitsumgebung 579

§ 60. Anhörungs- und Erörterungsrechte des Arbeitnehmers 580
I. Allgemeines Anhörungs- und Vorschlagsrecht 580
II. Erläuterung der Vergütung und Leistungsbeurteilung . . 581

§ 61. Einsicht in die Personalakten 582
I. Rechtsfragen zur Personalakte 582
II. Personaldateien und Personaldaten 585

§ 62. Das Beschwerderecht des Arbeitnehmers 588
I. Die Beschwerde gegenüber dem Arbeitgeber 588
II. Die Beschwerde gegenüber dem Betriebsrat 591
III. Ergänzende Vereinbarungen über das Beschwerdeverfahren 593

§ 63. Das Vorschlagsrecht des Arbeitnehmers 593

Abschnitt XI. Die Verfahren zur Durchsetzung von Rechten aus dem BetrVG

§ 64. Übersicht 595
§ 65. Verletzung betriebsverfassungsrechtlicher Pflichten durch den Arbeitgeber (§ 23 III BetrVG) 596
§ 66. Das Urteilsverfahren 601
§ 67. Das Beschlussverfahren 603
I. Die Einleitung des Beschlussverfahrens 603
II. Die Beteiligten und ihre Vertreter 607
III. Die Verfahrensvoraussetzungen 608
IV. Das Verfahren vor dem Arbeitsgericht 609
V. Die Rechtsmittel 613
VI. Die Bestellung des Vorsitzenden einer Einigungsstelle und die Bestimmung der Zahl der Beisitzer 616
VII. Die einstweilige Verfügung 618
§ 68. Die Vollstreckung im Beschlussverfahren 620
§ 69. Die Einigungsstelle 621
I. Die Errichtung der Einigungsstelle 621
II. Die Zuständigkeit der Einigungsstelle 623
III. Das Verfahren vor der Einigungsstelle 625
IV. Der Beschluss der Einigungsstelle 627
V. Die Kosten der Einigungsstelle 632
VI. Die Rechtsstellung der Mitglieder der Einigungsstelle . . 634
Sachverzeichnis 637

Abkürzungsverzeichnis

a. A. . . . . anderer Ansicht
a.a.O. . . . . . . am angeführten Ort
ABl. . . . . Amtsblatt
a. F. . . . . alte Fassung
AFG. . . . . . . Arbeitsförderungsgesetz
AG . . . . Aktiengesellschaft
AGB-DDR . . . Arbeitsgesetzbuch der ehemaligen DDR
AiB . . . . Arbeitsrecht im Betrieb, Zeitschrift
AktG . . . . . . Aktiengesetz v. 6. 9. 1965 (BGBl. I 1089) m. spät. Änd.
ANBA . . . . . Amtliche Nachrichten der BAnstArb
AO . . . . Anordnung
AP. . . . . Arbeitsrechtliche Praxis, Nachschlagewerk des Bundesarbeitsgerichts
A–Z . . . . Schaub, Beck-Rechtsberater, Arbeitsrecht von A–Z, 16. Aufl., 2001
ArbG . . . . . . Arbeitsgericht
ArbGG . . . . . Arbeitsgerichtsgesetz
ArbNErfG . . . Arbeitnehmererfindungsgesetz
ArbPlSchG. . . Arbeitsplatzschutzgesetz
ArbR-Hdb. . . . Schaub, Arbeitsrechts-Handbuch, 9. Auflage 2000
ArbuR. . . . . . Arbeit und Recht, Zeitschrift
arg. . . . . argumentum
Art. . . . . Artikel
ASiG . . . . . . Gesetz über Betriebsärzte, Sicherheitsingenieure und andere Fachkräfte für Arbeitssicherheit (Arbeitssicherheitsgesetz)
ArbzRG. . . . . Gesetz zur Vereinheitlichung und Flexibilisierung des Arbeitszeitrechts
AuA. . . . . . . Arbeit und Arbeitsrecht, Zeitschrift
AÜG . . . . . . Gesetz zur Regelung der gewerbsmäßigen Arbeitnehmerüberlassung (Arbeitnehmerüberlassungsgesetz)
Ausbilder-Eignungs-VO . . . Verordnung über die berufs- und arbeitspädagogische Eignung für die Berufsausbildung in der gewerblichen Wirtschaft.
Ausbilder-Eignungs-VO Verordnung über die berufs- und arbeitspädagogische Eignung für die Berufsausbildung in der

Landwirtschaft (Öffentl. Dienst, Hauswirtschaft).	Landwirtschaft; im öffentlichen Dienst; in der Hauswirtschaft
AVG	Angestelltenversicherungsgesetz
AVV	Allgemeine Verwaltungsvorschrift
Az.	Aktenzeichen
AZG	Arbeitszeitgesetz
BAG	Bundesarbeitsgericht
BAGE	Entscheidungen des Bundesarbeitsgerichts (Amtliche Sammlung)
B Anst Arb ..	Bundesanstalt für Arbeit
BAnz	Bundesanzeiger
BB	Betriebs-Berater, Zeitschrift
BBiG	Berufsbildungsgesetz
BDA	Bundesverband Deutscher Arbeitgeberverbände
BDSG	Gesetz zum Schutz vor Missbrauch personenbezogener Daten bei der Datenverarbeitung (Bundesdatenschutzgesetz)
BeamtenVG ..	Gesetz über die Versorgung der Beamten und Richter in Bund und Ländern
Beil........	Beilage
BeschFG 1985	Beschäftigungsförderungsgesetz
Beschäftigtenschutzgesetz..	Gesetz zum Schutz der Beschäftigten vor sexueller Belästigung am Arbeitsplatz (Beschäftigtenschutzgesetz)
bestr.	bestritten
BetrAVG	Gesetz zur Verbesserung der betrieblichen Altersversorgung
BetrVG.....	Betriebsverfassungsgesetz vom 25. 9. 2001 (BGBl. I, S. 2518)
BGBl	Bundesgesetzblatt
BGB	Bürgerliches Gesetzbuch
BGH	Bundesgerichtshof
BImSchG ...	Bundesimmissionsschutzgesetz
BPersVG....	Bundespersonalvertretungsgesetz
BRD	Bundesrepublik Deutschland
BRAGO	Bundesgebührenordnung für Rechtsanwälte
BRRG	Rahmengesetz zur Vereinheitlichung des Beamtenrechts (Beamtenrechtsrahmengesetz)

BSG	Bundessozialgericht
BSHG	Bundessozialhilfegesetz
BT-Drucks.	Bundestag-Drucksache
BUrlG	Bundesurlaubsgesetz
BVerfG	Bundesverfassungsgericht
BVerfGE	Entscheidungen des Bundesverfassungsgerichts (Amtliche Sammlung)
BVerwG	Bundesverwaltungsgericht
CGD	Christlicher Gewerkschaftsbund Deutschlands
DAG	Deutsche Angestellten Gewerkschaft
DB	Der Betrieb, Zeitschrift
DBGrG	Gesetz über die Gründung einer Deutsche Bahn Aktiengesellschaft
DGB	Deutscher Gewerkschaftsbund
dgl.	dergleichen, desgleichen
d. i.	das ist
Drucks.	Drucksache
dtv	Deutscher Taschenbuch Verlag
DVO	Durchführungsverordnung
EBR	Europäischer Betriebsrat
EBRG	Europäisches Betriebsräte-Gesetz v. 28. 10. 1996 (BGBl. I, S. 1548)
EG	Europäische Gemeinschaft
Eignungs-übungsG	Gesetz über den Einfluss von Eignungsübungen der Streitkräfte auf Vertragsverhältnisse der Arbeitnehmer und Handelsvertreter sowie auf Beamtenverhältnisse
EntgeltFZG	Gesetz über die Zahlung des Arbeitsentgelts an Feiertagen und im Krankheitsfall (Entgeltfortzahlungsgesetz)
ErfK	Erfurter Kommentar zum Arbeitsrecht, 2. Aufl. 2001
erw.	erweitert
EStG	Einkommensteuergesetz
EStR	Einkommensteuerrichtlinien
EU	Europäische Union
EuGH	Europäischer Gerichtshof
EV	Einigungsvertrag

EWG . . . . . . Europäische Wirtschaftsgemeinschaft
EzA . . . . Entscheidungssammlung zum Arbeitsrecht, herausgegeben von Stahlhacke

FA. . . . . Fachanwalt Arbeitsrecht, Zeitschrift
FdA-AO . . . . Anordnung des Verwaltungsrats der BA zur Förderung der Arbeitsaufnahme
ff. . . . . folgende

GenTSV . . . . Gentechnik-Sicherheitsverordnung vom 24.10. 1990 i. d. F. vom 14. 3. 1995
GesO . . . . . . Gesamtvollstreckungsordnung
GG . . . . Grundgesetz
ggf. . . . . gegebenenfalls
GenG. . . . . . Genossenschaftsgesetz
GK . . . . Gemeinschaftskommentar
GleiBG. . . . . Gesetz zur Durchsetzung der Gleichberechtigung von Frauen und Männern (Zweites Gleichberechtigungsgesetz – 2. GleiBG)
GmbH . . . . . Gesellschaft mit beschränkter Haftung
GmbHG . . . . Gesetz betreffend die Gesellschaften mit beschränkter Haftung
GmSOHG . . . Gemeinsamer Senat der Obersten Gerichtshöfe des Bundes
GSG . . . . . . Gesetz über technische Arbeitsmittel (Gerätesicherheitsgesetz)
GUG . . . . . . Gesetz über die Unterbrechung von Gesamtvollstreckungsverfahren
GVG . . . . . . Gerichtsverfassungsgesetz

HAG . . . . . . Heimarbeitsgesetz
h. A. . . . . . . herrschende Ansicht
HGB . . . . . . Handelsgesetzbuch
h. M. . . . . . . herrschende Meinung
Hs. . . . . Halbsatz

i. d. F. . . . . . in der Fassung
i. d. R. . . . . . in der Regel
InsO . . . . . . Insolvenzverordnung vom 5. 10. 1994 (BGBl I, 2866) zuletzt geändert durch Gesetz vom 25. 8. 1998 (BGBl I, 2489)

i. S. . . . . im Sinne
i. V. m. . . . . . in Verbindung mit
IAO (ILO) . . . Internationale Arbeitsorganisation

Katastrophenschutz ErwG. . Gesetz über die Erweiterung des Katastrophenschutzes
KAuG. . . . . . Konkursausfallgeld
KG . . . . Kommanditgesellschaft
KG a. A. . . . . Kommanditgesellschaft auf Aktien
KO . . . . Konkursordnung i. d. F. vom 20. 5. 1898 (RGBl. 612) m. spät. Änd.
KRG . . . . . . Kontrollratsgesetz
KSchG . . . . . Kündigungsschutzgesetz
KündFrG. . . . Kündigungsfristengesetz

LadSchlG . . . Ladenschlussgesetz
LAG. . . . . . . Landesarbeitsgericht
LAGE. . . . . . Entscheidungen der Landesarbeitsgerichte
LM . . . . Lindenmaier-Möhring, Nachschlagewerk des Bundesgerichtshofs
LStDVO . . . . Lohnsteuerdurchführungsverordnung
LStR. . . . . . . Lohnsteuerrichtlinien

MitbestG 1976. Gesetz über die Mitbestimmung der Arbeitnehmer (Mitbestimmungsgesetz – MitbestG)
MitbestErgG . . Gesetz zur Ergänzung des Gesetzes über die Mitbestimmung der Arbeitnehmer in den Aufsichtsräten und Vorständen der Unternehmen des Bergbaues und der Eisen und Stahl erzeugenden Industrie
Montan-MitbestG . . . . Gesetz über die Mitbestimmung der Arbeitnehmer in den Aufsichtsräten und Vorständen der Unternehmen des Bergbaues und der Eisen und Stahl erzeugenden Industrie (Montan-Mitbestimmungsgesetz)
m. spät. Änd.. . mit späteren Änderungen
MTM . . . . . . Methods Time Measurement
Münch-Komm. Münchener Kommentar zum Bürgerlichen Gesetzbuch
MuSchG . . . . Gesetz zum Schutz der erwerbstätigen Mutter (Mutterschutzgesetz)
m. w. N.. . . . . mit weiteren Nachweisen

NJW . . . . . . Neue Juristische Wochenschrift
n. v. . . . . nicht veröffentlicht
NZA . . . . . . Neue Zeitschrift für Arbeitsrecht
NZA-RR . . . . NZA-Rechtsprechungs-Report, Zeitschrift
NZS . . . . . . Neue Zeitschrift für Sozialrecht

o. Ä. . . . . . . oder Ähnliches
oHG . . . . . . offene Handelsgesellschaft

PflegeVG. . . . Gesetz zur sozialen Absicherung des Risikos der Pflegebedürftigkeit (Pflege-Versicherungsgesetz – PflegeVG)
Post PersRG. . Gesetz zum Personalrecht der Beschäftigten der früheren Deutschen Bundespost (Postpersonalrechtsgesetz)
Prot . . . . Protokoll
PV . . . . Personalvertretung

RdA. . . . . . . Recht der Arbeit, Zeitschrift
Refa. . . . . . . Reichsausschuss für Arbeitszeitermittlung
Reg . . . . Regierung
Reg Entw. . . . Regierungsentwurf
RGBl.. . . . . . Reichsgesetzblatt
Rn. . . . . Randnummer
RöntgenVO . . Röntgenverordnung vom 8. 1. 1987 (BGBl I, S. 114)
Rspr. . . . . . . Rechtsprechung
RVO . . . . . . Reichsversicherungsordnung

S. . . . . Seite
SAE. . . . . . . Sammlung arbeitsrechtlicher Entscheidungen, Zeitschrift
SchwbG . . . . Gesetz zur Sicherung der Eingliederung Schwerbehinderter in Arbeit, Beruf und Gesellschaft (Schwerbehindertengesetz – SchwbG)
SchwbWV . . . Werkstättenverordnung zum Schwerbehindertengesetz (3. DVO)
sog. . . . . sogenannter
SozPG . . . . . Gesetz über den Sozialplan im Konkurs- und Vergleichsverfahren

spät. Änd. . . .	spätere(n) Änderungen
SprAuG.	Gesetz über Sprecherausschüsse der leitenden Angestellten (Sprecherausschussgesetz)
SpTrUG.	Gesetz über die Spaltung der von der Treuhandanstalt verwalteten Unternehmen
Staatsvertrag. .	Gesetz zu dem Vertrag vom 18. Mai 1990 über die Schaffung einer Währungs-, Wirtschafts- und Sozialunion zwischen der Bundesrepublik Deutschland und der Deutschen Demokratischen Republik
StGB	Strafgesetzbuch
StrlSchVO . . .	Strahlenschutzverordnung vom 13. 10. 1976 (BGBl I, S. 2905)
TreuhandG. . .	Gesetz zur Privatisierung und Reorganisation des Volkseigenen Vermögens (Treuhandgesetz)
TV.	Tarifvertrag
TVG.	Tarifvertragsgesetz
TzBfG.	Gesetz über Teilzeitarbeit und befristete Arbeitsverträge (Teilzeit- und Befristungsgesetz vom 21. 12. 2000 (BGBl. I, S. 1966)
umstr.	umstritten
UmwBerG . . .	Gesetz zur Bereinigung des Umwandlungsrechts (UmwBerG)
u. a.	unter anderem
UWG	Gesetz gegen den unlauteren Wettbewerb
usw.	und so weiter
VAG.	Gesetz über die Beaufsichtigung der privaten Versicherungsunternehmen und Bausparkassen (Versicherungsaufsichtsgesetz)
VermBG	5. Gesetz zur Förderung der Vermögensbildung der Arbeitnehmer (Fünftes Vermögensbildungsgesetz – 5. VermBG)
VerwGO	Verwaltungsgerichtsordnung
vgl.	vergleiche
VO	Verordnung
VRG	Gesetz zur Förderung von Vorruhestandsleistungen (Vorruhestandsgesetz – VRG)

WahlO . . . . . 1. Verordnung zur Durchführung des Betriebsverfassungsgesetzes vom 16. 1. 1972 (BGBl. I 49) Wahlordnung 1972
WehrPflG . . . Wehrpflichtgesetz
WOS . . . . . . Zweite Verordnung zur Durchführung des Betriebsverfassungsgesetzes (Wahlordnung Seeschifffahrt-WOS) vom 24. 10. 1972 (BGBl. I 2021)
WRV . . . . . . Weimarer Reichsverfassung

z. B.. . . . . . . zum Beispiel
ZDG . . . . . . Gesetz über den Zivildienst der Kriegsdienstverweigerer in der Fassung vom 9. 8. 1973 (BGBl. I 1016) (Zivildienstgesetz – ZDG)
ZDVG . . . . . Gesetz über den Vertrauensmann der Zivildienstleistenden vom 16. 1. 1991 (BGBl. I 53)
ZfA . . . . Zeitschrift für Arbeitsrecht
Ziff.. . . . . . . Ziffer
ZIP . . . . Zeitschrift für Wirtschafts- und Insolvenzpraxis
ZivilschutzG . Gesetz über den Zivilschutz
ZTR. . . . . . . Zeitschrift für Tarifrecht
ZPO . . . . . . Zivilprozessordnung
zVv.. . . . . . . zur Veröffentlichung vorgesehen

Das Zustimmungsersetzungsverfahren nach § 99 BetrVG – Grafik –

Zustimmungsersetzungsverfahren nach §§ 99 BetrVG (Grafik)

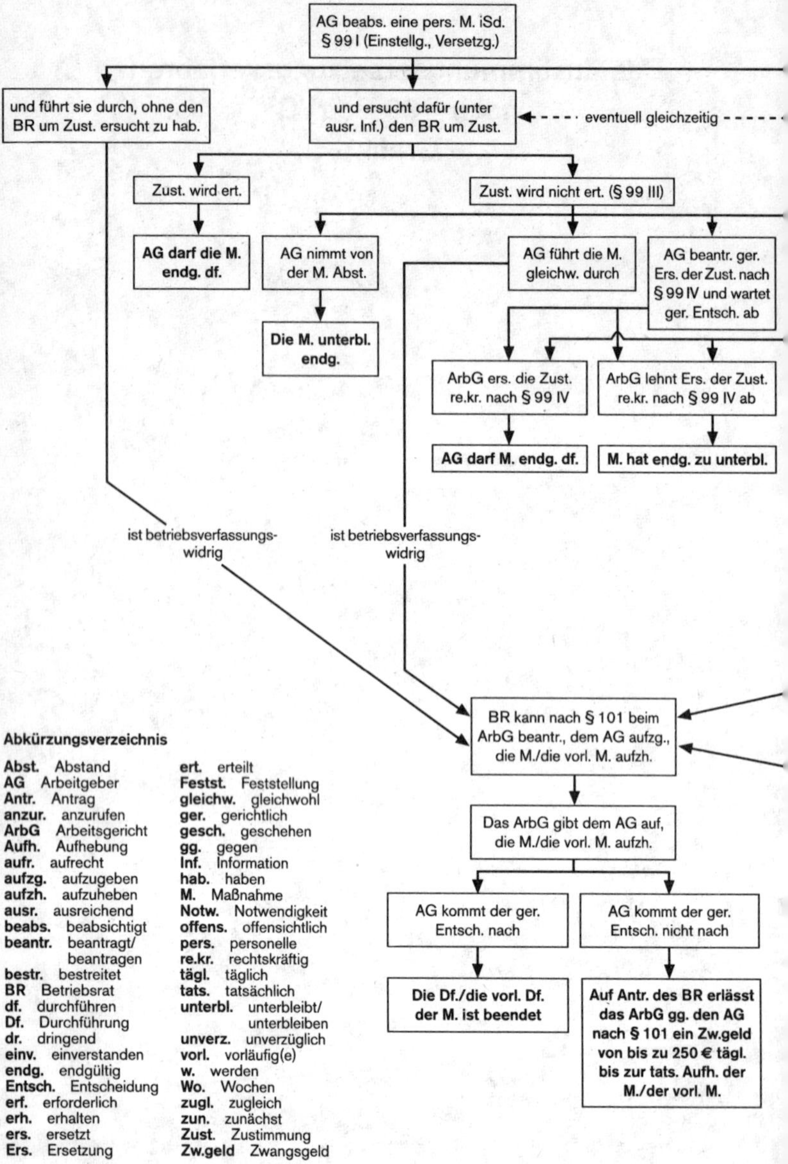

Abkürzungsverzeichnis

Abst. Abstand
AG Arbeitgeber
Antr. Antrag
anzur. anzurufen
ArbG Arbeitsgericht
Aufh. Aufhebung
aufr. aufrecht
aufzg. aufzugeben
aufzh. aufzuheben
ausr. ausreichend
beabs. beabsichtigt
beantr. beantragt/beantragen
bestr. bestreitet
BR Betriebsrat
df. durchführen
Df. Durchführung
dr. dringend
einv. einverstanden
endg. endgültig
Entsch. Entscheidung
erf. erforderlich
erh. erhalten
ers. ersetzt
Ers. Ersetzung
ert. erteilt
Festst. Feststellung
gleichw. gleichwohl
ger. gerichtlich
gesch. geschehen
gg. gegen
Inf. Information
hab. haben
M. Maßnahme
Notw. Notwendigkeit
offens. offensichtlich
pers. personelle
re.kr. rechtskräftig
tägl. täglich
tats. tatsächlich
unterbl. unterbleibt/unterbleiben
unverz. unverzüglich
vorl. vorläufig(e)
w. werden
Wo. Wochen
zugl. zugleich
zun. zunächst
Zust. Zustimmung
Zw.geld Zwangsgeld

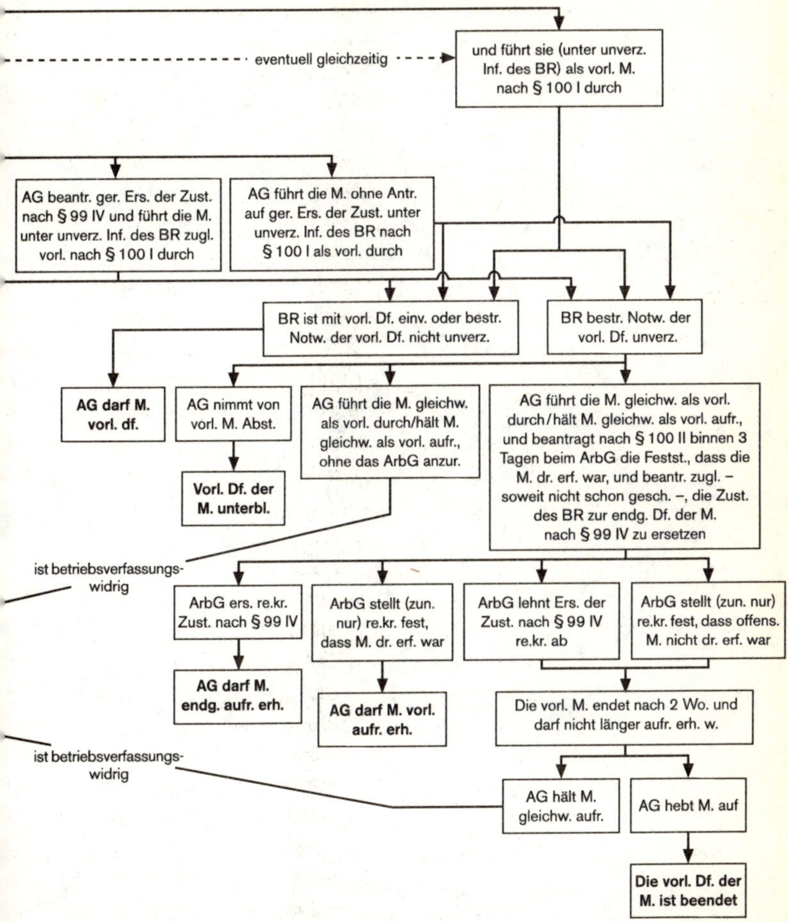
eventuell gleichzeitig
und führt sie (unter unverz. Inf. des BR) als vorl. M. nach § 100 I durch
AG beantr. ger. Ers. der Zust. nach § 99 IV und führt die M. unter unverz. Inf. des BR zugl. vorl. nach § 100 I durch
AG führt die M. ohne Antr. auf ger. Ers. der Zust. unter unverz. Inf. des BR nach § 100 I als vorl. durch
BR ist mit vorl. Df. einv. oder bestr. Notw. der vorl. Df. nicht unverz.
BR bestr. Notw. der vorl. Df. unverz.
AG darf M. vorl. df.
AG nimmt von vorl. M. Abst.
Vorl. Df. der M. unterbl.
AG führt die M. gleichw. als vorl. durch/hält M. gleichw. als vorl. aufr., ohne das ArbG anzur.
AG führt die M. gleichw. als vorl. durch/hält M. gleichw. als vorl. aufr., und beantragt nach § 100 II binnen 3 Tagen beim ArbG die Festst., dass die M. dr. erf. war, und beantr. zugl. – soweit nicht schon gesch. –, die Zust. des BR zur endg. Df. der M. nach § 99 IV zu ersetzen
ist betriebsverfassungs-widrig
ArbG ers. re.kr. Zust. nach § 99 IV
AG darf M. endg. aufr. erh.
ArbG stellt (zun. nur) re.kr. fest, dass M. dr. erf. war
AG darf M. vorl. aufr. erh.
ArbG lehnt Ers. der Zust. nach § 99 IV re.kr. ab
ArbG stellt (zun. nur) re.kr. fest, dass offens. M. nicht dr. erf. war
Die vorl. M. endet nach 2 Wo. und darf nicht länger aufr. erh. w.
ist betriebsverfassungs-widrig
AG hält M. gleichw. aufr.
AG hebt M. auf
Die vorl. Df. der M. ist beendet

Abschnitt I. Allgemeiner Teil

§ 1. Begriff und Bedeutung der Betriebsverfassung

I. Begriff der Betriebsverfassung

Die meisten Menschen müssen einer Beschäftigung nachgehen, um ihren Lebensunterhalt zu bestreiten. Es werden selbständige und unselbständige Tätigkeiten unterschieden. Selbständig ist die Tätigkeit eines Unternehmers oder Gewerbetreibenden, eines Freiberuflers, aber auch eines freien Mitarbeiters. 1

Unselbständig ist die Tätigkeit eines Beamten und eines Arbeitnehmers (Angestellten, Arbeiters). Arbeitnehmer gibt es im öffentlichen Dienst und in der privaten Wirtschaft. Letztere bilden die größte Gruppe. Sie sind tätig in den Diensten eines Arbeitgebers des bürgerlichen Rechts. Der Arbeitnehmer ist aufgrund des Arbeitsvertrags verpflichtet, seinem Arbeitgeber Dienste oder Arbeit zu leisten. Die Arbeitsleistung erfolgt, von Haushaltshilfen abgesehen, zumeist in einem Betrieb. Der Betrieb ist eine Ordnung und Organisation, die dem Arbeitnehmer vorgegeben ist und auf die er als einzelner kaum oder keinen Einfluss nehmen kann. Diese Ordnung ist notwendig, wenn arbeitstechnische Zwecke zielbewusst verfolgt werden sollen. In vielen Fällen ist die vom Arbeitnehmer geschuldete Arbeitsleistung im Arbeitsvertrag nicht genau umschrieben. Die Anstellung erfolgt vielmehr als Maurer, Hilfsarbeiter, Verkäufer, Einkäufer, Büroangestellter usw. In diesen Fällen weist der Arbeitgeber dem Arbeitnehmer aufgrund seines Direktionsrechts[1] die einzelnen von ihm zu verrichtenden Arbeiten zu. 2

Das **Betriebsverfassungsrecht** will die monokratische Struktur des Betriebs beseitigen und der Demokratisierung des Arbeitslebens dienen. Es regelt die Ordnung der Zusammenarbeit zwischen Arbeitgeber und Arbeitnehmern im Betrieb und schränkt die Direktionsbefugnisse des Arbeitgebers ein. Sozialpolitisch 3

---

1 Vgl. Schaub Arbeitsrecht von A–Z, Stichwort: Direktionsrecht.

bezweckt es den **Schutz des Arbeitnehmers**; allgemeinpolitisch eine **Beteiligung der Arbeitnehmerschaft an den Entscheidungen des Arbeitgebers**. Dabei muss das Betriebsverfassungsrecht die geltende Wirtschaftsverfassung der Bundesrepublik respektieren, die auf der wirtschaftlichen Betätigungsfreiheit des Einzelnen und der Garantie des Eigentums beruht (Art. 2, 14 GG). Aufgrund der Kapitalbereitstellung und des Risikos des Vermögensverlustes ist der Unternehmer/Arbeitgeber grundsätzlich berechtigt, im Rahmen der Rechtsordnung unternehmenswirtschaftliche Entscheidungen eigenverantwortlich zu treffen (Unternehmerautonomie). Gesetzliche Regelungen, die den Arbeitnehmern Mitbestimmungsrechte einräumen, durchbrechen dieses Prinzip zugunsten des verfassungsrechtlich gleichwertigen Sozialstaatsprinzips, Art. 20 I, 28 I 1 GG. Sie stellen eine inhaltliche Schranke des Eigentums dar, Art. 14 I 2 GG.[2] In seiner Stellung als Unternehmer wird der Arbeitgeber aber nur insoweit eingeschränkt, wie es der **Sozialstaatsgedanke** erfordert. Die Rechte der Belegschaft auf unternehmerischem Gebiet sind regelmäßig auf Informations- und Anhörungsrechte (Abschn. IX, Rn. 6ff., 30, 32ff.) begrenzt. Mitbestimmungsrechte stehen dem von der Belegschaft gewählten Betriebsrat nur dort zu, wo der einzelne Arbeitnehmer personell betroffen wird oder die sozialen Belange der Belegschaft im Vordergrund stehen.

II. Entwicklung der Betriebsverfassung

4 Das Betriebsverfassungsrecht hat eine über hundertjährige Geschichte. Bereits die in der Frankfurter Paulskirche tagende Nationalversammlung von 1848/49 hatte in einem nicht Gesetz gewordenen Entwurf einer Gewerbeordnung **Fabrikausschüsse** für die Regelung von Streitigkeiten zwischen Arbeitgeber und Arbeitnehmern vorgesehen. Das Arbeitsschutzgesetz vom 1. 6. 1891 und die Novellen zum preußischen allgemeinen Berggesetz von 1905 und 1909 sahen die Einrichtung von **Arbeiterausschüssen** vor. Ihnen kamen Mitwirkungsrechte beim Erlass von Arbeitsordnungen zur Reglementierung des Verhaltens der Ar-

2 BVerfGE 50, 290.

beitnehmer im Betrieb und bei der Benutzung von betrieblichen Wohlfahrtseinrichtungen zu. Waren die ersten Ordnungen noch wenig demokratisch, so trug der Erste Weltkrieg und das durch ihn veranlasste Gesetz über den vaterländischen Hilfsdienst vom 5. 12. 1916 – wenn auch nur aus wehrpolitischen Gründen – zur Stärkung der Rechte der Arbeitnehmerschaft bei. In Verordnungen von 1918 und 1919 wurde der Rätegedanke weiterentwickelt. **Art. 165 Weimarer Reichsverfassung** sah ein Rätesystem aus Betriebsräten, überbetrieblichen Bezirkswirtschaftsräten und einem Reichswirtschaftsrat vor. Das Rätesystem ist im staatlichen Bereich nicht verwirklicht worden, wenn vom vorläufigen Reichswirtschaftsrat abgesehen wird. Am 4. 2. 1920 (RGBl. 147) wurde schließlich ein **Betriebsrätegesetz** verabschiedet. Danach hatte der Betriebsrat ein Mitbestimmungsrecht beim Erlass von Arbeitsordnungen, Dienstvorschriften und Einstellungsrichtlinien. Durch das Gesetz zur Ordnung der nationalen Arbeit vom 20. 1. 1934 (RGBl. I 45) wurde das Betriebsrätegesetz von 1920 aufgehoben und entsprechend dem „Führerprinzip" eine autokratische Betriebsverfassung eingeführt.[3]

Erst nach 1945 konnte sich unter dem Einfluss der Militär- 5
regierung zunächst auf Länderebene und schließlich durch das **Betriebsverfassungsgesetz vom 11. 10. 1952** (BGBl. I 681), das die Rechtszersplitterung wieder beseitigte, bundeseinheitlich eine demokratische Grundordnung der Arbeit entwickeln.

Das **Betriebsverfassungsgesetz vom 15. 1. 1972** (BGBl. I 13) 6
brachte das Betriebsverfassungsrecht zu einem vorläufigen Abschluss. In der Reg.-Erklärung vom 28. 10. 1969 hatte die BReg eine Reform des BetrVG 1952 zugesagt. Sie legte am 29. 1. 1971 dem Bundestag den Reg.-Entwurf eines neuen BetrVG vor (BT-Drucks VI/1786). Die CDU/CSU-Fraktion leitete dem Parlament am 8. 2. 1971 einen eigenen Gesetzentwurf zu (BT-Drucks VI/1806). Der 6. Deutsche Bundestag überwies in seiner 101. Sitzung am 11. 2. 1971 den Entwurf an den Ausschuss für Arbeit und Sozialordnung als federführenden Ausschuss sowie

3 Vgl. auch den knappen geschichtlichen Abriss bei Richardi Einleitung Rn. 6 ff.

an den Ausschuss für Wirtschaft und den Rechtsausschuss zur Mitberatung. In 23 Sitzungen wurde der Entwurf behandelt. In vier öffentlichen Informationssitzungen wurden 137 Sachverständige aus Kreisen der Arbeitgeber und Arbeitnehmer, der Kirchen und der Presse, der freien Wohlfahrtspflege, der Kunst und der Wissenschaft gehört (Prot. des Ausschusses der Sitzungen vom 24./25. 2. 1971; 13./14. 5. 1971 Nr. 45, 46, 57, 58). Am 14. 10. 1971 legte der Ausschuss seinen schriftlichen Bericht vor (BT-Drucks VI/2729). Am 10. 11. 1971 wurde das Betriebsverfassungsgesetz verabschiedet. Nachdem der Bundesrat am 3. 12. 1971 den Vermittlungsausschuss angerufen und dieser ohne Änderung das Gesetz bestätigt hatte, stimmte auch der Bundesrat in seiner Sitzung vom 17. 12. 1971 dem Gesetz zu. Die 1. DVO vom 15. 1. 1972 (BGBl. I 49), die die näheren Einzelheiten der Wahl der Betriebsräte und der Jugend- und Auszubildendenvertretung regelt, trat am 20. 1. 1972 in Kraft. Die 2. DVO (Wahlordnung für die Seeschifffahrt) vom 24. 10. 1972 (BGBl. I 2029) trat am 29. 10. 1972 in Kraft.

7 Am 18. 1. 1974 (BGBl. I 85) wurde § 78 a in das Gesetz eingefügt. Er bezweckt den Schutz der in der Ausbildung befindlichen Mitglieder der Jugend- und Auszubildendenvertretung; es soll verhindert werden, dass diese nach Beendigung des Ausbildungsverhältnisses nicht in ein Arbeitsverhältnis übernommen werden.

8 Durch das Einführungsgesetz zum Strafgesetzbuch vom 2. 3. 1974 (BGBl. I 469) wurden vor allem die Strafvorschriften des BetrVG geändert (§§ 8, 23, 101, 104, 119, 120 BetrVG). Art. 2 BeschFG vom 26. 4. 1985 (BGBl. I 710) hat § 112 BetrVG geändert; der Einigungsstelle wurden Grundsätze für die Aufstellung eines Sozialplans vorgegeben und in bestimmten Fällen der Personalreduzierung wurde die Verpflichtung zur Aufstellung eines Sozialplans beseitigt. Durch G. vom 24. 7. 1986 (BGBl. I 1110) wurde schließlich der Neufassung des SchwbG Rechnung getragen. Am 13. 7. 1988 (BGBl. I 1034) wurde wegen des höheren Lebensalters der Auszubildenden die Jugendvertretung in eine Jugend- und Auszubildendenvertretung umgewandelt. Am 23. 12. 1988 (BGBl. I 1989, 1; ber. 902) wurde das BetrVG neu

bekannt gemacht; die Dauer der Wahlperiode des Betriebsrats wurde von drei auf vier Jahre verlängert. Auch in der Folgezeit wurde das Gesetz wiederholt geändert. Die Mitwirkungsrechte der leitenden Angestellten sind im **Gesetz über Sprecherausschüsse der leitenden Angestellten** (Sprecherausschussgesetz – SprAuG) vom 20. 12. 1988 (BGBl. I 2312) geregelt.

Seit einigen Jahren wurden Vorschläge zu einer weitergehenden Novellierung des BetrVG diskutiert. SPD und Bündnis 90/ Die Grünen haben die Absicht einer grundlegenden Erneuerung des BetrVG 1972/1988 in ihrem Koalitionsvertrag von 1998 festgehalten. Das Reformvorhaben sollte noch in der laufenden Legislaturperiode in Angriff genommen werden. DGB und DAG haben 1998 und 1999 jeweils Novellierungsvorschläge vorgestellt. Es ging dabei u. a. um die Ausdehnung des Arbeitnehmerbegriffs „auf alle an der Verwirklichung des Betriebszwecks mitarbeitenden Personen" (DAG), um die Präzisierung des Betriebsbegriffs, die gesetzliche Verankerung eines Übergangsmandats des Betriebsrats, die Erweiterung der Kompetenzen des Gesamtbetriebsrats, die Erleichterung der Bildung eines Konzernbetriebsrats, die Einbindung der Mitglieder eines Europäischen Betriebsrats, die Möglichkeit der Bildung einer Jugend- und Auszubildendenvertretung unabhängig von der Existenz eines Betriebsrats, die Einschränkung des Tendenzschutzes, die Rechte des Personalrats bei Privatisierungen, die Vereinfachung der Betriebsratswahl, die Begründung von Unterlassungs- und Durchsetzungsansprüchen der Gewerkschaften, Erleichterungen bei der Bestellung von Sachverständigen, die Stärkung der Mitbestimmungsrechte des Betriebsrats in sozialen, personellen und wirtschaftlichen Angelegenheiten (volle Mitbestimmung bei § 99 BetrVG, Auflösungsklage des Arbeitgebers bei Kündigungswiderspruch nach § 102 BetrVG, Zuständigkeit der Einigungsstelle auch zur Aufstellung eines Interessenausgleichs nach §§ 111, 112 BetrVG) und die Erweiterung der Zuständigkeiten der Einigungsstelle (zur Bewertung der Vorschläge vgl. Bauer, FA 1999, 221 ff.; Fischer NZA 2000, 167 ff.; Hanau, AuA 1999, 203 ff.; Löwisch, DB 1999, 2209 ff.; Richardi, NZA 2000, 161 ff.). 9

10 Die Bundesregierung hat ihre Absicht aus dem Koalitionsvertrag zeitnah umgesetzt: Im Dezember 2000 legte der Bundesminister für Arbeit den **Referentenentwurf** eines Gesetzes zur Reform des Betriebsverfassungsgesetzes vor. Er blieb in vielen Punkten hinter den Vorstellungen der Gewerkschaften zurück und bemühte sich vor allem um eine Anpassung des BetrVG an die Strukturveränderungen in den Unternehmen und Betrieben, um eine Erleichterung der (ersten) Wahl von Betriebsräten, um die Verbesserung von Arbeitsmöglichkeiten für die Betriebsratsmitglieder, um die Aufwertung der beruflichen Bildung und des betrieblichen Umweltschutzes und um die Stärkung der personellen Mitbestimmung in Kleinbetrieben und der Chancengleichheit von Männern und Frauen. Der Entwurf wurde in der (Fach-)Öffentlichkeit breit diskutiert und stieß regierungsintern beim Bundesminister für Wirtschaft auf Kritik. Nach ressortübergreifenden Verhandlungen wurde er am 14. Februar 2001 in teilweise abgeänderter Form von der Bundesregierung beschlossen und anschließend in die parlamentarischen Gremien eingebracht. Der Bundestag überwies den **Regierungsentwurf** am 5. April 2001 an den Ausschuss für Arbeit und Sozialordnung zur federführenden Beratung und an den Innenausschuss, den Rechtsausschuss, den Ausschuss für Wirtschaft und Technologie und den Ausschuss für Familie, Senioren, Frauen und Jugend zur Mitberatung. Am 14. Mai 2001 fand vor dem Ausschuss für Arbeit und Sozialordnung eine öffentliche Anhörung statt, bei der insgesamt 41 Verbände, Institutionen und Einzelsachverständige Stellungnahmen zu dem Entwurf abgaben (für die wesentlichen Inhalte der einzelnen Stellungnahmen vgl. Beschlussempfehlung und Bericht des Ausschusses für Arbeit und Sozialordnung in BT-Drucks. 14/6352 vom 20. 6. 2001). Die anschließenden Beratungen des Ausschusses führten zu einigen Änderungen am Regierungsentwurf und führten am 20. Juni 2001 mit den Stimmen der Mitglieder der Fraktionen der Regierungskoalition und der Fraktion der PDS gegen die Stimmen der Mitglieder der Unionsfraktion und der FDP zu der Empfehlung an das Plenum des Bundestages, den Gesetzesentwurf in der vom Ausschuss geänderten Fassung anzunehmen. Am 22. Juni 2001 wurde der geänderte Entwurf

vom **Bundestag** in zweiter und dritter Lesung verabschiedet. Das Gesetz zur Reform des Betriebsverfassungsgesetzes vom 23. Juli 2001 wurde am 27. Juli 2001 im Bundesgesetzblatt verkündet und ist am **28. Juli 2001** in Kraft getreten. Am 25. September 2001 wurde der Wortlaut des BetrVG in seiner ab dem 28. Juli 2001 geltenden Fassung im Bundesgesetzblatt bekannt gemacht (BGBl. I 2518 ff.).

Die Änderungen gegenüber der bisherigen Rechtslage sind in der folgenden Darstellung berücksichtigt. Die Vorschriften des BetrVG werden mit dem Inhalt zitiert und wiedergegeben, den sie durch das Gesetz vom 23. Juli 2001 erhalten haben, ein Bezug auf die frühere Fassung wird ausdrücklich kenntlich gemacht.
Am **14. Dezember 2001** wurde die neue Erste Verordnung zur 11
Durchführung des Betriebsverfassungsgesetzes **(Wahlordnung)** vom 11. Dezember 2001 im Bundesgesetzblatt veröffentlicht (BGBl. I 3494 ff.). Auch die Vorschriften der Wahlordnung werden in der aktuellen Fassung erläutert. Die neue **Wahlordnung Seeschifffahrt**, nach der Bordvertretungen und Seebetriebsräte gewählt werden, wurde am 15. Februar 2002 verkündet (BGBl. I 594). Am 27. Februar 2002 folgte schließlich die Neufassung der Verordnung für die Durchführung der Betriebsratswahlen bei den **Postunternehmen** (BGBl. I 946).

Für den **öffentlichen Dienst** gelten mit dem Bundespersonal- 12
vertretungsgesetz und den diversen Landespersonalvertretungsgesetzen völlig eigenständige Regelungen. Sie weichen teilweise erheblich von den Vorschriften des BetrVG ab.

III. Unternehmensverfassung[4]

Die **Betriebsverfassung** ist nicht zu verwechseln mit der **Unter-** 13
nehmensverfassung. Während in der Betriebsverfassung die Zusammenarbeit von Arbeitgeber und Arbeitnehmerschaft im Betrieb geregelt ist, gehören zur Unternehmensverfassung die Bestimmungen über die wirtschaftliche Mitbestimmung der Arbeitnehmer und die Beteiligung der Arbeitnehmer in den Aufsichtsräten größerer Gesellschaften. Unternehmensmitbestim-

4 Schaub, Arbeitsrecht von A–Z, Stichwort: Mitbestimmung.

mung ist die Beteiligung der Arbeitnehmerseite schon bei der unternehmerischen Willensbildung als solcher, d. h. Beteiligung „im Inneren“ des unternehmerischen Entscheidungsprozesses. Das Betriebsverfassungsgesetz von 1972 hat davon abgesehen, die Regelungen der Unternehmensverfassung in das Gesetz aufzunehmen. Insoweit hielt die Regierung noch weitergehende Überlegungen für notwendig; insbesondere sollte die wirtschaftliche und rechtliche Verflechtung der EWG-Länder nicht außer Acht gelassen werden. Inzwischen ist die Unternehmensmitbestimmung in vier gesetzlichen Regelungen enthalten, und zwar dem MitbestG vom 4. 5. 1976 (BGBl. I 1153) m. spät. Änd., dem Gesetz über die Mitbestimmung der Arbeitnehmer in den Aufsichtsräten und Vorständen der Unternehmen des Bergbaus und der Eisen und Stahl erzeugenden Industrie (Montan-Mitbestimmungsgesetz) vom 21. 5. 1951 (BGBl. I 347) m. spät. Änd., dem Gesetz zur Ergänzung des Gesetzes über die Mitbestimmung der Arbeitnehmer in den Aufsichtsräten und Vorständen der Unternehmen des Bergbaus und der eisen- und stahlerzeugenden Industrie (Mitbestimmungsergänzungsgesetz) vom 7. 8. 1956 (BGBl. I 707) m. spät. Änd. und dem BetrVG vom 11. 10. 1952 (BGBl. I 681) i. d. F. vom 15. 1. 1972 (BGBl. I 13) m. spät. Änd.

14 Das **MitbestG 1976** gilt für Unternehmen mit eigener Rechtspersönlichkeit, die i. d. R. mehr als 2000 AN beschäftigen. Hierunter fallen AG, KGa.A., GmbH, bergrechtliche Gewerkschaften mit eigener Rechtspersönlichkeit, GmbH & Co. KG, AG & Co. KG sowie Erwerbs- und Wirtschaftsgenossenschaften. Es gilt ferner für die herrschenden Unternehmen von Konzernen und Teilkonzernen, die in der genannten Rechtsform betrieben werden, wenn die Konzernunternehmen i. d. R. mehr als 2000 Arbeitnehmer beschäftigen. Ausgenommen vom MitbestG 1976 sind Tendenzunternehmen i. S. von § 118 BetrVG. Tendenzunternehmen sind solche, die unmittelbar und überwiegend politischen, koalitionspolitischen, konfessionellen, karitativen, erzieherischen, wissenschaftlichen oder künstlerischen Bestimmungen oder Zwecken der Berichterstattung oder der Meinungsäußerung dienen. Ferner sind ausgenommen solche Unternehmen, die dem Montan-MitbestG oder MitbestErgG unterfallen. Das Bundesver-

fassungsgericht hat die erweiterte Mitbestimmung der Arbeitnehmer nach dem MitbestG 1976 mit den Grundrechten der vom Gesetz erfassten Gesellschaften, der Anteilseigner und der Koalitionen der Arbeitgeber für vereinbar angesehen.[5]

Unternehmen, die nicht die Größenordnung erreichen, für die 15
das MitbestG 1976 gilt, unterliegen weiter **§§ 76 ff. BetrVG 1952**.

Dem **Montan-MitbestG 1951** unterfallen AG, GmbH oder 16
bergrechtliche Gewerkschaften mit eigener Rechtspersönlichkeit, sofern sie mehr als 1000 Arbeitnehmer beschäftigen, wenn der überwiegende Zweck in der Förderung von Stein- und Braunkohle oder Eisenerzen wie in der Aufbereitung, Verkokung, Verschwelung oder Brikettierung dieser Grundstoffe liegt und ihr Betrieb unter der Aufsicht der Bergbehörde steht, ferner Unternehmen der eisen- und stahlerzeugenden Industrie, die im alliierten Entflechtungsgesetz vom 16. 5. 1950 namentlich aufgeführt sind und als Einheitsgesellschaft oder in anderer Form weiterbetrieben werden; schließlich deren Konzernunternehmen, wenn sie sich mit der Förderung und Aufbereitung der Grundstoffe befassen oder überwiegend Eisen und Stahl erzeugen. Zur Geltung in den neuen Bundesländern vgl. Anlage I Kap. 8 Sachgebiet A, Abschn. III Nr. 11 des Einigungsvertrages vom 31. 8. 1990 (BGBl. I 889, 1022. Das BVerfG hat auch die besonders weitgehende Mitbestimmung der Arbeitnehmer nach dem Montan-MitbestG mit der auf partnerschaftliches Zusammenwirken angelegten Sozial- und Wirtschaftsordnung des Grundgesetzes für vereinbar angesehen.[6]

Das Montan-MitbestG wird ergänzt durch das **MitbestErgG**. 17
Ihm unterfallen AG, GmbH und selbständige bergrechtliche Gewerkschaften, die nicht unter das MitbestG fallen, aber aufgrund Organschaftsvertrags ein oder mehrere andere Unternehmen beherrschen, in denen das Montan-MitbestG gilt. Die Erstreckung der Montanmitbestimmung auf Konzernobergesellschaften, wenn 20 % des Umsatzes aller konzernabhängigen Unterneh-

5 BVerfG 1. 3. 1979 – 1 BvL 21/78 – NJW 1979, 699 ff.

6 BVerfG 2. 3. 1999 – 1 BvL 2/91 – AP 2 zu § 3 MitbestimmungsErgänzungsG = NJW 1999, 1535 ff. = NZA 1999, 435 ff.

men aus dem Montanbereich stammen, durch § 3 II 1 MitbestErgG in der Fassung des Montan-Mitbestimmungssicherungsgesetzes vom 20. 12. 1988 ist mit dem Grundgesetz vereinbar.[7]

IV. Gesellschaftsrecht

18 Von der Unternehmensverfassung ist schließlich das Gesellschaftsrecht im engeren rechtlichen Sinne zu unterscheiden. Es regelt Fragen der Rechtspersönlichkeit des Unternehmens (der Aktiengesellschaft, der Gesellschaft mit beschränkter Haftung, der offenen Handelsgesellschaft, der Kommanditgesellschaft usw.), die Rechtsbeziehungen der Gesellschafter untereinander, das Zusammenwirken der Gesellschaftsorgane, den Schutz der Gläubiger und der Allgemeinheit vor rechtsmissbräuchlichen Gesellschaftsformen.

V. Schrifttum zum Betriebsverfassungsgesetz 1972

19 **Literatur** (Neuere Kommentare zum BetrVG 1972):

Däubler/Kittner/Klebe (Hrsg.), BetrVG, 7. Aufl. 2000;

Eisemann/Hanau/Kania, Kommentierung des BetrVG in: Erfurter Kommentar zum Arbeitsrecht, 2. Aufl. 2001;

Fabricius/Kraft/Thiele/Wiese, Betriebsverfassungsgesetz, Gemeinschaftskommentar, Bd. I, 6. Aufl. 1997, §§ 1–73; Bd. II, 6. Aufl. 1998, §§ 74–132;

Fitting/Kaiser/Heither/Engels, Betriebsverfassungsgesetz mit Wahlordnung, 20. Aufl. 2000, 21. Aufl. 2002;

Galperin/Löwisch, Kommentar zum Betriebsverfassungsgesetz, 6. Aufl. 1982; §§ 1–73; Bd. II, 6. Aufl. 1982, §§ 74–132;

Gnade/Kehrmann/Schneider/Blanke/Klebe, Betriebsverfassungsgesetz, Basiskommentar mit Wahlordnung, 8. Aufl. 1999;

Heinze, Personalplanung, Einstellung und Kündigung 1982;

v. Hoyningen-Huene, Betriebsverfassungsrecht, 3. Aufl. 1993;

Hess/Schlochauer/Glaubitz, Kommentar zum BetrVG, 5. Aufl. 1997;

Löwisch/Kaiser, Kommentar zum BetrVG, 5. Aufl. 2002;

Pünnel/Isenhardt, Die Einigungsstelle des BetrVG 1972, 4. Aufl. 1997;

Richardi, Kommentar zum Betriebsverfassungsgesetz, 7. Aufl. 1998, 8. Aufl. 2002;

Schaub, Arbeitsrechts-Handbuch, 9. Aufl. 2000;

---

7 BVerfG 2. 3. 1999 – 1 BvL 2/91 – AP 2 zu § 3 MitbestimmungsErgänzungsG = NJW 1999, 1535 ff. = NZA 1999, 435 ff.

Stege/Weinspach, Betriebsverfassungsgesetz Handbuch für die betriebliche Praxis, 8. Aufl. 1999;
Wlotzke, BetrVG, 2. Aufl. 1992.

Aufsätze zum BetrVG 1972 können aus den NJW-Fundheften oder aus dem Arbeitsrechts-Handbuch von Schaub, 9. Aufl. 2000 entnommen werden.

Rechtsprechung: Die Rechtsprechung ist nach Entscheidungssammlungen zitiert. Hier ist zu verweisen auf:
BAGE: Amtliche Sammlung der Entscheidungen des Bundesarbeitsgerichts;
AP: Arbeitsrechtliche Praxis, Amtliches Nachschlagewerk des Bundesarbeitsgerichts – Loseblattsammlung;
EzA: Entscheidungssammlung zum Arbeitsrecht – Loseblattsammlung;
LAGE: Entscheidungen der Landesarbeitsgerichte – Loseblattsammlung.
Ferner ist auf die großen Fachzeitschriften zu verweisen:
Bundesarbeitsblatt, herausgegeben vom Bundesministerium für Arbeit;
RdA, Recht der Arbeit, C. H. Beck-Verlag;
NJW, Neue Juristische Wochenschrift, C. H. Beck-Verlag;
NZA, Neue Zeitschrift für Arbeitsrecht, C. H. Beck-Verlag;
BB, Der Betriebs-Berater, Verlag Recht und Wirtschaft;
DB, Der Betrieb, Verlag Handelsblatt;
ZfA, Zeitschrift für Arbeitsrecht, Carl Heymanns Verlag;
ArbuR, Arbeit und Recht, herausgegeben vom Bundesvorstand des DGB, Bund-Verlag;
SAE, Sammlung arbeitsrechtlicher Entscheidungen, Zeitschrift der Bundesvereinigung der Deutschen Arbeitgeberverbände.
AuA, Arbeit und Arbeitsrecht (neue Bundesländer) C. H. Beck-Verlag.
AiB, Arbeitsrecht im Betrieb, AiB Verlag

§ 2. Der persönliche Geltungsbereich des Betriebsverfassungsgesetzes

Das BetrVG ist Teil des sog. kollektiven Arbeitsrechts. Sein 20
Regelungsgegenstand ist nicht das Rechtsverhältnis zwischen Arbeitgeber und einzelnem Arbeitnehmer, sondern zwischen Arbeitgeber und Belegschaft des Betriebs. Die Belegschaft hat dabei nicht als solche und unmittelbar „kollektive" Rechte oder

Pflichten gegenüber dem Arbeitgeber, sondern nur mittelbar. Rechtsträger ist ihre gewählte Vertretung, der Betriebsrat. Von großer Wichtigkeit ist, wer genau zur Betriebsbelegschaft gehört, d. h. wen der Betriebsrat gegenüber dem Arbeitgeber vertritt, und wer „Arbeitgeber" im Sinne des BetrVG ist.

I. Der Arbeitgeber

21 Das BetrVG verwendet im Allgemeinen den Ausdruck Arbeitgeber. Gelegentlich benutzt es stattdessen die Bezeichnung Unternehmer. Beide Begriffe sind nicht deckungsgleich.

22 **Arbeitgeber** i. S. des Individualarbeitsrechts sind alle natürlichen oder juristischen Personen oder Gesamthandsgemeinschaften (oHG, KG), die jemanden aufgrund eines privatrechtlichen Vertrags mit abhängiger Arbeit beschäftigen.[8] Arbeitgeber im Sinne des Betriebsverfassungsrechts ist derjenige, der im Rahmen eines Betriebs (unten Rn. 72ff.), also der organisatorischen Einheit zur Erfüllung arbeitstechnischer Zwecke, der Belegschaft bzw. den einzelnen Arbeitnehmern mit konkreten Weisungen und Dispositionsbefugnissen entgegentritt. Er ist in diesem Sinn Organ der Betriebsverfassung. Der Arbeitgeber braucht die ihm nach dem BetrVG zustehenden Rechte und Pflichten nicht selbst auszuüben. Bei juristischen Personen handelt für ihn ohnehin der gesetzliche Vertreter, bei Gesamthandsgemeinschaften die nach Gesetz, Gesellschaftsvertrag oder Satzung vertretungsberechtigten Personen. Auch diese können weiterdelegieren. Der Betriebsrat hat allerdings Anspruch darauf, dass er mit einem kompetenten Partner verhandeln kann, d. h. bei wichtigen Verhandlungen muss der Vertreter Entscheidungsbefugnis besitzen.[9] In der Insolvenz werden die Rechte und Pflichten des Arbeitgebers durch den Insolvenzverwalter wahrgenommen.[10] Wechselt der Betriebsinhaber durch Betriebsnachfolge (Betriebsüber-

---

8 Vgl. BAG AP 1 zu § 705 BGB; AP 1 zu § 611 BGB Hausmeister; AP 1 zu § 611 BGB Arbeitgebergruppe.

9 BAG AP Nr. 2 zu § 90 BetrVG 1972, Fitting/Kaiser/Heither/Engels, § 1 Rn. 207.

10 Heinze ArbuR 76, 33; DB 80, 205 unter Geltung der Konkursordnung; ErfK-Eisemann, § 1 BetrVG, Rn. 8 m. w. N.

gang),[11] bleibt aber die Betriebsgemeinschaft und die organisatorische Einheit als solche im Wesentlichen erhalten, d. h. behält der Betrieb seine bisherige Identität, so hat dies keine betriebsverfassungsrechtlichen Auswirkungen. Nach § 613 a I 1 BGB tritt der neue Betriebsinhaber als neuer Arbeitgeber in die Rechte und Pflichten der im Zeitpunkt des Übergangs bestehenden Arbeitsverhältnisse ein, sofern die Arbeitnehmer dem Übergang nicht widersprechen.[12] Der Betriebsrat bleibt im Amt.[13] Betriebsvereinbarungen, Regelungsabreden usw. bleiben mit normativer Wirkung in Kraft, da der Rechtsnachfolger in die Rechtsstellung des früheren Betriebsinhabers und Arbeitgebers eintritt.[14] Nach § 613 a I 2–4 BetrVG gehen die Rechtsnormen einer Betriebsvereinbarung als individualrechtliche Absprachen in den Arbeitsvertrag ein, falls der Betrieb seine bisherige Identität nicht behält und beim Erwerber keine Betriebsvereinbarungen zum selben Thema bestehen.

Unternehmer ist der Inhaber des Unternehmens. Ihm obliegt re- 23
gelmäßig die Leitung, Organisation und Planung des Betriebs oder des Unternehmens. Gehören zu einem Unternehmen mehrere Betriebe, so wird zumeist die örtliche Betriebsleitung die Arbeitgeberfunktion wahrnehmen, während die Unternehmensleitung die wirtschaftlichen Entscheidungen trifft. Verwendet das BetrVG den Begriff des Unternehmers, so geschieht dies zumeist im Zusammenhang mit wirtschaftlichen Angelegenheiten. Es will damit sicherstellen, dass dem Betriebsrat oder Wirtschaftsausschuss derjenige gegenübertritt, der die wirtschaftliche Leitungsmacht und Kompetenz innehat. Auf diese Weise soll erreicht werden, dass der Betriebsrat hinreichend über die wirtschaftlichen Zusammenhänge des Unternehmens unterrichtet wird.[15]

---

11 Schaub, Arbeitsrecht von A–Z, Stichwort: Betriebsnachfolge.

12 BAG AP 1, 8, 21 zu § 613 a BGB; AP 37 = DB 84, 1403; AP 55 = NZA 87, 524 = DB 87, 942; AP 96 = DB 92, 2034; EuGH NZA 90, 885; DB 93, 230 = BB 93, 860.

13 BAG AP 18 zu § 613 a BGB; ErfK-Preis, § 613 a BGB, Rn. 69, 70 m. w. N.

14 Münch.-Komm.-Schaub, § 613 a Rnr. 88 ff.; Schaub, Arbeitsrecht der Gegenwart 1981 Bd. 18, 71 ff. m. w. N.; ders. ArbR-Hdb. § 119.

15 Fitting/Kaiser/Heither/Engels, § 106, Rn. 19

24 Der Unternehmer hat im Rahmen des BetrVG Rechte und Pflichten gemäß §§ 53 II; 106 II; 108 II, III, V; 109; 110; 111; 112 I, II, III; 113; 119 II.

25 Gehören zu einem Unternehmen **mehrere Betriebe** und werden die Aufgaben der Personalverwaltung ganz oder teilweise durch Zentralstellen bei der Unternehmensleitung wahrgenommen, so ist die Stellung des Arbeitgebers gleichsam aufgespalten: Der Betriebsrat hat die ihm zustehenden Rechte je nach Inhalt entweder gegenüber dem örtlichen Betriebsleiter oder gegenüber der zentralen Personalverwaltung wahrzunehmen.

II. Die Arbeitnehmer

26 Nach § 5 I BetrVG sind **Arbeitnehmer** (Arbeitnehmerinnen und Arbeitnehmer) im Sinne des BetrVG Arbeiter und Angestellte einschließlich der zu ihrer Berufsausbildung Beschäftigten, unabhängig davon, ob sie im Betrieb, im Außendienst oder mit Telearbeit beschäftigt werden. Als Arbeitnehmer gelten auch die in Heimarbeit Beschäftigten, die in der Hauptsache für den Betrieb arbeiten.

27 Die Unterscheidung zwischen Arbeitern und Angestellten, wie sie bislang in § 6 BetrVG 1972 vorgenommen wurde, ist betriebsverfassungsrechtlich obsolet geworden, da die **Gruppenzugehörigkeit** für die Wahl und die Zusammensetzung des Betriebsrats **keine Rolle mehr** spielt. Die auf dem Gruppenprinzip beruhenden Vorschriften des § 6, § 10, § 12, § 14, § 16 I 5, § 31, § 47 II, § 55 I, § 114 VI 3, § 115 II Nr. 4 und § 116 II Nr. 4, 5 BetrVG 1972 und die der Wahlordnungen wurden durch das BetrVG 2001 aufgehoben bzw. neu gefasst. Durch weitere Artikel des Reformgesetzes wurden auch die entsprechenden Bestimmungen in den Wahlvorschriften der verschiedenen Gesetze zur Unternehmensmitbestimmung aufgehoben.

28 Das BetrVG setzt weiterhin den allgemeinen Arbeitnehmerbegriff voraus. **Arbeitnehmer**[16] (Arbeiter oder Angestellter) ist, wer aufgrund privatrechtlichen Vertrags im Dienst eines anderen zur Leistung weisungsgebundener, fremdbestimmter Arbeit in per-

16 Schaub, Arbeitsrecht von A–Z, Stichwort: Arbeitnehmer.

sönlicher Abhängigkeit verpflichtet ist.[17] Die Staatsangehörigkeit ist unerheblich. Arbeitnehmer, für die das BetrVG gilt, sind auch solche ausländischen Arbeitnehmer, mit denen die Geltung ausländischen Rechts vereinbart ist, sofern sie in einem Betrieb beschäftigt werden, in dem deutsches Arbeitsrecht auf die dort arbeitenden Arbeitnehmer anwendbar ist.[18]

Arbeit ist im wirtschaftlichen Sinne zu verstehen; es ist jede Be- 29
tätigung oder jedes Verhalten, das zur Befriedigung eines fremden Bedürfnisses dient und im Wirtschaftsleben als Arbeit qualifiziert wird.[19]

Sie muss aufgrund eines **privatrechtlichen Vertrags** oder eines 30
durch Gesetz (vgl. § 10 I AÜG) begründeten Arbeitsverhältnisses geleistet werden. Hiermit soll klargestellt werden, dass der Arbeitnehmer sich freiwillig in den Dienst eines anderen begeben haben und auch der Arbeitgeber den Willen zur Beschäftigung haben muss. Unerheblich ist die rechtliche Wirksamkeit des Vertrags.[20] Keine Arbeitnehmer sind demnach Strafgefangene,[21] Zivildienstleistende, Fürsorgearbeiter aufgrund von § 26 BSHG, Entwicklungshelfer.[22] Arbeitnehmer sind dagegen Personen, die in Maßnahmen zur Arbeitsbeschaffung (§§ 260 ff., 272 ff. SGB III) oder im Rahmen der „Hilfe zur Arbeit" nach § 19 II S. 1 1. Alt. BSHG beschäftigt werden (so das BAG mit Beschluss vom 5. 10. 2000 AP 16 zu § 106 BetrVG 1972). Das Merkmal des privatrechtlichen Vertrags dient ferner dazu, den Arbeitnehmer von Personengruppen zu unterscheiden, die zwar abhängige Arbeit leisten, aber nicht dem Arbeitsrecht unterstehen. Dies sind vor allem die Personen, die aufgrund eines öffentlich-rechtlichen Rechtsverhältnisses Arbeit leisten. Hierzu gehören die Beamten,

17 BAG AP 28, 38, 42 zu § 611 BGB Abhängigkeit; AP 45 = DB 84, 2203; AP 54 = NZA 91, 856; BAG 16. 2. 2000 AP 70 zu § 2 ArbGG 1979 = NZA 2000, 385; BSG AP 27, 29 a.a.O.; vgl. auch BVerfG AP 6 zu Art. 5 Abs. 1 GG Rundfunkfreiheit.

18 BAG AP 13 zu Internat. Privatrecht, Arbeitsrecht.

19 BAG 11. 10. 2000 AP 20 zu § 611 BGB Arbeitszeit.

20 BAG AP 2 zu § 123 BGB; AP 2 zu § 125 BGB; BAG 16. 2. 2000 AP 70 zu § 2 ArbGG 1979 = NZA 2000 385 = NJW 2000, 1438.

21 BAG AP 18 zu § 5 ArbGG; AP 18 zu § 5 BetrVG 1972.

22 BAG AP 1, 2 zu § 611 BGB Entwicklungshelfer.

es sei denn, dass sie in einen Privatbetrieb abgeordnet sind und dort aufgrund eines Arbeitsvertrags tätig werden.[23]

31 Arbeitnehmer im Sinne des BetrVG sind Beamte auch dann, wenn sie im Rahmen ihres öffentlich-rechtlichen Dienstverhältnisses in einen Privatbetrieb abgeordnet oder diesem zugewiesen oder überlassen werden, wie etwa im Rahmen der Privatisierung von Bundespost und Bundesbahn geschehen, vgl. § 19 I DBGrG; § 24 II PostPersRG.[24]

32 Die Arbeit muss schließlich im Dienst eines anderen geleistet werden. Durch das Merkmal der **persönlichen Abhängigkeit** unterscheidet sich der Arbeitnehmer vom **Unternehmer, Dienstnehmer** oder **freien Mitarbeiter**. Persönlich abhängig ist derjenige, dem in Bezug auf Art und Weise, Durchführung und Ort der Arbeit, Arbeitseinteilung und Arbeitszeit Weisungen erteilt werden können.[25] Die neuere Rspr. im Medienbereich stellt auf die Teilnahme an der Programmgestaltung und die Aufnahme in einseitig aufgestellte Dienstpläne ab.[26] Entscheidend ist, ob der Beschäftigte seine Arbeitskraft nach selbst gesetzten Zielen und Bedürfnissen des Marktes einsetzen kann.[27] Keine Arbeitnehmer sind solche Personen, die im Rahmen eines bestimmten Zeitkontingents über ihre Arbeitszeit im Wesentlichen frei verfügen und ihre Tätigkeit frei gestalten können, § 84 I S. 2 HGB (z. B. Dozenten an Volkshochschulen, Psychologen in der Behindertenfürsorge).[28] Die Arbeit braucht keinen erheblichen Umfang

---

23 Vgl. BAG AP 2, 3 zu § 4 BetrVG; AP Nr. 8 zu § 8 BetrVG 1972; BAG 27. 6. 2001 – 5 AZR 424/99 – z. V. v.

24 ErfK-Eisemann, BetrVG § 5, Rn. 9

25 BAG AP 10, 28 zu § 611 BGB Abhängigkeit; AP 26 = DB 78, 1035; AP 34 = DB 80, 1996; AP Nr. 102 = NZA 99, 205.

26 BAGE 76, 21; 78, 343; 88, 263; BAG 19. 1. 2000 AP 33 zu § 611 BGB Rundfunk = NZA 2000, 1102; vgl. aber auch BAG 20. 9. 2000 AP 37 zu § 611 BGB Rundfunk = NZA 2001, 551.

27 BAG AP 26, 34, 42 zu § 611 BGB Abhängigkeit; vgl. BVerfG AP 6 zu Art. 5 Abs. 1 GG Rundfunkfreiheit.

28 BAG AP 13 zu § 611 BGB Lehrer, Dozenten = DB 77, 1323; AP 38 zu § 611 BGB Abhängigkeit = DB 81, 2500; für Versicherungsvertreter vgl. BAG 15. 12. 1999 AP 5 zu § 92 HGB; BAG 15. 12. 1999 AP 9 zu § 84 HGB; BAG 15. 12. 1999 AP 12 zu § 84 HGB.

zu haben.[29] Arbeitnehmer und Wahlberechtigte i. S. des BetrVG sind auch Teilzeitbeschäftigte,[30] befristet Beschäftigte und Abrufarbeitskräfte.[31] Die Versicherungsfreiheit wegen Geringfügigkeit (§ 8 SGB IV) im Sozialversicherungsrecht ist kein Indiz gegen die Arbeitnehmereigenschaft.[32] Dasselbe gilt für in Nebenbeschäftigung Tätige.[33] Arbeitnehmer sind auch die in einem Jobsharing-Arbeitsverhältnis Beschäftigten;[34] insoweit handelt es sich um eine besondere Form der Teilzeitbeschäftigten. Bei **Telearbeit** richtet sich die Frage, ob ein Arbeitsverhältnis vorliegt, nach den allgemeinen Abgrenzungskriterien. Der Umstand, dass § 5 I 2 BetrVG 2001 die Telearbeit besonders aufführt, hat daran nichts geändert.[35] Ist der ausgelagerte Arbeitsplatz mit der Zentrale on-line verbunden, dürfte in der Regel ein Arbeitsverhältnis gegeben sein.[36] Auch ein **Franchisenehmer** kann Arbeitnehmer sein.[37]

Heimarbeiter ist, wer in selbst gewählter Arbeitsstätte (eigener 33
Wohnung oder selbst gewählter Betriebsstätte) allein oder mit seinen Familienangehörigen im Auftrag von Gewerbetreibenden oder Zwischenmeistern erwerbsmäßig arbeitet, jedoch die Verwertung der Arbeitsergebnisse dem unmittelbar oder mittelbar auftraggebenden Gewerbetreibenden überlässt (§ 2 I HAG) . Die Verträge der Heimarbeiter mit den Auftraggebern können Dienst-

---

29 BAG AP 23 zu § 611 BGB Rundfunk.

30 Vgl. Arbeitnehmer mit geringer Stundenzahl: LAG Düsseldorf DB 80, 1222; LAG Hamm EzA 2 zu § 6 BetrVG 1972 = LAGE 1 zu § 6 BetrVG 1972; Zeitungsfrauen: BAG AP 3 zu § 19 BetrVG 1972.

31 Schaub Arbeitsrecht von A–Z, Stichwort: Abrufarbeit; LAG Düsseldorf DB 80, 1222.

32 LAG Hamm DB 79, 2380; BB 80, 1424.

33 BAG AP 4 zu § 611 BGB Fleischbeschauer – Dienstverhältnis; AP 10 zu § 611 BGB Lehrer, Dozenten.

34 Schaub Arbeitsrecht von A–Z, Stichwort: Job-sharing-Arbeitsverhältnis.

35 Vgl. die Begründung zum RegEntw. zum BetrVG vom Dezember 2000, Besonderer Teil zu Nr. 5; so auch Schaub, NZA 2001, 364; Buchner, NZA 2001, 633, 636.

36 Fitting/Kaiser/Heither/Engels, § 5 Rn. 56 a m. w. N.; Konzen, RdA 2001, 76, 83.

37 BAG AP 37 zu § 5 ArbGG 1979; Fitting/Kaiser/Heither/Engels, § 5 Rn. 15ff.

oder Werkverträge, aber auch Kauf- oder Werklieferungsverträge sein.[38] Das Merkmal „in der Hauptsache" ist auch dann erfüllt, wenn der Heimarbeiter keine weiteren Einnahmen aus Heimarbeit oder sonstiger Berufstätigkeit hat.[39] Keine Heimarbeiter sind Personen, die an einem selbst gewählten Arbeitsort (eigene Wohnung) für eine wissenschaftliche Informationseinrichtung arbeitswissenschaftliche Literatur auswerten, weil eine solche Einrichtung kein Gewerbe betreibt.[40] Nicht als Arbeitnehmer gelten die den Heimarbeitern gleichgestellten Personen, wie sich aus § 1 III HAG ergibt.

34 Das BetrVG betrachtet als Arbeitnehmer **alle Arbeitnehmer im arbeitsrechtlichen Sinne** mit Ausnahme bestimmter, in § 5 II, III BetrVG **bezeichneter** Personengruppen. Diese nimmt das Gesetz vom Begriff des Arbeitnehmers wegen ihrer leitenden Stellung, ihrer primär nicht auf Erwerb gerichteten Tätigkeit oder ihrer familienrechtlichen Beziehungen zum Arbeitgeber aus (im Einzelnen s. u. III, IV). Die **Nicht-Arbeitnehmer** i. S. des Betriebsverfassungsrechtes sind bei der Anwendung der Betriebsverfassungsnormen außer Acht zu lassen; d. h., sie besitzen weder das aktive noch das passive Wahlrecht, sie bleiben bei der Entscheidung außer Acht, ob ein betriebsratspflichtiger Betrieb vorliegt (§ 1 BetrVG), in welcher Stärke ein Betriebsrat zu wählen ist (§ 9 BetrVG) usw.

35 Zu den Arbeitnehmern gehören auch diejenigen, die nicht vom Betriebsinhaber selbst, sondern von einer Mittelsperson beschäftigt werden, welche ihrerseits Arbeitnehmer des Betriebsinhabers ist **(mittelbares Arbeitsverhältnis)**, sofern erstere dem Weisungsrecht des mittelbaren Arbeitgebers unterliegen.[41] Dies ist möglich, obwohl zwischen ihnen und ihrem mittelbaren Arbeitgeber kein Arbeitsvertrag besteht. Arbeitsverträge mit einer gespaltenen Ar-

38 Schaub, NZA 2001, 364.

39 BAG AP 1 zu § 6 BetrVG 1972; a. A. LAG Hamm DB 73, 2304.

40 BAG AP 48 zu § 5 BetrVG 1972 = NZA 92, 899.

41 BAG AP 2, 3 zu § 611 BGB Mittelbares Arbeitsverhältnis; AP 2 zu § 611 BGB Akkordkolonne; zu rechtsmissbräuchlichen Beziehungen (Schulhausmeister muss Arbeitnehmer einstellen): BAG AP 5 zu § 611 BGB Mittelbares Arbeitsverhältnis Schaub, ArbR-Hdb., § 212 II 3.

beitgeberstellung kommen in einem **Konzern** vor, wenn die Arbeitsverträge mit der leitenden Gesellschaft abgeschlossen werden, die Arbeitnehmer aber bei einer Betriebsgesellschaft arbeiten sollen. Dies ändert nichts an dem Status der Arbeitnehmer. Betriebsverfassungsrechtlich gehören sie zur Betriebsgesellschaft; dort sind sie wahlfähig und wahlberechtigt.[42] Beim **Leiharbeitsverhältnis** ist zwischen dem echten und unechten Leiharbeitsverhältnis[43] zu unterscheiden. Von einem **echten** Leiharbeitsverhältnis, das **nicht dem AÜG** unterfällt, wird dann gesprochen, wenn ein Arbeitnehmer vorübergehend einem Entleiher zur Arbeitsleistung in dessen Betrieb zur Verfügung gestellt wird. In diesen Fällen ist die Arbeitgeberfunktion aufgespalten. Der Entleiher hat die betrieblichen Arbeitgeberpflichten, insbesondere mit Blick auf den Arbeitsschutz, zu erfüllen. Der Verleiher ist dagegen für die Lohnzahlung und die Abführung der Sozialversicherungsbeiträge verantwortlich.[44] Im Allgemeinen wird daher der Leiharbeitnehmer jedenfalls nach einiger Zeit sowohl zum Betriebsrat des Verleiherbetriebs als auch dem des Entleiherbetriebs wahlberechtigt und wahlfähig sein.[45] Beim **unechten** Leiharbeitsverhältnis, bei dem also von vornherein beabsichtigt ist, den Arbeitnehmer in einen Betrieb des Entleihers zu entsenden, war nach bisherigem Recht ein aktives und passives Wahlrecht nur im Verleiherbetrieb gegeben (§ 14 II 1 AÜG). Dies galt auch dann, wenn der überwiegende Zweck des Unternehmens nicht auf die Arbeitnehmerüberlassung gerichtet war.[46] Dagegen sind Leiharbeitnehmer nach § 7 S. 2 BetrVG 2001, § 14 II 1 AÜG 2001 nunmehr (auch) im Entleihbetrieb aktiv wahlberechtigt, wenn sie dort länger als drei Monate eingesetzt werden. Außerdem ist es bei den Schutzfunktionen des Betriebsrats des Entleihbetriebs (§ 14 II AÜG) geblieben.[47]

---

42 Fitting/Kaiser/Heither/Engels § 5 Rn. 64 b.

43 Schaub Arbeitsrecht von A–Z, Stichwort: Leiharbeitsverhältnis.

44 BAG AP 2 zu § 611 BGB Leiharbeitsverhältnis; AP 5 zu § 10 AÜG.

45 So das BAG AP 1 zu § 6 BetrVG; AP 1, 2 zu § 611 BGB Leiharbeitsverhältnis; Fitting/Kaiser/Heither/Engels, § 5, Rn. 72; a. A. BAG AP 2 zu § 14 AÜG = NZA 89, 728 (wegen entspr. Anwendung von § 14 AÜG).

46 BAG AP 2, 5 zu § 1 AÜG.

47 Fitting/Kaiser/Heither/Engels § 5 Rn. 78.

36 Zu den Arbeitnehmern gehören auch die **„zu ihrer Berufsausbildung Beschäftigten“**, § 5 I BetrVG. Der Begriff deckt sich weder völlig mit dem in § 1 BBiG, noch mit dem in § 5 I 1 ArbGG. Er ist teils weiter, teils enger. Berufsausbildung i. S. des BetrVG ist jede Ausbildung zu einem Erwerbsberuf, die sich im Rahmen des arbeitstechnischen Zwecks eines Produktions- oder Dienstleistungsbetriebs vollzieht und bei der der Auszubildende vergleichbar einem Arbeitnehmer in den Betrieb eingegliedert ist. Neben der Berufsausbildung i. S. des BBiG, nämlich der Vermittlung einer breit angelegten beruflichen Grundbildung und der fachlichen Fertigkeiten und Kenntnisse für eine qualifizierte berufliche Tätigkeit, § 1 II BBiG,[48] zählen zur Berufsausbildung i. S. des BetrVG alle Maßnahmen, die auf betrieblicher Ebene berufliche Kenntnisse und Fähigkeiten vermitteln.[49] Eine Berufsausbildung i. S. des BetrVG kann auch gegeben sein, wenn Umschüler und Teilnehmer an berufsvorbereitenden Maßnahmen in einem Betrieb ausgebildet werden, der Förderungsmittel der BAnstArb erhält,[50] oder wenn Schüler einer privaten Berufs- oder Ersatzschule im Betrieb ausgebildet werden.[51] Hochschul- und Fachhochschulabsolventen, die während eines Praktikums in einer privatrechtlichen Vertragsbeziehung zum Betriebsinhaber stehen, sind zur Berufsausbildung beschäftigt. Dies gilt nicht, wenn die Praktika als Hochschul- oder Fachhochschulmaßnahme ausgestaltet sind.[52] Berufliche Rehabilitanden i. S. der §§ 97 ff. SGB III können im Berufsbildungswerk zu ihrer Berufsausbildung Beschäftigte nach § 5 I BetrVG sein.[53] Die Ausbildung muss sich aber im Rahmen des arbeitstechnischen Zwecks eines Produktions- oder Dienstleistungsbetriebs vollziehen. Findet die praktische Berufsausbildung dagegen in einem reinen Ausbildungsbetrieb statt (sonstige

48 Schaub Arbeitsrecht von A–Z, Stichwort: Berufsausbildung; BAG AP 40 zu § 5 BetrVG 1972.

49 BAG AP 25, 26, 40, zu § 5 BetrVG 1972.

50 BAG AP 25 zu § 5 BetrVG 1972; AP 33 = DB 87, 335; GmSOGH NZA 87, 663.

51 BAG AP 2 zu § 5 BetrVG 1972.

52 BAG AP 2 zu § 5 BetrVG 1972 Ausbildung = NZA 1992, 808.

53 BAG AP 4 zu § 5 BetrVG 1972 Ausbildung.

Berufsbildungseinrichtung i. S. des § 1 V BBiG), so gehören die Auszubildenden nicht zur Belegschaft des Ausbildungsbetriebs. Sie sind selbst Objekt des Betriebszwecks und sind deshalb nicht wahlberechtigt zum Betriebsrat dieses Betriebs.[54]

Der Ausschuss für Arbeit und Sozialordnung hat in seiner Be- 37
schlussempfehlung vom 20. Juni 2001 dem Bundestag empfohlen, einen Entschließungsantrag anzunehmen, demzufolge der Bundesregierung aufgetragen wird, für Auszubildende in sonstigen Berufsausbildungseinrichtungen im Sinne des § 1 V BBiG eine Interessenvertretung zu schaffen, damit auch diese frühzeitig Demokratieverständnis entwickeln und Demokratie praktisch erfahren können. Dazu soll in das BBiG eine Regelung aufgenommen werden, die den Auszubildenden das Recht einräumt, eine eigene Interessenvertretung zu wählen, die sich in ihren Möglichkeiten und Aufgaben an den Regelungen zur Jugend- und Auszubildendenvertretung nach dem BetrVG orientiert. Der Bundestag ist der Empfehlung des Ausschusses gefolgt.

Bei der Wahl der **Schwerbehindertenvertretung** in einem Be- 38
rufsbildungswerk sind dagegen nicht nur die schwerbehinderten Arbeitnehmer, sondern auch die schwerbehinderten Rehabilitanden aktiv wahlberechtigt, die dort beruflich gefördert und ausgebildet werden. Auch sie gehören zu den im Betrieb beschäftigten Schwerbehinderten im Sinne von § 94 II SGB IX. Die Rehabilitanden sind jedoch zur Schwerbehindertenvertretung nicht passiv wählbar.[55]

Zu ihrer Berufsausbildung Beschäftigte i. S. von **§ 5 I 1 ArbGG** 39
können demgegenüber auch Auszubildende in berufsbildenden Schulen oder sonstigen Berufsbildungseinrichtungen nach § 1 V BBiG sein.[56]

Nicht zu den Arbeitnehmern gehören die **arbeitnehmerähn-** 40
lichen Personen.

Arbeitnehmerähnliche Personen sind solche Selbständige, die 41
– ohne persönlich abhängig zu sein – für andere in wirtschaftlich

54 BAG AP 8, 9 zu § 5 BetrVG 1972 Ausbildung; AP 54 zu § 5 BetrVG 1972.

55 BAG 27. 6. 2001 – 7 ABR 50/99 – zVv.).

56 BAG 24. 2. 1999 NZA 1999, 557.

abhängiger Stellung Arbeit leisten (z. B. als nicht angestellte Künstler, Musiker, freie Mitarbeiter des Rundfunks) und nach ihrer gesamten sozialen Stellung einem Arbeitnehmer vergleichbar schutzbedürftig sind.[57]

42 Ebenfalls keine Arbeitnehmer sind Personen, die ein **freiwilliges soziales Jahr** ableisten (§§ 1, 15 Gesetz zur Förderung eines freiwilligen sozialen Jahres).[58]

III. Einschränkung des Arbeitnehmerbegriffs (§ 5 II BetrVG)

43 **Keine** Arbeitnehmer i. S. des BetrVG sind:

- **Organvertreter einer juristischen Person.** Nach verbreiteter Ansicht gehören sie bereits nicht zu den Arbeitnehmern im arbeitsrechtlichen Sinne, so dass § 5 II Nr. 1 BetrVG nur deklaratorische Bedeutung zukommt. Anders als der BGH hält es das BAG aber nicht für ausgeschlossen, dass sich das Anstellungsverhältnis eines Organvertreters als Arbeitsverhältnis erweist.[59] Organvertreter sind bei Vereinen die Vorstandsmitglieder (§ 26 BGB) und Sondervertreter nach § 30 BGB, bei AktG, Versicherungsvereinen und Genossenschaften die Vorstandsmitglieder (§§ 78 AktG, 34 VAG, 24 GenG) und während der Liquidation die Liquidatoren, bei einer KG a. A. die Komplementäre (§ 278 II AktG), auch wenn nach dem Gesellschaftsvertrag die Vertretungsmacht eingeschränkt ist; bei der GmbH die Geschäftsführer (§ 35 GmbHG).

44 • in Betrieben von **Personengesellschaften** (oHG, KG, bürgerlich-rechtliche Gesellschaft) die **Mitglieder**, d. h. die Gesellschafter, soweit sie durch Gesetz, Satzung oder Gesellschaftsvertrag im Außenverhältnis zur **Vertretung** oder im Innenverhältnis zur **Geschäftsführung** berufen sind (§ 5 II Nr. 2 BetrVG). Dagegen können einfache Mitglieder, die von der

---

57 BAG AP 37 zu § 5 ArbGG 1979. BAG 17. 6. 1999 AP 39 zu § 17 a GVG = NZA 1999, 1175; BAG 19. 12. 2000 AP 9 zu § 2 ArbGG 1979 Zuständigkeitsprüfung = NZA 2001, 1373. Schaub Arbeitsrecht von A–Z, Stichwort: Arbeitnehmerähnliche Person.

58 BAG AP 52 zu § 5 BetrVG 1972.

59 BAG 6. 5. 1999 AP 10 zu § 35 GmbHG. BAG 13. 5. 1992 – 5 AZR 344/91 – n. v., m. w. N.; Köhl, DB 96, 2597, 2602.

Geschäftsführung und Vertretungsmacht ausgeschlossen sind, Arbeitnehmer sein.[60] Das BetrVG hat damit den Meinungsstreit zum BetrVG 1952 bereinigt, unter dessen Geltung unklar war, ob die von Geschäftsführung und Vertretung ausgeschlossenen Gesellschafter vom Betriebsverfassungsschutz ausgenommen waren oder nicht. Der Mehrheitsgesellschafter einer GmbH kann auch dann nicht Arbeitnehmer sein, wenn er zwar von der Geschäftsführung ausgeschlossen ist, aber über 50 % der Stimmrechte in der Gesellschafterversammlung oder eine Sperrminorität hält.[61]

- Personen, deren Beschäftigung nicht in erster Linie ihrem Erwerb dient, sondern vorwiegend durch Beweggründe **karitativer** oder **religiöser** Art bestimmt ist (§ 5 II Nr. 3 BetrVG); ferner Personen, die zum Zwecke der **Heilung**, Wiedereingewöhnung, sittlichen Besserung oder **Erziehung** beschäftigt werden (§ 5 II Nr. 4 BetrVG); sie unterfallen bereits nicht dem allgemeinen Arbeitnehmerbegriff. 45

Vorwiegend aus karitativen oder religiösen Gründen werden Mönche, Ordensschwestern oder Diakonissen tätig. Bei ihnen spielen Erwerbsgründe keine Rolle, da ihre Versorgung durch die jeweiligen Ordens- oder Mutterhäuser sichergestellt ist. Anders ist es dagegen bei den Krankenschwestern des Deutschen Roten Kreuzes, des Caritas-Verbandes oder der Inneren Mission. Wenngleich auch bei ihnen religiöse, sittliche oder karitative Gesichtspunkte Bestandteil ihrer Beschäftigung sind, so gehen sie doch einer Erwerbstätigkeit nach, aus deren Einkünften sie ihren Lebensunterhalt bestreiten. Werden Rote-Kreuz-Schwestern allerdings aufgrund ihrer Mitgliedschaft und der Schwesternordnung tätig, sind sie nach der Rechtsprechung des BAG keine Arbeitnehmer.[62] Bei zur Heilung, Wie- 46

60 Vgl. LAG Bremen AP 1 zu § 611 BGB Arbeits- und Gesellschaftsverhältnis; Fitting/Kaiser/Heither/Engels § 5 Rn. 106.

61 BAG AP 95 zu § 611 BGB Abhängigkeit = NZA 98, 939.

62 BAG AP 1 zu § 5 BetrVG 1972 Rotes Kreuz; AP 2 = NJW 86, 2906; AP 10 zu § 611 BGB Rotes Kreuz; BAG AP 22 zu § 5 ArbGG 1979 m. w. N.; a. A. Fitting/Kaiser/Heither/Engels, § 5, Rdrn. 108 m. w. N; Däubler/Kittner/Klebe, § 5, Rn. 145 ff.

dereingewöhnung, sittlichen Besserung oder Erziehung beschäftigten Personen stehen arbeitstherapeutische Gründe im Vordergrund. Zu diesen Personen zählen vor allem Kranke, Alkohol- und Rauschgiftsüchtige, Strafgefangene[63] usw. Ob Schwerbehinderte in einer Behindertenwerkstatt nach § 54 SchwbG und der dazu erlassenen SchwbWV Arbeitnehmer sind, lässt sich nur nach den Umständen des Einzelfalls beurteilen. Maßgebend ist, ob das Schwergewicht ihrer Tätigkeit in der Rehabilitation oder der Ausbildung liegt.[64]

47 • der **Ehegatte, Verwandte** und **Verschwägerte 1. Grades**, die in **häuslicher Gemeinschaft** mit dem Arbeitgeber leben, ohne Rücksicht darauf, ob sie aufgrund familienrechtlicher Mitarbeit oder aufgrund eines Arbeitsvertrags tätig werden (§ 5 II Nr. 5 BetrVG). Dasselbe gilt für Ehegatten, Verwandte und Verschwägerte 1. Grades der Organvertreter juristischer Personen oder der vertretungsberechtigten Gesellschafter von Personengesellschaften. Verwandte und Verschwägerte weiteren Grades zählen nur dann nicht zu den Arbeitnehmern, wenn sie aufgrund familienrechtlicher Mitarbeit und nicht aufgrund eines Arbeitsvertrages tätig werden.[65] Nicht erfasst werden Personen, die mit dem Arbeitgeber in einer Lebensgemeinschaft leben. Auch ein Verlöbnis schließt die Arbeitnehmereigenschaft nicht aus.[66]

IV. Leitende Angestellte

48 **(1)** Während der Beratungen zum BetrVG 1972 war umstritten, ob und inwieweit die leitenden Angestellten in die Betriebsverfassung einbezogen werden sollten. Der Entwurf der CDU/CSU-Fraktion sah für sie einen betrieblichen Sprecherausschuss und in Unternehmen mit mehreren Betrieben einen Gesamtsprecherausschuss vor. Die Ausschüsse sollten die besonderen Belange der leitenden Angestellten wahrnehmen. Die Mehrheit des

---

63 BAG AP 18 zu § 5 ArbGG; AP 18 zu § 5 BetrVG 1972; LAG Schleswig-Holstein DB 76, 1824.

64 Vgl. v. Maydell RdA 81, 148; Neumann RdA 81, 143; Pünnel/Vater ArbuR 81, 230.

65 ArbG Köln DB 76, 2068.

66 Fitting/Kaiser/Heither/Engels § 5 Rn. 112.

Bundestages hat ihre Einbeziehung in die Betriebsverfassung und die Errichtung von Sprecherausschüssen abgelehnt, da die betriebssoziale Stellung der leitenden Angestellten noch nicht abschließend beurteilt werden könne. Demgegenüber sind im MitbestG 1976 die leitenden Angestellten berücksichtigt.

(a) Das BAG hat zunächst angenommen, dass § 5 III BetrVG 49
1972 zu allgemein gefasst sei, um justitiabel zu sein. Vielmehr sei von einem **allgemeinen Oberbegriff** des leitenden Angestellten auszugehen,[67] der durch drei Merkmale gekennzeichnet sei: (α) Der Angestellte müsse vornehmlich unternehmerische Aufgaben wahrnehmen, wobei räumlich oder fachlich begrenzte Teilaufgaben genügten; (β) der Angestellte müsse im Rahmen seiner unternehmerischen Teilaufgaben einen erheblichen eigenen Entscheidungsspielraum haben, dies werde nicht dadurch ausgeschlossen, dass Richtlinien und Rechtsvorschriften zu beachten seien; (γ) zwischen dem Angestellten und der übrigen Arbeitnehmerschaft müsse eine Interessenpolarität bestehen, wobei nicht erforderlich sei, dass der Angestellte mit dem Betriebsrat unmittelbar verhandele, es genüge auch ein mittelbarer Gegnerbezug. Neben diesen allgemeinen Merkmalen müssten für den betriebsverfassungsrechtlichen Begriff des leitenden Angestellten die besonderen Merkmale des § 5 III Nr. 1–3 BetrVG 1972 vorliegen.

(b) Diese Rspr. hat das BAG durch eine Entscheidung v. 29. 1. 50
1980[68] modifiziert. Seitdem ist es davon ausgegangen, dass die Abgrenzungsmerkmale für den Begriff des leitenden Angestellten in § 5 III BetrVG 1972 umfassend enthalten seien.

(c) Durch das Gesetz zur Änderung des BetrVG, über Sprecher- 51
ausschüsse der leitenden Angestellten und zur Sicherung der Montanmitbestimmung v. 23. 12. 1988 (BGBl. I 2312) ist mit Wirkung vom 1. 1. 1989 der Begriff des leitenden Angestellten präzisiert worden. Im Wesentlichen wiederholt das Gesetz die bisherige Rspr. des BAG, so dass sie noch berücksichtigt werden kann. Zur Wahrung ihrer Interessen können die leitenden Angestellten in Betrie-

67 BAG AP 1, 2, 3, 4, 6, 7, 11, 12, 16 zu § 5 BetrVG 1972; Galperin RdA 77, 65, 143, 228, 288.

68 BAG AP 22 zu § 5 BetrVG 1972 = NJW 80, 2665.

ben mit in der Regel mindestens zehn leitenden Angestellten eigene Sprecherausschüsse bilden, die bestimmte Mitwirkungsrechte haben, § 1 SprAuG, §§ 25 ff. SprAuG.[69] Der Betriebsrat ist dagegen für leitende Angestellte nicht zuständig, § 5 III BetrVG.[70]

52 **(d)** Es gibt keine allgemein gültige Definition des Begriffs des leitenden Angestellten. Vielmehr ist die Abgrenzung in den verschiedenen Gesetzen unterschiedlich. Für den Kündigungsschutz gilt § 14 II KSchG (vgl. dazu Vogel NZA 2002, 313), für die Stellung als ehrenamtlicher Richter bei den Gerichten für Arbeitssachen gilt § 22 II Nr. 2 ArbGG. Im Rahmen der Betriebs- und Sprecherausschussverfassung erfolgt die Abgrenzung der leitenden Angestellten in § 5 III BetrVG, § 1 SprAuG und in § 3 III Nr. 2 MitbestG nach einheitlichen Merkmalen, da jeweils auf § 5 III BetrVG verwiesen wird.

53 **(2)** Sowohl für die Betriebsverfassung als auch die Sprecherausschussverfassung ergibt sich der Begriff des leitenden Angestellten aus § 5 III 2 BetrVG. Die gesetzlichen Tatbestandsmerkmale sind für den Begriff abschließend und erschöpfend. Danach müssen leitende Angestellte nach Arbeitsvertrag oder Stellung im Betrieb herausgehoben sein.

54 **(a)** Die Funktionen eines leitenden Angestellten werden aufgrund eines Arbeitsvertrages ausgeübt. Das ist eine Selbstverständlichkeit. Die gesetzliche Betonung des Arbeitsvertrags hat die Bedeutung, dass sich bereits aus der vertraglichen Gestaltung die Funktion des leitenden Angestellten ergeben muss. Nicht erforderlich ist dabei, dass die genannten Aufgaben und Befugnisse im Arbeitsvertrag schriftlich niedergelegt sind, es genügen auch entspr. mündliche Abreden (BT-Drucks. 11/2503 S. 30).[71]

55 **(b)** Der leitende Angestellte muss durch seine Stellung im Unternehmen oder Betrieb die vertraglich eingeräumte Rechtsposition auch tatsächlich ausüben. Er muss nicht nur im Außenverhältnis zu Dritten, sondern auch im Innenverhältnis zum

69 Vgl. dazu Däubler/Kittner/Klebe § 5, Rn. 170 ff.

70 Zum Problem der Vertretung der leitenden Angestellten im Europäischen Betriebsrat vgl. Ramme, DB 1995, 2066; Kolvenbach, NZA 2000, 518, 521 m. w. N.

71 BAG AP 14 zu § 5 BetrVG 1972.

Arbeitgeber die Funktionen wahrnehmen dürfen. Gehört ein leitender Angestellter mehreren Betrieben an, so kann sein Status nur für alle Betriebe einheitlich beurteilt werden.[72]

(3) Unter diesen Voraussetzungen gibt es nunmehr drei Alternativen, die den Status als leitender Angestellter begründen können. 56

(a) Leitender Angestellter ist, wer aufgrund seiner Befugnisse zur **selbständigen Einstellung und Entlassung** von im Betrieb oder in der Betriebsabteilung Beschäftigten berechtigt ist (§ 5 III 2 Nr. 1 BetrVG). Es handelt sich um ein formales Abgrenzungsmerkmal. In ihm wird vorausgesetzt, dass der leitende Angestellte nicht nur im Außenverhältnis, sondern auch im Innenverhältnis zum Arbeitgeber im Wesentlichen frei von Weisungen über Einstellung und Entlassung entscheiden darf.[73] Nur eine der beiden Befugnisse genügt nicht. Erforderlich ist, dass diese Befugnisse gegenüber einer nicht unerheblichen Anzahl von Arbeitnehmern bestehen. Dies folgt aus den Tatbestandsmerkmalen „Betrieb" oder „Betriebsabteilung". So kann zwar der Polier an der Baustelle zur selbständigen Einstellung und Entlassung befugt sein. Gleichwohl gehört er nicht zu den leitenden Angestellten, weil er nur für eine einzige Baustelle zuständig ist und weil er keine herausgehobene Stellung hat. Er trifft keine Personalentscheidungen, die für den Bestand oder die Entwicklung des Unternehmens von Bedeutung sind. Eine schlichte Vorgesetztenstellung gegenüber einer größeren Anzahl unterstellter Arbeitnehmer kann bei fehlender selbständiger Einstellungs- und Entlassungsbefugnis für den Status als leitender Angestellter nicht ausschlaggebend sein.[74] 57

(b) Leitender Angestellter ist, wer **Generalvollmacht oder Prokura** hat, wenn die Prokura auch im Verhältnis zum Arbeitgeber **nicht unbedeutend ist** (§ 5 III 2 Nr. 2 BetrVG). Leitender Angestellter ist nur, wer formal Generalvollmacht oder Prokura hat. Unzureichend ist die Handlungsvollmacht. Das BAG hatte ur- 58

72 BAG AP 42 zu § 5 BetrVG 1972 = BB 90, 1700.

73 BAG AP 28 zu § 5 BetrVG 1972 = BB 82, 1729 = DB 82, 1990; AP 37 = NJW 89, 998 = NZA 88, 809.

74 BAG AP 32 zu § 5 BetrVG 1972 = NJW 86, 2273 = NZA 86, 458.

sprünglich angenommen, dass ein Arbeitnehmer nur dann zu den leitenden Angestellten zählt, wenn er als Prokurist auch im Innenverhältnis zum Arbeitgeber uneingeschränkte Vertretungsbefugnis hat.[75] Mit Wirkung vom 1. 1. 1989 hat der Gesetzgeber den letzten Halbsatz „und die Prokura auch im Verhältnis zum Arbeitgeber nicht unbedeutend ist“ (BT-Drucks. 11/3618 S. 7) eingefügt. Er wollte dem Umstand Rechnung tragen, dass auch leitende Angestellte gewissen Beschränkungen durch Richtlinien und allgemeinen Weisungen unterliegen können. Er wollte damit klarstellen, dass es für den Begriff des leitenden Angestellten unschädlich ist, wenn ihm allgemeine Weisungen und Richtlinien durch den Arbeitgeber vorgegeben sind. Leitender Angestellter ist aber nicht, wer im Innenverhältnis gehalten ist, von der Prokura keinen selbständigen Gebrauch zu machen, sog. Titularprokurist. Der Prokurist muss vielmehr auch intern eine unternehmerisch bedeutsame Aufgabe erfüllen.[76]

59 **(c)** Leitender Angestellter ist auch, wer regelmäßig **sonstige Aufgaben** wahrnimmt, die für den Bestand und die Entwicklung des Unternehmens oder eines Betriebs von Bedeutung sind **und** deren Erfüllung besondere Erfahrungen und Kenntnisse voraussetzt, wenn er dabei **entweder** die Entscheidungen im Wesentlichen frei von Weisungen trifft (Wahrnehmung von „Linienfunktionen“) **oder** sie jedenfalls maßgeblich beeinflusst (Wahrnehmung von „Stabsfunktionen“). Dies kann auch bei Vorgaben aufgrund von Rechtsvorschriften, Plänen oder Richtlinien sowie bei Zusammenarbeit mit anderen leitenden Angestellten gegeben sein (§ 5 III 2 Nr. 3 BetrVG).

60 **(aa)** Mit dem Tatbestandsmerkmal „die für den Bestand und die Entwicklung des Unternehmens oder eines Betriebs von Bedeutung sind“ knüpft das Gesetz an die Rspr. des BAG an, dass der Angestellte unternehmerische Teilaufgaben wahrnehmen muss, die für den Bestand und die Entwicklung bedeutsam sind.[77] Zu den leitenden Angestellten gehören nur solche, die

75 BAG AP 37 zu § 5 BetrVG 1972 = NJW 89, 998 = NZA 88, 809.

76 BAG AP 55 zu § 5 BetrVG 1972. ErfK-Eisemann, BetrVG § 5, Rn. 33.

77 BAG AP 11 zu § 5 BetrVG 1972 = BB 76, 414; AP 22 = NJW 80, 2665, 2724; AP 32 = NJW 86, 2273 = NZA 86, 484.

die Unternehmensplanung beeinflussen können, nicht aber diejenigen, die nur die arbeitstechnische Zwecksetzung in der Fertigung durchsetzen. Die Aufgaben können sich auf die wirtschaftlichen, kaufmännischen, organisatorischen und wissenschaftlichen Bereiche eines Unternehmens beziehen.

(bb) Die Erfüllung der Aufgaben muss besondere Erfahrungen 61
und Kenntnisse voraussetzen. Wie der leitende Angestellte diese Kenntnisse erworben hat, ist unerheblich.[78] Ein akademisches Studium macht noch nicht zum leitenden Angestellten und ist auch nicht Voraussetzung. Maßgeblich ist allein, dass ihm die Funktionen wegen seiner Erfahrungen und Kenntnisse übertragen worden sind.

(cc) Der leitende Angestellte muss die Entscheidung im We- 62
sentlichen frei von Weisungen treffen oder sie maßgeblich beeinflussen.[79] In den Gesetzesmaterialien heißt es, dass ein im Wesentlichen von Weisungen freies Handeln nicht nur dann vorliegen kann, wenn der leitende Angestellte die Entscheidungen selbst trifft, sondern auch dann, wenn er aufgrund seiner Position Fakten schafft, die bei den unternehmens- oder betriebsleitenden Entscheidungen nicht unbeachtet gelassen werden können (BT-Drucks. 11/2503, S. 30).

(dd) Der leitende Angestellte muss die Aufgaben regelmäßig 63
wahrnehmen. Sie dürfen ihm also nicht nur vorübergehend oder zur Erprobung übertragen worden sein. Im Allgemeinen wird daher der bloße Stellvertreter nicht selbst leitender Angestellter sein.[80]

(4) § 5 IV BetrVG enthält nach den Gesetzesmaterialien „Aus- 64
legungsregeln, die an formale, schnell feststellbare Merkmale anknüpfen, um die Anwendung des § 5 III 2 Nr. 3 BetrVG zu erleichtern" (BT-Drucks. 11/2503, S. 30). Die für die Anwendung der Auslegungsregel vorausgesetzten „Zweifel" müssen sich auf den Grundtatbestand als leitender Angestellter nach Absatz 3

78 BAG AP 7 zu § 5 BetrVG 1972 = NJW 75, 1720; AP 11 = BB 76, 414; AP 12 = BB 76, 839.

79 BAG AP 1 zu § 5 BetrVG 1972 = NJW 74, 965; AP 16 = BB 77, 945; AP 32 = DB 86, 1131 = NZA 86, 458.

80 BAG AP 30, 42 zu § 5 BetrVG 1972; ErfK-Eisemann, BetrVG § 5 Rn. 34.

beziehen. Die Vorschrift enthält weder eigenständige Tatbestandsmerkmale noch Regelbeispiele. Sie hat **lediglich Hilfsfunktion** im Rahmen des allein maßgeblichen Absatzes 3.[81] Auf Absatz 4 kann erst zurückgegriffen werden, wenn trotz umfassender Sachverhaltsklärung bei der Prüfung des Absatzes 3 erhebliche rechtliche Zweifel bleiben.[82] Bestehen solche Restzweifel, bietet Absatz 4 folgende „Hilfestellung“:

65 **(a)** Leitender Angestellter ist, wer aus Anlass der letzten Wahl des Betriebsrats, des Sprecherausschusses oder von Aufsichtsratsmitgliedern der Arbeitnehmer oder durch rechtskräftige gerichtliche Entscheidung den leitenden Angestellten zugeordnet worden ist (§ 5 IV Nr. 1 BetrVG), wenn sich seine Tätigkeit seitdem nicht verändert hat. Die Zuordnung wird im Allgemeinen durch die Wahlvorstände der Betriebsratswahl und der Sprecherausschusswahl erfolgen. Sind Betriebs- und Sprecherausschusswahlen gleichzeitig eingeleitet worden, so ist entscheidend das Zuordnungsverfahren nach § 18 a BetrVG. Hat ein gerichtliches Beschlussverfahren über den Status des Angestellten stattgefunden, so ist dieses maßgebend. Unerheblich ist dagegen die inzident erfolgte Zuordnung in einem sonstigen Verfahren, also z. B. im Kündigungsschutzprozess.

66 **(b)** Leitender Angestellter ist, wer einer Leitungsebene angehört, auf der in dem Unternehmen überwiegend leitende Angestellte vertreten sind (§ 5 IV Nr. 2 BetrVG). Auskunft gibt häufig der vom Arbeitgeber festgelegte Organisationsplan. Letztlich entscheidend ist aber nicht die Zuordnung zu einer bestimmten Ebene des Organisationsplans, zumal die verschiedenen Unternehmensbereiche unterschiedlich organisiert sein können, entscheidend ist vielmehr, ob die derselben Verantwortungsebene zuzuordnenden Angestellten überwiegend (d. h. zu mehr als 50 %) als leitende Angestellte einzustufen sind.[83]

67 **(c)** Leitender Angestellter ist, wer ein regelmäßiges Arbeitsentgelt erhält, das für leitende Angestellte in dem Unternehmen üb-

81 BAG 22. 2. 1994 – 7 ABR 32/93 – n. v.

82 ErfK-Eisemann, BetrVG § 5 Rn. 36 m. w. N.; ausführlich Däubler/Kittner/Klebe § 5 Rn. 231 ff.

83 Kraft, GK-BetrVG, § 5 Rn. 137, 138.

lich ist (§ 5 IV Nr. 3 BetrVG). Sonderzulagen bleiben unberücksichtigt. Erfolgsvergütungen oder Tantiemen werden berücksichtigt, wenn sie regelmäßig anfallen. Vergleichsmaßstab ist das Unternehmen, nicht die Branche.

(d) Leitender Angestellter ist, wessen regelmäßiges Jahresarbeitsentgelt das Dreifache der Bezugsgröße nach § 18 SGB IV überschreitet, soweit nach Anwendung von § 5 IV Nr. 3 BetrVG noch Zweifel bestehen. Die Bezugsgröße wird jährlich neu festgelegt (Bezugsgrößen-VO, veröffentlicht im BGBl.). Sie betrug z. B. 1998 in den alten Bundesländern 52 080,– DM und in den neuen Bundesländern 43 680,– DM. Die Gehaltsgrenze lag danach bei 156 240,– DM bzw. 131 040,– DM. 68

(5) Streitigkeiten darüber, wer leitender Angestellter ist, entscheidet, soweit es darauf im Rahmen der Betriebs- und Sprecherausschussverfassung ankommt, das Arbeitsgericht im Beschlussverfahren (§ 2 a I Nr. 1 ArbGG; vgl. Abschn. XI Rn. 15 ff.). Antragsberechtigt sind der Arbeitgeber, der Betriebsrat und der Sprecherausschuss. Da es sich um eine reine Rechtsfrage handelt, hat der Gesetzgeber die Entscheidung nicht der Einigungsstelle, sondern dem Arbeitsgericht übertragen. Zumeist wird der Status von leitenden Angestellten bei einer anstehenden Betriebsratswahl strittig werden. Sie sind weder aktiv noch passiv wahlfähig, noch sind sie bei der Bestimmung der Zahl der zu wählenden Betriebsratsmitglieder mitzuzählen.[84] Die Aufstellung der Wählerliste obliegt dem Wahlvorstand. Der Arbeitgeber soll dem Wahlvorstand alle für die Anfertigung der Wählerliste erforderlichen Auskünfte erteilen (§ 2 II WahlO). Ihm ist es erlaubt, dabei auch seine Rechtsmeinung zur Qualifikation bestimmter Angestellter zu äußern. Hierin ist keine unzulässige Wahlbeeinflussung zu sehen.[85] Für die Betriebsratswahl hat § 18 a BetrVG ein eigenes Zuordnungsverfahren geschaffen. Die Gesamtwürdigung der Funktionsmerkmale obliegt vorrangig den Arbeits- und Landesarbeitsgerichten; ihre Würdi- 69

84 BAG AP 1 zu § 8 BetrV 1972.

85 LAG Hamm DB 72, 796; einschränkend LAG Baden-Württemberg DB 72, 1392; vgl. auch Buchner DB 72, 824.

gung unterliegt nur einer beschränkten revisionsgerichtlichen Kontrolle durch das BAG.[86]

70 **(6)** Als leitende Angestellte wurden angesehen: Leiter der Buchhaltung, der EDV-Organisation, der Fertigungsplanung in großen Betrieben (ArbG Frankfurt DB 72, 1634; LAG Düsseldorf DB 73, 576), Rechtsanwälte als Sachbearbeiter für die Grundstücksbeschaffung eines Großunternehmens (LAG Hamm DB 74, 2012), Grubenfahrsteiger (BAG AP 2, 3 zu § 5 BetrVG 1972; ablehnend dagegen AP 30 = NJW 86, 2273), Wirtschaftsprüfer als angestellte Prüfungsleiter (AP 5), der Leiter einer großen Betriebsabteilung, der auch Entscheidungen auf sozialem und personellem Gebiet trifft (AP 6, 16), Leiter des Gesamtunternehmens (AP 7), Direktionsassistenten (AP 14), Verkaufsleiter von Industrieanlagen (AP 15), Leiter des gesamten Ausbildungswesens (AP 15), Abteilungsleiter eines techn. Überwachungsvereins (AP 24), Programmleiter Fahrzeugbau (AP 23), der Geschäftsführer einer Betriebskrankenkasse, der diese eigenverantwortlich leitet, Abteilungsleiter in einem Flugzeugunternehmen (AP 23), Hauptabteilungsleiter für das Finanzwesen und Hauptabteilungsleiter für das Rechnungswesen (AP 55); ein Chefpilot, der den Flugbetrieb von etwa 250 Piloten, Copiloten u. Bordingenieuren zu betreuen hatte (AP 42, nicht aber Piloten und Copiloten selbst, AP 68 § 611 BGB Abhängigkeit). Umstr. ist, ob ein Betriebsarzt zu den leitenden Angestellten gehört;[87] insoweit wird es auf die Umstände des Einzelfalls ankommen. Ebenso ist umstr., ob ein interner Datenschutzbeauftragter zu den leitenden Angestellten gehört.[88]

86 BAG AP 1, 22 zu § 5 BetrVG 1972; AP 32 = NJW 86, 2773 = NZA 86, 484.

87 Verneinend: LAG Bad.-Württemb. AP 17 zu § 5 BetrVG 1972; bejahend LAG München v. 22. 3. 1978 – 3 (4) TaBV 41/77 –.

88 Bejahend: Linnenkohl NJW 79, 1190; verneinend: LAG München BB 79, 1092.

§ 3. Der sachliche Geltungsbereich des Betriebsverfassungsgesetzes

I. Allgemeine Voraussetzungen für die Errichtung eines Betriebsrats

Nach § 1 I 1 BetrVG ist ein Betriebsrat in allen Betrieben zu errichten, die i. d. R. **mindestens fünf ständig wahlberechtigte Arbeitnehmer** haben, von denen drei wählbar sind. Die Errichtung des Betriebsrats ist damit von drei Voraussetzungen abhängig: **(1)** es muss ein Betrieb vorliegen; **(2)** der Betrieb muss mindestens fünf ständig wahlberechtigte Arbeitnehmer beschäftigen; **(3)** von diesen müssen drei wählbar sein. 71

(1) Der **Begriff des Betriebs** ist im BetrVG vorausgesetzt. Es gilt der allgemeine arbeitsrechtliche Betriebsbegriff.[89] Danach ist Betrieb die organisatorische Einheit, innerhalb derer ein Arbeitgeber allein oder in Gemeinschaft mit seinen Mitarbeitern mit Hilfe von sachlichen und immateriellen Mitteln bestimmte arbeitstechnische Zwecke fortgesetzt verfolgt.[90] Zu den Betriebsmitteln gehören Sachen (§ 90 BGB), wie Grundstücke, Gebäude, Maschinen, ferner Rechte (z. B. Forderungen, Patentrechte) sowie unkörperliche Werte wie Erfahrungen, Erfindungen usw. Sie müssen für den oder die verfolgten arbeitstechnischen Zwecke zusammengefasst, gezielt eingesetzt und die menschliche Arbeitskraft muss von einem einheitlichen Leitungsapparat gesteuert werden.[91] Betriebsverfassungsrechtlich erheblich sind nur solche Einrichtungen, in denen neben dem Inhaber weitere Mitarbeiter tätig werden. Durch die arbeitstechnische Zwecksetzung unterscheidet sich der Betrieb begrifflich vom Unternehmen, das – mit Hilfe des Betriebs – wirtschaftliche Zwecke verfolgt. Welche arbeitstechnische Zwecksetzung verfolgt wird, ist für den Betriebs- 72

---

89 BAG AP 2 zu § 4 BetrVG 1972 = DB 76, 1579.

90 BAG AP 9 zu § 3 BetrVG; AP 9 zu § 111 BetrVG 1972; AP 4, 6 zu § 4 BetrVG 1972; AP 7 = NZA 96, 164; AP 4 zu § 64 BetrVG 1972 = DB 83, 2039; AP 3 zu § 1 BetrVG 1972 = DB 85, 711; AP 5 = NZA 87, 131; AP 6 = NZA 87, 707; AP 7 = NZA 87, 708; Schaub Arbeitsrecht von A–Z, Stichwort: Betrieb.

91 BAG AP 6 zu § 8 BetrVG 1972; ErfK-Eisemann, BetrVG § 4 Rn. 2.

begriff belanglos. Betrieb kann mithin das Büro eines Rechtsanwalts, das fremdgenutzte Miethaus ebenso wie ein Stahlwerk sein. Voraussetzung ist allein eine auf gewisse Dauer angelegte arbeitstechnische Zwecksetzung.[92] Kein Betrieb ist der private Haushalt, der sich auf die Befriedigung des Eigenbedarfs der Familie oder des Einzelnen beschränkt.

73 Für den Betriebsbegriff ist unerheblich, wer der Inhaber des Betriebs ist, eine natürliche oder eine juristische Person oder eine Personengesamtheit. Ein Betriebsinhaberwechsel ist unschädlich, sofern nur die Organisation und Zwecksetzung des Betriebs erhalten bleibt. Im Falle einer solchen Betriebsnachfolge[93] tritt der neue Arbeitgeber in die Rechte und Pflichten aus dem Arbeitsverhältnis ein (§ 613 a I BGB); der Betriebsrat bleibt im Amt (arg. § 24 BetrVG) und etwaige Betriebsvereinbarungen bleiben bestehen (vgl. oben Rn. 22). Wird die arbeitstechnische Zwecksetzung geändert, so bleibt der Fortbestand des Betriebs hiervon unberührt, wenn die Organisation im Wesentlichen erhalten bleibt.

74 Großunternehmen können in der Weise organisiert sein, dass in jedem dazugehörigen Betrieb Personalentscheidungen durch die örtliche Betriebsleitung gefällt werden, aber auch so, dass solche Entscheidungen in Zentralstellen bei der Hauptverwaltung getroffen werden. Auch im Falle der Zentralisierung der Personalverwaltung ist in den Einzelbetrieben ein Betriebsrat zu wählen. Ob für anstehende Mitbestimmungsangelegenheiten der örtliche Betriebsrat oder der Gesamtbetriebsrat zuständig ist, entscheidet sich nach der gesetzlichen Zuständigkeitsabgrenzung zwischen Betriebsrat und Gesamtbetriebsrat in § 50 I BetrVG (vgl. Abschn. III Rn. 241 ff.). Wenn dagegen sämtliche mitbestimmungspflichtigen Entscheidungen in der Zentrale fallen, bildet regelmäßig die Zentrale mit den Filialen einen einheitlichen Betrieb.[94]

75 Unternehmen können mehrere Betriebe haben, die aus Rechtsgründen zu einem einheitlichen Betrieb zusammengefasst

92 BAG AP 5 zu § 3 BetrVG; Fitting/Kaiser/Heither/Engels § 1 Rn. 68.
93 Schaub Arbeitsrecht von A–Z, Stichwort: Betriebsnachfolge.
94 BAG AP 2, 3 zu § 4 BetrVG 1972.

werden. Das ist dann der Fall, wenn der Arbeitgeber den gleichen arbeitstechnischen Erfolg in mehreren selbständigen Betrieben verfolgt, von denen aber nur einer die Voraussetzungen von § 1 BetrVG erfüllt. Alsdann bilden die nicht betriebsratsfähigen Kleinbetriebe des Unternehmens mit dem betriebsratsfähigen Betrieb einen einzigen Betrieb.[95]

Es können auch mehrere selbständige Unternehmen einen 76
gemeinsamen Betrieb führen.[96] Maßgebend ist, ob eine einheitliche Organisation und Leitung vorliegt; die einheitliche Organisation und Leitung kann auf einer vertraglichen Absprache zwischen den Unternehmen beruhen, die ausdrücklich oder konkludent geschlossen wird. Ein Gemeinschaftsbetrieb kann auch bei einer Unternehmensaufspaltung entstehen; z. B. wenn eine Eigentums-(Vermögens-)gesellschaft und eine zumeist vermögenslose Produktionsgesellschaft gegründet werden oder wenn eine Diversifikation nach Produktgruppen erfolgt. Die einheitliche Leitung muss sich auf die Entscheidungen des Arbeitgebers im Bereich der personellen und sozialen Angelegenheiten des Betriebs beziehen.[97]

Nach § 1 II BetrVG wird ein **gemeinsamer Betrieb** von Geset- 77
zes wegen (widerlegbar) **vermutet**, wenn entweder zur Verfolgung arbeitstechnischer Zwecke die Betriebsmittel sowie die Arbeitnehmer von den Unternehmen gemeinsam eingesetzt werden oder die Spaltung eines Unternehmens zur Folge hat, dass von einem Betrieb ein oder mehrere Betriebsteil(e) einem an der Spaltung beteiligten anderen Unternehmen zugeordnet werden, ohne dass sich dabei die Organisation des betreffenden Betriebs wesentlich ändert.

95 BAG AP 28 zu § 99 BetrVG 1972 = DB 86, 1076 = NZA 86, 334 (politische Akademie mit Außenstellen).

96 BAG AP 1 zu § 47 BetrVG 1972 = NJW 76, 870; AP 1 zu § 1 BetrVG 1972 = DB 78, 1133; AP 10 zu § 1 KSchG 1969 = DB 86, 1287 = NZA 86, 600; AP 25 zu § 80 BetrVG 1972 = DB 86, 1784 = NZA 87, 134; AP 6 zu § 1 BetrVG 1972 = DB 87, 1539 = NZA 87, 707; AP 9 zu § 23 KSchG 1969 = NZA 90, 977; ausführlich AP 9 zu § 23 KSchG; AP 8 zu § 1 BetrVG 1972 Gemeinsamer Betrieb = NZA 96, 1110; BAG 9. 2. 2000 – 7 ABR 21/98 DB 2000, 384; LAG Hamm LAGE 1 zu § 1 BetrVG 1972.

97 BAG AP 6 zu § 1 BetrVG 1972.

78 § 1 I 2 BetrVG stellt nunmehr klar, dass unter den Voraussetzungen des Satzes 1 Betriebsräte auch in gemeinsamen Betrieben mehrerer Unternehmen gewählt werden können.

79 **(2)** Im Betrieb müssen in der Regel **mindestens fünf ständige wahlberechtigte Arbeitnehmer** beschäftigt werden. Zum Begriff des Arbeitnehmers vgl. oben Rn. 28. Der Zusatz „in der Regel" meint die Anzahl von Arbeitnehmern, die – von außergewöhnlichen Arbeitshäufungen oder -einschränkungen abgesehen – während der normalen Betriebszeiten beschäftigt werden.[98] Insoweit bedarf es eines Rückblicks auf die Vergangenheit und einer Einschätzung der zukünftigen Entwicklung. „Ständige" Arbeitnehmer sind nur solche, die nicht für einen von vornherein nur vorübergehenden Zweck – etwa zur Probe, Aushilfe, Vertretung oder Ähnlichem – eingestellt sind. Auch ein für längere Zeit befristet eingestellter Arbeitnehmer ist aber „ständig" beschäftigt. Im Ergebnis geht es um die Anzahl der üblicherweise auf Dauer beschäftigten Arbeitnehmer. Bei Saisonbetrieben ist die Normalbelegschaft der Saison entscheidend.[99]

80 **(3)** Betriebsräte werden nur gebildet, wenn von den fünf ständig beschäftigten Arbeitnehmern drei **wählbar** sind. Das passive Wahlrecht beurteilt sich nach § 8 BetrVG (Abschn. II Rn. 8).

81 **(4)** Voraussetzung für die Bildung eines Betriebsrats und für die Anwendbarkeit des Betriebsverfassungsgesetzes überhaupt ist es, dass es sich um einen im **Inland**, d. h. im Geltungsbereich des Grundgesetzes, belegenen Betrieb handelt. Nach der ständigen Rechtsprechung des BAG richtet sich der räumliche Geltungsbereich des Betriebsverfassungsgesetzes nach dem Territorialprinzip.[100] Das deutsche Betriebsverfassungsrecht gilt damit für sämtliche inländischen Betriebe, auch die ausländischer Unternehmen, aber nicht für im Ausland belegene Betriebe deutscher Unternehmen. Das schließt nicht aus, dass es auch im Ausland befindliche einzelne Arbeitnehmer erfasst, weil sich

---

98 BAG AP 1 zu § 8 BetrVG 1972; AP 7 zu § 113 BetrVG 1972 = NJW 84, 323; AP 11 zu § 23 KSchG 1969 = NZA 91, 562.

99 Däubler/Kittner/Klebe § 1 Rn. 134.

100 BAG 25. 4. 1978 AP 16, zu Internationales Privatrecht-Arbeitsrecht; BAG 7. 12. 1989 AP 27 zu Internationales Privatrecht-Arbeitsrecht.

deren Auslandstätigkeit als „Ausstrahlung“ des Inlandsbetriebs darstellt. Dies ist zu prüfen nach den allgemeinen Kriterien für die Betriebszugehörigkeit.[101]

II. Betriebsteile, Kleinstbetriebe und Nebenbetriebe

(1) § 4 I 1 BetrVG neuer Fassung entspricht dem bisherigen § 4 82
I BetrVG 1972. Danach gelten bloße **Betriebsteile** dann als selbständige Betriebe, wenn sie die Voraussetzungen des § 1 I 1 BetrVG erfüllen – wenn dort also ständig mindestens fünf wahlberechtigte Arbeitnehmer beschäftigt werden, von denen drei wählbar sind – und wenn sie entweder räumlich weit vom Hauptbetrieb entfernt oder durch Aufgabenbereich und Organisation eigenständig sind. Die Arbeitnehmer eines solchen Betriebsteils können dann einen eigenen Betriebsrat wählen.

Nach § 4 I 2 BetrVG können sie statt dessen aber auch mit ein- 83
facher Stimmenmehrheit und formlos beschließen, keinen eigenen Betriebsrat zu wählen, sondern an der Wahl des Betriebsrats im **Hauptbetrieb** teilzunehmen. Die Arbeitnehmer des Hauptbetriebs haben keine Möglichkeit, diese Teilnahme zu verhindern. Die Abstimmung im Betriebsteil kann nach § 4 I 2 Halbs. 2 BetrVG iVm. § 3 III 2 BetrVG von mindestens drei dort beschäftigten wahlberechtigten Arbeitnehmern oder einer dort vertretenen Gewerkschaft und kann nach § 4 I 3 BetrVG außerdem vom Betriebsrat des Hauptbetriebs veranlasst werden. Nach der Begründung zum Referentenentwurf vom Dezember 2000 (Besonderer Teil zu Nr. 4) soll es darauf ankommen, dass die Gewerkschaft „im Betrieb“, also im Hauptbetrieb vertreten ist. Dies ist mit der gebotenen „entsprechenden“ Anwendung von § 3 III 2 BetrVG nicht zu vereinbaren. Der Beschluss ist dem Betriebsrat des Hauptbetriebs mindestens zehn Wochen vor Ablauf seiner Amtszeit mitzuteilen, § 4 I 4 BetrVG. Diese Frist entspricht derjenigen für die Bestellung des Wahlvorstands und soll sicherstellen, dass der Zuordnungsentschluss der Beschäftigten des Betriebsteils bei der Wahlvorbereitung berücksichtigt werden kann. Als eine der ersten Entscheidungen in diesem Zusammenhang ist ein

101 BAG 22. 3. 2000 NZA 2000, 1119 m. w. N.; Boemke NZA 1992, 112; Gaul BB 1990, 697.

Beschluss des ArbG Nürnberg vom 29. 11. 2001 (– 6 BVGa 8/01 – AiB 2002, 187) bekannt geworden.

84 Die beschlossene Zuordnung gilt so lange, bis sie von den Arbeitnehmern des Betriebsteils widerrufen wird. Für den Widerruf gelten die Regelungen für den Ursprungsbeschluss entsprechend, § 4 I 5 BetrVG. Für den Fall, dass in einem Tarifvertrag oder einer Betriebsvereinbarung gemäß § 3 I, II BetrVG eine andere Zuordnung des Betriebsteils vereinbart wird, soll diese Vereinbarung nach der Begründung zum Referentenentwurf (a.a.O.) dem Beschluss der Beschäftigten vorgehen. Dies erscheint für den Fall einer Zuordnung durch Betriebsvereinbarung nicht unbedenklich. Wählen die Arbeitnehmer des betriebsratsfähigen Betriebsteils keinen eigenen Betriebsrat und beschließen sie auch nicht die Teilnahme an der Betriebsratswahl im Hauptbetrieb, so ist für sie kein örtlicher Betriebsrat zuständig.

85 Betriebsteile, die mangels ausreichender Beschäftigtenzahl nicht betriebsratsfähig sind, gelten nicht als selbständige Betriebe, so dass die dort beschäftigten Arbeitnehmer stets an der Wahl im Hauptbetrieb teilnehmen.

86 **(2)** Der Begriff des Betriebsteils wird auch im neuen BetrVG nicht definiert. Seine feststehende Bedeutung wird vorausgesetzt.

87 **Betriebsteil** ist eine Betriebsabteilung, die deutlich von dem übrigen Betrieb abgegrenzt ist, aber keine vollständige eigene betriebliche Organisation aufweist und in der Teil-(Hilfs-)Zwecke für den Hauptbetrieb verfolgt werden.[102] Es ist ein Mindestmaß organisatorischer Eigenständigkeit erforderlich.[103] Betriebsteile sind z. B. die Lackiererei einer Autofabrik, die Reparaturwerkstatt eines Spediteurs, die betriebseigene Berufsfach- und Ersatzschule usw.[104] Zentralgelenkte Filialen im Einzelhandel und bei Banken sind auf örtlicher Ebene zumeist nur Betriebsteile.[105]

102 BAG AP 4 zu § 3 BetrVG; AP 26 zu § 5 BetrVG 1972 = DB 82, 606; AP 4 zu § 4 BetrVG 1972 = DB 83, 1498; AP 6; BAG 29. 5. 1991, AP 5 zu § 4 BetrVG 1972.

103 BAG 28. 6. 1995 AP 8 zu § 4 BetrVG 1972; BAG 29. 1. 1992 AP 1 zu § 7 BetrVG 1972.

104 Vgl. dazu BAG AP 13 zu § 3 KSchG; AP 4 zu § 3 BetrVG; AP 26 zu § 5 BetrVG 1972; AP 4, 6 zu § 4 BetrVG 1972.

105 BAG AP 1 zu § 23 KSchG; AP 2 zu § 4 BetrVG 1972.

Der Begriff „weite Entfernung“ ist ein unbestimmter Rechtsbegriff, für dessen Auslegung die Maßstäbe aus dem Sinn und Zweck des Betriebsverfassungsrechts gewonnen werden müssen. Das Gesetz will sicherstellen, dass auch die Beschäftigten im Betriebsteil von einem für sie gut erreichbaren und mit den Verhältnissen im Betriebsteil vertrauten Betriebsrat vertreten werden.[106] Entscheidend sind deshalb insbesondere die jeweiligen Verkehrsverhältnisse. Dem gemäß hat das BAG einmal eine Entfernung von 28 km als weit, in einem anderen Fall eine solche von 70 km als nicht weit angesehen.[107] Dagegen ist nur von untergeordneter Bedeutung, ob ein eigener Betriebsrat im Betriebsteil dort auch einen kompetenten Arbeitgebervertreter als sozialen Gegenspieler vorfände. 88

Auch bei der Beurteilung, ob ein Betriebsteil nach Aufgabenbereich und Organisation **eigenständig** ist, sind die Grundtendenz und die Entstehungsgeschichte des BetrVG zu berücksichtigen.[108] Danach ist davon auszugehen, dass jeder „Betrieb“ bei entsprechender Größe einen eigenen Betriebsrat haben soll. Es soll eine möglichst enge Verbindung zwischen Belegschaft und Betriebsrat bestehen, dem Betriebsrat eine ordnungsgemäße Betreuung aller Arbeitnehmer möglich sein, und eine lebendige Betriebsgemeinschaft entstehen. Zu berücksichtigen ist auch, ob der Betriebsrat für die Betreuung einer Betriebsabteilung Spezialkenntnisse benötigt. Von geringerer Bedeutung ist dagegen die wirtschaftliche Zweckbestimmung der Betriebsabteilung. Für die Frage, ob mehrere räumlich getrennte arbeitstechnische Organisationseinheiten je für sich als selbständige Betriebsteile anzusehen sind oder ob sie in ihrer Gesamtheit einen einheitlichen Betriebsteil darstellen, kommt es wesentlich darauf an, wie die Leitungsstruktur beschaffen ist. Insoweit sind vergleichbare Kriterien heranzuziehen wie bei der Frage, 89

106 BAG AP 2 zu § 4 BetrVG 1972; BAG vom 29. 3. 1977 – 1 ABR 31/76 – ArbuR 78, 226, 254.

107 BAG AP 4, 9 zu § 3 BetrVG.

108 BAG AP 1, 5 zu § 3 BetrVG; AP 1 zu § 4 BetrVG 1972; AP 6 = NZA 92, 74; BAG 29. 1. 1992 – NZA 92, 894 = BB 92, 1429.

ob zwei Unternehmen einen gemeinsamen Betrieb unterhalten.[109]

90 **(3)** Nach dem neuen § 4 II BetrVG sind nicht nur Betriebsteile, die die Voraussetzungen des § 1 I 1 BetrVG nicht erfüllen, sondern auch (vollständige) selbständige Betriebe, die die erforderliche Beschäftigtenzahl für die Wahl eines eigenen Betriebsrats nicht erreichen (nach der Gesetzesüberschrift sog. **Kleinstbetriebe**), dem Hauptbetrieb zuzuordnen. Mit dem Begriff „Hauptbetrieb" kann in diesem Zusammenhang nur ein anderer Betrieb desselben Unternehmens gemeint sein, der betriebsratsfähig ist. Die Zuordnung des Kleinstbetriebs oder mehrerer Kleinstbetriebe bereitet dann keine Schwierigkeiten, wenn es im Unternehmen nur einen solchen anderen Betrieb gibt. Diese Konstellation hatte der Gesetzgeber offensichtlich vor Augen, weil es in der Begründung zum Referentenentwurf (aaO) heißt, in Anlehnung an die Rechtsprechung des BAG (BAGE 50, 251) sollten die in Kleinstbetrieben tätigen Arbeitnehmer nicht von einer kollektiven Interessenvertretung ausgenommen sein, sondern vom Betriebsrat „des Hauptbetriebs" mitvertreten werden. Unklar ist aber, wie die Zuordnung eines Kleinstbetriebs zu erfolgen hat, wenn es im Unternehmen mehrere andere betriebsratsfähige Betriebe – und damit mehrere mögliche „Hauptbetriebe" – gibt. Anders als nach der bisherigen Rechtslage, die eine solche Zuordnung eines selbständigen Kleinstbetriebs nur vorsah, wenn es sich dabei zugleich um einen „Nebenbetrieb" handelte, fehlt es an einem funktionalen Bezug zu einem Hauptbetrieb, wenn der Kleinstbetrieb kein Nebenbetrieb ist. Dass er gleichwohl auch dann „dem Hauptbetrieb" zugeordnet wird, ist nach der Begründung zum Referentenentwurf ausdrücklich gewollt. Man wird in Anlehnung an die bisherige Rechtslage nach einem anderen besonderen Bezug des Kleinstbetriebs zu einem der möglichen Hauptbetriebe suchen müssen, der diesen als den vom Gesetz gemeinten „Hauptbetrieb" auszeichnet. Zu denken ist etwa an die räumliche Nähe.[110] Ist der Kleinstbetrieb dagegen

109 BAG 29. 5. 1991 AP 5 zu § 4 BetrVG 1972 = NZA 1992, 74.
110 Vgl. Richardi, NZA 2001, 346, 349; Konzen, RdA 2001, 76, 81, 82.

zugleich Nebenbetrieb, ist die Richtung der Zuordnung vorgegeben.

Ein **Nebenbetrieb** ist gegeben, wenn er sämtliche Voraussetzungen des Betriebsbegriffes erfüllt (vgl. oben Rn. 72), insbesondere organisatorisch selbständig ist und unter eigener Leitung steht, jedoch einen dem Hauptbetrieb dienenden und ihm zugeordneten Zweck verfolgt.[111] Haupt- und Nebenbetrieb müssen denselben Inhaber haben und zum selben Unternehmen gehören.[112] 91

Beispiel: Ein Nebenbetrieb ist z. B. die Kornbrennerei eines landwirtschaftlichen Betriebs oder eine Kokerei eines Zechenbetriebs.

III. Ausnahmen von der Anwendung und Einschränkungen des BetrVG

Das BetrVG findet keine Anwendung auf Verwaltungen und Betriebe des Bundes, der Länder, der Gemeinden und sonstigen Körperschaften, Anstalten und Stiftungen des öffentlichen Rechts (§ 130 BetrVG). Für die Anwendung des BetrVG entscheidend ist allein die Rechtsform des Betriebsinhabers. Ist dies eine juristische Person des öffentlichen Rechts, so ist das BetrVG unanwendbar.[113] In den Betrieben juristischer Personen des öffentlichen Rechts gilt entweder das **Personalvertretungsgesetz** des **Bundes**[114] oder das Personalvertretungsgesetz eines der **Länder** unabhängig davon, ob dort hoheitliche oder fiskalische Angelegenheiten erledigt werden. Anzuwenden ist das BetrVG dagegen in den sog. Regiebetrieben; das sind Betriebe des privaten Rechts, deren Kapitalanteile sich in öffentlicher Hand befinden und die Versorgungseinrichtungen betreiben. 92

111 BAG AP 2 zu § 4 BetrVG 1972; AP 7 zu § 3 BetrVG = NZA 87, 708; BAG 29. 5. 1991, AP 5 zu § 4 BetrVG 1972.

112 Vgl. BAG AP 1 zu § 47 BetrVG 1972.

113 BAG AP 1 zu § 130 BetrVG; AP 3 zu § 63 BetrVG; AP 3 zu § 130 BetrVG 1972 = DB 87, 2658 = NZA 88, 402.

114 BPersVG vom 15. 3. 1974 (BGBl. I 693) zul. geänd. 24. 6. 1994 (BGBl. I 1406).

Beispiel: In einem städtischen Gas- oder Wasserwerk, das in der Rechtsform einer Aktiengesellschaft oder einer GmbH geführt wird, gilt das BetrVG.

93 Auf die deutschen Arbeitnehmer bei den **alliierten Streitkräften** findet zwar grundsätzlich das BPersVG Anwendung, es gelten jedoch Einschränkungen.[115]

94 Auf **Seeschifffahrtsunternehmen** ist das BetrVG mit einigen Modifikationen anzuwenden (§§ 114–116 BetrVG). Zu Seeschifffahrtsunternehmen gehören alle Unternehmen, die Handelsschifffahrt betreiben und ihren Sitz im Geltungsbereich des BetrVG haben.[116] Zu ihnen zählen auch solche Unternehmen, die keine eigenen, sondern als Korrespondenzreeder, Vertragsreeder, Ausrüster oder aufgrund ähnlicher Rechtsverhältnisse fremde Schiffe bereedern (§ 114 II BetrVG).

95 Sämtliche Schiffe eines Seeschifffahrtsunternehmens werden zum **Seebetrieb** zusammengefasst (§ 114 III BetrVG). Im Seebetrieb ist alsdann ein **Seebetriebsrat** zu wählen (§ 116 I BetrVG). Die Vorschriften über die Rechte und Pflichten des Betriebsrates und die Rechtsstellung seiner Mitglieder finden auf den Seebetriebsrat Anwendung, soweit sich aus § 116 BetrVG oder anderen gesetzlichen Vorschriften keine Modifikationen ergeben.

96 Auf den einzelnen **Schiffen**, die mit i. d. R. mindestens 5 wahlberechtigten Besatzungsmitgliedern besetzt sind, von denen 3 wählbar sind, wird eine **Bordvertretung** gewählt, auf die wiederum das BetrVG Anwendung findet, soweit sich nicht aus § 115 BetrVG oder sonstigen gesetzlichen Vorschriften Besonderheiten ergeben (§ 115 BetrVG). Schiffe i. S. des BetrVG sind Kauffahrteischiffe, die nach dem Flaggenrechtsgesetz die Bundesflagge führen. Schiffe, die i. d. R. binnen 24 Stunden nach

115 Vgl. Art. 56 IX, Zusatzabkommen zum NATO-Truppenstatut v. 3. 8. 1959 (Gesetz vom 18. 8. 1961 BGBl. II, S. 1183, zul. geändert durch Gesetz vom 28. 9. 1994 (BGBl. II, S. 2594) und Art. 37 Nr. 3 des Abkommens zur Änderung des Zusatzabkommens v. 18. 3. 1993 (BGBl. 1994 II, S. 2622).

116 Bei Sitz im Ausland: BAG AP 1 zu § 114 BetrVG 1972 = NJW 79, 1791.

dem Auslaufen an den Sitz des Landbetriebs zurückkehren, gelten als Teil des Landbetriebs (§ 114 IV BetrVG).

Jugend- und Auszubildendenvertretungen werden nur in den 97
Landbetrieben der Seeschifffahrtsunternehmen gewählt (§ 114 V BetrVG).

Die Wahl des Seebetriebsrats und der Bordvertretung erfolgt 98
nach der Zweiten VO zur Durchführung des BetrVG vom 7. 2. 2002 (Wahlordnung Seeschifffahrt - WOS - BGBl. I 594). Die Erste Verordnung zur Durchführung des BetrVG vom 11. 12. 2001 (BGBl. I S. 3494) gilt nach § 42 ihrer Vorschriften nicht für die Wahlen zur Bordvertretung und zum Seebetriebsrat.

Auf **Landbetriebe von** - auch ausländischen -[117] **Luftfahrtun-** 99
ternehmen ist das BetrVG ohne Einschränkung anwendbar (§ 117 I BetrVG). Zu den Landbetrieben gehören kaufmännische Betriebe, Reisebüros, Reparaturwerkstätten usw. Dagegen ist das sog. **fliegende Personal**, das sind in der Hauptsache die Besatzungsmitglieder der Flugzeuge, die mit der Beförderung von Gästen und Gütern befasst sind, wegen der besonderen, nicht ortsgebundenen Tätigkeit vom persönlichen Geltungsbereich des BetrVG ausgenommen.[118] Es zählt auch nicht mit bei der Ermittlung der Zahl der in den Landbetrieben beschäftigten Arbeitnehmer. Nicht zum fliegenden Personal im Sinne dieser Vorschrift gehören die Hubschrauberbesatzungen eines Luftrettungsdienstes, weil für sie die von § 117 II BetrVG vorausgesetzten Schwierigkeiten, eine betriebliche Interessenvertretung nach den Grundsätzen des BetrVG zu organisieren, nicht auftreten.[119] Für die im Flugbetrieb beschäftigten Arbeitnehmer[120] ist die Möglichkeit eröffnet, durch Tarifvertrag eine Vertretung zu errichten (§ 117 II BetrVG). Ohne Bestehen eines Tarifvertrags ist die Wahl eines Betriebsrats nichtig.[121] Weiter kann durch Tarifvertrag die Zusammenarbeit dieser Vertretung mit den kraft Ge-

117 Vgl. BAG AP 1 zu § 99 BetrVG 1972.

118 BAG AP 5 zu § 117 BetrVG 1972 = NZA 87, 282; BAG 20. 2. 2001 - 1 ABR 27/00 - NZA 2001, 1089.

119 BAG 20. 2. 2001 - 1 ABR 27/00 - NZA 2001, 1089.

120 Zum Begriff: BAG AP 1 zu § 117 BetrVG 1972.

121 LAG Frankfurt DB 73, 1512.

setzes zu wählenden Vertretungen der Landbetriebe geregelt werden. Rechtsstreitigkeiten über Angelegenheiten einer gemäß § 117 II BetrVG durch Tarifvertrag errichteten Vertretung des fliegenden Personals sind im Beschlussverfahren auszutragen.[122]

100 Tarifverträge sind abgeschlossen worden zwischen der Deutschen Lufthansa/DAG vom 15. 11. 1972 i. d. F. vom 26. 6. 1976/ 29. 10. 1980; Condor Flugdienst/DAG, ÖTV vom 19. 12. 1972 i. d. F. vom 26. 6. 1976/29. 10. 1980/31. 8. 1992/7. 2. 1993 (zu Versetzungen: BAG AP 2 zu § 117 BetrVG 1972; zur Mitbestimmung der Personalvertretung bei der Planung von Flugumläufen nach § 56 TV PV: BAG 7. 11. 2000 – 1 ABR 28/00 – n. v.; BAG 19. 2. 2002 – 1 ABR 20/01 –); LTU/DAG vom 28. 4. 1981/29. 1. 1999 (zu Versetzungen: BAG AP 3 zu § 117 BetrVG 1972 = DB 86, 331); Hapag Lloyd/ÖTV vom 8. 9. 1983; Dan Air/DAG vom 5. 11. 1975; Lufthansa City Line/DAG vom 19. 2. 1976; Panam/ ÖTV vom 6. 10. 1989; BEA/ÖTV vom 31. 10. 1972 i. d. F. vom 21. 2. 1974; Hapag-Lloyd Flug-GmbH/ÖTV u. DAG vom 12. 10. 1979 i. d. F. 8. 9. 1983; Aero Lloyd Flugreisen GmbH/DAG v. 7. 3. 1983 i. d. F. 31. 1. 1985.

101 Keine Anwendung findet das BetrVG auf **Religionsgemeinschaften und ihre karitativen und erzieherischen Einrichtungen**[123] unbeschadet ihrer Rechtsform (§ 118 II BetrVG). Religionsgemeinschaften sind nicht nur die Kirchen im engeren Sinne, sondern auch die ausgegliederten religiösen Teile wie Orden und die sog. Säkularinstitute der Kirche.[124] Vom BetrVG ausgenommem sind also alle der Kirche in irgendeiner Form zugeordneten Einrichtungen[125] wie Krankenhäuser, auch wenn sie in der Rechtsform einer privaten Stiftung betrieben werden.[126] Ein von einem rechtlich selbständigen Mitglied des Diakonischen Werks der Evangelischen Kirche von Westfalen ge-

122 BAG AP 4 zu § 117 BetrVG 1972 = EzA 2 zu § 117 BetrVG 1972.

123 Schaub, ArbR-Hdb., § 186 VIII ff.

124 BAG AP 12 zu § 81 BetrVG; AP 6, 10 zu § 118 BetrVG 1972; AP 48 = NZA 91, 977.

125 BVerfG AP 1, 5, 6, 9 zu Art. 140 GG.

126 BVerfG AP 1 zu Art. 140 GG; BAG AP 24 zu § 118 BetrVG 1972 = NJW 82, 1894.

führtes Jugenddorf ist aufgrund der Mitgliedschaft des Trägervereins im Diakonischen Werk eine Einrichtung der Evangelischen Kirche, in der das BetrVG keine Anwendung findet.[127] Da nur die karitativen und erzieherischen Einrichtungen vom BetrVG ausgenommen sind, findet es dagegen Anwendung auf die Wirtschaftsbetriebe einer Religionsgemeinschaft, also z. B. Brauereien, Landgüter usw. Vorausgesetzt ist aber, dass sie den Erfordernissen von § 1 I 1 BetrVG genügen. Keine Religionsgemeinschaft ist die sog. Scientology-Vereinigung; bei ihr stehen wirtschaftliche Zwecke im Vordergrund.[128] Den Religionsgemeinschaften ist es unbenommen, Mitarbeitervertretungen durch besondere Kirchengesetze zu regeln (vgl. Art. 140 GG, Art. 137 III WRV). Die Mehrzahl der Evangelischen Landeskirchen hat entsprechende Gesetze verabschiedet. Dasselbe gilt für die katholische Kirche.[129] Ferner können auf sonstiger Rechtsgrundlage (Einzelabrede, „Tarifvertrag") Betriebsvertretungen geschaffen werden. Während das BAG den Koalitionen gestattet hatte, für sich auch im kirchlichen Bereich zu werben (vgl. unten Rn. 132),[130] hat das BVerfG[131] ein entsprechendes Recht verneint, wenn es durch betriebsfremde Gewerkschaftsvertreter ausgeübt werden soll.

Die Anwendung des BetrVG ist eingeschränkt und teilweise 102
aufgehoben in **Tendenzunternehmen**. Die derzeitige Rechtslage ist verwickelt. Nach § 129 BetrVG 1972 trat das BetrVG 1952 außer Kraft mit Ausnahme der §§ 76–77 a, 81, 85 und 87. Es gelten mithin § 81 BetrVG 1952 und § 118 BetrVG 1972 nebeneinander. § 81 BetrVG 1952 hat jedoch nur noch Bedeutung für die Beteiligung der Arbeitnehmer im Aufsichtsrat, also für die aufrechterhaltenen Vorschriften der §§ 76–77 a BetrVG 1952. Für die Auslegung des § 81 BetrVG 1952 kann auf die

127 BAG 30. 4. 1997 AP 60 zu § 118 BetrVG 1972.

128 BAG 22. 3. 1995 AP 23 zu § 5 ArbGG 1979 = NZA 1995, 823.

129 Vgl. Schaub, ArbR-Hdb., § 186 VIII–X.

130 BAG AP 26 zu Art. 9 GG; vgl. nach Aufhebung durch das BVerfG: BAG AP 10 zu Art. 140 GG.

131 BVerfG NJW 81, 1829; zur Kritik vgl. Fitting/Kaiser/Heither/Engels § 118 Rn. 50 m. w. N.

ältere Literatur verwiesen werden. Dagegen ist für die Anwendung des BetrVG allein § 118 BetrVG entscheidend. Die bis dahin geltende Rechtslage hat durch das BetrVG 1972 eine erhebliche Änderung erfahren. Sinn und Zweck der Ausnahmeregelung für Tendenzunternehmen in § 118 I BetrVG ist, die Grundrechte des Arbeitgebers (Art. 2 I, 4 I, 5 I 1, 5 I 2, 5 III GG) zu garantieren und die Rechte der Arbeitnehmer, soweit es zur Grundrechtsgarantie erforderlich ist, zurücktreten zu lassen.[132] Das Gesetz will ein ausgewogenes System zwischen dem Sozialstaatsprinzip und den Freiheitsrechten der Tendenzträger schaffen.

103 Tendenzunternehmen und -betriebe sind solche, die unmittelbar und überwiegend einer der in § 118 I Nr. 1, 2 BetrVG aufgeführten geistig-ideellen Zielsetzungen dienen. Entscheidend ist der Gesamtcharakter,[133] wie er dem Unternehmen und Betrieb nach außen hin das Gepräge gibt.[134] Ergibt das Gesamtgepräge eine geistig-ideelle Zielsetzung, so ist unerheblich, ob gemessen am Gesamtumsatz der tendenzgebundene oder tendenzfreie Teil des Unternehmens überwiegt.[135] Lässt sich das Gesamtgepräge nicht ermitteln, kommt es auf die Prozentzahlen vom Umsatz und Ertrag und die Zahl der in den einzelnen Abteilungen Beschäftigten an.[136] Nach anderer Ansicht soll dann ein Tendenzunternehmen gegeben sein, wenn bei quantitativer Betrachtung, also gemessen am Personal- oder Sachmitteleinsatz, die Tendenztätigkeit überwiegt.[137]

104 Das BAG hatte die sog. Geprägetheorie in einer Entscheidung aufgegeben,[138] hat dies aber inzwischen wieder offen gelassen.[139] Bei personalintensiven Mischbetrieben stellt es darauf ab, ob

132 A. A. das BAG, das den Zweck des Gesetzes im Schutz der in § 118 I BetrVG genannten Werte um ihrer selbst willen sieht = BAG AP 13 zu § 81 BetrVG; BAG AP 4, 5 zu § 118 BetrVG 1972.

133 BAG AP 1 zu § 81 BetrVG.

134 BAG AP 10, 11, 13 zu § 81 BetrVG.

135 LAG Berlin AP 3 zu § 81 BetrVG.

136 BAG AP 13 zu § 81 BetrVG.

137 Fitting/Kaiser/Heither/Engels § 118 Rn. 8.

138 BAG AP 3 zu § 118 BetrVG 1972.

139 BAG AP 7 zu § 118 BetrVG 1972.

mehr als die Hälfte der Gesamtarbeitszeit des Personals zur Tendenzverwirklichung eingesetzt wird.[140]

Tendenzunternehmen sind solche, die politischen, koalitions- 105
politischen, konfessionellen, karitativen, erzieherischen, wissenschaftlichen oder künstlerischen Bestimmungen dienen. Der Begriff „politisch" ist wie im BetrVG 1952 nicht nur i. S. von parteipolitisch, sondern auch i. S. von wirtschafts- und sozialpolitisch zu verstehen.[141] Tendenzbetriebe sind deshalb auch Behindertenverbände usw. Mit dem Begriff koalitionspolitisch ist zum Ausdruck gebracht, dass nicht nur Vereinigungen der Arbeitnehmer, sondern auch solche der Arbeitgeber Tendenzcharakter haben (Art. 9 III GG). Konfessionellen Zwecken dienen vor allem die rechtlich selbständigen Einrichtungen der Kirchen und Weltanschauungsverbände. Hierzu gehören u. a. die Innere Mission und die Caritas. Diese sind indes aber der Rspr. des BVerfG bereits nach § 118 II BetrVG vom BetrVG ausgenommen. Karitativen Bestrebungen dienen Betriebe und Unternehmen im Dienste Hilfsbedürftiger,[142] insbes. Kranker und Behinderter.[143] Nicht notwendig ist, dass sie völlig uneigennützig geführt werden. Mit der Absicht auf Gewinnerzielung betriebene Krankenhäuser dienen aber nicht karitativen Bestimmungen.[144] Karitativen Zwecken dienen Arbeiterwohlfahrt, Deutsches Rotes Kreuz, Fürsorgevereine, Krankenhäuser, Werkstätten für Behinderte[145] usw. Erzieherische Bestrebungen[146] werden von Privatschulen,[147] In-

140 BAG 21. 6. 1989 AP 43 zu § 118 BetrVG 1972 = NZA 1990, 402.

141 BAG 21. 7. 1998 AP 63 zu § 118 BetrVG 1972 = NZA 1999, 277; BAG 23. 3. 1999 NZA 1999, 1347; vgl. auch Kothe, BB 1999, 1110.

142 Vgl. Volksbund Deutscher Kriegsgräberfürsorge: BAG AP 28 zu § 59 BetrVG; zum Begriff in § 118 I und II: BAG AP 10 zu § 72 a ArbGG 1979 Divergenz.

143 BAG AP 16 zu § 118 BetrVG 1972; BAG 31. 1. 1995 AP 56 zu § 118 BetrVG 1972.

144 BAG 22. 11. 1995 AP 58 zu § 118 BetrVG 1972 = NZA 1996, 1056; LAG Hamm 14. 3. 2000 AiB 2000, 769.

145 BAG AP 16 zu § 118 BetrVG 1972; zuvor LAG Berlin ArbuR 79, 346; ArbG Berlin AP 9 zu § 118 BetrVG 1972.

146 BAG AP 12 zu § 118 BetrVG 1972.

147 BAG AP 33 zu § 118 BetrVG 1972 = BB 87, 967; AP 36 zu § 87 BetrVG 1972 Arbeitszeit = NZA 90, 235; BAG 3. 12. 1987 – NZA 88, 507.

ternaten usw. verfolgt. Zu den Unternehmen und Betrieben mit wissenschaftlichen Bestrebungen gehören Forschungsinstitute, nicht aber die Forschungsabteilungen von Wirtschaftsunternehmen, ferner wissenschaftliche Buch- und Zeitungsverlage. Bei wissenschaftlichen Bestimmungen ist von einem weiten Wissenschaftsbegriff auszugehen. Auch die Fortentwicklung eines Rechnersystems kann unmittelbar wissenschaftliche Tätigkeit sein.[148] Künstlerischen Bestrebungen dienen Theater und Konzertagenturen.[149] Keinen besonderen Tendenzschutz genießen dagegen Unterhaltungsunternehmen (Revuen, Circensen, Filmtheater usw.) oder die Gesellschaft für musikalische Aufführungs- und mechanische Vervielfältigungsrechte, da sie nicht überwiegend künstlerische Interessen verfolgen.[150] Gehört ein Unternehmen zu keiner der in § 118 I S. 1 Nr. 1 BetrVG genannten Fallgruppen, so scheidet eine unmittelbare Anwendung dieser Vorschrift aus; die Aufzählung ist – zusammen mit Nr. 2 – abschließend.[151] Ein Landessportverband ist deshalb kein Tendenzunternehmen;[152] über den Tendenzcharakter von „Inter Nationes" hat das BAG bisher nicht abschließend entschieden.[153] Ein Arbeitgeber kann auf den betriebsverfassungsrechtlichen Tendenzschutz jedenfalls dann verzichten, wenn dieser sich aus einer karitativen oder erzieherischen Zwecksetzung ergibt.[154]

106 Tendenzunternehmen sind ferner solche, die Zwecken der Berichterstattung oder Meinungsäußerung, auf die Art. 5 I 2 GG Anwendung findet, dienen. Der durch das BetrVG 1952 nicht ausdrücklich angesprochene Bereich der Pressefreiheit wird nunmehr vom Gesetz ausdrücklich erwähnt. Jedoch haben nur solche

---

Hierzu gehören keine Sprachschulen, die nur nach einer Methode unterrichten: BAG AP 17 zu § 118 BetrVG 1972.

148 BAG AP 47 zu § 118 BetrVG 1972 = NJW 91, 2165 = NZA 91, 513.

149 Vgl. BAG AP 12 zu § 15 KSchG 1969; AP 32 zu § 118 BetrVG 1972 = DB 87, 847.

150 BAG AP 26 zu § 118 BetrVG 1972 = NJW 84, 1144.

151 BAG 23. 3. 1999 AP 66 zu § 118 BetrVG 1972 = NZA 1999, 1347.

152 BAG 23. 3. 1999 AP 66 zu § 118 BetrVG 1972 = NZA 1999, 1347.

153 Vgl. BAG 21. 7. 1998 AP 63 zu § 118 BetrVG 1972 = NZA 1999, 277.

154 BAG 5. 10. 2000 – 1 ABR 14/00 – EzA Nr. 72 zu § 118 BetrVG.

Unternehmen Tendenzcharakter, die der Berichterstattung oder Meinungsäußerung dienen. Nicht hierhin gehören Verlage, die sich wertneutral betätigen, also Kursbücher, Formulare usw. herausgeben.[155] Tendenzschutz genießen Unternehmen, die Zeitungen[156] und Zeitschriften[157] herausgeben, wie auch Buchverlage, selbst bei breit gestreutem Verlagsprogramm.[158] Buchverlage mit belletristischem Buchprogramm dienen künstlerischen Bestimmungen und genießen Tendenzschutz nach § 118 I Nr. 1 BetrVG. Ein Buchclub, der belletristische Werke als sog. Clubausgaben herstellt und vertreibt, kann Tendenzschutz genießen. Dies gilt auch dann, wenn ihm die Verlagsrechte nicht zustehen, sondern lediglich Lizenzausgaben hergestellt und vertrieben werden.[159] Druckereien eines Verlages haben dann Tendenzcharakter, wenn sie unselbständige Betriebsabteilungen des Verlages sind oder wenn sie auf den Inhalt der Publikationen Einfluss nehmen können.[160] Unzureichend ist es, wenn ihr Unternehmenszweck lediglich geeignet ist, den eigentlichen Tendenzbetrieb zu unterstützen.[161] Keinen Tendenzschutz genießen Lohndruckereien, die als selbständige Betriebe Druckaufträge durchführen.[162] Eine Rundfunkanstalt genießt regelmäßig Tendenzschutz, auch wenn das Programm neben 10 % Wortbeiträgen 50 % moderierte Musikbeiträge und 40 % Musikbeiträge enthält.[163]

Bei der Einschränkung der Beteiligung des Betriebsrats sind 107
drei Bereiche zu unterscheiden. **§§ 106–110 BetrVG** finden überhaupt keine Anwendung, d. h. im Wesentlichen, dass in Tendenzunternehmen und Betrieben **kein Wirtschaftsausschuss** zu bilden ist. Dagegen ist der jährl. Bericht in der Betriebsversammlung über das Personal- und Sozialwesen sowie die wirtschaft-

155 Vgl. BAG AP 10 zu § 81 BetrVG.

156 BAG AP 3 zu § 99 BetrVG 1972; AP 7 zu § 118 BetrVG 1972.

157 BAG AP 5 zu § 118 BetrVG 1972.

158 BAG AP 1, 13 zu § 81 BetrVG; AP 5 zu § 118 BetrVG 1972.

159 BAG AP 39 zu § 118 BetrVG 1972 = NJW 90, 2021 = NZA 90, 240.

160 BAG AP 1, 4, 10, 11 zu § 81 BetrVG; AP 3 zu § 118 BetrVG 1972; AP 20 zu § 118 BetrVG 1972 = NJW 82, 125.

161 BAG AP 3 zu § 118 BetrVG 1972.

162 BAG AP 20 zu § 118 BetrVG 1972.

163 BAG v. 27. 7. 1993 – AP 51 zu § 118 BetrVG 1972 = NZA 1994, 329.

liche Entwicklung zu erstatten.[164] Angesichts der Tatsache, dass der Wirtschaftsausschuss ein reines Informations- und Beratungsgremium ist, wird die Regelung als wenig einsehbar bezeichnet. Sie ist aber nicht verfassungswidrig.[165] Der Wirtschaftsausschuss wird immer auf Unternehmensebene gebildet.[166] Gehören zu einem Unternehmen mehrere Betriebe, die teilweise Tendenzcharakter tragen, so ist kein Wirtschaftsausschuss zu bilden, wenn der überwiegende Zweck des Unternehmens tendenzbezogen ist. Überwiegt dagegen der tendenzfreie Bereich, so ist der Wirtschaftsausschuss zu bilden. Allerdings ist er beschränkt auf die tendenzfreien Betriebe.[167]

108 Die **§§ 111–113 BetrVG** sind nur beschränkt anwendbar. Soweit es sich um die unternehmerische Einwirkung auf die **Betriebsänderung** handelt, ist der Betriebsrat von Beteiligungsrechten ausgeschlossen; insoweit hat die Freiheit des Unternehmers den Vorrang. Dagegen stehen dem Betriebsrat Beteiligungsrechte zu, soweit es sich um die Regelung des Ausgleichs oder die Milderung wirtschaftlicher Nachteile für die Arbeitnehmer infolge der Betriebsänderung handelt. Schlagwortartig ausgedrückt hat der Betriebsrat kein Beteiligungsrecht bei der Entscheidung über den Grund der Maßnahme, wohl dagegen bei der Entscheidung über die Milderung ihrer Folgen. Hieraus ergibt sich im Einzelnen: Die Rechte des Betriebsrats bleiben bestehen bei Unterrichtung und Beratung nach § 111 BetrVG und für den Abschluss eines Sozialplans;[168] sie werden beseitigt für den Interessenausgleich.[169] Die Vermittlung durch den Präsidenten des Landesarbeitsamts soll möglich sein.

109 Im Übrigen findet das BetrVG auch auf Tendenzunternehmen grundsätzlich Anwendung, es sei denn, dass die Eigenart des

---

164 BAG AP 1 zu § 43 BetrVG 1972.

165 BAG AP 5, 16 zu § 118 BetrVG 1972; BAG 24. 5. 1995 AP 57 zu § 118 BetrVG 1972 = NZA 1996, 444; vgl. auch Plander, ArbuR 2002, 12, 14.

166 BAG AP 13, 14 zu § 81 BetrVG.

167 BAG AP 20 zu § 118 BetrVG 1972 = NJW 82, 125.

168 BAG AP 11 zu § 111 BetrVG 1972.

169 Zur Stilllegung von Tendenzunternehmen vgl. Bauer/Lingemann NZA 1995, 813ff.

Unternehmens oder des Betriebs dem entgegensteht (§ 118 I BetrVG). Der Arbeitgeber trägt die objektive Beweislast für die Ausnahme.[170] Welche Vorschriften von der Relativklausel ausgeschlossen werden, ist umstritten. Die Beurteilung richtet sich danach, ob die Verwirklichung der geistig-ideellen Zielsetzungen durch Maßnahmen des Betriebsrats beeinträchtigt werden kann und von den Maßnahmen Tendenzträger betroffen werden.[171] Im Allgemeinen werden die organisatorischen Vorschriften über die Zusammensetzung, Wahl, Geschäftsführung des Betriebsrats anzuwenden sein.[172] Auch werden regelmäßig die allgemeinen Vorschriften über die Mitwirkung und Mitbestimmung des Betriebsrats gelten (§§ 74–80 BetrVG). Anzuwenden sind schließlich die Vorschriften über die Mitwirkung des Betriebsrats in sozialen Angelegenheiten, da es sich i. d. R. um wertneutrale Vorschriften des Arbeitsablaufs handelt.[173] Die Mitbestimmung in sozialen Angelegenheiten tritt nur dann zurück, wenn die geistig-ideelle Zwecksetzung beeinträchtigt werden kann. Die Aktualität der Berichterstattung wird nicht beeinträchtigt, wenn der Betriebsrat bei der Dauer der Arbeitszeit, nicht aber bei Beginn und Ende der Arbeitszeit und der Festlegung der einzelnen Arbeitstage mitbestimmt.[174] In einer weiteren Entscheidung hat das BAG angenommen, dass im Wege der Betriebsvereinbarung für Redakteure Beginn und Ende der täglichen Arbeitszeit sowie die Verteilung der Arbeitszeit auf die einzelnen Wochentage geregelt werden kann, wenn diese Betriebsvereinbarung die für die Aktualität der Berichterstattung relevanten Entscheidungen des Arbeitgebers (Redaktionsschluss, Lage und Dauer von Re-

170 Vgl. ErfK-Hanau/Kania § 118 BetrVG Rn. 27 m. w. N.; vgl. auch BAG 30. 1. 1990 AP 44 zu § 118 BetrVG 1972 = NZA 1990, 693.

171 BAG AP 4 zu § 118 BetrVG 1972; BAG 30. 1. 1990 AP 44 zu § 118 BetrVG 1972 = NZA 1990, 693.

172 Zum Einblick in Lohn- und Gehaltslisten: BAG AP 1, 12 zu § 118 BetrVG 1972; AP 15 zu § 80 BetrVG 1972; AP 15 zu § 87 BetrVG 1972 Lohngestaltung; zum Jahresbericht: BAG AP 1 zu § 43 BetrVG 1972; Zugangsrecht zum Betrieb: BAG AP 26 zu Art. 9 GG.

173 Vgl. zur Zeitungsherstellung: BAG AP 13 zu § 118 BetrVG 1972 = DB 79, 2184; zu Theaterproben: BAG AP 5 zu § 87 BetrVG 1972 Arbeitszeit.

174 BAG AP 44 zu § 118 BetrVG 1992 = NZA 90, 693.

daktionskonferenzen, Besetzung der Redakteure u. a.) als Vorgabe zugrunde legt und sicherstellt, dass die Arbeitszeitregelung auch künftigen Tendenzentscheidungen nicht entgegensteht.[175] Dagegen ist eine Betriebsvereinbarung unwirksam, wenn durch die vorgesehene Arbeitszeit von Redakteuren die Berichterstattung gefährdet wird.[176] Die Rechtsprechung des BAG ist vom BVerfG als verfassungskonform bestätigt worden.[177]

110 Bei tendenzbezogenen Maßnahmen gegenüber Tendenzträgern entfällt die volle **personelle Mitbestimmung**. Tendenzträger sind diejenigen Arbeitnehmer, für deren Tätigkeit die Bestimmungen und Zwecke der in § 118 genannten Unternehmen und Betriebe prägend sind.[178] Tendenzträger in einem Presseunternehmen ist, wer unmittelbar für die Berichterstattung oder Meinungsäußerung tätig ist, also selbst publiziert, Beiträge anderer auswählt, redigiert, photographiert oder recherchiert.[179] Dies gilt auch für Lokal- und Sportredakteure, zumindest wenn sie der Redaktionskonferenz angehören,[180] sowie für Redaktionsvolontäre.[181] Tendenzbezogen sind alle Maßnahmen, die unmittelbar der Verwirklichung der geistig-ideellen Aufgaben dienen. Beteiligungsrechte hat der Betriebsrat bei der Personalplanung (§ 92 BetrVG),[182] bei der innerbetrieblichen Stellenausschreibung (§ 93 BetrVG)[183] und bei der Berufsbildung (§§ 96–98 BetrVG).[184] Sie entfallen für Auswahlrichtlinien und Beurteilungsgrundsätze, die sich auf

175 BAG 14. 1. 1992 AP 49 zu § 118 BetrVG 1972 = BB 92, 1135 = DB 92, 1143 = NZA 92, 512.

176 BAG 11. 2. 1992 AP 50 zu § 118 BetrVG 1972 = BB 92, 993 = DB 92, 1145 = NZA 92, 705.

177 BVerfG 15. 12. 1999 – 1 BvR 694/90 – DB 2000, 430; BVerfG 15. 12. 1999 – 1 BvR 505/95 – NZA 2000, 264; BVerfG 15. 12. 1999 – 1 BvR 729/92 – NZA 2000, 217.

178 BAG AP 12 zu § 15 KSchG 1969; AP 32 zu § 118 BetrVG 1972 = DB 87, 847.

179 LAG Hamburg BB 74, 1397.

180 BAG AP 7 zu § 118 BetrVG 1972.

181 BAG AP 21 zu § 118 BetrVG 1972 = NJW 82, 124; vgl. zur Einstellung eines Auszubildenden: BAG AP 10 zu § 78 a BetrVG 1972 = NJW 84, 1179.

182 BAG AP 3 zu § 92 BetrVG 1972 = NZA 1991, 358.

183 BAG AP 11 zu § 118 BetrVG 1972.

184 BAG AP 1 zu § 97 BetrVG 1972 = NZA 1991, 388.

Tendenzträger beziehen. Das Zustimmungserfordernis des § 94 BetrVG entfällt, wenn ein wissenschaftliches Unternehmen vor der Einstellung eines wissenschaftlichen Angestellten in Erfahrung bringen will, ob dieser für das MfS tätig gewesen ist.[185]

Der Betriebsrat hat bei der **Einstellung** von Tendenzträgern kein Zustimmungsverweigerungsrecht.[186] Dagegen bleiben die Informations-, Anhörungs- und Beratungsrechte erhalten.[187] Diese Rspr. ist verfassungsgemäß.[188] Hieraus folgt, dass dem Betriebsrat auch von der Einstellung eines Tendenzträgers Mitteilung zu machen ist. Der Betriebsrat kann aus den in § 99 II BetrVG genannten Gründen Bedenken anmelden, mit denen sich der Arbeitgeber sachlich auseinanderzusetzen hat.[189] Der Tendenzschutz des BetrVG schließt es nicht aus, dass dem Betriebsrat durch Tarifvertrag ein Mitbestimmungsrecht bei der Einstellung von Tendenzträgern eingeräumt wird.[190] Vor einer Kündigung eines Tendenzträgers ist der Betriebsrat anzuhören und sind ihm auch tendenzbezogene Kündigungsgründe mitzuteilen, anderenfalls ist die Kündigung unwirksam.[191] Gehört ein Tendenzträger dem Betriebsrat an, so sind jedenfalls ordentliche Kündigungen aus nicht tendenzbezogenen Gründen ausgeschlossen (§ 15 KSchG).[192] Bei der **Eingruppierung** eines Tendenzträgers hat der Betriebsrat ein Mitbestimmungsrecht. Die Eingruppierung eines Arbeitnehmers in eine tarifliche Vergütungsgruppe durch den Arbeitgeber ist Rechtsanwendung und kein Akt richterlicher Gestaltung. Das Mitbestimmungsrecht des Betriebsrats ist daher ein Mitbeurteilungsrecht.[193] Über eine ge- 111

185 BAG AP 4 zu § 94 BetrVG 1972 = NZA 1994, 375.

186 BAG AP 3 zu § 99 BetrVG 1972; AP 2, 4, 7, 11 zu § 118 BetrVG 1972; BAG AP 46 zu § 118 BetrVG 1972 = NZA 1990, 901.

187 BAG AP 2, 4, 7, 11, 18, 21 zu § 118 BetrVG 1972; AP 3 zu § 99 BetrVG 1972; AP 1 zu § 130 BetrVG 1972.

188 BVerfG DB 80, 239.

189 BAG AP 3 zu § 99 BetrVG 1972; AP 7, 18, 21 zu § 118 BetrVG 1972.

190 BAG AP 56 zu § 118 BetrVG 1972 = NZA 1995, 1095.

191 BAG AP 4 zu § 118 BetrVG 1972; AP 1 zu § 130 BetrVG 1972.

192 BAG AP 12 zu § 15 KSchG 1969 = NJW 83, 1221.

193 BAG AP 27 zu § 118 BetrVG 1972 = NJW 84, 1143; AP 31 zu § 99 BetrVG 1972 = DB 86, 1932.

plante **Versetzung** eines Tendenzträgers hat der Arbeitgeber den Betriebsrat zu informieren, muss aber nicht dessen Zustimmung einholen.[194]

IV. Redaktionsstatut

112 Da die Betriebsräte in Tendenzunternehmen nur eingeschränkte Rechte haben (vgl. oben III), sind sog. Redaktionsstatute geschaffen worden. Sie sollen der inneren Pressefreiheit dienen, d. h. der Absicherung der Position der Redakteure gegenüber den Verlegern, zuweilen auch den Chefredakteuren. Zulässigkeit und Grenzen sind umstr.[195] Ihre Regeln können nur in die einzelnen Arbeitsverhältnisse eingehen. Für Klagen von Mitgliedern des Redaktionsrats eines Zeitungsverlags gegen die Kündigung des Redaktionsstatuts durch den Verleger ist der Rechtsweg zu den Arbeitsgerichten gegeben.[196]

V. Europäischer Betriebsrat[197]

113 Der Ministerrat der seinerzeit 11 Mitgliedstaaten ohne Großbritannien hat am 8./9. 12. 1989 eine Gemeinschaftscharta der sozialen Grundrechte in der Gemeinschaft beschlossen. In Nr. 17 heißt es: „Unterrichtung, Anhörung und Mitwirkung der Arbeitnehmer müssen in geeigneter Weise, unter Berücksichtigung der in den verschiedenen Mitgliedstaaten herrschenden Gepflogenheiten weiter entwickelt werden. Dies gilt insbesondere für Unternehmen und Unternehmenszusammenschlüsse mit Betriebsstätten bzw. Unternehmen in mehreren Mitgliedstaaten der EG.“ Auf dieser Grundlage hat die Kommission dem Rat eine Richtlinie über die Einsetzung Europäischer Betriebsräte

194 BAG AP 46, 51 zu § 118 BetrVG 1972 = NZA 1990, 901, NZA 1994, 329.

195 Vgl. BAG 19. 6. 2001 – 1 AZR 463/00 – zVv.; Schaub Arbeitsrecht von A–Z, Stichwort: Redaktionsstatut; Hensche/Kittner ZRP 72, 177; Mayer-Maly DB 71, 355; Arndt/Ebsen ArbuR 77, 161; Neumann-Duesberg BB 70, 1052; Rüthers DB 72, 2471.

196 BAG 21. 5. 1999 NZA 1999, 837.

197 Klinkhammer/Welslau, Der Europäische Betriebsrat, ArbuR 94, 326; Wirmer, Die Richtlinie Europäische Betriebsräte – Ein zentraler Baustein europäischer Sozialpolitik, DB 94, 2134.

zur Information und Konsultation der Arbeitnehmer in gemeinschaftsweit operierenden Unternehmen und Unternehmensgruppen vorgeschlagen (ABl. EG Teil C v. 15. 2. 1991 S. 10 = RdA 91, 230). Ein geänderter Vorschlag berücksichtigte die Stellungnahmen des Europäischen Parlaments und des Wirtschafts- und Sozialausschusses. Mit der „Richtlinie 94/45 EG des Rates vom 22. 9. 1994 über die Einsetzung eines Europäischen Betriebsrats oder die Schaffung eines Verfahrens zur Unterrichtung und Anhörung der Arbeitnehmer in gemeinschaftsweit operierenden Unternehmen und Unternehmensgruppen“ (ABl. EG Nr. L 254 S. 64) wurde der Vorschlag umgesetzt. Nach Art. 4 der Richtlinie hatten die – mittlerweile 15 – Mitgliedstaaten die erforderlichen nationalen Umsetzungsvorschriften bis spätestens zum 22. 9. 1996 zu erlassen. Dies ist – bis auf Luxemburg – in der Zwischenzeit geschehen. Deutschland erließ am 28. 10. 1996 das Europäische Betriebsräte-Gesetz (BGBl. I S. 1548). Auch das ursprünglich ausgenommene Vereinigte Königreich hat mit einem am 15. 1. 2000 in Kraft getretenen nationalen Gesetz die europäischen Vorgaben übernommen.[198] Das führte zum deutschen Änderungsgesetz vom 22. 12. 1999 (BGBl. I S. 2809). Auch die drei Staaten des Europäischen Wirtschaftsraums – Island, Norwegen, Liechtenstein – haben die Richtlinie umgesetzt, die Schweiz hat sich freiwillig angeschlossen. Mittlerweile sind mehrere hundert EBR unionsweit zu verzeichnen.[199]

Das Mitwirkungsgremium heißt Europäischer Betriebsrat. Er 114
wird in Unternehmen errichtet, die in der EU mit mindestens 1000 Beschäftigten insgesamt und in zwei oder mehreren Mitgliedstaaten mit jeweils mind. 150 Arbeitnehmern tätig sind. Die Befugnisse und Zuständigkeiten erstrecken sich auf alle Betriebe und Unternehmen in der Union. Der EBR soll nach Möglichkeit durch schriftliche Vereinbarung zwischen der Unternehmensleitung und einem Verhandlungsgremium aus Vertretern der nationalen Arbeitnehmervertreter gebildet werden, §§ 8 ff.

198 Vgl. Kolvenbach, NZA 2000, 518 (524).

199 Nagel, in: Perspektionen der Mitbestimmung, hrsg. v. Nutzinger, Marburg 1999, S. 347, 353; Klebe/Kunz, Europäische Betriebsräte – Erste Erfahrungen, in: Jahrbuch des Arbeitsrechts 2001 (Bd. 38), S. 55, 57.

EBRG. Verweigert die zentrale Leitung die Aufnahme von Verhandlungen sechs Monate lang, wird ein EBR nach Maßgabe der §§ 22, 23 EBRG gebildet.[200] Durch die Errichtung werden die nationalen Rechte nach dem BetrVG nicht berührt. Der EBR ist nach § 31 EBRG zuständig in Angelegenheiten, die mindestens zwei Betriebe oder zwei Unternehmen in verschiedenen Mitgliedstaaten berühren. Die betreffenden Angelegenheiten sind in §§ 32, 33 EBRG aufgeführt. Danach hat die zentrale Leitung den EBR einmal im Jahr über die Entwicklung der Geschäftslage und die Perspektiven des Unternehmens unter rechtzeitiger Vorlage der erforderlichen Unterlagen zu unterrichten und ihn anzuhören; Einzelheiten nennt § 32 II EBRG. Der EBR ist ferner über außergewöhnliche Umstände zu unterrichten und auf Verlangen anzuhören, die erhebliche Auswirkungen auf die Interessen der Arbeitnehmer haben, wie die Verlegung oder Stilllegung von Unternehmen, Betrieben oder wesentlichen Betriebsteilen und Massenentlassungen. Für Tendenzunternehmen i. S. d. § 118 I S. 1 Nr. 1, 2 BetrVG enthält § 34 EBRG Ausnahmen.[201]

115 Mit Beschluss vom 27. 6. 2000 hat das BAG den EuGH gemäß § 234 I Buchst. b, III EG-Vertrag um Beantwortung folgender Fragen ersucht:[202]

116 1. Fordert die Richtlinie 94/45/EG des Rates über die Einsetzung eines Europäischen Betriebsrats oder die Schaffung eines Verfahrens zur Unterrichtung und Anhörung der Arbeitnehmer in gemeinschaftsweit operierenden Unternehmen und Unternehmensgruppen, insbes. Art. 4 und 11, dass Unternehmen, die einer Unternehmensgruppe mit einem außerhalb der Gemeinschaft ansässigen herrschenden Unternehmen angehören, verpflichtet sind, dem Unternehmen, das nach Art. 4 Abs. 2 Unterabs. 2 und Abs. 3 der Richtlinie als zentrale Leitung gilt, Auskunft zu erteilen über die durchschnittliche Gesamtzahl der Arbeitnehmer, deren Verteilung auf die Mitgliedstaaten, die Be-

200 Näheres bei Schmidt, NZA 1997, 180 ff.; Gaul, NJW 1996, 3378 ff.

201 Nähere Einzelheiten zu den Regelungen des Gesetzes bei Fitting/Kaiser/Heither/Engels S. 1769 ff.; Däubler/Kittner/Klebe Anhang 2 S. 1899 ff.

202 BAG 27. 6. 2000 – AP 1 zu EWG-Richtlinie Nr. 94/45.

triebe des Unternehmens und von diesem abhängige Unternehmen, sowie über die Struktur des Unternehmens und der von diesem abhängigen Unternehmen?

2. Falls der Gerichtshof die erste Frage bejaht: Umfasst die Auskunftspflicht auch die Bezeichnungen und Anschriften der Arbeitnehmervertretungen, die für die Arbeitnehmer des Unternehmens oder der von ihm abhängigen Unternehmen bei der Bildung eines besonderen Verhandlungsgremiums nach Art. 5 der Richtlinie oder bei der Errichtung eines Europäischen Betriebsrats zu beteiligen sind? 117

Bis zur Entscheidung des EuGH ist das Verfahren ausgesetzt. 118

Schon zuvor hatte das LAG Düsseldorf den EuGH um die Beantwortung der Frage ersucht, ob Art. 11 Abs. 1, 2 der Richtlinie 94/45/EG dahin auszulegen ist, dass ein Unternehmen, das zu einer gemeinschaftsweit operierenden Unternehmensgruppe gehört, auch dann zur Auskunftserteilung an die Organe der internen Arbeitnehmervertretung verpflichtet ist, wenn noch nicht feststeht, ob es innerhalb der Unternehmensgruppe ein herrschendes Unternehmen gibt.[203] Mit Urteil vom 29. 3. 2001 hat der EuGH diese Vorlagefrage bejaht und auf zwei weitere Fragen des vorlegenden Gerichts ferner entschieden, dass dann, wenn die Daten über die Struktur oder die Organisation einer Unternehmensgruppe zu den Informationen gehören, die zur Aufnahme von Verhandlungen zur Errichtung eines Europäischen Betriebsrats oder zur Schaffung eines Verfahrens zur länderübergreifenden Unterrichtung und Anhörung der Arbeitnehmer unerlässlich sind, ein Unternehmen dieser Unternehmensgruppe diese Daten, soweit es über sie verfügt oder sie sich beschaffen kann, den Organen der internen Arbeitnehmervertretung auf Antrag zur Verfügung zu stellen hat und auch die Übermittlung von Unterlagen, die zu demselben Zweck unerlässliche Informationen präzisieren und verdeutlichen, verlangt werden kann, soweit diese Übermittlung erforderlich ist, um den betroffenen Arbeitnehmern oder ihren Vertretern den Zugang zu den 119

203 LAG Düsseldorf NZA-RR 1999, 476.

Informationen zu ermöglichen, anhand derer sie beurteilen können, ob sie die Aufnahme von Verhandlungen verlangen können.[204]

VI. Rechtsstreitigkeiten

120 Streitigkeiten darüber, ob ein Betrieb, Nebenbetrieb oder Betriebsteil vorliegt und ob ein oder mehrere Betriebsräte zu bilden sind, entscheiden die Arbeitsgerichte im Beschlussverfahren (§ 2 a ArbGG). Es muss sich um eine konkrete Streitigkeit handeln. Die abstrakte Feststellung der Tendenzeigenschaft kann nicht verlangt werden.[205] Verkennt der Wahlvorstand den Betriebsbegriff, so führt dies nicht zur Nichtigkeit der Betriebsratswahl, sondern nur zu ihrer Anfechtbarkeit. Anfechtungsberechtigt ist eine im Betrieb vertretene Gewerkschaft bereits dann, wenn sie in einer der betrieblichen Stellen vertreten ist.

§ 4. Allgemeine Grundsätze der Betriebsverfassung

I. Stellung der Gewerkschaften in der Betriebsverfassung

121 (1) Das BetrVG unterscheidet wie bereits das BetrVG 1972 und 1952 zwischen den Aufgaben und den Funktionen der Gewerkschaften und der Betriebsverfassungsorgane. Die Gewerkschaften haben, ausgehend von Art. 9 III GG, die Interessen ihrer Mitglieder gegenüber dem anderen Tarifpartner, also Arbeitgeberverbänden oder einzelnen Arbeitgebern, zu vertreten, indem sie insbesondere den Abschluss von Tarifverträgen – notfalls durch Arbeitskämpfe – erzwingen. Ihre Aufgaben werden durch das BetrVG nicht berührt (§ 2 III BetrVG). Demgegenüber ha-

204 EuGH 29. 3. 2001 – Rs. C-62/99 – (Betriebsrat bofrost GmbH & Co. KG/bofrost GmbH & Co. KG) NZA 2001, 506; vgl. auch Windbichler, Auskunftspflichten in der gemeinschaftsweit operierenden Unternehmensgruppe nach der Richtlinie über Europäische Betriebsräte, in: Festschrift für Martin Peltzer zum 70. Geburtstag, Köln 2001, S. 629 ff.; das LAG Düsseldorf hat mittlerweile mit Teil-Beschluss vom 25. 10. 2001 (– 5 TaBV 87/98 –) dem Verlangen nach Auskunft über die Unternehmensstrukturen und gesellschaftliche Beteiligungen innerhalb der bofrost-Gruppe stattgegeben. Die Antragsgegnerin hat die zugelassene Rechtsbeschwerde eingelegt (Az. beim BAG – 1 ABR 61/01 –).

205 BAG AP 2 zu § 81 BetrVG.

ben die Betriebsverfassungsorgane auf der Grundlage des BetrVG ihre Aufgaben wahrzunehmen und bei der Gestaltung der innerbetrieblichen Angelegenheiten, durch die die Arbeitnehmer betroffen werden, mitzuwirken. Auch wenn das BetrVG von dem Grundsatz der Aufgabentrennung und der gegenseitigen Unabhängigkeit ausgeht (duale Arbeitsverfassung), gebietet es eine **vertrauensvolle Zusammenarbeit** der Betriebsverfassungsorgane im Zusammenwirken mit den im Betrieb vertretenen Gewerkschaften und Arbeitgebervereinigungen (§ 2 I BetrVG).

(2) Eine Gewerkschaft ist bereits dann im Betrieb vertreten, 122
wenn ihr auch nur ein Arbeitnehmer des Betriebs angehört. Der Nachweis kann durch notarielle Erklärung ohne Namensnennung einzelner Mitglieder geführt werden.[206] Das Zusammenwirken dokumentiert sich in der Beteiligung an Betriebsratssitzungen, Betriebsversammlungen sowie in Beratungen mit Arbeitgeber und Betriebsrat. Die Gewerkschaftseigenschaft kommt nur Arbeitnehmervereinigungen zu, die tariffähig, d. h. in der Lage sind, durch Vereinbarung mit dem sozialen Gegenspieler aufgrund ihrer Durchsetzungskraft Arbeitsbedingungen tarifvertraglich zu regeln.[207]

(3) Die Gewerkschaft hat gegenüber dem Betriebsrat eine 123
Hilfsfunktion. Der Betriebsrat kann, muss aber nicht mit ihr zusammenarbeiten. Die Gewerkschaft kann sich also nicht gegen den Willen des Betriebsrats in dessen Geschäfte einschalten oder dessen Aufgaben wahrnehmen.[208] Sie hat kein eigenes Prozessführungs- und Antragsrecht zur Anfechtung interner Geschäftsführungsbeschlüsse des Betriebsrats, durch die sie nicht unmittelbar in ihren betriebsverfassungsrechtlichen Rechten beeinträchtigt wird.[209] Eigene Antrags- und Beteiligungsrechte im Beschlussverfahren kommen ihr nur in den gesetzlich

206 BAG 25. 3. 1992 AP 4 zu § 2 BetrVG 1972 = NJW 93, 612 = NZA 93, 134 – eine Verfassungsbeschwerde gegen diese Entscheidung wurde nicht angenommen: BVerfG ArbuR 1994, 313; LAG Düsseldorf DB 79, 110; vgl. dazu BAG AP 2 zu § 97 ArbGG.

207 BAG AP 32, 36 zu § 2 TVG; Däubler/Kittner/Klebe § 2 Rn. 10ff.

208 BAG AP 7 zu § 256 ZPO.

209 BAG AP 1 zu § 2 BetrVG 1972; AP 1 zu § 19 BetrVG 1972.

geregelten Fällen zu.[210] Zu ihren Rechten gehört ein eigener **Unterlassungsanspruch** gegen die Durchführung und den Abschluss von Betriebsvereinbarungen, die gegen § 77 III BetrVG verstoßen.[211] Für einen solchen Unterlassungsantrag ist das Beschlussverfahren nach § 2a ArbGG die zutreffende Verfahrensart.[212] Die Gewerkschaft trifft keine gesetzliche Verpflichtung, mit dem Betriebsrat zusammenzuarbeiten. Es steht ihr also unbeschadet ihrer Satzung frei, ob sie dem Betriebsrat Rechtsschutz gewährt oder nicht.[213] Um das Zusammenwirken sicherzustellen, sieht das Gesetz ein eigenständiges **Zutrittsrecht** der Beauftragten der im Betrieb vertretenen Gewerkschaften zur Wahrnehmung der ihnen nach dem BetrVG zustehenden Rechte und Befugnisse vor, soweit dem nicht unumgängliche Notwendigkeiten des Betriebsablaufs, zwingende Sicherheitsvorschriften oder der Schutz von Betriebsgeheimnissen entgegenstehen, § 2 II BetrVG.[214]

124 **(4)** Das Zutrittsrecht hängt allein von der **Unterrichtung des Arbeitgebers** ab, sein **Einverständnis ist nicht erforderlich**. Die Unterrichtung muss so rechtzeitig erfolgen, dass der Arbeitgeber die Rechtmäßigkeit des Zutrittsverlangens überprüfen kann. Von Eilfällen abgesehen wird dies 24 Stunden vorher sein müssen. Entspr. muss auch der Besuchszweck angegeben werden.[215] Hierzu gehört die Angabe, ob der Zutritt aus eigenem Recht der Gewerkschaft oder auf Verlangen des Betriebsrats erfolgt. Bei Betriebsbegehungen mit dem Betriebsrat wird der Arbeitgeber kein Teilnahmerecht haben, um den vertrauensvollen Meinungsaustausch nicht zu gefährden (umstr.).[216]

125 Der Gewerkschaftsvertreter hat ein Zutrittsrecht zur Wahrnehmung der der Gewerkschaft im BetrVG eigenständig über-

---

210 LAG Hamm DB 76, 1973.

211 BAG 20. 4. 1999 BAGE 91, 210 = AP 89 zu Art. 9 GG = NZA 1999, 887.

212 BAG 13. 3. 2001 – 1 AZB 19/00 – NZA 2001, 1037.

213 BAG AP 14, 16 zu § 40 BetrVG 1972; vgl. AP 12 zu § 76 BetrVG 1972.

214 BAG AP 2 zu § 16 BetrVG; BVerfG AP 3 zu § 2 BetrVG; vgl. aber BAG AP 2 zu § 97 ArbGG; vgl. auch Däubler, Gewerkschaftsrechte im Betrieb, 9. Aufl. 1998; dens. DB 1998, 2014 ff.

215 LAG Hamm DB 72, 777; DB 73, 141.

216 Vgl. Däubler/Kittner/Klebe § 2, Rn. 37 a m. w. N.

tragenen Aufgaben.[217] Unzureichend ist aber wohl die Absicht der ständigen Überwachung des Arbeitgebers nach § 23 III BetrVG.[218]

Unabhängig von dem eigenständigen Zutrittsrecht besteht ein 126
abgeleitetes zur Unterstützung des Betriebsrats und seiner Ausschüsse, wenn diese es verlangen.[219] Betriebsfremde Beauftragte von Gewerkschaften haben zwar kein Zugangsrecht zum Betrieb zum Zweck der Information, Betreuung und Werbung aus § 2 II BetrVG,[220] wohl aber aus Art. 9 III GG.[221]

Das Zutrittsrecht erstreckt sich auf den gesamten Betrieb und 127
nicht nur auf das Betriebsratszimmer.[222] Es schließt ein, mit Betriebsrat und Arbeitnehmern Kontakt aufzunehmen. Nur ausnahmsweise kann das Zutrittsrecht zu bestimmten Bereichen verweigert werden, wenn unumgängliche Notwendigkeiten des Betriebsablaufs, zwingende öffentlich-rechtliche oder vereinbarte (§ 87 I Nr. 7 BetrVG) Arbeitsschutzvorschriften oder der Schutz von Betriebsgeheimnissen dies erfordern.

(5) Grundsätzlich kann die Gewerkschaft bestimmen, durch 128
wen sie ihr Zutrittsrecht wahrnimmt.[223] Der Arbeitgeber kann den Zutritt eines bestimmten Gewerkschaftsvertreters nur dann **zurückweisen**, wenn die Ausübung des Zutrittsrechts gerade durch diesen Beauftragten im Rahmen des Gebots der vertrauensvollen Zusammenarbeit **rechtsmissbräuchlich** erscheint.[224]

(6) Die **Rechte der Gewerkschaft** im Rahmen des Betriebsver- 129
fassungsgesetzes sind:

217 BAG AP 2 zu § 2 BetrVG 1972 = DB 73, 1304; AP 35 zu Art. 9 GG = DB 82, 1327.

218 Vgl. LAG Frankfurt EzA 3 zu § 2 BetrVG 1972.

219 BAG AP 2 zu § 2 BetrVG 1972; LAG Hamm DB 73, 139; DB 81, 848; OLG Stuttgart DB 78, 592.

220 BVerfG 17. 2. 1981 – AP 9 zu Art. 140 GG = BB 81, 1150 = DB 81, 1467.

221 Vgl. dazu BVerfG 10. 1. 1995 – NZA 1995, 272; 14. 11. 1995 – AP 80 zu Art. 9 GG = NZA 1996, 381; 24. 4. 1996 – NZA 1996, 1157; 24. 2. 1999 – NZA 1999, 713; ferner Däubler/Kittner/Klebe § 2 Rn. 45 ff.; Fitting/Kaiser/Heither/Engels § 2 Rn. 57 a ff.

222 BAG AP 1 zu § 2 LPVG NW.

223 BAG AP 26 zu Art. 9 GG; Fitting/Kaiser/Heither/Engels, § 2 Rn. 50.

224 Vgl. BAG AP 1, 2 zu § 45 BetrVG; LAG Hamm DB 78, 844.

(a) § 2 I BetrVG: Unterstützung der Zusammenarbeit;
(b) § 3 III 2: Antrag auf Wahl eines unternehmenseinheitlichen Betriebsrats;
(c) § 4 I 2 i.V.m. § III 2: Antrag auf Beschlussfassung über die Zuordnung eines Betriebsteils zum Hauptbetrieb;
(d) § 14 III: Wahlvorschläge für Betriebsratswahl;
(e) § 16 I 6: Entsendung eines betriebsangehörigen Beauftragten als nicht stimmberechtigtes Mitglied in den Wahlvorstand;
(f) § 16 II 1: Antrag auf Bestellung eines Wahlvorstands;
(g) § 17 III: Einladung zu einer Betriebsversammlung;
(h) § 17 IV: Antrag auf Bestellung eines Wahlvorstands;
(i) § 18 I: Ersetzung des untätigen Wahlvorstands;
(j) § 18 II: Antrag auf Entscheidung des Arbeitsgerichts über die Betriebsratsfähigkeit einer Organisationseinheit;
(k) § 19 II: Wahlanfechtung;
(l) § 23 I, III: Antrag auf Ausschluss eines Mitglieds aus dem Betriebsrat, Auflösung des Betriebsrats und Antrag gegen Arbeitgeber;
(m) § 31: Teilnahme an Betriebsratssitzungen;
(n) § 35 I: Verständigung nach Aussetzung eines Betriebsratsbeschlusses;
(o) § 43 IV: Antrag auf Einberufung einer Betriebsversammlung;
(p) § 46 I, II: Teilnahme an Betriebs- und Abteilungsversammlungen;
(q) § 53 III: Teilnahme an Betriebsräteversammlungen;
(r) § 119 II: Strafantragsrecht.

130 Darüber hinaus können sich weitere Aufgaben der Gewerkschaft aus dem Gesamtzusammenhang des Gesetzes ergeben.[225]

131 **(7)** Das Zutrittsrecht wird im Streitfall vor dem Arbeitsgericht im Wege des Beschlussverfahrens verfolgt. In Eilfällen kann eine einstweilige Verfügung ergehen.[226] Jedoch wird dann, wenn der

225 BAG AP 2 zu § 2 BetrVG 1972.
226 ArbG Siegburg DB 72, 927; LAG Hamm, AP 1 zu § 2 BetrVG 1972.

Arbeitgeber nur einem bestimmten Gewerkschaftsvertreter den Zutritt verweigert, im Übrigen aber das Zutrittsrecht nicht leugnet, ein Verfügungsgrund kaum gegeben sein.

(8) Unabhängig vom Betriebsverfassungsrecht kann ein Zu- 132
gangsrecht der Gewerkschaft zum Betrieb aufgrund der Koalitionsfreiheit bestehen (Art. 9 III GG). Die Gewerkschaften sind berechtigt, durch ihnen angehörende Belegschaftsmitglieder im Betrieb Werbe- und Informationsmaterial mit spezifisch koalitionsmäßigem Inhalt verteilen zu lassen.[227] Die Auffassung des BAG, dass dies nur außerhalb der Arbeitszeit zulässig sei, ist angesichts der neuen Rechtsprechung des BVerfG zur (Aufgabe der) Kernbereichslehre wohl nicht mehr haltbar.[228] Nach der Rspr. besteht ein Zutrittsrecht auch für Gewerkschaftssekretäre.[229] Dabei hat die Gewerkschaft auf den Koalitionspluralismus Rücksicht zu nehmen.[230] Umfang und Grenzen der den Gewerkschaften zustehenden Werbemaßnahmen richten sich nach Zumutbarkeitsgesichtspunkten.[231] Eine Gewerkschaft kann nicht die Anbringung eines Plakats verlangen, das von ihr im Zusammenhang mit der politischen Auseinandersetzung um die Neufassung des § 116 AFG verwandt wurde.[232] Besondere Anschlagbretter können nicht verlangt werden. Zu gewerkschaftlichen Vertrauensleuten unten Rn. 175 ff.

(9) Um die Aufgaben des Betriebsrats von denen der Gewerk- 133
schaft abzugrenzen und die Tarifautonomie zu gewährleisten, will das BetrVG durch § 77 III die Übernahme von tariflichen Regelungen durch Betriebsvereinbarungen ausschließen. Das Gesetz will sicherstellen, dass die Tarifbindung nicht in einem anderen Verfahren als dem der Allgemeinverbindlicherklärung

227 BVerfG AP 7, 16 zu Art. 9 GG; BAG AP 6, 10, 11 zu Art. 9 GG.

228 BVerfG 14. 11. 1995 – NZA 1996, 381; Däubler/Kittner/Klebe § 2 Rn. 47 m. w. N. Fitting/Kaiser/Heither/Engels § 2 Rn. 57.

229 BAG AP 26 zu Art. 9 GG; AP 35 = DB 82, 1327; LAG Hamm 77, 1052; einschränkend für Tendenzunternehmen: BVerfG AP 9 zu Art. 140 GG; im Anschluss daran BAG AP 10 zu Art. 140 GG.

230 BAG AP 14 zu Art. 9 GG.

231 Vgl. LAG Hamm BB 71, 1054; LAG Frankfurt BB 73, 1394.

232 LAG Köln DB 87, 54.

von Tarifverträgen erweitert wird.[233,234] Die Regelungssperre des § 77 III BetrVG betrifft aber nur Betriebsvereinbarungen, nicht Regelungsabreden und vertragliche Einheitsregelungen, da diesen keine normative Wirkung zukommt.[235] Durch eine betriebseinheitliche Regelung – Regelungsabrede, vertragliche Einheitsregelung –, die tarifwidrige Arbeitsbedingungen schaffen will, kann allerdings die Koalitionsfreiheit der Gewerkschaft beeinträchtigt werden, was diese mit einem auf § 1004 I S. 2 BGB i. V. m. § 823 I BGB gestützten Unterlassungsantrag geltend machen kann, wenn der Arbeitgeber tarifgebunden ist und auch Gewerkschaftsmitglieder erfasst werden sollen (s. o. Rn. 123).[236]

134 **(10)** Das Gesetz will auch den Dualismus in der Stellung von Gewerkschaftsmitgliedern, die betriebsverfassungsrechtliche Aufgaben übernommen haben, nicht beseitigen. Es bestimmt in § 74 III BetrVG ausdrücklich, dass diese hierdurch in der Betätigung für ihre Gewerkschaft im Betrieb nicht beschränkt werden. Jedoch werden durch die gewerkschaftliche Betätigungsfreiheit die Pflichten aus dem BetrVG, insbesondere die Pflicht zur Neutralität bei der Wahrnehmung des Betriebsratsamts (§ 75 BetrVG), nicht berührt.[237] Hieraus folgt, dass ein Betriebsratsmitglied seine Tätigkeit nicht von dem Eintritt eines Arbeitnehmers in die Gewerkschaft abhängig machen darf. Ob und inwieweit ein Betriebsratsmitglied für seine Gewerkschaft werben durfte, war nach dem BetrVG 1952 umstritten.[238] Nach dem geltenden BetrVG ist einem Betriebsratsmitglied nur die Werbung in amtlicher Eigenschaft[239] oder eine Werbung, die Zweifel in seine Unparteilichkeit aufkommen lässt, untersagt. Ein freigestelltes Betriebsratsmitglied kann nach Auffassung des BAG ab-

233 BT-Drucks. VI 2729 unter IX.

234 Zur Allgemeinverbindlicherklärung: Schaub, Arbeitsrecht von A–Z, Stichwort: Allgemeinverbindlicherklärung.

235 BAG 20. 4. 1999 – NZA 1999, 887.

236 BAG 20. 4. 1999 – NZA 1999, 887.

237 Hanau BB 71, 485; Richardi RdA 72, 15, 16.

238 BAG AP 10 zu Art. 9 GG; BVerfG AP 15, 17 zu Art. 9 GG; BVerwG AP 9 zu § 26 PersVG.

239 BVerfG AP 18 zu Art. 9 GG.

gemahnt werden, wenn es während der Arbeitszeit gewerkschaftliches Werbematerial an Arbeitskollegen verteilt.[240] Auch daran wird nach der neuen Rechtsprechung des BVerfG zur Kernbereichslehre nicht festgehalten werden können.[241]

II. Das Verhältnis von Arbeitgeber und Betriebsrat

Arbeitgeber und Betriebsrat haben zum Wohl des Betriebs 135
und der Arbeitnehmer zusammenzuwirken (§ 2 I BetrVG). Das **Gebot der vertrauensvollen Zusammenarbeit** ist aus dem BetrVG übernommen worden. Im Unterschied zum BetrVG 1952 ist eine Verpflichtung auf das Gemeinwohl in § 2 I BetrVG nicht mehr enthalten. Die Orientierung am Gemeinwohl ist nicht in das Gesetz aufgenommen worden, weil auch der Vorstand einer Aktiengesellschaft nach der Novellierung des Aktiengesetzes nicht mehr auf das Gemeinwohl verpflichtet ist (§ 76 I AktG). Gleichwohl ist Arbeitgeber und Betriebsrat kein Handeln gegen das Gemeinwohl gestattet. Vielmehr folgt seine Berücksichtigung bereits aus dem Grundsatz der Sozialstaatlichkeit und dem daraus sich ergebenden Gebot sozialpflichtigen Handelns.

Das Gebot der vertrauensvollen Zusammenarbeit verlangt **ge-** 136
genseitige Ehrlichkeit und Offenheit;[242] überkommene Vorurteile sollen überwunden und die gegenseitigen Beziehungen nicht durch unangebrachtes Misstrauen belastet werden. Das Gebot enthält unmittelbar geltendes Recht. Die Auslegung der wechselseitigen Rechte und Pflichten hat unter Berücksichtigung dieses Gebots zu erfolgen. Aus ihm folgt z. B., dass das Anhörungsverfahren des § 102 BetrVG (zu diesem vgl. unten § 50) grundsätzlich während der Arbeitszeit des Betriebsratsvorsitzenden durchzuführen ist.[243] Der Arbeitgeber hat den Betriebsrat rechtzeitig und umfassend zu unterrichten, damit dieser seine Rechte wahrnehmen kann.[244] Umgekehrt hat der Betriebsrat bei der Aus-

240 BAG v. 23. 11. 1991 – BB 92, 781 = DB 92, 843 = NZA 92, 690.
241 BVerfG 14. 11. 1995 – NZA 1996, 381.
242 BAG AP 3 zu § 23 BetrVG; AP 5 zu § 80 BetrVG 1972.
243 BAG AP 25 zu § 102 BetrVG 1972 = NJW 83, 2835.
244 BAG AP 29 zu § 102 BetrVG 1972 = DB 84, 407.

übung seiner Rechte das Wohl des Betriebs und der Belegschaft zu berücksichtigen. Erweiterungen oder Einschränkungen der Mitbestimmungsrechte des Betriebsrats lassen sich auf das Gebot aber nicht stützen. Die Zusammenarbeit erfolgt unter Beachtung der geltenden Tarifverträge. Die Bindung an Gesetz und Recht (Art. 20 III GG) ist als selbstverständliche Verpflichtung nicht mehr ausdrücklich in das Gesetz aufgenommen. Die Hervorhebung des Tarifrechts ist erfolgt, um den Vorrang der Regelungskompetenz der Tarifpartner sicherzustellen. Geltender Tarifvertrag ist derjenige, in dessen zeitlichen, räumlichen, persönlichen, fachlichen und betrieblichen Geltungsbereich der Betrieb fällt.[245]

137 Das Gebot der vertrauensvollen Zusammenarbeit ist in zahlreichen Vorschriften des BetrVG näher konkretisiert. Nach § 74 I BetrVG sollen sich Arbeitgeber und Betriebsrat mindestens einmal im Monat zu einer Besprechung zusammenfinden. Für die Einladung zum Zusammentreffen bestehen keine Form- oder Ladungsvorschriften. Das Treffen kann zwanglos, z. B. nach einer Betriebsratssitzung oder – namentlich bei Kleinbetrieben – im Anschluss an eine Begegnung im Betrieb stattfinden (vgl. unten § 36 I).

138 Die Betriebsparteien haben über streitige Fragen mit dem ernstlichen Willen zur Einigung zu verhandeln und Vorschläge für die Beilegung von Meinungsverschiedenheiten zu machen (§ 74 I 2 BetrVG). Es soll keine wechselseitige Obstruktion getrieben werden; vielmehr sollen beide Parteien die Argumente der Gegenseite bei ihrer Entscheidung berücksichtigen. Unzulässig ist deshalb ein bloßes Anhören, ohne daraus irgendwelche Konsequenzen zu ziehen.

139 Ausgehend von dem Gebot der vertrauensvollen Zusammenarbeit wird die **Friedenspflicht** zwischen Betriebsrat und Arbeitgeber im Interesse eines geordneten Arbeitsablaufs und des Betriebsfriedens aufrechterhalten. Die Friedenspflicht gebietet nicht, jedem Vorschlag eines anderen Organs der Betriebsverfassung zuzustimmen.[246] Vielmehr folgt aus ihr nur das Verbot sol-

245 Vgl. Schaub, Arbeitsrecht von A–Z, Stichwort: Tariflicher Geltungsbereich.
246 BAG AP 1 zu § 69 BetrVG.

cher Maßnahmen und Handlungen, durch die die Arbeit im Betrieb und sein Friede gefährdet würden, z. B. diskriminierender Anschläge am schwarzen Brett.[247] Die Veröffentlichung der Kosten der Betriebsratsarbeit durch den Arbeitgeber mittels Aushangs oder Darstellung auf einer Betriebsversammlung ist deshalb regelmäßig unzulässig.[248] Aus dem Gebot der Friedenspflicht folgt insbesondere das **Verbot von Arbeitskämpfen zwischen Arbeitgeber und Betriebsrat** (§ 74 II BetrVG).[249] Der Arbeitgeber darf im Falle von Meinungsverschiedenheiten mit dem Betriebsrat weder diesen noch die Arbeitnehmer aussperren. Umgekehrt ist es dem Betriebsrat und seinen Mitgliedern untersagt, zu Arbeitskämpfen im weitesten Sinne (Streik, Arbeitsverlangsamung, Boykott, gemeinsame Änderungskündigungen usw.) aufzufordern. Vielmehr sollen betriebliche Auseinandersetzungen ausschließlich durch Einschaltung der Einigungsstellen oder, soweit es sich um Rechtsstreitigkeiten handelt, vor den Arbeitsgerichten ausgetragen werden. Unberührt von der betrieblichen Friedenspflicht bleiben die Arbeitskämpfe tariffähiger Parteien (§ 74 II BetrVG). Der Betriebsrat darf in amtlicher Eigenschaft nicht zur Beteiligung oder Nichtbeteiligung an einem gewerkschaftlichen Streik aufrufen oder die Folgen der Teilnahme der von ihm vertretenen Arbeitnehmer an einem Streik regeln.[250] Jedoch ist es den einzelnen Betriebsratsmitgliedern, die einer Gewerkschaft angehören, gestattet, sich an einem Arbeitskampf auch an führender Stelle zu beteiligen (§ 74 III BetrVG). Untersagt ist ihnen lediglich eine Beteiligung unter Ausnutzung des Betriebsratsamts und der Mittel des Betriebsrats. Unzulässig wäre mithin das Schreiben von Streikaufrufen auf einer dem Betriebsrat zur Verfügung gestellten Schreibmaschine usw. Während eines Arbeitskampfs tariffähiger Parteien bleibt das Betriebsratsamt mit all seinen Rechten und Pflichten bestehen.[251] Die Beteiligungsrechte des Betriebsrats gelten un-

247 LAG Hamm DB 77, 453.
248 BAG 12. 11. 1997 – NZA 1998, 559.
249 BAG AP 52 zu Art. 9 GG Arbeitskampf.
250 LAG Frankfurt DB 86, 178.
251 BAG 25. 10. 1988 AP 110 zu Art. 9 GG Arbeitskampf.

eingeschränkt, soweit das Handeln von Arbeitgeber oder Betriebsrat keinen Arbeitskampfbezug hat.[252] Ob sie andernfalls eingeschränkt sind, ist umstritten.[253]

140 Verstoßen der Betriebsrat oder einzelne Betriebsratsmitglieder gegen die Friedenspflicht, so können ein Ausschluss aus dem Betriebsrat, u. U. eine außerordentliche Kündigung oder Schadensersatzansprüche gerechtfertigt sein. § 74 II BetrVG ist Schutzgesetz i. S. v. § 823 II BGB. Der Arbeitgeber kann von dem Betriebsrat die Unterlassung von Verstößen gegen die Friedenspflicht verlangen. Er hat neben § 23 Abs. 1 BetrVG einen eigenständigen Anspruch aus § 74 BetrVG. Die Durchsetzung dieses Anspruchs im Beschlussverfahren erfordert einen bestimmten Antrag, in dem genau umschrieben wird, welche tatbestandsmäßigen Handlungen Verfahrensgegenstand sein sollen.[254]

III. Verbot politischer Betätigung im Betrieb

141 Trotz erheblicher Auseinandersetzungen während der Beratungen zum BetrVG 1972 ist das Verbot **parteipolitischer** Betätigung für Arbeitgeber und Betriebsrat im Betrieb aufrechterhalten worden. Untersagt ist damit die Werbung oder die Propaganda für Parteien, die Veranlassung von Resolutionen oder Unterschriften usw. Verboten sind entspr. Maßnahmen sowohl im Betrieb als auch im unmittelbaren örtlichen Zusammenhang mit dem Betrieb (vor dem Werkstor),[255] wenn Rückwirkungen auf den Betrieb zu besorgen sind. Dagegen bleibt eine außerbetriebliche politische Betätigung unberührt.[256]

142 Verboten ist die parteipolitische Betätigung unabhängig davon, ob eine Störung des Betriebsfriedens zu gewärtigen ist.[257]

252 BAG AP 57 zu Art. 9 GG Arbeitskampf.

253 Vgl. Fitting/Kaiser/Heither/Engels § 74 Rn. 18, 19; Däubler/Kittner/Klebe § 74 Rn. 20 m. w. N.

254 BAG AP 3 zu § 74 BetrVG 1972 = DB 81, 481.

255 BVerfG AP 2 zu § 74 BetrVG 1972 = DB 76, 1485; BAG AP 1 zu § 74 BetrVG 1972.

256 ErfK-Hanau/Kania, BetrVG § 74, Rn. 27.

257 BVerfG AP 2 zu § 74 BetrVG 1972; BAG AP 1 zu § 42 BetrVG 1972; AP 1 zu § 74 BetrVG 1972.

Durch das Verbot wird nicht das Recht auf freie Meinungsäußerung nach Art. 5 GG verletzt.[258] Wegen des Wertgehalts des Grundrechts auf freie Meinungsäußerung muss das Verbot restriktiv ausgelegt werden.[259] Eine parteipolitische Betätigung stellt es auch dar, wenn zu Wahlkampfzeiten bekannte Spitzenpolitiker oder die Kandidaten der örtlichen Parteien zu Reden auf Betriebsversammlungen eingeladen werden.[260] Ein Verstoß gegen die parteipolitische Neutralität durch ein Betriebsratsmitglied kann zu einem Ausschluss aus dem Betriebsrat führen.[261]

Nicht betroffen von dem Verbot parteipolitischer Betätigung 143
ist die **Werbung für Gewerkschaften**. Darüber hinaus bestimmt § 74 II BetrVG, dass die Behandlung von Angelegenheiten tarifpolitischer, sozialpolitischer und wirtschaftlicher Art gestattet ist, soweit der Betrieb oder seine Arbeitnehmer unmittelbar betroffen sind. Unmittelbar betroffen ist der Betrieb dann, wenn sich die Maßnahmen auf den Betrieb oder seine Arbeitnehmer als Einzelmaßnahme auswirken, nicht aber, wenn die Auswirkungen nur allgemeiner Natur sind, etwa aufgrund einer Grundsatzentscheidung der Bundesregierung zur Energiepolitik o. Ä. (vgl. auch unten § 28 II).

IV. Die Stellung der Arbeitgeberverbände

Nach § 2 III BetrVG bleiben die Aufgaben der Arbeitgeberver- 144
einigungen, die Interessen ihrer Mitglieder wahrzunehmen, unberührt. Arbeitgeberverbände und Gewerkschaften stehen sich im Rahmen der Betriebsverfassung grundsätzlich gleichrangig gegenüber. Indes ist ein juristisches Übergewicht der Befugnisse der Gewerkschaft nicht zu verkennen. Die Arbeitgeberverbände haben kein eigenes Recht, Beauftragte zu den Sitzungen betriebsverfassungsrechtlicher Organe zu entsenden. Der Arbeitgeber kann jedoch zu den Sitzungen des Betriebsrats (§ 29 IV

258 Schaub, Arbeitsrecht von A–Z, Stichwort: Treuepflicht.

259 BAG AP 2 zu § 13 KSchG; vgl. zu einem Flugblatt zur Raketenstationierung: LAG Bad.-Württemberg BB 85, 589.

260 BAG AP 1 zu § 42 BetrVG 1972.

261 BAG AP 1 zu § 87 BetrVG 1972 Betriebsbuße.

BetrVG), Gesamtbetriebsrats (§ 51 III 3 BetrVG), Konzernbetriebsrats (§ 59 II 3 BetrVG), an denen er teilnimmt, Verbandsvertreter hinzuziehen. Dasselbe gilt für die Teilnahme an Betriebs- oder Abteilungsversammlungen (§ 46 BetrVG), Betriebsräte- (§ 53 III BetrVG) und Jugend- und Auszubildendenversammlungen (§ 71 BetrVG).

§ 5. Abweichung von den Vorschriften des BetrVG

I. Allgemeines

145 Das BetrVG soll die Beteiligung der Arbeitnehmerschaft am betrieblichen Geschehen sichern. Es muss daher grundsätzlich zwingendes Recht sein. In gewissem Umfang ist den Tarifparteien jedoch gestattet, von den Organisationsnormen des BetrVG abzuweichen. Anders als nach § 3 II BetrVG 1972, der die Wirksamkeit von Tarifverträgen, die eine vom BetrVG abweichende Organisation der betrieblichen Vertretung vorsahen, an die Zustimmung des zuständigen Bundes- oder Landesarbeitsministers knüpfte, sieht § 3 BetrVG 2001 vom Erfordernis einer **staatlichen Zustimmung** zu einer abweichenden Regelung ab. Das Gesetz trägt damit dem Umstand Rechnung, dass angesichts der Vielgestaltigkeit der zu regelnden Sachverhalte die Vertragsparteien vor Ort die Sachgerechtigkeit unternehmensspezifischer Vertretungsstrukturen besser beurteilen können als staatliche Stellen.[262] Nach § 3 II BetrVG sind unter den dort aufgeführten Voraussetzungen nunmehr auch die Betriebsparteien, also der Betriebsrat einerseits und der Arbeitgeber bzw. Unternehmer andererseits, rechtlich in der Lage, die Organisation der Betriebsvertretung abzuändern. § 3 BetrVG erlaubt dabei nur die Änderung der Organisationsformen und -strukturen, nicht die Änderung materieller Beteiligungsrechte. Die besonderen Vertretungen nach § 3 I Nr. 1–3 BetrVG haben **keine weitergehenden Rechte**, als der betreffende Betriebsrat sie hätte. Eine mögliche Erweiterung der Mitbestimmungsrechte durch Tarifvertrag bestimmt sich nach den für den Betriebsrat geltenden allgemeinen Grundsätzen.

262 Begründung zum Referentenentwurf Besonderer Teil zu Nr. 3.

Abgesehen von § 3 BetrVG ist noch in folgenden Bestimmungen die Möglichkeit vorgesehen, von den Organisationsvorschriften des BetrVG abzuweichen. 146

(c) § 38 I — Tarifvertrag oder Betriebsvereinbarung über die Zahl der von der Arbeit freizustellenden Betriebsratsmitglieder

(d) § 47 IV–VI — Tarifvertrag oder Betriebsvereinbarung über die Mitgliederzahl des Gesamtbetriebsrats

(e) § 55 IV — Tarifvertrag oder Betriebsvereinbarung über die Größe des Konzernbetriebsrats

(f) § 72 IV–VI — Tarifvertrag oder Betriebsvereinbarung über die Mitgliederzahl der Gesamt-Jugend- und Auszubildendenvertretung und – iVm. § 73a IV BetrVG – der Konzern-Jugend- und Auszubildendenvertretung

(g) § 72 VIII — Tarifvertrag oder Betriebsvereinbarung über eine abweichende Stimmengewichtung der aus einem gemeinsamen Betrieb mehrerer Unternehmen entsandter Mitglieder der Gesamt-Jugend- und Auszubildendenvertretung und – iVm. § 73a IV BetrVG – der Konzern-Jugend- und Auszubildendenvertretung

(h) § 117 II — Tarifvertrag über die Errichtung einer Vertretung der im Flugbetrieb beschäftigten Arbeitnehmer und deren Zusammenarbeit mit dem Betriebsrat des Landbetriebs.

Nach § 1 I TVG sind Tarifverträge über betriebsverfassungsrechtliche Fragen zulässig. Hiernach sind insbesondere Organisationstarifverträge für solche Betriebe und Arbeitnehmer zulässig, für die das BetrVG nicht gilt. 147

Im Übrigen können über § 1 I TVG die Mitbestimmungsrechte zugunsten des Betriebsrats erweitert werden (umstr.).[263] 148

263 Vgl. Richardi Einl. Rn. 134 ff.; Fitting/Kaiser/Heither/Engels § 1 Rn. 215 ff.; BAG AP 23 zu § 77 BetrVG 1972; BAG AP 17 zu § 87 BetrVG 1972 Lohngestaltung. BAG AP 53 zu § 99 BetrVG 1972; BAG 31. 1. 95 – AP 56 zu § 118 BetrVG 1972; BAG 21. 6. 2000 – DB 2001, 389.

Umfang und Grenzen werden im Folgenden jeweils im Zusammenhang erörtert.

II. Änderung der Organisation der Betriebsverfassung

149 Die organisatorischen Vorschriften des BetrVG sind ihrer Natur nach zwingend. Von ihnen kann weder zugunsten noch zum Nachteil der Arbeitnehmer abgewichen werden. Der Gesetzgeber hat jedoch angesichts der modernen Unternehmensstrukturen zugelassen, dass die Tarifparteien und u. U. auch die Betriebsparteien **besondere Organisationsformen** vereinbaren, § 3 BetrVG. Eine Abweichung von den Organisationsvorschriften des BetrVG ist nur in den besonders aufgezählten Fällen möglich. Für den Abschluss der Tarifverträge und Betriebsvereinbarungen gelten die allgemeinen arbeitsrechtlichen Vorschriften.[264] Da es sich bei ersteren um Tarifverträge mit betriebsverfassungsrechtlichem Inhalt handelt, gelten sie für ein Arbeitsverhältnis bereits dann, wenn nur der Arbeitgeber tarifgebunden ist, § 3 II TVG.[265]

150 Zwar bedürfen diese Tarifverträge – und neuerdings Betriebsvereinbarungen – keiner Genehmigung durch staatliche Stellen mehr. Da die Befugnis zur gesetzesabweichenden Organisationsregelung in § 3 I BetrVG aber an bestimmte sachliche Voraussetzungen geknüpft ist, stellt sich die Frage, ob im Streitfall künftig die Arbeitsgerichte zu prüfen haben, ob diese Voraussetzungen für den Abschluss eines Organisationstarifvertrags oder einer Organisationsbetriebsvereinbarung tatsächlich vorliegen. In jedem Fall wird den Tarif- bzw. Betriebsparteien eine weitgehende Einschätzungsprärogative einzuräumen sein. Nach bisheriger Rechtslage sprach jedenfalls die Erteilung der behördlichen Zustimmung nach § 3 II BetrVG 1972 für das Vorliegen der betreffenden Sachvoraussetzungen.[266] Das Gesetz

264 Schaub, Arbeitsrecht von A–Z, Stichwort: Tarifvertrag; Betriebsvereinbarung.

265 Schaub, Arbeitsrecht von A–Z, Stichwort: Tariflicher Geltungsbereich, Tarifvertrag, Tarifbindung.

266 BAG 24. 1. 2001 – 4 ABR 4/00 – AP 28 zu § 3 TVG = NZA 2001, 1149.

hat nicht geregelt, ob die einen Organisationstarifvertrag erstrebende Gewerkschaft im Betrieb/Unternehmen vertreten sein muss, ob auf Arbeitgeberseite auch Arbeitgeberverbände handeln können und ob ein solcher Tarifvertrag erstreikt werden kann.[267]

Das BetrVG sieht nunmehr fünf Fälle abweichender oder er- 151
gänzender Organisationsformen vor, nämlich (a) die Bildung eines unternehmenseinheitlichen Betriebsrats oder die Zusammenfassung von Betrieben, (b) die Bildung von Spartenbetriebsräten, (c) andere Arbeitnehmervertretungsstrukturen, (d) die Einführung zusätzlicher betriebsverfassungsrechtlicher Gremien zur unternehmensübergreifenden Zusammenarbeit von Arbeitnehmervertretungen, (e) zusätzliche betriebsverfassungsrechtliche Vertretungen der Arbeitnehmer zur Erleichterung der Zusammenarbeit von Betriebsrat und Arbeitnehmern.

III. Unternehmenseinheitlicher Betriebsrat und Zusammenfassung von Betrieben (§ 3 I Nr. 1 BetrVG)

Durch Tarifvertrag kann für Unternehmen mit mehreren Be- 152
trieben entweder die Bildung eines unternehmenseinheitlichen Betriebsrats (§ 3 I Nr. 1a BetrVG) oder die Zusammenfassung von Betrieben (§ 3 I Nr. 1b BetrVG) vereinbart werden, wenn dies die Bildung von Betriebsräten erleichtert oder einer sachgerechten Wahrnehmung der Interessen der Arbeitnehmer dient. Damit kann in einem Unternehmen mit mehreren Betrieben ein für das ganze Unternehmen zuständiger **einheitlicher Betriebsrat** gebildet werden, auch wenn es in den einzelnen Betrieben bereits Betriebsräte und auch einen Gesamtbetriebsrat gibt. Nach der Begründung zum Referentenentwurf sollen damit vor allem in kleineren Unternehmen bessere Voraussetzungen für die Wahl von Betriebsräten geschaffen werden. Dies soll sich insbesondere dann anbieten, wenn die Entscheidungskompetenzen in beteiligungspflichtigen Angelegenheiten zentral auf Unterneh-

267 Letzteres bejahend Fitting/Kaiser/Heither/Engels § 3 Rn. 11; ErfK-Eisemann BetrVG § 3 Rn. 1; zweifelnd Richardi NZA 2001, 346, 350; Konzen RdA 2001, 76, 86; ablehnend Buchner NZA 2001, 633, 635.

mensebene angesiedelt sind. Statt einen unternehmenseinheitlichen Betriebsrat zu schaffen, können in einem Unternehmen auch mehrere Betriebe zusammengefasst werden, um auf diese Weise **Filial- oder Regionalbetriebsräte** in Unternehmen mit bundesweitem Filialnetz erreichen zu können. Nach § 3 I Nr. 3 BetrVG 1972 waren nur vom Gesetz abweichende Regelungen über die Zuordnung von Betriebsteilen und Nebenbetrieben, nicht über die Zusammenfassung ganzer Betriebe möglich. Das Ziel der vom Gesetz abweichenden tariflichen Regelung nach § 3 I Nr. 1a, b BetrVG muss sein, entweder die Bildung von Betriebsräten zu erleichtern oder eine sachgerechte Wahrnehmung der Interessen der Arbeitnehmer zu bewirken.

IV. Errichtung von Spartenbetriebsräten (§ 3 I Nr. 2 BetrVG)

153 Für Unternehmen und Konzerne, soweit sie nach produkt- oder projektbezogenen Geschäftsbereichen (Sparten) organisiert sind und die Leitung der Sparte auch Entscheidungen in beteiligungspflichtigen Angelegenheiten trifft, ist durch Tarifvertrag die Bildung von **Betriebsräten in den Sparten** (Spartenbetriebsräten) möglich, wenn dies der sachgerechten Wahrnehmung der Aufgaben des Betriebsrats dient. Nach der Begründung zum Referentenentwurf können damit, je nach Ausgestaltung der Spartenorganisation, beispielsweise ein oder mehrere Betriebsräte je Sparte, betriebsübergreifende Spartenbetriebsräte oder mehrere Spartenbetriebsräte für ein als Betrieb anzusehendes Werk errichtet werden. Gehören einer Sparte mehrere Unternehmen an, sollen auch **unternehmensübergreifende** Spartenbetriebsräte und Spartengesamtbetriebsräte gebildet werden können. Entsprechendes gilt für einen nach Geschäftsbereichen organisierten Konzern. Auch die Einführung von spartenbezogenen Arbeitnehmervertretungen muss der sachgerechten Wahrnehmung der Aufgaben von Betriebsräten dienen. Dies wird vor allem der Fall sein, wenn der Betriebsrat dort errichtet werden soll, wo ihm ein kompetenter Ansprechpartner und Entscheidungsträger gegenübersteht. Aus dem Gesetzeswortlaut, dem zufolge die Leitung der Sparte „auch Entscheidungen in beteiligungspflichtigen Angelegenheiten“ treffen muss, ergibt sich, dass es sich bei den

Spartenbetriebsräten nur um **zusätzliche Betriebsräte** unterhalb der Unternehmens- bzw. Konzernspitze als „Teilgesamtbetriebsräte“ bzw. „Teilkonzernbetriebsräte“ handeln kann. Die gesetzlichen Gesamt- bzw. Konzernbetriebsräte werden durch sie nicht verdrängt.[268]

V. Errichtung anderer Arbeitnehmervertretungsstrukturen (§ 3 I Nr. 3 BetrVG)

Die Tarifparteien können auch andere Arbeitnehmervertre- 154
tungsstrukturen vereinbaren, soweit dies insbesondere aufgrund der Betriebs-, Unternehmens- oder Konzernorganisation oder aufgrund anderer Formen der Zusammenarbeit von Unternehmen einer wirksamen und zweckmäßigen Interessenvertretung dient. Nach der Begründung des Referentenentwurfs soll diese Regelung die Möglichkeit schaffen, über die in § 3 I Nr. 1, 2 BetrVG genannten speziellen Fälle hinaus auch dort eine wirksame und zweckmäßige Interessenvertretung der Arbeitnehmer zu errichten, wo dies aufgrund von **Sonderformen** der Betriebs-, Unternehmens- oder Konzernorganisation oder wegen der Zusammenarbeit von Unternehmen in rechtlicher oder tatsächlicher Hinsicht generell mit besonderen Schwierigkeiten verbunden ist. Die Tarifparteien sollen beispielsweise in die Lage versetzt werden, für einen mittelständischen Konzern mit wenigen kleinen Konzernunternehmen statt einer dreistufigen eine zwei- oder nur einstufige Interessenvertretung vorzusehen oder in einem Gleichordnungskonzern einen Konzernbetriebsrat zu errichten. Möglich werden sollen auch Arbeitnehmervertetungsstrukturen **entlang der Produktionskette** („just in time“) oder für andere Erscheinungsformen von Produktion, Dienstleistung und Zusammenarbeit von Unternehmen wie fraktale Fabrik und „shop in shop“. Wie die Arbeitnehmervertretungsstruktur im Einzelnen ausgestaltet wird, obliegt den Tarifparteien. Die gesetzliche Regelung soll ihnen außerdem ermöglichen, auf zukünftige, neue Entwicklungen für Unternehmensstrukturen in Produktion und Dienstleistung durch Schaffung angemessener Arbeitneh-

268 Vgl. Konzen RdA 2001, 76, 87 m.w.N.

mervertretungen zu reagieren, ohne auf ein Tätigwerden des Gesetzgebers angewiesen zu sein. Für die anderen Arbeitnehmervertretungsstrukturen i. S. v. § 3 I Nr. 3 BetrVG hat das Gesetz nicht klargestellt, ob sie anstelle oder neben den gesetzlichen Betriebsräten tätig werden sollen.[269] Dies wird von Fall zu Fall danach zu entscheiden sein, wieviel beteiligungspflichtige Angelegenheiten für welche Teile der Belegschaft durch Tarifvertrag auf die anderen Arbeitnehmervertretungsstrukturen übertragen worden sind.

VI. Errichtung zusätzlicher betriebsverfassungsrechtlicher Gremien (§ 3 I Nr. 4 BetrVG)

155 Die in § 3 I Nr. 1–3 BetrVG vorgesehenen besonderen Arbeitnehmervertretungen sind echte Mitbestimmungsorgane. Soweit ihnen Kompetenzen zugewiesen sind, nehmen sie die gesetzlichen Rechte des Betriebsrats nach dem Betriebsverfassungsgesetz wahr. Im Gegensatz dazu dienen die in Nr. 4 der Regelung vorgesehenen zusätzlichen betriebsverfassungsrechtlichen Gremien (Arbeitsgemeinschaften) nur der unternehmensübergreifenden **Zusammenarbeit** von Arbeitnehmervertretungen. Sie sind kein eigenständiges Organ der Betriebsverfassung. Nach der Begründung zum Referentenentwurf kommen sie als Alternative zur Regelung nach Nr. 3 der Vorschrift bei Zusammenarbeit von Unternehmen in Form von „just in time“, fraktaler Fabrik oder „shop in shop“ in Frage, können aber auch für Betriebsräte aus Unternehmen und Konzernen einer bestimmten Region oder eines bestimmten Produktions- oder Dienstleistungsbereichs vorgesehen werden, um einen Erfahrungsaustausch der Arbeitnehmervertreter über gleichgelagerte oder ähnliche Probleme und die gefundenen Lösungen zu sichern. Die Begründung äußert die Erwartung, dass ein derartiges Angebot für ein best-practice-Verfahren Arbeitgebern und Betriebsräten gleichermaßen zugute kommen werde. In der Literatur wurde kritisiert, dass es für ein solches Gremium nach § 3 I Nr. 4 BetrVG, das den generellen Austausch wirtschaftlicher Informationen über die Kooperation

269 So auch Hanau RdA 2001, 65, 66; Konzen RdA 2001, 76, 86; Däubler ArbuR 2001, 1, 2; zur Gesamtproblematik vgl. auch Annuß NZA 2002, 290.

der bestehenden Betriebsräte hinaus ermöglichen würde, kein schützenswertes Interesse gebe.[270]

VII. Errichtung zusätzlicher betriebsverfassungsrechtlicher Arbeitnehmervertretungen (§ 3 I Nr. 5 BetrVG)

Als weitere organisatorische Abweichung sieht das Gesetz 156
schließlich die Möglichkeit vor, zusätzliche betriebsverfassungsrechtliche Einrichtungen der Arbeitnehmer zu schaffen, die die Zusammenarbeit zwischen Betriebsrat und Arbeitnehmern erleichtern. Die Vorschrift knüpft an § 3 I Nr. 1 BetrVG 1972 an und stellt in der Sache keine Neuregelung dar. Es kann daher im Wesentlichen auf die bisherige Rechtslage Bezug genommen werden. Zusätzliche Arbeitnehmervertretungen kommen insbesondere dort in Betracht, wo der Kontakt zwischen dem Betriebsrat und den von ihm zu betreuenden Arbeitnehmern nicht oder nicht in ausreichendem Umfange besteht. Dies kann etwa auf einen unternehmenseinheitlichen Betriebsrat eines bundesweit tätigen Unternehmens oder auch auf Regionalbetriebsräte nach § 3 I Nr. 1 BetrVG zutreffen, in denen Betriebe oder Betriebsteile nicht durch ein Betriebsratsmitglied vertreten sind. Aber auch sonst kann die Arbeit des Betriebsrats in größeren Betrieben oder Betrieben mit zahlreichen Betriebsstellen erheblich erschwert sein, weil in der Betriebsstelle ein Betriebsratsmitglied nicht arbeitet und umgekehrt die Arbeitnehmer sich nicht unmittelbar an ein Betriebsratsmitglied wenden können, wie z. B. auf einer größeren Baustelle oder in einem Geschäft eines Filialeinzelhandelsbetriebs. In diesen Fällen ist es sachdienlich, dass für den Betriebsrat ein **Unterbau** besteht, durch den die Arbeitnehmer betreut werden und der umgekehrt die Anregungen und Beschwerden der Arbeitnehmerschaft an den Betriebsrat heranträgt. Dagegen ist es nach § 3 I Nr. 5 BetrVG unzulässig, Vertretungen für leitende Angestellte (oben Rn. 48 ff.) zu schaffen; denn diese sind gerade vom BetrVG ausgenommen (§ 5 III BetrVG) und für deren Errichtung enthält das SprAuG eine abschließende gesetzliche Regelung.

270 Konzen RdA 2001, 76, 87; Rieble ZIP 2001, 133, 138.

157 Voraussetzung für eine zusätzliche Vertretung ist, dass im Betrieb ein Betriebsrat schon besteht. Ihre Amtszeit ist von der des Betriebsrats unabhängig und richtet sich nach dem Tarifvertrag.[271] Zulässig ist eine zusätzliche Vertretung etwa dann, wenn die Arbeitnehmer funktional (für bestimmte Beschäftigungsarten, also z. B. die Akkordarbeiter, die Außendienstmitarbeiter) oder im Hinblick auf ihre Zusammenarbeit im Betrieb (Arbeitsbereiche, also z. B. die Arbeitnehmer der Forschungsabteilung) zusammengefasst sind. Unzulässig war nach der überwiegenden Meinung zu § 3 I Nr. 1 BetrVG 1972 eine zusätzliche Vertretung für solche Arbeitnehmer, die nach anderen Gruppenmerkmalen zusammengefasst sind, etwa für die weiblichen Beschäftigten, die ausländischen Arbeitnehmer usw.[272] Dies beruhte darauf, dass der Gesetzeswortlaut von der Schaffung zusätzlicher Vertretungen der Arbeitnehmer „bestimmter Beschäftigungsarten oder Arbeitsbereiche/Arbeitsgruppen" sprach. Diese Einschränkung enthält § 3 I Nr. 5 BetrVG nicht mehr. Es wird deshalb nach geltendem Recht die Zusammenfassung von Arbeitnehmern unter jedem im Einzelfall **zweckmäßigen Gesichtspunkt** zulässig sein. Eine zusätzliche Vertretung kann eingerichtet werden für Aushilfskräfte, Meister (funktionale Abgrenzung), für Arbeitnehmer in den „Filialbetrieben", der Forschungsabteilung usw. Gedacht ist insoweit z. B. an die Einrichtung von Arbeitsgruppensprechern, Abteilungssprechern oder Sprechern von Arbeitnehmern mit gleichartiger Funktion. Auch wenn zusätzliche Vertretungen errichtet werden, dürfen diese die Zuständigkeiten des Betriebsrats weder übernehmen noch beschränken. Dies folgt aus dem Zweck des Gesetzes, das lediglich die Zusammenarbeit zwischen Betriebsrat und Arbeitnehmern verbessern will. Sie haben daher keine Vertretungsbefugnis gegenüber dem Arbeitgeber. Ihre Gesprächspartner sind allein Betriebsrat und die Arbeitnehmer ihrer Gruppe.

158 Umstr. ist, ob auf die Mitglieder der zusätzlichen Vertretung die für Betriebsratsmitglieder bestehenden besonderen Schutzvor-

271 Fitting/Kaiser/Heither/Engels § 3, Rn. 23.

272 Vgl. die Nachweise bei Fitting/Kaiser/Heither/Engels § 3, Rn. 17.

schriften, z. B. über den Kündigungsschutz (§ 15 KSchG; Abschn. VIII Rn. 174ff.), über die Freistellung von der Arbeit (§§ 37, 38 BetrVG; Abschn. III Rn. 142ff.), Schulungs- und Bildungsveranstaltungen anwendbar sind. Zumindest besteht auch zu ihren Gunsten das Benachteiligungsverbot (§ 78 BetrVG; Abschn. III Rn. 34ff.).[273] Den Tarifpartnern ist unbenommen, im Tarifvertrag die Schutzvorschriften zu erweitern, also z. B. den Kündigungsschutz (§ 15 KSchG) auf sie zu erstrecken. Für die Mitglieder der anderen Vertretungsorgane nach § 3 I Nr. 1–3 BetrVG sieht § 3 V S. 2 BetrVG die Geltung der besonderen Schutzvorschriften ausdrücklich vor.

Die Regelung über die zusätzliche Vertretung von Arbeitneh- 159
mern hat unter Geltung des BetrVG 1972 in der betrieblichen Praxis keine besondere Bedeutung erlangt. Die Gewerkschaften haben stattdessen zumeist ein System gewerkschaftlicher Vertrauensleute geschaffen (Rn. 175ff.). Deren Aufgaben, Befugnisse und Rechtsstellung können durch Tarifvertrag geregelt werden. Ein derartiger Tarifvertrag unterlag nicht dem bisher geltenden staatlichen Genehmigungserfordernis.

VIII. Änderung durch Betriebsvereinbarung (§ 3 II BetrVG)

Unter Geltung des BetrVG 1972 konnten von der gesetzlichen 160
Organisation der Betriebsverfassung abweichende Regelungen ausschließlich durch Tarifvertrag bestimmt werden. Demgegenüber sieht § 3 II BetrVG nunmehr vor, dass in den Fällen des § 3 I Nr. 1, 2, 4 und 5 BetrVG die Regelung **durch Betriebsvereinbarung** getroffen werden kann, wenn keine entsprechende tarifliche Regelung besteht und auch kein anderer Tarifvertrag gilt. Da die Nr. 3 in der Aufzählung fehlt, ist es allerdings weiterhin nicht möglich, andere Arbeitnehmervertretungsstrukturen durch Betriebsvereinbarung einzuführen. Nach der Begründung zum Referentenentwurf beruht die Herausnahme der Nr. 3 auf der besonderen Tragweite dieser Regelung. Hier soll eine Vereinbarungslösung nur durch Tarifvertrag zulässig sein. Auch in den anderen Fällen besteht die Regelungskompetenz der Betriebspar-

273 Vgl. Richardi § 3 Rn. 34; Fitting/Kaiser/Heither/Engels § 3 Rn. 24.

teien erst dann, wenn weder ein einschlägiger Tarifvertrag nach § 3 I BetrVG vorliegt noch ein anderer Tarifvertrag gilt. Den Vorrang einschlägiger Tarifverträge vor betrieblichen Lösungen kannte bereits das BetrVG 1972 etwa in § 77 III und § 87 I Einleitungssatz BetrVG 1972. § 3 II BetrVG geht darüber hinaus und schließt eine Regelungskompetenz der Tarifparteien schon dann aus, wenn in den betreffenden Unternehmen aufgrund der Tarifbindung des Arbeitgebers überhaupt **irgendwelche Tarifverträge**, sei es über Entgelte oder sonstige Arbeitsbedingungen, gelten. Nach der Begründung zum Referentenentwurf soll dadurch erreicht werden, dass für diesen Arbeitgeber auch für Vereinbarungen über betriebsverfassungsrechtliche Organisationsstrukturen der Tarifvertrag das maßgebliche Regelungsinstrument ist. Die Regelung ist vielfach kritisiert worden,[274] ist aber gleichwohl Gesetz geworden. Das Gesetz sieht keine Bestimmung darüber vor, welches Betriebsratsgremium ggf. zuständig ist. Es wird nach allgemeinen Grundsätzen darauf ankommen, ob nur ein Betrieb, mehrere Betriebe desselben Unternehmens oder mehrere Unternehmen desselben Konzerns betroffen sind. Danach ist entweder der örtliche Betriebsrat, der Gesamt- oder der Konzernbetriebsrat zuständig.

IX. Änderung durch die Belegschaft (§ 3 III BetrVG)

161 Unter bestimmten Voraussetzungen kann auch die Belegschaft als solche durch Mehrheitsbeschluss Abweichungen von der gesetzlichen Organisation der Betriebsverfassung vornehmen. § 3 III BetrVG sieht vor, dass dann, wenn im Falle des § 3 I Nr. 1 Buchst. a BetrVG keine tarifliche Regelung besteht und in dem Unternehmen auch kein Betriebsrat gewählt ist, die Arbeitnehmer selbst **mit Stimmenmehrheit** die Wahl eines unternehmenseinheitlichen Betriebsrats beschließen können. Die Abstimmung kann von mindestens drei wahlberechtigten Arbeitnehmern des Unternehmens oder einer im Unternehmen vertretenen Gewerkschaft veranlasst werden. Von besonderen Formvorschriften für

274 Hanau RdA 2001, 65, 66; Konzen RdA 2001, 76, 86; Buchner NZA 2001, 633, 635; Arbeitsrechtsausschuss des Deutschen Anwaltsvereins e.V., NZA 2001, S. X).

den Beschluss und die Abstimmung hat das Gesetz abgesehen, insbesondere wird keine geheime Abstimmung verlangt. Anders als bei einer Regelung durch Tarifvertrag oder Betriebsvereinbarung ist der Arbeitgeber im Falle des § 3 III BetrVG an der Änderung der gesetzlichen Organisationsstrukturen nicht beteiligt. Da die Belegschaft nur dann handeln kann, wenn weder eine tarifliche Regelung noch ein Betriebsrat besteht, wird auch ihr Mehrheitsbeschluss materiell-rechtlich an die Voraussetzung des § 3 I Nr. 1 BetrVG gebunden sein, dass nämlich die Bildung eines unternehmenseinheitlichen Betriebsrats die Bildung von Betriebsräten erleichtert oder einer sachgerechten Wahrnehmung der Interessen der Arbeitnehmer dient.[275]

X. Änderung und bestehender Betriebsrat (§ 3 IV BetrVG)

Die Errichtung zusätzlicher betriebsverfassungsrechtlicher 162
Gremien oder zusätzlicher betriebsverfassungsrechtlicher Arbeitnehmervertretungen nach § 3 I Nr. 4, 5 BetrVG lässt die Rechte und Amtszeiten bestehender Betriebsräte unberührt. Es handelt sich schon nach dem Gesetzeswortlaut nur um zusätzliche Vertretungen, denen ihrerseits keine autonomen Rechte nach dem Betriebsverfassungsgesetz zustehen. Dagegen sind die besonderen Vertretungen nach § 3 I Nr. 1, 2, 3 BetrVG ihrerseits Organe der Betriebsverfassung, soweit ihre Kompetenzen reichen. § 3 IV BetrVG sieht vor, dass die Regelungen nach § 3 I Nr. 1–3 BetrVG erstmals bei der nächsten regelmäßigen Betriebsratswahl anzuwenden sind, es sei denn, es besteht kein Betriebsrat oder es ist aus anderen Gründen eine Neuwahl des Betriebsrats erforderlich. Der einschlägige Tarifvertrag oder die einschlägige Betriebsvereinbarung können Abweichungen vorsehen. Sehen sie einen anderen Wahlzeitpunkt vor, endet die Amtszeit bestehender Betriebsräte, die durch die Regelungen nach § 3 I Nr. 1–3 BetrVG entfallen, mit Bekanntgabe des Wahlergebnisses, § 3 IV Satz 2 BetrVG. Endet der Tarifvertrag oder die Betriebsvereinbarung, etwa durch Zeitablauf oder Kün-

275 Anderer Ansicht offenbar der Arbeitsrechtsausschuss des Deutschen Anwaltsvereins e. V. in seiner Stellungnahme NZA 2001, S. X.

digung, so kommt ihm bzw. ihr Nachwirkung nicht zu; vielmehr gehen dann die zwingenden Vorschriften des Gesetzes vor und sind ab sofort wieder anwendbar. Wird ein Tarifvertrag oder eine Betriebsvereinbarung durch eine Nachfolgeregelung abgelöst, wird § 3 IV BetrVG entsprechend anzuwenden sein, es sei denn, dass in den nach Nachfolgeregelungen etwas anderes vorgesehen ist.

XI. Status der besonderen Organisationseinheiten und ihrer Arbeitnehmervertretungen (§ 3 V BetrVG)

163 § 3 V Satz 1 BetrVG bestimmt, daß die aufgrund eines Tarifvertrags oder einer Betriebsvereinbarung nach § 3 I Nr. 1–3 BetrVG gebildeten betriebsverfassungsrechtlichen Organisationseinheiten als Betriebe im Sinne des Betriebsverfassungsgesetzes gelten. Sie sind folglich die maßgeblichen Einheiten, beispielsweise für die Zahl der Betriebsratsmitglieder (§ 9 BetrVG), die Größe der Ausschüsse (§§ 27, 28 BetrVG) und die Zahl der Freistellungen (§ 38 BetrVG). Dies gilt auch dann, wenn etwa ein Spartenbetriebsrat nach § 3 I Nr. 2 BetrVG mehrere Unternehmen erfasst. Schwierigkeiten können sich bei der Frage ergeben, wer in diesem Fall Arbeitgeber und Ansprechpartner für den Betriebsrat ist.

164 § 3 V Satz 2 BetrVG stellt klar, dass die in diesen besonderen betriebsverfassungsrechtlichen Organisationseinheiten gebildeten Arbeitnehmervertretungen dieselben Rechte und Pflichten haben wie der Betriebsrat und dass ihren Mitgliedern in jeder Hinsicht die Rechtsstellung von Mitgliedern des Betriebsrats zukommt, so etwa beim Kündigungsschutz.

XII. Rechtsstreitigkeiten

165 Streitigkeiten über die Rechtsgültigkeit eines Tarifvertrags oder einer Betriebsvereinbarung, über die Organisation, die Zusammensetzung und die Kompetenzen einer Sondervertretung nach § 3 I Nr. 1–3 BetrVG oder eines zusätzlichen Gremiums oder einer zusätzlichen Vertretung nach § 3 I Nr. 4, 5 BetrVG sind von den Arbeitsgerichten im Beschlussverfahren (Abschn. XI Rn. 15 ff.) zu entscheiden (§§ 2 a I Nr. 3, 80 ff. ArbGG).

XIII. Sprecherausschüsse der leitenden Angestellten

(1) Nach § 5 III BetrVG sind die leitenden Angestellten von der Betriebsverfassung ausgenommen. Gleichwohl hat es sich gezeigt, dass auch für leitende Angestellte ein Bedürfnis nach kollektiver Interessenwahrnehmung besteht. Eine solche konnte zunächst auf Vereinbarungen zwischen leitenden Angestellten und dem Arbeitgeber beruhen.[276] Nach heftigen politischen Auseinandersetzungen wurde das Gesetz über Sprecherausschüsse der leitenden Angestellten (Sprecherausschussgesetz - SprAuG) v. 20. 12. 1988 (BGBl. I 2312) erlassen, das mit besonderen Maßgaben auch in den neuen Bundesländern in Kraft gesetzt wurde (vgl. Anlage I Kap. VIII Sachgebiet A Abschn. III Nr. 13 des EV v. 31. 8. 1990 (BGBl. II 889)). Durch das SprAuG sind die aufgrund von Vereinbarungen errichteten Sprecherausschüsse spätestens mit dem 31. 5. 1990 aufgelöst worden (§ 37 II SprAuG).[277,278] 166

(2) Das SprAuG gilt **persönlich** für alle leitenden Angestellten in den alten und neuen Bundesländern. Nach seinem sachlichen Geltungsbereich gilt es nicht für Verwaltungen und Betriebe der öffentlichen Hand und Religionsgemeinschaften und ihre karitativen und erzieherischen Einrichtungen (§ 1 SprAuG). 167

Nach § 2 I 1 SprAuG arbeitet der Sprecherausschuss mit dem Arbeitgeber **vertrauensvoll** unter Beachtung der geltenden Tarifverträge zum Wohl der leitenden Angestellten und des Betriebs zusammen. Die Vorschrift ist § 2 I BetrVG nachgebildet (oben Rn. 135ff.). Nicht erwähnt sind die Verbände der leitenden Angestellten. Hieraus wird zu folgern sein, dass sie keine Rechte im Betrieb haben. Die Zusammenarbeit hat zum Wohl der leitenden Angestellten und des Betriebes zu erfolgen. Für den Arbeitgeber ist die Zusammenarbeit in § 2 I 2 SprAuG näher konkretisiert. Der Arbeitgeber hat vor Abschluss einer Betriebsvereinba- 168

276 BAG AP 9, 10 zu § 5 BetrVG 1972.

277 Vgl. Schaub, ArbR-Hdb, §§ 245 bis 254.

278 Vollständige Darstellungen bei Bauer, Sprecherausschußgesetz, 2. Aufl., 1990; Hromadka, Sprecherausschußgesetz, 1991; Löwisch, Kommentar zum Sprecherausschußgesetz, 2. Aufl., 1994.

rung oder sonstiger Vereinbarungen mit dem Betriebsrat, die rechtliche Interessen der leitenden Angestellten berühren, den Sprecherausschuss rechtzeitig zu hören. Die Zusammenarbeit zwischen Sprecherausschuss und Betriebsrat ist in § 2 II SprAuG geregelt. Betriebsrat und Sprecherausschuss können wechselseitig vorsehen, dass Vertreter der jeweils anderen Einrichtung an den Sitzungen teilnehmen.

169 Die Mitglieder des Sprecherausschusses dürfen in der Ausübung ihrer Tätigkeit nicht **gestört** oder **behindert** werden. Sie dürfen wegen ihrer Tätigkeit nicht benachteiligt oder begünstigt werden; das gilt auch für ihre berufliche Entwicklung (§ 2 III SprAuG). Verstößt der Arbeitgeber gegen das Benachteiligungs- und Behinderungsverbot, so können Schadensersatzansprüche nach § 823 II BGB entstehen. § 2 III SprAuG ist Schutzgesetz i. S. dieser Vorschrift. Dagegen ergibt sich aus dem SprAuG für die Mitglieder des Sprecherausschusses kein dem Schutz der Betriebsratsmitglieder entsprechender Kündigungsschutz (§ 103 BetrVG, § 15 KSchG). Sprecherausschussmitglieder sind dort nicht erwähnt. Für sie besteht ein besonderer Kündigungsschutz nur im Rahmen des Benachteiligungsverbots.

170 **(3)** Das **Organisationsrecht** der Sprecherausschussverfassung ergibt sich aus dem zweiten Teil des Gesetzes. Vorgesehen sind der Sprecherausschuss, ggf. ein Gesamt-, Unternehmens- und Konzernsprecherausschuss sowie eine Versammlung der leitenden Angestellten (§ 3 bis § 24 SprAuG).

171 **(4)** Die **Mitwirkungsrechte** der leitenden Angestellten ergeben sich aus dem dritten Teil des Gesetzes.

172 **(a)** Der Sprecherausschuss hat **allgemeine** Mitwirkungsrechte. Nach § 25 I SprAuG vertritt er die Belange der leitenden Angestellten. Er ist zur Durchführung seiner Aufgaben rechtzeitig und umfassend vom Arbeitgeber zu unterrichten. Ihm sind die erforderlichen Unterlagen zur Verfügung zu stellen (§ 25 II SprAuG). Nach § 26 I SprAuG hat der Sprecherausschuss den leitenden Angestellten bei der Wahrnehmung seiner Belange gegenüber dem Arbeitgeber zu unterstützen. Der leitende Angestellte kann in seine Personalakte Einsicht nehmen. Er kann hierbei ein Sprecherausschussmitglied hinzuziehen (§ 26 II

SprAuG). Schließlich hat der Sprecherausschuss nach § 27 SprAuG Überwachungsrechte, wie sie auch für den Betriebsrat nach § 80 BetrVG vorgesehen sind (Abschn. V Rn. 2ff.). Der Sprecherausschuss kann mit dem Arbeitgeber Vereinbarungen und Richtlinien schließen (§ 28 SprAuG).

173 **(b)** Die Mitwirkungsrechte des Sprecherausschusses bei **personellen Maßnahmen** ergeben sich aus §§ 30, 31 SprAuG. Eine beabsichtigte Einstellung oder personelle Veränderung eines leitenden Angestellten ist dem Sprecherausschuss rechtzeitig mitzuteilen. Eine ohne Anhörung des Sprecherausschusses ausgesprochene Kündigung eines leitenden Angestellten ist unwirksam.

174 **(c)** Auf **wirtschaftlichem** Gebiet hat der Sprecherausschuss keine Mitwirkungs-, sondern nur Informationsrechte (vgl. § 32 SprAuG).

XIV. Gewerkschaftliche Vertrauensleute[279]

175 Gewerkschaftliche Vertrauensleute sind Gewerkschaftsmitglieder, die insbesondere für die Wahrung und Vertretung der Interessen der Gewerkschaft und ihrer Mitglieder zuständig sind. Nach Art. 9 III GG können gewerkschaftliche Vertrauensleute im Betrieb tätig werden.[280] Sie können sich auch eine bestimmte Organisation geben. Dagegen soll nach der Rspr. des BAG die Wahl der Vertrauensleute im Betrieb unzulässig sein.[281] Durch die Organisation der gewerkschaftlichen Vertrauensleute darf nicht in die Befugnisse des Betriebsrats eingegriffen werden, denn der Gewerkschaft stehen nur in geringem Umfang eigenständige betriebsverfassungsrechtliche Rechte zu (Rn. 123ff.).

176 Umstr. ist, inwieweit Tarifverträge zugunsten gewerkschaftlicher Vertrauensleute zulässig sind. Aus Art. 9 III 2 GG folgt,[282] dass sie wegen ihrer gewerkschaftlichen Tätigkeit nicht benach-

279 Schaub, Arbeitsrecht von A–Z, Stichwort: Gewerkschaftliche Vertrauensleute.

280 BAG AP 28 zu Art. 9 GG.

281 BAG AP 28 zu Art. 9 GG; a. A. die h. M. in der Literatur, vgl. nur Fitting/Kaiser/Heither/Engels § 2, Rn. 60 m. w. N.

282 Vgl. Übereinkommen der IAO Nr. 135 vom 23. 6. 1971 (BGBl. II 1973, 953, 1956).

teiligt werden dürfen. Allgemein anerkannt ist, dass ein tariflicher Sonderschutz zulässig ist, soweit nur diese Rechtslage wiederholt wird. Ein weitergehender Kündigungsschutz wird aber teilweise mit der Begründung verneint, nach § 75 BetrVG dürfe keine Begünstigung wegen der gewerkschaftlichen Tätigkeit erfolgen.[283] In der Metallindustrie bestand ein entsprechender Tarifvertrag vom 1. 9. 1969, der aber zum 31. 12. 1974 gekündigt worden ist.

Nach h. M. können Tarifverträge für gewerkschaftliche Vertrauensleute bezahlte Freizeit zur Teilnahme an Schulungskursen, Funktionärstreffen o. Ä. enthalten.[284] Ebenso kann tariflich die Durchführung der Vertrauensleutewahl im Betrieb vorgesehen werden.

Abschnitt II. Die Betriebsratswahl

§ 6. Aktives und passives Wahlrecht

I. Aktives Wahlrecht

Wahlberechtigt zum Betriebsrat sind **alle Arbeitnehmer des Betriebs, die das 18. Lebensjahr vollendet haben** (§ 7 S. 1 BetrVG). Der Begriff des Arbeitnehmers ist oben (§ 2 II) näher umschrieben. Nicht wahlberechtigt sind die in § 5 II, III BetrVG aufgezählten Personen (Abschn. I Rn. 43 ff., 48 ff.). Nicht wahlberechtigt sind nach Auffassung des BAG auch die in Privatbetrieben tätigen Beamten.[1] Etwas anderes gilt für die in den privaten Nachfolgeunternehmen der Deutschen Bundespost und der Deutschen Bundesbahn tätigen Beamten, § 19 DBGrG, § 26 PostPersRG. 1

Das Wahlrecht besteht ohne Rücksicht auf Geschlecht, Nationalität, Herkunft des Arbeitnehmers, sofern nur am letzten Tag der Stimmabgabe ein Arbeitsverhältnis bestanden und der Arbeitnehmer das 18. Lebensjahr vollendet hat. Es besteht unabhängig davon, ob der Arbeitnehmer haupt- oder nebenberuflich beschäftigt ist, in Voll- oder Teilzeitbeschäftigung[2] bzw. Job-Sharing arbeitet, zu Aushilfskräften gehört, zwei Betrieben gleichzeitig[3] oder einem Betrieb angehört oder aufgrund eines Ausbildungsvertrags arbeitet. Teilweise wird die Auffassung vertreten, dass Teilzeitbeschäftigte dann nicht wahlberechtigt sind, wenn ihre Arbeitsleistung nur ganz geringfügig ist.[4] Teilzeitbeschäftigte Zeitungszusteller sind wahlberechtigte Arbeitnehmer.[5] Das Wahlrecht ist durch eine überwiegende Tätigkeit au- 2

---

1 BAG 25. 2. 1998 AP 8 zu § 8 BetrVG 1972; BAG 28. 3. 2001 – 7 ABR 21/00 – EzA 2 zu § 7 BetrVG 1972 = DB 2002, 221; a. A. Fitting/Kaiser/Heither/Engels § 8 Rn. 4 a; § 5 Rn. 101 a.

2 Fitting/Kaiser/Heither/Engels § 7 Rn. 15; Richardi § 7 Rn. 28.

3 BAG AP 1 zu § 6 BetrVG.

4 Vgl. BVerwG AP 2 zu § 9 PersVG, dagegen LAG Düsseldorf DB 73, 2050; dazu BAG AP 3 zu 19 BetrVG 1972.

5 BAG 29. 1. 1992 AP 1 zu § 7 BetrVG 1972. Zur Wahlberechtigung von

ßerhalb der Betriebsräume nicht eingeschränkt.[6] Unberührt bleibt das Wahlrecht durch Urlaub, Krankheit oder sonstige Betriebsabwesenheit. Ein vorübergehend ins Ausland entsandter Arbeitnehmer bleibt wahlberechtigt; anders dagegen wenn er auf Dauer zu einem Auslandsunternehmen versetzt wurde, auch wenn deutsches Arbeitsrecht weiter gilt.[7] Gehört ein Arbeitnehmer zu einer Arbeitsgemeinschaft mehrerer Unternehmen, so ist er auch dort wahlberechtigt.[8] Zur Wahlberechtigung von Auszubildenden vgl. Abschn. I, Rn. 36.

3 Wahlberechtigt sind auch diejenigen **Heimarbeiter** oder **Hausgewerbetreibenden**, die gem. § 5 BetrVG als Arbeitnehmer gelten.[9] Bei **Leiharbeitnehmern** ist zwischen dem echten Leiharbeitsverhältnis, das nicht unter das AÜG fällt, und dem unechten Leiharbeitsverhältnis, also dem Arbeitnehmerüberlassungsverhältnis zu unterscheiden. Ein echtes Leiharbeitsverhältnis ist dann gegeben, wenn der Arbeitnehmer nicht von vornherein zum Zwecke der Arbeitsleistung im Drittbetrieb eingestellt wird. Bei diesem ist die Arbeitgeberstellung aufgespalten.[10] Sie sind daher sowohl im Betrieb des Verleihers wie des Entleihers wahlberechtigt.[11] Leiharbeitnehmer in einem Arbeitnehmerüberlassungsverhältnis waren nach dem BetrVG 1972 nur im Betrieb des Verleihers wahlberechtigt (§ 14 II 1 AÜG a. F.).

4 Die Rechtslage hat sich durch § 7 S. 2 BetrVG geändert. Danach sind nunmehr Arbeitnehmer eines anderen Arbeitgebers, die zur Arbeitsleistung überlassen werden, wahlberechtigt, wenn sie länger als drei Monate im Betrieb eingesetzt werden. Steht ein Einsatz von mehr als drei Monaten von vorneherein fest, besteht das aktive Wahlrecht im Einsatzbetrieb vom ersten Tag an. Andernfalls entsteht es spätestens nach einem tatsächlichen

---

Auszubildenden in reinen Ausbildungsbetrieben vgl. BAG 21. 7. 1993 AP 8 zu § 5 BetrVG 1972 Ausbildung; BAG 26. 1. 1994 AP 54 zu § 5 BetrVG 1972.

6 BAG v. 29. 1. 1992 – AP 1 zu § 7 BetrVG 1972 = NZA 92, 894.

7 BAG AP 16, 17 zu Internationales Privatrecht, Arbeitsrecht.

8 BAG AP 1 zu § 24 BetrVG 1972 = DB 75, 1753.

9 BAG AP 1 zu § 6 BetrVG 1972.

10 BAG AP 1 zu § 6 BetrVG; AP 2 zu § 611 BGB Leiharbeitsverhältnis.

11 BAG AP 1 zu § 6 BetrVG; AP 3 zu § 4 BetrVG.

Einsatz von länger als drei Monaten. Sie sind nur aktiv wahlberechtigt, nicht passiv wählbar (§ 7 S. 2 BetrVG, § 14 II 1 AÜG, § 2 III 2 WahlO). Das Wahlrecht im Stammbetrieb bleibt unberührt. Für Leiharbeitnehmer, denen die Regelung des § 7 S. 2 BetrVG insbesondere zugute kommen soll, folgt dies aus § 14 I AÜG.

Während des **Wehrdienstes** besteht Wahlberechtigung, denn das Arbeitsverhältnis besteht fort, wenngleich es ruht (§ 1 I ArbPlatzSchG). Zudem hat der Wehrpflichtige auch ein Interesse an der Zusammensetzung des Betriebsrates.[12] Entsprechendes gilt während einer Eignungsübung oder der Ableistung des Zivildienstes. Beschäftigte, die aufgrund einer vom Sozialhilfeträger geschaffenen Arbeitsgelegenheit nach § 19 I BSHG bei einem Dritten in einem befristeten Arbeitsverhältnis beschäftigt werden, sind nicht nach § 5 II Nr. 4 BetrVG von der Wahl ausgeschlossen. Sie sind im Betrieb des Arbeitgebers aber nur wahlberechtigt, wenn ihre konkrete Tätigkeit dem arbeitstechnischen Zweck des Betriebes dient und sie nicht selbst Gegenstand des Betriebszwecks sind.[13] 5

Das Wahlrecht besteht unabhängig davon, ob der Arbeitnehmer tatsächlich im Betrieb arbeitet. Nicht wahlberechtigt sind dagegen solche Arbeitnehmer, die einen Arbeitsvertrag abgeschlossen haben, aber erst später in den Betrieb eintreten sollen oder überhaupt nicht in einem Arbeitsverhältnis stehen.[14] Bei Altersteilzeit in Form des Blockmodells (vgl. § 2 II, Nr. 1 Altersteilzeitgesetz) verliert der Arbeitnehmer sein Wahlrecht mit Beginn der Freistellungsphase, wenn er nicht mehr in den Betrieb zurückkehrt.[15] Das **Wahlrecht endet**, wenn der Arbeitnehmer aufgrund außerordentlicher Kündigung oder nach Ablauf der Kündigungsfrist aus dem Arbeitsverhältnis ausgeschieden ist. Dies gilt auch dann, wenn über die Rechtswirksamkeit der Kündigung noch gestritten wird. Etwas anderes gilt nur dann, wenn 6

12 BAG AP 2 zu § 19 BetrVG 1972.

13 BAG 5. 4. 2000 – § 7 ABR 20/99 – AP 62 zu § 5 BetrVG 1972 = NZA 2001, 629.

14 BAG v. 12. 2. 1992 – AP 52 zu § 5 BetrVG 1972.

15 Fitting/Kaiser/Heither/Engels § 7 Rn. 14a m. w. N.

der Arbeitnehmer gem. § 102 V BetrVG oder aufgrund des allgemeinen Beschäftigungsanspruches[16] weiterbeschäftigt wird, es sei denn, dass der Arbeitgeber von der Weiterbeschäftigungspflicht entbunden ist.[17]

7 **Keine Wahlberechtigung** besitzt, wem wegen der Besorgung all seiner Angelegenheiten ein Betreuer bestellt ist. § 13 Nr. 2 des Bundeswahlgesetzes enthält einen allgemeinen Rechtsgrundsatz. Unberührt bleibt das Wahlrecht durch die Aberkennung des öffentlichen Wahlrechts (§ 45 Abs. 5 StGB); die Betriebsratswahl ist keine öffentliche Angelegenheit. Die Ausübung des Wahlrechts ist davon abhängig, dass der Arbeitnehmer **in die Wählerliste aufgenommen** ist (§ 2 III WahlO, vgl. Rn. 55ff.). Glaubt ein Arbeitnehmer, er oder ein anderer Arbeitnehmer sei zu Unrecht in die Wählerliste eingetragen oder nicht eingetragen, kann er beim Wahlvorstand Einspruch gegen die Richtigkeit der Wählerliste einlegen (§ 4 WahlO). Gegen die Entscheidung ist der Rechtsweg zu den Arbeitsgerichten gegeben (§ 2 a ArbGG).

II. Passives Wahlrecht

8 **Wählbar** sind alle Wahlberechtigten nach § 7 S. 1 BetrVG, die 6 Monate dem Betrieb angehören oder als in Heimarbeit Beschäftigte (§ 5 BetrVG) in der Hauptsache für den Betrieb gearbeitet haben (§ 8 I 1 BetrVG). Leiharbeitnehmer nach § 7 S. 2 BetrVG sind trotz ihrer Wahlberechtigung nicht wählbar, § 14 II S. 1 AÜG n. F.

9 Es genügt, wenn die Wahlberechtigten am letzten Tag der Stimmabgabe das 18. Lebensjahr (§ 187 II BGB) vollendet haben. Wird ein jüngerer Arbeitnehmer gewählt, so ist die Betriebsratswahl anfechtbar. Jedoch ist der Mangel durch Zeitablauf heilbar.[18] Die Wählbarkeit besteht ohne Rücksicht auf Geschlecht, Herkunft oder Nationalität. In Abweichung vom BetrVG 1952 sind daher **auch ausländische Arbeitnehmer** in den Betriebsrat wählbar. **Wehr- und Zivildienstleistende** sind wählbar; jedoch sind sie während des Dienstes an der Ausübung des

16 BAG AP 14 zu § 611 BGB Beschäftigungspflicht = NJW 85, 2968.
17 BAG v. 14. 5. 1997 – AP 6 zu § 8 BetrVG 1972.
18 Vgl. BAG AP 1 zu § 24 BetrVG.

Betriebsratsamtes verhindert. Sie können nach einem Erlass des BVertM vom Wehrdienst zurückgestellt werden, wenn der Personalbedarf der Bundeswehr durch gleiche oder besser geeignete Wehrpflichtige gedeckt werden kann.[19] Ein Arbeitnehmer, der in zwei Betrieben beschäftigt ist, ist in beiden wählbar. Ein auf Dauer zu einer **Auslandsvertretung** eines deutschen Unternehmens entsandter Arbeitnehmer ist auch dann nicht wahlberechtigt[20] und deshalb nicht wählbar zum Betriebsrat der Hauptgeschäftsstelle in der Bundesrepublik, wenn für sein Arbeitsverhältnis im Übrigen deutsches Arbeitsrecht gilt (s. o.).

Anders als die aktive Wahlberechtigung ist die passive Wähl- 10
barkeit **gekündigter Arbeitnehmer** zu beurteilen. Nach herrschender Meinung bleibt die Wahlfähigkeit eines ordentlich oder außerordentlich gekündigten Arbeitnehmers erhalten, bis die Wirksamkeit der Kündigung rechtskräftig feststeht.[21] Es soll verhindert werden, dass sich ein Arbeitgeber eines ihm missliebigen Kandidaten durch bloßen Kündigungsausspruch entledigt und dadurch seine Wahl zum Betriebsrat hintertreibt. Ergibt sich später, dass die Kündigung berechtigt war, so ist die Wahl insoweit unwirksam; ergibt sich die Unwirksamkeit der Kündigung, so ist die Wahl wirksam. Der Arbeitgeber kann nach Beginn des besonderen Kündigungsschutzes für Wahlbewerber keinen Antrag nach §§ 9, 10 KSchG mehr stellen, da dadurch der Kündigungsschutz umgangen werden könnte. Wird ein gekündigter Arbeitnehmer zum Betriebsrat gewählt, so wird im Allgemeinen zu den Betriebsratssitzungen ein Ersatzmitglied heranzuziehen sein, wenn der Gekündigte nicht mehr tatsächlich im Betrieb arbeitet. Indes hat er grundsätzlich noch Zutrittsrechte.

Der Arbeitnehmer muss zum Zeitpunkt der Wahl **mindestens** 11
6 Monate dem Betrieb angehören. Es sollen nur solche Arbeitnehmer in den Betriebsrat gewählt werden, die hinreichende Kenntnis vom Betrieb haben. Hieraus wird man die Schlussfolgerung zu ziehen haben, dass auch solche Zeiten in die Frist

19 Erl. vom 7. 7. 1976 – BetrR 76, 449; Erl. v. 1. 8. 1990 (VRT, 8(22) – Az 24–09–01); für Zivildienst Erl. vom 30. 8. 1976 – BfZ 1 P 77341.

20 BAG AP 16 zu Internationales Privatrecht, Arbeitsrecht.

21 BAG 14. 5. 1997 AP 6 zu § 8 BetrVG 1972; LAG Hamm BB 61, 1327.

eingerechnet werden, die der Arbeitnehmer vor Vollendung des 18. Lebensjahres oder als leitender Angestellter[22] im Betrieb verbracht hat. In jedem Fall ist Voraussetzung der Wählbarkeit, dass der Arbeitnehmer im Betrieb auch tatsächlich beschäftigt war. Teilzeitbeschäftigung genügt. Eine Beschäftigung als Leiharbeitnehmer genügt nicht.[23] Die Wählbarkeit der in Privatbetrieben tätigen Beamten ist ebenso umstritten wie ihre Wahlberechtigung.[24] Der bloß formale Bestand des Rechtsverhältnisses ist unzureichend.[25] Für die Wählbarkeit unschädlich sind kurze tatsächliche Unterbrechungen des Arbeitsverhältnisses bei Krankheit, Urlaub usw. Bei längerer tatsächlicher Unterbrechung (ca. 2 Monate) ist der Ablauf der Frist gehemmt. Etwas anderes wird im Fall der Einberufung zum Wehrdienst, Wehrübungen und zum Zivildienst gelten, weil derartige Zeiten auf die Betriebszugehörigkeit angerechnet werden (§ 6 II ArbPlatzSchG, § 78 ZDG).[26] Wird das Arbeitsverhältnis auch rechtlich unterbrochen, so ist darauf abzustellen, ob es bei natürlicher Betrachtungsweise als einheitliches Arbeitsverhältnis erscheint, z. B. bei Wiedereinstellung nach einer Schlechtwetterperiode usw.[27]

12 Auf die 6-Monats-Frist werden solche Zeiten angerechnet, in denen der Arbeitnehmer unmittelbar vorher einem anderen Betrieb desselben Unternehmens oder Konzerns angehört hat (§ 8 I 2 BetrVG). Mit dieser Vorschrift soll dem Umstand Rechnung getragen werden, dass innerhalb eines Unternehmens oder Konzerns häufig eine Personalfluktuation besteht. Da sich die Beschäftigung unmittelbar anschließen muss, darf grundsätzlich aber keine Unterbrechung des Arbeitsverhältnisses im Rahmen des Unternehmens oder Konzerns stattgefunden haben. Unab-

22 Bestr.; die Gegenmeinung stellt darauf ab, dass der Wahlfähige die Kenntnis als Arbeitnehmer erlangt haben soll.

23 Fitting/Kaiser/Heither/Engels, § 8 Rn. 14 m. w. N.

24 Ablehnend BAG 25. 2. 1998 AP 8 zu § 8 BetrVG 1972; BAG 28. 3. 2001 – 7 ABR 21/00 – EzA 2 zu § 7 BetrVG 1972 = DB 2002, 221; a. A. Fitting/Kaiser/Heither/Engels § 8 Rn. 4a, § 5 Rn. 101a.

25 BAG AP 2 zu § 8 BetrVG 1972 = EzA 4 zu § 8 BetrVG 1972.

26 LAG Rheinland-Pfalz BB 1994, 942.

27 Vgl. BAG AP 1, 2, 3 zu § 1 KSchG Wartezeit.

hängig von der Dauer der Betriebszugehörigkeit sind sämtliche Arbeitnehmer wählbar, die bei der Einleitung der Betriebsratswahl dem Betrieb angehören, wenn der Betrieb noch keine 6 Monate besteht (§ 8 II BetrVG). Die Ausnahme rechtfertigt sich daraus, dass auch in erst neu gegründeten Betrieben ein Betriebsrat soll gewählt werden können.

Nicht wählbar sind solche Arbeitnehmer, die infolge Richter- 13
spruchs die Wählbarkeit oder die Fähigkeit, öffentliche Ämter zu bekleiden, nicht besitzen. Der Verlust der Wählbarkeit kann eintreten, wenn in einem Strafverfahren die Fähigkeit aberkannt worden ist, öffentliche Ämter zu bekleiden oder Rechte aus öffentlichen Wahlen zu erlangen (Einzelheiten § 8 Abs. 1 S. 3 BetrVG i. V. m. § 45 StGB). Ist einem ausländischen Arbeitnehmer in seinem Heimatland die Wählbarkeit abgesprochen worden, so hat dies Wirkungen für die Betriebsratswahl, falls die Verurteilung nicht deutschen Rechtsgrundsätzen widerspricht.

Formelle Voraussetzung der Wählbarkeit ist die Eintragung in 14
die Wählerliste (§ 2 III WahlO). Weitere Wahlvoraussetzungen können auch durch Tarifvertrag nicht geschaffen werden,[28] auch nicht für den Betriebsratsvorsitzenden und seinen Stellvertreter.[29] Wählbar sind auch Mitglieder des Wahlvorstandes.[30]

III. Rechtsstreitigkeiten

Streitigkeiten über das aktive und passive Wahlrecht werden 15
im arbeitsgerichtlichen Beschlussverfahren (§ 2 a ArbGG) ausgetragen, nachdem zunächst der Wahlvorstand eine Entscheidung getroffen hat.

§ 7. Der Zeitpunkt der Betriebsratswahl

I. Die regelmäßige Betriebsratswahl

Die regelmäßigen Betriebsratswahlen finden alle 4 Jahre in der 16
Zeit vom 1. 3. bis 31. 5. statt. Der ursprüngliche Dreijahresrhythmus wurde auf vier Jahre verlängert. Die letzten Betriebs-

28 BAG AP 1 zu § 8 BetrVG 1972.
29 BAG AP 1 zu § 19 BetrVG 1972.
30 BAG AP 1 zu § 8 BetrVG 1972; LAG Bad.Württemb. EzA 5 zu § 16 BetrVG 1972.

ratswahlen im Dreijahresrhythmus haben im Jahre 1990 stattgefunden. Die nächsten Betriebsratswahlen waren/sind 1994, 1998, 2002. In den neuen Bundesländern bestanden einige Besonderheiten, die inzwischen gegenstandslos sind. Der Vierjahresrhythmus wurde eingeführt, um den Gewerkschaften die Vorbereitung der Betriebsratswahlen, etwa durch Schulung ihrer Mitglieder oder durch Druck der notwendigen Formulare, zu erleichtern. Hierdurch soll wiederum Wahlanfechtungen (Rn. 110ff.) vorgebeugt werden. Unter Betriebsratswahl i. S. v. § 13 I BetrVG ist der Tag der Stimmabgabe zu verstehen. Findet die Betriebsratswahl später – etwa im Juni – statt, so begründet dies nicht die Anfechtung. Es handelt sich dann um einen Fall des § 13 II Nr. 6 BetrVG, da die Amtszeit des bisherigen Betriebsrats in jedem Fall am 31. 5. geendet hat, § 21 BetrVG. Zu beachten ist jedoch, dass auch die Amtszeit des verspätet gewählten Betriebsrates spätestens mit dem 31. 5. des betreffenden Jahres endet, so dass dieser rechtzeitig den Wahlvorstand zu bestellen hat.

II. Die außerordentliche Betriebsratswahl

17 In den in § 13 II BetrVG aufgeführten Fällen kann sich die Notwendigkeit ergeben, den Betriebsrat **außerhalb** des **Vierjahresrhythmus** zu wählen. Die Neuwahl kann bedingt sein, weil kein ordnungsmäßiger Betriebsrat mehr besteht (§ 13 II 1–3 BetrVG) oder weil überhaupt kein Betriebsrat vorhanden ist (§ 13 II 4–6 BetrVG). Wird unabhängig von den Voraussetzungen des § 13 Abs. 2 BetrVG eine Betriebsratswahl außerhalb des regelmäßigen Wahlzeitraums durchgeführt, so ist sie nichtig.

18 Ein Betriebsrat ist außerhalb des Vierjahresrhythmus zu wählen, wenn mit Ablauf von 24 Monaten – vom Tag der Wahl (nicht der Bekanntgabe des Wahlergebnisses) gerechnet – die Zahl der regelmäßig beschäftigten Arbeitnehmer um die Hälfte, mindestens aber um 50 gestiegen oder gesunken ist (§ 13 II Nr. 1 BetrVG). Eine Veränderung der Belegschaftsstärke vor oder nach diesem Zeitpunkt ist unerheblich. Der Grundgedanke der Vorschrift besteht darin, dass die Größe des Betriebsrats der veränderten Belegschaftsstärke angepaßt und festgestellt werden

soll, ob der Betriebsrat noch vom Vertrauen der Belegschaft getragen wird.

Eine Neuwahl des Betriebsrats ist notwendig, wenn die Gesamtzahl der Betriebsratsmitglieder nach Eintritt sämtlicher Ersatzmitglieder unter die vorgeschriebene Zahl der Betriebsratsmitglieder im Zeitpunkt der Wahl gesunken ist (§ 13 II Nr. 2 BetrVG). Keine Neuwahl ist notwendig, wenn ein Betriebsratsmitglied nur vorübergehend verhindert ist und ein Ersatzmitglied, das nachrücken könnte, nicht mehr vorhanden ist. Die Reihenfolge des Nachrückens der Ersatzmitglieder bestimmt sich nach § 25 BetrVG (Abschn. III Rn. 35ff.). 19

Eine Neuwahl findet ferner statt, wenn der Betriebsrat mit der Mehrheit seiner Mitglieder seinen Rücktritt beschlossen hat (§ 13 II Nr. 3 BetrVG). Im Falle des Rücktrittsbeschlusses rücken demnach nicht die Ersatzmitglieder nach, auch wenn sie in der notwendigen Zahl vorhanden wären. Unerheblich sind die Gründe, aus denen der Rücktritt beschlossen wurde.[31] Der Rücktrittsbeschluss ist inhaltlich nicht gerichtlich überprüfbar.[32] Legen alle Betriebsratsmitglieder in einer gemeinsamen Aktion ihr Amt nieder, so wird dies gleichfalls als Rücktrittsbeschluss auszulegen sein. Von dem Fall des gemeinsamen Rücktritts ist der Fall zu unterscheiden, dass sämtliche Mitglieder nach und nach den Rücktritt erklären. In diesen Fällen können die Voraussetzungen von § 13 II Nr. 2 BetrVG gegeben sein. 20

Die Notwendigkeit der Neuwahl ergibt sich, wenn die Betriebsratswahl mit Erfolg angefochten worden ist (§ 13 II Nr. 4 BetrVG, Rn. 110ff.). Das BetrVG will damit verhindern, dass für eine längere Zeitspanne ein Betriebsrat nicht besteht. Wird dagegen nur die Wahl eines Betriebsratsmitglieds angefochten, so lässt dies den Bestand des Betriebsrats unberührt. 21

Eine Neuwahl des Betriebsrats wird ferner notwendig, wenn der Betriebsrat durch gerichtliche Entscheidung aufgelöst worden ist (§ 13 II Nr. 5 BetrVG). Dagegen ist keine Neuwahl notwendig, wenn nur einzelne Mitglieder des Betriebsrats ihres 22

31 LAG Hamm AP 1 zu § 15 BetrVG.
32 BAG AP 1 zu § 13 BetrVG 1972.

Amtes enthoben wurden, sofern noch Ersatzmitglieder vorhanden sind, die nachrücken können.

23 Schließlich findet eine Betriebsratswahl außerhalb des Vierjahresrhythmus statt, wenn ein Betriebsrat überhaupt nicht besteht (§ 13 II Nr. 6 BetrVG). Hiermit soll sichergestellt werden, dass die Arbeitnehmer eines Betriebs zu jedem Zeitpunkt einen Betriebsrat wählen können, wenn sie ihn für notwendig erachten oder etwa ein Betrieb neu gebildet wird.

III. Harmonisierung des Zeitpunkts der Betriebsratswahlen

24 Nach einer außerordentlichen Betriebsratswahl sucht das Gesetz durch § 13 III BetrVG den Anschluss an die regelmäßigen Betriebsratswahlen sicherzustellen. Grundsätzlich ist der Betriebsrat bei der nächsten regelmäßigen Betriebsratswahl neu zu wählen. Hiervon besteht nur dann eine Ausnahme, wenn der Betriebsrat zu Beginn des neuen Vierjahresrhythmus (am 1.3.) noch kein Jahr im Amt war (§ 13 III 2 BetrVG). Die Ausnahme ist im Gesetz vorgesehen, um Betriebsratswahlen in kurzen Abständen vorzubeugen.

IV. Rechtsstreitigkeiten

25 Streitigkeiten über Zeitpunkt und Zulässigkeit der Betriebsratswahl entscheidet das Arbeitsgericht im Beschlussverfahren (§ 2 a ArbGG).

§ 8. Größe und Zusammensetzung des Betriebsrats

I. Zahl der Betriebsratsmitglieder

26 Ein Betriebsrat kann in allen Betrieben gewählt werden, die in der Regel mindestens 5 wahlberechtigte Arbeitnehmer haben, von denen 3 wählbar sind (§ 1 I BetrVG; vgl. Abschn. I Rn. 79 ff.).

27 Nach § 9 S. 1 BetrVG besteht der Betriebsrat in Betrieben mit in der Regel 5–20 wahlberechtigten Arbeitnehmern aus einer Person, dem Betriebsobmann oder der Betriebsobfrau; in Betrieben mit 21–50 wahlberechtigten Arbeitnehmern besteht er aus 3 Mitgliedern. Besteht der Betriebsrat nur aus einer Person, so stehen dieser die Mitwirkungsrechte aus dem BetrVG zu. Ein Mitwir-

kungsrecht in personellen Maßnahmen nach § 99 BetrVG und bei Betriebsänderungen nach §§ 111 ff. BetrVG hatte der einköpfige Betriebsrat nach dem BetrVG 1972 jedoch nur dann, wenn die Anzahl der Arbeitnehmer im Betrieb nach der Betriebsratswahl, ohne dass eine Neuwahl nach § 13 II Nr. 1 BetrVG erforderlich wurde, auf regelmäßig mehr als 20 Arbeitnehmer angestiegen war. Nach geltendem Recht kommt es für die Mitbestimmungsrechte aus § 99 und §§ 111 ff. BetrVG nicht mehr auf die Anzahl der Arbeitnehmer im Betrieb, sondern im Unternehmen an. Deshalb können Rechte aus diesen Vorschriften für den einköpfigen Betriebsrat ggfl. auch in Betrieben mit weniger als 21 Arbeitnehmern bestehen. Der Betriebsrat besteht in Betrieben von 51 wahlberechtigten Arbeitnehmern bis 100 Arbeitnehmern aus 5 Mitgliedern. In Betrieben, die mehr als 100 Arbeitnehmer beschäftigen, hängt die Zahl der zu wählenden Betriebsratsmitglieder allein von der Zahl der beschäftigten Arbeitnehmer ab. Der Betriebsrat besteht in Betrieben mit in der Regel

101 bis 200 Arbeitnehmern aus 7 Mitgliedern,
201 bis 400 Arbeitnehmern aus 9 Mitgliedern,
401 bis 700 Arbeitnehmern aus 11 Mitgliedern,
701 bis 1000 Arbeitnehmern aus 13 Mitgliedern,
1001 bis 1500 Arbeitnehmern aus 15 Mitgliedern,
1501 bis 2000 Arbeitnehmern aus 17 Mitgliedern,
2001 bis 2500 Arbeitnehmern aus 19 Mitgliedern,
2501 bis 3000 Arbeitnehmern aus 21 Mitgliedern,
3001 bis 3500 Arbeitnehmern aus 23 Mitgliedern,
3501 bis 4000 Arbeitnehmern aus 25 Mitgliedern,
4001 bis 4500 Arbeitnehmern aus 27 Mitgliedern,
4501 bis 5000 Arbeitnehmern aus 29 Mitgliedern,
5001 bis 6000 Arbeitnehmern aus 31 Mitgliedern,
6001 bis 7000 Arbeitnehmern aus 33 Mitgliedern,
7001 bis 9000 Arbeitnehmern aus 35 Mitgliedern.

In Betrieben mit mehr als 9000 Arbeitnehmern erhöht sich die 28
Zahl der Mitglieder des Betriebsrats für je angefangene weitere 3000 Arbeitnehmer um 2 Mitglieder (§ 9 S. 2 BetrVG). Schon das BetrVG 1972 kannte keine Höchstzahlen mehr. Der Gefahr der

Handlungsunfähigkeit von großen Betriebsräten in Großbetrieben sucht das BetrVG durch die erleichterte Bildung von Betriebsausschüssen (Abschn. III Rn. 57ff.) zu begegnen. Bei der Zahl der zu wählenden Betriebsratsmitglieder sind nur die betriebsangehörigen Arbeitnehmer zu berücksichtigen. Betriebsangehörige Arbeitnehmer sind nur solche Personen, die in einem Arbeitsverhältnis zum Betriebsinhaber stehen und innerhalb der Betriebsorganisation des Arbeitgebers abhängige Arbeitsleistungen erbringen.[33] Umstritten ist, ob Leiharbeitnehmer mitzählen, da sie mit dem Arbeitgeber kein Arbeitsverhältnis abgeschlossen haben.[34] I. d. R. beschäftigt sind Personen, die während des größten Teils eines Jahres in einem Betrieb normalerweise beschäftigt werden.[35] Insoweit bedarf es einer Feststellung der Regelzahl der Beschäftigten im Rückblick auf die bisherige Stärke des Betriebs, aber auch einer Einschätzung der künftigen personellen Entwicklung. Aushilfsarbeitnehmer – und je nach Meinungsstand Leiharbeitnehmer – werden insoweit mitgezählt, als eine bestimmte Anzahl derartiger Arbeitnehmer regelmäßig für einen Zeitraum von mindestens sechs Monaten im Jahr beschäftigt wird und damit auch in Zukunft gerechnet werden kann.[36] Grundsätzlich mitgezählt werden Teilzeitbeschäftigte.[37] Nach Ansicht des BAG werden nicht mitgezählt die im Betrieb tätigen Beamten.[38]

29 Maßgebender Zeitpunkt für die Feststellung der regelmäßigen Zahl der Arbeitnehmer ist der Tag des Erlasses des Wahlausschreibens[39] (§ 3 WahlO, Rn. 65ff.). In Grenzfällen (sind z. B.

33 BAG v. 18. 1. 1989 – BB 89, 1406 = DB 89, 1420 = NZA 89, 724.

34 Verneinend Schaub Arbeitsrecht von A–Z, Stichwort: Leiharbeitsverhältnis; Konzen RdA 2001, 76, 83 BAG AP 1 zu § 9 BetrVG 1972; a. A. Fitting/Kaiser/Heither/Engels § 9 Rdn. 4a; Däubler, ArbuR 2001, 1, 5.

35 BAG v. 25. 11. 1992 – AP 8 zu § 1 Gesamthafenbetriebsgesetz = DB 93, 2084 = NZA 93, 955.

36 BAG AP 1 zu § 8 BetrVG 1972 = NJW 77, 647.

37 Vgl. LAG Hamm DB 79, 2380.

38 BAG 25. 2. 1998 AP 8 zu § 8 BetrVG 1972; BAG 28. 3. 2001 – 7 ABR 21/00 – EzA 2 zu § A7 BetrVG 1972 = DB 2002, 221; a. A. Fitting/Kaiser/Heither/Engels § 9 Rn. 4b.

39 BAG AP 1 zu § 8 BetrVG 1972 = DB 77, 356.

1000 oder 1001 Arbeitnehmer im Betrieb?) hat der Wahlvorstand nach pflichtgemäßem Ermessen zu schätzen. Unberücksichtigt bleiben die in § 5 II, III BetrVG genannten Personen, also auch die leitenden Angestellten.[40] Prognosen wegen der zukünftigen Entwicklung der Belegschaftszahlen sind nur insoweit zu berücksichtigen, wie aufgrund der konkreten Entscheidungen des Arbeitgebers eine Veränderung der Belegschaft zu erwarten ist.[41] Unberücksichtigt bleibt, dass aufgrund sich anbahnender schlechter Auftragslage Arbeitnehmer zu entlassen sein werden.[42] Veränderungen in der Belegschaft während der Dauer des Wahlverfahrens sind unerheblich. Dies gilt selbst dann, wenn irrtümlich eine nicht § 9 BetrVG entsprechende Zahl von Betriebsräten gewählt worden ist und die Betriebsratswahl nicht angefochten worden ist.[43] Nach Abschluss des Wahlverfahrens kann eine Veränderung der Beschäftigtenzahl nur unter den in § 13 II 1 BetrVG genannten Voraussetzungen von Bedeutung werden (Rn. 18). Das Amt des Betriebsrats endet, wenn die Beschäftigtenzahl unter 5 sinkt (§ 1 BetrVG). In kleineren Betrieben ist denkbar, dass die erforderliche Zahl von wählbaren Arbeitnehmern nicht zur Verfügung steht. Diesem Umstand trägt § 11 BetrVG Rechnung. In diesen Fällen ist die Zahl der zu wählenden Betriebsratsmitglieder der nächstniedrigeren Betriebsgröße zu entnehmen, bis die Anzahl der wählbaren Arbeitnehmer für die Besetzung der Betriebsratssitze ausreicht.

Beispiel: In einem Betrieb mit 51 wahlberechtigten Arbeitnehmern sind keine 5 Arbeitnehmer wählbar, weil der Betrieb kurzfristig vergrößert worden ist. Alsdann sind nur 3 Arbeitnehmer zu wählen.

40 BAG AP 1 zu § 8 BetrVG 1972 = DB 1977, 356.

41 BAG 29. 5. 1991 AP 1 zu § 17 BPersVG; BAG 25. 11. 1997 AP 8 zu § 1 Gesamthafenbetriebsgesetz.

42 LAG Hamm EzA 3 zu § 9 BetrVG 1972.

43 BAG AP 2 zu § 20 BetrVG Jugend- und Auszubildendenvertreter.

II. Zusammensetzung des Betriebsrats

30 Nach dem BetrVG 1972 mussten dem Betriebsrat Arbeiter und Angestellte entsprechend ihrem zahlenmäßigen Verhältnis angehören, sofern der Betriebsrat aus mindestens 3 Mitgliedern bestand (§ 10 I BetrVG 1972). Diese Regelung ist durch das Reformgesetz 2001 aufgehoben worden. **Das Gruppenprinzip wurde insgesamt aufgegeben**. Der Gesetzgeber ging insoweit über die Reformvorschläge der Gewerkschaften hinaus. Geblieben ist die Vorschrift des § 15 I BetrVG. Danach soll sich der Betriebsrat möglichst aus Arbeitnehmern der einzelnen Organisationsbereiche und der verschiedenen Beschäftigungsarten der im Betrieb tätigen Arbeitnehmer zusammensetzen. Die Vorschrift soll den Interessen verschiedener Arbeitnehmergruppen Rechnung tragen. Es wird deshalb weiter auf eine angemessene Berücksichtigung von sowohl Arbeiter(inne)n als auch Angestellten zu achten sein. Wird § 15 I BetrVG nicht beachtet, so hat dies keine Rechtsfolgen. Wechselt ein Arbeitnehmer nachträglich die Betriebsabteilung, so ist dies auf seine Stellung im Betriebsrat ohne Einfluss. Im Interesse der Gleichberechtigung **müssen** aber die Geschlechter entsprechend ihrem zahlenmäßigen Verhältnis vertreten sein (§ 15 II BetrVG). Aus der früheren bloßen Sollvorschrift ist durch das Reformgesetz 2001 eine zwingende Mussvorschrift geworden.

31 Nach § 15 II BetrVG muss nunmehr das **Geschlecht**, das in der Belegschaft in der **Minderheit** ist, **mindestens** entsprechend seinem zahlenmäßigen Verhältnis im Betriebsrat vertreten sein, wenn dieser aus mindestens drei Mitgliedern besteht. Dieses Verhältnis wird gemäß § 5 WahlO nach Maßgabe des d'Hondt'schen Höchstzahlenverfahrens ermittelt. Das gilt auch für die Wahl im vereinfachten Wahlverfahren nach § 14a BetrVG, wenn der zu wählende Betriebsrat aus mindestens drei Mitgliedern besteht (vgl. § 32 WahlO). Nach der Begründung zum Referentenentwurf soll durch die gesetzliche Neuregelung sichergestellt werden, dass der Zugang von Frauen zum Betriebsrat, in dem sie in aller Regel unterrepräsentiert sind, nicht nur erleichtert, sondern auch tatsächlich durchgesetzt wird. Die bisherige Sollvorschrift hat

dieses Ziel nicht erreicht. Durch die neue Mussvorschrift soll dem Gleichberechtigungsgrundsatz in Art. 3 Abs. 2 GG Rechnung getragen werden. Der Betriebsrat ist mit den beruflichen Problemen der Frauen unmittelbar konfrontiert und nimmt daher eine Schlüsselposition bei der Beseitigung von Nachteilen und der Durchsetzung der Gleichstellung von Frauen und Männern ein. Die Frauen sollen die Möglichkeit erhalten, ihre Fähigkeiten wirksamer in die Betriebsratsarbeit einzubringen und Einfluss insbesondere auf frauenspezifische Themen wie etwa Förderung der Gleichberechtigung, Förderung von Familie und Erwerbstätigkeit und Frauenförderpläne zu nehmen. Nach der Beschlussempfehlung und dem Bericht des Ausschusses für Arbeit und Sozialordnung (Bericht des Abgeordneten Gerald Weiß, Besonderer Teil zu Art. 1 Nr. 13 und 43, BT-Drucks. 14/6352 vom 20. 6. 2001) soll durch die nunmehr Gesetz gewordene Fassung zugleich ausgeschlossen werden, dass in den Bereichen, in denen bereits engagierte Frauen über ihren zahlenmäßigen Anteil an der Belegschaft hinaus in den Betriebsrat gewählt worden sind, diese Frauen künftig für eine Arbeit im Betriebsrat nicht mehr tätig sein können. Durch die **„Mindest"-Regelung** wird gewährleistet, dass das Geschlecht in der Minderheit bei der Wahl zum Betriebsrat bzw. der Jugend- und Auszubildendenvertretung auch über den ihm grundsätzlich zustehenden Anteil an der Belegschaft hinaus im Betriebsrat bzw. in der Jugend- und Auszubildendenvertretung vertreten sein kann. Nach dem neuen § 126 Nr. 5a BetrVG erstreckt sich die Befugnis des Bundesministers für Arbeit und Sozialordnung zum Erlass einer Rechtsverordnung über die Betriebsratswahl auf die Verteilung der Sitze im Betriebsrat, in der Bordvertretung, im Seebetriebsrat sowie in der Jugend- und Auszubildendenvertretung auf die Geschlechter, auch soweit die Sitze nicht gemäß § 15 Abs. 2 BetrVG und § 62 Abs. 3 BetrVG besetzt werden können. Die Wahl findet nicht nach Geschlechtern getrennt, sondern findet als **gemeinsame Wahl** statt. Soweit die Geschlechter in den genannten Gremien entsprechend ihrem zahlenmäßigen Verhältnis vertreten sein müssen, ist damit keine Zwangskandidatur verbunden. Dementsprechend enthält die Wahlordnung keine Vorgaben für die

Wahlvorschläge, die nach §§ 14, 14a BetrVG zu machen sind. Es sind sowohl reine Frauenlisten, als auch reine Männerlisten und gemischte Listen mit Frauen und Männern zulässig.[44] Für den Fall, dass ein Geschlecht nicht genügend wählbare Arbeitnehmer hat oder sich nicht genügend Arbeitnehmer eines Geschlechts zur Übernahme des Betriebsratsamts bereit erklären, sieht § 15 V Nr. 1, 5 BetrVG vor, dass die der geschlechtlichen Minderheit nach § 15 Abs. 2 BetrVG bzw. § 62 Abs. 3 BetrVG zustehenden Betriebsratssitze, die nicht mit Vertretern dieses Geschlechts besetzt werden können, auf das andere Geschlecht übergehen. Damit wird sichergestellt, dass der in § 9 BetrVG vorgegebenen Größe des Betriebsrats auch dann entsprochen wird, wenn ein Geschlecht die ihm zustehenden Betriebsratssitze nicht besetzen kann. Der Wahlvorstand soll im Wahlausschreiben (Rn. 65ff.) auf die Einhaltung der Vorschrift des § 15 BetrVG hinweisen.

32 Die Verteilung der Betriebsratssitze auf Frauen und Männer erfolgt entsprechend dem d'Hondtschen System (§ 5 WahlO). Es werden die Zahlen der am Tage des Erlasses des Wahlausschreibens im Betrieb beschäftigten Frauen und Männer nebeneinandergestellt und beide zunächst durch 1, dann durch 2, 3, 4 usw. geteilt. Die Ergebnisse werden jeweils unter die Ursprungszahl gesetzt. Die Sitzverteilung entspricht der Verteilung der höchsten Ergebniszahlen.

Beispiel: In einem Betrieb mit 144 Arbeitnehmern werden 36 Frauen und 108 Männer beschäftigt. Zu wählen sind 7 Betriebsratsmitglieder (§ 9 BetrVG).

Männer	Frauen	geteilt durch
108	36	1
54	18	2
36	12	3
27	9	4
21,6	7,2	5
18	6	6

44 So auch Richardi, Grundriss: Die neue Betriebsverfassung, 2001, § 5, Rn. 11.

Von den sieben höchsten Zahlen entfallen sechs auf die Männer-Reihe, zwei auf die Frauen-Reihe, weil die 18 in beiden Reihen vorkommt. Nach § 5 II WahlO entscheidet das Los darüber, welchem Geschlecht der Sitz zufällt. Bei einer Entscheidung zugunsten der Frauen bedeutet das, dass auf männliche Mitglieder höchstens fünf und auf weibliche Mitglieder mindestens zwei Betriebsratssitze entfallen.

Ein Minderheitenschutz wie in § 10 II BetrVG ist in der 33
WahlO für das in der Minderheit vertretene Geschlecht nicht vorgesehen. Bei nicht hinreichender Anzahl innerhalb der Belegschaft kann es nach dem Höchstzahlenverfahren deshalb auch leer ausgehen. Ob diese Regelung in § 5 II WahlO mit § 15 II BetrVG vereinbar ist, erscheint fraglich (vgl. Franke in: Schnellbrief Arbeitsrecht 4/2002, S. 2).

Zur Sonderregelung für Beamte in den privatisierten Nach- 34
folgeunternehmen der früheren Deutschen Bundespost vgl. §§ 24 ff. Post PersRG. Sie gelten für die Betriebsratswahl als Arbeitnehmer. Bei der Wahl bilden sie eine eigene Gruppe (§ 26 Nr. 1 Post PersRG, § 3 WahlO Post v. 22. 2. 2002).[45] Nach § 26 Nr. 2 Post PersRG, § 4 I WahlO Post v. 22. 2. 2002 müssen Arbeitnehmer und Beamte entsprechend ihrem zahlenmäßigem Verhältnis im Betriebsrat vertreten sein, wenn dieser aus mindestens drei Mitgliedern besteht. Die Ermittlung der jeweiligen Sitzanzahl erfolgt ebenfalls nach dem Höchstzahlenprinzip. Innerhalb der jeweiligen Gruppe wiederum muss das Geschlecht in der Minderheit mindestens entsprechend seinem zahlenmäßigen Verhältnis in der Gruppe vertreten sein. Die Verteilung der Mindestsitze für das Geschlecht in der Minderheit erfolgt entsprechend § 5 der WahlO zum Betriebsrat (§ 6 Nr. 4 WahlO Post v. 22. 2. 2002). Für die der Deutschen Bahn zugewiesenen Beamten gilt Ähnliches. Zusätzlich werden für sie beim Bundeseisenbahnvermögen besondere Personalvertretungen gebildet, zu denen ausschließlich die Beamten wahlberechtigt sind,

45 Einzelheiten zur bisherigen Rechtslage bei Däubler/Kittner/Klebe § 10, Rn. 14 ff; Fitting/Kaiser/Heither/Engels § 10, Rn. 16 ff; jeweils m. w. N. GK-Kreutz § 10, Anhang Rn. 1 ff.

§ 17 Deutsche Bahn Gründungsgesetz v. 27.12. 1993 (BGBl I, S. 2386).[46]

§ 9. Der Wahlvorstand

I. Zusammensetzung des Wahlvorstands

35 Die Betriebsratswahl findet unter der Leitung eines Wahlvorstands statt (§ 1 I WahlO). Der Wahlvorstand besteht grundsätzlich aus drei wahlberechtigten Arbeitnehmern des Betriebs (§ 16 I 1 BetrVG). In Betrieben mit weiblichen und männlichen Arbeitnehmern sollen – nicht: müssen – dem Wahlvorstand Frauen und Männer angehören (§ 16 I 5 BetrVG). In Nachfolgeunternehmen der Deutschen Bundespost muss ein Beamter dem Wahlvorstand angehören, sofern diese Gruppe im Betrieb vertreten ist (§ 26 Nr. 6 Post PersRG).

36 Die Zahl der Wahlvorstandsmitglieder kann erhöht werden, wenn dies zur ordnungsgemäßen Durchführung der Wahl erforderlich ist (§§ 16 I 2, 17 I 2 BetrVG). Die Zustimmung des Arbeitgebers ist hierzu nicht erforderlich. Erforderlich ist die Erhöhung der Zahl der Wahlvorstandsmitglieder, wenn unter Berücksichtigung der Größe des Betriebs und der Zahl der einzurichtenden Wahllokale dies zu deren ordnungsgemäßer Besetzung erforderlich ist (vgl. dazu § 12 II WahlO). Ob die Erhöhung der Zahl der Wahlvorstandsmitglieder erforderlich war, kann im arbeitsgerichtlichen Beschlussverfahren (§ 2 a ArbGG) nachgeprüft werden. Jede im Betrieb vertretene Gewerkschaft kann zusätzlich einen dem Betrieb angehörenden Beauftragten als nicht stimmberechtigtes Mitglied in den Wahlvorstand entsenden, wenn ihr nicht ohnehin ein stimmberechtigtes Wahlvorstandsmitglied angehört (§ 16 I 6 BetrVG).

37 Scheiden ein oder mehrere Wahlvorstandsmitglieder aus, so muss eine Nachwahl oder Nachbestellung erfolgen.[47] Es können für diesen Fall aber auch Ersatzmitglieder bestellt worden sein.

46 Grundzüge bei Fitting/Kaiser/Heither/Engels § 1 Rn. 38; Engels/Müller/Maß DB 1994, 478.

47 LAG Düsseldorf DB 75, 260; BAG AP 5 zu § 16 BetrVG.

Der Wahlvorstand kann wahlberechtigte Arbeitnehmer als Wahlhelfer zu seiner Unterstützung bei der Durchführung der Stimmabgabe und der Stimmzählung hinzuziehen (§ 1 II WahlO). 38

Nach dem Wortlaut des Gesetzes kann jeder zum Betriebsrat wahlberechtigte Arbeitnehmer (Rn. 1ff.) zum Wahlvorstand bestellt werden (§§ 16 I 1, 17 I 2 BetrVG). Nach einer verbreiteten Meinung können daher auch Betriebsratsmitglieder und Kandidaten für die Neuwahl des Betriebsrats bestellt werden.[48] Dieser Meinung wird man zustimmen müssen; denn anderenfalls ist in Kleinbetrieben eine Betriebsratswahl nicht durchzuführen. Nach begründeter Auffassung des BAG dürfen sie auch einen Wahlvorschlag unterzeichnen. Bei der Bestellung des Wahlvorstands ist ein Mitglied zum **Vorsitzenden** zu bestimmen (§§ 16 I 1, 17 I 2 BetrVG). Ist die Bestellung eines Vorsitzenden unterblieben, so wählt ihn der Wahlvorstand aus seiner Mitte.[49] 39

II. Die Bestellung des Wahlvorstands

Der Wahlvorstand konnte nach bisherigen Recht nur durch die Belegschaft, den Betriebsrat oder das Arbeitsgericht bestellt werden. Die neuen §§ 16 III, 17 I BetrVG geben auch dem **Gesamtbetriebsrat** oder, falls ein solcher nicht besteht, dem **Konzernbetriebsrat** die Möglichkeit, einen Wahlvorstand zu bestellen, wenn acht Wochen vor Ablauf der Amtszeit des Betriebsrats kein Wahlvorstand oder wenn ohnehin kein Betriebsrat besteht. 40

(1) § 17 BetrVG regelt die Bestellung des Wahlvorstands in Betrieben **ohne Betriebsrat**. Besteht in einem Betrieb, der die Voraussetzungen des § 1 I 1 BetrVG erfüllt, kein Betriebsrat, so bestellt der Gesamtbetriebsrat oder, falls ein solcher nicht besteht, der Konzernbetriebsrat einen Wahlvorstand, § 17 I 1 BetrVG. Für dessen Zusammensetzung gilt § 16 I BetrVG entsprechend, § 17 I 2 BetrVG. Diese durch das Reformgesetz 2001 neu geschaf-

48 BAG AP 1 zu § 29 BetrVG 1972; AP 1 zu § 8 BetrVG 1972; AP 2 zu § 18 BetrVG 1972; LAG Rheinland-Pfalz EzA 5 zu § 16 BetrVG 1972; vgl. BVerwG AP 6 zu § 10 PersVG.

49 BAG AP 5 zu § 16 BetrVG; ArbG Wilhelmshaven AP 1 zu § 16 BetrVG.

fene Regelung soll die Bestellung von Wahlvorständen erleichtern. Nach bisherigem Recht mußte in betriebsratslosen Betrieben, in denen ein Betriebsrat gewählt werden sollte, der Wahlvorstand stets in einer Betriebsversammlung gewählt werden, deren Durchführung aufwendig und kostenintensiv ist.

41 **(2)** Besteht in einem betriebsratsfähigen Betrieb (§ 1 I 1 BetrVG) kein Betriebsrat und besteht ferner weder ein Gesamt- noch ein Konzernbetriebsrat, so wird der Wahlvorstand weiterhin in einer **Betriebsversammlung** von der Mehrheit der anwesenden Arbeitnehmer gewählt (§ 17 II 1 BetrVG). Das Gleiche gilt, wenn der Gesamt- oder der Konzernbetriebsrat die Bestellung des Wahlvorstands unterlässt, § 17 II 2 BetrVG. Unerheblich ist dabei, aus welchen Gründen ein Betriebsrat bislang nicht besteht. Der Wahlvorstand kann in einer Betriebsversammlung gewählt werden, wenn der Betrieb erstmals betriebsratsfähig geworden ist (§ 1 I 1 BetrVG) und weder Gesamt- noch Konzernbetriebsrat bestehen oder nicht tätig werden, wenn die Belegschaft bislang kein Interesse an der Errichtung des Betriebsrats hatte oder wenn die Amtsperiode des vorherigen Betriebsrats abgelaufen ist, ohne dass ein Wahlvorstand durch den Betriebsrat, den Gesamt- oder Konzernbetriebsrat oder durch das Arbeitsgericht bestellt worden ist. In der Betriebsversammlung wahlberechtigt sind sämtliche Arbeitnehmer des Betriebs (mit Ausnahme der in § 5 II, III BetrVG genannten), ohne Rücksicht darauf, ob sie auch zur Wahl des Betriebsrats wahlberechtigt sind (§§ 17, 7, 42 BetrVG).[50] Die Wahl erfolgt durch die Mehrheit der anwesenden Arbeitnehmer; nicht erforderlich ist, dass die Mehrheit der Arbeitnehmer des Betriebs an der Betriebsversammlung teilnimmt. Gewählt ist, wer die meisten Stimmen der an der Betriebsversammlung teilnehmenden Arbeitnehmer erhält.[51] Da dem Wahlvorstand in einem Postnachfolgeunternehmen jedoch dann, wenn dem Betrieb Arbeitnehmer und Beamte angehören, Vertreter beider Gruppen angehören müssen, ist abweichend vom reinen Mehrheitsprinzip derjenige als Vertreter

50 BAG AP 5 zu § 16 BetrVG.
51 BAG AP 18 zu § 15 KSchG 1969 = NZA 1986, 753.

der Minderheitsgruppe gewählt, der unter den Angehörigen dieser Gruppe die meisten Stimmen erhalten hat.

Beispiel: Nehmen von 100 Belegschaftsangehörigen 60 an der Betriebsversammlung teil und ergibt die Stimmenzählung, dass auf die Arbeitnehmer A, B, C 20, 15, 10 und den Beamten D 5 Stimmen entfallen, so sind A, B und D zum Wahlvorstand gewählt.

Für die Zusammensetzung des Wahlvorstands im Übrigen gelten die Ausführungen zu I. Für die Wahl in der Betriebsversammlung bestehen keine Formvorschriften.[52] Die Wahl kann mithin geheim, durch Abgabe von Stimmzetteln, aber auch durch Handaufheben usw. erfolgen. Zur Betriebsversammlung können drei wahlberechtigte Arbeitnehmer des Betriebs, der Arbeitgeber[53] oder eine im Betrieb vertretene Gewerkschaft einladen und Vorschläge für die Zusammensetzung des Wahlvorstands machen (§ 17 III BetrVG). Von dem Termin der Versammlung und der beabsichtigten Wahl müssen die Belegschaftsmitglieder benachrichtigt werden. Einladung durch – auch nicht unterschriebenen – Aushang ist ausreichend.[54] In der Einladung bedarf es keiner besonderen Aufforderung, an der Betriebsversammlung teilzunehmen.[55] Die Belegschaft muss lediglich die Möglichkeit haben, vom Zeitpunkt und dem Ort der Betriebsversammlung Kenntnis zu nehmen.[56] Sind in räumlich auseinanderliegenden Betriebsstätten bislang mehrere Betriebsräte gewählt worden und soll dies auf Anraten der Gewerkschaft jetzt aus Rechtsgründen anders sein, so muss eine Betriebsversammlung in allen Betriebsstätten zur Wahl des Wahlvorstands stattfinden.[57] Die Betriebsversammlung findet grundsätzlich während der Arbeitszeit statt (§ 44 I BetrVG), es sei denn, dass 42

52 BAG AP 1 zu § 18 BetrVG; AP 5 zu § 16 BetrVG.

53 BAG AP 5 zu § 16 BetrVG; AP 1 zu § 17 BetrVG 1972; LAG Hamm DB 80, 1222; a. A. Fitting/Kaiser/Heither/Engels § 17 Rn. 9.

54 LAG Hamm DB 74, 389.

55 LAG Hamm EzA 3 zu § 4 BetrVG 1972.

56 BAG AP 18 zu § 15 KSchG 1969 = DB 86, 1883; LAG Hamm EzA 3 zu § 4 BetrVG 1972.

57 LAG Bremen AP 3 zu § 17 BetrVG 1972.

die Eigenart des Betriebs eine andere Regelung zwingend erfordert. Dem Arbeitnehmer darf wegen der Teilnahme an der Betriebsversammlung ein Verdienstausfall nicht erwachsen. Findet sie außerhalb der Arbeitszeit statt, so ist diese Zeit einschließlich der Wegezeit den Arbeitnehmern zusätzlich zu vergüten (§ 44 I BetrVG). Die Leitung der Betriebsversammlung obliegt dem ältesten oder einem im Betrieb besonders angesehenen Arbeitnehmer, der die Wahl eines Versammlungsleiters in die Wege leitet.

44 Findet trotz Einladung keine Betriebsversammlung statt oder wählt diese keinen Wahlvorstand, so bestellt ihn das **Arbeitsgericht** auf Antrag von mindestens drei **wahlberechtigten** Arbeitnehmern oder einer im Betrieb vertretenen Gewerkschaft, § 17 IV 1 BetrVG. Für die Bestellung gilt § 16 II BetrVG entsprechend, § 17 IV 2 BetrVG (vgl. unten (3)). Unerheblich ist, aus welchen Gründen die Wahl nicht erfolgt. Nach h. M. ist der Antrag an das Arbeitsgericht erst dann zulässig, wenn zuvor eine Einberufung versucht worden ist.[58]

45 Mit der Antragstellung erlischt nicht das Recht einer gleichwohl einberufenen Betriebsversammlung, einen Wahlvorstand zu wählen. Es erlischt erst mit der Rechtskraft des Beschlusses.[59] Dies rechtfertigt sich daraus, dass es demokratischen Prinzipien entspricht, wenn primär die Belegschaft den Wahlvorstand wählt; das Arbeitsgericht besitzt gleichsam nur eine Notzuständigkeit, um die Bestellung des Wahlvorstands zu erleichtern.

45 **(3) Besteht** in einem Betrieb ein **Betriebsrat,** so bestellt dieser spätestens zehn Wochen vor Ablauf seiner Amtszeit einen aus drei wahlberechtigten (für die Zusammensetzung vgl. oben unter I) Arbeitnehmern bestehenden Vorstand und einen als Vorsitzenden (§ 16 I BetrVG). Dies gilt sowohl bei regelmäßigem Ablauf der Amtszeit (§ 21 S. 1 BetrVG) als auch bei dessen vorzeitiger Beendigung (§ 21 S. 5 BetrVG), es sei denn, dass der Betriebsrat durch das Arbeitsgericht aufgelöst wird (§ 23 I BetrVG), ebenso bei Beendigung der verkürzten oder der verlängerten Amtszeit. Die

58 BAG v. 26. 2. 1992 AP 6 zu § 17 BetrVG 1972 = NZA 92, 942 = DB 92, 1567 = DB 92, 2147; Fitting/Kaiser/Heither/Engels § 17 Rn. 19; Dietz/Richardi § 17 Rn. 26.

59 BAG AP 1 zu § 17 BetrVG 1972.

Zehn-Wochen-Frist ist keine Ausschlussfrist. Der Betriebsrat kann bis zur Beendigung des Amtes, nach umstr. Meinung selbst bei rechtskräftiger Bestellung durch das Arbeitsgericht, die Bestellung nachholen.[60] In den Fällen des § 21 S. 5 BetrVG steht die Amtszeit nicht von vornherein fest, die Bestellung muss demnach unverzüglich erfolgen, sobald das Erfordernis der Neuwahl feststeht.

Besteht acht Wochen vor Ablauf der Amtszeit des Betriebsrats 46
kein Wahlvorstand, so bestellt ihn das **Arbeitsgericht** auf Antrag von mindestens drei Wahlberechtigten oder einer im Betrieb vertretenen Gewerkschaft (§ 16 II BetrVG). Eine Gewerkschaft ist bereits dann im Betrieb vertreten, wenn sie mindestens ein Mitglied im Betrieb hat. Nach umstrittener Meinung kann der Betriebsrat bis zur Rechtskraft des Beschlusses die Bestellung nachholen.[61] In dem Antrag können bestimmte Arbeitnehmer für den Wahlvorstand und einer von ihnen als Vorsitzender vorgeschlagen werden. Zweckmäßigerweise wird deren Einverständniserklärung dem Antrag beigefügt. Das Arbeitsgericht entscheidet über den Antrag im Beschlussverfahren (§ 2 a Nr. 1 ArbGG). Es ist in der Auswahl der Wahlvorstandsmitglieder frei. Es kann die Zahl der Wahlvorstandsmitglieder, sofern dies erforderlich ist, erhöhen (§ 16 II 1 BetrVG). Es kann für Betriebe mit i. d. R. mehr als 20 wahlberechtigten Arbeitnehmern auch solche Mitglieder einer im Betrieb vertretenen Gewerkschaft bestellen, die selbst nicht als Arbeitnehmer dem Betrieb angehören, sofern dies für die Durchführung der Wahl erforderlich ist (§ 16 II 3 BetrVG).[62] Das ist der Fall, wenn sich nicht die erforderliche Zahl von wahlberechtigten Belegschaftsmitgliedern bereitfindet, das Amt eines Wahlvorstands zu übernehmen, wenn keine ausreichende Zahl von geeigneten Kandidaten zur Verfügung steht oder wenn wegen der besonderen im Betrieb bestehenden Verhältnisse, etwa der Gefahr der Wahlbeeinflussung, die Bestellung eines Betriebsfremden sachdienlich erscheint. In der Auswahl der Wahlvorstandsmitglieder ist das Arbeitsgericht frei. Es wird

60 LAG Hamm AP 1 zu § 15 BetrVG.
61 BAG AP 1 zu § 17 BetrVG 1972; LAG Hamm AP 1 zu § 15 BetrVG.
62 LAG Düsseldorf DB 75, 260.

sein Ermessen insbes. einsetzen, um eine neutrale Durchführung der Wahl zu gewährleisten. Auch die nicht dem Betrieb angehörenden Wahlvorstandsmitglieder handeln ehrenamtlich; sie haben gegen den Arbeitgeber keinen Lohnanspruch, da sie nicht in einem Arbeitsverhältnis stehen. Sie können jedoch den Ersatz notwendiger Aufwendungen und Auslagen verlangen (§ 20 III BetrVG).

47 Das Arbeitsgericht bestellt einen Wahlvorstand von Amts wegen auch ohne Antragstellung, wenn es einen Betriebsrat wegen grober Pflichtverletzung auflöst (§ 23 II BetrVG; hierzu Abschn. III Rn. 16ff.). Diejenigen Antragsteller, die die Auflösung des Betriebsrats betrieben haben, haben das Recht, Vorschläge für die auszuwählenden Wahlvorstandsmitglieder zu machen. Das Arbeitsgericht ist jedoch an deren Vorschläge nicht gebunden.

48 Besteht in einem Betrieb ein Betriebsrat, hat dieser bis acht Wochen vor Ablauf seiner Amtszeit aber keinen Wahlvorstand bestellt, so kann außerdem der **Gesamtbetriebsrat** oder, falls ein solcher nicht besteht, der **Konzernbetriebsrat** den Wahlvorstand bestellen, § 16 III 1 BetrVG. Auch dafür gilt § 16 I BetrVG entsprechend, § 16 III 2 BetrVG. Diese Möglichkeit, den Wahlvorstand durch den Gesamt- oder Konzernbetriebsrat zu bestellen, ist lediglich eine weitere Alternative für den Fall des Untätigbleibens des dafür an erster Stelle zuständigen Betriebsrats. Zum Verhältnis der Bestellung durch den Betriebsrat nach § 16 I BetrVG, durch das Arbeitsgericht nach § 16 II BetrVG und durch den Gesamt- oder Konzernbetriebsrat nach § 16 III BetrVG enthält das Gesetz keine Festlegungen. Nach allgemeinen Grundsätzen wird davon auszugehen sein, dass eine Bestellung des Wahlvorstands durch den Betriebsrat der Bestellung durch den Gesamt- oder Konzernbetriebsrat auch dann noch vorgeht, wenn eines dieser Gremien einen Wahlvorstand bereits bestellt hat, und dass die Bestellung durch den Betriebsrat oder den Gesamt- oder Konzernbetriebsrat einer Bestellung durch das Arbeitsgericht so lange vorgeht, bis dessen Beschluss rechtskräftig geworden ist.

49 **(4)** Findet die Betriebsratswahl als solche nach dem vereinfachten Wahlverfahren für Kleinbetriebe gemäß dem neuen § 14a

Muster eines Antrags an das Arbeitsgericht:
An das
Arbeitsgericht . . .

In der Beschlusssache

1 . . . . (wahlberechtigter Arbeitnehmer)
2 . . . . (wahlberechtigter Arbeitnehmer)
3 . . . . (wahlberechtigte Arbeitnehmerin)

oder

4. der Gewerkschaft . . . .

Antragsteller(in)

gegen

die Firma . . . .

Antragsgegner(in)

wegen Bestellung eines Wahlvorstands
wird beantragt, einen Wahlvorstand, bestehend aus

a) . . . als Vorsitzenden
b) . . . als Vertreterin der weiblichen Arbeitnehmer
c) . . . als weiteres Mitglied

zu bestellen.

Gründe:
Die Antragsteller sind drei im Betrieb der Firma . . . wahlberechtigte Arbeitnehmer (bzw.: die Antragstellerin ist eine im Betrieb der Firma . . . vertretene Gewerkschaft). Diese beschäftigt . . . Arbeitnehmer. Bei der Firma besteht ein Betriebsrat nicht. Eine Betriebsversammlung ist trotz Einladung nicht zustande gekommen. Das Arbeitsgericht wird daher ersucht, gem. § 17 BetrVG einen Wahlvorstand zu bestellen. Als Wahlvorstandsmitglieder werden die im Antrag genannten Arbeitnehmer vorgeschlagen, eine von ihnen ist eine Frau. Die Vorgeschlagenen sind zur Übernahme des Amtes bereit.

BetrVG statt, so erfolgt die Bestellung des Wahlvorstands **im vereinfachten Wahlverfahren nach § 17 a BetrVG** (nähere Einzelheiten s.u. Rn. 86ff.). Danach wird die Frist zur Bestellung des

Wahlvorstands durch einen bestehenden Betriebsrat nach § 16 I 1 BetrVG auf vier Wochen und die Frist für die Bestellung des Wahlvorstands durch das Arbeitsgericht oder den Gesamt- oder Konzernbetriebsrat nach § 16 II 1 BetrVG bzw. § 16 III 1 BetrVG auf drei Wochen verkürzt, § 17a Nr. 1 BetrVG. Die Möglichkeit des § 16 I 2 BetrVG, die Zahl der Wahlvorstandsmitglieder zu erhöhen, findet keine Anwendung; auch muss der Wahlvorstand anders als nach § 16 I 3 BetrVG nicht unbedingt aus einer ungeraden Anzahl von Mitgliedern bestehen, § 17a Nr. 2 BetrVG. Besteht in dem Kleinbetrieb, auf den § 14a BetrVG Anwendung findet, ein Betriebsrat nicht, wird in den Fällen des § 17 Abs. 2 BetrVG, d.h. wenn auch kein Gesamt- oder Konzernbetriebsrat besteht, der Wahlvorstand in einer Wahlversammlung von der Mehrheit der anwesenden Arbeitnehmer gewählt. Für die Einladung zu der Wahlversammlung gilt § 17 III BetrVG entsprechend, § 17a Nr. 3 BetrVG. § 17 IV BetrVG – Bestellung durch das Arbeitsgericht – gilt ebenfalls entsprechend, wenn trotz Einladung keine Wahlversammlung stattfindet oder auf der Wahlversammlung kein Wahlvorstand gewählt wird, § 17a Nr. 4 BetrVG.

III. Die persönliche Rechtsstellung der Wahlvorstandsmitglieder

50 Die Mitgliedschaft im Wahlvorstand ist ein **Ehrenamt**. Verdienstminderungen wegen einer Betätigung im Wahlvorstand sind unzulässig (§ 20 III 2 BetrVG). Der Anspruch auf Vergütungsfortzahlung ist im Urteilsverfahren geltend zu machen.[63] Wahlvorstandsmitglieder haben darzulegen, dass die Versäumnis der Arbeitszeit zur Betätigung im Wahlvorstand erforderlich war.[64] Dagegen sind Auslagen wegen der sächlichen Kosten im Beschlussverfahren zu verfolgen.[65] Benutzt ein Wahlvorstand im Zusammenhang mit der Durchführung der Wahl seinen eigenen

63 BAG AP 2, 5 zu § 20 BetrVG 1972.

64 BAG AP 4, 5 zu § 20 BetrVG 1972.

65 BAG AP 6 zu § 20 BetrVG 1972; vgl. auch LAG Hamm EzA 5 zu § 20 BetrVG 1972.

Pkw und erleidet er einen Verkehrsunfall, so kann er Ersatz für die Unfallkosten verlangen, wenn der Unfall in Ausübung des Amtes entstanden ist und der Arbeitgeber dem Wahlvorstandsmitglied zur Durchführung der Wahl einen Kraftwagen hätte zur Verfügung stellen müssen.[66] Ob voller oder nur anteiliger (oder auch gar kein) Ersatz zu leisten ist, hängt vom Grad des Eigenverschuldens des Betreffenden ab.[67]

Die Mitglieder des Wahlvorstands genießen einen **besonderen Kündigungsschutz** gegen ordentliche wie außerordentliche Kündigungen (§ 15 II KSchG; dazu Abschn. VIII Rn. 175 ff.). Der Kündigungsschutz beginnt mit der Bestellung zum Wahlvorstand.[68] Eine ordentliche Kündigung ist bis sechs Monate nach Bekanntgabe des Wahlergebnisses unzulässig. Eine außerordentliche Kündigung ist bis zur Bekanntgabe des Wahlergebnisses nur mit Zustimmung des Betriebsrats zulässig (§ 103 BetrVG, § 15 KSchG). Besteht kein Betriebsrat, so muss der Arbeitgeber die Zustimmung unmittelbar durch das Arbeitsgericht ersetzen lassen.[69] Nach Bekanntgabe des Wahlergebnisses ist eine außerordentliche Kündigung auch ohne Zustimmung des Betriebsrats zulässig. Voraussetzung ist aber immer, dass ein wichtiger Grund besteht. Weitere Einschränkungen des Kündigungsschutzes bestehen in dem Falle, dass das Arbeitsgericht den Wahlvorstand seines Amtes enthoben hat.

An die Erstattung von **Schulungskosten** (vgl. Abschn. III Rn. 157 ff.) für Wahlvorstandsmitglieder stellt die Rechtsprechung strenge Anforderungen. Im Allgemeinen werden von einem Bewerber zum Wahlvorstand die erforderlichen Kenntnisse vorausgesetzt. So hat das Wahlvorstandsmitglied darzulegen und zu beweisen, dass die Teilnahme an Schulungsveranstaltungen erforderlich war.[70] Im Allgemeinen soll nur ein besonderer konkreter Anlass die Teilnahme an Schulungsveranstaltungen recht-

66 BAG AP 8 zu § 20 BetrVG 1972.

67 Vgl. dazu Schaub, ArbR-Hdb. § 85.

68 BAG AP 1 zu § 15 KSchG Wahlbewerber; kein Schutz für Bewerber: LAG Bad.-Württemberg BB 74, 885.

69 BAG AP 2 zu § 15 KSchG 1969.

70 BAG AP 4 zu § 20 BetrVG 1972.

fertigen.[71] Erforderlich soll eine Schulungsveranstaltung nur sein, wenn ein Mitglied des Wahlvorstands erstmalig das Amt übernimmt und sonst keine Möglichkeit hatte, sich im Betrieb bei anderen Wahlvorstandsmitgliedern oder Belegschaftsangehörigen die nötigen Kenntnisse zu verschaffen.[72] Nicht erforderlich ist die Schulung, wenn ein anderes Wahlvorstandsmitglied oder der Betriebsratsvorsitzende an einer Schulungsveranstaltung teilgenommen haben[73] oder wenn ein Wahlvorstandsmitglied bereits mehrfach dem Wahlvorstand angehört hat.[74] Für die erstmalige Wahl nach dem BetrVG 2001 wird ein Schulungsbedarf für alle Wahlvorstandsmitglieder anzuerkennen sein.

IV. Beendigung des Amtes

52 Das Amt endet mit der Einberufung der konstituierenden Sitzung des Betriebsrats.[75] Vorher können einzelne Mitglieder des Wahlvorstands das Amt niederlegen. Indes kann der Wahlvorstand nicht mit Mehrheitsbeschluss seinen Rücktritt erklären.[76] Ebensowenig können einzelne Wahlvorstandsmitglieder vom Betriebsrat abberufen werden.[77]

V. Rechtsstreitigkeiten

52 Verstöße gegen die Vorschriften, nach denen sich die Bestellung zum Wahlvorstand richtet, berechtigen zur Anfechtung der Betriebsratswahl. Eine ohne Wahlvorstand durchgeführte Wahl ist nichtig. Dies gilt wegen § 14a I BetrVG auch für die Betriebsratswahl in Kleinbetrieben. Streitigkeiten, die aus der Bestellung des Wahlvorstands hervorgehen, entscheidet das Arbeitsgericht im Beschlussverfahren (§ 2a ArbGG). Antragsberechtigt sind der Betriebsrat, ggf. der Gesamt- oder Konzernbetriebsrat, min-

72 BAG AP 1, 5 zu § 20 BetrVG 1972; unter Aufgabe der früheren Rechtsprechung weniger eng: BAG AP 10 zu § 20 BetrVG 1972 weitergehend ArbG Frankfurt, AiB 1999, 401; kritisch nach Däubler/Kittner/Klebe § 20, Rn. 39, 40.

73 BAG AP 1 zu § 20 BetrVG 1972.

74 LAG Hamm DB 74, 1639.

75 BAG AP 1 zu § 18 BetrVG 1972.

76 LAG Düsseldorf DB 75, 840.

77 ArbG Berlin DB 74, 830.

destens drei Arbeitnehmer des Betriebes, der Arbeitgeber und die Gewerkschaft, da es zu einem Wahlanfechtungsverfahren kommen kann.[78] Ist die Bestellung des Wahlvorstands im Beschlussverfahren angegriffen worden, so kann der Antrag auch noch beim Landesarbeitsgericht auf die Anfechtung der Betriebsratswahl geändert werden, wenn diese inzwischen durchgeführt worden ist.[79]

§ 10. Die Einleitung der Betriebsratswahl durch den Wahlvorstand

I. Geschäftsführung des Wahlvorstands

53 Der Wahlvorstand hat die Wahl unverzüglich einzuleiten (§ 18 I BetrVG). Damit er dieser Aufgabe nachkommen kann, wird es insbesondere in Großbetrieben zweckmäßig sein, ihn von der Arbeit freizustellen. Der Wahlvorstand kann sich eine schriftliche **Geschäftsordnung** geben und kann **Wahlhelfer** berufen, die ihn bei der Durchführung der späteren Stimmabgabe und der Stimmzählung unterstützen (§ 1 II WahlO).[80] Die **Beschlüsse** werden mit einfacher Stimmenmehrheit seiner Mitglieder gefasst (§ 1 III 1 WaohlO). Über jede Sitzung ist eine **Niederschrift** aufzunehmen, die mindestens den Wortlaut der gefassten Beschlüsse enthält. Die Niederschrift ist vom Vorsitzenden des Wahlvorstands und von einem weiteren Mitglied zu unterschreiben (§ 1 III 2, 3 WahlO). Da der Wahlvorstand grundsätzlich zehn Wochen vor Ablauf der Amtszeit des Betriebsrats (Rn. 45 ff.) bestellt wird und das Wahlausschreiben spätestens sechs Wochen vor dem ersten Tag der Stimmabgabe erlassen wird, hat er in den ersten vier Wochen seiner Tätigkeit folgende Aufgaben: Er hat **(1)** zu beschließen, ob er sich eine Geschäftsordnung gibt und Wahlhelfer hinzuzieht (§ 1 II WahlO); **(2)** die Wählerliste aufzustellen (§ 2 I WahlO); **(3)** die Zahl der zu wählenden Betriebsratsmitglieder nach § 9 BetrVG (Rn. 27) festzu-

---

78 Vgl. BAG AP 5 zu § 16 BetrVG; AP 1 zu § 5 BetrVG Rotes Kreuz.

79 BAG AP 9 zu § 19 BetrVG 1972.

80 Muster einer Geschäftsordnung: Schaub, Arbeitsrechtliche Formularsammlung, 7. Aufl., 1999, § 21 I.

setzen; **(4)** die Verteilung der Betriebsratssitze auf die weiblichen und männlichen Mitglieder nach § 15 II BetrVG, § 5 WahlO zu bestimmen; **(5)** die Zahl der Arbeitnehmer, die einen Wahlvorschlag unterstützen müssen, zu errechnen (§ 14 IV BetrVG, § 3 II Nr. 6 WahlO); **(6)** zu beschließen, wann und wo Wahlvorschläge einzureichen sind und wo sie auszulegen sind (§ 3 II Nrn. 10, 12 WahlO); **(7)** zu beschließen, ob für Betriebsteile oder Kleinstbetriebe, die räumlich weit verteilt sind, schriftliche Stimmabgabe erfolgt (§ 3 II Nr. 11, § 24 Abs. 3 WahlO); **(8)** zu beschließen über Ort, Tag und Zeit der Stimmabgabe (§ 3 II Nr. 11 WahlO). Sind die Betriebsratswahlen und die Sprecherausschusswahlen zeitgleich einzuleiten, so haben sich die Wahlvorstände unverzüglich nach Aufstellung der Wählerliste, spätestens jedoch zwei Wochen vor Einleitung der Wahl gegenseitig darüber zu unterrichten, welche Angestellten sie den leitenden Angestellten zugeordnet haben (§ 18 a I 1 BetrVG). Bei nicht zeitgleicher Einleitung gilt § 18 a IV BetrVG.

55 Kommt der Wahlvorstand seiner Verpflichtung zur unverzüglichen Einleitung seiner Betriebsratswahl nicht nach oder verletzt er seine Pflichten bei der Durchführung der Wahl und der Feststellung des Wahlergebnisses, so kann ihn das Arbeitsgericht auf Antrag des Betriebsrats, von mindestens drei **wahlberechtigten** Arbeitnehmern oder einer im Betrieb vertretenen Gewerkschaft abberufen (§ 18 I 2 BetrVG). Über den Gesetzeswortlaut hinaus ist im Fall des § 16 III BetrVG oder § 17 I BetrVG auch eine Antragsbefugnis des Gesamt- oder Konzernbetriebsrats anzuerkennen. Das Arbeitsgericht entscheidet im Wege des Beschlussverfahrens (§ 2 a I ArbGG). Es hat wegen § 18 I 3 BetrVG zugleich einen neuen Wahlvorstand gem. § 16 II BetrVG zu ernennen (vgl. oben Rn. 47).

II. Aufstellung der Wählerliste

55 Als erste Aufgabe obliegt dem **Wahlvorstand,** eine Liste der Wahlberechtigten (Wählerliste) aufzustellen (§ 2 I WahlO). Von der Aufnahme in die Wählerliste hängen das aktive und passive Wahlrecht ab. Die Wahlberechtigten sollen mit Familiennamen, Vornamen, Geburtsdatum und in alphabetischer Folge aufgeführt

werden. Ist im Betrieb eine anderweitige Reihenfolge üblich, so kann diese ohne Gefahr einer Wahlanfechtung eingehalten werden. So wurde z. B. im Bergbau die Wählerliste der Arbeiter bislang nach der Markennummer aufgestellt. Die nach § 14 II 1 AÜG nicht passiv Wahlberechtigten sind in der Wählerliste auszuweisen (§ 2 I 3 WahlO). Der **Arbeitgeber** hat dem Wahlvorstand alle für die Anfertigung der Wählerliste erforderlichen Auskünfte zu erteilen und die erforderlichen Unterlagen zur Verfügung zu stellen (§ 2 II WahlO). Hierzu gehört die Überlassung einer Liste aller Betriebsangehöriger usw. Um eine schnelle Erreichbarkeit und ggfls. die Zusendung von Unterlagen zu ermöglichen, gehören zu den zu übermittelnden Angaben auch die Anschriften der wahlberechtigten Arbeitnehmer.[81] Kommt der Arbeitgeber seiner Verpflichtung nicht nach, so kann der Wahlvorstand im Wege der einstweiligen Verfügung (§ 85 II ArbGG) die Herausgabe einer Belegschaftsliste verlangen. Wegen der Aufnahme der Leiharbeitnehmer vgl. Rn. 3, 4.

Der Arbeitgeber hat den Wahlvorstand insbesondere bei der 57
Feststellung der in § 5 III, IV BetrVG genannten leitenden Angestellten (Abschn. I Rn. 48ff.) zu unterstützen. Der Wahlvorstand ist dabei an die Auffassung des Arbeitgebers, wer leitender Angestellter ist, nicht gebunden. Vielmehr obliegt ihm die Feststellung in eigener Verantwortung. Hieraus folgt, dass der Arbeitgeber dem Wahlvorstand die Angabe der Personalien solcher Personen, die er als leitender Angestellter ansieht, nicht verweigern darf, denn andernfalls hätte dieser nicht die Möglichkeit, seiner Prüfungspflicht zu genügen. Kommt es zwischen den Wahlvorständen zur Betriebsratswahl und Sprecherausschusswahl zu Meinungsverschiedenheiten, ist in § 18 a BetrVG ein besonderes Zuordnungsverfahren vorgesehen. Zu der Frage, ob und inwieweit der Arbeitgeber sich an Arbeitnehmer mit dem Hinweis wenden darf, sie seien leitende Angestellte, vgl. Abschn. I Rn. 69.

Die Wählerliste ist zusammen mit einem Abdruck der Wahl- 57
ordnung vom Tage der Einleitung der Wahl – das ist der Tag des Erlasses des Wahlausschreibens (§ 3 I 2 WahlO) – bis zum Ab-

81 LAG Baden-Württemberg 30. 10. 1992 – 1 Ta BV 2/92.

schluss der Stimmabgabe an geeigneter Stelle im Betrieb zur Einsichtnahme auszulegen (§ 2 IV WahlO).

58 Ist die **Wählerliste unrichtig**, weil z. B. Wahlberechtigte übergangen worden sind, so kann gegen sie bis zum Ablauf von zwei Wochen seit Erlass des Wahlausschreibens schriftlich Einspruch beim Wahlvorstand eingelegt werden (§ 4 I WahlO). Die Einspruchsfrist endet damit zwei Wochen nach Ablauf des Tages, der durch seine Benennung dem Tage des Erlasses des Wahlausschreibens entspricht (§ 188 II i. V.m. § 187 I BGB), es sei denn, dass dies ein staatlich anerkannter Feiertag ist. In diesem Falle endet die Frist mit Ablauf des folgenden Werktags (§ 193 BGB). Die Einspruchsberechtigung ist in der WahlO nicht geregelt. Einspruchsberechtigt ist nicht nur der unmittelbar Betroffene, sondern jeder Arbeitnehmer, weil der Betriebsrat sämtliche Arbeitnehmer des Betriebs vertritt. Einspruchsberechtigt ist auch derjenige, der sich zu Recht oder Unrecht für einen leitenden Angestellten hält.[82] Der Einspruch ist ausgeschlossen, soweit er darauf gestützt wird, dass die Zuordnung im Verfahren nach § 18a BetrVG fehlerhaft erfolgt sei (§ 4 II 2 WahlO). Dies gilt wiederum dann nicht, wenn die am Zuordnungsverfahren Beteiligten – die Wahlvorstände des § 18a I BetrVG – die Zuordnung durch den Vermittler (§ 18a II BetrVG) übereinstimmend für offensichtlich fehlerhaft halten (§ 4 II 3 WahlO). Dagegen fehlt es nicht schon am Rechtsschutzinteresse, wenn kein Statusverfahren durchgeführt wurde.[83] Nicht einspruchsberechtigt sind der Arbeitgeber und eine im Betrieb vertretene Gewerkschaft.[84] Sie können jedoch gegebenenfalls rechtswidrige Maßnahmen des Wahlvorstands vor dem Arbeitsgericht angreifen.[85] Der Wahlvorstand hat über die Einsprüche unverzüglich, d. h. ohne schuldhaftes Zögern (§ 121 BGB), zu entscheiden (§ 4 II 1 WahlO). Erachtet er den Einspruch für begründet, ist die Wählerliste entsprechend zu

82 LAG Hamm DB 72, 1297; LAG Bad.-Württemberg BB 72, 918.

83 Vgl. LAG Berlin NZA 90, 577; LAG Hamm NZA 90, 704.

84 BAG AP 2, 3 zu § 19 BetrVG 1972; AP 1 zu § 24 BetrVG 1972; a. A. Bulla DB 77, 304 und – bezüglich der Gewerkschaft – Däubler/Kittner/Klebe § 4 WO, Rn. 16.

85 BAG AP 1 zu § 5 BetrVG 1972.

berichtigen; erachtet er den Einspruch für unbegründet, ist er zurückzuweisen. Die Entscheidung ist dem Arbeitnehmer, der den Einspruch eingelegt hat, unverzüglich schriftlich mitzuteilen. Sie muss ihm spätestens am Tage vor der Stimmabgabe zugehen (§ 4 II 4, 5 WahlO).

Beispiel: Lieber Kollege L., ...
Ihrem Antrag vom ..., Sie aus der Wählerliste zu streichen, konnte nicht stattgegeben werden. Sie sind nicht leitender Angestellter im Sinne von § 5 III BetrVG. Als Personalbearbeiter unserer Firma sind Sie lediglich im Außenverhältnis berechtigt, Arbeiter einzustellen. Dagegen benötigen Sie im Innenverhältnis zur Einstellung und Auswahl der Bewerber die Zustimmung des jeweiligen Abteilungsleiters.
Der Wahlvorstand

Nach Ablauf der Einspruchsfrist soll der Wahlvorstand die 59
Wählerliste nochmals auf ihre **Vollständigkeit** hin überprüfen (§ 4 III 1 WahlO). Im Übrigen kann nunmehr die Wählerliste nur bei Schreibfehlern, offenbaren Unrichtigkeiten, in Erledigung rechtzeitig eingelegter Einsprüche oder bei Eintritt oder Austritt eines Arbeitnehmers aus dem Betrieb bis zum Tage vor dem Beginn der Stimmabgabe berichtigt oder ergänzt werden (§ 4 III 2 WahlO). Es sind also bis dahin neu in den Betrieb eingetretene Arbeitnehmer in die Wählerliste einzutragen.

Ist die Einspruchsfrist für den Arbeitnehmer verstrichen, so ist 60
die Unrichtigkeit der Wählerliste grundsätzlich unschädlich. Die Wahlanfechtung durch die betroffenen Arbeitnehmer ist ausgeschlossen,[86] es sei denn, dass sie an der rechtzeitigen Einlegung des Einspruchs gehindert worden sind.[87] Unberührt bleibt das Anfechtungsrecht wegen anderer Anfechtungsgründe.[88] Der Arbeitgeber oder die Gewerkschaft können dagegen unabhängig von der Einspruchsfrist die Wahl anfechten.[89]

86 LAG Frankfurt DB 76, 1271; LAG Düsseldorf DB 73, 2050; vgl. auch BAG v. 27. 1. 1993 zu § 76 BetrVG.
87 LAG Kiel AP 1 zu § 4 WO.
88 BVerwG AP 1 zu § 9 PersVG.
89 BAG AP 2, 3 zu § 19 BetrVG 1972; LAG Düsseldorf in DB 74, 684.

64 Bei der Aufstellung der Wählerliste kann zweifelhaft sein, ob ein oder mehrere Betriebe oder überhaupt eine betriebsratsfähige Organisationseinheit vorliegt. In diesem Fall sind der Arbeitgeber, jeder beteiligte Betriebsrat, jeder beteiligte Wahlvorstand und eine im Betrieb vertretene Gewerkschaft berechtigt, eine Entscheidung des Arbeitsgerichts über die Betriebsratsfähigkeit der betreffenden Organisationseinheit herbeizuführen (§ 18 II BetrVG).[90] Das Arbeitsgericht entscheidet im Beschlussverfahren (§ 2 a ArbGG). Durch die Möglichkeit frühzeitiger Entscheidung des Arbeitsgerichts soll einer Wahlanfechtung vorgebeugt werden.

62 Gehören **ausländische Arbeitnehmer** dem Betrieb an, so soll der Wahlvorstand dafür Sorge tragen, dass sie über die wichtigsten Vorgänge der Betriebsratswahl hinreichend informiert werden (§ 2 V WahlO). Im Allgemeinen wird eine Übersetzung der Wahlunterlagen erforderlich sein.[91]

III. Die Berechnung der Verteilung der Betriebsratssitze

63 Nach Aufstellung der Wählerliste muss der Wahlvorstand ermitteln, wie viele Betriebsratsmitglieder zu wählen sind und wie die Betriebsratsmitglieder auf weibliche und männliche Arbeitnehmer, ggfls. auf die Arbeitnehmer und Beamten, nach den Grundsätzen der Verhältniswahl zu verteilen sind (§ 3 II Nr. 5, § 5 WahlO, § 26 Nr. 2 PostPersRG; vgl. oben Rn. 32).

64 Zur Bestimmung der Mindestsitze für das Geschlecht in der Minderheit stellt der Wahlvorstand zunächst fest, welches Geschlecht von seinem zahlenmäßigen Verhältnis im Betrieb in der Minderheit ist. Sodann wird der Mindestanteil der auf dieses Geschlecht entfallenden Betriebsratssitze nach den Grundsätzen der Verhältniswahl errechnet. Maßgeblich sind die Zahlen der am Tag des Erlasses des Wahlausschreibens im Betrieb beschäftigten Frauen und Männer (§ 5 I WahlO). Die beiden Zahlen werden nebeneinander gestellt und jeweils durch die Zahlen 1, 2, 3, 4 usw. geteilt. Die sich ergebenden Teilzahlen werden nacheinander

90 BAG AP 3 zu § 18 BetrVG 1972 = DB 81, 1242; auch AP 28 zu § 99 BetrVG 1972 = DB 86, 1076.

91 LAG Hamm DB 73, 1403.

jeweils unter den Zahlen der ersten Reihe – den Zahlen der Beschäftigten – in einer vertikalen Reihe aufgeführt, bis höhere Teilzahlen für die Zuweisung der zu verteilenden Sitze nicht mehr in Betracht kommen (§ 5 I 2, 3 WahlO). Das Geschlecht in der Minderheit erhält so viele Betriebsratssitze, wie Höchstzahlen auf es entfallen (§ 5 II 2 WahlO). Entfällt die niedrigste in Betracht kommende auf beide Geschlechter zugleich, so entscheidet das Los darüber, welchem Geschlecht der Sitz zufällt (§ 5 II 3 WahlO).

Beispiel: Einem Betrieb mit 900 Arbeitnehmern gehören 600 Männer und 300 Frauen an. Gemäß § 9 BetrVG besteht der Betriebsrat aus 13 Mitgliedern. Die Verteilung der Sitze auf die Geschlechter errechnet sich wie folgt:

Männer	Frauen		
600	300	:	1
300	150	:	2
200	100	:	3
150	75	:	4
120	60	:	5
100	50	:	6
85,7	42,8	:	7
75	37,5	:	8
66,6	33,3	:	9
60	30	:	10

Die Reihenfolge der ersten 13 Höchstzahlen ist 600; 300; 300; 200; 150; 150; 120; 100; 100; 85,7; 75; 75; 66,6. Auf die Männerreihe entfallen die Höchstzahlen 600, 300, 200, 150, 120, 100, 85,7, 75, 66,6 und damit neun Betriebsratssitze; auf die Frauenreihe entfallen die Höchstzahlen 300, 150, 100, 75 und damit vier Betriebsratssitze.

IV. Das Wahlausschreiben

Spätestens 6 Wochen vor dem ersten Tag der Stimmabgabe hat 65
der Wahlvorstand **(a)** das Wahlausschreiben zu erlassen (§ 3 I WahlO); **(b)** die Wählerliste und einen Abdruck der WahlO bis zum Abschluss der Stimmabgabe an geeigneter Stelle im Betrieb zur Einsichtnahme auszulegen (§ 2 IV WahlO) und **(c)** eine Abschrift oder einen Abdruck des Wahlausschreibens bis zum letz-

ten Tage der Stimmabgabe an einer oder mehreren geeigneten, den Wahlberechtigten zugänglichen Stellen auszuhängen und in gut lesbarem Zustand zu erhalten (§ 3 IV WahlO).

66 Das Wahlausschreiben ist vom Vorsitzenden und von mindestens einem weiteren Mitglied des Wahlvorstands zu unterschreiben (§ 3 I 1 WahlO). Mit seinem Erlass ist die Betriebsratswahl eingeleitet (§ 3 I 2 WahlO). Wird das Wahlausschreiben an mehreren Stellen im Betrieb ausgelegt, so gilt es als erlassen, wenn der letzte Aushang erfolgt ist.[92] Der erste Tag der Stimmabgabe soll spätestens eine Woche vor dem Tag liegen, an dem die Amtszeit des Betriebsrats abläuft (§ 3 I 3 WahlO). Das Wahlausschreiben muss den in § 3 II WahlO aufgezählten Inhalt haben. Fehlt eine der in § 3 II WahlO zwingend vorgeschriebenen Angaben, so begründet dies die Wahlanfechtung (§ 19 BetrVG).[93]

67 Für den Erlass eines Wahlausschreibens kann folgendes Muster dienen, das jedoch nur den zwingend vorgeschriebenen Inhalt hat:

Beispiel:

Wahlausschreiben

Leipzig, den ...

Im Betrieb der Firma ...

ist der Betriebsrat zu wählen. Die Wahl des Betriebsrats findet am ... von ... bis ... in ... statt. Die schriftliche Stimmabgabe kann in der Zeit vom ... bis ... gegenüber dem Wahlvorstand in ... erfolgen.

Der Betriebsrat besteht aus ... Mitgliedern. Auf weibliche Bewerberinnen entfallen ..., auf die männlichen Bewerber ... Sitze (§§ 9, 15 II BetrVG).

Wahlberechtigt sind alle Arbeitnehmer, die das 18. Lebensjahr vollendet haben (§ 7 BetrVG). Wählbar sind alle Wahlberechtigten, die sechs Monate dem Betrieb angehören oder als in Heimarbeit Beschäftigte in der Hauptsache für den Betrieb gearbeitet haben. Auf die sechsmonatige Betriebszugehörigkeit werden Zeiten angerechnet, in denen der Arbeitnehmer unmittelbar vorher einem Betrieb desselben Unternehmens oder Konzerns angehört hat (§ 8 BetrVG). Wählen oder gewählt werden kann nur, wer in die Wählerliste eingetragen ist.

92 LAG Hamm DB 76, 921.
93 Vgl. BAG AP 13 zu § 18 BetrVG.

Die Wählerliste sowie die Wahlordnung liegen im Büro des Wahlvorstands aus und können dort täglich während der betriebsüblichen Arbeitsstunden von... bis... eingesehen werden. Einsprüche gegen die Wählerliste können nur vor Ablauf von zwei Wochen seit Erlass des Wahlausschreibens schriftlich beim Wahlvorstand eingelegt werden. Der letzte Tag der Einspruchsfrist ist folglich der...[94]

Die wahlberechtigten Arbeitnehmer werden aufgefordert, vor Ablauf von zwei Wochen seit Erlass des Wahlausschreibens, also spätestens bis zum..., Wahlvorschläge einzureichen. Die Vorschlagslisten müssen von mindestens... Wahlberechtigten unterzeichnet sein. Ein Wahlvorschlag einer im Betrieb vertretenen Gewerkschaft muss von zwei Beauftragten unterzeichnet sein. Ein Arbeitnehmer darf nicht mehrere Vorschlagslisten unterschreiben.

Bei der Betriebsratswahl dürfen nur solche Wahlvorschläge berücksichtigt werden, die fristgerecht eingereicht werden. Die Stimmabgabe ist an die Vorschlagsliste gebunden. Einsprüche, Wahlvorschläge und sonstige Erklärungen können gegenüber dem Wahlvorstand im Büro des Wahlvorstands im Gebäude..., Zimmer... abgegeben werden.

gez. der Wahlvorstand
Unterschrift des Vorsitzenden und mindestens
eines weiteren Mitglieds des Wahlvorstands

Bei der Angabe des letzten Tags der Frist zur Einreichung von 68
Wahlvorschlägen/Vorschlagslisten gemäß § 3 II Nr. 8, Hs. 2, § 6 I 2 WahlO hat der Wahlvorstand keinen Entscheidungsspielraum. Er muss den sich aus § 6 I 2 WahlO ergebenden Tag angeben.[95]

V. Rechtsstreitigkeiten

Bereits vor Durchführung der Betriebsratswahl können Ein- 69
zelmaßnahmen des Wahlvorstands sowie seine Wahl selbst[96] im

94 Ende der Arbeitszeit des überwiegenden Teils der Belegschaft: BAG AP 2 zu § 18 BetrVG 1972 = EzA 3 zu § 8 BetrVG 1972; auch AP 11 zu § 18 BetrVG; AP 2 zu § 6 WO.

95 BAG v. 9. 12. 1992 AP 2 zu § 6 WahlO z. BetrVG 1972 = NZA 1993, 765.

96 BAG AP 1 zu § 5 BetrVG 1972 Rotes Kreuz; dagegen LAG München LAGE 2 zu § 18 BetrVG 1972.

Beschlussverfahren (§ 2 a ArbGG) beim Arbeitsgericht angefochten werden. Im Wege der einstweiligen Verfügung kann die Betriebsratswahl nur ausgesetzt werden, wenn der Wahl schwerwiegende Mängel anhaften, wenn also der festgestellte Mangel nicht korrigierbar ist und die Weiterführung der Wahl mit Sicherheit die Nichtigkeit oder erfolgreiche Anfechtbarkeit zur Folge hätte.[97] Antragsberechtigt sind die in § 19 BetrVG genannten Beteiligten (Rn. 119).

§ 11. Die Durchführung der Betriebsratswahl

I. Allgemeines

70 Bei der Durchführung der Betriebsratswahl ist zu unterscheiden, ob mehrere Betriebsratsmitglieder oder nur ein Betriebsobmann/eine Betriebsobfrau zu wählen sind. Sind mehrere Betriebsratsmitglieder zu wählen, so erfolgt die Wahl nach den Grundsätzen der **Verhältniswahl**, es sei denn, es wird nur ein Wahlvorschlag eingereicht oder die Wahl hat im vereinfachten Verfahren nach § 14a BetrVG zu erfolgen – dann erfolgt sie nach den Grundsätzen der Mehrheitswahl, § 14 II BetrVG. Ist nur ein Betriebsratsmitglied zu wählen, so sah § 14 IV 1 BetrVG 1972 bislang ausdrücklich vor, dass dieses mit einfacher Stimmenmehrheit gewählt wurde, d. h. nach den Grundsätzen der Mehrheitswahl. Eine entsprechende Regelung ist in § 14 BetrVG nicht mehr ausdrücklich enthalten. Dass in einem solchen Fall nach den Grundsätzen der Mehrheitswahl zu wählen ist, folgt jedoch aus dem Verweis auf § 14a BetrVG in § 14 II BetrVG: Auch ein einköpfiger Betriebsrat ist stets nach dem vereinfachten Wahlverfahren für Kleinbetriebe zu wählen.

71 In jedem Fall, also ohne Rücksicht darauf, ob Verhältniswahl (Listenwahl) oder Mehrheitswahl (Personenwahl) stattfindet, wird in unmittelbarer und geheimer Wahl gewählt (§ 14 I BetrVG). **Unmittelbare Wahl** heißt, dass die Wahlberechtigten die Mitglieder des Betriebsrats bzw. den Betriebsobmann/die Betriebsobfrau ohne Zwischenschaltung von Wahlmännern wäh-

97 LAG Hamm v. 18. 9. 1996 – BB 1996, 2622; LAG Hamm v. 1. 3. 1994 – DB 1994, 992. LAG Frankfurt v. 5. 6. 1992 – NZA 1993, 192.

len. Auch eine Wahl durch Stellvertreter ist unzulässig. **Geheime Wahl** bedeutet, dass jeder Wähler seine Stimmabgabe unbeobachtet vornehmen können muss. Es ist deshalb unzulässig, den Betriebsrat durch Zuruf oder Handaufheben zu wählen. Der einzelne Wahlberechtigte hat im Prozess das Recht, das Zeugnis darüber zu verweigern, für welche Kandidaten bzw. für welche Liste er seine Stimme abgegeben hat.[98] Einzelheiten des Wahlvorgangs sind in § 12 WahlO geregelt. Briefwahl ist nur in den in § 24 WahlO aufgeführten Fällen zulässig. Die Aufzählung ist abschließend. Die Briefwahl steht nicht im Ermessen des Wahlvorstands. Eine generelle Briefwahl ist unzulässig.[99]

II. Die Wahl mehrerer Betriebsratsmitglieder in größeren Betrieben

Bei der Wahl in Betrieben mit in der Regel mehr als 50 wahl- 72
berechtigten Arbeitnehmern ist es im wesentlichen bei der bisherigen Rechtslage geblieben. Die Wahl erfolgt i. d. R. nach den Grundsätzen der Verhältniswahl (§ 14 II 1 BetrVG). Sie erfolgt nach den Grundsätzen der Mehrheitswahl, wenn nur eine Vorschlagsliste eingereicht wurde (§14 2 BetrVG).

Hat der Wahlvorstand das Wahlausschreiben erlassen, so ha- 73
ben die wahlberechtigten Arbeitnehmer oder die im Betrieb vertretenen Gewerkschaften (§ 14 III BetrVG) vor Ablauf von zwei Wochen seit Erlass des Wahlausschreibens Wahlvorschläge, d. h. **Vorschlagslisten**, die ihrerseits schon vor dessen Erlass aufgestellt sein dürfen,[100] beim Wahlvorstand einzureichen (§ 6 I WahlO). Die Einreichungsfrist endet an dem Tage, der durch seine Benennung dem Tage des Erlasses des Wahlausschreibens entspricht. Die Frist verlängert sich bis zum Ablauf des nächsten Werktags, wenn der letzte Tag ein staatlich anerkannter Feiertag ist (§ 193 BGB). Grundsätzlich endet die Frist am letzten Tag mit dem Ende der Schicht der Mehrheit der Belegschaftsangehörigen.[101]

98 Vgl. BAG AP 4 zu § 27 BetrVG; ArbG Düsseldorf DB 85, 1137.

99 BAG v. 27. 1. 1993 AP 29 zu § 76 BetrVG 1952.

100 ArbG Frankfurt ArbuR 72, 344.

101 BAG AP 2 zu § 18 BetrVG 1972 = EzA 3 zu § 8 BetrVG 1972; vgl. AP 11 zu § 18 BetrVG; LAG Hamm EzA 10 zu 20 BetrVG 1972.

Es ist also nicht erforderlich, dass der Wahlvorstand bis 24 Uhr des letzten Tages Dienst macht, sofern nur das Fristende im Wahlausschreiben bekannt gemacht ist. Andererseits hat der Wahlvorstand keinen Berechnungsspielraum. Er kann also keine Verlängerung der Einreichungsfrist vornehmen.[102]

74 Jede Vorschlagsliste soll mindestens doppelt so viele Bewerber aufweisen, wie in dem Wahlgang Betriebsratsmitglieder zu wählen sind (§ 6 II WahlO). Wird diese Zahl nicht erreicht, so ist der Vorschlag gleichwohl gültig. Der Wahlvorstand ist nicht berechtigt, die Listen zurückzuweisen.[103] Selbst ein Bewerber reicht, um von einer Liste sprechen zu können.[104] Die einzelnen Bewerberinnen oder Bewerber sind in erkennbarer Reihenfolge unter fortlaufender Nummer und unter Angabe von Familienname, Vorname, Geburtsdatum und Art der Beschäftigung im Betrieb aufzuführen. Die Zustimmung der Wahlkandidaten zu ihrer Aufnahme in die Liste ist beizufügen (§ 6 III WahlO).[105] Fehlt sie, so ist nach § 8 II WahlO zu verfahren, d.h. der Wahlvorstand muss dies beanstanden und die Gelegenheit zur Beseitigung des Mangels binnen dreier Arbeitstage geben. Sind die Vorschlagslisten bereits von Wahlberechtigten unterschrieben, so kann die Änderung der Reihenfolge der einzelnen Kandidaten oder die nachträgliche Einschiebung eines weiteren Kandidaten zur Wahlanfechtung (Rn. 110ff.) führen (§ 19 BetrVG).[106] Bei Einreichung der Vorschlagslisten soll ein Kandidat als Listenvertreter bezeichnet werden. Dieser ist zuständig für die Entgegennahme etwaiger Beanstandungen der Vorschlagsliste durch den Wahlvorstand. Wird kein Kandidat als Listenvertreter bezeichnet, so wird der an erster Stelle Unterzeichnende als Listenvertreter angesehen (§ 6 IV WahlO).

102 BAG v. 9. 12. 1992 – AP 2 zu § 6 WahlO z. BetrVG 1972 = NZA 93, 765.

103 BAG AP 11 zu § 13 BetrVG.

104 BAG AP 11 zu § 13 BetrVG.

105 BAG AP 11, 15 zu § 18 BetrVG; keine Rücknahme der Zustimmung möglich BVerwG AP 1 zu § 9 WO PersVG; vgl. auch Stückmann DB 1994, 630 mit weiteren Nachweisen zum Streitstand.

106 BAG AP 1 zu § 14 BetrVG 1972.

Jeder Wahlvorschlag muss von mindestens $^1/_{20}$ der wahlberechtigten Arbeitnehmer, aber mindestens von 3 Wahlberechtigten **unterzeichnet** sein (§ 14 IV BetrVG). In Betrieben mit i. d. R. bis zu 20 wahlberechtigten Arbeitnehmern genügt die Unterzeichnung durch zwei Wahlberechtigte. In jedem Fall genügt die Unterzeichnung durch 50 Wahlberechtigte (§ 14 IV BetrVG). 75

Die Unterzeichnung der Vorschlagslisten hat grundsätzlich mit Vor- und Zunamen zu erfolgen. Etwas anderes wird nur dann gelten, wenn eine hinreichende Identifikation des Unterzeichners möglich ist. Die Unterschrift muss leserlich sein, da der Wahlvorstand die Liste auf Doppelunterzeichner hin zu kontrollieren hat,[107] u. U. sollte der Unterschrift der Name in Druckbuchstaben noch einmal hinzugesetzt werden. Die Unterzeichnung durch einen Bevollmächtigten wird grundsätzlich unzulässig sein.[108] Der Wahlvorschlag einer im Betrieb vertretenen Gewerkschaft muss von zwei Beauftragten unterschrieben sein (§ 14 V BetrVG). 76

Die Vorschlagsliste muss eine einheitliche, zusammenhängende Urkunde sein.[109] Zulässig ist jedoch, dass sie in mehreren gleichlautenden Ausfertigungen bei den Arbeitnehmern zur Unterzeichnung umläuft. Der Wahlvorstand hat dem Überbringer der Vorschlagsliste oder, falls sie z. B. per Post eingeht, dem Listenvertreter den Zeitpunkt des Eingangs schriftlich zu bestätigen (§ 7 I WahlO). Falls die Liste nicht mit einem Kennwort versehen ist, hat der Wahlvorstand sie mit Familienname und Vorname der beiden in der Liste an erster Stelle genannten Bewerber zu bezeichnen (§ 7 II 1 WahlO). Kennworte dürfen nicht beleidigend oder diffamierend sein. Sie dürfen nicht zu einer Verwechselungsgefahr führen.[110] Ein Hinweis auf die hinter der Liste stehende Gewerkschaft ist zulässig (umstr.).[111] Nunmehr er- 77

107 ArbG Herne DB 72, 976.

108 LAG Düsseldorf DB 65, 1823; Fitting/Kaiser/Heither/Engels § 14 Rn. 56 m. w. N.; zur Möglichkeit der Rücknahme von Stützunterschriften vgl. Stückmann, DB 1994, 630.

109 LAG Düsseldorf DB 68, 898; BVerwG AP 1 zu § 10 WO PersVG.

110 Vgl. BVerwG AP 3 zu § 21 PersVG.

111 Fitting/Kaiser/Heither/Engels § 7 WahlO Rn. 2; Richardi Anhang 1 § 7 Rn. 2.

folgt die **Prüfung der Vorschlagsliste**. Sie soll möglichst innerhalb einer Frist von zwei Arbeitstagen seit ihrem Eingang beendet sein (§ 7 II 2 WahlO). Die Ungültigkeit oder Beanstandung einer Liste ist dem Listenvertreter unverzüglich (d. h. ohne schuldhaftes Zögern, § 121 BGB) schriftlich unter Angabe der Gründe
78 mitzuteilen (§ 7 II 2 WahlO).

Eine Vorschlagsliste ist schlechthin **ungültig, (a)** wenn sie nicht fristgemäß eingereicht worden ist; **(b)** wenn die Kandidaten nicht in erkennbarer Reihenfolge aufgeführt sind, wenn z. B. die Liste aus mehreren Ausfertigungen besteht und auf jeder eine andere Reihenfolge der Kandidaten aufgeführt ist; **(c)** wenn sie bei Einreichung nicht die erforderliche Zahl von Unterstützungsunterschriften aufweist (§ 8 I WahlO). Die Unterschrift eines Wahlberechtigten zählt nur auf einer Vorschlagsliste. Hat ein Wahlberechtigter mehrere Vorschlagslisten unterzeichnet, so hat ihn der Wahlvorstand unter Setzung einer angemessenen Frist zur Erklärung aufzufordern, auf welcher Liste seine Unterschrift zählen soll. Der Wahlberechtigte hat innerhalb der Frist, spätestens jedoch vor Ablauf von drei Arbeitstagen zu erklären, welche Unterschrift er aufrechterhält. Unterbleibt die Erklärung, so wird sein Name auf der zuerst eingereichten Vorschlagsliste gezählt und auf den übrigen Listen gestrichen. Sind mehrere Vorschlagslisten gleichzeitig eingereicht worden, so entscheidet das Los darüber, auf welcher Vorschlagsliste die Unterschrift gilt (§ 6 V WahlO). Hat ein Wahlberechtigter mehrere Listen unterzeichnet, so kann es dazu kommen, dass die Liste, aus der er gestrichen wird, nicht mehr die erforderliche Zahl von Unterschriften aufweist. Diese Liste wird dadurch schwebend unwirksam (§ 8 II Nr. 3 WahlO). Von dem Fall der Doppelunterzeichnung abgesehen, ist es unschädlich, wenn ein Wahlberechtigter nachträglich seine Unterschrift auf einer Liste zurücknimmt (§ 8 I Nr. 3 WahlO). Hierdurch soll verhindert werden, dass ein Wahlberechtigter, etwa von seinen Kollegen, unter Druck gesetzt wird, weil er eine bestimmte Liste unterschrieben hat. Auch ein Wahlbewerber kann nur auf einer Vorschlagsliste vorgeschlagen werden. Ist er mit seiner schriftlichen Zustimmung auf mehreren Vorschlagslisten aufgeführt, so hat er auf Aufforderung des Wahlvorstands binnen dreier Arbeitstage zu erklären, welche Bewerbung er aufrechterhält. Unterlässt er dies, ist er von allen Listen zu streichen (§ 6 VII WahlO).

Eine Vorschlagsliste ist gemäß § 8 II WahlO **schwebend un- 82
wirksam**, **(a)** wenn sie die Bewerber nicht in der in § 6 III WahlO bestimmten Weise bezeichnet; **(b)** wenn der Vorschlagsliste nicht die Zustimmungserklärungen der Bewerberinnen oder Bewerber zur Aufnahme beigefügt sind; **(c)** wenn die Vorschlagsliste infolge Streichung von Wahlberechtigten, die doppelt unterzeichnet haben, nicht mehr die erforderliche Zahl von Unterschriften aufweist. Diese Mängel können innerhalb einer Frist von drei Arbeitstagen behoben werden (§ 8 II WahlO); alsdann ist die Vorschlagsliste wirksam.

Wird innerhalb der Frist für die Einreichung von Wahlvor- 80
schlägen **überhaupt keine gültige Vorschlagsliste eingereicht**, so hat der Wahlvorstand dies bekannt zu machen und zur Einreichung von Wahlvorschlägen eine Nachfrist von einer Woche zu setzen (§ 9 I WahlO). Wird trotz dieser Nachfrist keine gültige Vorschlagsliste eingereicht, so findet eine Betriebsratswahl nicht statt (§ 9 II WahlO).

Sind **mehrere Vorschlagslisten** eingereicht, so teilt der Wahl- 81
vorstand diesen durch Losentscheid, zu dem die Listenvertreter zu laden sind, eine Ordnungsnummer zu (Liste 1 usw., § 10 I WahlO) und macht die Vorschlagslisten bekannt.

Gemäß § 26 Post PersRG gelten die Wahlvorschriften des 82
BetrVG für die Nachfolgeunternehmen der Deutschen Bundespost, in denen Beamte beschäftigt werden, mit Modifikationen entsprechend. Die Besonderheiten folgen aus der Beibehaltung des Gruppenprinzips und ergeben sich aus der „Verordnung zur Durchführung der Betriebsratswahlen bei den Postunternehmen" vom 22. 2. 2002 (BGBl. I S. 946; abgedruckt im Nachdruck von Fitting/Kaiser/Heither/Engels/Schmidt).[112] Innerhalb einer vom Wahlvorstand festzusetzenden Frist können die wahlberechtigten Angehörigen beider Gruppen in getrennten, gehei-

112 Einzelheiten bei Engels/Mauß-Trebinger RdA 1997, 217; Fitting/Kaiser/Heither/Engels § 14, Rn. 71 ff.

men, auch schriftlichen[113] Abstimmungen die **gemeinsame Wahl** beschließen (§ 26 Nr. 3 Post PersRG). Für die Wirksamkeit der Abstimmung ist erforderlich, dass die Mehrheit aller Wahlberechtigten in beiden Gruppen sich an der Abstimmung beteiligt[114] und die Mehrheit der Abstimmenden in beiden Gruppen sich für die gemeinsame Wahl ausspricht. Wird gemeinsame Wahl beschlossen, so verlieren bereits beim Wahlvorstand eingegangene Vorschlagslisten ihre Gültigkeit. In diesem Fall hat der Wahlvorstand im Interesse einer sachgemäßen Einholung von Wahlvorschlägen eine Nachfrist von einer Woche für die Einreichung von Vorschlagslisten zu setzen und diese in gleicher Weise wie das Wahlausschreiben bekannt zu machen. Innerhalb der Frist zur Einreichung von Wahlvorschlägen können nunmehr neue Vorschlagslisten eingereicht werden. Diese müssen von $^1/_{20}$ der wahlberechtigten Arbeitnehmer (einschließlich der Beamten) unterzeichnet sein.

III. Die Wahl mehrerer Betriebsratsmitglieder in Kleinbetrieben (vereinfachtes Wahlverfahren)

83 Für die Wahl des Betriebsrats in betriebsratsfähigen Betrieben mit in der Regel weniger als 51 wahlberechtigten Arbeitnehmern sieht der neue § 14a BetrVG ein vereinfachtes Wahlverfahren vor.

84 **(1)** Anders als noch im Referentenentwurf vom Dezember 2000 vorgesehen, bedarf es auch für die Wahl des Betriebsrats in Kleinbetrieben zuvor der Bestellung eines Wahlvorstands. **Besteht bereits ein Betriebsrat,** so hat dieser gemäß § 17a Nr. 1 BetrVG iVm. § 16 I 1 BetrVG spätestens vier Wochen vor Ablauf seiner Amtszeit einen aus drei Wahlberechtigten bestehenden Wahlvorstand und einen von ihnen als Vorsitzenden zu bestellen. § 16 I 4, 5, 6 BetrVG findet unverändert Anwendung. Besteht drei Wochen vor Ablauf der Amtszeit des Betriebsrats kein Wahlvorstand, so bestellt ihn das Arbeitsgericht gemäß § 16 II

113 BAG AP 7 zu § 19 BetrVG 1972.

114 Zur Rechtslage nach dem Gruppenprinzip des BetrVG 1972 BAG AP 1, 2, 10 zu § 13 BetrVG; Fitting/Kaiser/Heither/Engels § 14 Rn. 22; Gnade/Kehrmann/Schneider/Blanke § 14 Rn. 2.

BetrVG oder der Gesamt- oder Konzernbetriebsrat gemäß § 16 III BetrVG; dies ergibt sich aus § 17a Eingangssatz BetrVG und der folgenden Nr. 1. In diesen Fällen erfolgt die Wahl des Betriebsrats gemäß § 14a III BetrVG sodann auf einer Wahlversammlung in geheimer und unmittelbarer Wahl (sog. **einstufiges Verfahren**). Nach dem Wortlaut des § 14a III 1 BetrVG erfolgt die Betriebsratswahl in Betrieben mit Betriebsrat nach diesem Verfahren nur, wenn der Wahlvorstand nach § 17a Nr. 1 BetrVG iVm. § 16 BetrVG vom Betriebsrat, Gesamtbetriebsrat oder Konzernbetriebsrat bestellt worden ist. Die Möglichkeit, dass er bei Nichttätigwerden des Betriebsrats gemäß § 16 II BetrVG auch vom Arbeitsgericht bestellt werden kann, ist im Gesetzeswortlaut nicht berücksichtigt worden – die dort erwähnte Bestellung des Wahlvorstands durch das Arbeitsgericht nach § 17a Nr. 4 BetrVG betrifft den Fall des § 17 IV BetrVG, in dem auch ein Betriebsrat gerade nicht besteht. Von der Sache her ist dies nicht einzusehen. Dass die Möglichkeit der Bestellung des Wahlvorstands durch das Arbeitsgericht bei Untätigbleiben des Betriebsrats auch in Kleinbetrieben überhaupt bestehen soll, ergibt sich aus dem Verweis auf § 16 II 1 BetrVG in § 17a Nr. 1 BetrVG. Ihre Nichterwähnung in § 14a III 1 BetrVG dürfte deshalb auf einem bloßen Redaktionsversehen beruhen.

Ist der Wahlvorstand bestellt, hat er die Wahl des Betriebsrats 85
unverzüglich einzuleiten (§ 36 I WahlO). Dazu hat er die Wählerliste aufzustellen und ein Wahlausschreiben zu erlassen (§ 36 II WahlO). Wahlvorschläge können bis eine Woche vor der Wahlversammlung gemacht werden (§ 14a III 2 BetrVG, § 36 III Nr. 2 WahlO). Auch hier muss jeder Wahlvorschlag der Arbeitnehmer von mindestens einem Zwanzigstel der wahlberechtigten Arbeitnehmer, mindestens jedoch von drei Wahlberechtigten unterzeichnet sein; in Betrieben mit in der Regel weniger als 21 wahlberechtigten Arbeitnehmern genügt die Unterzeichnung durch zwei Wahlberechtigte (§ 14a III BetrVG iVm. § 14 IV BetrVG, § 36 III Nr. 1 WahlO). Wahlberechtigten Arbeitnehmern, die an dieser Wahlversammlung nicht teilnehmen können, ist Gelegenheit zur nachträglichen schriftlichen Stimmabgabe zu geben (§ 14a IV BetrVG, § 36 IV WahlO iVm. § 35 I WahlO). Die Wahl

selbst erfolgt nach den Grundsätzen der Mehrheitswahl (§ 14 II 2 BetrVG, §§ 36 IV, 34 V, 22 WahlO).

86 **(2)** Besteht in betriebsratsfähigen Betrieben mit in der Regel weniger als 51 wahlberechtigten Arbeitnehmern **kein Betriebsrat**, wird der Betriebsrat in einem **zweistufigen Verfahren** gewählt. Auf einer ersten Wahlversammlung wird der Wahlvorstand nach § 17a Nr. 3 BetrVG gewählt (§ 14a I 1 BetrVG). Das gilt aber nur, wenn der Wahlvorstand nicht durch den Gesamt- oder Konzernbetriebsrat bestellt wird. Nach dem Gesetzeswortlaut bedarf es einer Wahlversammlung zur Wahl des Wahlvorstands allerdings auch dann, wenn der Wahlvorstand nach § 17 Abs. 1 BetrVG vom Gesamt- oder Konzernbetriebsrat bestellt worden ist, weil unter den Fällen, die nach § 14a III BetrVG die Wahlversammlung zur Wahl des Wahlvorstands überflüssig machen, die Bestellung des Wahlvorstands nach § 17a Nr. 1 BetrVG iVm. § 17 I BetrVG nicht aufgeführt ist. Der im Gesetz genannte § 16 BetrVG betrifft nur Betriebe mit Betriebsrat. Auch hierbei dürfte es sich aber nur um ein Redaktionsversehen handeln, soll doch § 17 I BetrVG die Bestellung von Wahlvorständen erleichtern und sich gerade in den häufig betriebsratslosen Kleinbetrieben auswirken können. Dass die Bestellung des Wahlvorstands durch den Gesamt- oder Konzernbetriebsrat nach § 17 I BetrVG (gerade) auch in Kleinbetrieben möglich sein soll, ergibt sich aus § 17a Einleitungssatz BetrVG, wo es heißt, dass im Fall des § 14a BetrVG die §§ 16 und 17 BetrVG mit den anschließenden Maßgaben Anwendung finden. Auch für betriebsratsfähige Kleinbetriebe, in denen bislang kein Betriebsrat besteht, gilt deshalb: Ist ein Wahlvorstand gemäß § 17 I BetrVG vom Gesamt- oder Konzernbetriebsrat bestellt, wird der Betriebsrat auf nur einer Wahlversammlung nach § 14a III BetrVG gewählt.

87 Nur wenn kein Gesamt- oder Konzernbetriebsrat besteht oder wenn diese untätig bleiben, wird der Wahlvorstand nach § 17a Nr. 3 BetrVG in einer Wahlversammlung von der Mehrheit der anwesenden Arbeitnehmer gewählt. Für die Einladung zu dieser Wahlversammlung gilt § 17 III BetrVG entsprechend (§ 14a I BetrVG iVm. § 17a Nr. 3 BetrVG). Danach können zu dieser Betriebsversammlung/Wahlversammlung drei wahlberechtigte Ar-

beitnehmer des Betriebs oder eine im Betrieb vertretene Gewerkschaft einladen („einladende Stelle“ iSd. WahlO) und dabei Vorschläge für die Zusammensetzung des Wahlvorstands machen (§ 17 III BetrVG, § 28 I 1 WahlO). Die Einladung muss mindestens sieben Tage vor dem Tag der Wahlversammlung erfolgen. Sie ist durch Aushang an geeigneten Stellen im Betrieb bekannt zu machen. Die Einladung muss die in § 28 I 5, Buchst. a) bis d) WahlO aufgeführten Hinweise enthalten. Der Arbeitgeber hat unverzüglich nach Aushang der Einladung zur Wahlversammlung der „einladenden Stelle“ alle für die Anfertigung der Wählerliste erforderlichen Unterlagen nach § 2 WahlO in einem versiegelten Umschlag auszuhändigen (§ 28 II WahlO). Der Wahlvorstand wird in der Wahlversammlung zur Wahl des Wahlvorstands von der Mehrheit der anwesenden Arbeitnehmer(innen) gewählt (§ 17a Nr. 3 S. 1 BetrVG, § 29 S. 1 WahlO). Er besteht aus drei Mitgliedern (§ 17a Nr. 2 BetrVG, § 29 S. 2 WahlO). Für die Wahl des/der Vorsitzenden des Wahlvorstands gilt § 29 S. 1 WahlO entsprechend (§ 29 S. 3 WahlO).

Findet trotz Einladung eine solche Wahlversammlung nicht 88
statt oder wird auf ihr ein Wahlvorstand nicht gewählt, so bestellt ihn das Arbeitsgericht auf Antrag von mindestens drei wahlberechtigten Arbeitnehmern oder einer im Betrieb vertretenen Gewerkschaft (§ 17a Nr. 4 BetrVG iVm. § 17 IV BetrVG); auch in diesem Fall wird der Betriebsrat auf nur einer Wahlversammlung in geheimer und unmittelbarer Wahl gewählt (§ 14a III BetrVG).

Wurde ein Wahlvorstand gewählt, so wird der Betriebsrat auf 89
einer zweiten Wahlversammlung in geheimer und unmittelbarer Wahl gewählt. Diese Wahlversammlung findet eine Woche nach der Wahlversammlung zur Wahl des Wahlvorstands statt (§ 14a I BetrVG). Wahlvorschläge für die Betriebsratswahl können in diesem Fall bis zum Ende der Wahlversammlung zur Wahl des Wahlvorstands nach § 17a Nr. 3 BetrVG gemacht werden (§ 14a II BetrVG, § 33 I S. 2 WahlO). Für Wahlvorschläge der Arbeitnehmer gelten die Voraussetzungen des § 14 IV BetrVG. Machen Arbeitnehmer Wahlvorschläge erst auf der Wahlversammlung zur Wahl des Wahlvorstands, so bedarf es für diese keiner Schriftform (§ 14a II BetrVG, § 33 I 3 BetrVG). Ausrei-

chend ist dann beispielsweise die erforderliche Unterstützung durch Handzeichen. Der Wahlvorstand hat dabei darauf zu achten, daß verschiedene Wahlvorschläge nicht von denselben Arbeitnehmern unterstützt werden. Können wahlberechtigte Arbeitnehmer an der anschließenden Wahlversammlung zur Wahl des Betriebsrats nicht teilnehmen, ist ihnen auch in diesem Fall Gelegenheit zur schriftlichen Stimmabgabe zu geben (§ 14a IV BetrVG, § 35 WahlO).

90 Findet eine Wahlversammlung zur Wahl des Wahlvorstands aus einem der vorstehend genannten Gründe nicht statt, so können Wahlvorschläge bis eine Woche vor der Wahlversammlung zur Wahl des Betriebsrats gemacht werden. § 14 Abs. 4 BetrVG gilt dabei unverändert, dh. sie müssen in Schriftform abgegeben werden (§ 14a III 2 BetrVG).[115]

91 **(3)** Nach § 14a V BetrVG können in Betrieben mit in der Regel 51 bis 100 wahlberechtigten Arbeitnehmern der Wahlvorstand und der Arbeitgeber die Anwendung des vereinfachten Wahlverfahrens vereinbaren. Ob die Durchführung der Betriebsratswahl nach dem vereinfachten Wahlverfahren für einen Betrieb dieser Größenklasse sinnvoll ist, sollen Arbeitgeber und Wahlvorstand gemeinsam entscheiden können. Lehnt einer der beiden die Anwendung des vereinfachten Verfahrens ab, richtet sich die Wahl des Betriebsrats nach den Vorschriften, die für Betriebe mit mehr als 50 Arbeitnehmern gelten. Gleiches gilt für die Wahl der Jugend- und Auszubildendenvertretung (vgl. Beschlussempfehlung und Bericht des Ausschusses für Arbeit und Sozialordnung vom 20. 6. 2001, Besonderer Teil zu Art. 1 Nr. 12 und 44).

IV. Die Stimmabgabe bei der Wahl eines mehrköpfigen Betriebsrats

92 **(1)** Sind in Betrieben mit in der Regel mehr als 50 wahlberechtigten Arbeitnehmern **mehrere Vorschlagslisten** eingereicht, so sind auf den Stimmzetteln die Vorschlagslisten nach der Reihenfolge der Ordnungsnummern sowie unter Angabe der beiden an

115 Weitere Einzelheiten bei Berg AiB 2002, 17 ff.

erster Stelle genannten Bewerber mit Familienname, Vorname und Art der Beschäftigung im Betrieb untereinander aufzuführen. Bei Listen, die mit einem Kennwort versehen sind, ist auch das Kennwort anzugeben. Sämtliche Stimmzettel und Wahlumschläge müssen die gleiche Größe, Farbe, Beschaffenheit usw. haben. Eine Kennzeichnung oder Hervorhebung ist unzulässig (§ 11 II 2, 3 WahlO).[116] Der Wähler kann seine Stimme nur für eine der als gültig anerkannten Vorschlagslisten abgeben (§ 11 I WahlO). Er wird im Allgemeinen die zu wählende Liste ankreuzen. Wirksam ist aber auch, wenn er die nicht gewählten Listen durchstreicht. Im Interesse der Maschinenlesbarkeit sind auch andere Kennzeichnungen möglich. Verschreibt sich der Wähler, ist ein neuer Stimmzettel auszuhändigen. Die Wahl selbst ist geheim und unmittelbar (vgl. Rn. 71). Der Wahlvorstand hat dafür die geeigneten organisatorischen Vorkehrungen zu treffen (§ 12 WahlO).

Ist für eine Wahl **nur eine gültige Vorschlagsliste** eingereicht, 93
so sind auf den Stimmzetteln die Bewerber unter Angabe von Familienname, Vorname und Art der Beschäftigung im Betrieb in der Reihenfolge aufzuführen, in der sie auf der Vorschlagsliste benannt sind (§ 20 II WahlO). Der Wähler kann seine Stimme nur für solche Bewerber abgeben, die in der Vorschlagsliste aufgeführt sind (§ 20 I WahlO). Auch hier ist die Wahl geheim und unmittelbar. Der Wahlvorstand hat hierfür die geeigneten organisatorischen Maßnahmen zu treffen (§ 20 III, § 12 WahlO).

Nach der Stimmabgabe hat der Wahlvorstand gemäß § 18 III 94
BetrVG unverzüglich **(a)** öffentlich die Auszählung der Stimmen vorzunehmen; **(b)** die Betriebsratssitze auf die Gewählten zu verteilen (§§ 15, 22 WahlO); **(c)** die Wahlniederschrift zu fertigen (§§ 16, 23 WahlO); **(d)** die Gewählten zu benachrichtigen (§§ 13, 27 I 2 WahlO); **(e)** die Gewählten bekannt zu machen (§§ 18, 23 I 2 WahlO) und den Betriebsrat vor Ablauf einer Woche nach dem Wahltag zu seiner konstituierenden Sitzung zu laden (§ 29 I 1 BetrVG). Die Wahlunterlagen sind mindestens für

116 BAG AP 3, 12 zu § 13 BetrVG.

die Dauer der Amtszeit des Betriebsrats aufzubewahren (§ 19 WahlO). Für die Errechnung des Wahlergebnisses gelten folgende Grundsätze (§ 15 WahlO):

95 Sind die Stimmen ausgezählt, so werden zunächst die Betriebsratssitze nach dem d'Hondt'schen Höchstzahlenverfahren auf die Vorschlagslisten verteilt. Dazu werden die den einzelnen Vorschlagslisten zugefallenen Stimmenzahlen in einer Reihe horizontal nebeneinander gestellt und sämtlich durch die Zahlen 1, 2, 3, 4 usw. geteilt. Die sich daraus ergebenden Teilzahlen sind nacheinander jeweils unter den betreffenden Zahlen der ersten Reihe – den Stimmenzahlen – in einer vertikalen Reihe aufzuführen, bis höhere Teilzahlen für die Zuweisung der zu verteilenden Betriebsratssitze nicht mehr in Betracht kommen (§ 15 I WahlO). Unter den so gefundenen Teilzahlen werden so viele Höchstzahlen ausgesondert und der Größe nach geordnet, wie Betriebsratsmitglieder zu wählen sind. Jede Vorschlagsliste erhält so viele Betriebsratssitze zugeteilt, wie Höchstzahlen auf sie entfallen. Entfällt die niedrigste in Betracht kommende Höchstzahl auf mehrere Vorschlagslisten zugleich, so entscheidet das Los darüber, welcher Vorschlagsliste dieser Sitz zufällt (§ 15 II WahlO).

Beispiel: Einem Betrieb mit 900 Arbeitnehmern gehören 600 Männer und 300 Frauen an. Auf die Liste A sind 400, die Liste B 300 und die Liste C 150 gültige Stimmen entfallen. Der aus 13 Mitgliedern bestehende Betriebsrat ist nach dem Höchstzahlenverfahren gemäß § 5 WahlO aus 9 Männern und 4 Frauen zusammenzusetzen (§§ 9, 15 II BetrVG). Der Wahlvorstand errechnet zunächst die Verteilung der Betriebsratssitze nach § 15 I, II WahlO:

Liste A	Liste B	Liste C	Divisor
400	300	150	1
200	150	75	2
133,3	100	50	3
100	75	37,5	4
80	60	30	5
66,6	50	25	6
57,1	42,8	21,4	7

> Die Reihenfolge der ersten 13 Höchstzahlen ergibt 400, 300, 200, 150, 150, 133,3, 100, 100, 80, 75, 75, 66,6, 60. Auf Liste A entfallen davon die Höchstzahlen 400, 200, 133,3, 100, 80, 66,6 und damit sechs Betriebsratssitze; auf Liste B entfallen die Höchstzahlen 300, 150, 100, 75, 60 und damit fünf Betriebsratssitze; auf Liste C entfallen die Höchstzahlen 150, 75 und damit zwei Betriebsratssitze.

Wenn eine Vorschlagsliste weniger Bewerberinnen oder Be- 96
werber enthält, als Höchstzahlen auf sie entfallen, so gehen die überschüssigen Mitgliedersitze auf die folgenden Höchstzahlen der anderen Vorschlagslisten über (§ 15 III WahlO). Die Reihenfolge der Bewerberinnen oder Bewerber innerhalb der einzelnen Vorschlagslisten bestimmt sich nach der Reihenfolge ihrer Benennung (§ 15 IV WahlO).

Befindet sich unter den nach § 15 I–IV WahlO ermittelten Be- 97
triebsratsmitgliedern nicht die nach § 15 II BetrVG, § 5 WahlO erforderliche Mindestzahl von Angehörigen des Geschlechts in der Minderheit, also gilt nach § 15 V WahlO Folgendes: An die Stelle der auf der Vorschlagsliste mit der niedrigsten Höchstzahl benannten Person, die nicht dem Geschlecht in der Minderheit angehört, tritt die in derselben Vorschlagsliste in der Reihenfolge nach ihr benannte, noch nicht berücksichtigte Person des Geschlechts in der Minderheit (§ 15 V Nr. 1 WahlO). Enthält diese Vorschlagsliste keine Person des Geschlechts in der Minderheit (mehr), so geht dieser Sitz auf die Vorschlagsliste mit der folgenden, noch nicht berücksichtigten Höchstzahl und mit Angehörigen des Geschlechts in der Minderheit über. Entfällt die folgende Höchstzahl auf mehrere Vorschlagslisten – mit Angehörigen des Geschlechts in der Minderheit – zugleich, so entscheidet das Los darüber, welcher Vorschlagsliste der Sitz zufällt (§ 15 V Nr. 2 WahlO). Dieses Verfahren ist ggfls. so lange fortzusetzen, bis der Mindestanteil der Sitze des Geschlechts in der Minderheit nach § 15 II BetrVG erreicht ist (§ 15 V Nr. 3 WahlO). Im Rahmen dieser Verteilung der Sitze des Geschlechts in der Minderheit sind auf den einzelnen Vorschlagslisten nur die Angehörigen dieses Geschlechts in der Reihenfolge ihrer Benennung zu berücksichtigen (§ 15 V Nr. 4 WahlO). Verfügt

keine andere Vorschlagsliste über Angehörige des Geschlechts in der Minderheit (mehr), so verbleibt der Sitz bei der Vorschlagsliste, die zuletzt ihren Sitz zugunsten des Geschlechts in der Minderheit nach § 15 V Nr. 1 WahlO hätte abgeben müssen (§ 15 V Nr. 5 WahlO).[117]

Beispiel: In dem im vorstehenden Beispiel dargestellten Betrieb entfallen nach § 15 II BetrVG, § 5 WahlO neun Betriebsratssitze auf Männer, **vier** auf Frauen. In Liste A sind nur die an fünfter und siebter Stelle benannten Bewerberinnen Frauen; in Liste B ist kein Bewerber eine Frau; in Liste C ist die nur an fünfter Stelle benannte Bewerberin eine Frau. Aufgrund der auf die Vorschlagslisten entfallenden Höchstzahlen ist nach dem im vorstehenden Beispiel dargestellten Wahlergebnis nur die an fünfter Stelle der Bewerber(innen) der Liste A (Höchstzahl **80**) benannte Frau in den Betriebsrat gewählt. Gemäß § 15 V Nr. 1 WahlO würde dies zunächst dazu führen, dass an die Stelle des männlichen Bewerbers an fünfter Stelle der Liste B – auf diesen entfällt die niedrigste für einen Betriebsratssitz bedeutsame Höchstzahl 60 – die in derselben Vorschlagsliste – der Liste B – in der Reihenfolge nach ihm benannte Frau träte. Die Liste B enthält jedoch keine weiblichen Bewerberinnen. Gem. § 15 V Nr. 2 WahlO geht deshalb dieser Sitz auf die Vorschlagsliste mit der folgenden, noch nicht berücksichtigten Höchstzahl und mit weiblichen Bewerberinnen über. Dies ist die Liste A: Die auf **60** folgende noch nicht berücksichtigte Höchstzahl ist **57,1;** sie entfällt zugleich auf die dort an siebter Stelle benannte Bewerberin. Das bedeutet, dass Liste A einen siebten Betriebsratssitz erhält und Liste B ihren fünften Sitz an Liste A verliert. Damit sind gleichwohl **erst zwei** von vier Betriebsratssitzen mit weiblichen Bewerbern besetzt. Gemäß § 15 V Nr. 3 WahlO ist dieses Verfahren nach § 15 V Nr. 1, 2 WahlO deshalb so lange fortzusetzen, bis der Mindestanteil der Sitze des Geschlechts in der Minderheit erreicht ist. Wird dementsprechend verfahren, zeigt sich Folgendes: Die Vorschlagsliste mit der niedrigsten auf einen männlichen Bewerber entfallenden Höchstzahl ist (nunmehr) Liste A mit der Höchstzahl **66,6.** An die Stelle dieses männlichen Bewerbers träte gemäß § 15 V Nr. 1 WahlO die nächste noch nicht berücksichtigte weibliche Person der Liste A; eine weitere weibliche Bewerberin der Liste

117 Einzelheiten auch bei Rataycak/Schneider AiB 2002, 10 ff.; Quecke ArbuR 2002, 1, 5.

A gibt es jedoch nicht. Gem. § 15 V Nr. 2 WahlO geht dieser Sitz deshalb an die Vorschlagsliste mit der folgenden, noch nicht berücksichtigten Höchstzahl und mit Angehörigen des Geschlechts in der Minderheit über. Die folgende, noch nicht berücksichtigte Höchstzahl ist **50** auf der Liste B und C; nicht berücksichtigte weibliche Bewerberinnen hat nur noch Liste C. Damit geht der Sitz des männlichen Bewerbers, auf den die Höchstzahl **66,6** der Liste A entfällt, auf Liste C und die dort an fünfter Stelle benannte Bewerberin über. Auf Liste A entfallen aufgrund dessen (wieder) nur sechs Betriebsratssitze, auf Liste C drei. Damit sind nunmehr **drei** von vier Betriebsratssitzen mit weiblichen Bewerberinnen besetzt. Eine weitere Sitzumverteilung findet nicht statt, weil keine Vorschlagsliste mehr über weitere, noch nicht berücksichtigte weibliche Bewerberinnen verfügt (§ 15 V Nr. 5 WahlO).

Der Betriebsrat besteht deshalb letztlich aus zehn männlichen und drei weiblichen Mitgliedern; von diesen entfallen vier männliche und zwei weibliche Mitglieder auf Liste A, vier männliche Mitglieder auf Liste B und zwei männliche Mitglieder und ein weibliches Mitglied auf Liste C.

(2) Ist nur **eine Vorschlagsliste** eingereicht worden, so wird 98
nach den Grundsätzen der Mehrheitswahl gewählt (§ 14 II 2 BetrVG, §§ 20 ff. WahlO). Auf den Stimmzetteln sind die Bewerberinnen oder Bewerber unter Angabe von Familienname, Vorname und Art der Beschäftigung im Betrieb in der Reihenfolge aufzuführen, in der sie auf der Vorschlagsliste benannt sind (§ 20 II WahlO). Die Wähler dürfen nicht mehr Bewerber(innen) ankreuzen, als Betriebsratsmitglieder zu wählen sind (§ 20 III 1 WahlO). Nach dem Ende der Wahl zählt der Wahlvorstand die auf jede Bewerberin und jeden Bewerber entfallenen Stimmen zusammen (§ 21 WahlO). Die Gewählten werden in der Weise ermittelt, dass zunächst die dem Geschlecht in der Minderheit zustehenden Mindestsitze nach § 15 II BetrVG verteilt werden. Dazu werden die dem Geschlecht in der Minderheit zustehenden Mindestsitze mit Angehörigen dieses Geschlechts in der Reihenfolge in der jeweils höchsten auf sie entfallenen Stimmenzahlen besetzt (§ 22 I WahlO). Nach der Verteilung der Mindestsitze des Geschlechts in der Minderheit erfolgt die Verteilung der weiteren

Sitze. Die weiteren Sitze werden mit Bewerberinnen und Bewerbern unabhängig von ihrem Geschlecht in der Reihenfolge der jeweils höchsten auf sie entfallenen Stimmenzahlen besetzt (§ 22 II WahlO). Haben in den Fällen des § 22 I, II WahlO für den zuletzt zu vergebenden Betriebsratssitz mehrere Bewerberinnen oder Bewerber die gleiche Stimmenzahl erhalten, so entscheidet das Los darüber, wer gewählt ist (§ 22 III WahlO). Haben sich weniger Angehörige des Geschlechts in der Minderheit zur Wahl gestellt oder sind weniger Angehörige dieses Geschlechts gewählt worden als ihm nach § 15 II BetrVG, § 5 WahlO Mindestsitze zustehen – weil auf manche Angehörige dieses Geschlechts nicht eine einzige Stimme entfallen ist –, so sind die insoweit überschüssigen Mitgliedersitze des Geschlechts in der Minderheit bei der Sitzverteilung nach Maßgabe des § 22 II 2 WahlO zu berücksichtigen und zu vergeben.

99 **(3)** In Betrieben mit in der Regel mehr als 20, aber weniger als 51 wahlberechtigten Arbeitnehmern gelten die vorstehenden Ausführungen unter **(1)** und **(2)** im Wesentlichen gleichermaßen. Für die Ermittlung des Wahlergebnisses gelten allerdings stets die **Grundsätze der Mehrheitswahl**, also auch dann, wenn mehrere Wahlvorschläge eingereicht worden sind (§ 14 II BetrVG, § 14a BetrVG). Die Wahlvorschläge werden – anders als nach § 3 II Nr. 8, § 6 WahlO – nicht in Form von Vorschlagslisten eingereicht, sondern durch Benennung von einzelnen Personen (§ 33 I WahlO). Dabei sollen auch in einem solchen Wahlvorschlag doppelt so viele Bewerber genannt werden, wie Betriebsratsmitglieder zu wählen sind (§ 33 II 1 WahlO iVm. § 6 II WahlO). Werden die Wahlvorschläge erst auf der Wahlversammlung zur Wahl des Wahlvorstands gemacht, bedürfen sie keiner Schriftform (§ 14a II BetrVG, § 33 I 3 WahlO). Auf der – gemäß § 14a I 3, 4 BetrVG eine Woche nach der Wahlversammlung zur Wahl des Wahlvorstands stattfindenden – Wahlversammlung zur Wahl des Betriebsrats können die Wähler ihre Stimme für alle Bewerber(innen) abgeben, die in einem (gültigen) Wahlvorschlag benannt sind. Dazu sind die Bewerberinnen oder Bewerber auf den Stimmzetteln in alphabetischer Reihenfolge unter Angabe von Familienname, Vorname und Art der Beschäftigung im Betrieb

aufzuführen. Die Wähler kennzeichnen die von ihnen Gewählten durch Ankreuzen an der hierfür im Stimmzettel vorgesehenen Stelle. Es dürfen nicht mehr Bewerberinnen oder Bewerber angekreuzt werden, als Betriebsratsmitglieder zu wählen sind (§ 34 I WahlO). Hatte der Wahlvorstand verhinderten Wählern die Gelegenheit zur nachträglichen schriftlichen Stimmabgabe zu geben (§ 14a IV BetrVG, § 35 WahlO), so ist bis zum Ablauf der betreffenden Frist (§ 31 I Nr. 13, § 35 II WahlO) die Wahlurne zu versiegeln und aufzubewahren (§ 34 II WahlO). Nach Ablauf der First werden nunmehr unter Einhaltung des Verfahrens nach § 35 III, IV WahlO die Stimmen ausgezählt. Für die Wahl der drei Betriebsratsmitglieder gelten gem. § 34 V WahlO die §§ 22, 23 II WahlO entsprechend. Diese Regelungen betreffen das Mehrheitswahlsystem wie bei Abgabe nur einer Vorschlagsliste. Zunächst werden danach die dem Geschlecht in der Minderheit zustehenden Mindestsitze verteilt und dazu diese mit Angehörigen des betreffenden Geschlechts in der Reihenfolge der jeweils höchsten auf sie entfallenden Stimmenzahlen besetzt (§ 22 I WahlO). Anschließend werden die weiteren Sitze/wird der weitere Sitz mit Bewerberinnen und Bewerbern/mit einer Bewerberin oder einem Bewerber, unabhängig von ihrem Geschlecht, in der Reihenfolge der jeweils höchsten auf sie entfallenen Stimmenzahl besetzt (§ 22 II WahlO).

(4) Die gleichen Grundsätze gelten in Betrieben mit in der Re- 100
gel 51 bis 100 wahlberechtigten Arbeitnehmern, wenn Wahlvorstand und Arbeitgeber gemäß § 14a Abs. 5 BetrVG die Anwendung des vereinfachten Wahlverfahrens vereinbart haben.

V. Die Wahl des einköpfigen Betriebsrats

Ist, weil im Betrieb in der Regel nur fünf bis zwanzig wahl- 101
berechtigte Arbeitnehmer beschäftigt werden, nur ein Betriebsobmann/eine Betriebsobfrau zu wählen, so erfolgt die Wahl aufgrund von Wahlvorschlägen nach den Grundsätzen der Mehrheitswahl (§ 14 II 2 BetrVG). Für diese gelten die Rn. ▸ dargestellten Grundsätze entsprechend. Gewählt ist, gleichgültig ob Mann oder Frau, wer die meisten Stimmen erhält (§ 34 IV WahlO).

102 Die Vorschrift des § 14 IV 2 BetrVG 1972 ist entfallen. Es bedarf darum keiner gesonderten Wahl eines Ersatzmitglieds mehr. Es gilt vielmehr auch für den einköpfigen Betriebsrat § 25 II 3 BetrVG. Ersatzmitglied ist, gleichgültig ob Mann oder Frau, wer die zweitmeisten Stimmen bei der Betriebsratswahl erhalten hat.

§ 12. Die Kosten der Betriebsratswahl

103 1. Der Arbeitgeber trägt die sächlichen Kosten der Wahl (§ 20 III 1 BetrVG). Hierzu gehören der Aufwand an materiellen Mitteln für die Vorbereitung und Durchführung der Wahl (Kosten für die Beschaffung von Stimmzetteln, Wahlurnen, Kraftfahrzeugen, Reisekosten des Wahlvorstands,[118] Rechtsverfolgungskosten[119] usw.). Setzen die Wahlvorstandsmitglieder einen eigenen Kraftwagen ein und war dies zur Durchführung der Wahl erforderlich, so hat der Arbeitgeber auch etwaige Unfallkosten zu ersetzen.[120] Nicht zu den Kosten der Wahl zählen solche für die Wahlwerbung;[121] wohl dagegen Rechtsverfolgungskosten, die durch ein gerichtliches Verfahren zur Beseitigung unzulässiger Werbemaßnahmen erwachsen sind (bestr.).[122] Zu den Kosten der Wahl gehören auch die erforderlichen außergerichtlichen Kosten einer Gewerkschaft, die ihr durch die Bestellung eines Rechtsanwalts in einem Beschlussverfahren zur gerichtlichen Bestellung eines Wahlvorstands entstanden sind.[123] Streitigkeiten über die vom Arbeitgeber zu tragenden Kosten entscheidet das Arbeitsgericht im Beschlussverfahren (Abschn. XI Rn. 15ff.). Aus den Beschlüssen ist die Zwangsvollstreckung möglich.

---

118 BAG AP 5 zu § 242 BGB Unzulässige Rechtsausübung.

119 BAG 8. 4. 1992 – AP 15 zu § 20 BetrVG 1972; LAG Düsseldorf DB 86, 1932 = NZA 86, 578; eines einzelnen Bewerbers: LAG Hamm DB 80, 1223.

120 BAG AP 5, 6 zu § 611 BGB Gefährdungshaftung; AP 8 zu § 20 BetrVG 1972.

121 ArbG Düsseldorf BB 81, 1579.

122 LAG Hamm EzA 10 zu § 20 BetrVG 1972; vgl. auch BAG AP 6 zu § 20 BetrVG 1972.

123 BAG 31. 5. 2000 – 7 ABR 8/99 – DB 2000, 2532.

Die Wahl findet grundsätzlich während der Arbeitszeit statt. 104
Versäumnis von Arbeitszeit, die zur Ausübung des Wahlrechts, zur Betätigung im Wahlvorstand oder als Vermittler nach § 18a BetrVG erforderlich ist, berechtigt den Arbeitgeber nicht zur Minderung des Arbeitsentgelts (§ 20 III 2 BetrVG).[124] Erforderlich ist die Arbeitszeit, die ein verständiger Arbeitnehmer für erforderlich halten darf. Kein Vergütungsfortzahlungsanspruch besteht für die Sammlung von Stützunterschriften für einen Wahlvorschlag.[125] Der Arbeitgeber hat das Entgelt fortzuzahlen, das der Arbeitnehmer erzielt hätte, wenn er nicht durch die Wahlvorbereitung oder Wahl an der Arbeitsleistung gehindert gewesen wäre. Zahlt der Arbeitgeber die Arbeitsvergütung nicht, so kann sie im Urteilsverfahren eingeklagt werden (Abschn. XI Rn. 14). Das Gericht hat als Vorfrage zu prüfen, ob die Arbeitsversäumnis notwendig war.

> **Beispiel:** Nicht erforderlich ist, dass ein Arbeitnehmer sich zur Ausübung des Wahlrechts umzieht. Dagegen kann ihm nicht verwehrt werden, sich die Hände zu reinigen.

Zu Schulungskosten von Wahlvorstandsmitgliedern vgl. Rn. 50. 105

§ 13. Das Verbot der Wahlbehinderung

Nach § 20 I 1 BetrVG darf niemand die Wahl des Betriebsrats 106
behindern. Wahl ist nicht nur die Ausübung des aktiven oder passiven Wahlrechts, sondern jede Handlung, die im Zusammenhang mit der Wahl oder ihrer Durchführung steht.[126] Zur Wahl zählt mithin auch die Betreibung der arbeitsgerichtlichen Bestellung eines Wahlvorstands usw. Behinderung ist jede Maßnahme, die darauf gerichtet ist, den Ablauf der Wahl zu beeinträchtigen. Ob hierzu auch eine wahrheitswidrige Propaganda gehört, ist umstritten.[127]

---

124 BAG AP 4 zu § 20 BetrVG 1972 = DB 73, 1954; AP 5 = DB 74, 1534, 1535; AP 10 = DB 84, 2358 = NZA 85, 66.

125 LAG Berlin BB 79, 1036; LAG Hamm DB 80, 1223; a. A. Däubler/Kittner/Klebe § 20, Rn. 35.

126 BayObLG BB 80, 1638.

127 Vgl. LAG Köln NZA 1994, 431.

107 Nach § 20 I 2 BetrVG darf kein Arbeitnehmer in der Ausübung des aktiven oder passiven Wahlrechts beschränkt werden. Zum Wahlrecht des Arbeitnehmers gehören alle Handlungen, die mit der Wahl im Zusammenhang stehen. Verboten ist etwa, den Arbeitnehmer zu hindern, sich in die Wählerliste eintragen zu lassen, zulässige Wahlpropaganda zu betreiben,[128] zur Wahl zu gehen, Wahlvorschläge zu unterschreiben usw. Nicht zur Wahl zählt jedoch die Anwesenheit bei der Stimmzählung. Dies gilt auch für Kandidaten.[129] Behinderung ist jede Maßnahme, durch die das aktive oder passive Wahlrecht beeinträchtigt wird, also z. B. eine Versetzung oder eine Arbeitszuweisung, welche die Wahlausübung beeinträchtigt (Anordnen einer Geschäftsreise im Zeitpunkt der Wahl und dgl.). Das Verbot der Wahlbehinderung des einzelnen Arbeitnehmers richtet sich gegen jedermann, also auch gegen die Gewerkschaft. Umstritten, aber zu bejahen ist, ob die Gewerkschaft aufgrund ihrer Organisationsgewalt ihre Mitglieder anweisen kann, nur auf eigenen oder auf von ihr unterstützten Listen zu kandidieren.[130] Der BGH hat dagegen ein Sanktionsrecht der Gewerkschaft auf Fälle beschränkt, in denen Mitglieder bei einer Betriebsratswahl ihre Gewerkschaft und deren satzungsgemäße Ziele bekämpfen.[131] Das BVerfG hat nunmehr entschieden, dass diese Rechtsprechung gegen Art. 9 III GG verstößt. Das Verbot einer Maßregelung von Mitgliedern, die bei Betriebsratswahlen auf einer konkurrierenden Liste kandidierten, beeinträchtige das Koalitionsrecht der Gewerkschaften.[132]

108 Nach § 20 II BetrVG ist jedermann untersagt, die Wahl des Betriebsrats durch Zufügung oder Androhung von Nachteilen oder durch Gewährung oder Versprechen von Vorteilen zu be-

128 Aber: kein Freistellungsanspruch zur Wahlpropaganda: LAG Berlin BB 79, 1036.

129 LAG Schleswig Holstein AP 14 zu § 20 BetrVG 1972 = NZA 90, 118.

130 BAG AP 2 zu § 19 BetrVG 1972; BAG AP 5 zu § 19 BetrVG; BGH AP 27 zu Art. 9 GG; vgl. auch OLG Celle NJW 80, 1004; dazu BGH AP 7 zu § 20 BetrVG 1972.

131 BGH AP 5, 7 zu § 19 BetrVG; AP 27 zu Art. 9 GG = NJW 78, 1370; BAG AP 2 zu § 19 BetrVG.

132 BVerfG v. 24. 2. 1999 – NZA 1999, 713; dazu Sachse ArbuR 1999, 387.

einflussen. Nachteil ist jedes Übel, das geeignet ist, die freie Willensbestimmung zu beeinträchtigen, Vorteil jeder Gewinn. Indes kann der Arbeitgeber darauf hinweisen, dass Wahlrecht gleich Wahlpflicht ist,[133] oder in Schreiben an einzelne Arbeitnehmer darauf hinweisen, dass er sie für leitende Angestellte hält, wenn darin nur eine unmaßgebliche Meinungsäußerung gesehen werden soll.[134] Unzulässig ist jedoch die finanzielle Unterstützung einer Gruppe von Kandidaten bei der Herstellung einer Zeitung[135] oder der Hinweis, bei Wahl einer Gewerkschaftsliste drohe dem Unternehmen ein schwerer Nachteil.[136] Keine Wahlbeeinflussung stellt die Wahlwerbung der einzelnen Kandidaten dar, z. B. durch Verteilung von Handzetteln.[137]

Ein Verstoß gegen das Verbot der Wahlbehinderung oder Wahlbeeinflussung kann führen zu **(a)** einer Wahlanfechtung (§ 19 BetrVG), **(b)** einer Bestrafung nach § 119 BetrVG,[138] **(c)** der Unwirksamkeit einer rechtsgeschäftlichen Maßnahme (§ 134 BGB i. V. m. § 20 BetrVG),[139] **(d)** Schadensersatzansprüchen des Benachteiligten (§ 823 II BGB i. V. m. § 20 BetrVG). 109

§ 14. Die Wahlanfechtung

Eine Betriebsratswahl kann mit Rechtsmängeln behaftet sein. 110
Diese führen grundsätzlich nicht zur Nichtigkeit, sondern nur zur Anfechtbarkeit der Wahl. Während bei der Wahlnichtigkeit die Wahl schlechthin unwirksam ist und dies von jedermann zu jeder Zeit in jedem Verfahren geltend gemacht werden kann,[140] wird durch die Anfechtbarkeit der Betriebsrat nur bei erfolgter Wahlanfechtung und erst für die Zukunft beseitigt und kann die Fehlerhaftigkeit der Wahl nur binnen einer Frist von zwei Wo-

133 BAG AP 10 zu § 13 BetrVG.
134 LAG Hamm DB 72, 1297; LAG Bad.-Württemberg in DB 72, 1392.
135 BAG AP 13 zu § 19 BetrVG 1972 = DB 87, 232 = NZA 87, 120, 166.
136 ArbG Heilbronn AiB 1999, 581.
137 LAG Hamm DB 76, 922.
138 Vgl. AG Detmold BB 79, 783.
139 Zur Kündigung: BAG AP 1 zu § 1 KSchG 1969 Verhaltensbedingte Kündigung; zur Beweislast LAG Düsseldorf DB 63, 1055.
140 BAG AP 24 zu § 118 BetrVG 1972 = DB 82, 1414 = NJW 82, 1894.

chen seit Bekanntgabe des Wahlergebnisses in einem besonderen Verfahren geltend gemacht werden.[141]

111 Eine Betriebsratswahl ist dann **nichtig**, wenn in einem so hohen Maß gegen allgemeine Grundsätze jeder ordnungsgemäßen Wahl verstoßen worden ist, dass selbst der Anschein einer demokratischen Wahl nicht mehr vorliegt.[142] Nichtig ist die Wahl bei grobem und – für den mit den Betriebsinterna Vertrauten – erkennbarem offensichtlichen Verstoß gegen gesetzliche Wahlregeln.[143] Nichtig ist z. B. eine Wahl, wenn der Betriebsrat durch Zuruf gewählt wird,[144] wenn ein Betriebsrat für mehrere Betriebsteile gewählt worden ist, eine Wahlanfechtung nicht erfolgt ist, aber gleichwohl für einen Betriebsteil ein weiterer Betriebsrat gewählt wird,[145] wenn eine solche Fülle von Wahlverstößen vorgekommen ist, dass von einer ordnungsgemäßen Wahl keine Rede mehr sein kann,[146] oder wenn ein Betriebsrat in einem kirchlichen Krankenhaus gewählt wird, für das das BetrVG nicht gilt.[147] Keine Nichtigkeit tritt ein, wenn der Wahlvorstand den Betriebsbegriff verkannt hat oder die Zuordnung von Betrieben oder Betriebsteilen fehlerhaft erfolgt ist.[148] Die Nichtigkeit der Betriebsratswahl kann auch nach der Anfechtungsfrist (§ 19 BetrVG) in jeder Form[149] geltend

141 BAG 29. 5. 1991 AP 2 zu § 9 BetrVG 1972.

142 BAG AP 1 zu § 18 BetrVG; AP 4, 6, 10 zu § 19 BetrVG 1972; BAG 22. 3. 2000 – 7 ABR 34/98 – NZA 2000, 1119.

143 BAG AP 6 zu § 3 BetrVG.

144 BAG AP 84 zu § 611 BGB Urlaubsrecht.

145 BAG AP 8 zu § 19 BetrVG 1972 = DB 78, 1452.

146 BAG AP 4 zu § 19 BetrVG 1972.

147 BAG AP 24 zu § 118 BetrVG 1972 = DB 82, 1414 = NJW 82, 1894. War die Verkennung des Geltungsbereichs des BetrVG nicht offenkundig, ist die Wahl zwar gleichwohl nichtig, kann ein Betriebsratsmitglied aber Erstattungsansprüche für tatsächliche Aufwendungen haben, BAG 29. 4. 1998 AP 58 zu § 40 BetrVG 1972.

148 Vgl. dazu BAG AP 5, 6, 10 zu § 3 BetrVG; AP 1 zu § 1 BetrVG 1972; AP 8 zu § 19 BetrVG 1972 = DB 78, 1452; AP 3 zu § 1 BetrVG 1972 = BB 75, 997 = DB 85, 711; AP 28 zu § 99 BetrVG 1972 = DB 86, 1076 = NZA 86, 334; weitere Einzelheiten bei GK-Kreutz § 19, Rn. 131 ff.; Fitting/Kaiser/Heither/Engels § 19, Rn. 3 ff.; Hess/Schlochauer/Glaubitz § 19, Rn. 12 ff.

149 BAG AP 4 zu § 19 BetrVG 1972; AP 24 zu § 118 BetrVG 1972 = DB 82, 1414 = NJW 82, 1894.

gemacht werden. Die betriebsverfassungsrechtlichen Handlungen eines aus einer nichtigen Betriebsratswahl hervorgegangenen Betriebsrats sind nichtig.[150] Die gewählten Betriebsratsmitglieder genießen nicht den besonderen Kündigungsschutz, allenfalls den als Wahlbewerber. Der Arbeitgeber muss jedoch solche Kosten der Betriebsratswahl tragen, die vor Feststellung der Nichtigkeit entstanden sind.[151]

Die Geltendmachung der Nichtigkeit ist nicht an ein bestimm- 112
tes Verfahren gebunden. Es kann also ein Beschlussverfahren durchgeführt werden.[152] Die Nichtigkeit kann jedoch auch inzidenter festgestellt werden.

Eine Betriebsratswahl ist **anfechtbar**, wenn **(a)** gegen wesent- 113
liche Vorschriften über das Wahlrecht oder **(b)** die Wählbarkeit oder **(c)** das Wahlverfahren verstoßen worden und in diesen Fällen eine Berichtigung nicht erfolgt ist. Die Anfechtung ist ausgeschlossen, wenn durch den Wahlverstoß das Wahlergebnis nicht geändert oder beeinflusst werden konnte (§ 19 I BetrVG). Nicht jeder Verstoß berechtigt zur Anfechtung, vielmehr nur ein solcher gegen wesentliche Vorschriften. Wesentliche Vorschriften sind die Mussvorschriften des BetrVG und der WahlO. Ein Verstoß gegen Ordnungs- oder Sollvorschriften reicht i. d. R. nicht.

Wesentliche Vorschriften über das Wahlrecht sind die Vor- 114
schriften über das aktive Wahlrecht (§ 7 BetrVG). Zu Verstößen hiergegen gehören z. B. die Zulassung von arbeitnehmerähnlichen Personen zur Wahl oder die Nichtzulassung von Arbeitnehmern.[153] Unschädlich ist es jedoch, wenn ein Arbeitnehmer, der die Frist zur Erhebung eines Einspruchs gegen die Wählerliste versäumt hat, nicht zugelassen wird.[154] Die Anfechtungsbe-

150 LAG Düsseldorf DB 79, 1092.

151 LAG Düsseldorf DB 79, 2140.

152 Vgl. zum Antrag: BAG AP 6 zu § 3 BetrVG; AP 3 zu § 4 BetrVG; AP 1 zu § 8 BetrVG 1972. Zur Beteiligungsbefugnis der Gewerkschaft: BAG AP 24 zu § 118 BetrVG 1972.

153 Vgl. BAG AP 3, 4 zu § 4 BetrVG; AP 2 zu § 19 BetrVG 1972.

154 BAG AP 2, 3 zu § 19 BetrVG 1972; LAG Frankfurt BB 76, 1271; LAG Kiel AP 1 zu § 4 WahlO.

fugnis der Gewerkschaften ist von einem vorherigen Einspruch gegen die Wählerliste unabhängig.[155] Das Gleiche gilt für das Anfechtungsrecht des Arbeitgebers.[156] Kein Wahlrecht haben gekündigte Arbeitnehmer nach Ablauf der Kündigungsfrist, auch wenn die Rechtswirksamkeit der Kündigung noch im Streit ist. Etwas anderes gilt dann, wenn der gekündigte Arbeitnehmer gemäß § 102 BetrVG oder aufgrund des allgemeinen Beschäftigungsanspruchs über den Ablauf der Kündigungsfrist hinaus weiterbeschäftigt wird (s. a. Abschn. II Rn. 6).

115 Die wesentlichen Vorschriften über die Wählbarkeit sind in § 8 BetrVG enthalten. Fehlen bei einzelnen Gewählten die Wählbarkeitsvoraussetzungen, so ist die Betriebsratswahl nicht schon nichtig.[157] Anfechtbar ist die Wahl, wenn Arbeitnehmer unter 18 Jahren, leitende Angestellte oder nur formalrechtlich dem Betrieb angehörende Arbeitnehmer als Wahlkandidaten zugelassen werden.[158] Auf das Fehlen der Wählbarkeitsvoraussetzungen kann die Anfechtung nicht mehr gestützt werden, wenn diese noch bis zum Schluss der mündlichen Gerichtsverhandlung eingetreten sind, z. B. der Gewählte bis dahin eine 6-monatige Betriebszugehörigkeit aufzuweisen hat oder inzwischen 18 Jahre alt geworden ist.[159] Dies folgt aus § 24 Nr. 6 BetrVG.

116 Die wesentlichen Wahlvorschriften finden sich in §§ 9–18 BetrVG. Hinzu kommt eine Reihe von Vorschriften aus der Wahlordnung. Anfechtbar ist die Betriebsratswahl, wenn dem Wahlvorstand in den Beamten beschäftigenden Post-Nachfolgeunternehmen nicht ein Beamter (§ 6 Nr. 6 Post PersRG) angehört hat.[160] Die fehlende Angabe des Ortes des Wahllokals stellt dann keinen Verstoß gegen wesentliche Vorschriften des Wahlverfahrens dar, wenn eine Ergänzung so rechtzeitig erfolgt, dass für die Wahlberechtigten keine Einschränkung ihres Wahlrechts

155 BAG AP 2, 3 zu § 19 BetrVG 1972; LAG Düsseldorf DB 74, 684.
156 BAG AP 1 zu § 24 BetrVG 1972.
157 BAG AP 6 zu § 19 BetrVG 1972 = DB 78, 643.
158 BAG AP 2 zu § 8 BetrVG 1972.
159 BAG AP 1 zu § 24 BetrVG.
160 BAG AP 1 zu § 16 BetrVG 1972 = NZA 89, 360 zum früheren § 16 I 5 BetrVG.

eintritt.[161] Anfechtbar ist dagegen eine Wahl, wenn der Wahlvorstand von einer zu großen Zahl der zu wählenden Betriebsratsmitglieder ausgegangen ist,[162] wenn eine zu geringe Zahl von Betriebsratsmitgliedern gewählt wird,[163] oder wenn im Wahlausschreiben die Zahl der zu wählenden Betriebsratsmitglieder und ihre Verteilung auf die Geschlechter unrichtig angegeben wird.[164] Aus dem allgemeinen Grundsatz der Freiheit der Wahl folgt die Verpflichtung des Wahlvorstands, während der laufenden Betriebsratswahl Dritten keine Einsichtnahme in die mit den Stimmabgabevermerken versehene Wählerliste zu gestatten, um diesen Dritten die Möglichkeit zu geben, die bisherigen Nichtwähler zur Stimmabgabe aufzufordern. Der Wahlvorstand verletzt damit zugleich den Grundsatz der Chancengleichheit der Wahlbewerber.[165]

Die Anfechtung ist nur dann berechtigt, wenn eine Berichti- 117
gung des Wahlfehlers nicht erfolgt ist. Eine solche Berichtigung ist z. B. möglich, wenn die Betriebsratssitze nach der Stimmabgabe unrichtig auf die einzelnen Wahlbewerber verteilt sind usw. Insoweit kann anhand der Wahlakten der Betriebsrat selbst oder auch das Arbeitsgericht im Beschlussverfahren eine Berichtigung vornehmen.[166] Im Falle der Berichtigung handelt es sich nicht im eigentlichen Sinne um eine Wahlanfechtung.

Die Wahlanfechtung ist ausgeschlossen, wenn das Wahlergeb- 118
nis durch den Wahlverstoß nicht geändert oder beeinflusst sein kann. Das BetrVG hat die Rechtsprechung des BAG übernommen, wonach die Beeinflussung des Wahlergebnisses grundsätzlich zu unterstellen war, der Anfechtungsgegner aber nachweisen konnte, dass das Wahlergebnis tatsächlich nicht beeinflusst worden war. Das Wahlergebnis ist durch einen Verstoß gegen Vor-

161 BAG AP 12 zu § 19 BetrVG 1972 = DB 86, 864 = NZA 86, 368.

162 BAG AP 5 zu § 19 BetrVG 1972 = DB 77, 212.

163 LAG Hamm DB 76, 728.

164 Zur Verteilung auf Gruppen: LAG Frankfurt DB 87, 54; LAG Hamm DB 76, 2020; weitere Einzelheiten bei Schaub, ArbR-Hdb. § 218 III 6; Fitting/Kaiser/Heither/Engels § 19, Rn. 14.

165 BAG 6. 12. 2000 – 7 ABR 34/99 – zVv.

166 BAG AP 2, 10, 18 zu § 76 BetrVG.

schriften des Wahlrechts z. B. dann nicht beeinflusst, wenn einzelne Arbeitnehmer zwar nicht mitwählen konnten, aber auch ihre Teilnahme am Wahlergebnis wegen des großen Stimmenvorsprungs der Gewählten nichts geändert hätte.[167]

119 Anfechtungsberechtigt sind **(a)** drei am Tag der Wahl wahlberechtigte Arbeitnehmer; die Verfahrensvoraussetzung muss bis zum Schluss der mündlichen Verhandlung vorliegen;[168] wenn einzelne Arbeitnehmer während des Verfahrens aus dem Betrieb ausscheiden, so ist dies nach der neueren Rechtsprechung des BAG unschädlich, wenn sie das Verfahren als solches weiterbetreiben;[169] scheiden allerdings alle das Verfahren betreibenden Arbeitnehmer aus dem Arbeitsverhältnis aus, führt dies zum Wegfall des Rechtsschutzbedürfnisses;[170] fällt von den drei anfechtenden Arbeitnehmern einer als Antragsteller fort, so kann er nicht durch einen anderen ersetzt werden; jeder einzelne kann in der 1. Instanz seinen Antrag ohne Zustimmung der anderen zurücknehmen,[171] **(b)** eine im Betrieb vertretene Gewerkschaft; die örtliche Verwaltungsstelle einer Gewerkschaft ist anfechtungsberechtigt, wenn sie hierzu durch eine Bestimmung ihrer Satzung ermächtigt ist;[172] sie muss während der gesamten Verfahrensdauer im Betrieb vertreten sein;[173] **(c)** der Arbeitgeber.[174] Anfechtungsgegner ist der Betriebsrat, Beteiligter der Arbeitgeber; er ist auch dann beschwerdeberechtigt, wenn er nur unterstützende Anträge gestellt hat.[175] Nicht Beteiligter ist die Gewerkschaft, wenn sie von ihrem Wahlanfechtungsrecht keinen Gebrauch gemacht hat.[176] Die Wahlanfechtung kann auf die Wahl eines

167 Vgl. auch LAG Brandenburg NZA-RR 1999, 418.

168 BAG AP 6 zu § 118 BetrVG 1972; AP 7 zu § 19 BetrVG 1972.

169 BAG AP 13 zu § 19 BetrVG 1972 = DB 87, 232 = NZA 87, 120, 166; BAG AP 17 zu § 19 BetrVG 1972 = NZA 90, 115.

170 BAG AP 17 zu § 19 BetrVG 1972.

171 BAG AP 27 zu § 76 BetrVG [1952] = DB 85, 1799 = NZA 85, 786.

172 BAG AP 15 zu § 18 BetrVG; AP 2 zu § 19 BetrVG 1972.

173 BAG AP 6 zu § 118 BetrVG 1972.

174 Zur BGB-Gesellschaft: BAG AP 6 zu § 19 BetrVG 1972; zur Betriebsnachfolge: LAG Düsseldorf DB 79, 938.

175 BAG AP 13 zu § 19 BetrVG 1972 = DB 87, 232 = NZA 87, 120, 166.

176 BAG AP 12 zu § 19 BetrVG 1972 = DB 86, 864 = NZA 86, 368.

einzelnen Betriebsratsmitglieds beschränkt werden.[177] Das gilt jedoch dann nicht, wenn ein Anfechtungsberechtigter die Anfechtung der Betriebsratswahl darauf stützen will, dass unter Verkennung des Betriebsbegriffs in einem einheitlichen Betrieb mehrere Betriebsräte für jeweils einzelne Betriebsteile gewählt worden sind. In diesem Fall muss die gesamte Betriebsratswahl angefochten werden.[178] Das Rechtsschutzinteresse bleibt für den Antragsteller des Wahlanfechtungsverfahrens so lange bestehen, bis ein zurückgetretener Betriebsrat von einem neuen Betriebsrat abgelöst wird oder die normale Amtszeit abgelaufen ist und er auch die normale Geschäftsführungsbefugnis verloren hat.[179] Dagegen entfällt das Rechtsschutzinteresse nicht schon dann, wenn der Betriebsrat seinen Rücktritt beschließt.[180]

Die Anfechtung ist nur zulässig binnen einer Frist von zwei 120
Wochen seit Bekanntgabe des Wahlergebnisses. Die Berechnung der Frist bestimmt sich nach §§ 187 Abs. 1, 188 Abs. 2 BGB. Ist das Wahlergebnis am Mittwoch ausgehängt worden, endet die Anfechtungsfrist am Mittwoch der zweiten darauffolgenden Woche (beachte § 193 BGB). Die Anfechtung muss innerhalb dieser Frist beim Arbeitsgericht eingegangen sein.[181] Die Anfechtungsfrist ist auch dann gewahrt, wenn nur die Anfechtungsgründe, nicht aber der richtige Anfechtungsgegner in der Frist mitgeteilt sind.[182] Die Entscheidung über die Wahlanfechtung ergeht im Beschlussverfahren. Sind bereits Handlungen des Wahlvorstands angegriffen worden, kann dieses Beschlussverfahren auch in der Beschwerde beim LAG in ein Wahlanfechtungsverfahren geändert werden.[183] Ein bereits gegen den Wahlvorstand eingeleiteter Feststellungsantrag kann jedoch

177 BAG AP 11 zu § 18 BetrVG; AP 2 zu § 8 BetrVG 1972 = NJW 78, 1072.

178 BAG AP 15 zu § 19 BetrVG 1972 = NZA 89, 731.

179 BAG AP 17 zu § 19 BetrVG 1972 = NZA 90, 115; LAG Düsseldorf DB 87, 177.

180 BAG AP 5 zu § 4 BetrVG 1972 = NZA 92, 74.

181 Vgl. zum Nachschieben von Gründen: BAG AP 10 zu § 19 BetrVG 1972.

182 LAG Hamm BB 91, 1340.

183 BAG AP 9 zu § 19 BetrVG 1972.

nach Abschluss der Wahl nur innerhalb der Zwei-Wochen-Frist auf die Wahlanfechtung umgestellt werden.[184] Wird der Wahlanfechtung durch rechtskräftigen Beschluss des Arbeitsgerichts stattgegeben, so besteht für die Zukunft ein Betriebsrat nicht mehr. Betriebsverfassungsrechtliche Handlungen eines aus einer anfechtbaren Wahl hervorgegangenen Betriebsrats bleiben in Kraft. Mit der wirksamen Anfechtung der Betriebsratswahl verlieren die Betriebsratsmitglieder den Kündigungsschutz nach §§ 15 I KSchG, 103 BetrVG; ggf. behalten sie den Schutz als Wahlbewerber nach § 15 III KSchG. Es hat eine neue Wahl des Betriebsrats stattzufinden.

184 BAG AP 5 zu § 80 ArbGG 1953 = BB 73, 520; AP 9 zu § 19 BetrVG 1972 = DB 83, 2142.

Abschnitt III. Das Organisationsrecht

§ 15. Die Organe der Betriebsverfassung

Die Organe der Betriebsverfassung sind zunächst der **Betriebsrat** und die **Betriebsversammlung**. Unterhält ein Arbeitgeber mehrere Betriebe, so kann es sinnvoll sein, dass für die Arbeitnehmer aller Betriebe eine gemeinsame Vertretung der Arbeitnehmer geschaffen wird. Gehören diese Betriebe zu einem Unternehmen und bestehen in mindestens zwei von ihnen Betriebsräte, so wird außerdem ein **Gesamtbetriebsrat** errichtet. Gehört das Unternehmen seinerseits zu einem Konzern, so kann ein **Konzernbetriebsrat** gebildet werden. Das BetrVG kennt zwar eine Betriebs-, aber nicht eine Unternehmens- oder Konzernversammlung, die schon aus technischen Gründen kaum durchzuführen ist. Allerdings kann eine Abstimmung zwischen den einzelnen Betriebsräten notwendig werden. Hierzu dient die **Betriebsräteversammlung.** 1

Vielfach erwachsen für Jugendliche und Auszubildende besondere Probleme. Hinzu kommt, dass sie häufig meinen, ihre Interessen würden durch erwachsene Arbeitnehmer nicht hinreichend vertreten. Auch soll den Jugendlichen und Auszubildenden die Möglichkeit gegeben werden, in eine demokratische Arbeitsordnung hineinzuwachsen. Das Gesetz sieht daher besondere Jugend- und Auszubildendenvertretungen, nämlich im Betrieb die **Jugend- und Auszubildendenvertretung** und im Unternehmen die **Gesamt-Jugend- und Auszubildendenvertretung** vor. Anders als noch im BetrVG 1972 ist im neuen § 73a BetrVG auch die Möglichkeit einer **Konzern-Jugendvertretung** vorgesehen. 2

Für Schwerbehinderte sind zusätzlich Schwerbehindertenvertretungen, Gesamtschwerbehindertenvertretungen und Konzernschwerbehindertenvertretungen vorgesehen (§§ 94, 97 SGB IX). In Unternehmen mit in der Regel mehr als 100 ständig beschäftigten Arbeitnehmern ist ein **Wirtschaftsausschuss** zu bilden, § 106 I BetrVG. 3

4 Für in ganz Europa tätig werdende Unternehmen ist ein **europäischer Betriebsrat** vorgesehen (vgl. Abschn. I Rn. 113ff.).

1. Unterabschnitt
Der Betriebsrat und seine Mitglieder

§ 16. Die Amtszeit des Betriebsrats

I. Beginn der Amtszeit

5 Für den Beginn der Amtszeit ist zu unterscheiden, ob im Betrieb noch ein Betriebsrat besteht oder nicht. Besteht im Betrieb kein Betriebsrat, z. B. weil er erstmals gewählt worden ist oder die Amtszeit des vorhergehenden Betriebsrats bereits abgelaufen ist, so beginnt die Amtszeit des neugewählten Betriebsrats mit der Bekanntmachung des Wahlergebnisses (§ 21 S. 2 BetrVG, § 18 WahlO). Das Wahlergebnis ist bekannt gemacht, wenn es im Betrieb ausgehängt wird (§§ 18, 3 IV WahlO). Besteht dagegen bei Bekanntgabe des Wahlergebnisses noch ein Betriebsrat, so beginnt die Amtszeit des neugewählten erst mit Ablauf der Amtszeit des alten Betriebsrats (§ 21 S. 2 BetrVG). Endet also die Amtszeit des vorherigen Betriebsrats am 20. 4., so beginnt die des neugewählten am 21. 4., auch wenn das Wahlergebnis schon am 2. 4. bekannt gemacht wurde. Nach Auffassung des BAG soll es für die Beachtung der Mitbestimmungsrechte des Betriebsrats auf die konstituierende Sitzung des Betriebsrats ankommen, auch wenn dessen Amtszeit schon begonnen hat.[1] Bis zum Beginn der Amtszeit des neugewählten Betriebsrats stehen die betriebsverfassungsrechtlichen Rechte noch dem alten Betriebsrat zu. Jedoch genießen die neugewählten Betriebsratsmitglieder schon den besonderen Kündigungsschutz und nicht nur den der Wahlkandidaten (vgl. Abschn. VIII Rn. 182ff.).

1 BAG AP 36 zu § 102 BetrVG 1972 = DB 85, 1085 = NZA 85, 566.

II. Dauer der Amtszeit

Die regelmäßige Dauer der Amtszeit beträgt **4 Jahre** (§ 21 S. 1 BetrVG). Sie endet an dem Tage, der in seiner Benennung dem ersten Tag des Beginns der Amtszeit vorausgeht (andernfalls wäre der Betriebsrat 4 Jahre und 1 Tag im Amt). Begann also die Amtszeit des Betriebsrats am 21. 4. 1998, so endet sie am 20. 4. 2002. In Ausnahmefällen kann die Amtszeit des Betriebsrats 4 Jahre unter- oder überschreiten (§ 13 II BetrVG, hierzu Abschn. II Rn. 24 ff.). Mit der vierjährigen Amtsperiode ist sie doppelt so lang wie die der Jugend- und Auszubildendenvertretung. Für die **Jugend- und Auszubildendenvertretung** wurde eine zweijährige Amtszeit vorgesehen (§ 64 I BetrVG), weil infolge der Verlängerung der Schulzeit für Jugendliche diese schnell aus dem wahlfähigen Alter entwachsen. Während für die Bemessung der Amtszeit des Betriebsrats die sachgemäße Amtsführung im Vordergrund steht, ist bei der Jugend- und Auszubildendenvertretung die Erwägung ausschlaggebend, dass sie ständig vom Vertrauen der Wahlberechtigten getragen sein soll. 6

III. Ende der Amtszeit

Ist der Betriebsrat während des regelmäßigen Vierjahresrhythmus gewählt, so endet seine Amtszeit nach 4 Jahren mit Ablauf des Tages, der durch seine Benennung dem Tag des Beginns der Amtsperiode vorausgeht. Sie endet spätestens am 31. 5. des Jahres, in dem nach § 13 I BetrVG die regelmäßigen Betriebsratswahlen stattfinden (§ 21 S. 3 BetrVG). 7

Beispiel: Ist die Amtszeit des vorausgegangenen Betriebsrats am 20. 4. erloschen, beginnt die Amtszeit am 21. 4. und endet vier Jahre später am 20. 4.

Nach § 13 II Nr. 1, 2 BetrVG kann sich die Notwendigkeit ergeben, dass der Betriebsrat außerhalb des Vierjahresrhythmus wegen **wesentlicher Veränderung** der Beschäftigtenzahl des Betriebsrats bzw. wegen des Wegfalls der Betriebsratsmitglieder (Abschn. I Rn. 18, 19) neu gewählt werden muss. In diesen Fäl- 8 len endet die Amtszeit des alten Betriebsrats mit der Bekanntgabe des Wahlergebnisses des neugewählten Betriebsrats (§ 21 S. 5 BetrVG).[2] Der Zweck dieser Regelung liegt darin, dass möglichst frühzeitig ein vom Vertrauen der veränderten Belegschaft bzw. ein voll arbeitsfähiger Betriebsrat bestehen soll. Ist die Amtszeit gem. § 13 III BetrVG kürzer als 4 Jahre oder auf über 4 Jahre verlängert worden (§ 13 III 2 BetrVG), so endet die Amtszeit spätestens mit dem 31. 5. des Jahres, in dem die regelmäßigen Betriebsratswahlen bzw. die übernächsten regelmäßigen Betriebsratswahlen stattfinden (§ 21 S. 2, 3 BetrVG). „Spätestens“ bedeutet, dass die Amtszeit auch eher enden kann. Da im Gesetz kein anderer, sonstiger Endzeitpunkt angegeben ist, endet in diesen Fällen gem. § 21 S. 5 BetrVG die Wahlperiode des Betriebsrats schon mit dem Tag der Bekanntgabe des Wahlergebnisses des neugewählten. Die entsprechende Anwendung von § 21 S. 5 BetrVG ist geboten; nur so kann auf Dauer verhindert werden, dass sich die Betriebsratswahlen auf Ende April des Wahljahres zusammendrängen.

IV. Übergangs- und Restmandat des Betriebsrats

9 Das Amt des Betriebsrats endet grundsätzlich nicht im Falle des **Betriebsübergangs** nach § 613 a BGB. Der ganze Betrieb und die Arbeitsverhältnisse der Betriebsratsmitglieder gehen nach § 613 a I 1 BGB auf den Betriebsnachfolger über. Damit bleibt auch das Amt bestehen, wenn die **Identität des Betriebs** unter dem neuen Inhaber fortbesteht.[3] Hört dagegen der bisherige Betrieb infolge Auflösung der bisherigen Arbeitsorganisation und Bildung eines oder mehrerer neuer Betriebe auf zu bestehen, erlischt grundsätzlich auch das Betriebsratsamt.[4] Wird nur ein Betriebsteil auf einen Betriebsnachfolger übertragen und von dem neuen Inhaber als selbständiger Betrieb fortgeführt, so endet damit grundsätzlich die Zuständigkeit des Betriebsrats des abgebenden Betriebs für die im übergegangenen Betriebsteil beschäf-

2 BAG AP 1 zu § 21 BetrVG 1972 = DB 84, 833.

3 BAG AP 55 zu § 99 BetrVG 1972 = NZA 89, 188; BAG 11. 10. 1995 NZA 1996, 495.

4 BAG 29. 9. 1988 – DB 89, 2176 = NZA 89, 799.

tigten Arbeitnehmer. Auf diese Weise können unerwünschte betriebsratslose Zustände entstehen. Dem will die neue Vorschrift des **§ 21 a BetrVG** vorbeugen.

Die Vorschrift dient der Umsetzung des Art. 1 der Richtlinie 98/50/EG des Rates vom 29. 6. 1998 zur Änderung der Betriebsübergangsrichtlinie 77/187/EWG. Zugleich greift sie auf, was durch die Rechtsprechung des Bundesarbeitsgerichts bereits praktiziertes Recht war.[5] § 321 des Umwandlungsgesetzes, der bislang Teilaspekte der Problematik regelte, ist durch Art. 3 des Reformgesetzes ebenso wie § 322 I UmwG und § 20 DBGrG aufgehoben worden. Wird ein Betrieb gespalten, so bleibt nach § 21 a I BetrVG dessen Betriebsrat im Amt und führt die Geschäfte für die ihm bislang zugeordneten Betriebsteile weiter, soweit diese die Voraussetzungen des § 1 I 1 BetrVG erfüllen und nicht in einen Betrieb eingegliedert werden, in dem ein Betriebsrat bereits besteht **(Übergangsmandat).** Dieses Übergangsmandat des Betriebsrats erstreckt sich auf alle mitbestimmungspflichtigen Angelegenheiten, hat aber insbesondere zum Inhalt, unverzüglich Wahlvorstände zu bestellen. Das Übergangsmandat endet, sobald in den Betriebsteilen ein neuer Betriebsrat gewählt und das Wahlergebnis bekannt gegeben ist, spätestens sechs Monate nach Wirksamwerden der Spaltung. Nur durch Tarifvertrag oder Betriebsvereinbarung kann das Übergangsmandat um weitere sechs Monate verlängert werden, § 21 a I 2, 3, 4 BetrVG. Wird ein Betrieb nicht gespalten, sondern werden Betriebe oder Betriebsteile zu einem neuen Betrieb zusammengefasst, so nimmt der Betriebsrat des nach der Zahl der wahlberechtigten Arbeitnehmer größten Betriebs oder Betriebsteils das Übergangsmandat wahr, § 21 a II BetrVG. Dies gilt auch dann, wenn die Spaltung oder Zusammenlegung von Betrieben und Betriebsteilen im Zusammenhang mit einer Betriebsveräußerung oder einer Umwandlung nach dem Umwandlungsgesetz erfolgt, § 21 a III BetrVG. Damit steht dem Betriebsrat nunmehr bei jeder Form der Betriebsspaltung oder der Zusammenlegung von Betrieben 10

5 Vgl. BAG 21. 5. 2000 – 7 ABR 78/98 – NZA 2000, 1359 = DB 2000, 2533; zur neuen Rechtslage vgl. Rieble NZA 2002, 233.

oder Betriebsteilen zu einem Betrieb ein Übergangsmandat zu, wenn die Organisationsänderung zum Wegfall des bisherigen Betriebsrats führt oder ein Teil der Arbeitnehmerschaft aus dem Zuständigkeitsbereich des Betriebsrats herausfällt und die Arbeitnehmer dadurch ihren bisherigen betriebsverfassungsrechtlichen Schutz verlieren würden. Dementsprechend besteht ein Übergangsmandat nicht, wenn etwa bei der Spaltung eines Betriebs die Betriebsteile in einen Betrieb eingegliedert werden, in dem ein Betriebsrat bereits besteht und der seinerseits durch die Aufnahme des neuen Betriebsteils seine Identität nicht verliert.

11 Dem gleichen Zweck dient auch die neue Regelung des **§ 21 b BetrVG**. Sie schreibt die von der Rechtsprechung ebenfalls bereits anerkannte Figur des **Restmandats** des Betriebsrats[6] gesetzlich fest. Geht ein Betrieb durch Stilllegung, Spaltung oder Zusammenlegung unter, so bleibt nach § 21 b BetrVG dessen Betriebsrat so lange im Amt, wie dies zur Wahrnehmung der damit im Zusammenhang stehenden Mitwirkungs- und Mitbestimmungsrechte erforderlich ist. In Betracht kommen dabei insbesondere die Rechte nach den §§ 111 ff. BetrVG. Das Restmandat besteht ggfls. auch über das Ende der Amtszeit des Betriebsrats nach § 21 BetrVG hinaus. Es besteht so lange, wie noch mindestens ein Mitglied des Betriebsrats sein Amt kontinuierlich – also unter Umständen auch über das Ende seines eigenen Arbeitsverhältnisses hinaus – fortgeführt hat und willens ist, das Restmandat wahrzunehmen, und so lange wie im Zusammenhang mit dem Untergang des Betriebs noch Verhandlungsgegenstände offen sind.[7] Das Restmandat kann demnach sehr viel länger andauern als das Übergangsmandat, das – wenn es nicht durch Tarifvertrag oder Betriebsvereinbarung verlängert wird – nach sechs Monaten, in jedem Fall nach einem Jahr erlischt. Das Restmandat ist inhaltlich begrenzt auf die Mitwirkungs- und Mitbestimmungsrechte des Betriebsrats im Zusammenhang mit dem Betriebsuntergang, während sich das

6 Vgl. BAG 16. 6. 1987 DB 87, 2365; BAG 12. 1. 2000 DB 2000, 1422.

7 Vgl. BAG 12. 1. 2000 DB 2000, 1422; Engels/Löhr-Steinhaus, DB 2001, 532, 534.

Übergangsmandat auf sämtliche dem Betriebsrat zustehenden Rechte – mit Ausnahme der vom Restmandat erfassten – erstreckt. Das Restmandat steht stets dem bisherigen Betriebsrat zu, auch wenn das Übergangsmandat gemäß § 21 a II BetrVG von einem anderen Betriebsrat wahrgenommen wird.

V. Erlöschen der Mitgliedschaft im Betriebsrat

Abgesehen von den Fällen des Ablaufs der Amtszeit (oben III) 10
erlischt das Betriebsratsamt nach § 24 BetrVG durch **(a)** Niederlegung, **(b)** Beendigung des Arbeitsverhältnisses, **(c)** Verlust der Wählbarkeit, **(d)** Ausschluss aus dem Betriebsrat oder dessen Auflösung, **(e)** nachträgliche Feststellung der Nichtwählbarkeit.

(1) Die **Amtsniederlegung** erfolgt durch einseitige empfangsbe- 11
dürftige Willenserklärung gegenüber dem Betriebsrat oder seinem Vorsitzenden, nicht gegenüber dem Arbeitgeber,[8] z. B. mit den Worten: „Ich lege mein Amt als Betriebsrat mit Zugang dieses Schreibens / mit dem … nieder." Die Amtsniederlegung kann unmittelbar nach der Wahl,[9] insbesondere durch Ablehnung der Wahl, und bis zur Beendigung der Amtsperiode erfolgen. Sie ist formfrei wirksam.[10] Die Niederlegung kann nicht widerrufen oder wegen Irrtums angefochten werden (umstr.). Betriebsratsmitglieder, die das Amt niedergelegt haben, genießen grundsätzlich nachwirkenden Kündigungsschutz.[11]

(2) Das **Arbeitsverhältnis endet (a)** mit Ablauf der Dienstzeit, 12
wenn es auf bestimmte Zeit oder für einen bestimmten Zweck befristet eingegangen ist; **(b)** infolge formwirksamen (§ 623 BGB) Aufhebungsvertrags; **(c)** durch Verbleiben des Arbeitnehmers nach der Eignungsübung als Freiwilliger in den Streitkräften (§ 3 I EignungsübungsG); **(d)** durch formell (§ 623 BGB) und materiell wirksame Kündigung (über den Kündigungsschutz vgl. Abschn. VIII Rn. 174 ff.). Entsteht über die Beendigung des Arbeitsverhältnisses ein Rechtsstreit, so steht die Beendigung des Betriebsrats-

8 LAG Schleswig-Holstein AP 4 zu § 24 BetrVG; BAG 12. 1. 2000 AP 5 zu § 24 BetrVG 1972.

9 BVerwG AP 2 zu § 27 PersVG.

10 LAG Berlin BB 67, 1424.

11 BVerwG AP 2 zu § 27 PersVG.

amts erst mit der Rechtskraft des Urteils fest. Während des Laufs des Prozesses ist das Betriebsratsmitglied an der Ausübung des Amts verhindert,[12] so dass ein Ersatzmitglied nachrückt, es sei denn, dass das Betriebsratsmitglied aufgrund des einem Weiterbeschäftigungsanspruchs aus § 102 V BetrVG oder des allgemeinen Weiterbeschäftigungsanspruchs (vgl. Abschn. VIII Rn. 166) weiterbeschäftigt wird. Das Arbeitsverhältnis und damit auch das Betriebsratsamt endet nicht mit der Einberufung zum Wehrdienst (§ 1 ArbPlatzSchG), der Ableistung von Zivildienst (§ 78 ZDG), Eignungsübungen (§ 1 EignungsübungsG), der Heranziehung zum Zivilschutz (§ 9 ZivilschutzG) oder der Teilnahme am Katastrophenschutz (§ 9 KatastrophenschutzG). In diesen Fällen ruht das Arbeitsverhältnis. Das Betriebsratsmitglied ist lediglich an der Ausübung seines Amtes verhindert. Ist das Betriebsratsmitglied infolge der Beendigung des Arbeitsverhältnisses aus dem Betriebsrat ausgeschieden, so wird es nicht wieder automatisch Mitglied des Betriebsrats, wenn es erneut eingestellt worden ist. Dies gilt selbst dann, wenn die Einstellung von vornherein zugesichert war.[13]

13 **(3)** Der **Verlust der Wählbarkeit** tritt ein, wenn das Betriebsratsmitglied auf Dauer betreut wird (§§ 1896 ff. BGB) oder infolge Richterspruchs die Wählbarkeit oder die Fähigkeit, Rechte aus öffentlichen Wahlen zu erlangen, verliert (vgl. Abschn. II Rn. 13). Dasselbe gilt, wenn der Arbeitnehmer zum leitenden Angestellten aufsteigt (§ 5 III BetrVG) und damit nicht mehr unter das BetrVG fällt.

14 **(4)** Das Betriebsratsamt erlischt mit dem **Ausschluss** des betreffenden Mitglieds aus dem Betriebsrat oder der Auflösung des gesamten Betriebsrats durch gerichtliche Entscheidung (vgl. § 23 I BetrVG, dazu sogleich unter VI.).

15 **(5)** Das Betriebsratsamt erlischt infolge **nachträglicher gerichtlicher Feststellung der Nichtwählbarkeit.** Auch noch nach Ablauf der für die Wahlanfechtung bestimmten Frist (Abschn. II Rn. 120) kann die entsprechende Entscheidung beantragt wer-

12 LAG Schleswig-Holstein BB 1976, 1319.

13 BAG AP 6 zu § 15 KSchG 1969.

den,[14] wenn sich z. B. nach Ablauf der Anfechtungsfrist herausstellt, dass ein 17-jähriger in den Betriebsrat gewählt wurde. Die Herbeiführung der gerichtlichen Entscheidung ist unzulässig, wenn der Mangel bereits im Wahlanfechtungsverfahren erfolglos geltend gemacht worden ist. Dagegen ist ein Antrag unbegründet, wenn inzwischen der Mangel geheilt ist, etwa weil das Betriebsratsmitglied 18 Jahre alt geworden ist.[15] Antragsberechtigt sind die nach § 19 BetrVG Anfechtungsberechtigten.[16] Die Mitgliedschaft erlischt erst mit der Rechtskraft des arbeitsgerichtlichen Beschlusses.[17]

VI. Die Amtsenthebung des Betriebsrats

Das Arbeitsgericht kann auf Antrag **ein Betriebsratsmitglied** 16
aus dem Betriebsrat **ausschließen** oder **den Betriebsrat auflösen** (§ 23 I BetrVG). Antragsberechtigt sind: **(a)** mindestens ein Viertel der wahlberechtigten Arbeitnehmer; die Wahlberechtigung sowie die notwendige Zahl der Antragsteller muss während des gesamten Beschlussverfahrens gegeben sein,[18] doch können anstelle ausscheidender Arbeitnehmer neue in das Verfahren eintreten (bestr.);[19] **(b)** der Arbeitgeber; **(c)** eine im Betrieb vertretene Gewerkschaft; **(d)** der Betriebsrat, sofern nur ein Betriebsratsmitglied des Amtes enthoben werden soll; an dem zur Antragsstellung notwendigen Beschluss des Betriebsrats nimmt das betroffene Betriebsratsmitglied nicht teil; an seiner Stelle nimmt das Ersatzmitglied teil.[20]

Der Antrag auf Amtsenthebung eines Betriebsratsmitglieds oder 17
Auflösung des Betriebsrats ist begründet, wenn dieser seine gesetzlichen Pflichten grob verletzt hat. Gesetzliche Pflichten des Betriebsrats sind alle, die ihm durch Gesetz, Tarifvertrag oder Betriebsvereinbarung übertragen sind. **Grob** ist die Verletzung dann,

14 BAG AP 1 zu § 6 BetrVG.
15 BAG AP 1 zu § 24 BetrVG.
16 BAG AP 1 zu § 24 BetrVG 1972; AP 2 zu § 8 BetrVG 1972.
17 BAG AP 15 zu § 15 KSchG 1969 = DB 84, 302.
18 BAG AP 7 zu § 19 BetrVG 1972.
19 Vgl. LAG Frankfurt 9. 7. 1992 NZA 1993, 378.
20 Vgl. BAG AP 1 zu § 83 ArbGG; BAG 3. 8. 1999 AP 7 zu § 25 BetrVG 1972.

wenn sie offensichtlich schwerwiegend ist[21] oder, anders formuliert, wenn die Pflichtverletzung objektiv erheblich und offensichtlich schwerwiegend ist.[22] Eine grobe Verletzung kann nur angenommen werden, wenn unter Berücksichtigung aller Umstände des Einzelfalls die weitere Amtsausübung des Betriebsrats untragbar erscheint.[23] Ausreichend ist eine einmalige grobe Verletzung;[24] dagegen können wiederholte leichte Verletzungen nur in Ausnahmefällen zur groben Verletzung werden. Für den Regelfall setzt die Amtsenthebung ein **Verschulden** des/der Betriebsratsmitglieder voraus; eine Ausnahme wird nur bei krankhaft querulatorischem Verhalten gemacht werden können.[25] Kein Verschulden ist bei der Auflösung des Betriebsrats notwendig; bei einem kollektiven Organ wird dies ohnehin kaum festzustellen sein. Der Ausschluss des Betriebsratsmitglieds ist vom Beginn bis zum Ende seiner Amtsperiode zulässig; wird er nach Ablauf der Amtsperiode auch in den darauffolgenden Betriebsrat gewählt, so entfällt das Rechtsschutzinteresse für den Ausschluss.[26] Die Verletzung ausschließlich betriebsverfassungsrechtlicher Pflichten durch ein Betriebsratsmitglied kann nicht durch eine individualrechtliche Abmahnung sanktioniert werden.[27]

18 Beispiele für grobe Pflichtverletzungen sind: wiederholte Verletzung der Schweigepflicht,[28] rücksichtslose Preisgabe von in amtlicher Eigenschaft erlangten Informationen,[29] Weitergabe von Gehaltslisten an außerbetriebliche Stellen,[30] ungerechtfertigt gehässige Diffamierung von Betriebsratsmitgliedern,[31] wiederholte parteipolitische Agitation im Betrieb,[32] Verhandlung von

21 BAG AP 1 zu § 23 BetrVG; AP 1 zu § 74 BetrVG 1972.
22 BAG 22. 6. 1993 BB 1993, 2096 = DB 1994, 234 = NZA 1994, 184.
23 BAG 22. 6. 1993 – BB 1993, 2096 = DB 1994, 234 = NZA 1994, 184.
24 BAG AP 1 zu § 44 BetrVG.
25 BAG AP 8 zu § 23 BetrVG; BVerwG AP 8 zu § 26 PersVG.
26 LAG Bremen 27. 10. 1987 NZA 1998, 330.
27 LAG Düsseldorf DB 93, 2604; vgl. auch LAG Düsseldorf DB 93, 581.
28 Vgl. BAG AP 8 zu § 23 BetrVG.
29 LAG München DB 78, 895.
30 BAG AP 3 zu § 23 BetrVG.
31 LAG Düsseldorf DB 77, 2191.
32 BAG AP 2, 3 zu § 13 KSchG; AP 1 zu § 74 BetrVG 1972.

parteipolitischen Fragen auf einer Betriebsversammlung,[33] Ablehnung der Zusammenarbeit durch die Mehrheit der anders organisierten Betriebsratsmitglieder,[34] Entgegennahme von besonderen Geschenken,[35] wiederholtes Unterlassen der gesetzlich vorgeschriebenen Betriebsversammlungen.[36]

Mit der Rechtskraft des arbeitsgerichtlichen Beschlusses endet 19 die Mitgliedschaft im Betriebsrat bzw. ist der Betriebsrat aufgelöst. Gehörte das ausgeschlossene Mitglied auch dem Gesamtbetriebsrat (Konzernbetriebsrat, Wirtschaftsausschuss) an, so endet zugleich die Mitgliedschaft in diesem Amt (§§ 49, 57, 107 I 1 BetrVG). Sind nur einzelne Betriebsratsmitglieder ihres Amts enthoben worden, so treten die Ersatzmitglieder an ihre Stelle. Mit der Amtsenthebung bzw. Auflösung des Betriebsrats endet der besondere Schutz nach § 15 KSchG, § 103 BetrVG (vgl. Abschn. VIII Rn. 189). Löst das Arbeitsgericht den Betriebsrat auf, so hat es unverzüglich einen Wahlvorstand für die Neuwahl einzusetzen (§ 23 II BetrVG). Wer das Auflösungsverfahren betrieben hat, kann dazu Wahlvorschläge machen. Im Übrigen gelten für die Bestellung des Wahlvorstands die Grundsätze arbeitsgerichtlicher Bestellung (§ 16 II BetrVG; Abschn. II Rn. 46). Das Arbeitsgericht entscheidet im Beschlussverfahren. Einstweilige Verfügungsverfahren auf vorläufige Untersagung der Amtsausübung von Betriebsratsmitgliedern sind zulässig, jedoch nur bei offensichtlicher Unzumutbarkeit einer weiteren Zusammenarbeit gerechtfertigt.[37]

VII. Unterlassungsanspruch des Arbeitgebers

Der Arbeitgeber hat bei Verstößen des Betriebsrats gegen die 20 diesem obliegende Friedenspflicht aus § 74 II BetrVG einen Anspruch auf Unterlassung, der unabhängig von § 23 Abs. 1 BetrVG geltend gemacht werden kann. Die Geltendmachung im arbeitsrechtlichen Beschlussverfahren erfordert jedoch, dass der

33 BAG AP 1 zu § 44 BetrVG.
34 BAG AP 8 zu § 23 BetrVG.
35 LAG München DB 78, 895.
36 Hessisches LAG 12. 8. 1993 ArbuR 1994, 107.
37 LAG Hamm 18. 9. 1975 BB 1975, 1302.

Antrag auf einzelne, tatbestandlich genau umschriebene Handlungen als Verfahrensgegenstand bezogen ist.[38]

VIII. Verletzung gesetzlicher Pflichten durch den Arbeitgeber

21 **(1)** Der Arbeitgeber kann nicht aus dem Betrieb ausgeschlossen werden. Aus Gründen der Gleichbehandlung von Arbeitgeber und Betriebsrat ist in § 23 III BetrVG ein besonderes Verfahren bei groben Pflichtverletzungen des Arbeitgebers vorgesehen. Umstr. sind die Voraussetzungen dieses Verfahrens (2), das Verhältnis des Verfahrens zu anderen Ansprüchen aus dem BetrVG (3) und das Verhältnis zu Sonderregelungen im BetrVG (4). Die Durchführung des Verfahrens ist unter § 65 dargestellt.

22 **(2)** Die Vorschrift des § 23 III BetrVG enthält Regelungen des Erkenntnisverfahrens (§ 23 III 1 BetrVG) und des Vollstreckungsverfahrens (§ 23 III 2 BetrVG).

23 **(a)** Nach § 23 III 1 BetrVG kann der Betriebsrat oder eine im Betrieb vertretene Gewerkschaft bei groben Verstößen des Arbeitgebers gegen seine Verpflichtungen aus dem BetrVG beim Arbeitsgericht beantragen, dem Arbeitgeber aufzugeben, eine Handlung zu unterlassen, die Vornahme einer Handlung zu dulden oder eine Handlung vorzunehmen. Der Antrag muss hinreichend bestimmt sein. Unzureichend ist die bloße Wiederholung des Gesetzeswortlauts.[39]

24 Der Begriff des **groben Pflichtverstoßes** deckt sich weitgehend mit dem der groben Verletzung der gesetzlichen Verpflichtungen in § 23 I 1 BetrVG. Grobe Pflichtverstöße des Arbeitgebers sind insbesondere die beharrliche Weigerung zur Zusammenarbeit mit dem Betriebsrat, Verstöße gegen das Verbot der parteipolitischen Betätigung, grundlose Verweigerung des Zutrittsrechts der Gewerkschaft zum Betrieb, beharrliche Missachtung der Mitwirkungsrechte des Betriebsrats, Maßnahmen gegen die Bildung des Betriebsrats, willkürliche Verstöße gegen das Gleichbehandlungsgebot, mehrfaches Übergehen der Mitbestimmungsrechte des Betriebsrats bei der Anordnung von Überstunden.[40] Die

38 BAG AP 3 zu § 74 BetrVG 1972.
39 BAG AP 7 zu § 23 BetrVG 1972 = NZA 87, 786.
40 BAG AP 5 zu § 23 BetrVG 1972 = NJW 86, 400.

groben Verstöße müssen sich auf Pflichten aus **„diesem Gesetz“**, also dem BetrVG beziehen. Dabei wird die Meinung vertreten, dass es sich auch dann um Verstöße gegen die Betriebsverfassung handelt, wenn die Pflichten in anderen Gesetzen geregelt sind, also im KSchG, SchwbG, ASiG usw.[41]

Grobe Pflichtverstöße sind Anordnung, aber auch Duldung 25
von Überstunden ohne Durchführung des Mitbestimmungsverfahrens,[42] Übertragung von Aufgaben auf einen anderen Betrieb zur Umgehung der Mitbestimmung bei der Anordnung von Überstunden,[43] einseitige Änderung von Dienstplänen entgegen rechtskräftiger Entscheidung, dass dies mitbestimmungspflichtig ist,[44] verspätete Mitteilung von Um- und Erweiterungsbauten, sodass der Betriebsrat dies aus faktischen Zwängen nur noch zur Kenntnis nehmen kann.[45] Die Versicherung des Arbeitgebers, er werde hinfort seine betriebsverfassungsrechtlichen Pflichten einhalten, beseitigt für die Zukunft nach grobem Verstoß noch nicht die Wiederholungsgefahr.[46]

Antragsberechtigt sind der Betriebsrat oder eine im Betrieb 26
vertretene Gewerkschaft. Antragsberechtigt ist die Gewerkschaft auch dann, wenn sie nicht Betroffene der Pflichtverletzung ist.[47]

(b) Ist das Erkenntnisverfahren rechtskräftig nach § 23 III 1 27
BetrVG abgeschlossen, kommt eine Vollstreckung nach § 23 III 2 BetrVG in Betracht, also die Verhängung eines **Ordnungsgelds**. Die Festsetzung des Ordnungsgelds setzt voraus, (α) die Androhung durch das Arbeitsgericht; diese kann bereits in dem zu vollstreckenden Beschluss enthalten sein; ist dies nicht der

41 BAG 20. 8. 1991 – BB 91, 2535 = DB 91, 1834 = NZA 92, 317; Fitting/Kaiser/Heither/Engels § 23 Rn. 46; Hess/Schlochauer/Glaubitz Vor §§ 81–86 Rn. 6.

42 BAG AP 41 zu § 87 BetrVG 1972 Arbeitszeit = NZA 91, 399; LAG Frankfurt NZA 87, 609.

43 BAG 22. 10. 1991 – NZA 92, 376.

44 BAG 8. 8. 1989 – DB 90, 1191 = NZA 90, 569.

45 LAG Hamm DB 77, 1514; LAG Rheinland-Pfalz DB 86, 1629; LAG Köln NZA 89, 863; LAG Frankfurt BB 93, 1948.

46 BAG 23. 6. 1992 – BB 92, 2008 = DB 92, 2450 = NZA 92, 1095.

47 ArbG Marburg 7. 8. 1996 NZA 1996, 1337.

Fall, muss die Androhung auf Antrag der Antragsberechtigten im Vollstreckungsverfahren gesondert erfolgen; hierfür ist der Vorsitzende des Arbeitsgerichts allein zuständig (§ 53 ArbGG); (β) die Nichtbefolgung der im rechtskräftigen Beschluss ausgesprochenen Verpflichtung des Arbeitgebers zur Unterlassung oder Duldung kann zum Vollstreckungsverfahren führen (§ 23 III 2 BetrVG); der Arbeitgeber muss dann nach Rechtskraft des Beschlusses eine weitere Pflichtverletzung begangen haben; die Verhängung des Ordnungsgelds ist auch dann noch zulässig, wenn der Arbeitgeber für die Folgezeit seinen Verpflichtungen nachkommt (restriktive Beugestrafe); (γ) Verschulden des Arbeitgebers; (δ) Antrag des Antragsberechtigten; (ε) Festsetzung durch das Gericht. Die Höhe des Ordnungsgelds darf 20 000 DM (seit 1. 1. 2002 = 10000 Euro) nicht übersteigen. Es verfällt zugunsten der Staatskasse. Die Sanktion kann nicht im einstweiligen Verfügungsverfahren ausgesprochen werden. Kommt der Arbeitgeber einer ihm gerichtlich auferlegten Handlung nicht nach, kann er nach den gleichen Grundsätzen mit einem **Zwangsgeld** bis zu 20 000 DM (seit 1. 1. 2002 = 10000 Euro) belegt werden, § 23 III 3 BetrVG.

28 (3) In Schrifttum und Rspr. ist umstr., in welchem Umfang das in § 23 III BetrVG geregelte Verfahren abschließend ist.

29 (a) Das BAG geht davon aus, dass sich auch aus **anderen Normen des BetrVG** ohne die hohen Anforderungen des § 23 III BetrVG Unterlassungs- und Vornahmeansprüche des Betriebsrats/der Gewerkschaft ergeben können. Dies gilt z. B. für Zutrittsrechte der Gewerkschaft zum Betrieb, Tragung der Kosten der Betriebsratswahl, Einberufung der Sitzung von Betriebsräten, Unterlassung von Verstößen gegen die Friedenspflicht, Vorlage von Unterlagen, Mitteilung von Arbeitsschutzvorschriften, Stellenausschreibungen auf Verlangen des Betriebsrats, tendenziöse Bekanntgabe der Kosten der Betriebsratstätigkeit.[48]

30 (b) Dagegen hat das BAG **allgemeine Unterlassungsansprüche** zur Sicherung der Mitbestimmungsrechte des Betriebsrats aus

48 BAG 12. 11. 1997 NZA 1998, 559: Unterlassungsanspruch aus § 78 BetrVG.

§ 87 BetrVG bzw. § 112 BetrVG zunächst verneint.[49] Hiervon ist es mittlerweile abgerückt.[50]

(4) In Rspr. und Schrifttum ist außerdem umstr., ob Verhaltenspflichten des Arbeitgebers unabhängig von § 23 III BetrVG vollstreckt werden können. Die h. M. schließt aus dem Umstand, dass § 23 III BetrVG und § 85 I ArbGG gleichzeitig erlassen worden sind, dass die Vollstreckung beider Ansprüche eigenen Regeln folgt und sich nicht wechselseitig ausschließt.[51] 31

§ 17. Die Ersatzmitglieder des Betriebsrats

I. Begriff und Rechtsstellung der Ersatzmitglieder

Ersatzmitglied des Betriebsrats ist ein nicht gewählter Wahlkandidat, der im Falle des Ausscheidens eines Betriebsratsmitglieds aus dem Betriebsrat oder bei seiner vorübergehenden Verhinderung an dessen Stelle tritt (§ 25 I BetrVG). Ein Ersatzmitglied gehört vor seinem dauernden oder vorübergehenden Eintritt in den Betriebsrat diesem nicht an. Hieraus folgt, dass es grundsätzlich **nicht** den besonderen **Kündigungsschutz** nach § 103 BetrVG, § 15 KSchG (Abschn. VIII Rn. 174 ff.) genießt. Für die ersten sechs Monate nach der Betriebsratswahl ist es gegen Kündigungen des Arbeitgebers durch den Kündigungsschutz des Wahlbewerbers geschützt (Abschn. VIII Rn. 175). Vor einem Nachrücken in den Betriebsrat greift der besondere Kündigungsschutz nach § 15 KSchG, § 103 BetrVG nur dann ein, wenn das Betriebsratsmitglied sich bereits angemessene Zeit auf die Betriebsratssitzung vorbereiten muss.[52] Vertritt das Ersatzmitglied dauernd oder vorübergehend ein Betriebsratsmitglied, so hat es während der Dauer der Vertretung dieselben Rechte und Pflichten wie ein Betriebsratsmitglied. In dieser Zeit ist es also gegen 32

49 BAG AP 2 zu § 23 BetrVG 1972 = DB 83, 1926 = NJW 84, 196.

50 BAG 3. 5. 1994 – 1 ABR 24/93 – EzA § 23 BetrVG 1972 Nr. 36 = NZA 1995, 40.

51 BAG AP 19 zu § 80 BetrVG 1972 = DB 83, 1986; AP 7 zu § 23 BetrVG 1972.

52 BAG AP 5 zu § 15 KSchG 1969.

Kündigungen auch gem. § 103 BetrVG, § 15 I KSchG geschützt.[53] Rückt es dauerhaft nach, so erlangt es auch den nachwirkenden Kündigungsschutz (§ 15 I KSchG). Dasselbe gilt, wenn es zeitweilig nachgerückt ist und Aufgaben des Betriebsrats wahrgenommen hat.[54] Ein in der Berufsausbildung stehendes Ersatzmitglied kann nach § 78 a BetrVG den Antrag auf Übernahme in das Arbeitsverhältnis stellen, wenn es z. Zt. der Antragstellung Mitglied des Betriebsrats war.[55] Außerhalb der Mitgliedschaft im Betriebsrat ist ein Ersatzmitglied nur relativ durch **§ 78 BetrVG i. V. m. § 134 BGB** geschützt. Eine Kündigung des Ersatzmitglieds, um seinen Eintritt in den Betriebsrat zu verhindern oder um es wegen seiner vorübergehenden Tätigkeit im Betriebsrat zu maßregeln, ist danach rechtsunwirksam. Rückt ein Ersatzmitglied in den Betriebsrat ein, so erlangt es nicht automatisch die besonderen, dem ausscheidenden oder vorübergehend verhinderten Betriebsratsmitglied zustehenden Ämter. Das anstelle des Betriebsratsvorsitzenden nachrückende Ersatzmitglied wird also nicht automatisch Betriebsratsvorsitzender; war das ausscheidende oder verhinderte Betriebsratsmitglied Mitglied des Gesamtbetriebsrats oder des Wirtschaftsausschusses, so wird das nachrückende Ersatzmitglied nicht automatisch Mitglied dieser Betriebsverfassungsorgane.

II. Voraussetzungen des Nachrückens des Ersatzmitglieds

33 **(1)** Das Ersatzmitglied rückt in den Betriebsrat nach, wenn ein Betriebsratsmitglied aus dem Amt ausscheidet (vgl. hierzu oben § 16 V) oder wenn ein Betriebsratsmitglied zeitweilig verhindert ist. Eine vorübergehende Verhinderung ist dann gegeben, wenn das Betriebsratsmitglied aus tatsächlichen Gründen das Betriebsratsamt nicht ausüben kann. Dies ist auch dann der Fall, wenn die Verhinderung nur von kurzer Dauer ist, z. B. bei Urlaub, Krankheit, sonstiger Abwesenheit oder rechtlicher Verhinderung der Stimmabgabe etwa, weil das verhinderte Betriebsratsmitglied durch den Beschluss selbst betroffen

53 BAG AP 3, 5, 7 zu § 15 KSchG 1969.
54 BAG AP 7 zu § 15 KSchG 1969.
55 BAG AP 8 zu § 78 a BetrVG 1972.

wird.[56] Dagegen wird es nicht „betroffen" bei rein organisatorischen Akten, wie etwa bei der Wahl zum Betriebsratsvorsitzenden. Eine Erkrankung führt dann nicht zur Verhinderung, wenn das Betriebsratsmitglied auch während seiner Erkrankung Betriebsratsaufgaben wahrgenommen hat.[57] Eine länger währende Verhinderung des ordentlichen Betriebsratsmitglieds kann für ein Nachrücken im Interesse der Betriebsratskontinuität und zur Sicherung klarer Mehrheitsverhältnisse im Betriebsrat nicht verlangt werden. Die Verhinderung des ordentlichen Betriebsratsmitglieds muss aber objektiv einsichtig sein. Das Gesetz eröffnet nicht die Möglichkeit, dass sich ein Betriebsratsmitglied vertreten lässt, weil ihm das Verhandlungsthema der Betriebsratssitzung nicht passt usw. Das Betriebsratsmitglied, das an einer Sitzung nicht teilnehmen kann, hat daher den Betriebsratsvorsitzenden rechtzeitig und umfassend über die Gründe der Verhinderung zu unterrichten, damit dieser notfalls ein Ersatzmitglied laden kann (§ 29 II BetrVG; vgl. Rn. 73). Wird trotz Verhinderung kein Ersatzmitglied geladen, führt das zur Unwirksamkeit eines gleichwohl gefassten Betriebsratsbeschlusses.[58]

(2) Das Ersatzmitglied tritt für den Rest der Amtszeit bzw. für 34
die Dauer der Verhinderung des Betriebsratsmitglieds automatisch an dessen Stelle. Es bedarf hierzu weder einer Benachrichtigung durch den Vorsitzenden des Betriebsrats noch einer Annahme durch das Ersatzmitglied.[59]

III. Reihenfolge des Nachrückens der Ersatzmitglieder

Die Reihenfolge des Nachrückens der Ersatzmitglieder ist un- 35
terschiedlich geregelt, je nachdem, nach welchen Grundsätzen die Betriebsratswahl stattgefunden hat.

Ist der Betriebsrat nach den Grundsätzen der **Verhältniswahl** 36
gewählt worden, d. h. haben der Wahl mehrere Vorschlagslisten

56 BAG AP 6, 13 zu § 103 BetrVG 1972; BAG 3. 8. 1999 AP 7 zu § 25 BetrVG 1972.

57 BAG AP 2 zu § 25 BetrVG 1972 = DB 85, 1028 = NZA 85, 367.

58 BAG 3. 8. 1999, aaO; BAG 23. 8. 1984 – 2 AZR 291/83 –.

59 BAG AP 5 zu § 15 KSchG 1969; LAG Hamm 9. 2. 1994 – 3 Sa 1376/93 –; Fitting/Kaiser/Heither/Engels § 25 Rn. 13.

zugrunde gelegen (Abschn. II Rn. 92), so rückt als Ersatzmitglied unter Berücksichtigung des Geschlechterproporzes nach § 15 II BetrVG der/die nächstplatzierte Bewerber/Bewerberin nach, der/die auf derselben Liste wie das ausscheidende Betriebsratsmitglied aufgestellt war (§ 25 II 1 BetrVG).

Beispiel: Waren aus einer Liste die an erster und zweiter Stelle stehende Frau sowie der an dritter Stelle stehende Mann gewählt, so rückt, wenn der Mann ausscheidet, der der Reihenfolge nächste Mann in den Betriebsrat nach, auch wenn er erst an fünfter oder sechster Stelle auf der Liste stand.

37 Ergibt sich, dass die Liste, aus der das Ersatzmitglied nachrücken müsste, erschöpft ist, so ist das Ersatzmitglied aus derjenigen Vorschlagsliste zu entnehmen, auf die nach den Grundsätzen der Verhältniswahl der nächste Sitz entfallen würde (§ 25 II 2 BetrVG).

Beispiel: Gewählt waren aus der Liste I die Frauen A und B sowie der männliche Bewerber C. Auf der Liste I hat ein weiterer Mann nicht kandidiert. Scheidet C aus dem Betriebsrat aus, so rückt der nach den Grundsätzen der Verhältniswahl rangbeste männliche Beweber aus der nächstberechtigten Liste nach. Weist auch diese Liste keinen Mann mehr auf, der als Ersatzmitglied nachrücken könnte, so rückt eine Frau nach, und zwar aus der Liste, aus der nach den Grundsätzen der Verhältniswahl das nächste Ersatzmitglied nachrücken müsste, hier also (zunächst) Liste I.

Bei der Betriebsratswahl in einem Betrieb mit 590 Arbeitnehmern hat sich folgende Stimmverteilung ergeben:

Liste I	Liste II	Liste III	Divisor
300	150	120	1
150	75	60	2
100	50	40	3
75	37,5	30	4
60	30	24	5
50	25	20	6
42,8	21,4	17,1	7

Der Betriebsrat besteht aus 11 Mitgliedern.

Gewählt wurden 2 Frauen aus der Liste I, 2 Frauen aus der Liste II und 1 Frau aus der Liste III. Wenn die gewählte Frau aus Liste III ausscheidet und auf dieser keine weitere Bewerberin platziert ist, rückt die nächstplatzierte Bewerberin von Liste I nach, falls vorhanden, anderenfalls von Liste II. Falls auch dort keine nicht schon gewählte Bewerberin mehr platziert ist, rückt der nächstplatzierte Mann aus Liste III nach.

Hat die Betriebsratswahl nach den Grundsätzen der **Mehrheitswahl** stattgefunden, weil z. B. nur eine Vorschlagsliste eingereicht worden ist oder nur ein einköpfiger Betriebsrat zu wählen war, so rückt unter Beachtung von § 15 II BetrVG der Bewerber/die Bewerberin nach, der/die meisten Stimmen erzielt hat (§ 25 II 3 BetrVG). Beim einköpfigen Betriebsrat kann dabei auf eine Frau auch ein Mann folgen und umgekehrt. Dies folgt daraus, dass § 15 II BetrVG nur für den mehrköpfigen Betriebsrat gilt. 38

§ 18. Der Betriebsratsvorsitzende

I. Wahl des Betriebsratsvorsitzenden

Ist der Betriebsrat gewählt, so hat der Wahlvorstand vor Ablauf einer Woche nach dem Wahltag die Mitglieder des Betriebsrats zu seiner konstituierenden Sitzung zusammenzurufen (§ 29 I 1 BetrVG). In dieser Sitzung hat der Betriebsrat, um arbeitsfähig zu werden und nach außen ein Vertretungsorgan zu haben, einen **Vorsitzenden** und dessen **Stellvertreter** zu wählen (§ 26 I BetrVG). Bis der Betriebsrat aus seiner Mitte einen Wahlleiter bestellt hat, leitet der Vorsitzende des Wahlvorstands die Betriebsratssitzung (§ 29 I 2 BetrVG). Die Jugend- und Auszubildendenvertretung nimmt an der Sitzung nicht teil. Wegen der Aufgabe des Gruppenprinzips brauchen der Vorsitzende und sein Stellvertreter nicht mehr unterschiedlichen Gruppen (Arbeiter/Angestellte) anzugehören. An seine Stelle ist auch nicht die Geschlechtszugehörigkeit getreten. Die Rechtsprechung des BAG zu § 26 I 2 BetrVG 1972 ist damit obsolet geworden.[60] Im Zusammenhang mit der angemessenen Berücksichtigung der 39

60 Vgl. dazu BAG AP 4, 5, 8 zu § 27 BetrVG; BAG AP 2, 7 zu § 26 BetrVG

Geschlechter bei der Entsendung von Mitgliedern des Betriebsrats in den Gesamtbetriebsrat (§ 47 II 2 BetrVG) wird sie aber weiter von Bedeutung sein.

40 Der Betriebsrat schlägt aus seiner Mitte einen Vorsitzenden und dessen Stellvertreter vor. Jedes Betriebsratsmitglied kann dazu Vorschläge machen.[61] Alsdann wählt der gesamte Betriebsrat formlos mit Mehrheit einen der Vorgeschlagenen zum Vorsitzenden und – in einem getrennten Wahlgang – einen zu seinem Stellvertreter. Gewählt ist jeweils derjenige, der die meisten Stimmen erhält. Im Falle der Stimmengleichheit ist ein erneuter Wahlgang im Betriebsrat erforderlich.[62]

41 Für die Wahl des Betriebsratsvorsitzenden können weder durch Tarifvertrag noch durch Betriebsvereinbarungen besondere Wählbarkeitsvoraussetzungen geschaffen werden.[63] Indes können Koalitionsabsprachen für die Wahl getroffen werden.[64]

II. Die Rechtsstellung des Betriebsratsvorsitzenden

Kraft Gesetzes sind dem Betriebsratsvorsitzenden folgende Aufgaben übertragen:

42 **(1)** Er hat die Sitzungen des Betriebsrats einzuberufen, seine Tagesordnung festzusetzen und die Sitzungen zu leiten (§§ 29 II 1, 2 BetrVG). Jedoch kann unter den in § 29 III BetrVG beschriebenen Voraussetzungen die Anberaumung einer Sitzung sowie eine bestimmte Tagesordnung erzwungen werden.

43 **(2)** Ihm obliegt die Ladung der Mitglieder bzw. der Ersatzmitglieder unter Mitteilung der Tagesordnung (§ 29 II 3, 6 BetrVG). Gegebenenfalls hat er auch die Schwerbehindertenvertretung sowie die Jugend- und Auszubildendenvertreter, soweit diese ein Teilnahmerecht haben (Rn. 82), einzuladen (§ 29 II 4 BetrVG). Damit der Vorsitzende insoweit seine Aufgaben erfüllen kann,

---

1972; BAG 13. 11. 1991 – DB 92, 2429 = DB 92, 1988 = NZA 92, 994; BAG 8. 4. 1992–7 ABR 71/91 – NZA 1993, 270; LAG Düsseldorf DB 75, 2281.

61 BAG 8. 4. 1992 NZA 1993, 270.

62 Umstr., teilweise wird Losentscheid vertreten. So OVG Lüneburg AP 7 zu § 31 PersVG.

63 BAG AP 1 zu § 19 BetrVG 1972.

64 BAG AP 16 zu § 18 BetrVG.

hat ein verhindertes Mitglied des Betriebsrats oder der Jugend- und Auszubildendenvertretung unverzüglich seine Verhinderung und den Grund mitzuteilen (§ 29 II 5 BetrVG).

(3) Auf Antrag von einem Viertel der Mitglieder des Betriebs- 44
rats hat er zu den Betriebsratssitzungen einen Vertreter einer im Betrieb vertretenen Gewerkschaft hinzuzuziehen (§ 31 BetrVG, vgl. Abschn. I Rn. 122 und unten Rn. 84). Nicht notwendig ist, dass die Antragsteller die Hinzuziehung eines Vertreters einer Gewerkschaft beantragen, in der sie selbst organisiert sind.

(4) Der Betriebsratsvorsitzende hat die über die Sitzung aufge- 45
nommene Niederschrift zu unterschreiben (§ 34 I BetrVG).

(5) Der Betriebsratsvorsitzende hat die Betriebsversammlung 46
einzuberufen und zu leiten (§ 42 BetrVG).

(6) Vorbehaltlich der Bestimmung des § 77 I BetrVG hat der 47
Betriebsratsvorsitzende die Beschlüsse des Betriebsrats auszuführen; er hat also mit dem Arbeitgeber, den Gewerkschaften, der Einigungsstelle usw. zu verhandeln.

(7) Der Vorsitzende des Betriebsrats oder im Falle seiner Ver- 48
hinderung sein Stellvertreter vertritt den Betriebsrat im Rahmen der von ihm gefassten Beschlüsse (§ 26 II 1 BetrVG). Er ist nur **Vertreter in der Erklärung und nicht im Willen**, d. h. für die Willensbildung bedarf es stets eines Beschlusses des Gesamtgremiums.[65] Dem Vorsitzenden kann nicht allgemein eine Generalvollmacht zur Erledigung der Aufgaben des Betriebsrats in eigener Zuständigkeit erteilt werden.[66] Er hat mithin nur im Rahmen des vom Betriebsrat gefassten Beschlusses Vertretungsmacht. Eine Ermächtigung zur Erledigung von Einzelfällen kann ihm ausdrücklich oder konkludent[67] erteilt werden (bestr.): Eine konkludente Erteilung ist anzunehmen, wenn eine Übung dahin besteht, dass der Vorsitzende in bestimmten Fällen alleine Erklärungen abgibt (umstr.). So wird für zulässig gehalten, dass der Betriebsrat den Vorsitzenden ermächtigt, in gleich gelagerten Fällen nach bestimmten Richtlinien zu verfah-

65 BAG AP 2 zu § 70 PersVG Kündigung; AP 11 zu § 112 BetrVG 1972.
66 LAG Frankfurt NJW 65, 654; LAG Hamm DB 65, 1329.
67 BAG AP 1 zu § 14 AZO.

ren. Hat der Vorsitzende unter Überschreitung der ihm erteilten Vollmacht gehandelt, so sind die von ihm abgegebenen Willenserklärungen schwebend unwirksam. Sie werden endgültig unwirksam, wenn der Betriebsrat ihre Genehmigung ablehnt. Rechtlich zweifelhaft ist daher die Meinung des BAG, dass im Rahmen des Anhörungsverfahrens nach § 102 BetrVG ein fehlender Beschluss des Betriebsrats dann unschädlich sei, wenn der Arbeitgeber vor Ablauf der Anhörungsfrist aufgrund der Mitteilung des Betriebsratsvorsitzenden kündigt, der Betriebsrat erhebe keinen Einwand.[68] In Ausnahmefällen kann sich die Bindung des Betriebsrats an die Erklärung seines Vorsitzenden nach den Grundsätzen der Rechtsscheinhaftung ergeben. Diese setzt voraus, dass der Betriebsrat in zurechenbarer Weise den Anschein eines Beschlusses erweckt hat. Bestehen Zweifel, ob der Vorsitzende Vollmacht besitzt, so hat er diese durch Vorlage des entsprechenden Beschlusses des Betriebsrats nachzuweisen.[69] Erwachsen einem Dritten aus unter Überschreitung der Vertretungsmacht abgegebenen Willenserklärungen Schäden, so haftet der Betriebsratsvorsitzende, ohne dass er gem. § 40 I BetrVG Regress bei seinem Arbeitgeber nehmen könnte. Außerdem kann er nach § 23 I BetrVG aus dem Betriebsrat ausgeschlossen werden.

49 Erklärungen, die gegenüber dem Betriebsrat abzugeben sind, werden grundsätzlich gegenüber dem Betriebsratsvorsitzenden abgegeben. Im Falle seiner Verhinderung ist sein Stellvertreter zuständig (§ 26 II 2 BetrVG). Wird eine Erklärung gegenüber anderen Mitgliedern des Betriebsrats abgegeben, so sind diese lediglich Empfangsboten des Betriebsrats. Sie geht also dem Betriebsrat erst zu, wenn sie beim Vorsitzenden eingeht. Der Betriebsratsvorsitzende hat die Erklärungen an den Betriebsrat weiterzuleiten. Eine etwaige Äußerungsfrist des Betriebsrats läuft mit Zugang der Erklärung beim Vorsitzenden. Bedient sich der Betriebsrat der Posteingangsstelle seines Arbeitgebers, so ist der

68 BAG AP 4, 9 zu § 102 BetrVG 1972.

69 Vgl. BAG AP 2 zu § 70 PersVG Kündigung; AP 3 zu § 133 c GewO; AP 4, 9 zu § 102 BetrVG 1972.

mit der Annahme der Post Betraute Bediensteter des Betriebsrats i. S. von § 184 I ZPO.[70] Der Betriebsrat kann für die Entgegennahme von Willenserklärungen auch andere Personen bestimmen. Dies kann z. B. ein Ausschussvorsitzender sein, wenn dem Ausschuss die eigenständige Bearbeitung bestimmter Angelegenheiten, z. B. die Anhörung zu Kündigungen, übertragen ist.[71]

(8) Dem Betriebsratsvorsitzenden eines Betriebsrats mit weni- 50
ger als neun Mitgliedern kann die Führung der laufenden Geschäfte des Betriebsrats übertragen werden (§ 27 IV BetrVG).

(9) Nach h. M. ist der Betriebsratsvorsitzende zur Durchfüh- 51
rung der allgemeinen Aufgaben des Betriebsrats (Abschn. V Rn. 2 ff.) berechtigt, in die Lohn- und Gehaltslisten Einsicht zu nehmen (vgl. § 80 II BetrVG), wenn kein Betriebsausschuss besteht, vgl. Abschn. V Rn. 23.

(10) Der Betriebsratsvorsitzende kann an den Sitzungen der 52
Jugend- und Auszubildendenvertretung teilnehmen, sofern hierfür kein anderes Betriebsratsmitglied bestimmt wird (§ 65 II 2 BetrVG; dazu Abschn. III Rn. 280).

(11) Der Betriebsratsvorsitzende kann ferner an den Sprech- 53
stunden der Jugend- und Auszubildendenvertretung teilnehmen, sofern kein anderes Betriebsratsmitglied damit beauftragt ist (§ 69 S. 4 BetrVG).

III. Das Ende der Amtsdauer des Betriebsratsvorsitzenden

Grundsätzlich wird der Betriebsratsvorsitzende für die Dauer 54
seiner Mitgliedschaft im Betriebsrat gewählt. Es kann in der Geschäftsordnung des Betriebsrats (§ 36 BetrVG) aber z. B. bestimmt werden, dass jährlich ein neuer/anderer Vorsitzender gewählt werden muss. Der Vorsitzende kann jederzeit sein Amt niederlegen oder mit der Mehrheit der Stimmen der Betriebsratsmitglieder von seinem Amt abberufen werden.[72] Alsdann hat eine Neuwahl im Betriebsrat stattzufinden.

70 BAG AP 2 zu § 47 BetrVG 1972.

71 BAG AP 37 zu § 102 BetrVG 1972 = DB 86, 332 = NZA 86, 426.

72 BAG AP 8 zu § 626 BGB Druckkündigung.

IV. Der stellvertretende Vorsitzende des Betriebsrats

55 Dem stellvertretenden Vorsitzenden des Betriebsrats sind durch das BetrVG keine besonderen Aufgaben übertragen. Er wird daher nur im Fall der dauernden oder vorübergehenden Verhinderung des Vorsitzenden tätig,[73] also z. B. im Fall seiner Erkrankung, seines Urlaubs oder wenn der Vorsitzende persönlich durch Beschlüsse des Betriebsrats betroffen wird. Legt der Betriebsratsvorsitzende sein Amt nieder, muss dagegen eine Neuwahl erfolgen: Der stellvertretende Vorsitzende nimmt im Fall der Verhinderung des Betriebsratsvorsitzenden dessen Aufgaben wahr, in seiner Eigenschaft als Betriebsratsmitglied, wird der Vorsitzende jedoch durch das nach § 25 BetrVG zu bestimmende Ersatzmitglied vertreten (Rn. 33). Der Betriebsrat kann in seiner Geschäftsordnung oder durch Beschluss bestimmen, dass bestimmte Aufgaben durch den stellvertretenden Vorsitzenden wahrgenommen werden. Dagegen ist eine Delegation von Aufgaben durch den Vorsitzenden allein rechtlich unzulässig.

56 Ist auch der stellvertretende Vorsitzende verhindert, so kann der Betriebsrat aus seiner Mitte für die Dauer der Verhinderung einen weiteren Stellvertreter wählen. Zweckmäßigerweise wird für diesen Fall Vorsorge in der Geschäftsordnung des Betriebsrats getroffen.

§ 19. Der Betriebsausschuss

I. Wahl des Betriebsausschusses

57 Hat der Betriebsrat neun oder mehr Mitglieder, hat der Betrieb also mehr als 200 Arbeitnehmer, so hat der Betriebsrat in seiner konstituierenden Sitzung einen Betriebsausschuss zu bilden (§ 27 I 1 BetrVG). Der Betriebsausschuss besteht aus dem Betriebsratsvorsitzenden, dessen Stellvertreter und bei Betriebsräten mit 9–15 Mitgliedern aus drei weiteren, 17–23 Mitgliedern aus 5 weiteren, 25–35 Mitgliedern aus 7 weiteren, 37 oder mehr

73 BAG AP 1 zu § 83 ArbGG.

Mitgliedern aus 9 weiteren Ausschussmitgliedern. Dem Betriebsausschuss gehören daher 5 bis 11 Mitglieder an (§ 27 I 1 BetrVG). Die Zahl der Betriebsausschussmitglieder kann durch den Betriebsrat weder erhöht noch vermindert werden.

Die Wahl der vom Betriebsrat zu wählenden weiteren Aus- 58
schussmitglieder erfolgt nach den Grundsätzen der Verhältniswahl, es sei denn, es wird nur ein Wahlvorschlag gemacht; dann erfolgt die Wahl nach den Grundsätzen der Mehrheitswahl, § 27 I 3, 4 BetrVG. Die Wahl ist geheim. Die Wahlleitung obliegt dem Betriebsratsvorsitzenden. Gesetzesverstöße bei der Wahl der weiteren Mitglieder des Betriebsausschusses müssen grundsätzlich in einem Wahlanfechtungsverfahren geltend gemacht werden. Bei einer betriebsratsinternen Wahl tritt an die Stelle der Anfechtungsbefugnis von drei Wahlberechtigten die Anfechtungsbefugnis jedes einzelnen Betriebsratsmitglieds. Die Anfechtungsfrist beträgt in Anlehnung an § 19 BetrVG zwei Wochen.[74]

Grundsätzlich werden die Ausschussmitglieder **für die Dauer** 59
der Amtszeit des Betriebsrats gewählt (Rn. 5ff.). Der Betriebsausschuss kann jedoch vorher durch den Betriebsrat abberufen werden. Alsdann hat eine Neuwahl des Ausschusses stattzufinden.[75] Zugleich mit der Wahl des Ausschusses kann ein Ersatzmitglied gewählt werden für den Fall, dass nur ein einzelnes Mitglied abberufen wird oder sein Amt als Ausschussmitglied niederlegt oder es an seiner Amtsausübung verhindert ist. Ist ein Betriebsratsmitglied dauerhaft an der Amtsausübung verhindert, so tritt an seine Stelle im Betriebsrat das entsprechende Ersatzmitglied (Rn. 33). Dies wird aber nicht automatisch auch Ausschussmitglied. Vielmehr bestimmt sich das im Ausschuss nachrückende Mitglied nach den für die Mitgliedschaft im Ausschuss bestehenden Regelungen. Die Abberufung eines gewählten Ausschussmitglieds bedarf, wenn die weiteren Ausschussmitglieder nach den Grundsätzen der Verhältniswahl gewählt wurden, eines Beschlusses des Betriebsrats, der in geheimer Abstimmung gefasst wird und eine Mehrheit von drei

74 BAG v. 13. 11. 1991 – BB 92, 1648 = DB 92, 1986 = NZA 92, 989.
75 Vgl. BAG v. 29. 4. 1992 – BB 93, 366 = DB 93, 1527 = NZA 93, 329.

Vierteln der Stimmen der gesetzlichen Mitglieder des Betriebsrats – nicht nur der anwesenden Mitglieder – verlangt, § 27 I 5 BetrVG.

> **Beispiel:** Besteht der Betriebsrat aus 17 Mitgliedern, so bedarf es zur Abberufung einer Mehrheit von 13 Stimmen. Nehmen nur 12 Mitglieder an der Abstimmung teil, so ist der Beschluss auch dann unwirksam, wenn alle für die Abberufung stimmen.

60 Wurde das abzuberufende Ausschussmitglied nach den Grundsätzen der Mehrheitswahl gewählt, so bedarf der Beschluss des Betriebsrats nur der einfachen Mehrheit der Stimmen der anwesenden Mitglieder und kann in offener Abstimmung gefasst werden; der Betriebsrat muss allerdings beschlussfähig sein, § 33 I, II BetrVG.[76]

> **Beispiel:** Besteht der Betriebsrat aus 17 Mitgliedern und nehmen 9 an der Abstimmung teil, ist der Betriebsrat beschlussfähig. Der Abberufungsbeschluss ist wirksam gefasst, wenn 5 Mitglieder dafür stimmen. Sind 10 Mitglieder anwesend, müssen 6 für die Abberufung stimmen, § 33 I 2 BetrVG.

Eine Abberufung des Ausschussmitglieds durch das Arbeitsgericht, etwa wegen Pflichtverletzung, ist im Gesetz nicht vorgesehen. Insoweit ist nur ein Ausschluss aus dem Betriebsrat überhaupt möglich (Rn. 16ff.).

II. Die Aufgaben des Betriebsausschusses

61 Kraft Gesetzes obliegt dem Betriebsausschuss die **Führung der laufenden Geschäfte** (§ 27 II 1). Laufende Geschäfte sind alle, für die ein Beschluss des Betriebsrats nicht notwendig ist. Hierzu gehören z. B. die Entgegennahme von Beschwerden, Erteilung von Auskünften, Vorbereitung von Beschlüssen und Sitzungen usw. Dagegen gehört die Ausübung der Mitwirkungs- und Mitbestimmungsrechte nicht zu den laufenden Geschäften.

76 Fitting/Kaiser/Heither/Engels § 27 Rn. 64ff.

Der Betriebsrat kann dem Betriebsausschuss mit der Mehrheit der Stimmen seiner gesetzlichen Mitglieder Aufgaben zur **selbständigen** Erledigung übertragen (§ 27 II 2 BetrVG). 62

Beispiel: Besteht der Betriebsrat aus 35 Mitgliedern, so bedarf es zur Übertragung der Mehrheit von 18 Stimmen, gleichgültig, wie viele Mitglieder an der Abstimmung teilnehmen.

Ausgenommen von der Übertragung ist nur der Abschluss von Betriebsvereinbarungen. Dem Betriebsausschuss kann zwar die Mitbestimmung im personellen[77] oder sozialen Bereich übertragen werden, aber nur, soweit nicht Betriebsvereinbarungen abgeschlossen werden. Je größer und damit schwerfälliger der Betriebsrat ist, um so mehr ist eine Übertragung von Aufgaben angebracht. Die übertragenen Aufgaben müssen im Betriebsratsbeschluss genau umschrieben werden. Die Übertragung bedarf der Schriftform (§ 27 II 3 BetrVG). Diese ist gewahrt, wenn der Betriebsratsbeschluss in die Sitzungsniederschrift (§ 34 I BetrVG) aufgenommen wird. Der Betriebsrat kann die Übertragung der Aufgaben jederzeit mit der Mehrheit der Stimmen seiner Mitglieder schriftlich widerrufen (§ 27 II 4 BetrVG).

III. Stellung des Betriebsausschusses

Der Betriebsausschuss ist keine besondere Betriebsvertretung, 63
sondern ein Organ des Betriebsrats. Er ist ein erweiterter geschäftsführender Vorstand des Betriebsrats. Vorsitzender und stellvertretender Vorsitzender des Betriebsausschusses sind der Betriebsratsvorsitzende und sein Vertreter. Die Sitzungen des Betriebsausschusses finden regelmäßig während der Arbeitszeit statt. An seinen Sitzungen können dieselben Personen wie an der Betriebsratssitzung teilnehmen. §§ 29ff. BetrVG gelten entsprechend;[78] dies gilt auch für die Schwerbehindertenvertretung (§ 94 SGB IX). Umstr. ist, inwieweit die Jugend- und Auszubildendenvertretung ein Teilnehmerrecht hat.

77 BAG AP 1 zu § 28 BetrVG 1972; AP 32 zu § 102 BetrVG 1972 = DB 85, 340 = NZA 85, 96; vgl. auch AP 4, 32 zu § 102 BetrVG 1972.

78 BAG AP 2 zu § 108 BetrVG 1972 = DB 81, 1240.

IV. Sonstige Ausschüsse

64 **(1)** Bereits in Betrieben mit mehr als 100 Arbeitnehmern kann der Betriebsrat Ausschüsse bilden und diesen bestimmte Aufgaben übertragen (§ 28 I BetrVG).

65 Damit wird Betriebsräten in Betrieben mit mehr als 100 Arbeitnehmern die Möglichkeit gegeben, ihre Arbeit besser und effektiver zu gestalten und zu erledigen, indem sie für bestimmte Angelegenheiten **Fachausschüsse** bilden können, die für besondere Themen zuständig sind und diese für eine sachgerechte Beschlussfassung im Betriebsrat vorbereiten. Hierunter fällt zum Beispiel die Möglichkeit, speziell für Fragen der Frauenförderung oder der betrieblichen Integration ausländischer Arbeitnehmer einen eigenen Ausschuss zu bilden. Dies war nach § 28 BetrVG 1972 nur möglich in Betrieben mit mehr als 300 Arbeitnehmern, da ein Betriebsausschuss gebildet sein musste und dies die Anzahl von mehr als 300 Arbeitnehmern voraussetzte. Diese Fachausschüsse können die ihnen übertragenen Aufgaben allerdings nicht selbständig wahrnehmen, sondern Beschlüsse des Betriebsrats nur vorbereiten. Die Übertragung von Aufgaben zur eigenständigen Erledigung auf Ausschüsse setzt wie bisher voraus, dass – in Betrieben mit mehr als 200 Arbeitnehmern – ein Betriebsausschuss besteht (§ 28 I 3 BetrVG). Für die Wahl und Abberufung der Ausschussmitglieder gilt § 27 I 3, 4, 5 BetrVG entsprechend.

66 Die Übertragung von Aufgaben zur nichtselbständigen Wahrnehmung bedarf nur der einfachen Stimmenmehrheit im Betriebsrat. Sollen den sonstigen Ausschüssen (in Betrieben mit Betriebsausschuss) Aufgaben zur selbständigen Erledigung übertragen werden, bedarf es dazu der qualifizierten Mehrheit und der Schriftform entsprechend § 27 II 2, 3 BetrVG. Für den Widerruf gilt § 27 II 4 BetrVG entsprechend (§ 28 I 3 BetrVG).

67 Ist ein **Personalausschuss** gebildet, so hält das BAG es für denkbar, dass Betriebsrat und Arbeitgeber paritätisch besetzte Ausschüsse bilden, z. B. drei Vertreter des Arbeitgebers und drei Vertreter des Betriebsrats. Auch diesen soll die Wahrneh-

mung der personellen Mitbestimmung übertragen werden können.[79]

In Betrieben bis zu 200 Arbeitnehmern kann ein Betriebsausschuss nicht gebildet werden. Jedoch kann der Betriebsrat die Führung der laufenden Geschäfte auf den Betriebsratsvorsitzenden oder andere Betriebsratsmitglieder übertragen (§ 27 III BetrVG). Es kann mithin ein geschäftsführender Ausschuss gebildet werden. Eine Notwendigkeit, einen Betriebsausschuss zu bilden, besteht hier nicht, da der Betriebsrat in seiner Gesamtheit die Aufgaben wahrnehmen kann. Es können nur die laufenden Geschäfte zur Erledigung übertragen werden, dagegen nicht die Ausübung der Mitwirkungs- und Mitbestimmungsrechte. Besteht kein Betriebsausschuss, so ist der Betriebsratsvorsitzende gemäß § 80 II BetrVG berechtigt, in die Listen über die Bruttolöhne und Gehälter Einblick zu nehmen (Rn. 50).[80] 68

(2) Der Betriebsrat hat in zahlreichen Fällen ein erzwingbares Mitbestimmungsrecht. Dieses Mitbestimmungsrecht kann dergestalt ausgeübt werden, dass Arbeitgeber und Betriebsrat eine Vereinbarung schließen und diese alsdann durch den Arbeitgeber ausgeführt wird. Eine derartige Verfahrensweise kann sich aber als zu schwerfällig erweisen, wenn es z. B. um die Verwaltung einer Sozialeinrichtung geht. In diesen Fällen besteht die Möglichkeit, dass die Organe der Sozialeinrichtung paritätisch besetzt werden. Für die Besetzung durch den Betriebsrat wird ein Betriebsratsausschuss gebildet, dem alsdann die Angelegenheiten zur eigenständigen Verwaltung überwiesen werden.[81] 69

V. Arbeitsgruppen

Gänzlich neu ist die Vorschrift des § 28a BetrVG. Sie regelt die Delegation von Aufgaben des Betriebsrats an bestimmte Arbeitsgruppen. Sie soll den Bedürfnissen der Praxis und dem 70

79 BAG AP 32 zu § 102 BetrVG 1972 = DB 85, 340 = NZA 85, 96; BAG 20. 10. 1993 AP 5 zu § 28 BetrVG 1972 = NZA 1994, 567.

80 BAG 18. 9. 1973 AP 4 zu § 80 BetrVG 1972; BAG 23. 2. 1973 BAGE 25, 75 = BB 1973, 799.

81 BAG AP 5 zu § 87 BetrVG 1972 Altersversorgung; BAG AP 1 zu § 1 BetrVG Unterstützungskasse; vgl. aber BAG AP 32 zu § 102 BetrVG 1972.

Wunsch der Arbeitnehmer nach mehr unmittelbarer Beteiligung Rechnung tragen. Erforderlich ist, dass im Betrieb **mehr als 100 Arbeitnehmer** beschäftigt werden. Nach § 28a I 1 BetrVG kann der Betriebsrat unter dieser Voraussetzung mit der Mehrheit der Stimmen seiner Mitglieder (also nicht nur der Mehrheit der bei der Beschlussfassung anwesenden Mitglieder) bestimmte Aufgaben auf Arbeitsgruppen übertragen. Dies kommt nach der Begründung des Referentenentwurfs insbesondere bei Gruppenarbeit iSv. § 87 I Nr. 13 BetrVG, aber auch bei sonstiger Team- und Projektarbeit sowie für bestimmte Beschäftigungsarten und -arbeitsbereiche in Frage. Neben dem Übertragungsbeschluss des Betriebsrats bedarf es einer Rahmenvereinbarung zwischen Betriebsrat und Arbeitgeber, in der vor allem festzulegen ist, welchen Arbeitsgruppen in welchem Umfang Aufgaben übertragen werden sollen. Nach § 28a I 2 BetrVG müssen die Aufgaben in einem inneren Zusammenhang mit den von der Arbeitsgruppe zu erledigenden Tätigkeiten stehen. Das ist der Fall z. B. bei der Übertragung von Regelungsbefugnissen im Zusammenhang mit Arbeitszeitfragen, Pausenregelungen, Arbeitsgestaltung und Urlaubsplanung. Unzulässig ist es dagegen, dass der Betriebsrat etwa bei einer Betriebsänderung dem davon betroffenen Arbeitsbereich die Beteiligungsrechte nach §§ 111ff. BetrVG überträgt. Gemäß § 28a I 3 BetrVG bedarf die Übertragung der Schriftform. Ein Widerruf der Übertragung ist jederzeit möglich, ohne dass es dafür eines besonderen Grundes bedürfte. Der wirksame Widerruf verlangt dieselbe Stimmenmehrheit wie die Übertragung und bedarf ebenfalls der Schriftform (§ 28a I 4 BetrVG).

71 Nach einer wirksamen Übertragung von Aufgaben kann die Arbeitsgruppe im Rahmen dieser Aufgaben mit dem Arbeitgeber Vereinbarungen schließen. Dafür bedarf es der Mehrheit der Stimmen der Gruppenmitglieder. § 77 BetrVG gilt entsprechend, d. h. solchen Vereinbarungen kommt derselbe normative Status wie Betriebsvereinbarungen zu (§ 28a II BetrVG). Zur Größe, Zusammensetzung und sonstigen inneren Struktur der Arbeitsgruppe macht das Gesetz keine Vorgaben. Die Mitglieder müssen aber, anders als die Mitglieder des Betriebsausschusses oder sonstiger Ausschüsse nach §§ 27, 28 BetrVG, keine Mitglieder

des Betriebsrats sein. Ein Wechsel in die oder aus der Gruppe wird sich in der Regel als Versetzung nach § 95 III BetrVG darstellen und nach § 99 I BetrVG mitbestimmungspflichtig sein.[82] Können sich Arbeitgeber und Arbeitsgruppe in einer bestimmten Angelegenheit nicht einigen, fällt das Beteiligungsrecht in dieser Angelegenheit an den Betriebsrat als Gesamtgremium zurück. Nur der Betriebsrat, nicht auch die Arbeitsgruppe soll die Lösung von Streitfragen etwa durch Anrufung der Einigungsstelle erzwingen können (§ 28a II 3 BetrVG).

§ 20. Die Betriebsratssitzung

I. Die Einberufung der Betriebsratssitzung

Zu seiner konstituierenden Sitzung wird der Betriebsrat durch 72 den Wahlvorstand einberufen (§ 29 I 1 BetrVG). Die weiteren Betriebsratssitzungen werden, sofern der Betriebsrat nicht in einem festen Turnus tagt (z. B. jeweils mittwochs nachmittags), durch den Vorsitzenden oder, im Falle seiner Verhinderung, durch seinen Stellvertreter anberaumt (§ 29 II BetrVG). Die Anberaumung der Betriebsratssitzungen steht im pflichtgemäßen Ermessen des Vorsitzenden. Vor der Anberaumung der Sitzung hat der Vorsitzende die **Tagesordnung** festzusetzen. Auch sie steht in seinem pflichtgemäßen Ermessen. Der Vorsitzende ist jedoch gezwungen, eine Sitzung anzusetzen und einen bestimmten Beratungsgegenstand auf die Tagesordnung zu setzen, wenn dies mündlich oder schriftlich durch ein Viertel der Mitglieder des Betriebsrats (Zahl der Betriebsratsmitglieder geteilt durch 4, aufgerundet auf volle Kopfzahl) oder durch den Arbeitgeber beantragt wird. Kommt der Vorsitzende diesem Antrag nicht nach, so kann er wegen grober Pflichtverletzung abberufen werden (§ 23 I BetrVG, vgl. Rn. 16ff.).

Zu den Betriebsratssitzungen hat der Vorsitzende die Be- 73 triebsratsmitglieder, die Schwerbehindertenvertretung sowie die Jugend- und Auszubildendenvertreter, soweit sie ein Recht auf Teilnahme an der Betriebsratssitzung haben, zu **laden** (§ 29 II 3,

82 Franzen ZfA 2001, 423, 433/34.

4 BetrVG). U. U. ist auch der Vertrauensmann der Zivildienstleistenden (§ 37 V ZDG) zu laden. Bestimmte Ladungs- und Einlassungsfristen sind im Gesetz nicht vorgesehen. Jedoch muss die Ladung so **rechtzeitig** erfolgen, dass sich die Teilnehmer auf die Sitzung vorbereiten und mit dem Beratungsgegenstand vertraut machen können.[83] Die Geschäftsordnung des Betriebsrats kann für die Ladung bestimmte Fristen vorsehen. Die Ladung kann formfrei, mündlich oder schriftlich erfolgen. Ohne Ladung kann der Betriebsrat nur zusammentreten und wirksame Beschlüsse fassen, wenn alle Mitglieder anwesend und einverstanden sind.[84] Kann ein Betriebsratsmitglied oder ein Mitglied der Jugend- und Auszubildendenvertretung an der Sitzung nicht teilnehmen, so soll es dies unter Angabe der Gründe unverzüglich, d. h. ohne schuldhaftes Zögern (§ 121 BGB), dem Vorsitzenden mitteilen, damit dieser ein Ersatzmitglied laden kann (§ 29 II 5 BetrVG). Die Reihenfolge der hinzuzuziehenden Ersatzmitglieder bestimmt sich nach § 25 BetrVG (Rn. 35 ff.). Unterbleibt die rechtzeitige Ladung des Ersatzmitglieds, so ist ein gleichwohl gefasster Beschluss des Betriebsrats fehlerhaft[85] (Rn. 108). Etwas anderes gilt nur dann, wenn ein Ersatzmitglied nicht mehr rechtzeitig hat geladen werden können. Unterbleibt die Mitteilung der Tagesordnung, so liegt ein Verstoß gegen eine wesentliche und unverzichtbare Verfahrensvorschrift vor. Dieser Mangel macht die Beschlüsse des Betriebsrats unwirksam (Rn. 108).[86] Etwas anderes gilt nur dann, wenn der Mangel durch einstimmigen Beschluss der vollzählig versammelten Betriebsrats- bzw. Ersatzmitglieder, einen bestimmten Tagesordnungspunkt behandeln zu wollen, geheilt worden ist.[87] Auch unter dem Tagesordnungspunkt „Verschiedenes" kann der Betriebsrat Beschlüsse nur fassen, wenn er

83 LAG Hamm BB 92, 1562 = DB 92, 2148.

84 LAG Saarbrücken AP 2 zu § 29 BetrVG; LAG Düsseldorf DB 75, 743.

85 BAG AP 17 zu § 103 BetrVG 1972 = DB 85, 554 = NZA 85, 254; LAG Düsseldorf DB 75, 743.

86 BAG AP 2 zu § 29 BetrVG 1972 = NZA 89, 223; AP 17 zu § 103 BetrVG 1972 = NZA 85, 254.

87 BAG 28. 4. 1988 BAGE 58, 221 = NZA 1989, 223.

vollzählig versammelt ist und kein Mitglied der Beschlussfassung widerspricht.[88]

II. Die Zeit der Betriebsratssitzung

Die Betriebsratssitzungen finden regelmäßig **während der Arbeitszeit** statt (§ 30 S. 1 BetrVG). Der Betriebsrat hat sowohl wegen der Auswahl des Zeitpunkts als auch wegen der Tagungsdauer auf die betrieblichen Notwendigkeiten Rücksicht zu nehmen (§ 30 S. 2 BetrVG). Es muss ein angemessener Ausgleich zwischen den Interessen des Arbeitgebers an der Arbeitsleistung der Betriebsratsmitglieder und dem ungestörten Betriebsablauf und der Amtstätigkeit des Betriebsrats stattfinden. Der Betriebsrat sollte sich daher namentlich wegen seiner regelmäßigen Sitzungen mit dem Arbeitgeber abstimmen. Jedoch ist eine Zustimmung des Arbeitgebers zu Zeitpunkt und Dauer der Betriebsratssitzung nicht notwendig. Auch dann, wenn eine Abstimmung wegen des Zeitpunkts der Betriebsratssitzung stattgefunden hat, ist der Betriebsrat nicht gehindert, sich auch zu anderen Zeiten zu einer Sitzung zusammenzufinden. Dies kann z. B. notwendig werden, wenn über eine überraschende Kündigung beraten werden muss usw. Streitigkeiten über Zeitpunkt und Dauer der Sitzung entscheidet das Arbeitsgericht im Beschlussverfahren (§ 2 a ArbGG). Notfalls kann eine Entscheidung im Wege der einstweiligen Verfügung herbeigeführt werden (§ 85 ArbGG, hierzu Abschn. XI Rn. 49ff.). Dagegen ist der Arbeitgeber nicht ohne weiteres berechtigt, die Arbeitsvergütung der Betriebsratsmitglieder zu kürzen, wenn auf die betrieblichen Notwendigkeiten keine Rücksicht genommen worden ist.[89] Der Arbeitgeber kann ein Betriebsratsmitglied allenfalls in Notsituationen an der Sitzungsteilnahme hindern.[90] Damit der Arbeitgeber der Betriebsratssitzung im betrieblichen Ablauf Rechnung tragen kann, ist er vorher von ihr zu verständigen (§ 30 S. 3 BetrVG). Unterbleibt die Benachrichtigung des Arbeitgebers, so kann der Betriebsratsvorsitzende bzw. der Betriebsrat schadensersatzpflichtig werden. 74

88 BAG 28. 10. 1992 AP 4 zu § 29 BetrVG 1972 = NZA 1993, 466.
89 Vgl. LAG Hamm EzA Nr. 58 zu § 37 BetrVG 1972.
90 LAG Hamm 10. 1. 1996 – 3 Sa 566/95 –.

75 Die einzelnen Betriebsratsmitglieder haben das Recht, ihren Arbeitsplatz zur Teilnahme an den Betriebsratssitzungen zu verlassen. Sie sind lediglich gehalten, sich beim Arbeitgeber bzw. den betrieblichen Aufsichtspersonen an- und abzumelden.[91] Verlassen sie gegen den Willen des Arbeitgebers oder der bestellten Aufsichtspersonen den Arbeitsplatz, so kann hierin eine Arbeitsverweigerung nicht gesehen werden. Infolge der Teilnahme an den Betriebsratssitzungen darf den Betriebsratsmitgliedern ein Verdienstausfall nicht erwachsen (§ 37 II BetrVG).

76 In Ausnahmefällen kann die Betriebsratssitzung außerhalb der Arbeitszeit stattfinden. Für die Teilnahme an derartigen Sitzungen erwächst grundsätzlich kein Vergütungsanspruch. Nur dann, wenn die Betriebsratssitzung aus betriebsbedingten Gründen ganz oder teilweise außerhalb der Arbeitszeit stattfinden muss, hat das Betriebsratsmitglied Anspruch auf eine der Dauer der Betriebsratssitzung entsprechende Arbeitszeitbefreiung unter Fortzahlung des Arbeitsentgelts (§ 37 III 1). Betriebsbedingte Gründe sind alle Gründe, die durch den Betriebsablauf bedingt sind. Findet in Schichtbetrieben die Betriebsratssitzung für einen Teil der Betriebsratsmitglieder außerhalb der Arbeitszeit statt, so beruht dies auf betriebsbedingten Gründen, so dass der Schichtarbeiter Anspruch auf entsprechende Arbeitsbefreiung erlangt. Kann der Arbeitszeitausgleich innerhalb eines Monats nicht gewährt werden, so ist die aufgewandte Zeit wie Mehrarbeit, also einschließlich etwaiger Zuschläge, zu vergüten (§ 37 III 2 BetrVG). Dieser Vergütungsanspruch entsteht nur, wenn der Arbeitnehmer zuvor Freizeitausgleich verlangt hat und dieser vom Arbeitgeber aus betriebsbedingten Gründen verweigert worden ist.[92]

III. Die Leitung und Nichtöffentlichkeit der Betriebsratssitzung

77 Die Betriebsratssitzungen sind nicht öffentlich (§ 30 S. 4 BetrVG). Teilnahmeberechtigt sind also nur die Betriebsratsmitglieder, die Schwerbehindertenvertretung, die Jugend- und Auszubildendenvertreter, der Vertrauensmann der Zivildienstleisten-

91 BAG AP 4 zu § 37 BetrVG; BAG AP 36 zu § 37 BetrVG 1972.

92 BAG 25. 8. 1999 – 7 AZR 713/97 – AP 130 zu § 37 BetrVG 1972 = NZA 2000, 554.

den (§ 37 V ZDG), sowie die unter IV. aufgezählten Personen. Nicht herangezogen werden können Ersatzmitglieder oder sonstige Arbeitnehmer des Betriebs. Allerdings kann der Betriebsrat zu einzelnen Beratungsgegenständen Dritte hinzuziehen, etwa Sachverständige, um sich beraten zu lassen, oder betroffene Arbeitnehmer bei personellen Einzelmaßnahmen. Die hinzugezogenen Personen haben jedoch keine beratende Stimme. Der Verstoß gegen das Verbot der Nichtöffentlichkeit macht einen Beschluss nicht unwirksam.

Wenngleich die Sitzungen des Betriebsrats nicht öffentlich 78
sind, kann hieraus nicht gefolgert werden, dass über die Sitzungen Stillschweigen zu bewahren wäre.[93] Eine über § 79 BetrVG hinausgehende Verpflichtung zur Verschwiegenheit besteht nicht. Allerdings kann bei Angelegenheiten, die einer vertraulichen Behandlung bedürfen, eine gewisse Verpflichtung zur Vertraulichkeit bestehen.

Die **Leitung** der Betriebsratssitzung obliegt dem Betriebsrats- 79
vorsitzenden oder im Falle seiner Verhinderung seinem Stellvertreter. Er hat die Verhandlung zu eröffnen, das Wort zu erteilen, zu entziehen und die Verhandlung zu schließen. Ihm steht das Hausrecht zu; er kann also für begrente Zeit oder auf Dauer bestimmte Personen aus dem Sitzungszimmer entfernen. Dies gilt auch gegenüber dem Arbeitgeber, dessen Hausrecht im Sitzungszimmer ruht. Eine Ausschließung des Arbeitgebers ist unzulässig, wenn er ein Teilnahmerecht an der Sitzung hat. Unter Berufung auf das Hausrecht kann nicht in die betriebsverfassungsrechtlichen Rechte der übrigen Betriebsratsmitglieder eingegriffen werden.

IV. Die Teilnahme sonstiger Personen an den Betriebsratssitzungen

Der Sprecherausschuss der leitenden Angestellten kann dem 80
Betriebsrat oder Mitgliedern des Betriebsrats das Recht einräumen, an Sitzungen des Sprecherausschusses teilzunehmen. Der Betriebsrat kann dem Sprecherausschuss oder Mitgliedern des

93 Vgl. BAG AP 12 zu § 102 BetrVG 1972.

Sprecherausschusses das Recht einräumen, an Sitzungen des Betriebsrats teilzunehmen. Einmal im Kalenderjahr soll eine gemeinsame Sitzung von Sprecherausschuss und Betriebsrat stattfinden (§ 2 II SprAuG).

81 Die **Jugend- und Auszubildendenvertretung** hat Einfluss auf den Beratungsgegenstand des Betriebsrats. Sie kann zwar keine Betriebsratssitzung erzwingen, aber beim Betriebsrat beantragen, dass Angelegenheiten, die besonders jugendliche Arbeitnehmer betreffen, auf die nächste Tagesordnung gesetzt werden (§ 67 III 1 BetrVG). Das Antragsrecht steht nur der Jugend- und Auszubildendenvertretung als Ganzer, nicht dagegen einzelnen Jugend- und Auszubildendenvertretern zu. Ferner muss die Jugend- und Auszubildendenvertretung den Beratungsgegenstand bereits vorberaten haben. Hierdurch soll erreicht werden, dass die Angelegenheit bereits ausreichend überdacht und die Jugend- und Auszubildendenvertretung in der Lage ist, im Betriebsrat eine sachkundige Diskussion zu führen. Das Antragsrecht steht der Jugend- und Auszubildendenvertretung nur in solchen Angelegenheiten zu, durch die **besonders** jugendliche Arbeitnehmer betroffen werden, d. h. in Angelegenheiten, die speziell Jugendliche betreffen. Es muss sich um Angelegenheiten handeln, die für jugendliche Arbeitnehmer von besonderer Bedeutung sind. Hierzu gehören insbesondere Fragen des Jugendarbeitsschutzes oder der Berufsausbildung.[94] Weigert sich der Betriebsratsvorsitzende zu Unrecht, einen Beratungsgegenstand auf die Tagesordnung zu setzen, so begeht er eine Amtspflichtverletzung und kann notfalls gem. § 23 BetrVG abberufen werden (vgl. Abschn. III Rn. 16ff.). Umgekehrt soll der Betriebsrat Angelegenheiten, die besonders jugendliche Arbeitnehmer betreffen, der Jugend- und Auszubildendenvertretung zur Beratung zuleiten (§ 67 III 2 BetrVG). Er sollte daher über derartige Angelegenheiten erst einen Beschluss fassen, nachdem die Jugend- und Auszubildendenvertretung ihrerseits die Angelegenheit beraten hat.

82 Zu allen Betriebsratssitzungen kann die Jugend- und Auszubildendenvertretung einen Vertreter entsenden (§ 67 I 1

94 Einzelheiten bei Fitting/Kaiser/Heither/Engels § 67 Rn. 11, 18 m. w. N.

BetrVG). Der Betriebsratsvorsitzende hat daher, sofern nicht der Betriebsrat turnusmäßig tagt, zu jeder Sitzung einen Jugend- und Auszubildendenvertreter zu laden. Der Jugend- und Auszubildendenvertretung obliegt es zu bestimmen, welcher konkrete Vertreter an der Sitzung teilnimmt. Sie kann von vornherein bestimmen, dass etwa der Jugend- und Auszubildendenvertreter A an den Betriebsratssitzungen teilnehmen soll. Ist eine derartige Bestimmung nicht getroffen worden, so hat der Betriebsratsvorsitzende die Einladung an den Vorsitzenden der Jugend- und Auszubildendenvertretung zu richten, der dann seinerseits einen Beschluss der Jugend- und Auszubildendenvertretung herbeiführen muss, wer das Teilnahmerecht ausüben soll. Werden im Betriebsrat Angelegenheiten behandelt, die besonders Jugendliche und Auszubildende betreffen (Rn. 273 ff.), so hat zu diesen Tagesordnungspunkten die gesamte Jugend- und Auszubildendenvertretung ein Teilnahmerecht (§ 67 I 2 BetrVG). In diesen Fällen hat also der Betriebsratsvorsitzende von sich aus sämtliche Jugend- und Auszubildendenvertreter und im Falle der Verhinderung die betreffenden Ersatzmitglieder einzuladen.

Ein **Stimmrecht** haben die **Jugend- und Auszubildendenvertreter** in der Betriebsratssitzung **grundsätzlich nicht.** Sie können sich gleichwohl zu allen Tagesordnungspunkten zu Wort melden und ihre Meinung äußern. Etwas anderes gilt nur, sofern von den vom Betriebsrat zu fassenden Beschlüssen besonders und **überwiegend** jugendliche Arbeitnehmer betroffen werden. In diesen Fällen haben sämtliche Jugend- und Auszubildendenvertreter auch das Stimmrecht (§ 67 II BetrVG). Dies kann dazu führen, dass selbst der vollzählig anwesende Betriebsrat durch die Jugend- und Auszubildendenvertretung überstimmt wird, wenn in einem Betrieb entsprechend viele jugendliche Arbeitnehmer beschäftigt werden. Die Tatbestandsmerkmale „besonders jugendliche Arbeitnehmer betreffend" und „überwiegend jugendliche Arbeitnehmer betreffend" sind nicht deckungsgleich. Der Begriff „überwiegend" ist quantitativ zu verstehen. Überwiegend Jugendliche werden betroffen, wenn von einem Beschluss zahlenmäßig mehr jugendliche oder auszubildende Arbeitnehmer als andere betroffen werden, wenn z. B. der Betriebsrat eine

Ordnung für die Ausbildungswerkstatt verabschieden will. Der Begriff „besonders“ ist dagegen qualitativ zu verstehen (s. o. Rn. 81). Verweigert der Betriebsrat der Jugend- und Auszubildendenvertretung das Abstimmungsrecht, obwohl es notwendig gewesen wäre, so ist der Beschluss des Betriebsrats rechtsunwirksam. Werden komplexe Angelegenheiten im Betriebsrat behandelt, durch die nur teilweise jugendliche Arbeitnehmer betroffen werden, so hat der Betriebsrat über jede einzelne Angelegenheit besonders abzustimmen und jeweils nach Art der Angelegenheit mit oder ohne Jugend- und Auszubildendenvertretung zu stimmen.

83 Die Schwerbehindertenvertretung (§ 94 SGB IX) kann an allen Sitzungen des Betriebsrats beratend teilnehmen[95] (§ 32 BetrVG, § 95 IV SGB IX). Sie ist also berechtigt, an den Betriebsratssitzungen teilzunehmen, auch wenn Angelegenheiten der Schwerbehinderten (vgl. § 80 I Nr. 4 BetrVG) nicht erörtert werden. Ist der Vertrauensmann der Schwerbehinderten verhindert, an den Sitzungen teilzunehmen, so ist ein Stellvertreter durch den Betriebsratsvorsitzenden zu laden (vgl. § 94 I SGB IX). **Stimmberechtigt** ist die Schwerbehindertenvertretung **nicht**. Sie kann jedoch nach § 35 I BetrVG, § 95 IV SGB IX – so wie nach § 35 I, § 66 I BetrVG die Jugend- und Auszubildendenvertretung auch – die Aussetzung eines Beschlusses des Betriebsrats erzwingen (Rn. 97 ff.). Das Recht der Schwerbehindertenvertretung zur beratenden Teilnahme an Sitzungen des Betriebsrats umfasst auch das Recht, an den Sitzungen der Ausschüsse des Betriebsrats oder der gemeinsamen Ausschüsse des Betriebsrats und des Arbeitgebers teilzunehmen.[96] Streitigkeiten über Rechte und Pflichten der Schwerbehindertenvertretung gegenüber dem Arbeitgeber und Betriebsrat sind im Beschlussverfahren zu entscheiden.[97]

84 Vertreter der **Gewerkschaften** haben kein eigenständiges Recht auf Teilnahme an den Betriebsratssitzungen, wenngleich der

95 BAG AP 4 zu § 74 BetrVG 1972 = DB 84, 1529 = NZA 84, 166.
96 BAG 21. 4. 1993 – DB 93, 2388 = NZA 94, 43.
97 BAG 2. 9. 1989 – 1 AZR 465/88 – DB 90, 796.

Betriebsrat vertrauensvoll mit den im Betriebsrat vertretenen Gewerkschaften zusammenarbeiten soll (§ 2 I BetrVG). Der Betriebsratsvorsitzende hat einen Beauftragten einer im Betriebsrat vertretenen Gewerkschaft (unzureichend also, wenn die Gewerkschaft nur im Betrieb vertreten ist) einzuladen, wenn ein Viertel der Mitglieder des Betriebsrats dies beantragt (§ 31 BetrVG). Die Vorschrift dient dem Minderheitenschutz. Nicht notwendig ist, dass die betreffenden Mitglieder die Heranziehung eines Vertreters derjenigen Gewerkschaft beantragen, der sie angehören. Es können also z. B. die Mitglieder der ver.di verlangen, dass ein Gewerkschaftsvertreter der IG Metall im Betriebsrat erscheint und umgekehrt. Voraussetzung ist nur, dass die Gewerkschaft überhaupt im Betriebsrat vertreten ist. Der Betriebsrat kann überdies beschließen, dass ein Gewerkschaftsvertreter hinzugezogen wird. Dies kann sowohl durch Beschluss im Einzelfall als auch generell in der Geschäftsordnung (umstr.) erfolgen.[98] Ist schriftlich oder mündlich ein rechtswirksamer Antrag beim Betriebsratsvorsitzenden gestellt, so hat dieser der Gewerkschaft den Zeitpunkt der Sitzung und die Tagesordnung rechtzeitig mitzuteilen, damit sich der Gewerkschaftsvertreter auf die Tagesordnungspunkte vorbereiten kann. In der Geschäftsordnung des Betriebsrats kann geregelt werden, wann und in welcher Weise Gewerkschaftsvertreter zu den Betriebsratssitzungen herangezogen werden. Dagegen kann der Betriebsrat nicht mit Mehrheitsbeschluss die beantragte Hinzuziehung ablehnen. Zu den Betriebsratssitzungen können ein oder mehrere Gewerkschaftsvertreter auch von verschiedenen Gewerkschaften hinzugezogen werden. Der gesamte Betriebsrat, nicht dagegen die Minderheit, kann eine generelle Einladung an die Gewerkschaft zur Teilnahme an allen Sitzungen aussprechen. Es steht aber dem nichts im Wege, dass die Gewerkschaft jeweils erneut um Entsendung eines Vertreters gebeten wird.

Welche Vertreter die Gewerkschaft entsendet, steht in ihrem 85
Ermessen. Sie wird entsprechend der ihr mitgeteilten Tagesord-

98 BAG AP 8 zu § 23 BetrVG; AP 1 zu § 31 BetrVG 1972 = NZA 90, 660; LAG München DB 79, 895.

nung einen oder mehrere Spezialisten entsenden, die in der Lage sind, die erbetenen Auskünfte zu erteilen. Der Arbeitgeber hat keine Möglichkeit, die Hinzuziehung eines Gewerkschaftsvertreters zu verhindern. Insbesondere kann er sich nicht auf sein Hausrecht berufen. Soweit es für die Teilnahme an den Betriebsratssitzungen erforderlich ist, ruht sein Hausrecht. Im Übrigen ist § 31 BetrVG gegenüber dem allgemeinen gewerkschaftlichen Zutrittsrecht (§ 2 BetrVG) die speziellere Vorschrift, sodass der Zutritt auch nicht aus den in § 2 BetrVG genannten Gründen verweigert werden kann. Nur in einem eng begrenzten Ausnahmefall wird der Arbeitgeber die Entsendung eines bestimmten Gewerkschaftsvertreters verhindern können, nämlich dann, wenn durch dessen Anwesenheit ernsthafte Störungen des Betriebsfriedens zu gewärtigen sind (vgl. Abschn. I Rn. 128). Verweigert er einem Gewerkschaftsvertreter unberechtigt den Zutritt, so liegt darin eine Behinderung des Betriebsrats (§ 78 BetrVG). Sowohl der Betriebsrat als auch die Gewerkschaft können dann im Wege des Beschlussverfahrens und in Eilfällen durch einstweilige Verfügung (§ 85 ArbGG; vgl. Abschn. XI Rn. 49ff.) den Zutritt eines Vertreters erzwingen. Dabei dürfte es aber am Verfügungsgrund fehlen, wenn nur das Zutrittsrecht eines konkreten Gewerkschaftsvertreters, nicht dagegen das der Gewerkschaft überhaupt bestritten wird. Der Gewerkschaftsvertreter ist im Betriebsrat nicht abstimmungsberechtigt. Ihm obliegt allein die Beratung des Betriebsrats. Der Gewerkschaftsvertreter kann zu diesem Zweck das Wort ergreifen und seine Auffassung begründen. Er unterliegt wie die Betriebsratsmitglieder der Schweigepflicht über betriebliche Angelegenheiten (§ 79 II BetrVG). Dies soll auch gegenüber seiner Gewerkschaft gelten.

86 Ist einem Betriebsausschuss eine Angelegenheit zur eigenen Erledigung übertragen, so kann im Ausschuss mit der Stimmenmehrheit ein Gewerkschaftsvertreter hinzugezogen werden. Im Interesse des Minderheitenschutzes können aber auch die im Betriebsrat Antragsberechtigten einen entspr. Antrag stellen.[99]

99 BAG AP 2 zu § 108 BetrVG 1972.

Der **Arbeitgeber** hat an den Betriebsratssitzungen ein **Teilnahmerecht,** wenn **(a)** sie auf sein Verlangen einberufen worden sind oder **(b)** er zu der Sitzung ausdrücklich eingeladen worden ist (§ 29 IV BetrVG). Die Einladung kann auf einzelne Tagesordnungspunkte beschränkt werden (bestr.). Ein weitergehendes Teilnahmerecht kann nach h. M. auch nicht aus der Bestimmung des § 74 I 1 BetrVG hergeleitet werden, wonach Arbeitgeber und Betriebsrat mindestens einmal im Monat zu einer Besprechung zusammentreten sollen. Wird er nicht hinreichend zu den Betriebsratssitzungen hinzugezogen, so kann er seine Teilnahme durch entsprechende Anträge auf Einberufung von Betriebsratssitzungen erzwingen. In den Fällen, in denen der Arbeitgeber teilnahmeberechtigt ist, ist er umgekehrt auch verpflichtet, an den Betriebsratssitzungen teilzunehmen. Allerdings kann er sich auch durch leitende Angestellte (§ 5 III BetrVG; vgl. Abschn. I Rn. 48ff.) vertreten lassen. Dagegen ist eine Vertretung durch betriebsfremde Personen, z. B. Rechtsanwälte, unzulässig. Zu den Sitzungen kann er Betriebsangehörige mitbringen, wenn deren Sachkunde erforderlich ist. Ein beharrlicher Verstoß gegen die Teilnahmeverpflichtung kann eine Einleitung des gerichtlichen Zwangsverfahrens nach § 23 III BetrVG rechtfertigen (Rn. 16ff.) oder eine Behinderung der Betriebsratsarbeit darstellen. In der Sitzung kann der Arbeitgeber sich zu Wort melden und, sofern ihm das Wort erteilt wird, seine Auffassung zu den Beratungsgegenständen darlegen. Ihm das Wort zu verweigern, ist nur aus sachlichen Gründen berechtigt, etwa wenn der Arbeitgeber in unsachlicher Weise den Betriebsrat angreift oder dgl. Ein **Stimmrecht** steht dem Arbeitgeber **nicht** zu. 87

Zu den Sitzungen, an denen der Arbeitgeber teilnahmeberechtigt ist und an denen er selbst oder durch einen leitenden Angestellten teilnimmt, kann er einen Vertreter seines Arbeitgeberverbandes hinzuziehen (§ 29 IV 2 BetrVG). Dagegen ist nicht vorgesehen, dass der Betriebsrat einen Vertreter des Arbeitgeberverbandes des Arbeitgebers zur Sitzung einladen kann. Der Vertreter des Arbeitgeberverbandes hat im Betriebsrat kein Beratungsrecht. Auf Wunsch des Betriebsrats ist er jedoch berechtigt, in der Sitzung das Wort zu ergreifen und seinen Standpunkt dar- 88 zulegen. Ihm ist auf Verlangen des Arbeitgebers das Wort zumindest in den Fällen zu erteilen, in denen dem Arbeitgeber gleichfalls das Wort erteilt werden müsste.[100]

89 Nach § 37 V ZDG richtet sich die Beteiligung der Zivildienstleistenden in dienstlichen Angelegenheiten nach dem Gesetz über den Vertrauensmann der Zivildienstleistenden vom 16.1. 1991 (BGBl. I 53); die Wahl der Vertrauensmänner ist geregelt in der dazu ergangenen Rechtsverordnung vom 16.1.1991 (BGBl. I 140). Nach § 3 I ZDVG ist der Vertrauensmann der Zivildienstleistenden berechtigt, an den Sitzungen des Betriebsrats beratend teilzunehmen, wenn Angelegenheiten behandelt werden, die auch die Dienstleistenden betreffen. Je ein Vertrauensmann und je ein Stellvertreter ist zu wählen in Dienststellen mit 5 bis 20 Dienstleistenden, je ein Vertrauensmann und je zwei Stellvertreter in Dienststellen mit 21 und mehr Dienstleistenden (§ 2 I ZDVG).

§ 21. Die Beschlussfassung des Betriebsrats

I. Die Beschlussfähigkeit

90 Der Betriebsrat ist beschlussfähig, wenn **(a)** alle Betriebsratsmitglieder unter Mitteilung der Tagesordnung geladen worden sind (§ 29 II 3 BetrVG; vgl. Rn. 73); **(b)** für die Verhinderten ein Ersatzmitglied unter Mitteilung der Tagesordnung in der richtigen Reihenfolge geladen worden ist (§§ 29 II 5, 25 BetrVG; vgl. Rn. 35ff.); **(c)** mindestens die Hälfte der Betriebsratsmitglieder nicht nur an der Sitzung, sondern auch an der Beschlussfassung teilnimmt; bei dieser Berechnung wird auch die Zahl der erschienenen und teilnahmeberechtigten Ersatzmitglieder mitgezählt (§ 33 II BetrVG).

> **Beispiel:** Besteht ein Betriebsrat aus 15 Mitgliedern, so ist er nur beschlussfähig, wenn mindestens 8 Mitglieder an der Beschlussfassung teilnehmen.

Wird die gesetzlich vorgeschriebene Zahl der Betriebsratsmitglieder auch nach Einrücken sämtlicher Ersatzmitglieder nicht mehr erreicht, so ist bis zu einer Neuwahl (§ 13 II Nr. 2 BetrVG)

100 Vgl. BAG AP 3 zu § 43 BetrVG 1972.

von der erniedrigten Zahl auszugehen.[101] Teilnahme ist mehr als bloße Anwesenheit. So nimmt an der Abstimmung nicht teil, wer dies ausdrücklich erklärt oder die Sitzung verlässt. Teilnahme liegt dagegen auch bei Stimmenthaltung vor. In der nach § 34 BetrVG zu erstellenden Sitzungsniederschrift sollte darum stets auch die Zahl von Stimmenthaltungen für jeden einzelnen Beschluss festgehalten werden.[102]

Die Vorschrift über die Beschlussfähigkeit enthält zwingendes 91
Recht und kann nicht durch die Geschäftsordnung abgeändert werden. Für die Beurteilung der Beschlussfähigkeit unerheblich sind die Stimmen der Jugend- und Auszubildendenvertreter, auch wenn sie Stimmrecht im Betriebsrat haben. Nach h. M. ist eine Abstimmung im **Umlaufverfahren**, also ohne Zusammentreten des Betriebsrats, unzulässig.[103] Die Meinung stützt sich auf § 33 I 1 BetrVG, wonach Beschlüsse mit der Mehrheit der Stimmen „der anwesenden" Mitglieder gefasst werden. Nach einer Mindermeinung ist in § 33 I 1 BetrVG nur eine Umschreibung des Quorums, nicht aber der Ausschluss des Umlaufverfahrens zu sehen. In jedem Fall ist eine Abstimmung im Umlaufverfahren nur in minder wichtigen Fällen zulässig.

II. Die Beschlussfassung

Die Beschlüsse des Betriebsrats werden, soweit im BetrVG 92
nichts anderes bestimmt ist, mit der **Mehrheit** der Stimmen der **anwesenden** Mitglieder gefasst (§ 33 I 1 BetrVG). Bei Stimmengleichheit gilt ein Antrag als abgelehnt (§ 33 I 2 BetrVG). Entgegen dem Gesetzeswortlaut kommt es nicht auf die Mehrheit der anwesenden Mitglieder an, sondern nur auf die Mehrheit der an der Abstimmung teilnehmenden Mitglieder.[104] Für einen bestimmten Antrag muss sich mithin die Mehrheit der abstimmenden Teilnehmer aussprechen. Das führt im praktischen Ergebnis

101 BAG AP 24 zu § 102 BetrVG 1972 = NJW 83, 2836.

102 Fitting/Kaiser/Heither/Engels, § 33 Rn. 13.

103 BAG AP 4 zu § 102 BetrVG 1972; Fitting/Kaiser/Heither/Engels § 33 Rn. 21; Richardi § 33 Rn. 2; a. A. LAG München DB 75, 1228 bei klaren und einfach gelagerten Sachverhalten.

104 Fitting/Kaiser/Heither/Engels, § 33 Rn. 34 m. w. N.

dazu, dass eine Stimmenthaltung als Neinstimme zählt, die erklärte Nichtteilnahme dagegen nicht. (Zur Stimmenthaltung bei der Abstimmung der Einigungsstelle vgl. Abschn. XI Rn. 74) Nimmt ein Betriebsratsmitglied an der Sitzung teil, so spricht eine tatsächliche Vermutung dafür, dass es auch an der Abstimmung teilgenommen hat.

Beispiel: In dem 15-köpfigen Betriebsrat beteiligen sich 8 Betriebsratsmitglieder an der Abstimmung. 4 Stimmen für, 2 gegen einen Antrag und 2 enthalten sich. In diesem Fall ist der Antrag abgelehnt, da die Stimmenthaltungen den Neinstimmen hinzuzurechnen sind. Stimmen dagegen 5 für den Antrag, 2 gegen ihn und enthält sich einer der Stimme, so ist der Antrag angenommen.

93 Für die Durchführung der Abstimmung sind im Gesetz besondere Formvorschriften nicht vorgesehen. Die Abstimmung kann mündlich, schriftlich, geheim oder betriebsratsöffentlich auch in Gegenwart eines Gewerkschaftsvertreters oder des Arbeitgebers erfolgen. Namentlich bei Anwesenheit von Nichtbetriebsratsmitgliedern wird es sich aber empfehlen, nicht öffentlich abzustimmen, um jedem Anschein eines Drucks auf ein Betriebsratsmitglied vorzubeugen. Die Geschäftsordnung kann für das Abstimmungsverfahren besondere Vorschriften vorsehen. Nimmt die **Jugend- und Auszubildendenvertretung** an der Beschlussfassung teil, so werden die Stimmen der Jugend- und Auszubildendenvertreter bei der Feststellung der Stimmenmehrheit mitgezählt (§ 33 III BetrVG). Dagegen werden die Jugend- und Auszubildendenvertreter nicht mitgezählt bei der Feststellung der Beschlussfähigkeit des Betriebsrats.

Beispiel: Besteht der Betriebsrat aus 15 Betriebsratsmitgliedern, von denen 8 an der Abstimmung teilnehmen, und haben die 5 Jugend- und Auszubildendenvertreter Stimmrecht, so ist ein Antrag angenommen, wenn dieser von 2 Betriebsratsmitgliedern und den 5 Jugend- und Auszubildendenvertretern unterstützt wird, auch wenn 6 Betriebsratsmitglieder gegen ihn gestimmt haben.

An Sitzungen und Abstimmung **nicht teilnahmeberechtigt** sind solche Betriebsratsmitglieder, die durch einen Beschluss des Betriebsrats selbst **betroffen** sind, also z. B. bei Beförderung, Versetzung, Kündigung, Antrag auf Ausschließung aus dem Betriebsrat. Anderes gilt dann, wenn das Betriebsratsmitglied nur von Organisationsakten betroffen wird, z. B. bei der Wahl zum Betriebsratsvorsitzenden, Ausschussmitglied usw. Kann der Betriebsratsvorsitzende voraussehen, dass ein Betriebsratsmitglied aus persönlichen Gründen in der Sitzung verhindert ist, so hat er rechtzeitig ein Ersatzmitglied zu laden (vgl. Rn. 43). Das von der Beschlussfassung ausgenommene Betriebsratsmitglied kann, soweit seine Angelegenheit behandelt wird, an der Betriebsratssitzung nicht teilnehmen; es ist also nach neuer Rspr. des BAG sowohl von dem Teil der Sitzung als auch von der **Abstimmung** ausgeschlossen.[105] Hat der Arbeitgeber beim Betriebsrat die Zustimmung zur Entlassung sämtlicher Betriebsratsmitglieder beantragt, so ist das einzelne Betriebsratsmitglied nur verhindert, wenn der ihn betreffende Antrag zur Abstimmung steht.[106] 94

Nur in einigen Ausnahmefällen sieht das Gesetz eine **qualifizierte Mehrheit** für die Beschlüsse des Betriebsrats vor. Für nachfolgende Beschlüsse ist eine **absolute** Mehrheit, d. h. die Mehrheit der Stimmen seiner Mitglieder, notwendig: **(a)** beim Rücktritt (§ 13 II Nr. 3 BetrVG); **(b)** bei der Übertragung von Aufgaben zur selbständigen Erledigung auf Ausschüsse, einzelne Betriebsratsmitglieder und Arbeitsgruppen (§§ 27 II, 28, 28a BetrVG); **(c)** bei der Aufstellung einer Geschäftsordnung (§ 36 BetrVG); **(d)** bei der Beauftragung des Gesamtbetriebsrats zur Wahrnehmung von Betriebsratsaufgaben (§ 50 II BetrVG); **(e)** bei der Übertragung der Aufgaben des Wirtschaftsausschusses auf einen Ausschuss des Betriebsrats (§ 107 III BetrVG). In diesen Fällen muss die Mehrheit der Mitglieder des Betriebsrats nicht nur an der Abstimmung teilnehmen, sondern auch für den Antrag stimmen. 95

105 BAG 3. 8. 1999 AP 7 zu § 25 BetrVG 1972; BAG AP 13 zu § 103 BetrVG 1972; BAG AP 17 = NZA 85, 254 = DB 85, 554; zur fehlerhaften Teilnahme an der Beschlussfassung: LAG Hamm DB 61, 1327.

106 BAG AP 6 zu § 103 BetrVG 1972.

> **Beispiel:** In einem 15-köpfigen Betriebsrat müssen in diesen Fällen mindestens 8 an der Abstimmung teilnehmen und mindestens 8 Mitglieder für den Antrag stimmen.

96 Der Betriebsrat kann einen einmal gefassten **Beschluss ändern oder aufheben,** es sei denn, dass er bereits nach außen Rechtswirkung entfaltet hat.[107] Hat der Betriebsrat den Betriebsratsvorsitzenden im Einzelfall ermächtigt, eine Betriebsvereinbarung mit einem bestimmten Inhalt mit dem Arbeitgeber abzuschließen, so kann der Betriebsrat diese Ermächtigung mit der (einfachen) Mehrheit, die für ihre Erteilung notwendig gewesen ist, wieder aufheben. Das ist aber dann nicht mehr möglich, wenn der Betriebsratsvorsitzende inzwischen die Betriebsvereinbarung abgeschlossen hat. In diesen Fällen bleibt lediglich die Möglichkeit, die Betriebsvereinbarung zu kündigen, § 77 V BetrVG.

III. Die Aussetzung von Betriebsratsbeschlüssen

97 Um zu verhindern, dass die Interessen der Jugendlichen und Auszubildenden oder der Schwerbehinderten im Betriebsrat übergangen werden, sieht § 35 BetrVG die Möglichkeit einer Aussetzung von Betriebsratsbeschlüssen vor.

98 Beschluss i. S. von § 35 BetrVG ist der nach Abstimmung gebildete Wille des Betriebsrates. Kein Beschluss ist die Wahl des Betriebsratsvorsitzenden und seines Stellvertreters. Dasselbe gilt für die Bildung von Ausschüssen.

99 Antragsberechtigt sind **(a)** die Mehrheit der Jugend- und Auszubildendenvertretung und **(b)** die Schwerbehindertenvertretung.

100 Die Mehrheit der Jugend- und Auszubildendenvertretung ist antragsberechtigt, wenn durch den Beschluss die Interessen jugendlicher und auszubildender Arbeitnehmer berührt werden (§ 35 I BetrVG). Dies ist insbesondere der Fall, wenn besonders oder überwiegend jugendliche Arbeitnehmer betroffen sind (§ 67 I, II BetrVG; vgl. Rn. 81, 82). Das Antragsrecht ist also auch dann gegeben, wenn die Jugend- und Auszubildendenver-

107 LAG Hamm DB 92, 483.

treter an der Betriebsratssitzung nur teilnahme- und nicht auch stimmberechtigt waren (Rn. 82) und im Übrigen selbst dann, wenn sie nicht einmal teilnahmeberechtigt waren, aber der Betriebsratsbeschluss allgemeiner Art sich gleichwohl negativ auf Jugendliche oder Auszubildende auswirkt. Die „Mehrheit" der Jugend- und Auszubildendenvertretung ist die Mehrheit der gesetzlichen Mitglieder des Gremiums (absolute Mehrheit).[108]

Die Schwerbehindertenvertretung ist stets antragsberechtigt, 101
obwohl sie in der Betriebsratssitzung nicht stimmberechtigt ist (§ 25 IV SchwbG).

Der Antrag kann schriftlich oder mündlich beim Betriebsrats- 102
vorsitzenden gestellt werden. Regelmäßig wird er im unmittelbaren Anschluss an die Betriebsratssitzung gestellt, möglich ist aber auch ein späterer Termin. In jedem Fall läuft die einwöchige Frist für die Aussetzung des Betriebsratsbeschlusses seit Beschlussfassung des Betriebsrats (§ 35 I BetrVG). Die Frist endet in der Folgewoche mit dem Ablauf des Tages, der durch seine Benennung dem Tage der erstmaligen Beschlussfassung entspricht (§ 187 I BGB).

Berechtigt ist ein Antrag auf Aussetzung nur dann, wenn der 103
Beschluss des Betriebsrats eine **erhebliche Beeinträchtigung wichtiger Interessen der durch die Antragsberechtigten vertretenen Arbeitnehmer** bedeutet. Zwar steht dem Betriebsratsvorsitzenden eine Prüfungskompetenz nicht zu. Im Allgemeinen wird er jedoch ohne Amtspflichtverletzung (§ 23 BetrVG) einen Antrag zurückweisen können, wenn dieser offensichtlich unbegründet ist, wenn er also auf einem Rechtsirrtum beruht, mutwillig oder nur mit allgemeinen Erwägungen begründet ist (umstr.).[109]

Zwischen Antragseingang und Ende der Aussetzungsfrist soll 104
eine Verständigung, gegebenenfalls unter Mithilfe der im Betrieb vertretenen Gewerkschaften, versucht werden (§ 35 I BetrVG). Regelmäßig werden also Beratungen, u. U. unter Hinzuziehung von Gewerkschaftsvertretern, erfolgen. Nach Ablauf der Frist

108 Fitting/Kaiser/Heither/Engels § 35 Rn. 12 m. w. N.

109 Fitting/Kaiser/Heither/Engels § 35 Rn. 23; a. A. Richardi § 35 Rn. 20; Galperin/Löwisch § 35 Rn. 12.

hat der Betriebsrat erneut Beschluss zu fassen (§ 35 II 1 BetrVG). Wird der Beschluss bestätigt oder nur unerheblich geändert, so kann der Antrag auf Aussetzung nicht wiederholt werden.

105 Schwierigkeiten bereitet die Frage, welche Rechtswirkungen durch das Aussetzungsverfahren für die Mitbestimmungsrechte des Betriebsrats eintreten.

Beispiel: Ein Arbeitgeber teilt dem Betriebsrat am 1. 12. mit, dass er beabsichtige, einen bestimmten Ausbilder einzustellen. Nach § 99 III BetrVG kann der Betriebsrat innerhalb einer Frist von 1 Woche der Einstellung aus den in § 99 II BetrVG aufgezählten Gründen widersprechen. Versäumt er diese Frist, so gilt die Zustimmung als erteilt (§ 99 III 2 BetrVG). Beschließt der Betriebsrat in der Sitzung vom 5. 12., seine Zustimmung zu erteilen, so kann die Mehrheit der Jugend- und Auszubildendenvertretung die Aussetzung des Betriebsratsbeschlusses verlangen. Die Widerspruchsfrist nach § 99 III 2 BetrVG läuft am 8. 12. ab. Dagegen wird der Betriebsratsbeschluss bis zum 12. 12. ausgesetzt. Damit ergibt sich die Frage, ob die Frist nach § 35 BetrVG oder die nach § 99 III BetrVG den Vorrang hat.

106 Nach wohl h. M. muss die Frist aus § 35 BetrVG zurücktreten. Arbeitgeber und Bewerber ist nicht zuzumuten, über die Frist von 1 Woche hinaus zu warten. Außerdem wäre es ungerechtfertigt, die Frist aus § 99 III BetrVG zurücktreten zu lassen, da die Mehrheit des Betriebsrats keine Bedenken gegen die Einstellung erhoben hat. Damit wird man den Rechtsgrundsatz aufstellen müssen, dass § 35 BetrVG nur eine Ordnungsvorschrift im Innenverhältnis des Betriebsrats ist.

107 Ist einem Betriebsratsausschuss eine Angelegenheit zur selbständigen Erledigung übertragen worden, so sind die Rechtsregeln über die Aussetzung entsprechend anzuwenden. Andernfalls könnten die Vorschriften unterlaufen werden.

IV. Der fehlerhafte Betriebsratsbeschluss

108 Die Vorschriften über die Beschlussfassung des Betriebsrats sind nicht leicht zu handhaben. Es können Versehen bei der Ladung der Ersatzmitglieder usw. vorkommen. Die herrschende

Meinung in Literatur und Rechtsprechung ist daher der Auffassung, dass ein Betriebsratsbeschluss **nur bei groben und schweren Verstößen** gegen die Vorschriften über die Beschlussfassung rechtsunwirksam ist. Dagegen sollen leichtere Verstöße die Rechtswirksamkeit der Beschlüsse nicht beeinträchtigen können. Als schwere Verstöße, die die Wirksamkeit des Beschlusses beeinträchtigen können,[110] werden insbesondere angesehen: Versäumung der Ladung aller Betriebsratsmitglieder, Fehlen der Mitteilung der Tagesordnung, Versäumung der Ladung der Jugend- und Auszubildendenvertreter, sofern sie teilnahmeberechtigt sind; Verstöße bei der Berechnung der Beschlussfähigkeit oder der Mehrheit im Betriebsrat; Teilnahme von nicht stimmberechtigten Personen an der Abstimmung.

Streitigkeiten über die Wirksamkeit eines Betriebsratsbe- 109
schlusses werden im Beschlussverfahren vor dem Arbeitsgericht ausgetragen (§ 2 a, § 80 ArbGG). Auf Klage eines einzelnen Arbeitnehmers kann auch eine Inzidentprüfung im Urteilsverfahren erfolgen, wenn z. B. ein individualrechtlicher Anspruch auf einen Betriebsratsbeschluss gestützt wird. Ein Betriebsratsbeschluss wird grundsätzlich nicht dadurch rechtsfehlerhaft, dass er unzweckmäßig ist.[111] Insoweit ist eine gerichtliche Überprüfung ausgeschlossen.

Hat ein von der Beschlussfassung ausgeschlossenes Mitglied 110
des Betriebsrats daran mitgewirkt, z. B. bei seiner beabsichtigten Kündigung, so ist der Beschluss nichtig. Gleichwohl darf der Arbeitgeber nach den Grundsätzen des Vertrauensschutzes auf die Wirksamkeit eines Zustimmungsbeschlusses nach § 103 BetrVG vertrauen, wenn ihm der Betriebsratsvorsitzende mitteilt, der Betriebsrat habe die Zustimmung erteilt. Etwas anderes gilt nur, wenn der Arbeitgeber die Tatsachen kennt oder kennen muss, aus denen die Unwirksamkeit folgt.[112]

---

110 BAG AP 2 zu § 29 BetrVG 1972 = NZA 89, 223; BAG AP 17 zu § 103 BetrVG 1972 = NZA 85, 254.

111 BAG AP 1 zu § 13 BetrVG 1972; LAG Düsseldorf DB 75, 1898; weitergehend BAG AP 26 zu § 611 BGB Fürsorgepflicht mit kritischer Anm. Herschel.

112 BAG AP 17 zu § 103 BetrVG 1972 = NZA 85, 254 = DB 85, 554.

§ 22. Die Sitzungsniederschrift

111 Die Sitzungsniederschrift dient dem Nachweis der Ordnungsmäßigkeit der Betriebsratsbeschlüsse. Sie ist eine Privaturkunde im Sinne von § 416 ZPO. Die Beschlüsse des Betriebsrats sind aber ohne Rücksicht darauf wirksam, ob sie in die Sitzungsniederschrift aufgenommen sind. Dieser kommt nur Beweiswert zu. Fehlt eine Niederschrift, so werden sich die Formalien des Betriebsratsbeschlusses möglicherweise nicht nachweisen lassen, so dass ihr Fehlen oder ihre unkorrekte Führung mittelbar zur Unwirksamkeit des Beschlusses führen kann.[113]

112 Die Sitzungsniederschrift ist **über jede Verhandlung** des Betriebsrats zu führen, ohne Rücksicht darauf, ob der Betriebsrat Beschlüsse gefasst hat oder nicht (§ 34 I 1 BetrVG). Für die Führung ist der Betriebsratsvorsitzende verantwortlich. Zumeist wird jedoch in der Geschäftsordnung des Betriebsrats bestimmt, einen besonderen Schriftführer zu bestellen. Für die Erstellung kann eine Schreibkraft hinzugezogen werden. Bei der Behandlung von Geschäftsgeheimnissen kann der Arbeitgeber verlangen, dass diese den Raum verlässt und ein Betriebsratsmitglied die Schreibarbeit übernimmt, da die Schreibkraft nicht der besonderen Geheimhaltungspflicht nach § 79 BetrVG unterliegt.

113 Die Sitzungsniederschrift besteht aus zwei Teilen, nämlich der **Niederschrift über den Hergang** der Sitzung und der **Anwesenheitsliste.** In die Anwesenheitsliste hat sich jeder Teilnehmer eigenhändig einzutragen (§ 34 I 3 BetrVG). Durch die Anwesenheitsliste soll der Nachweis der Beschlussfähigkeit des Betriebsrats (Rn. 90) erleichtert werden. Um die praktischen Schwierigkeiten so gering wie möglich zu halten, sieht das Gesetz für die Sitzungsniederschrift nur einen Mindestinhalt vor: In ihr müssen enthalten sein **(a)** der Wortlaut des Betriebsratsbeschlusses; **(b)** die Stimmenmehrheit, mit der er gefasst worden ist. Nicht notwendig ist, dass in sie aufgenommen wird, wie jedes einzelne Betriebsratsmitglied gestimmt hat. Die Niederschrift ist von dem

113 Vgl. BAG AP 10 zu § 80 BetrVG 1972.

Vorsitzenden und einem weiteren Mitglied des Betriebsrats, i. d. R. dem Schriftführer, zu unterschreiben (§ 34 I 2 BetrVG).

Hat an der Betriebsratssitzung der Arbeitgeber oder ein Ge- 114
werkschaftsvertreter teilgenommen, so ist diesem die gesamte Niederschrift, wenn er an der ganzen Sitzung, oder der entsprechende Teil der Niederschrift auszuhändigen, wenn er nur vorübergehend anwesend war (§ 34 II 1 BetrVG). Hat ein Teilnehmer gegen den Inhalt der Sitzungsniederschrift Einwendungen, so hat er diese unverzüglich schriftlich mitzuteilen. Die **Einwendungen** sind der Sitzungsniederschrift beizufügen. Durch dieses Widerspruchsrecht soll die Beweiskraft des Sitzungsprotokolls entkräftet werden. Unter Einwendungen i. S. des § 34 II BetrVG sind im Normalfall kurze Gesamt- oder punktuelle Gegendarstellungen zu einzelnen beanstandeten Protokollinhalten oder Formulierungen der Sitzungsniederschrift, nicht aber komplette Gegenprotokolle zu verstehen.[114] Einwendungen gegen die Sitzungsniederschrift kann jeder erheben, der an der Sitzung teilgenommen hat, nicht nur der Arbeitgeber oder Gewerkschaftsbeauftragte; der Wortlaut des § 34 II 2 BetrVG sieht keine Einschränkungen vor.

Die Mitglieder des Betriebsrats haben das Recht, die Unterla- 115
gen, also auch die Sitzungsniederschrift des Betriebsrats und seiner Ausschüsse, jederzeit einzusehen. Dagegen steht ihnen nach bestr. Auffassung des BAG nicht das Recht zu, Ablichtungen zu fertigen.[115] Dem Arbeitgeber oder dem Gewerkschaftsvertreter steht ein Einsichtsrecht nicht zu (§ 34 III BetrVG). Die Sitzungsniederschriften gehören zu den **Akten des Betriebsrats** und stehen nicht im Eigentum des Arbeitgebers (bestr.).[116] Bei Ablauf der Amtsperiode sind sie in der Regel dem nachfolgenden Betriebsrat zu übergeben, was sich schon aus Zweckmäßigkeitsgründen empfehlen wird. Die Kosten für die Anfertigung der Sitzungsniederschrift trägt der Arbeitgeber (§ 40 I BetrVG; Rn. 124).

114 LAG Frankfurt DB 89, 486.

115 BAG AP 1 zu § 34 BetrVG 1972.

116 Fitting/Kaiser/Heither/Engels § 34 Rn. 5 m. w. N.; a. A. Richardi, § 34 Rn. 22: Arbeitgeber ist Eigentümer, hat aber kein Besitzrecht.

§ 23. Die Sprechstunden des Betriebsrats

116 Der Betriebsrat kann **während der Arbeitszeit** Sprechstunden einrichten (§ 39 I 1 BetrVG). Ob er von diesem Recht Gebrauch macht, ist allein ihm überlassen. Die Einrichtung von Sprechstunden liegt im Interesse der Arbeitnehmer, weil sie dann eine zeitlich und örtlich feste Stelle im Betrieb haben, an die sie sich mit ihren Anregungen und Beschwerden wenden können; sie liegt auch im Interesse der sachgemäßen Arbeit des Betriebsrats, weil nur so gewährleistet ist, dass er den Kontakt mit den Bedürfnissen der Arbeitnehmer behält; schließlich entspricht sie auch dem Interesse des Arbeitgebers, da hierdurch Unterbrechungen der Arbeitszeit von Arbeitnehmern und Betriebsratsmitgliedern außerhalb der Sprechzeiten vorgebeugt wird. Hieraus darf aber nicht der Schluss gezogen werden, dass der Arbeitgeber eine Kommunikation von Arbeitnehmern mit dem Betriebsrat außerhalb der Sprechstunden verbieten kann.[117]

117 Hat der Betriebsrat die Einrichtung einer Sprechstunde beschlossen, so sind **Zeit und Ort der Sprechstunde mit dem Arbeitgeber zu vereinbaren** (§ 39 I 2 BetrVG). Regelmäßig wird daher eine Betriebsvereinbarung darüber abzuschließen sein, wo und von wann bis wann die Sprechstunde abgehalten wird. Es liegt im Interesse des Arbeitgebers, betriebsnahe Büroräume zur Verfügung zu stellen, da den Arbeitnehmern durch den Besuch der Sprechstunde ein Verdienstausfall nicht erwachsen darf (§ 39 III BetrVG). Kommt eine Einigung zwischen Betriebsrat und Arbeitgeber über Zeit und Ort der Sprechstunde nicht zustande, so entscheidet die Einigungsstelle (§ 39 I 3 BetrVG). Der Spruch der Einigungsstelle ersetzt die Einigung zwischen Arbeitgeber und Betriebsrat (§ 39 I 4 BetrVG). Zum Einigungsstellenverfahren vgl. Abschn. XI Rn. 59ff.

118 Dem Betriebsrat obliegt es zu bestimmen, **welches Mitglied die Sprechstunden durchführt.** Namentlich in größeren Betrieben wird sie durch ein freigestelltes Betriebsratsmitglied abgehalten

117 Vgl. LAG Berlin EzA 1 zu § 39 BetrVG 1972; BAG 30. 6. 1993 – 7 ABR 64/92 – n. v.

werden. Die Wahrnehmung der Sprechstunden durch ein Betriebsratsmitglied gehört zur Amtstätigkeit, so dass die infolge der Sprechstunde ausfallende Arbeitszeit zu vergüten ist (§ 37 II BetrVG). Ist ein Betriebsratsmitglied gehalten, die Sprechstunden außerhalb seiner Arbeitszeit abzuhalten, so hat es Anspruch auf Arbeitsbefreiung zu einem späteren Zeitpunkt und notfalls auf Überstundenvergütung (§ 37 III BetrVG; vgl. Rn. 169ff.).

Führt die **Jugend- und Auszubildendenvertretung** keine eige- 119
nen Sprechstunden durch, so kann im Interesse der Beratung Jugendlicher ein Mitglied der Jugend- und Auszubildendenvertretung an den Sprechstunden teilnehmen (§ 39 II BetrVG).

Nach h. M. **haftet** das Betriebsratsmitglied **für eine von ihm er-** 120
teilte Auskunft nur im Falle einer **unerlaubten Handlung** (§ 676 BGB). Eine Haftung des Kollektivorgans kommt nicht in Betracht. Ein Arbeitnehmer kann sich mithin nicht an den Betriebsrat oder das Betriebsratsmitglied halten, wenn er etwa über den Lauf der Klagefrist nach § 4 KSchG nicht belehrt worden ist. Unerlaubte Handlungen sind die in §§ 823 ff. BGB aufgezählten Tatbestände.[118]

Die einzelnen Arbeitnehmer sind berechtigt, **ohne Zustim-** 121
mung des Arbeitgebers die Sprechstunde aufzusuchen (§ 39 III BetrVG). Die Betriebsratsmitglieder sind aber nicht verpflichtet, die Arbeitnehmer allein auf die Sprechstunde zu verweisen.[119] Die Besuchswilligen haben sich vor dem Verlassen des Arbeitsplatzes beim Arbeitgeber oder seinem Aufsichtspersonal abzumelden und nach dem Besuch zurückzumelden.[120] Deren Genehmigung ist nicht notwendig. Wie alle Rechte kann das Besuchsrecht jedoch nicht wider Treu und Glauben ausgeübt werden. Es darf also nicht zur Unzeit ausgenutzt werden. Der Straßenbahnführer kann nicht unter Hinweis auf sein Besuchsrecht die Straßenbahn abstellen oder der Hochofenmeister nicht zur Zeit des Abstichs zum Betriebsrat gehen, wenn er den Be-

118 Richardi § 39 Rn. 27; Fitting/Kaiser/Heither/Engels § 39 Rn. 28; GK-Wiese § 39 Rn. 26; Galperin-Löwisch § 39 Rn. 17; Hess/Schlochauer/Glaubitz § 39 Rn. 23.

119 BAG AP 45 zu § 37 BetrVG 1972.

120 LAG Düsseldorf DB 85, 2463.

such ebensogut vorher oder nachher vornehmen kann. Ist dies nicht möglich, so hat er ihn rechtzeitig vorher anzukündigen, damit der Arbeitgeber sich hierauf einrichten kann. Durch die Ausübung des Besuchsrechts darf dem Arbeitnehmer ein Verdienstausfall nicht erwachsen (§ 39 III BetrVG). Dies gilt allenfalls dann nicht, wenn der Arbeitnehmer sich nur über allgemeine Fragen informieren will, für die hinreichende andere Informationsquellen bestehen.[121] Nicht erforderlich ist der Besuch aller Arbeitnehmer einer Abteilung in der Sprechstunde.[122] Streitigkeiten über das Besuchsrecht der Arbeitnehmer entscheidet das Arbeitsgericht im Beschlussverfahren oder, sofern Vergütungsfortzahlung begehrt wird, auf Klage des einzelnen Arbeitnehmers inzidenter im Urteilsverfahren (Abschn. XI Rn. 14).

§ 24. Die Kosten des Betriebsrats

I. Personelle Kosten

122 Da die Mitglieder der Betriebsverfassungsorgane zum Arbeitgeber in einem Arbeitsverhältnis stehen, hat der Arbeitgeber die Lohnkosten aufgrund der bestehenden Arbeitsverträge zu zahlen (§ 611 BGB). Das BetrVG beseitigt die Einwendungen des Arbeitgebers aus §§ 323 I, 325 I BGB, er schulde im Falle der Nichtleistung der Arbeit keine Vergütung. Der Vergütungsfortzahlungsanspruch besteht jedoch nur dann, wenn die Nichtleistung der Arbeit auf der Wahrnehmung von Betriebsratsaufgaben beruht; dabei ist unerheblich, ob es sich um die Wahrnehmung von Einzelaufgaben (§ 37 II BetrVG) oder um die völlige Freistellung des Betriebsratsmitglieds von der Arbeit handelt (§ 38 BetrVG; hierzu Rn. 148 ff.).

123 Den Arbeitnehmern des Betriebs dürfen keine Verdienstausfälle infolge der Teilnahme an Betriebsversammlungen (Rn. 220) oder aus Anlass des Besuchs von Sprechstunden (Rn. 121) bzw. der sonstigen Inanspruchnahme des Betriebsrats erwachsen (§ 39 III BetrVG).

121 LAG Niedersachsen NZA 87, 33.
122 ArbG Kassel NZA 87, 534.

II. Aufwendungen des Betriebsrats

Der Arbeitgeber ist verpflichtet, die **Geschäftsführungskosten** 124 des Betriebsrats zu tragen (§ 40 I BetrVG). Für den Europäischen Betriebsrat gilt § 30 EBRG. Hierzu gehören die Kosten, die in Ausübung von Betriebsratsaufgaben erwachsen. Erstattungsfähig sind jedoch nicht sämtliche Kosten, sondern nur diejenigen, die der Betriebsrat nach Lage der Sache für erforderlich halten durfte. Es ist vom Standpunkt eines objektiven, verständigen Betrachters auszugehen.[123] Die Kosten dürfen nicht unverhältnismäßig sein.[124] Zu den Geschäftsführungskosten gehören Fahrtkosten und Reisekosten, die in Ausübung der Betriebsratsgeschäfte notwendig sind. Hierzu können auch Reisekosten ins Ausland gehören, wenn der Arbeitgeber grenzüberschreitend tätig wird oder grenzüberschreitende mitbestimmungspflichtige Tatbestände schafft.[125] Bei Reisen nach auswärts gehören zu den erstattungsfähigen Aufwendungen auch Kosten der angemessenen Verpflegung und Unterkunft. Dienstreisen braucht der Betriebsrat nicht vorher genehmigen zu lassen; vielmehr kommt es auch hier darauf an, ob sie ein verständiger Betrachter für erforderlich halten durfte. Erstattungsfähige Geschäftsführungskosten sind ferner Kosten, die der **Verfolgung oder Verteidigung der Rechte** des Betriebsrats dienen, und zwar selbst dann, wenn sie gegen den Arbeitgeber durchgesetzt werden. Der Arbeitgeber hat auch die Auslagen für die Hinzuziehung eines Rechtsanwalts zu ersetzen, wenn der Betriebsrat bei verständiger Abwägung aller Umstände die Beauftragung eines Rechtsanwalts für erforderlich halten durfte.[126] Dies ist dann der Fall, wenn die Sach- und Rechtslage bei vorausschauender Betrachtung Schwierigkeiten aufweist. Die Grenzen der Erforderlichkeit werden überschritten,

123 BAG AP 7, 8 zu § 39 BetrVG.

124 BAG AP 2, 7 zu § 40 BetrVG 1972; AP 8, 18, 24 zu § 37 BetrVG 1972.

125 ArbG München BB 91, 2375 = DB 91, 2295; LAG Niedersachsen DB 93, 1043.

126 BAG AP 1, 7 zu § 39 BetrVG; BAG AP 6 zu § 20 BetrVG 1972; BAG AP 14, 18 zu § 40 BetrVG 1972; für Gesamtbetriebsrat: LAG Hamm NZA 86, 337.

wenn ein Verfahren ohne hinreichenden Grund eingeleitet wird, etwa weil über dieselbe Frage bereits ein Parallelverfahren läuft oder das Begehren/die Verteidigung des Betriebsrats offensichtlich aussichtslos ist. Insoweit wird darauf abzustellen sein, ob ein Betriebsrat das Verfahren einleiten würde, wenn er selbst die Kosten zu tragen hätte.[127] Dasselbe gilt, wenn das Verfahren verspätet eingeleitet worden ist und nicht mehr mit einer Sachentscheidung gerechnet werden kann.[128] Die Kostenerstattung folgt dagegen den Regeln über die Erstattung von Sachverständigenkosten, wenn ein Rechtsanwalt nur gutachterlich tätig wird.[129] **Anwaltskosten** sind nach h. M. auch dann erstattungsfähig, wenn der Betriebsrat an sich die Möglichkeit hatte, sich durch eine Gewerkschaft vertreten zu lassen.[130] Die Gewerkschaft ist nicht verpflichtet, dem Betriebsrat Rechtsschutz zu gewähren.[131] Ist die Hinzuziehung eines Rechtsanwalts notwendig, so ist der Arbeitgeber auch verpflichtet, Vorschüsse für den Anwalt zu zahlen (vgl. § 17 BRAGO). Der Rechtsanwalt kann die Kosten unmittelbar beim Arbeitgeber anfordern, wenn der Betriebsrat ihm seine Kostenerstattungsansprüche abgetreten hat.[132]

125 Ein **einzelnes Betriebsratsmitglied** kann einen Rechtsanwalt hinzuziehen und hat Anspruch auf Ersatz seiner Kosten, wenn um seine betriebsverfassungsrechtliche Stellung gestritten wird. Dies ist z. B. der Fall bei Rechtsstreitigkeiten über die Wirksamkeit der Wahl des Betriebsratsmitglieds, seinen Ausschluss aus dem Betriebsrat,[133] die Feststellung seiner Nichtwählbarkeit, die Wirksamkeit eines Rücktrittsbeschlusses,[134] die Einsicht in Be-

127 BAG 28. 8. 1991 – 7 ABR 72/90 – BB 91, 2306 = NZA 92, 41.

128 LAG Frankfurt DB 93, 1096.

129 LAG Düsseldorf AP 2 zu § 39 BetrVG 1972; BAG AP 11 zu § 80 BetrVG 1972 = DB 78, 1747; BAG 26. 2. 1992 AP 48 zu § 80 BetrVG 1972; BAG 13. 5. 1998 AP 55 zu § 80 BetrVG 1972.

130 BAG AP 6 zu § 20 BetrVG 1972; AP 14, 18 zu § 40 BetrVG 1972; einschränkend für die 1. Instanz: LAG Hamm EzA 34 zu § 40 BetrVG 1972.

131 BAG AP 14, 18 zu § 40 BetrVG 1972.

132 LAG Hamm DB 87, 184; LAG Berlin AP 25 zu § 40 BetrVG 1972.

133 BAG AP 29 zu § 40 BetrVG 1972 = NZA 90, 233.

134 BAG AP 1 zu § 13 BetrVG 1972; LAG Berlin DB 79, 2043; LAG Hamm DB 80, 213.

triebsratsunterlagen,[135] Lohnansprüche wegen betriebsratsbedingter Arbeitsversäumnis.[136] Ferner sind erstattungspflichtig Kosten, die aus der Überprüfung der Rechtmäßigkeit von Betriebsratsbeschlüssen erwachsen.[137] Keine Kostenerstattungspflicht besteht, wenn die Rechtsverfolgung von vornherein aussichtslos erscheint;[138] dies ist auch dann der Fall, wenn das Betriebsratsmitglied lediglich die Zweckmäßigkeit eines Betriebsratsbeschlusses überprüfen lassen will. Ebensowenig besteht eine Kostenerstattungspflicht im Falle der Beteiligung des Betriebsratsmitglieds an einem Beschlussverfahren zur Ersetzung der Zustimmung des Betriebsrats zu seiner außerordentlichen Kündigung (§ 103 BetrVG) oder im Verfahren eines Mitglieds der Jugend- und Auszubildendenvertretung nach § 78a BetrVG.[139] In diesen Fällen wird nicht um die betriebsverfassungsrechtliche Stellung, sondern um den besonders ausgestalteten Kündigungsschutz des Mitglieds gestritten.[140] Auch für die Rechtsstreitigkeiten des Betriebsrats gilt der Kostenausschluss im arbeitsgerichtlichen Verfahren nach § 12a I 1 ArbGG.[141]

Zu den vom Arbeitgeber zu erstattenden Kosten können die- 126
jenigen für die Hinzuziehung eines **Sachverständigen** (§ 80 III BetrVG) gehören. Voraussetzung ist, dass Arbeitgeber und Betriebsrat eine Vereinbarung über die Hinzuziehung getroffen haben oder diese durch Beschluss des Arbeitsgerichts ersetzt worden ist.[142] Lehnt der Betriebsrat von vornherein ab, die Sachverständigen seines Arbeitgebers über die EDV zu hören, so erwächst kein Anspruch auf Kostenerstattung für einen eigenen

135 Vgl. BAG AP 1 zu § 13 BetrVG 1972; LAG Berlin DB 79, 2043; LAG Hamm DB 80, 213.

136 LAG Hamm BB 92, 1853 = DB 92, 1833.

137 Vgl. BAG AP 1 zu § 28 BetrVG 1972; AP 35 zu § 37 BetrVG 1972.

138 BAG 20. 10. 1999 AP 67 zu § 40 BetrVG 1972 = NZA 2000, 556.

139 BAG 5. 4. 2000 AP 33 zu § 78 a BetrVG 1972.

140 BAG AP 16 zu § 40 BetrVG 1972; vgl. aber, wenn Zustimmungsersetzungsantrag auf Antrag des Betriebsratsmitglieds abgewiesen: BAG AP 28 zu § 103 BetrVG 1972 = NZA 91, 152.

141 BAG 30. 6. 1993 - BB 93, 2449.

142 BAG AP 11 zu § 80 BetrVG 1972.

Sachverständigen.[143] Zu untypischen Honorarzusagen ist der Betriebsrat nicht berechtigt.[144]

Zu den erstattungsfähigen Kosten gehören in Betrieben mit zahlreichen ausländischen Arbeitnehmern auch Kosten für die Hinzuziehung eines **Dolmetschers** oder Übersetzungskosten für den Geschäftsbericht.[145]

Nicht erstattungsfähig sind Kosten für die Herausgabe eines regelmäßigen eigenen **Informationsblattes**.[146] Etwas anderes gilt, wenn der Betriebsrat die Belegschaft über anstehende Fragen unterrichten muss und dazu die nächste Betriebsversammlung nicht abgewartet werden kann.[147] Dies gilt auch dann, wenn der Anlass zur konkreten Unterrichtung aus dem Bereich des Gesamtbetriebsrats kommt.[148] Der Gesamtbetriebsrat kann i.d.R. Informationsblätter nicht herausgeben.

127 Setzt ein Betriebsratsmitglied ein **eigenes Kraftfahrzeug** ein und erleidet bei der Betriebsratstätigkeit damit einen Unfall, so ist der Arbeitgeber zum Ersatz der Unfallkosten verpflichtet.[149]

III. Überlassung von Räumen und sachlichen Hilfsmitteln an den Betriebsrat

128 Der Arbeitgeber hat dem Betriebsrat die für die Geschäftsausübung notwendigen **Räume** zur Verfügung zu stellen (§ 40 II BetrVG). Die Räume müssen Arbeitnehmerschutzvorschriften genügen; sie müssen also ausreichend beheizt und beleuchtet sein. Je nach dem Umfang der anfallenden Geschäfte ist zu entscheiden, ob dem Betriebsrat ein oder mehrere Räume zur alleinigen oder Mitbenutzung zur Verfügung gestellt werden müssen.

---

143 BAG AP 40 zu § 80 BetrVG 1972 = DB 88, 50 = NZA 88, 208; BAG 26. 2. 1992 AP 48 zu § 80 BetrVG 1972.

144 LAG Frankfurt DB 88, 816, 971; NZA 88, 441; DB 87, 1440 = NZA 87, 715; BAG 20. 10. 1999 AP 67 zu § 40 BetrVG = NZA 2000, 556.

145 LAG Düsseldorf BB 69, 1086; DB 81, 1093; ArbG München DB 74, 1118.

146 BAG AP 10 zu § 80 BetrVG 1972; LAG Düsseldorf DB 76, 2021.

147 BAG AP 15 zu § 40 BetrVG 1972; LAG Hamburg DB 78, 118.

148 BAG AP 4 zu § 50 BetrVG 1972.

149 BAG AP 6, 7 zu § 611 BGB Gefährdungshaftung; AP 8 zu § 20 BetrVG 1972.

Der Arbeitgeber hat ferner die für die Betriebsratstätigkeit notwendigen **sachlichen Hilfsmittel** bereitzustellen (§ 40 II BetrVG). Hierzu gehören ein verschließbarer Aktenschrank, Schreibmaterialien, Briefpapier mit Zusatz „Der Betriebsrat“,[150] Schreibmaschine, Vervielfältigungsgerät, Porto, Fernsprecher[151] usw. In kleineren Betrieben wird der Betriebsrat auf die Mitbenutzung des geschäftlichen Telefonanschlusses verwiesen werden können.[152] Dasselbe gilt für einen Telefax-Anschluss.[153] Der Betriebsrat kann Anspruch haben auf Freischaltung einer an den Arbeitsplätzen der Arbeitnehmer vorhandenen Telefonanlage für den innerbetrieblichen Dialog Betriebsrat – Arbeitnehmer.[154] Notwendig sein kann auch die Überlassung eines **Personalcomputers** nebst Monitor, Drucker und Software zur Text- und Zahlenverarbeitung. Das Gesetz hat dies durch die Aufnahme von „Informations- und Kommunikationstechnik“ in die Aufzählung des § 40 II BetrVG ausdrücklich klargestellt. Der Betriebsrat hat die Erforderlichkeit pflichtgemäß zu beurteilen.[155] Hat der Betriebsrat eines Filialunternehmens Arbeitnehmer in diversen Filialen zu betreuen und kann das Betriebsratsbüro nicht immer besetzt sein, muss der Arbeitgeber dem Betriebsrat Anrufbeantworter, Telefax und Kopierer zur Verfügung stellen, weil andernfalls die Arbeitnehmer den Betriebsrat nicht jederzeit erreichen können.[156] 129

In § 40 II BetrVG ist anders als noch in § 39 BetrVG 1952 ausdrücklich bestimmt, dass dem Betriebsrat das für seine Geschäftstätigkcit notwendige **Büropersonal** bereitgestellt werden muss.[157] Der Arbeitgeber kann vom Betriebsrat nicht verlangen, 130

150 LAG Frankfurt DB 73, 2341.

151 LAG Frankfurt NZA 86, 723.

152 LAG Rheinl.-Pfalz NZA 93, 426.

153 LAG Düsseldorf BB 93, 1973; LAG Rheinland-Pfalz BB 1998, 1211.

154 BAG 9. 6. 1999 AP 66 zu § 40 BetrVG 1972; BAG 8. 3. 2000 – 7 ABR 73/98 – n. v.

155 BAG 12. 5. 1999 AP 65 zu § 40 BetrVG 1972; BAG 11. 11. 1998 – 7 ABR 57/97 – AP 64 zu § 40 BetrVG 1972; BAG 11. 3. 1998 – AP 57 zu § 40 BetrVG 1972.

156 BAG 15. 11. 2000 – 7 ABR 9/99 – n. v.

157 ArbG Solingen DB 74, 782.

dass dieser einen ganz bestimmten Arbeitnehmer als Bürokraft akzeptiert und beschäftigt.[158] In kleineren Betrieben kann der Betriebsrat darauf verwiesen werden, dass er seine Post in der Kanzlei der Personalverwaltung des Arbeitgebers schreiben lässt, soweit ihm dies nach dem Inhalt zumutbar ist.

131 Zu den bereitzustellenden Hilfsmitteln gehören auch die wichtigsten arbeits- und sozialrechtlichen **Gesetze** und deren **Kommentierungen** in den jeweils neuesten Auflagen.[159] Dabei ist dem Betriebsrat grundsätzlich die Auswahl der zu beschaffenden Bücher zu überlassen. Im Allgemeinen kann jedes Betriebsratsmitglied die Überlassung der Gesetzessammlung „Arbeits- und Sozialordnung" in der neuesten Auflage verlangen.[160] Ob und inwieweit der Betriebsrat auf die Mitbenutzung der im Betrieb vorhandenen arbeits- und sozialrechtlichen Literatur verwiesen werden kann, ist nach den Umständen des Einzelfalls zu entscheiden. Dabei ist darauf abzustellen, in welchem Umfang er Literatur benötigt. In Großbetrieben wird der Betriebsrat regelmäßig auch eine **Entscheidungssammlung**[161] und eine **Fachzeitung** halten dürfen. Dies kann auch eine Zeitschrift sein, die in einem gewerkschaftseigenen Verlag erscheint, z. B. Arbeitsrecht im Betrieb,[162] Arbeit und Ökologie.[163] Dagegen wird die Notwendigkeit der Überlassung einer **Tageszeitung** (z.B. Handelsblatt) verneint.[164] Für seine Bekanntmachungen kann der Betriebsrat ein oder je nach Größe des Betriebs mehrere Anschlagbretter (**Schwarze Bretter**) verlangen. Dem Betriebsrat obliegt die Entscheidung darüber, welche Anschläge im Rahmen der Wahrnehmung seiner Aufgaben gemacht werden. Doch kann der Arbeitgeber das Anbringen solcher Anschläge untersagen, die sich nicht im Rahmen der Betriebsratsaufgaben bewegen oder die

158 BAG 5. 3. 1997 AP 56 zu § 40 BetrVG = NZA 1997, 844.

159 BAG 26. 10. 1994 AP 43 zu § 40 BetrVG 1972 = NZA 1995, 386.

160 LAG Düsseldorf BB 88, 912 = DB 88, 1072; LAG Berlin BB 93, 725; BAG 25. 1. 1996 AP 52 zu § 40 BetrVG 1972 = NZA 1997, 60.

161 A. A. LAG Düsseldorf BB 78, 1413.

162 BAG AP 20 zu § 40 BetrVG 1972; ArbG Düsseldorf NJW 81, 2213; a. A. LAG Bad.-Württemberg BB 81, 1949; LAG Hamm DB 82, 961.

163 LAG Frankfurt BB 91, 1712 = DB 91, 1835 = NZA 91, 859.

164 BAG AP 32 zu § 40 BetrVG 1972 = NZA 90, 448.

offensichtlich Beleidigungen oder Ehrkränkungen des Arbeitgebers enthalten[165] oder die eindeutig gewerkschaftspolitische Zielsetzungen verfolgen.[166] Zur Entfernung der Anschläge muss der Arbeitgeber den Rechtsweg beschreiten; ein Selbstentfernungsrecht besteht nur, wenn die Voraussetzungen der Notwehr oder Nothilfe vorliegen.[167] Wird im Betrieb allgemein ein EDV-gestütztes Kommunikationssystem genutzt, muss dies auch dem Betriebsrat zur Information überlassen werden.[168]

Das Eigentum an den sächlichen Mitteln verbleibt dem Ar- 132
beitgeber. Dies gilt nicht für verbrauchbare Sachmittel, also z. B. Schreibpapier. Wird es beschrieben, so geht es auf die Gesamtheit der Betriebsratsmitglieder über.[169] Am Ende der Amtszeit sind die vorhanden Akten entweder - so in der Regel - an den Folgebetriebsrat herauszugeben oder zu vernichten.

IV. Schulungskosten

Der Arbeitgeber hat die Kosten zu erstatten, die durch die 133
Teilnahme eines Betriebsratsmitglieds an Schulungsveranstaltungen erwachsen, auf denen für die Betriebsratsarbeit erforderliche Kenntnisse (Rn. 157ff.) vermittelt werden. Erstattungspflichtig sind deshalb die Kosten für die Teilnahme an Schulungsveranstaltungen nach § 37 VI BetrVG,[170] nicht aber nach § 37 VII BetrVG.[171] Eine Erstattungspflicht besteht im letzten Fall nur dann, wenn auch dort „erforderliche" Kenntnisse vermittelt werden (vgl. dazu unten Rn. 157ff.).[172] Dies ist in einem gerichtlichen Verfahren substantiiert darzulegen.[173]

---

165 LAG Düsseldorf BB 77, 294.

166 LAG Frankfurt BB 87, 2452 = DB 88, 51 = NZA 88, 173.

167 LAG Berlin DB 80, 1704.

168 LAG Köln BB 92, 856 = DB 92, 791 = NZA 92, 519; dagegen BAG 17. 2. 1993 - BB 93, 1515 = DB 93, 1426 = NZA 93, 854.

169 Fitting/Kaiser/Heither/Engels § 40 Rn. 105; a. A. Richardi § 40 Rn. 72ff.

170 BAG AP 2, 5, 7 zu § 40 BetrVG 1972; AP 33, 35 zu § 37 BetrVG 1972; AP 5 zu 3 40 BetrVG 1972.

171 BAG AP 6 zu § 37 BetrVG 1972; AP 5 zu § 40 BetrVG 1972.

172 BAG AP 6, 11, 26, 33 zu § 37 BetrVG 1972; LAG Hamm DB 76, 1821; LAG Düsseldorf in DB 75, 795.

173 BAG AP 21 zu § 37 BetrVG 1972.

134 Das BVerfG hat die Rspr. zur Erstattungsfähigkeit von Schulungskosten als verfassungsgemäß anerkannt.[174]

135 Erstattungspflichtig sind nur die **erforderlichen Kosten**. Der Betriebsrat muss bei siner Beurteilung auf die Belange des Arbeitgebers Rücksicht nehmen. Er hat nach dem Grundsatz der Verhältnismäßigkeit zu prüfen, ob die Kosten für die vermittelten Kenntnisse unter Berücksichtigung der Größe und Leistungsfähigkeit des Betriebs angemessen sind.[175] Der Betriebsrat braucht nicht die billigste Veranstaltung zu wählen, sondern kann diejenige wählen, auf der das beste Ergebnis zu erwarten ist.[176] Zu den erstattungsfähigen Kosten zählen Fahrtkosten, Kosten für Verpflegung und Übernachtung, nicht aber Kosten der privaten Lebensführung, wie etwa für Rauchwaren.[177] Besteht in einem Betrieb eine verbindliche Reisekostenregelung, so ist diese auch für das Betriebsratsmitglied maßgebend.[178] Etwas anderes gilt, wenn es sich um Kosten handelt, die ihrer Höhe nach nicht beeinflussbar sind.[179] Sieht die Reisekostenordnung nach der betrieblichen Stellung unterschiedliche Pauschbeträge vor, so werden die Betriebsratsmitglieder gleichwohl einheitlich behandelt; die Erstattung wird nach der Stellung erfolgen, die bei vergleichender Betrachtung der Wertigkeit der Betriebsratstätigkeit entspricht.[180] Werden im Betrieb die Aufwendungen üblicherweise nach den Pauschbeträgen der Lohnsteuerrichtlinien erstattet, so sind diese maßgebend.[181] Hat das Betriebsratsmitglied während einer längeren Dienstreise eigene Aufwendungen erspart (häusliche Verpflegung), so können diese abgezogen werden. Der Abzug wird entsprechend den Pauschsätzen der Lohnsteuerrichtlinien erfolgen.[182] Grundsätz-

174 BVerfG AP 13 zu § 40 BetrVG 1972.

175 BAG AP 2, 5, 7 zu § 40 BetrVG 1972; AP 8, 18, 24 zu § 37 BetrVG 1972; BAG 28. 6. 1995 – AP 48 zu § 40 BetrVG 1972.

176 Vgl. BAG AP 9 zu § 40 BetrVG 1972.

177 BAG AP 12 zu § 40 BetrVG 1972; BAG 28. 6. 1995 AP 47 zu § 40 BetrVG 1972.

178 BAG AP 6, 10 zu § 40 BetrVG 1972.

179 BAG AP 24 zu § 40 BetrVG 1972 = DB 84, 2200 = NZA 84, 362.

180 Vgl. BAG AP 9 zu § 40 BetrVG.

181 BAG AP 8 zu § 37 BetrVG 1972.

182 BAG AP 8 zu § 37 BetrVG 1972; LAG Hamm BB 73, 890.

lich erstattungsfähig sind auch die Teilnehmergebühren des Veranstalters.[183] Erstattungsfähig sind nach der neueren Rechtsprechung des BAG bei **gewerkschaftlichen Schulungen** auch die anteiligen Generalunkosten.[184] Die Gewerkschaft darf aber aus den Schulungen keinen Gewinn erzielen.[185] Erstattungsfähig sind die Kosten für die Referenten, auch wenn es sich um eigene Referenten der Gewerkschaft handelt und eine entspr. Lehrtätigkeit zu deren beruflichen Aufgaben gehört.[186] Zur Vermeidung einer Gegnerfinanzierung hat der Arbeitgeber bei Schulungen durch die Gewerkschaft selbst oder durch gewerkschaftsnahe Einrichtungen einen Anspruch auf nähere Erläuterung und Aufschlüsselung der Kosten.[187] Kostenerstattungsansprüche unterliegen nicht tariflichen Verfallfristen.[188]

V. Rechtsstreitigkeiten über die Betriebsratskosten

Ansprüche des Betriebsrats oder einzelner Betriebsratsmitglie- 136
der auf Fortzahlung der Arbeitsvergütung für die Zeit der Schulung sind vor den Arbeitsgerichten im Urteilsverfahren (Abschn. XI Rn. 14) zu verfolgen. Dies folgt daraus, dass die Ansprüche auf dem Arbeitsvertrag beruhen. Streitigkeiten über die Notwendigkeit und die Bereitstellung von sächlichen und personellen Mitteln und den Ersatz von Schulungsteilnahmekosten sind im arbeitsgerichtlichen Beschlussverfahren auszutragen.[189] Im Insolvenzverfahren des Arbeitgebers sind die Kostenerstattungsansprüche nicht bevorrechtigt. Der Betriebsrat ist daher im Insolvenzverfahren Insolvenzgläubiger.[190]

183 BAG AP 11, 17 zu § 40 BetrVG 1972; BVerwG ZBR 79, 310.

184 BAG 28. 6. 1995 AP 48 zu § 40 BetrVG 1972; anders noch BAG AP 11 zu § 40 BetrVG 1972.

185 BAG 15. 1. 1992 – BB 93, 138 = DB 92, 2504 = NZA 93, 189.

186 BAG 28. 6. 1995 AP 48 zu § 40 BetrVG 1972; anders auch insoweit noch BAG AP 11, 17 zu § 40 BetrVG 1972.

187 BAG 28. 6. 1995 AP 47, 48 zu § 40 BetrVG 1972; BAG 17. 6. 1998 AP 62, 63 zu § 40 BetrVG 1972.

188 BAG AP 3 zu § 40 BetrVG 1972.

189 BAG AP 8 zu § 39 BetrVG; BAG AP 5, 6 zu § 37 BetrVG 1972; BAG AP 2 zu § 40 BetrVG 1972.

190 BAG AP 26 zu § 40 BetrVG 1972 zum früheren Vergleichsverfahren nach der – aufgehobenen – Vergleichsordnung.

VI. Umlageverbot

137 Die Heranziehung der Arbeitnehmer zu Leistungen und Beiträgen für den Betriebsrat – sei es durch diesen selbst, sei es durch den Arbeitgeber – ist unzulässig (§ 41 BetrVG).[191] Nach h. M. sind auch Sammlungen des Betriebsrats für fremde Zwecke verboten, da sie nicht zu den Aufgaben des Betriebsrats gehören. Dies gilt auch für den Einzug von **Gewerkschaftsbeiträgen**.

138 Von dem Umlageverbot nicht betroffen sind solche Sammlungen des Betriebsrats, die nicht mit seinen Aufgaben zusammenhängen und für einmalige betriebliche Zwecke erfolgen, z. B. für Kranzspenden, Betriebsausflüge, Geburtstags- und Jubiläumsgeschenke usw.

139 Ein Beschluss des Betriebsrats, durch den Arbeitnehmer zu Beiträgen herangezogen werden, ist nach § 41 BetrVG i. V. m. § 134 BGB nichtig. Hat der Betriebsrat entgegen dem Umlageverbot Beiträge eingezogen, so sind die Empfänger der Beiträge möglicherweise nicht zur Herausgabe verpflichtet (§ 817 BGB).

§ 25. Die Rechtsstellung der Betriebsratsmitglieder

I. Ehrenamtliche Tätigkeit

140 Das Amt des Betriebsrats ist ein Ehrenamt (§ 37 I BetrVG). Seine Mitglieder führen ihr Amt **unentgeltlich.** Zulässig ist aber der pauschale Ersatz der dem Betriebsratsmitglied durchschnittlich erwachsenden Aufwendungen.[192] Die Mitglieder dürfen wegen ihrer Amtstätigkeit nicht benachteiligt oder begünstigt werden (§ 78 S. 2 BetrVG). Das **Benachteiligungsverbot** rechtfertigt sich aus dem Interesse an einer ungestörten Betriebsratstätigkeit. Das **Begünstigungsverbot** will die Unabhängigkeit des Betriebsrats namentlich gegenüber dem Arbeitgeber, aber auch gegen-

---

191 BAG 24. 7. 1991 – BB 91, 2158 = DB 92, 482 = NZA 91, 980. Vgl. zur Verwaltung von Beiträgen der Arbeitnehmervertreter im Aufsichtsrat: LAG Bad.-Württemberg AP 2 zu § 82 BetrVG; vgl. auch Fitting/Kaiser/Heither/Engels § 40, Rn. 6 ff.

192 BAG AP 1 zu Art. IX KRG Nr. 22; LAG Köln DB 85, 394.

über Dritten sicherstellen. Ein Verstoß gegen das Benachteiligungs- oder das Begünstigungsverbot wird sowohl zivil- als auch strafrechtlich sanktioniert. Rechtsgeschäfte, die gegen eines der Verbote verstoßen, sind gem. §§ 78 BetrVG, 134 BGB unwirksam. Außerdem kann der Benachteiligende gem. § 823 II BGB i. V. m. § 78 BetrVG schadensersatzpflichtig werden. Nach § 119 I Nr. 3 BetrVG wird mit Freiheitsstrafe bis zu einem Jahr oder mit Geldstrafe bestraft, wer ein Betriebsratsmitglied um seiner Tätigkeit willen benachteiligt oder begünstigt.

Die Betriebsratstätigkeit steht der Arbeitsleistung gleich. Hie- 141
raus folgt, dass bei der Betriebsratstätigkeit erlittene Unfälle Arbeitsunfälle sind.[193] Dies gilt auch für die Teilnahme an Schulungsveranstaltungen. In ein Zeugnis ist die Betriebsratstätigkeit grundsätzlich nicht aufzunehmen,[194] es sei denn, dass ein freigestelltes Betriebsratsmitglied infolge der technischen Innovation seinen Arbeitsplatz nicht mehr ausfüllen konnte und eine Beurteilung seiner Arbeitsleistung ausgeschlossen ist.

II. Die Arbeitsfreistellung aus konkretem Anlass (§ 37 II BetrVG)

Um ihren Pflichten genügen zu können, müssen Betriebsrats- 142
mitglieder ganz oder teilweise von der Arbeit freigestellt werden. Nach dem BetrVG sind vier Arbeitsfreistellungen zu unterscheiden, nämlich die Arbeitsfreistellung aus konkretem Anlass; die vollständige Arbeitsfreistellung (unten III.); die Schulungsfreistellung (unten IV.) und der Bildungsurlaub (unten V.).

Mitglieder des Betriebsrats sind von ihrer beruflichen Tätigkeit 143
oder Art ihrer Tätigkeit (z. B. Wechseldienst)[195] ohne Minderung des Arbeitsentgelts zu befreien, wenn es nach Umfang und Art des Betriebs zur **ordnungsgemäßen Durchführung** ihrer Aufgaben erforderlich ist (§ 37 II BetrVG). Ein Anspruch auf Arbeitsfreistellung besteht also nur, wenn (a) Betriebsratsaufgaben erfüllt werden sollen und (b) zur Erfüllung der Aufgaben eine Arbeitsfreistellung erforderlich ist.

193 BSG BB 76, 980.

194 LAG Hamm DB 76, 1112; LAG Frankfurt DB 78, 167; ArbG Kassel DB 76, 1487.

195 BAG AP 9 zu § 37 BetrVG; LAG Düsseldorf DB 75, 311.

144 Zu den Betriebsratsaufgaben gehören in erster Linie die im BetrVG genannten Aufgaben. Sie können sich aber auch aus anderen Gesetzen ergeben (z. B. aus §§ 173 I, 254 ff. SGB III; § 193 I SGB VII; §§ 120 ff. InsO; §§ 17, 19 KSchG; § 29 SchwbG; §§ 9, 11 ASiG).[196] Unerheblich ist, ob die Aufgaben innerhalb oder außerhalb des Betriebs erledigt werden sollen. Es kommen z. B. Besprechungen mit Behörden, insbesondere dem Arbeitsamt bei anstehenden Massenentlassungen,[197] Gewerkschaften, Verbänden usw. in Betracht. Auch der Besuch von Gerichtsverhandlungen, durch die der Betrieb betroffen wird, kann hierzu gehören.[198] Nicht zu den Aufgaben des Betriebsrats gehört der Besuch von Veranstaltungen der Gewerkschaften, sofern sie rein gewerkschaftlichen Charakter haben,[199] Teilnahme an Tarifverhandlungen, Prozessvertretung von Belegschaftsmitgliedern vor den Arbeitsgerichten, Besuch fremder Betriebsversammlungen. Nach der Rechtsprechung beurteilt sich die Frage, ob eine Arbeitsversäumnis erforderlich ist, nicht allein nach dem subjektiven Ermessen des Betriebsrats. Hinzu kommen muss, dass ein vernünftiger Dritter die Arbeitsversäumnis bei Berücksichtigung der Interessen des Betriebs einerseits, des Betriebsrats und der Belegschaft andererseits für sachdienlich halten würde.[200] Es ist folglich auf einen objektivierten Maßstab abzustellen. Es kommt nicht allein auf die subjektiven Anschauungen der Betriebsratsmitglieder an, sondern darauf, ob ein vernünftiger, mit den Umständen des Betriebs Vertrauter die Arbeitsversäumnis unter Berücksichtigung der wechselseitigen Interessen für geboten halten würde. Die Teilnahme an Betriebsrats- und Ausschusssitzungen ist regelmäßig gerechtfertigt, da sie während der Arbeitszeit stattzufinden haben. Sie ist sogar

196 Vgl. Pulte NZA 2000, 234.

197 BAG AP 42 zu § 37 BetrVG 1972.

198 Vgl. LAG Bremen DB 64, 1302; LAG Freiburg AP 3 zu § 37 BetrVG; ArbG Hamburg DB 79, 111; ArbG Frankfurt DB 80, 886; a. A. BAG AP 44 zu § 37 BetrVG 1972; AP 9 zu § 38 BetrVG 1972 = NZA 90, 313; LAG Frankfurt AR-Blattei, D, Betriebsverfassung X, Entsch. 46.

199 BAG AP 10 zu § 37 BetrVG.

200 BAG AP 4, 7 zu § 37 BetrVG.

eine Amtspflicht des Betriebsratsmitglieds, die bei ihrer nachhaltigen Verletzung zur Amtsenthebung führen kann (§ 23 BetrVG; vgl. Rn. 16ff.). Im Übrigen kann ein Anspruch auf Arbeitsfreistellung bestehen bei Verhandlungen mit Gewerkschaftsvertretern über betriebliche Angelegenheiten, Gesprächen mit Belegschaftsmitgliedern, sofern die Angelegenheit nicht in der Sprechstunde zu klären[201] ist, usw. Die Einholung von Rechtsrat zusammen mit einem freigestellten Betriebsratsmitglied ist im Allgemeinen nicht erforderlich.[202] Der erforderliche Umfang der Freistellung kann nicht nach Richtwerten beurteilt werden, indem die Staffeln nach § 38 BetrVG gleichsam verfeinert werden.[203] Streitigkeiten darüber, ob ein Anspruch auf **Arbeitsfreistellung** besteht, entscheidet das Arbeitsgericht im Beschlussverfahren (§ 2a ArbGG; vgl. Abschn. XI Rn. 15ff.). Werden **Vergütungsfortzahlungsansprüche** geltend gemacht, so entscheidet es im Urteilsverfahren (Abschn. XI Rn. 14); der Umfang der notwendigen Arbeitsversäumnis wird alsdann als Vorfrage geprüft.

Besteht ein Anspruch auf Arbeitsfreistellung, so ist das Be- 144
triebsratsmitglied berechtigt, **ohne Genehmigung** des Arbeitgebers oder seines Aufsichtspersonals die Arbeitsstelle zu verlassen. Es ist allerdings gehalten, sich rechtzeitig abzumelden oder den Arbeitgeber von einer bevorstehenden Arbeitsverhinderung zu informieren und sich wieder zurückzumelden.[204] Einer Zustimmung des Arbeitgebers bedarf es nicht.[205] Bei der Unterrichtung des Arbeitgebers hat das Betriebsratsmitglied den Grund der Arbeitsverhinderung in Umrissen anzugeben. Es ist nicht notwendig, dass Einzelheiten mitgeteilt werden, insbeson-

201 30-Minuten-Gespräch bei einem Rundgang: BAG AP 40 zu § 37 BetrVG 1972 = DB 82, 758.

202 BAG AP 39 zu § 37 BetrVG 1972; LAG Hamm DB 87, 282.

203 BAG AP 34 zu § 37 BetrVG 1972 = DB 79, 899.

204 BAG AP 45 zu § 37 BetrVG 1972 = DB 83, 2419; LAG Düsseldorf DB 85, 2463.

205 BAG AP 4 zu § 37 BetrVG; AP 3 zu § 40 BetrVG 1972; AP 36 zu § 37 BetrVG 1972; LAG Schleswig-Holstein BB 70, 969; LAG Bad.-Württemberg BB 78, 1413; LAG Nürnberg BB 94, 65 = DB 94, 52.

dere dann nicht, wenn es sich um vertrauliche Angelegenheiten handelt.[206] Das einzelne Mitglied ist nicht verpflichtet, die für die Betriebsratstätigkeit aufgewandte Arbeitszeit aufzuzeichnen.[207]

> **Beispiel:** Ausreichend ist es, wenn das Betriebsratsmitglied erklärt, es wolle an einer Betriebsratssitzung teilnehmen, die Gewerkschaft aufsuchen, um sich über die Rechtsfragen einer anstehenden Betriebsratssitzung zu informieren, eine Filiale besuchen, weil Arbeitnehmer seine Beratung wünschten usw.

145 Hat das Betriebsratsmitglied zu Unrecht den Arbeitsplatz verlassen, kann – da darin eine Verletzung arbeitsvertraglicher Pflichten liegt – eine Abmahnung in Betracht kommen, die nicht der Mitbestimmung unterliegt.[208]

146 Ist der Arbeitgeber verpflichtet, das Betriebsratsmitglied von der Arbeit freizustellen, so muss er auch bei der Zuweisung der Arbeit hierauf Rücksicht nehmen.[209]

147 Das Abmeldeverfahren kann durch eine erzwingbare Betriebsvereinbarung nach § 87 I Nr. 1 BetrVG näher geregelt werden.[210] Soweit der Arbeitgeber regeln will, wie Vorgesetzte verfahren sollen, wenn sich ihnen unterstellte Betriebsratsmitglieder ab- oder rückmelden, besteht kein Mitbestimmungsrecht nach § 87 I Nr. 1 BetrVG, weil eine solche Regelung nur die Arbeitspflicht der Vorgesetzten konkretisiert.[211]

---

206 BAG AP 39, 45 zu § 37 BetrVG 1972; BAG 15. 3. 1995 AP 105 zu § 37 BetrVG 1972 = NZA 1995, 961.

207 BAG 14. 2. 1990 – BB 90, 1625.

208 BAG AP 39, 40 zu § 37 BetrVG 1972; 15. 7. 1992 – BB 92, 2512 = DB 93, 438 = NZA 93, 220; vgl. aber BAG 31. 8. 1994 – AP 98 zu § 37 BetrVG 1972.

209 BAG AP 78 zu § 37 BetrVG 1972 = NZA 91, 430.

210 Umstr.; bejahend LAG Bad.-Württemberg DB 76, 1820; ArbG Wuppertal DB 73, 1954; a. A. BAG AP 45 zu § 37 BetrVG 1972; LAG Berlin DB 81, 1416.

211 BAG 13. 5. 1997 AP 119 zu § 37 BetrVG 1972 = NZA 1997, 1062.

III. Die vollständige Arbeitsfreistellung aufgrund der Betriebsgröße (§ 38 BetrVG)

Im Interesse einer sachgemäßen Betriebsratstätigkeit sind je nach Größe des Betriebs ein oder mehrere Betriebsratsmitglieder ganz oder teilweise von der Arbeit freizustellen. Zur Vermeidung von Auseinandersetzungen in den Betrieben bestimmt § 38 I 1 BetrVG, dass von ihrer beruflichen Tätigkeit **mindestens freizustellen** sind: in Betrieben mit 200–500 Arbeitnehmern 1 Betriebsratsmitglied, 501–900 Arbeitnehmern 2 Betriebsratsmitglieder, 901–1500 Arbeitnehmern 3 Betriebsratsmitglieder, 1501–2000 Arbeitnehmern 4 Betriebsratsmitglieder und darüber hinaus für je 1000 Arbeitnehmer ein weiteres Betriebsratsmitglied bis zur Betriebsgröße von 10 000 Arbeitnehmern. In Betrieben mit über 10 000 Arbeitnehmern ist für je angefangene weitere 2000 Arbeitnehmer ein weiteres Betriebsratsmitglied freizustellen (§ 38 I 2 BetrVG). Sinkt oder steigt die Zahl der Arbeitnehmer auf Dauer, so hat der Betriebsrat eine Anpassung der Zahl seiner von der Arbeit freigestellten Mitglieder vorzunehmen. Die Freistellungen können nach dem neuen § 38 I 3 BetrVG auch in Form von **Teilfreistellungen** erfolgen. Diese dürfen zusammengenommen nicht den Umfang der Freistellungen nach § 38 I 1, 2 BetrVG überschreiten, § 38 I 4 BetrVG. 148

Durch die Möglichkeit der Teilfreistellung will das Gesetz der Tatsache Rechnung tragen, dass die Teilzeitarbeit eine immer häufiger werdende Arbeitsform ist, die sich auch in der Betriebsratsarbeit widerspiegeln soll. Auf diese Weise soll gerade auch Teilzeitkräften die Chance gegeben werden, sich in der Betriebsratsarbeit stärker zu engagieren und sich dafür entweder vollständig oder auch nur teilweise von ihrer Arbeit freistellen zu lassen. Außerdem bietet die Teilfreistellung dem Betriebsrat die Möglichkeit, vollzeitbeschäftigte Betriebsratsmitglieder, die durch die Betriebsratsarbeit nicht den Anschluss an das Berufsleben verlieren, aber dennoch im Betriebsrat mit ihrer Sach- und Fachkunde effektiv mitwirken wollen, von ihrer Arbeit nur teilweise freizustellen. Im Übrigen kann der Betriebsrat auf diese Weise auch Mitglieder aus räumlich weit auseinander liegenden 149

Betriebsteilen berücksichtigen und damit die Nähe zu den einzelnen Betriebsteilen besser wahren. Für den Umfang der Teilfreistellungen ist auf das Volumen der Freistellungen nach § 38 I 1, 2 BetrVG abzustellen. Das Gesetz geht dabei von der Freistellung von Vollzeitkräften aus. Das Volumen der Teilfreistellungen darf die betriebsübliche Arbeitszeit der freizustellenden Vollzeitkräfte nicht übersteigen.[212]

150 Durch **Tarifvertrag** oder **Betriebsvereinbarung** können anderweitige Regelungen über die Freistellung vereinbart werden, § 38 I 5 BetrVG. Durch den Vorrang kollektivrechtlicher Vereinbarungen soll erreicht werden, dass die Zahl der freigestellten Betriebsratsmitglieder den betrieblichen Bedürfnissen angepasst wird. Es sind mithin Betriebsvereinbarungen oder Tarifverträge zulässig, nach denen auch in Betrieben mit weniger als 200 Arbeitnehmern Betriebsratsmitglieder freizustellen sind usw.

151 Aber auch dann, wenn Tarifverträge oder Betriebsvereinbarungen nicht bestehen, kann der Betriebsrat unter den Voraussetzungen von § 37 II BetrVG verlangen, dass mehr als die im Gesetz aufgezählten Betriebsratsmitglieder freigestellt werden.[213] Entspr. gilt in Betrieben mit weniger als 200 Arbeitnehmern.[214] Voraussetzung ist, dass die Freistellung **nach Umfang und Art des Betriebs** zur ordnungsgemäßen Durchführung der Aufgaben **erforderlich** ist.[215] Eine über die gesetzliche Staffel hinausgehende Freistellung ist notwendig, wenn der Betriebsrat innerhalb der Arbeitszeit seine Aufgaben nicht bewältigen kann. Dabei steht es dem Arbeitgeber nicht zu, dem Betriebsrat eine bestimmte Aufgabenverteilung auf die Mitglieder mit der Begründung vorzuschreiben, dass dadurch ein rationelleres Arbeiten möglich sei. Vielmehr hat der Betriebsrat alle vernünftigerweise in Betracht kommenden Umstände gegeneinander abzuwägen. Kommt es zu keiner Einigung mit dem Arbeitgeber,

212 Weitere Einzelheiten bei Hornung DB 2002, 94.

213 BAG AP 1, 2, 3, 5 zu § 38 BetrVG; BAG AP 2 zu § 37 BetrVG 1972.

214 BAG AP 10, 80 zu § 37 BetrVG 1972.

215 BAG AP 10 zu § 38 BetrVG 1972 = NZA 90, 621; v. 13. 11. 1991 – BB 92, 636 = NZA 92, 414.

muss über die Freistellung ein gerichtliches Beschlussverfahren durchgeführt werden.[216]

Ist ein freigestelltes Betriebsratsmitglied zeitweilig an der Amtsausübung verhindert (z. B. durch Urlaub, Krankheit usw.), so hat der Betriebsrat Anspruch darauf, dass ein anderes Mitglied freigestellt wird, wenn dies für die Amtsführung notwendig ist.[217] 152

Die freizustellenden Betriebsratsmitglieder werden vom Betriebsrat nach **Beratung mit dem Arbeitgeber** gewählt (§ 38 II 1 BetrVG). Der Arbeitgeber braucht der Freistellung eines bestimmten Betriebsratsmitglieds nicht zuzustimmen. Er hat nur ein Beratungsrecht. Der Betriebsrat hat der Beratung nach pflichtmäßigem Ermessen Rechnung zu tragen. Unterbleibt die Beratung, führt dies nicht zur Unwirksamkeit des Freistellungsbeschlusses.[218] Doch kann dies eine Amtspflichtverletzung nach § 23 BetrVG darstellen und die Anfechtung der Wahl des Freigestellten rechtfertigen.[219] 153

Die Wahl erfolgt nach den Grundsätzen der **Verhältniswahl** in geheimer Abstimmung, § 38 II 1 BetrVG. Gibt es nur einen Wahlvorschlag, so erfolgt die Wahl nach den Grundsätzen der Mehrheitswahl. Ist nur ein Betriebsratsmitglied freizustellen, so wird dieses mit einfacher Stimmenmehrheit gewählt, § 38 II 2 BetrVG. 154

Hat der Betriebsrat einen Beschluss über die freizustellenden Betriebsratsmitglieder gefasst, so hat er deren Namen **dem Arbeitgeber bekannt zu geben** (§ 38 II 3 BetrVG). Hält der Arbeitgeber den Beschluss für sachlich nicht gerechtfertigt, etwa weil er ihm die Arbeitskraft eines dringend benötigten Spezialisten nehme, so kann er innerhalb einer Frist von zwei Wochen nach seiner Bekanntgabe die Einigungsstelle anrufen (§ 38 II 4 BetrVG; vgl. S. 509). Da der Betriebsrat allein über die Person 155

216 BAG AP 2, 3 zu § 38 BetrVG 1972; LAG Hamm DB 73, 87; LAG Düsseldorf DB 73, 626.

217 BAG AP 1 zu § 38 BetrVG 1972; AP 2 zu § 37 BetrVG 1972; LAG Schleswig-Holstein DB 73, 87.

218 LAG Nürnberg BB 1998, 427.

219 LAG Berlin BB 1995, 2328.

des Freizustellenden beschließt, hat die Einigungsstelle über einen angemessenen Interessenausgleich zu befinden.[220] Bestätigt die Einigungsstelle die Bedenken des Arbeitgebers, so hat sie bei der Bestimmung eines anderen freizustellenden Betriebsratsmitglieds auch den Minderheitenschutz des § 38 II 1 BetrVG zu beachten, § 38 II 6 BetrVG. Das Ergebnis der Verhältniswahl darf also nicht verfälscht werden. Der Spruch der Einigungsstelle ersetzt die Einigung zwischen Arbeitgeber und Betriebsrat (§ 38 II 5 BetrVG). Ruft der Arbeitgeber die Einigungsstelle nicht an, so wird der Beschluss des Betriebsrats über die Freistellung nach zwei Wochen wirksam, § 38 II 7 BetrVG.

156 Endet die Freistellung eines einzelnen Betriebsratsmitglieds infolge ordnungsgemäßer Abberufung oder aus sonstigen Gründen, so bedarf es auch dann nicht der Neuwahl sämtlicher freizustellender Betriebsratsmitglieder, wenn die ursprüngliche Freistellungswahl nach den Grundsätzen der Verhältniswahl stattgefunden hat.[221] Gemäß § 38 II 8 BetrVG gilt für eine Abberufung aber § 27 I 5 BetrVG entsprechend. Im Falle der Verhältniswahl bedarf sie damit eines in geheimer Abstimmung gefassten Beschlusses des Betriebsrats, der die Mehrheit von drei Vierteln der Stimmen seiner Mitglieder benötigt. Werden die Ausschussmitglieder oder freizustellenden Mitglieder insgesamt neu gewählt, so treten sie an die Stelle der früher gewählten, ohne dass es deren Abberufung bedarf.[222]

IV. Die Arbeitsfreistellung zum Erwerb erforderlicher Kenntnisse (§ 37 VI BetrVG)

157 Die Betriebsratsmitglieder (Ersatzmitglieder nur bei häufigen Vertretungsfällen)[223] sind für die **Teilnahme an Schulungs- und Bildungsveranstaltungen** freizustellen, soweit diese Kenntnisse vermitteln, die für die Arbeit des Betriebsrats erforderlich sind

220 Vgl. BAG AP 3 zu § 38 BetrVG 1972; zu den dabei zu berücksichtigenden Kriterien vgl. Fitting/Kaiser/Heither/Engels § 38 Rn. 70.

221 BAG 28. 10. 1992 – BB 93, 1658 = DB 93, 2085 = NZA 93, 910.

222 BAG 29. 4. 1992 – DB 93, 1527 = NZA 93, 329.

223 BAG AP 53 zu § 37 BetrVG 1972 = DB 86, 2189 = NZA 86, 803; ausführlich BAG 19. 9. 2001 – 7 ABR 32/00 – zVv.

(§ 37 VI 1 BetrVG). Unerheblich ist, wer Träger der Schulungsveranstaltung ist (Arbeitgeberverband, Gewerkschaft usw.) und welche Personenkreise neben Betriebsratsmitgliedern daran teilnehmen. Voraussetzung des Anspruchs ist, dass Kenntnisse vermittelt werden, die **für die konkrete Betriebsratstätigkeit erforderlich** sind. Erforderlich ist die Schulungsveranstaltung nur dann, wenn sie Kenntnisse vermittelt, die unter Berücksichtigung der konkreten Situation im Betrieb und im Betriebsrat in der Person des betreffenden Mitglieds benötigt werden, damit der Betriebsrat seine derzeitigen oder demnächst anfallenden Aufgaben erfüllen kann.[224] Die vermittelten Kenntnisse können allgemeiner oder besonderer Art sein. Eine Schulung kann beispielsweise Grundkenntnisse im Betriebsverfassungs-[225] und Arbeitsrecht vermitteln.[226] Dagegen besteht kein Freistellungsanspruch, wenn nur nützliche oder nur solche Kenntnisse vermittelt werden, für die kein aktueller Anlass besteht.[227] Die Schulung muss sich auf die Betriebsratstätigkeit beziehen. Bloß wirtschafts-, rechts- oder gewerkschaftspolitische Aufgaben scheiden als Thema aus. Durch den konkreten betriebsbezogenen Anlass der Schulung unterscheidet sich der Anspruch nach § 37 VI BetrVG von dem nach § 37 VII BetrVG (unten V.). Ein konkreter betriebsbezogener Anlass ist dann gegeben, wenn im Betrieb in absehbarer Zeit Fragen und Probleme anstehen, die der Beteiligung des Betriebsrats unterliegen und bei denen im Hinblick auf den Wissensstand des Betriebsrats eine Schulung erforderlich erscheint, damit dieser seine Beteiligungsrechte sach- und fachgerecht ausüben kann.[228] Dieser Fall kann bei Inkrafttreten eines neuen Gesetzes oder Tarifvertrags gegeben sein oder bei völligem Wan-

224 BAG AP 4, 5, 6, 7, 18, 26, 30, 35 zu § 37 BetrVG 1972; AP 5, 7 zu § 40 BetrVG 1972; AP 9 zu § 89 ArbGG 1953.

225 BAG AP 5, 18 zu § 37 BetrVG 1972; AP 5, 7 zu § 40 BetrVG 1972; AP 9 zu § 89 ArbGG 1953; für neu gewählte BAG AP 35 zu § 37 BetrVG 1972.

226 BAG AP 33 zu § 37 BetrVG 1972; LAG Bad.-Württemberg DB 82, 705.

227 BAG 19. 7. 1995 AP 110 zu § 37 BetrVG 1972; LAG Düsseldorf BB 1997, 1588.

228 BAG AP 4, 5, 6, 18, 30, 106, 110 zu § 37 BetrVG 1972; BAG AP 5, 7 zu § 40 BetrVG 1972.

del der Rechtsprechung.[229] Das einzelne Betriebsratsmitglied muss unter Berücksichtigung des im Betriebsrat vorhandenen Wissens schulungsbedürftig sein. Von einem Betriebsratsmitglied ist im Allgemeinen zu erwarten, dass es bei der Wahl gewisse Kenntnisse besitzt und sich in der Folgezeit weiterbildet. Gleichwohl ist bei einem neugewählten Betriebsratsmitglied regelmäßig ein Einführungskurs notwendig, der nicht erst geraume Zeit nach Amtsübernahme absolviert werden kann.[230] Eine Schulung in Spezialkenntnissen ist unter der Voraussetzung eines aktuellen, betriebsbezogenen Anlasses dann erforderlich, wenn dem Betriebsratsmitglied besondere Aufgaben übertragen sind. Spezialschulungen werden daher angebracht sein über Fragen der Leistungsentlohnung,[231] Arbeitssicherheit,[232] arbeitswissenschaftliche Erkenntnisse über die menschengerechte Gestaltung der Arbeit,[233] Datenverarbeitung und Computertechnik[234] usw. Wenn nur in einem Teil der Schulung erforderliche Kenntnisse vermittelt werden, so ist nach der neueren Rechtsprechung des BAG entscheidend, ob der überwiegende Teil der Schulung erforderlich ist.[235] Bei vorzeitigem Abbruch der Schulung kann die Erforderlichkeit zu verneinen sein.

158 Bei der Beurteilung, ob eine Schulung notwendig ist, hat der Betriebsrat einen **Beurteilungsspielraum**.[236] Bei der Beschlussfassung über die Teilnahme hat der Betriebsrat sich zu fragen: **(a)** findet die Schulung zu Themen statt, die zur Betriebsratstätigkeit gehören? **(b)** besteht ein aktueller, betriebsbezogener

229 BAG AP 1, 4, 10 zu § 37 BetrVG 1972.

230 BAG AP 18 zu § 37 BetrVG 1972; BAG AP 12 zu § 40 BetrVG 1972 = EzA 50 zu § 37 BetrVG 1972.

231 BAG AP 4, 9 zu § 37 BetrVG 1972; LAG Düsseldorf DB 75, 795; 81, 119; LAG Hamm EzA 47 zu § 38 BetrVG 1972.

232 BAG AP 54 zu § 37 BetrVG 1972 = DB 86, 2496 = NZA 87, 63; LAG Hamm BB 80, 1374.

233 Vgl. BAG AP 9, 30 zu § 37 BetrVG 1972.

234 BAG 19. 7. 1995 AP 110 zu § 37 BetrVG 1972; ArbG Stuttgart BB 83, 1215.

235 BAG AP 24 zu § 37 BetrVG 1972.

236 BAG AP 5 zu § 37 BetrVG 1972; BAG 19. 9. 2001 – 7 ABR 32/00 – zVv.

Anlass zur Schulung? **(c)** besteht eine Schulungsbedürftigkeit des Betriebsrats und der einzelnen Betriebsratsmitglieder (etwa im Hinblick auf frühere Schulungen, auf die Dauer der bisherigen Betriebsratstätigkeit usw.)? **(d)** betreffen Schulungen in Spezialfragen die besonderen Aufgaben des einzelnen Betriebsratsmitglieds? **(e)** welches ist der genaue Themenplan der Schulung?

Damit kommen insbesondere Schulungen in Betracht zur Ver- 159
tiefung des allgemeinen Betriebsverfassungs- und Arbeitsrechts unter besonderer Berücksichtigung der für den Betrieb geltenden Tarifverträge; zu Fragen des Akkord- und Prämienlohnes[237] und des Arbeitsschutzes,[238] zu arbeitswissenschaftlichen Erkenntnissen über die menschengerechte Gestaltung des Arbeitsplatzes,[239] zu Personalplanung, Arbeitnehmererfindungsrecht, Vermögensbildung, zur Rspr. des Bundesarbeitsgerichts und der Landesarbeitsgerichte zum BetrVG,[240] zu Datenverarbeitungssystemen,[241] Datenschutz,[242] ISDN-Technik, wenn betrieblich benutzt oder Nutzung bevorstehend,[243] zu betrieblichen und betriebsorganisatorischen Fragen, zu sozialversicherungsrechtlichen Fragen, sofern sie sich auf den Betrieb auswirken,[244] zu Aids[245] und Mobbing.[246] Nicht als erforderlich angesehen wurden Schulungsveranstaltungen über Lohnsteuerrichtlinien,[247] gewerkschaftliche Bildung,[248] Gesetzentwürfe, von denen keine Verabschiedung ohne Änderung erwartet werden konnte.[249]

---

237 Vgl. BAG AP 4, 9 zu § 37 BetrVG 1972; LAG Düsseldorf DB 75, 795; LAG Hamm EzA 47 zu § 38 BetrVG 1972.

238 ArbG Kiel BB 73, 848.

239 BAG AP 9, 30 zu § 37 BetrVG 1972; LAG Düsseldorf DB 75, 795.

240 BAG 20. 12. 1995 AP 113 zu § 37 BetrVG 1972.

241 LAG Düsseldorf BB 90, 1130 = DB 90, 1243.

242 LAG Niedersachsen EzA 64 zu § 37 BetrVG 1972.

243 LAG Schleswig-Holstein DB 94, 336 = BB 94, 287.

244 A. A. LAG Berlin BB 74, 786.

245 LAG Frankfurt DB 91, 2495 = NZA 91, 981.

246 BAG 15. 1. 1997 AP 118 zu § 37 BetrVG 1972.

247 BAG AP 5 zu § 80 BetrVG 1972.

248 BAG AP 20 zu § 37 BetrVG 1972.

249 BAG AP 63 zu § 37 BetrVG 1972 = DB 88, 1453.

160 Eine Begrenzung der Dauer und Häufigkeit der Teilnahme an Schulungsveranstaltungen ist im Gesetz nicht vorgesehen. Erforderlich ist derjenige Zeitaufwand, der zur Vermittlung der notwendigen Kenntnisse angemessen ist. Der Betriebsrat hat nach dem **Grundsatz der Verhältnismäßigkeit** zwischen seinen Bedürfnissen einerseits und den betrieblichen Notwendigkeiten andererseits abzuwägen.[250] Da die Schulung von den Verhältnissen des Betriebs und dem Wissensstand des Betriebsrats abhängt, lassen sich allgemeine Regeln über die Dauer der erforderlichen Schulung nicht aufstellen. Es ist eine Schulung von 5–6 Tagen über das neue BetrVG 1972[251] oder allgemeine Fragen des Arbeitsrechts[252] als angemessen anerkannt worden. Gleiches wird für das BetrVG 2001 anzunehmen sein. Eine 14-tägige Schulungsveranstaltung ist anerkannt worden für Betriebsratsvorsitzende,[253] für andere freigestellte Betriebsratsmitglieder[254] und Mitglieder der Akkordkommission.[255]

161 Die Frage, ob alle oder nur einzelne Betriebsratsmitglieder geschult werden, ist nach der Schulungsbedürftigkeit des Betriebsrats zu entscheiden. Gewisse Grundkenntnisse des BetrVG und des allgemeinen Arbeitsrechts müssen alle Betriebsratsmitglieder haben. Fehlen diese, so dürfen sie an einem Grundkurs teilnehmen.[256] Im Übrigen ist aber von einer gewissen **Aufgabenverteilung** im Betriebsrat auszugehen und zu erwarten, dass die einzelnen Betriebsratsmitglieder sich wechselseitig unterrichten.[257] Bei Wirtschaftsausschussmitgliedern ist im Allgemeinen anzu-

---

250 BAG AP 4, 18, 24 zu § 37 BetrVG 1972; AP 2 zu § 40 BetrVG 1972.

251 BAG AP 5 zu § 37 BetrVG 1972; AP 9 zu § 89 ArbGG 1953; BAG 7. 6. 1989 – NZA 90, 149 = nicht kurz vor Ende der Amtszeit; ebenso BAG 9. 9. 1992 – BB 93, 508 = NZA 93, 468.

252 LAG Schleswig-Holstein BB 88, 1389 = NZA 88, 590.

253 BAG AP 26 zu § 37 BetrVG 1972.

254 ArbG Kassel BB 74, 647; DB 74, 1966; ArbG Kiel BB 73, 848; LAG Hamm DB 75, 109.

255 BAG AP 9 zu § 37 BetrVG 1972; einschränkend nach dem Grundsatz der Verhältnismäßigkeit: LAG Düsseldorf EzA 72 zu § 37 BetrVG 1972.

256 BAG AP 58 zu § 37 BetrVG 1972 = DB 87, 891 unter Aufgabe früherer Rspr.; BAG AP 33, 35 zu § 37 BetrVG 1972; BVerwG ZBR 79, 310.

257 BAG 29. 4. 1992 – NZA 93, 375.

nehmen, dass sie die erforderlichen Kenntnisse bereits haben. Sie können nur als Betriebsratsdelegierte geschult werden.[258] Die Schulungsteilnahme von Mitgliedern der Schwerbehindertenvertretung kann im Einzelfall erforderlich sein.[259] Das Gleiche gilt für Mitglieder der Jugend- und Auszubildendenvertretung.[260] Über die Teilnahme entscheidet der Betriebsrat.[261]

Bei der Festlegung des Zeitpunkts der Schulung hat der Be- 162
triebsrat auf die **betrieblichen Notwendigkeiten** Rücksicht zu nehmen (§ 37 VI 3 BetrVG). Er hat dem Arbeitgeber die zeitliche Lage der Schulungsveranstaltung rechtzeitig bekannt zu geben (§ 37 VI 4 BetrVG), d.h. zu einem Zeitpunkt, zu dem der Arbeitgeber sich noch auf die Schulungsveranstaltung einstellen und die Voraussetzungen des Freistellungsanspruchs überprüfen kann.[262]

Hält der Arbeitgeber die betrieblichen Notwendigkeiten bei 163
der Wahl des Zeitpunkts nicht für ausreichend berücksichtigt, so kann er die **Einigungsstelle** anrufen (§ 37 VI 5 BetrVG). Der Spruch der Einigungsstelle ersetzt die Einigung zwischen Arbeitgeber und Betriebsrat (§ 37 VI 6 BetrVG). Ist der Arbeitgeber dagegen der Auffassung, dass die Schulungsveranstaltung als solche nicht notwendig ist, so kann der Betriebsrat das **Arbeitsgericht** im Beschlussverfahren, ggf. im Wege der einstweiligen Verfügungsverfahren anrufen mit dem Antrag festzustellen, dass die Schulung notwendig ist.

Der Anspruch auf Freistellung zu Schulungszwecken steht zu- 164
nächst dem Betriebsrat als Kollektivorgan zu. Erst dann, wenn das einzelne Betriebsratsmitglied als Teilnehmer bestimmt ist, erwächst er für dieses.[263]

---

258 BAG AP 5 zu § 37 BetrVG 1972; BAG 28. 4. 1988 – NZA 89, 221; BAG 11. 11. 1998 – BB 1999, 1328.

259 LAG Hamburg NZA-RR 1997, 348.

260 BAG AP 4, 5, 6 zu § 65 BetrVG 1972.

261 BAG 15. 1. 1992 AP 41 zu § 40 BetrVG 1972.

262 BAG AP 27 zu § 37 BetrVG 1972 = DB 77, 1143.

263 BAG AP 5, 18 zu § 37 BetrVG 1972.

V. Die Arbeitsfreistellung zum Erwerb geeigneter Kenntnisse (§ 37 VII BetrVG)

165 Über den Freistellungsanspruch zum Besuch von Schulungsveranstaltungen nach § 37 VI BetrVG hinaus hat jedes Betriebsratsmitglied (nicht dagegen Ersatzmitglieder)[264] während seiner regelmäßigen Amtszeit Anspruch auf einen dreiwöchigen **Bildungsurlaub,** der zusammenhängend oder geteilt genommen werden kann. Möglich ist die Teilnahme an Schulungs- oder Bildungsveranstaltungen, die von der zuständigen obersten Arbeitsbehörde des Landes nach Beratung mit den Spitzenorganisationen der Gewerkschaft und den Arbeitgeberverbänden als geeignet anerkannt sind (§ 37 VII 1 BetrVG). Der Anspruch erhöht sich für erstmals dem Betriebsrat angehörende Mitglieder, die nicht zuvor Mitglieder der Jugend- und Auszubildendenvertretung gewesen sind, auf 4 Wochen (§ 37 VII 2 BetrVG); dadurch soll sichergestellt werden, dass diese hinreichend über die Aufgaben und Pflichten eines Betriebsratsmitglieds aufgeklärt werden. Die zusätzliche Woche bezahlter Freistellung zur Teilnahme an Schulungs- und Bildungsveranstaltungen steht dem erstmals gewählten Betriebsratsmitglied auch bei verkürzter Amtszeit zu.[265] Dagegen ist die Teilnahme gegen Ende der Amtszeit nicht mehr gerechtfertigt, auch wenn das Betriebsratsmitglied sich um eine Neuwahl bemüht.[266] Liegt zwischen Veranstaltungsende und Ablauf der Amtsperiode ein Zeitraum von mehr als drei Wochen, ist eine Möglichkeit, das vermittelte Wissen noch zu nutzen (etwa zu Eingruppierungsfragen), nicht ausgeschlossen.[267] Der Anspruch nach § 37 VII BetrVG unterscheidet sich von dem nach § 37 VI BetrVG dadurch, dass er dem einzelnen Betriebsratsmitglied als **Individualanspruch** zusteht[268] und nur **nützliche** Kenntnisse, nicht dagegen unbedingt

264 ArbG Bochum DB 74, 98; BAG 14. 12. 1994 AP 100 zu § 37 BetrVG 1972.

265 BAG AP 68 zu § 37 BetrVG 1972 = NZA 90, 317.

266 BAG 9. 9. 1992 – DB 93, 592 = NZA 93, 468.

267 BAG 28. 8. 1996 – AP 117 zu § 37 BetrVG 1972 = NZA 1997, 169.

268 BAG AP 5, 7 zu § 37 BetrVG 1972.

erforderliche Kenntnisse vermittelt werden müssen. Doch müssen sich die vermittelten Kenntnisse auf die Tätigkeit des Betriebsrats beziehen.[269]

Hat die oberste Arbeitsbehörde eine Schulung als geeignet an- 166
erkannt, so ist im Verhältnis von Arbeitgeber und Betriebsratsmitglied davon auszugehen, dass die Schulungsveranstaltung zur Vermittlung entsprechender Kenntnisse geeignet war. Im Allgemeinen werden als geeignet anerkannt Veranstaltungen über verfassungsrechtliche Grundlagen des Arbeitsrechts, Fragen des Mitbestimmungs- und Gesellschaftsrechts, des allgemeinen Sozialrechts (Kranken-, Renten- und Unfallversicherung), über wirtschaftliche und betriebswirtschaftliche Fragen, über Fragen der Arbeitsbewertung und der Arbeitswissenschaft, Versammlungspraxis und Versammlungsleitung, nicht aber über Diskussion und Verhandlungstechnik.[270] Für Streitigkeiten über die Anerkennung von Schulungs- und Bildungsveranstaltungen sind nach inzwischen feststehender Rechtsprechung des BAG nicht die Verwaltungsgerichte, sondern die Arbeitsgerichte zuständig.[271] Im Beschlussverfahren antrags- und beteiligtenfähig sind die in § 37 VII BetrVG genannten Spitzenorganisationen, nicht dagegen der einzelne Arbeitgeber, der auf Lohnfortzahlung in Anspruch genommen wird.[272]

VI. Die Vergütungsfortzahlung bei Betriebsratstätigkeit

Hat das Betriebsratsmitglied Anspruch auf Freistellung von 167
der Arbeit, so ist ihm für die dadurch ausfallende Arbeitszeit diejenige Vergütung weiterzuzahlen, die es bezogen hätte, wenn es die Betriebsratsaufgaben nicht wahrgenommen hätte (§ 37 II, VI, VII BetrVG). Es gilt das **Lohnausfallprinzip**.[273] Weiterzuzahlen ist der Stundenlohn oder das Gehalt einschließlich etwaiger

269 BAG AP 5, 7, 23, 73, 92 zu § 37 BetrVG 1972.

270 Vgl. BAG 20. 10. 1993 – BB 94, 139 = DB 94, 282; vgl. aber BAG 6. 11. 73 – AP 6 zu § 37 BetrVG 1972.

271 BAG AP 7, 23 zu § 37 BetrVG 1972.

272 Dazu kritisch Fitting/Kaiser/Heither/Engels § 37 Rn. 214 m. w. N.

273 BAG AP 3, 5 zu § 37 BetrVG; Schaub, Arbeitsrecht von A–Z, Stichwort: Lohnausfallprinzip.

Zulagen.[274] Wurde das Betriebsratsmitglied im Akkord entlohnt, so ist ihm die **Akkordvergütung** weiterzuzahlen, die es voraussichtlich bezogen hätte. Hätte es **Mehr- oder Überstunden** geleistet, so ist auch eine etwaige Über- oder Mehrarbeitsstundenvergütung weiterzuzahlen. Bei Schulungen im Baugewerbe an Schlechtwettertagen besteht ein Anspruch nur in Höhe des Schlechtwettergeldes.[275] Nicht weiterzuzahlen ist Aufwendungsersatz, wenn die besonderen Aufwendungen während der Betriebsratstätigkeit nicht anfallen. Hierzu können Wegegelder und Auslösungen gehören.[276] Steuerpflichtige Nahauslösungen gehören zum Entgelt.[277]

168 Von dem weitergezahlten Entgelt sind Lohnsteuern und Sozialversicherungsbeiträge einzubehalten. Hat das Betriebsratsmitglied aufgrund der Vorschriften des BetrVG Anspruch auf Fortzahlung der Sonn- und Feiertags- sowie Nachtzuschläge, so werden diese nach der vorherrschenden Rechtsprechung der Finanzgerichte der Lohnsteuer unterworfen (§ 3 b EStG). Steuerfrei sind sie nur bei tatsächlich geleisteter Sonn-, Feiertags- oder Nachtarbeit. Um den Lebensstandard der Betriebsräte zu sichern, hatte das Bundesarbeitsgericht vorübergehend die Auffassung vertreten, dass der Arbeitgeber den Nettolohn fortzuzahlen habe.[278] Diese Rspr. hat es zugunsten des Bruttolohnprinzips aufgegeben.[279]

169 Hat das Betriebsratsmitglied aus **betriebsbedingten** Gründen **außerhalb seiner Arbeitszeit Betriebsratsaufgaben durchzuführen** (§ 37 III 1 BetrVG), so hat es Anspruch auf entsprechende ausgleichende Arbeitsbefreiung unter Fortzahlung des Arbeitsentgelts. Ein Anspruch auf einen Freizeitzuschlag besteht nicht.[280] Die Arbeitsbefreiung ist vor Ablauf eines Monats zu gewähren.

---

274 Vgl. BAG AP 5 zu § 37 BetrVG 1972.

275 BAG AP 11 zu § 37 BetrVG 1972; AP 55; AP 1 zu § 720 RVO; a. A. Däubler/Kittner/Klebe § 37 Rn. 136.

276 BAG AP 1 zu Art. IX KRG Nr. 22.

277 BAG DB 88, 2006.

278 BAG AP 12 zu § 37 BetrVG.

279 BAG AP 37 zu § 37 BetrVG 1972 = EzA 70 zu § 37 BetrVG 1972; AP 50 = BB 86, 1222 = NZA 86, 263.

280 BAG AP 29 zu § 37 BetrVG 1972 = DB 77, 2101.

Der Anspruch auf Freizeitausgleich nach § 37 III 1 BetrVG wandelt sich weder durch Ablauf der Monatsfrist noch durch Nichtgewährung durch den Arbeitgeber von selbst in einen Vergütungsanspruch. Dafür ist vielmehr Voraussetzung, dass der Arbeitnehmer Arbeitsbefreiung verlangt und diese vom Arbeitgeber verweigert wird.[281] **Betriebsbedingte Gründe** zur Durchführung von Betriebsratsaufgaben außerhalb der Arbeitszeit sind alle Gründe, die aus der Sphäre des Betriebs kommen. Bloß betriebsratsbedingte Gründe, etwa wegen unrichtiger Aufgabenverteilung im Betrieb, begründen keinen Ausgleichsanspruch.[282] Betriebsbedingte Gründe sind z. B. gegeben, wenn das Betriebsratsmitglied im Wechseldienst arbeitet und während seiner Freizeit Betriebsratsaufgaben wahrnehmen muss.

Gemäß dem neuen § 37 III 2 BetrVG liegen betriebsbedingte 170 Gründe immer auch dann vor, wenn die Betriebsratstätigkeit wegen der unterschiedlichen Arbeitszeiten der Betriebsratsmitglieder nicht innerhalb der persönlichen Arbeitszeit erfolgen kann, neben Wechseldienst etwa bei Gleitzeit oder Teilzeitarbeit. Bei einer Schulungsteilnahme gemäß § 37 VI, VII BetrVG liegt ein betriebsbedingter Grund nach § 37 III BetrVG auch vor, wenn wegen der Besonderheiten der betrieblichen Arbeitszeitgestaltung die Schulung des Betriebsratsmitglieds außerhalb seiner Arbeitszeit erfolgt. Der Ausgleichsanspruch ist in diesem Fall - unter Einbeziehung der Arbeitsbefreiung nach § 37 II BetrVG - pro Schulungstag begrenzt auf die Arbeitszeit eines vollzeitbeschäftigten Arbeitnehmers (§ 37 VI 2, § 37 VII 3 BetrVG). Diese neue Regelung des BetrVG 2001 kommt insbesondere Teilzeitkräften zugute. Zwar mussten bislang schon teilzeitbeschäftigte (weibliche) Betriebsratsmitglieder, die an einer Ganztagsschulung teilnahmen, gemäß Art. 119 EWG-Vertrag (Art. 141 EG-Vertrag Amsterdamer Fassung) Ganztagslohn erhalten. Allerdings blieb der BRD vorbehalten nachzuweisen, dass die Regelung des § 37 BetrVG 1972 durch objektive Faktoren gerechtfertigt war, die

281 BAG 25. 8. 1999 - BB 2000, 774; BAG 8. 3. 2000 - 7 AZR 136/99 - n. v.

282 BAG AP 14 zu § 37 BetrVG 1972.

nichts mit einer Diskriminierung aufgrund des Geschlechts zu tun haben.[283] Solche Faktoren hat das BAG in der Ausgestaltung des Betriebsratsamts als Ehrenamt erblickt.[284]

171 Diese Rechtsprechung ist durch die Neufassung des § 37 VI 1 BetrVG überholt. Dabei bedeutet die Anwendung des § 37 III BetrVG auch bei erforderlichen Schulungen nach § 37 VI BetrVG nicht, dass jede Schulung eines Betriebsratsmitglieds außerhalb seiner persönlichen Arbeitszeit automatisch einen Ausgleichsanspruch auslöst. Erforderlich ist stets, dass **betriebsbedingte** Gründe gegeben sind, welche die Durchführung der Schulung außerhalb der persönlichen Arbeitszeit bedingen. Dabei sind als betriebsbedingte Gründe iSd. § 37 III BetrVG auch solche Umstände anzusehen, die in der Sphäre des Betriebs liegen. Der in § 37 VI 1 BetrVG neu aufgenommene Verweis auf Abs. 3 der Regelung stellt dabei ausdrücklich klar, dass auch Besonderheiten der betrieblichen Arbeitszeitgestaltung als betriebsbedingte Gründe für eine Schulungsteilnahme außerhalb der gewöhnlichen Arbeitszeit anzusehen sind. Das gilt beispielsweise, wenn ein in einem rollierenden Arbeitszeitsystem arbeitendes Betriebsratsmitglied an einem diesem System entsprechend arbeitsfreien Wochentag an einer Schulung teilnimmt oder wenn ein an sich in die Arbeitszeit fallender Schulungstag aufgrund einer Betriebsvereinbarung unter gleichzeitiger Anordnung der entsprechenden Vor- oder Nacharbeit arbeitsfrei ist.

172 Als Besonderheit der betrieblichen Arbeitszeitgestaltung ist auch die Beschäftigung in **Teilzeit** anzusehen. Sie ist Teil der betrieblichen Organisation und fällt damit in die Sphäre des Betriebs. Daher steht künftig teilzeitbeschäftigten Betriebsratsmitgliedern, die über ihre tägliche Arbeitszeit hinaus an einer Schulungsveranstaltung teilnehmen, ein entsprechender Ausgleichsanspruch zu. Teilzeitbeschäftigte Betriebsratsmitglieder sind vollwertige Angehörige dieses Gremiums und bedürfen einer glei-

283 EuGH v. 4. 6. 1992 – BB 92, 2043 = DB 92, 1481 = NZA 92, 687; EuGH 6. 2. 1996 – NZA 1996, 319; dagegen BAG 20. 10. 1993 – BB 93, 2235 = DB 94, 334.

284 BAG 5. 3. 1997 AP 123 zu § 37 BetrVG 1972; BAG 3. 12. 1997 AP 124 zu § 37 BetrVG 1972.

chen Schulung wie vollzeitbeschäftigte Mitglieder. Auch aus Gründen der Gleichbehandlung erscheint es nicht angebracht, von ihnen ein größeres Freizeitopfer für die Teilnahme an Schulungsveranstaltungen zu verlangen als von vollzeitbeschäftigten Betriebsratsmitgliedern. Es beruht aber nicht auf betriebsbedingten Gründen, wenn die Schulung eines vollzeitbeschäftigten Betriebsratmitglieds an einigen Tagen einmal länger als die betriebliche Arbeitszeit dauert oder wenn ein Betriebsratsmitglied an einem arbeitsfreien Sonnabend an einer Schulung teilnimmt. In diesen Fällen besteht kein Ausgleichsanspruch (vgl. zum Vorstehenden die Begründung des Referentenentwurfs, Besonderer Teil zu Nr. 29).

Die **Begrenzung** des Ausgleichsanspruchs in § 37 VI 2 BetrVG 173
auf die Arbeitszeit eines vollzeitbeschäftigten Betriebsratsmitglieds soll verhindern, dass an einer Schulung teilnehmende teilzeitbeschäftigte Betriebsratsmitglieder besser gestellt werden als ihre vollzeitbeschäftigten Kollegen.

Mit der Gewährung eines Anspruchs auf Freizeitausgleich soll 174
verhindert werden, dass das Betriebsratsmitglied seine Freizeit im betrieblichen Interesse opfern muss. Andererseits sucht der Gesetzgeber auch einer finanziellen Begünstigung des Betriebsratsmitglieds zu steuern; statt des Freizeitausgleichs ist eine Bezahlung der für die Betriebsratstätigkeit aufgewandten Zeit nur vorgesehen, wenn ein Freizeitausgleich aus betriebsbedingten Gründen nicht möglich ist (§ 37 III 2 BetrVG). Dies ist z. B. dann der Fall, wenn ein Betriebsratsmitglied im Betrieb nicht ersetzt werden kann, z. B. der einzige Kranfahrer. Um den Arbeitgeber anzuhalten, für den Freizeitausgleich zu sorgen, ist im Falle der Abgeltung der Freizeit diese wie Mehrarbeit, also einschließlich der Mehrarbeitsstundenzuschläge, zu vergüten. Ausnahmen gelten bei Teilzeitarbeit.

War das Betriebsratsmitglied in Teilzeitarbeit beschäftigt und 175
hat es außerhalb seiner persönlichen Arbeitszeit Betriebsratstätigkeiten verrichtet, so erhält es bis zur Dauer der regelmäßigen Arbeitszeit nur die Grundvergütung.[285] Mehrarbeitsvergütung

285 BAG AP 48 zu § 37 BetrVG 1972 = DB 85, 1346 = NZA 85, 600; AP

steht ihm nur zu, wenn die regelmäßige Vollarbeitszeit überschritten wird. Streitigkeiten über den Freizeitausgleich sind vor den Arbeitsgerichten im Urteilsverfahren auszutragen.[286]

VII. Nachteilsausgleich bei Wahrnehmung eines Betriebsratsamts

176 Insbesondere vollständig freigestellte Betriebsratsmitglieder werden durch die Ausübung des Betriebsratsamts in empfindlicher Weise in ihrer beruflichen Entwicklung gestört. Gehören sie mehrere Amtsperioden dem Betriebsrat an, so kann es vor allem in Berufen mit hohem technischen Wissen dazu kommen, dass sie den Anschluss an die Entwicklung versäumen oder der Arbeitgeber vergleichbare Arbeitnehmer in der betrieblichen Hierarchie unter Übergehung der (freigestellten) Betriebsratsmitglieder befördert. Es liegt im wohlverstandenen Interesse der Belegschaft, des Betriebs und des Arbeitgebers, dass sich auch hochqualifizierte Arbeitnehmer für die Betriebsratstätigkeit zur Verfügung stellen. § 37 IV, V BetrVG sucht deshalb den durch die Betriebsratstätigkeit erwachsenden Nachteilen in doppelter Weise zu begegnen.

177 Nach § 37 IV BetrVG darf das Arbeitsentgelt von Mitgliedern des Betriebsrats für die Zeit ihrer Amtstätigkeit einschließlich eines Zeitraumes von einem Jahr nach deren Beendigung – im Falle der Freistellung während dreier aufeinanderfolgender Amtsperioden nach Beendigung der Amtszeit einschl. eines Zeitraums von 2 Jahren: (§ 38 III BetrVG) – nicht geringer bemessen werden als das Arbeitsentgelt **vergleichbarer Arbeitnehmer mit betriebsüblicher beruflicher Entwicklung**.[287] Dies gilt auch für allgemeine Zuwendungen (z. B. Prämien, Gratifikationen usw.) des Arbeitgebers. Maßgebend ist die Arbeitsvergütung solcher Arbeitnehmer, die mit dem Betriebsratsmitglied vergleichbar sind. Bei der Feststellung der **Vergleichbarkeit** ist auf

76 = BB 91, 272 = NZA 91, 200; vgl. aber BAG AP 52 zu § 37 BetrVG 1972 = DB 1986, 1026.

286 BAG AP 12 zu § 37 BetrVG 1972.

287 BAG AP 28 zu § 37 BetrVG 1972; AP 61 = NZA 88, 403; LAG Rheinl.-Pfalz EzA 69 zu § 37 BetrVG 1972.

Qualifikation und Persönlichkeit abzustellen.[288] Bei der Bestimmung des **Vergütungsanspruchs** des Betriebsratsmitglieds ist zunächst auf den Zeitpunkt seiner Wahl abzustellen, als es sich noch voll seiner beruflichen Tätigkeit widmen konnte. Alsdann ist festzustellen, ob ein Arbeitnehmer mit der Qualifikation und Persönlichkeit des Betriebsratsmitglieds im Laufe der Zeit **aufgestiegen** ist.[289] Ist dies der Fall, muss die Vergütung des Betriebsratsmitglieds, d. h. die Höhe des Arbeitsentgelts für die maßgebliche Bemessungsgröße wie Stunde, Akkord, Prämie, entsprechend angepasst werden. Das Betriebsratsmitglied kann den Arbeitgeber unmittelbar auf die höhere Vergütung in Anspruch nehmen.[290]

Beispiel: Sind zwei gleich qualifizierte Arbeitnehmer im Jahre 1997 als Weber eingestellt worden und ist das Belegschaftsmitglied, das sich nicht in den Betriebsrat hat wählen lassen, durch berufliche Fortbildungsmaßnahmen inzwischen aufgestiegen, so hat das Betriebsratsmitglied Anspruch auf entsprechende Lohnanpassung.

Nach § 37 V BetrVG dürfen, soweit nicht zwingende betriebliche Notwendigkeiten entgegenstehen, Mitglieder des Betriebsrats während ihrer Amtszeit einschließlich eines Zeitraums von einem Jahr nach Beendigung der Amtszeit (von 2 Jahren bei während dreier Amtsperioden freigestellten Betriebsratsmitgliedern) nur mit Tätigkeiten beschäftigt werden, die den Tätigkeiten vergleichbarer Arbeitnehmer entsprechen. Hierdurch soll verhindert werden, dass das Betriebsratsmitglied nur noch mit untergeordneten Arbeiten beschäftigt wird und damit einen beruflichen Aufstieg verpasst. Zur Gewährleistung des Anschlusses an die berufliche und technische Entwicklung dürfen freigestellte Betriebsratsmitglieder nicht von inner- und außerbetrieblichen Maßnahmen der beruflichen Bildung ausgenommen wer- 178

288 BAG AP 43 zu § 37 BetrVG 1972; vgl. LAG Rheinland-Pfalz EzA 69 zu § 37 BetrVG 1972.

289 BAG 15. 1. 1992 – AP 84 zu § 37 BetrVG 1972 = BB 92, 2151 = DB 93, 1379.

290 BAG 11. 12. 1991 – NZA 93, 909.

den (§ 38 IV BetrVG). Sie haben also Anspruch darauf, an betrieblichen Bildungs- und Fortbildungsmaßnahmen teilzunehmen, um nach dem Ende ihrer Amtszeit auch gestiegene qualifizierte Tätigkeiten ausüben zu können. Ist die betriebliche Berufsfortbildung während der Amtszeit unterblieben, so ist ihnen Gelegenheit zu geben, die Ausbildungsmaßnahmen nachzuholen (§ 38 IV BetrVG).[291]

VIII. Kündigungsschutz

179 Betriebsratsmitglieder genießen einen besonderen Kündigungsschutz. Die Einzelheiten sind im Rahmen der personellen Mitbestimmung dargestellt (vgl. Abschn. VIII Rn. 174ff.).

IX. Besondere Pflichten der Betriebsratsmitglieder

180 Die arbeitsvertraglichen Pflichten eines Betriebsratsmitglieds werden durch die Übernahme des Amtes nicht gesteigert.

181 Die Amtstätigkeit bringt es allerdings mit sich, dass ein Betriebsratsmitglied **Betriebs- und Geschäftsgeheimnisse** erfährt. Es liegt im Interesse des Arbeitgebers, des Betriebs und seiner Belegschaft, dass das Betriebsratsmitglied gegenüber jedermann zu einer besonderen Verschwiegenheit verpflichtet ist. Neben der besonderen, aus § 79 BetrVG resultierenden Verschwiegenheitspflicht kann eine entsprechende arbeitsvertragliche Verpflichtung des einzelnen Betriebsratsmitglieds bestehen. Darüber hinaus kann sich eine Verschwiegenheitspflicht aus § 5 I BDSG ergeben. Bei der Datenverarbeitung beschäftigten Personen ist untersagt, geschützte personenbezogene Daten unbefugt zu einem anderen als dem zur jeweiligen rechtmäßigen Aufgabenerfüllung gehörenden Zweck zu nutzen. Die Verschwiegenheitspflicht obliegt nicht nur den unmittelbar mit der Datenverarbeitung beschäftigten Personen, sondern allen, die im Rahmen ihrer beruflichen Tätigkeit im Unternehmen geschützte personenbezogene Daten zur Kenntnis nehmen. Hierzu gehört auch der Betriebsrat, der wegen seiner Mitwirkungsrechte zahlreiche personenbezogene Daten erfährt.

291 Für die Erforderlichkeit einer fiktiven Laufbahnnachzeichnung eines Personalratsmitglieds vgl. BAG 29. 10. 1998 – NZA 1999, 171.

Nach § 79 I 1 BetrVG sind die Mitglieder und Ersatzmitglieder des Betriebsrats verpflichtet, Betriebs- und Geschäftsgeheimnisse, die ihnen **wegen ihrer Zugehörigkeit zum Betriebsrat bekannt geworden und vom Arbeitgeber ausdrücklich als geheimhaltungsbedürftig bezeichnet** sind, nicht zu offenbaren und nicht zu verwerten. Betriebsgeheimnisse sind Tatsachen, die im Zusammenhang mit dem technischen Betrieb, Geschäftsgeheimnisse solche, die im Zusammenhang mit der wirtschaftlichen Betätigung des Unternehmens stehen und nur einem eng begrenzten Personenkreis bekannt und nach dem Willen des Arbeitgebers und im Interesse des Unternehmens geheimhaltungsbedürftig sind.[292] Der Arbeitgeber (Unternehmer) muss ein objektives Interesse an der Geheimhaltung haben. Zu den Betriebs- und Geschäftsgeheimnissen gehören die Lohn- und Gehaltsdaten, da sie Teil der betriebswirtschaftlichen Kalkulation sind.[293] Die Schweigepflicht setzt nur dann ein, wenn der **Arbeitgeber** durch **ausdrückliche Erklärung** auf die Geheimhaltungsbedürftigkeit hingewiesen hat. Die amtliche Schweigepflicht wird folglich durch 2 Voraussetzungen ausgelöst: **(a)** das Bestehen eines materiellen Betriebs- oder Geschäftsgeheimnisses (materielles Geheimnis) und **(b)** den ausdrücklichen Hinweis des Arbeitgebers auf die Schweigepflicht (formelles Geheimnis). Keine Schweigepflichten bestehen gegenüber den anderen Betriebsverfassungsorganen. Zu Schweigepflichten von Arbeitnehmervertretern im Aufsichtsrat vgl. Schaub, ArbR-Hdb., § 246.[294] 182

Dem Betriebsratsmitglied werden aber nicht nur **Geheimnisse** seines Arbeitgebers, sondern auch solche **von Arbeitskollegen** bekannt. Die Schweigepflicht ist insoweit an anderer Stelle im Gesetz geregelt (vgl. §§ 99 I 3, 102 II 5 BetrVG). Besondere Schweigepflichten bestehen, wenn das Betriebsratsmitglied zur Unterstützung des Arbeitnehmers herangezogen worden ist (vgl. 183

292 BAG AP 1 zu § 611 BGB Betriebsgeheimnis; BAG 15. 12. 1987 – 3 AZR 474/86; BGH LM 2 zu § 17 UWG.

293 BAG AP 2 zu § 79 BetrVG 1972 = NZA 88, 63.

294 Vgl. ferner BAG AP 1 zu § 626 BGB Arbeitnehmervertreter im Aufsichtsrat; BGH EzA 2 zu § 116 AktG; dagegen LAG Nürnberg LAGE 20 zu § 37 BetrVG 1972.

§ 82 II 3, 83 I 3 BetrVG). Im Übrigen wird im Gesetz vielfach auf § 79 BetrVG verwiesen. Soweit es um Schweigepflichten über Angelegenheiten aus der Intimsphäre der Arbeitskollegen[295] geht, erwächst diese ohne einen besonderen Hinweis.

184 Schließlich kann eine Verschwiegenheitspflicht über Angelegenheiten des Betriebsrats selbst bestehen.[296]

185 Aufgrund der Verschwiegenheitspflicht erwächst kein Zeugnisverweigerungsrecht des Betriebsratsmitglieds im Strafprozess.[297]

186 **Verletzt das Betriebsratsmitglied seine Schweigepflicht**, so kann es u. U. aus dem Betriebsrat ausgeschlossen (§ 23 BetrVG; vgl. Rn. 16) oder fristlos gekündigt werden, wenn die Verletzung der Amtsverschwiegenheit zugleich eine Verletzung arbeitsvertraglicher Pflichten darstellt, ferner kann es zum Schadenersatz verpflichtet sein (§ 823 BGB i. V. m. § 79 BetrVG) und nach § 120 BetrVG – ggf. auch nach §§ 17, 18, 20 UWG – bestraft werden.

187 Zur politischen und gewerkschaftlichen Betätigung der Betriebsratsmitglieder vgl. Abschn. I Rn. 141 ff.; Abschn. IV Rn. 25, 28.

2. Unterabschnitt. Die Betriebsversammlung

§ 26. Die Einberufung der Betriebsversammlung

I. Formen der Betriebsversammlung

188 Zu unterscheiden sind ordentliche und außerordentliche Betriebsversammlungen. **Ordentliche** sind die regelmäßigen, in bestimmten Abständen vom Betriebsrat einzuberufenden und ferner die zusätzlichen Betriebsversammlungen nach § 43 I 4 BetrVG; **außerordentliche** sind die aus bestimmtem Anlass oder auf Verlangen eines Viertels der wahlberechtigten Arbeitnehmer oder des Arbeitgebers stattfindenden Betriebsversammlungen (§ 43 III BetrVG). Sowohl die ordentliche als auch die außeror-

295 Vgl. BAG AP 1 zu § 58 BetrVG.
296 Vgl. BAG AP 8 zu § 23 BetrVG.
297 BVerfG NJW 79, 1286; LG Darmstadt NJW 79, 1286.

dentliche Betriebsversammlung kann als Betriebsvollversammlung, als Teilversammlung oder als Abteilungsversammlung stattfinden.

Die **Betriebsvollversammlung** besteht aus den Arbeitnehmern 189
des Betriebs (§ 42 I 1 BetrVG). Ausnahmsweise kann eine **Teilversammlung** stattfinden, wenn wegen der Eigenart des Betriebs eine Versammlung aller Arbeitnehmer zum gleichen Zeitpunkt nicht stattfinden kann (§ 42 I 3 BetrVG). Ob statt der Vollversammlung Teilversammlungen durchzuführen sind, hat der Betriebsrat durch Beschluss (§ 33 BetrVG; vgl. Rn. 90ff.) zu bestimmen. Die Durchführung von Teilversammlungen ist regelmäßig nur dann gerechtfertigt, wenn **(a)** wegen der Größe der Belegschaft eine sachliche Durchführung der Betriebsvollversammlung unmöglich erscheint oder **(b)** infolge der Notwendigkeit des Schichtbetriebs die Arbeitnehmer nicht gleichzeitig an einer Vollversammlung teilnehmen können[298] oder **(c)** im Betrieb kein genügend großer Raum zur Verfügung steht und die Anmietung eines entsprechenden Raumes sachlich nicht geboten ist. Teilversammlungen können nach Auffassung des BAG nicht im Ausland abgehalten werden, selbst wenn dort eine größere Baustelle eines im Inland ansässigen Betriebs liegt.[299] Dies soll sich aus dem Prinzip der Territorialität, also der Begrenzung des Geltungsbereichs des BetrVG auf das Bundesgebiet, ergeben. Sind die Voraussetzungen, unter denen Teilversammlungen durchgeführt werden können, gegeben, so hat der Betriebsrat diese auch durchzuführen. Die Teilversammlungen sind möglichst in zeitlichem Zusammenhang durchzuführen. Eine Teilversammlung ist nicht dadurch gegeben, dass zu ihr nur Männer oder Frauen eingeladen werden.

Statt einer Betriebsversammlung kann für Arbeitnehmer von 190
organisatorisch oder räumlich abgegrenzten Betriebsteilen (Abschn. I Rn. 82ff.) eine **Abteilungsversammlung** durchgeführt werden, wenn dies für die Erörterung der besonderen Belange der Arbeitnehmer erforderlich ist (§ 42 II 1 BetrVG). Die Ent-

298 LAG Saarbrücken AP 2 zu § 43 BetrVG.

299 BAG AP 3 zu § 42 BetrVG 1972; a. A. die Vorinstanzen ArbG Herne DB 80, 791; LAG Hamm DB 80, 1030; Fitting/Kaiser/Heither/Engels § 42 Rn. 55; Däubler/Kittner/Klebe, § 42 Rn. 7.

scheidung über die Durchführung einer Abteilungsversammlung trifft der Betriebsrat durch Beschluss (§ 33 BetrVG; Rn. 90ff.). Voraussetzung für eine Abteilungsversammlung ist ein organisatorisch oder räumlich abgegrenzter Betriebsteil. Ob ein Betriebsteil **organisatorisch** abgegrenzt ist, richtet sich nach der Organisationsstruktur des Betriebs. **Räumlich** abgegrenzt kann ein Betriebsteil sein, wenn er entweder durch seine örtliche Lage oder durch die bauliche Situation eine besondere betriebliche Einheit bildet. Eine organisatorische Abgrenzung kann z. B. zwischen Verwaltung und Produktion eines Betriebs bestehen; eine räumliche Abgrenzung kann in der Zusammenfassung von Arbeitnehmern in einem Großraumbüro vorliegen. Eine Abteilungsversammlung ist nur dann durchzuführen, wenn dies für die Erörterung der besonderen Belange der Arbeitnehmer erforderlich ist, wenn also die speziellen Belange der betroffenen Arbeitnehmer auf einer allgemeinen Betriebsversammlung zu kurz kämen. Sind die Verhältnisse in einem Betrieb dergestalt, dass für einzelne Abteilungen durchaus eine Abteilungsversammlung sachgemäß wäre, so ist es nicht gerechtfertigt, deshalb für alle Arbeitnehmer nur noch Abteilungsversammlungen vorzusehen. Vielmehr hat dann eine Betriebsversammlung stattzufinden und für die Belange organisatorisch oder räumlich abgegrenzter Betriebsteile zusätzlich eine Abteilungsversammlung. Auch die Abteilungsversammlung kann als Vollabteilungsversammlung oder als Teilabteilungsversammlung durchgeführt werden (§ 42 II 3, I 3 BetrVG). Die Notwendigkeit einer Teilabteilungsversammlung kann sich ergeben, wenn sie z. B. in einem voll kontinuierlich arbeitenden Betrieb durchgeführt werden soll.

191 Die Wahl eines Wahlvorstands (§ 17 BetrVG) und die Wahl der Arbeitnehmervertreter in den Aufsichtsrat erfolgt nur in einer Betriebsvollversammlung.

II. Die Einberufung der ordentlichen Betriebsversammlung

192 Der Betriebsrat hat **einmal in jedem Kalendervierteljahr** eine Betriebsversammlung einzuberufen (§ 43 I 1 BetrVG). Liegen die besonderen Voraussetzungen für eine Abteilungsversammlung vor, so hat der Betriebsrat zwei der vier Betriebsversammlungen

im Jahr in Form von Abteilungsvoll- oder Abteilungsteilversammlungen durchzuführen. Die Abteilungsversammlungen sollen möglichst gleichzeitig stattfinden (§ 43 I 2, 3 BetrVG). Hierdurch soll eine stärkere Störung des Betriebsablaufs verhindert werden. Wenn dies aus besonderen Gründen zweckmäßig erscheint, kann der Betriebsrat in jedem Kalenderhalbjahr eine weitere Betriebs- oder Abteilungsversammlung durchführen, § 43 I 4 BetrVG. Voraussetzung ist, dass die Angelegenheit, die mit der Belegschaft erörtert werden soll, so bedeutend und so dringend ist, dass ein sorgfältig amtierender Betriebsrat unter Berücksichtigung der konkreten Situation im Betrieb die Einberufung einer weiteren Betriebsversammlung für sinnvoll und angemessen halten darf.[300]

Betriebs-, Abteilungs- und Teilversammlungen können grundsätzlich nur vom Betriebsrat einberufen werden. Kein Einberu- 193
fungsrecht haben der Arbeitgeber oder die Gewerkschaft. Eine Ausnahme besteht zugunsten einer Gewerkschaft dann, wenn ein Wahlvorstand gewählt werden soll (vgl. § 17 III BetrVG). Der Arbeitgeber darf lediglich Mitarbeiterversammlungen einberufen und über betriebliche Belange informieren. Er darf diese Versammlungen nicht zu „Gegenveranstaltungen“ zu Betriebsversammlungen missbrauchen.[301] Die **Tagesordnung** der Betriebsversammlung wird durch den Betriebsrat festgelegt. Auch dann, wenn ein Betriebsausschuss (Rn. 57 ff.) besteht oder dem Betriebsratsvorsitzenden die Führung der laufenden Geschäfte übertragen ist (§ 27 IV BetrVG; vgl. Rn. 68), können Betriebsausschuss und Betriebsratsvorsitzender die Tagesordnung lediglich vorbereiten. Zur Themenwahl vgl. Rn. 209. Die endgültige Festsetzung erfolgt immer durch den Betriebsrat. Dies ergibt sich schon daraus, dass der Betriebsrat als solcher in der Betriebsversammlung einen Tätigkeitsbericht zu erstatten hat (§ 43 I 1 BetrVG).

Im Gesetz sind **keine Ladungsfristen** für die Einberufung zur 194
Betriebsversammlung vorgesehen. Im Interesse der Beteiligung

300 BAG 23. 10. 1991 – NZA 1992, 557.
301 BAG 27. 6. 1989 AP 5 zu § 42 BetrVG 1972.

der Arbeitnehmer und der Durchführung der Betriebsversammlung ist zu ihr jedoch angemessene Zeit vorher einzuladen.[302] Zugleich mit der Ladung zur Betriebsversammlung ist die **Tagesordnung in betriebsüblicher Form bekannt zu machen.** Regelmäßig werden die Einladung und Mitteilung der Tagesordnung in einer Werkszeitschrift oder, sofern eine solche nicht herausgegeben wird, am Schwarzen Brett des Betriebsrats erfolgen.

195 Zu allen Betriebs- und Abteilungsversammlungen, gleichgültig, ob sie als Voll- oder Teilversammlungen stattfinden, ist **der Arbeitgeber** unter Mitteilung der Tagesordnung **einzuladen** (§ 43 II 1 BetrVG). Der Arbeitgeber soll aus der Tagesordnung vorher ersehen können, ob es sich um eine zulässige Betriebsversammlung handelt. Stellt er fest, dass unzulässige Tagesordnungspunkte (vgl. Rn. 211) behandelt werden sollen, so kann er die Überlassung von Räumen oder die Zahlung der ausfallenden Arbeitszeit verweigern. Streitigkeiten entscheidet das Arbeitsgericht im Beschlussverfahren (vgl. Abschn. XI Rn. 15ff.). Eine Pflicht zur Teilnahme des Arbeitgebers besteht im Allgemeinen nicht (umstr.). Allerdings hat er einmal im Jahr einen Bericht über das Personal- und Sozialwesen des Betriebs zu erstatten (§ 43 II 3 BetrVG). Dies gilt auch dann, wenn zwei Stadtgemeinden gemeinsam ein Theater betreiben.[303] Nimmt der Arbeitgeber teil, so kann er Arbeitnehmer des Betriebs oder Beauftragte des Arbeitgeberverbands hinzuziehen und zu den einzelnen Punkten der Tagesordnung das Wort ergreifen.[304] Auf sein Verlangen hat der Versammlungsleiter den von ihm hinzugezogenen Beauftragten zu bestimmten Einzelthemen an seiner Stelle das Wort zu erteilen.[305]

196 Unterlässt es der Betriebsrat, regelmäßig Betriebsversammlungen durchzuführen, so hat die **Gewerkschaft** nach § 43 IV BetrVG ein **Initiativrecht**. Auf Antrag einer im Betrieb vertretenen Gewerkschaft muss der Betriebsrat vor Ablauf von zwei Wochen nach Eingang des Antrags eine Betriebsversammlung

302 LAG Düsseldorf DB 89, 2284.
303 BAG AP 1 zu § 43 BetrVG 1972.
304 LAG Düsseldorf DB 82, 1066.
305 BAG AP 3 zu § 43 BetrVG 1972.

einberufen, wenn im vorhergehenden Kalenderhalbjahr keine Betriebsversammlung und keine Abteilungsversammlung durchgeführt worden ist.

Führt der Betriebsrat nicht regelmäßig Betriebs- oder Abtei- 197
lungsversammlungen durch, so ist dies, sofern keine Rechtfertigungsgründe vorliegen, eine grobe Amtspflichtverletzung, die zu seiner Auflösung gem. § 23 BetrVG führen kann (vgl. Rn. 16). Die Betriebsversammlung ist das Forum, auf dem die Belegschaft des Betriebs über den Betrieb und die Tätigkeit des Betriebsrats informiert wird. Genügt der Betriebsrat insoweit seinen Informationspflichten nicht, muss er aufgelöst werden können. Dies um so mehr, als der **Belegschaft**, von der Bestellung des Wahlvorstands abgesehen, **kein Selbstversammlungsrecht** zukommt.

III. Zeitliche und örtliche Lage der ordentlichen Betriebsversammlung

Die Betriebsversammlung findet grundsätzlich **im Betrieb** statt. 198
Der Arbeitgeber hat die dazu erforderlichen **Räume** zur Verfügung zu stellen. Umstritten ist, ob dem Betriebsrat oder dem Arbeitgeber ein Auswahlrecht unter mehreren Räumen zusteht. Im Interesse des Eigentumsschutzes (Art. 14 GG) wird grundsätzlich dem Arbeitgeber das Auswahlrecht zustehen. Etwaige Streitigkeiten sind gem. § 2 a ArbGG vor dem Arbeitsgericht im Beschlussverfahren (Absch. XI Rn. 15 ff.) auszutragen. Regelmäßig wird der Arbeitgeber die Kantine oder eine Werkshalle zur Verfügung stellen. Nur in Ausnahmefällen werden außerhalb des Betriebs liegende Räume angemietet werden müssen. Eine derartige Ausnahme besteht aber bereits dann, wenn ein ausreichend großer Raum im Betrieb nicht zur Verfügung steht und eine Vollversammlung abgehalten werden soll oder muss. Jedenfalls kann die Belegschaft nicht darauf verwiesen werden, sie könne ihre Versammlung auf dem Werkshof abhalten.

Die Betriebsversammlung zur Wahl des Wahlvorstands 199
(§§ 14a, 17 BetrVG), die ordentliche Betriebsversammlung, die zusätzliche Betriebsversammlung (§ 43 I BetrVG) sowie die auf Antrag des Arbeitgebers einberufene außerordentliche Betriebsversammlung finden **grundsätzlich während der Arbeitszeit** statt,

§ 44 I BetrVG. Arbeitszeit ist die betriebliche Arbeitszeit, während derer ein erheblicher Teil der Belegschaft arbeitet.[306] In mehrschichtigen Betrieben ist die regelmäßige vierteljährliche Betriebsversammlung auf die Schnittstelle zwischen den beiden Schichten anzuberaumen.[307] Eine Genehmigung des Zeitpunkts der Betriebsversammlung durch den Arbeitgeber ist nicht notwendig. Indes hat der Betriebsrat auf die Belange des Betriebs Rücksicht zu nehmen. Außerhalb der Arbeitszeit findet sie nur dann statt, soweit dies wegen der Eigenart des Betriebs zwingend erforderlich ist. Nach Auffassung des BAG[308] ist die Abhaltung nur dann außerhalb der Arbeitszeit zwingend erforderlich, wenn es aus technischen Gründen unmöglich ist, die Betriebsversammlung während der Arbeitszeit abzuhalten, wenn z. B. die Betriebsversammlung während der Arbeitszeit zur Stilllegung des Betriebs für einen ganzen Tag führen würde oder wenn dem Arbeitgeber der erwachsende Ausfall schlechthin unzumutbar ist. Dagegen werden normale Beeinträchtigungen der wirtschaftlichen Interessen des Arbeitgebers vom Gesetz in Kauf genommen. In Warenhäusern und Ladengeschäften wird es als tragbar angesehen, wenn die Betriebsversammlung während der Geschäftszeit stattfindet. Indes darf sie nicht zu Saisonzeiten (Weihnachtsgeschäft, verkaufsoffener Samstag) angesetzt werden.[309] Weicht die Arbeitszeit von Teilzeitbeschäftigten von der regelmäßigen Arbeitszeit der übrigen Belegschaft ab, so liegt kein zwingendes Erfordernis vor, die Betriebsversammlung außerhalb der Arbeitszeit der Hauptbelegschaft durchzuführen.[310]

200 Regelmäßige Betriebsversammlungen können auch während eines Arbeitskampfes durchgeführt werden. Auch für sie er-

306 BAG AP 3 zu § 44 BetrVG 1972.

307 LAG Schleswig-Holstein BB 91, 1863 = DB 91, 2247 = NZA 91, 947; vgl. LAG Niedersachsen DB 83, 1312.

308 BAG AP 1 zu § 43 BetrVG; LAG Saarbrücken AP 2 zu § 43 BetrVG; vgl. auch LAG Düsseldorf DB 72, 2212; LAG Niedersachsen DB 83, 1312.

309 BAG AP 3 zu § 44 BetrVG 1972; LAG Bad.-Württemberg BB 80, 1267; ArbG Wuppertal DB 75, 1084; LAG Düsseldorf NZA 85, 368; vgl. auch BAG AP 8 zu § 87 BetrVG 1972 Arbeitszeit; teilw. a. A. LAG Köln DB 86, 386 = NZA 86, 370.

310 BAG AP 7 zu § 44 BetrVG 1972 = DB 88, 810.

wächst ein besonderer Vergütungsanspruch.[311] Der eigenständige Vergütungsanspruch nach § 44 I 2, 3 BetrVG entsteht auch für die Teilnahme an Betriebsversammlungen während des Erziehungsurlaubs[312] und während der Kurzarbeit.[313]

Hat der Betriebsrat zu Unrecht eine Betriebsversammlung nach § 43 I BetrVG außerhalb der Arbeitszeit einberufen, so steht dem Arbeitnehmer eine Vergütung oder ein Aufwendungsersatzanspruch jedenfalls dann nicht zu, wenn der Arbeitgeber vorher der Belegschaft gegenüber der Einberufung der Betriebsversammlung außerhalb der Arbeitszeit widersprochen hat.[314] 201

IV. Die außerordentliche Betriebsversammlung

Außerordentliche Betriebsversammlungen können einberufen werden **(a)** zur Bestellung des Wahlvorstands (§§ 14a, 17 BetrVG); **(b)** nach dem Ermessen des Betriebsrats; **(c)** auf Antrag eines Viertels der wahlberechtigten Arbeitnehmer (§ 43 III BetrVG); **(d)** auf Antrag des Arbeitgebers (§ 43 III BetrVG). Der **Betriebsrat** kann nach seinem Ermessen eine außerordentliche Betriebsversammlung einberufen (§ 43 III 1 BetrVG). Er wird hiervon nur bei einem dringenden Informationsbedürfnis der Belegschaft Gebrauch machen dürfen. In allen Fragen, in denen es ausreichend ist, dass die Belegschaft auf der nächsten turnusmäßigen Betriebsversammlung unterrichtet wird, ist für eine außerordentliche Versammlung kein Raum. Die Notwendigkeit einer außerordentlichen Betriebsversammlung kann sich vor allem bei anstehenden Betriebsänderungen i. S. von § 111 BetrVG ergeben (vgl. Abschn. IX Rn. 31 ff.). Beruft der Betriebsrat eine außerordentliche Betriebsversammlung ein, so findet diese **außerhalb der Arbeitszeit** statt (§ 44 II BetrVG). Der Arbeitgeber ist deshalb nicht zur Vergütungsfortzahlung verpflichtet. Hiervon kann im Einvernehmen mit dem Arbeitgeber, also mit dessen Zustimmung, abgewichen werden. Wird mit seinem Einver- 202

311 BAG AP 6 zu § 44 BetrVG 1972 = DB 87, 1947 = NZA 87, 714.

312 BAG 31. 5. 1989 – AP 9 zu § 44 BetrVG 1972; BAG 5. 5. 1987 – NZA 1987, 712.

313 BAG 5. 5. 1987 – NZA 1987, 714.

314 BAG AP 7 zu § 44 BetrVG 1972 = NZA 88, 661.

ständnis die Betriebsversammlung **während der Arbeitszeit** durchgeführt, so ist er auch verpflichtet, die Vergütung fortzuzahlen (§ 44 II 2 BetrVG). Ruft der Betriebsrat eine außerordentliche Betriebsversammlung zu Unrecht während der Arbeitszeit ein, so kann dies eine grobe Pflichtverletzung sein, die die Auflösung des Betriebsrats nach § 23 Abs. 1 BetrVG rechtfertigen kann. Dagegen wird die Teilnahme der Arbeitnehmer an einer solchen Betriebsversammlung eine Kündigung nicht rechtfertigen.

203 **Auf Antrag eines Viertels der wahlberechtigten Arbeitnehmer** ist der Betriebsrat verpflichtet, eine außerordentliche Betriebsversammlung einzuberufen (§ 43 III BetrVG). Die Betriebsversammlung ist zu dem im Antrag begehrten Termin einzuberufen, es sei denn, dass diesem Termin zwingende betriebliche Gründe entgegenstehen. Der Antrag hat den in der Betriebsversammlung zu erörternden Beratungsgegenstand genau zu bezeichnen. Der Betriebsrat hat zu prüfen, ob der Antrag von der erforderlichen Zahl der wahlberechtigten Arbeitnehmer gestellt ist. Für die Errechnung des erforderlichen Quorums ist auf den Zeitpunkt der Antragstellung abzustellen. Ferner hat er zu prüfen, ob die Betriebsversammlung überhaupt zur Behandlung des Antrags berechtigt ist, ob also der Antrag zum zulässigen Themenkreis einer Betriebsversammlung gehört (Rn. 209). Ist dies nicht der Fall, so ist die Einberufung einer Betriebsversammlung abzulehnen. Die Betriebsversammlung findet **außerhalb der Arbeitszeit** statt (§ 44 II BetrVG).

204 Schließlich ist eine außerordentliche Betriebsversammlung **auf Verlangen des Arbeitgebers** einzuberufen. Diese wiederum findet während der Arbeitszeit statt.

§ 27. Die Durchführung der Betriebsversammlung

I. Die Versammlungsleitung

205 Alle ordentlichen oder außerordentlichen Betriebsversammlungen werden durch den **Vorsitzenden des Betriebsrats** und im Falle seiner Verhinderung durch seinen Vertreter geleitet (§ 42 I 1 BetrVG); dies auch dann, wenn die außerordentliche Ver-

sammlung auf Verlangen des Arbeitgebers einberufen worden ist. Abteilungsversammlungen (Rn. 190) werden von einem Mitglied des Betriebsrats geleitet, das möglichst einem beteiligten Betriebsteil als Arbeitnehmer angehören soll (§ 42 II 2 BetrVG). Hierdurch soll erreicht werden, dass der Versammlungsleiter mit den Problemen der Abteilungsversammlung besonders vertraut ist.

Zu den **Leitungsaufgaben** gehört die Eröffnung und Schlie- 206
ßung der Versammlung, die Bekanntgabe der Tagesordnung, die Worterteilung und Wortentziehung, die Entfernung von störenden Versammlungsteilnehmern usw. Unabhängig davon, ob die Versammlung im Betrieb oder außerhalb des Betriebs durchgeführt wird, obliegt dem Versammlungsleiter die Ausübung des **Hausrechts** im Versammlungsraum und auf den Zugangswegen.[315] Soweit es für die Durchführung der Betriebsversammlung notwendig ist, ruht das Hausrecht des Arbeitgebers. Hieraus folgt, dass der Versammlungsleiter auch den Arbeitgeber oder dessen Vertreter aus dem Versammlungsraum entfernen kann, wenn er die Durchführung der Versammlung stört; umgekehrt kann er einem Vertreter der Gewerkschaft den Zutritt zum Versammlungsraum gestatten. Das Hausrecht des Arbeitgebers lebt nach herrschender, wenn auch bestrittener Meinung wieder auf, **(a)** wenn es im Interesse des Betriebs oder der Versammlung unabdingbar notwendig ist oder **(b)** wenn die Durchführung der Betriebsversammlung rechtswidrig wird. Im Interesse des Betriebs oder der Versammlungsteilnehmer kann der Arbeitgeber z. B. eingreifen, wenn im Betrieb oder in dem Haus, in dem die Versammlung stattfindet, ein Brand ausbricht. In diesen Fällen kann der Arbeitgeber die notwendigen Anordnungen geben. Wird die Betriebsversammlung rechtswidrig, so ist dem Arbeitgeber nach vorheriger Abmahnung des Versammlungsleiters gestattet, die **Versammlung aufzulösen**. Dabei muss es sich aber um offensichtliche, klar auf der Hand liegende Rechtsmängel handeln, z. B. der Art, dass sich die Betriebsversammlung in eine Versammlung zugunsten einer politischen Partei wandelt oder

315 BAG AP 1 zu § 45 BetrVG.

es zu Schlägereien kommt. Dagegen berechtigen einfache Verstöße den Arbeitgeber nicht zu einem Einschreiten. Der Arbeitgeber wird daher nur in seltenen Fällen berechtigt sein, auf die Betriebsversammlung einzuwirken.

207 Praktisch von größerer Bedeutung ist, ob der Arbeitgeber unter Berufung auf sein Hausrecht einem bestimmten Gewerkschaftsvertreter den **Zutritt zur Betriebsversammlung verweigern** darf. Auch diese Frage ist grundsätzlich zu verneinen. Der Gewerkschaft obliegt es zu bestimmen, welcher Gewerkschaftsvertreter entsandt wird; der Versammlungsleiter übt auch das Hausrecht auf den Zugangswegen aus. Nur im Falle der unzulässigen Rechtsausübung kann der Arbeitgeber einem bestimmten Gewerkschaftsvertreter den Zutritt verweigern.[316] Der Einwand der unzulässigen Rechtsausübung ist dann begründet, wenn und soweit die Gewerkschaft ihr Recht ohne Rücksicht auf das Gebot zur vertrauensvollen Zusammenarbeit ausübt (§ 2 BetrVG).[317] Es stellt aber noch keine unzulässige Rechtsausübung dar, wenn die Gewerkschaft einen Sekretär entsendet, der während eines Arbeitskampfs einmal die Streikleitung gegenüber dem Betrieb gehabt hat oder Mitglied im Aufsichtsrat eines Konkurrenzunternehmens ist.[318]

II. Themen und Rechte der Betriebsversammlung

208 Die Betriebsversammlung ist **zuständig** für **(a)** die Entgegennahme des **Tätigkeitsberichts** des Betriebsrats (§ 43 I 1 BetrVG); **(b)** die Anhörung des jährlichen **Berichts des Arbeitgebers** oder seines Vertreters über das Personal- und Sozialwesen des Betriebs einschließlich des Stands der **Gleichstellung von Frauen und Männern** im Betrieb sowie der Integration der im Betrieb beschäftigten **ausländischen Arbeitnehmer** und über die wirtschaftliche Lage und Entwicklung des Betriebs sowie über den **betrieblichen Umweltschutz** (§ 43 II 3 BetrVG); **(c)** die Bestellung des **Wahlvorstands** unter den Voraussetzungen des § 14a oder

316 BAG AP 1, 2 zu § 45 BetrVG.

317 BAG AP 1 zu § 45 BetrVG.

318 LAG Hamburg DB 87, 1595; vgl. auch Fitting/Kaiser/Heither/Engels § 46 Rn. 5ff.

§ 17 BetrVG; **(d)** Angelegenheiten einschließlich solcher tarifpolitischer, sozialpolitischer, umweltpolitischer und wirtschaftlicher Art, sowie Fragen der Gleichstellung von Frauen und Männern, Förderung und Vereinbarkeit von Familie und Erwerbstätigkeit sowie der Integration der im Betrieb beschäftigten ausländischen Arbeitnehmer zu behandeln, die den Betrieb oder seine Arbeitnehmer unmittelbar betreffen (§ 45 BetrVG).

Für die **Themen** der Betriebsversammlung gilt als oberster 209
Grundsatz der der Betriebsbezogenheit; d. h., es dürfen nur solche Themen behandelt werden, die eine **konkrete Beziehung zum Betrieb** haben;[319] das kann auch eine verkehrspolitische Frage der Anbindung des Betriebs an das öffentliche Verkehrsnetz sein. Von den betriebsbezogenen Angelegenheiten sind solche zu unterscheiden, die die Arbeitnehmer nur allgemein oder als Staatsbürger betreffen. Das BetrVG stellt ausdrücklich klar, dass auch tarifpolitische, sozialpolitische, umweltpolitische und wirtschaftliche Angelegenheiten im Falle ihrer Betriebsbezogenheit behandelt werden dürfen. Ferner sind Fragen der Förderung der Gleichstellung von Frauen und Männern und der Vereinbarkeit von Familie und Erwerbstätigkeit und der Integration ausländischer Arbeitnehmer in den Themenkreis einbezogen worden. Zu den **tarifpolitischen Fragen** gehört die Unterrichtung der Arbeitnehmer über die für den Betrieb geltenden Tarifverträge, den Stand von Tarifverhandlungen oder Vorstellungen über die künftige tarifpolitische Entwicklung und über die Arbeit der Vertrauensleute der Gewerkschaft im Betrieb.[320] **Sozialpolitische Fragen** sind alle Fragen der Sozialpolitik im weitesten Sinne, also Fragen der Sozialversicherung einschließlich des Unfallschutzes, der Berufs- und Bildungspolitik sowie Vermögenspolitik.[321] **Umweltpolitische Fragen** betreffen die Umweltpolitik des eigenen Unternehmens, den Abbau von Umweltbelastungen und den Ausbau umweltschonender Produktionstechniken und -verfahren im Betrieb. Dieser durch das BetrVG 2001 neu eröff-

319 Vgl. BAG AP 1 zu § 44 BetrVG.
320 LAG Düsseldorf DB 81, 1729; LAG Hamm BB 87, 685 = DB 87, 2659.
321 BAG AP 2 zu § 45 BetrVG.

nete Themenkreis der Betriebsversammlung soll die Arbeitnehmer unmittelbar in den Dialog über den betrieblichen Umweltschutz einbeziehen. **Wirtschaftliche Fragen** sind sowohl die des Unternehmens als auch allgemein wirtschaftliche Fragen, die auf den Betrieb konkret ausstrahlen. Fragen der **Förderung der Gleichstellung von Frauen und Männern** betreffen z. B. die Repräsentanz der Geschlechter in der Betriebshierarchie und den Betriebsverfassungsorganen und ihr Zusammenleben im Betrieb. Hierzu gehören auch Fragen des Gesetzes zum Schutz der Beschäftigten vor sexueller Belästigung am Arbeitsplatz (Beschäftigtenschutzgesetz) v. 24. 6. 1994 (BGBl. I 1412). Fragen der **Vereinbarkeit von Familie und Erwerbstätigkeit** betreffen vor allem die zeitliche und örtliche Organisation der Arbeit im Betrieb, die Einrichtung von Betriebskindergärten u. ä. Fragen der **Integration** der im Betrieb beschäftigten **ausländischen Arbeitnehmer** als Thema der Betriebsversammlung sollen diese Integration befördern und durch den unmittelbaren Einbezug aller Arbeitnehmer und deren Anregungen nachhaltig stützen.

210 Die Betriebsversammlung ist dem Betriebsrat nicht übergeordnet. Sie hat ausschließlich Initiativ- und Diskussionsrechte; sie ist „das legitime Forum für die freie Meinungsäußerung der Arbeitnehmer über betriebliche Angelegenheiten".

211 Bei der Themengestaltung der Betriebsversammlung ist auf die betriebliche **Friedenspflicht** Rücksicht zu nehmen (§ 45 1, 74 II BetrVG). Das bedeutet nicht, dass auf ihr nicht auch „heiße Eisen" behandelt werden dürften. Vielmehr können und dürfen auch dringende betriebsbezogene sozialpolitische Fragen erörtert werden (§ 74 II BetrVG). **Untersagt** sind jedoch die Beschlussfassung und das Ausrufen von Maßnahmen des Arbeitskampfes[322] sowie die parteipolitische Betätigung, unabhängig davon, ob durch sie eine konkrete Gefährdung des Betriebsfriedens zu besorgen ist.[323] Hierzu gehören u. a. die Werbung oder Propaganda für politische Parteien. Untersagt sind im Übrigen alle Maßnahmen und Handlungen, durch die der Arbeitsablauf

322 Vgl. ArbG Neumünster – DB 1994, 436 = BB 1994, 714.
323 BAG AP 1 zu § 42 BetrVG 1972.

oder der Betriebsfrieden gestört werden. Insoweit bedarf es einer konkreten Beeinträchtigung des Betriebsfriedens. Der Betriebsrat, insbesondere der Betriebsratsvorsitzende, hat darauf zu achten, dass die Betriebsversammlung nur solche Themen behandelt, die zu ihrer Zuständigkeit gehören.

Die Betriebsversammlung ist zur parteipolitischen Neutralität 212
verpflichtet. Dies schließt indes nicht aus, dass auch auf einer Betriebsversammlung Fragen erörtert werden, die sich im Streit der Parteien befinden, sofern sie nur einen betrieblichen Bezug haben. Insoweit können auch bekannte Spitzenpolitiker in den Betrieb eingeladen werden. Indes darf deren Auftreten nicht zum Teil ihrer Wahlkampfstrategie gehören.[324]

Lässt der Betriebsrat bzw. der Betriebsratsvorsitzende die Be- 213
handlung unzulässiger Themen zu, so kann hierin eine Pflichtverletzung liegen, die zur Amtsenthebung führen kann (§ 23 BetrVG, Rn. 16). Nimmt die Behandlung unzulässiger Themen einen breiten Raum ein, so kann das Hausrecht des Arbeitgebers wieder aufleben (vgl. Rn. 206) und diesem eine Einwendung gegenüber den Vergütungsansprüchen der Arbeitnehmer erwachsen (Rn. 220).[325]

III. Teilnahmerechte dritter Personen an den Betriebs- und Abteilungsversammlungen

An allen Betriebs- und Abteilungsversammlungen können ein 214
oder mehrere Beauftragte der im Betrieb vertretenen **Gewerkschaften** beratend teilnehmen. Welche Gewerkschaftsvertreter teilnehmen, bestimmt die entsendende Gewerkschaft. Regelmäßig wird sie solche Sekretäre auswählen, die das besondere Vertrauen des Betriebsrats und der Belegschaft genießen. Um der Gewerkschaft eine sachgemäße Auswahl der zu entsendenden Sekretäre zu ermöglichen, hat der Betriebsratsvorsitzende den Zeitpunkt und die Tagesordnung der Betriebs- und Abteilungsversammlung den im Betriebsrat vertretenen Gewerkschaften rechtzeitig mitzuteilen (§ 46 II BetrVG). Das Teilnahmerecht der

324 BAG AP 1 zu § 42 BetrVG 1972.
325 LAG Düsseldorf AP 7 zu § 43 BetrVG.

Gewerkschaftsvertreter besteht unabhängig von einer Einladung des Betriebsrats. Ein bestimmter Gewerkschaftssekretär kann nur dann zurückgewiesen werden, wenn die Ausübung des Teilnahmerechts durch gerade diesen Sekretär sich nicht im Rahmen von § 2 BetrVG hält, also nicht einer vertrauensvollen Zusammenarbeit entspricht, etwa weil zu befürchten ist, dass es zu Beleidigungen von Arbeitgeber oder Belegschaft kommt.[326] In der Betriebsversammlung kann sich der Gewerkschaftsvertreter zu Wort melden und seine Meinung zu anstehenden Gegenständen äußern. Das entspricht seinem Beratungsrecht (§ 46 I BetrVG). Dagegen ist er **nicht abstimmungsberechtigt.**

215 Der Grundsatz der Nichtöffentlichkeit von Betriebsversammlungen ist auch dann nicht verletzt, wenn andere Personen von Arbeitnehmerseite an der Betriebsversammlung teilnehmen, falls sich dies mit der Zuständigkeit des Betriebsrats sachlich begründen lässt.[327] Dies kann z. B. für ein Gesamtbetriebsratsmitglied gelten.

216 Im Unterschied zu den Gewerkschaften haben die **Arbeitgeberverbände kein eigenes originäres Recht zur Teilnahme** an Betriebsversammlungen. Die Teilnahme von Vertretern der Arbeitgeberverbände ist davon abhängig, dass der Arbeitgeber an der Versammlung teilnimmt und er einen Verbandsvertreter hinzuzieht (§ 46 I 2 BetrVG). Der Verbandsvertreter hat, anders als der Gewerkschaftssekretär, **kein Beratungsrecht;** er ist daher nur auf Verlangen des Arbeitgebers oder seines Vertreters berechtigt, seine Meinung zu anstehenden Beratungsgegenständen zu äußern.[328]

217 Umstr. ist, in welchem Umfang der Arbeitgeber Rechtsanwälte zu seiner Unterstützung in der Betriebsversammlung hinzuziehen kann.[329] Ist ein Arbeitgeber nicht Mitglied eines Arbeitgeberverbands, so ist sein Grundrecht, einem Verband fernzubleiben, aus verfassungsrechtlichen Gründen auch weitergehend zu schützen. Das spricht für ein Recht auf Hinzuziehung eines Rechtsbei-

326 Vgl. BAG AP 1, 2 zu § 45 BetrVG.
327 BAG AP 2 zu § 42 BetrVG 1972 = EzA 2 zu § 42 BetrVG 1972.
328 BAG AP 3 zu § 43 BetrVG 1972.
329 Vgl. Bauer NJW 88, 1130.

stands.[330] Allerdings bedeutet nach Meinung des BVerfG allein die Tatsache, dass andernfalls Nichtorganisierte anders behandelt werden als Organisierte, noch keine Verletzung der negativen Koalitionsfreiheit.[331] Gleichwohl wird im Allgemeinen ein Verfassungsverstoß anzunehmen sein, wenn ein dem Arbeitgeberverband nicht angehöriger Arbeitgeber nicht in der Lage ist, sich rechtskundigen Beistands zu versichern. Gehört der Arbeitgeber einem Verband an, so kann es ihm kaum verwehrt werden, sich eines rechtskundigen Anwalts zu versichern, wenn er diesem mehr Vertrauen entgegenbringt als einem Verbandsvertreter. Deshalb wird generell der Rechtsanwalt des Arbeitgebers nicht von einer Betriebsversammlung ausgeschlossen werden können. Umstr. ist, ob vom Betriebsrat zu einer Betriebsversammlung Vertreter der Presse oder des Rundfunks hinzugezogen werden können. Nach richtiger Auffassung ist dies grundsätzlich zu verneinen. Eine Hinzuziehung ist nur dann zulässig, wenn alle Beteiligten zustimmen oder wenn unmittelbar das Informationsinteresse der Öffentlichkeit berührt wird, z. B. bei der beabsichtigten Stilllegung von Betrieben oder größeren Betriebsteilen.

IV. Aufzeichnungen

(1) Tonbandaufnahmen oder Aufzeichnungen auf Bildträger 217
über den Verlauf der Betriebsversammlung sind nur ausnahmsweise mit Zustimmung des Versammlungsleiters, also regelmäßig des Betriebsratsvorsitzenden, zulässig. Die Tatsache der Aufzeichnung muss bekannt gegeben werden. Jeder Sprecher auf der Betriebsversammlung kann verlangen, dass während seines Beitrags das Tonband abgeschaltet wird. Geschieht dies nicht, ist die Aufnahme unbefugt und strafbar (§ 201 StGB). Nimmt ein Arbeitnehmer heimlich Tonbandaufnahmen von einer Betriebsversammlung, kann dies eine außerordentliche Kündigung rechtfertigen.[332] Zulässig ist eine Lautsprecherübertragung in andere Räume, in denen sich Arbeitnehmer aufhalten.

330 BVerfGE 4, 96, 106 = NJW 54, 1881; 18, 18, 28 = NJW 64, 1267; 20, 312, 320 = NJW 66, 2305.

331 BVerfGE 31, 297 (302) = NJW 71, 2301.

332 LAG Düsseldorf DB 80, 2396.

218 **(2)** Der Arbeitgeber darf ohne Einwilligung des Betriebsrats kein Wortprotokoll von der Betriebsversammlung anfertigen lassen.[333] Dagegen muss der Betriebsrat stichwortartige Aufzeichnungen dulden, wenn darin keine Namen von Versammlungsteilnehmern oder Sprechern vermerkt sind.[334] Für Tonbandaufzeichnungen gelten die allgemeinen Regeln (oben 1).

V. Die Kosten der Betriebsversammlung

219 Betriebsversammlungen finden **grundsätzlich während der Arbeitszeit** statt (Rn. 199), soweit sie **(a)** zur Bestellung eines Wahlvorstands (§§ 14a, 17 BetrVG) dienen; **(b)** ordentliche – regelmäßige oder zusätzliche – i. S. v. § 43 I BetrVG sind; **(c)** auf Wunsch des Arbeitgebers einberufen werden (§ 43 III BetrVG) oder **(d)** dies mit dem Arbeitgeber vereinbart ist (§ 44 II BetrVG).

220 Da der Arbeitsvertrag ein gegenseitiger Vertrag ist, würde der Arbeitnehmer für die versäumte Arbeitszeit gem. § 323 BGB seinen Lohnfortzahlungsanspruch verlieren. Das BetrVG beseitigt die entsprechende Einrede des Arbeitgebers durch die Bestimmung, dass den Arbeitnehmern die Zeit der Teilnahme einschließlich zusätzlicher Wegezeit **wie Arbeitszeit zu vergüten** ist (§ 44 I 2 BetrVG). Nach der weitergehenden Auffassung des BAG enthält § 44 I 2, 3 BetrVG eine eigenständige Vergütungsregelung;[335] es ist daher nicht zu prüfen, ob der Arbeitnehmer ohne die Betriebsversammlung einen Vergütungsanspruch gehabt hätte. Die an der Betriebsversammlung teilnehmenden Arbeitnehmer haben Anspruch auf die regelmäßige Arbeitsvergütung. Es ist die Arbeitsvergütung einschließlich aller Zulagen (z. B. Erschwernis- und Gefahrenzulagen) weiterzuzahlen. Bei Leistungsentlohnung ist die zu erwartende Vergütung fortzuzahlen, also nicht nur der garantierte Akkordlohn.[336] Dauert die Betriebsversammlung über das Ende der regelmäßigen Arbeitszeit hinaus an, so ist auch diese Zeit zu vergüten. Nach

333 LAG Hamm BB 87, 192 = NZA 86, 842.
334 LAG Düsseldorf BB 91, 2375 = DB 91, 2552.
335 BAG AP 4 zu § 44 BetrVG 1972 = DB 87, 2154 = NZA 87, 853.
336 BAG AP 11 zu § 1 FeiertagslohnzahlungsG.

der Rechtsprechung des BAG sind aber zeitabhängige Lohnzuschläge, also Feiertags- sowie Mehr- und Überstundenzuschläge, nicht zu zahlen.[337] Ist die Gewährung vermögenswirksamer Leistungen von der Zahl der geleisteten Arbeitsstunden abhängig, so sind auch die der Betriebsversammlung mitzuzählen.[338] Zusätzliche Wegezeiten sind solche, die ein Arbeitnehmer über diejenige Wegezeit hinaus aufwenden muss, die er benötigt, um seine vertraglich geschuldete Leistung erbringen zu können.[339]

Nimmt ein Arbeitnehmer an der Betriebsversammlung nicht 221
teil, so hat er nur dann Anspruch auf Vergütungsfortzahlung, wenn der Arbeitgeber dazu auch ohne Rücksicht auf die Betriebsversammlung verpflichtet wäre, also z. B. im Falle der Erkrankung oder der Dienstbefreiung. Dies folgt aus der Überlegung, dass nur die tatsächliche Teilnahme an der Betriebsversammlung nicht zu einem Verdienstausfall führen soll. Will der Arbeitnehmer an der Betriebsversammlung nicht teilnehmen, ist aber der Arbeitgeber zur Entgegennahme der Arbeitsleistung wegen der Betriebsversammlung nicht imstande, so kann der Arbeitnehmer nicht aus Annahmeverzug (§ 615 BGB) Vergütungsfortzahlung verlangen. Dies folgt aus den Grundsätzen der Betriebsrisikolehre: Die „Unmöglichkeit" der Arbeitsleistung resultiert aus der Sphäre der Arbeitnehmer.[340]

Muss aus zwingenden Gründen eine **Betriebsversammlung au-** 222
ßerhalb der Arbeitszeit stattfinden, so hat der Arbeitgeber auch diese Zeit einschließlich der Wegezeit wie Arbeitszeit zu vergüten.[341] Jedoch besteht kein Anspruch auf Mehr-, Über- oder Sonntagsarbeitszuschläge.[342] Darüber hinaus hat der Arbeitgeber die infolge der Teilnahme an der Betriebsversammlung erwachsenden zusätzlichen Fahrtkosten zu zahlen. Da dies zu einer er-

337 BAG AP 1, 2 zu § 44 BetrVG 1972.

338 LAG Düsseldorf DB 79, 784.

339 BAG AP 4 zu § 44 BetrVG 1972 = DB 87, 2154 = NZA 87, 853.

340 Vgl. Schaub, Arbeitsrecht von A–Z, Stichwort: Betriebsrisiko.

341 LAG Düsseldorf EzA 1 zu § 44 BetrVG 1972; dazu BAG AP 2 zu § 44 BetrVG 1972.

342 BAG AP 2 zu § 44 BetrVG 1972.

heblichen Belastung führen kann, tut der Arbeitgeber gut daran, darauf Bedacht zu haben, dass Betriebsversammlungen möglichst während der Arbeitszeit durchgeführt werden können.

223 Nimmt ein Arbeitnehmer während seines Erholungsurlaubs,[343] des Erziehungsurlaubs[344] oder eines Arbeitskampfes[345] an einer Betriebsversammlung teil, so erlangt er auch hierfür einen besonderen Vergütungsanspruch einschl. der zusätzlichen Wegezeiten. Dasselbe gilt für die Teilnahme an Betriebsversammlungen während einer Kurzarbeitsperiode.[346]

224 Der Arbeitgeber trägt die **sächlichen Kosten der Betriebsversammlung**, also die Kosten für die Anmietung von Räumen, Büro, Tagungsmaterial usw. Nach § 40 I BetrVG trägt der Arbeitgeber die durch die Tätigkeit des Betriebsrats erwachsenden sächlichen Kosten. Da die Durchführung der Betriebsversammlung dem Betriebsrat obliegt, sind auch die Kosten der Betriebsversammlung infolge der Betriebsratstätigkeit erwachsen. Will der Betriebsrat einen Sachverständigen für ein Referat vor der Betriebsversammlung engagieren, muss er zuvor eine Vereinbarung mit dem Arbeitgeber über Person, Thema und Kosten treffen. Im Falle der Nichteinigung kann der Betriebsrat den Sachverständigen gegen den Willen des Arbeitgebers erst nach rechtskräftiger arbeitsgerichtlicher Entscheidung hinzuziehen.[347]

3. Unterabschnitt. Die Vertretung in Unternehmen

§ 28. Der Gesamtbetriebsrat

I. Die Errichtung des Gesamtbetriebsrats

225 Sofern in einem Unternehmen mehrere Betriebsräte bestehen, muss ein Gesamtbetriebsrat errichtet werden (§ 47 I BetrVG). Das BetrVG geht von dem **allgemeinen Unternehmensbegriff**

343 BAG AP 5 zu § 44 BetrVG 1972 = DB 87, 1945 = NZA 87, 712.
344 BAG v. 31. 5. 1989 – BB 90, 355 = DB 90, 793 = NZA 90, 449.
345 BAG AP 4 zu § 44 BetrVG 1972 = DB 87, 2154 = NZA 87, 853; AP 6 zu § 44 BetrVG 1972 = DB 87, 1947 = NZA 87, 714.
346 BAG AP 6 zu § 44 BetrVG 1972 = NZA 87, 714.
347 BAG AP 35 zu § 80 BetrVG 1971 = NZA 89, 936.

aus. Dieser setzt voraus eine **einheitliche Rechtspersönlichkeit** und eine einheitliche und selbständige Organisation.[348] Betreibender Unternehmer kann eine natürliche oder juristische Person oder eine Personengesamtheit mehrerer natürlicher Personen, z. B. eine OHG, KG oder bürgerlich-rechtliche Gesellschaft sein. Mehrere Unternehmer können sich ihrerseits zusammenschließen, um ein gemeinsames Großprojekt zu erledigen. Kein einheitliches Unternehmen liegt dagegen vor bei einer finanziellen Beteiligung an einem anderen Unternehmen. Neben der einheitlichen juristischen Person muss eine **einheitliche und selbständige Organisation** gegeben sein. Nicht notwendig ist, dass unternehmensweit dieselben wirtschaftlichen oder ideellen Zwecke verfolgt werden. Ein Unternehmen kann deshalb auch gegeben sein, wenn ein Stahlwerk in Duisburg und ein Hotel in Hannover betrieben werden, sofern nur eine einheitliche Leitung und Organisationsmacht vorhanden ist. Ob eine natürliche Person mehrere Unternehmen haben kann, wenn z. B. das Stahlwerk und das Hotel jeweils eine eigene Leitungsorganisation besitzen, ist streitig.[349] Im **Ausland** gelegene Betriebe nehmen an der Bildung des Gesamtbetriebsrats nicht teil, da sich der Geltungsbereich des BetrVG auf die Bundesrepublik beschränkt. Hat dagegen ein ausländisches Unternehmen mehrere Betriebe in der Bundesrepublik, so ist für diese ein Gesamtbetriebsrat zu bilden.[350] Wird ein Gesamtbetriebsrat gebildet, so sollte sich dessen Zuständigkeit nach bisheriger Rechtslage nicht auf solche Betriebe beziehen, in denen kein Betriebsrat besteht.[351] Betraf eine unternehmensweite Betriebsänderung auch Kleinbetriebe i. S. d. § 111 S. 1 BetrVG, die einen Betriebsobmann hatten, so war der Gesamtbetriebsrat schon nach dem BetrVG 1972 auch für sie zuständig: In diesem Fall war auf die

348 BAG AP 1 zu § 47 BetrVG 1972 = NJW 76, 870.

349 Bejahend Fitting/Kaiser/Heither/Engels § 47 Rn. 11; a. A. GK-Kreutz, § 47 Rn. 15 m. w. N.

350 Vgl. BAG AP 1, 2 zu § 106 BetrVG 1972.

351 BAG AP 5 zu § 50 BetrVG 1972; vgl. LAG München DB 89, 1880; a. A. schon zum BetrVG 1972 Fitting/Kaiser/Heither/Engels, § 47 Rn. 17 m. w. N.

Zahl der Arbeitnehmer des Unternehmens, nicht des Betriebes abzustellen.[352] Die Rechtslage hat sich durch das Reformgesetz 2001 geändert: Nach § 50 I 1 BetrVG erstreckt sich die Zuständigkeit des Gesamtbetriebsrats generell auch auf **Betriebe ohne Betriebsrat**. Auch § 111 S. 1 BetrVG stellt nunmehr stets auf die Anzahl von Arbeitnehmern im Unternehmen und nicht im Betrieb ab. Kein Gesamtbetriebsrat kann für mehrere rechtlich selbständige Unternehmen gebildet werden, auch wenn sie wirtschaftlich verflochten sind.[353] Ein Unternehmen i. S. v. § 47 I BetrVG setzt einen einheitlichen Rechtsträger für alle ihm zugehörigen Betriebe voraus. Betriebsräte aus Betrieben, die verschiedenen Rechtsträgern angehören, können keinen Gesamtbetriebsrat bilden.[354]

226 Ein Gesamtbetriebsrat ist auch in einem Spitzenverband der freien Wohlfahrtspflege zu errichten, wenn dieser sich nicht auf die Wahrung verbandlicher Interessen, die Koordination und Führung des Verbandes beschränkt, sondern weitere Tätigkeiten in Einrichtungen sozialfürsorgerischer und heilender Art durch die Beschäftigung von Arbeitnehmern wahrnimmt.[355] Dagegen kann in der Sozialdemokratischen Partei Deutschlands ein Gesamtbetriebsrat nach den Vorschriften des Betriebsverfassungsgesetzes nicht gebildet werden. Die Landesverbände und Bezirke der SPD sind nicht Teile eines einheitlichen Unternehmens SPD. Sie sind rechtlich selbständige Untergliederungen in der Rechtsform nicht eingetragener Vereine und sind selbst Unternehmen. Das ergibt sich aus dem Organisationsstatut der SPD und dem Gliederungsgebot des Parteiengesetzes für politische Parteien.[356]

227 Da für die Errichtung des Gesamtbetriebsrats ein Wahlvorstand nicht besteht, hat der Betriebsrat der **Hauptverwaltung** des

352 BAG 8. 6. 1999 AP 47 zu § 111 BetrVG 1972; kritisch Löwisch SAE 2000, 175.

353 BAG AP 1 zu § 47 BetrVG 1972; AP 7 = BB 88, 1389 = DB 88, 759; AP 3 zu § 10 ArbGG 1979 = NZA 90, 615.

354 BAG 29. 11. 1989 – NZA 1990, 615.

355 BAG AP 4 zu § 47 BetrVG 1972 = BB 81, 1095.

356 BAG 9. 8. 2000 – 7 ABR 56/98 – AP 9 zu § 47 BetrVG 1972 = NZA 2001, 116.

Unternehmens oder, wenn ein solcher Betriebsrat nicht vorhanden ist, der Betriebsrat des nach der Zahl der wahlberechtigten Arbeitnehmer größten Betriebes die beteiligten Betriebsräte zur Wahl des Vorsitzenden und stellvertretenden Vorsitzenden des Gesamtbetriebsrats einzuladen (§ 51 II BetrVG). Der Vorsitzende des einladenden Betriebsrats hat dieselben Funktionen wie der Wahlvorstand bei der konstituierenden Sitzung des Betriebsrats (§ 51 II 2 BetrVG).

Besteht der Betriebsrat aus bis zu drei Mitgliedern, so entsen- 228
det er eines seiner Mitglieder in den Gesamtbetriebsrat; besteht der Betriebsrat aus mehr als drei Mitgliedern, so entsendet er zwei Mitglieder (§ 47 II BetrVG). Die Geschlechter sollen angemessen berücksichtigt werden, § 47 II 2 BetrVG.

Die Bestellung der Mitglieder des Gesamtbetriebsrats erfolgt 229
durch Wahl, d. h. durch Beschluss mit einfacher Stimmenmehrheit im jeweiligen Betriebsrat.

Der Betriebsrat hat für jedes Mitglied des Gesamtbetriebsrats 230
ein Ersatzmitglied zu bestellen und die Reihenfolge des Nachrückens zu bestimmen (§ 47 III BetrVG). Die Ersatzmitglieder werden nach dem gleichen Verfahren gewählt. Das Ersatzmitglied tritt an die Stelle des Gesamtbetriebsratsmitglieds, wenn dessen Mitgliedschaft erlischt (§ 49 BetrVG) oder es an der Amtsausübung verhindert ist. Besteht der Betriebsrat nur aus einer Person, so tritt das Ersatzmitglied auch als Ersatzmitglied in den Gesamtbetriebsrat.

Durch Tarifvertrag oder Betriebsvereinbarung kann die Zahl 231
der Gesamtbetriebsratsmitglieder abweichend vom Gesetz geregelt werden (§ 47 IV BetrVG). Die Öffnungsklausel ist im Gesetz vorgesehen, damit Tarif- und Betriebsparteien die Zahl der Gesamtbetriebsratsmitglieder den Verhältnissen des konkreten Betriebs anpassen können. Nach der gesetzlichen Konstruktion hat ein Unternehmen mit zahlreichen kleinen Betrieben einen großen Gesamtbetriebsrat, während umgekehrt ein Großunternehmen mit nur wenigen Großbetrieben einen relativ kleinen Gesamtbetriebsrat hat. Gehören nach § 47 II 1 BetrVG dem Gesamtbetriebsrat mehr als vierzig Mitglieder an und besteht keine tarifliche Regelung über die Zahl der Gesamtbetriebsratsmitglie-

der, so ist zwischen Gesamtbetriebsrat und Arbeitgeber eine Betriebsvereinbarung über die Mitgliederzahl des Gesamtbetriebsrats abzuschließen (§ 47 V BetrVG). Die Gesamtbetriebsvereinbarung kann mithin erst abgeschlossen werden, wenn zuvor einmal nach den gesetzlichen Vorschriften ein Gesamtbetriebsrat bestellt worden ist.[357] Das Gesetz eröffnet die Möglichkeit der Regelung der Zahl der Gesamtbetriebsratsmitglieder, weil es von der Befürchtung ausgeht, dass die Arbeit in großen Organen erschwert ist. Dem gemäß ist als Inhalt der Gesamtbetriebsvereinbarung vorgesehen, dass Betriebsräte mehrerer Betriebe eines Unternehmens, die regional oder durch gleichartige Interessen miteinander verbunden sind, gemeinsame Mitglieder in den Gesamtbetriebsrat entsenden. Dazu beschließen die betroffenen Betriebsräte gemeinsam, so als ob sie ein einziger Betriebsrat wären, sie bilden ein „Entsendegremium". Ein anderes Verfahren zur Bestimmung dieser Gesamtbetriebsratsmitglieder ist nicht zulässig.[358] Kommt eine Einigung über die Gesamtbetriebsvereinbarung nicht zustande, so entscheidet eine für das Gesamtunternehmen zu bildende Einigungsstelle. Deren Spruch ersetzt die Einigung zwischen Arbeitgeber und Gesamtbetriebsrat (§ 47 VI BetrVG).

232 Die im Betrieb vertretenen Gewerkschaften haben kein eigenständiges Recht, Mängel bei der Konstituierung des Gesamtbetriebsrats und beim Abschluss von Betriebsvereinbarungen gerichtlich überprüfen zu lassen.[359]

II. Die Geschäftsführung des Gesamtbetriebsrats

233 Um nach außen eine Vertretung zu haben, hat der Gesamtbetriebsrat einen Vorsitzenden sowie einen stellvertretenden Vorsitzenden zu wählen (§§ 51 I, 26 BetrVG; vgl. Rn. 39ff.).

234 Neben dem Vorsitzenden und seinem Stellvertreter ist ein Gesamtbetriebsausschuss zu bilden (§ 51 I 2 BetrVG). Er besteht

---

357 BAG AP 3 zu § 47 BetrVG 1972.

358 BAG 15. 8. 1978 – AP 3 zu § 47 BetrVG; Fitting/Kaiser/Heither/Engels § 47 Rn. 59, 60.

359 BAG AP 6 zu § 47 BetrVG 1972 = DB 87, 1642 = NZA 88, 27.

aus dem Vorsitzenden, seinem Stellvertreter und je nach Größe des Gesamtbetriebsrats aus weiteren Ausschussmitgliedern (vgl. § 51 I 2 BetrVG).

Die Wahl der Gesamtbetriebsausschussmitglieder erfolgt nach § 27 I BetrVG (§ 51 I 2 BetrVG); vgl. dazu oben § 20 I. 235

Für die Geschäftsführung im Übrigen ist weitgehend auf die Vorschriften über die Geschäftsführung des Betriebsrats verwiesen. Die Verweisung ist erschöpfend und kann nicht durch die Generalklausel des § 51 V BetrVG erweitert werden. Der Gesamtbetriebsrat wird durch den Vorsitzenden und im Falle seiner Verhinderung durch den stellvertretenden Vorsitzenden im Rahmen der von ihm gefassten Beschlüsse vertreten (§§ 51 I 1, 26 II BetrVG; Rn. 48).[360] Bedient sich der Gesamtbetriebsrat der Postannahmestelle des Arbeitgebers, so können Zustellungen auch in der Postannahmestelle entgegengenommen werden.[361] Der Gesamtbetriebsausschuss führt die laufenden Geschäfte (§ 51 I 1, 27 II BetrVG; dazu Rn. 61). Ihm können auch Angelegenheiten zur selbständigen Erledigung übertragen werden (vgl. Rn. 62). Der Gesamtbetriebsrat kann Ausschüsse nach § 28 BetrVG bilden und ihnen ggf. Aufgaben zur selbständigen Erledigung übertragen, dagegen kann er keine Arbeitsgruppen nach § 28a BetrVG bilden (vgl. die Verweisung in § 51 I 1 BetrVG). Wegen der Einberufung von Sitzungen ist § 29 II–IV BetrVG entspr. anzuwenden (§ 51 II 3 BetrVG; vgl. Rn. 72ff.). Die Gesamtbetriebsratssitzungen finden i. d. R. während der Arbeitszeit am Sitz der Hauptverwaltung statt (§§ 51 I 1, 30 BetrVG). Doch kann der Gesamtbetriebsrat Sitzungen auch in einem anderen Betrieb des Unternehmens abhalten.[362] 236

An den Sitzungen des Gesamtbetriebsrats können gemäß §§ 51 I 1, 31 BetrVG Gewerkschaftsbeauftragte teilnehmen (dazu Rn. 84ff.).[363] Teilnahmeberechtigt sind nur Vertreter solcher Gewerkschaften, die im Gesamtbetriebsrat vertreten sind. Die Teilnahme der Gesamtschwerbehindertenvertretung (§ 97 I 237

360 BAG AP 11 zu § 112 BetrVG 1972.
361 BAG AP 2 zu § 47 BetrVG 1972.
362 BAG AP 1 zu § 51 BetrVG 1972.
363 Dazu BAG AP 2 zu § 108 BetrVG 1972.

SGB IX) ist in § 52 BetrVG eigenständig geregelt. Bei der Entsendung von Betriebsratsmitgliedern zu Schulungsveranstaltungen muss die Tätigkeit im Gesamtbetriebsrat berücksichtigt werden (§ 51 I 1, 37 VI BetrVG).[364]

238 Da die einzelnen Betriebsräte in erforderlichem Umfang die Belegschaft unterrichten können, hat das BAG die Herausgabe eines Informationsblattes durch den Gesamtbetriebsrat nicht als erforderlich angesehen.[365]

III. Beschlussfähigkeit und Stimmengewichtung des Gesamtbetriebsrats sowie des Ausschusses

239 Da einem Gesamtbetriebsrat Vertreter unterschiedlich großer Betriebe angehören können, trifft der Gesetzgeber durch das Prinzip der **Stimmengewichtung** Vorsorge dafür, dass die Interessen der größeren Betriebe hinreichend gewahrt werden. Hieraus folgt der Grundsatz, dass das Gesamtbetriebsratsmitglied grundsätzlich so viele Stimmen hat, wie es wahlberechtigte Arbeitnehmer vertritt (§ 47 VII BetrVG). Entsendet ein Betriebsrat nur ein Mitglied in den Gesamtbetriebsrat, so hat es so viele Stimmen, wie in dem Betrieb wahlberechtigte Arbeitnehmer in die Wählerliste eingetragen sind (§ 47 VII 1 BetrVG). Entsendet ein Betrieb zwei Mitglieder in den Gesamtbetriebsrat, so stehen ihnen diese Stimmen anteilig zu, § 47 VII 2 BetrVG. Entsenden mehrere Betriebsräte ein gemeinschaftliches Gesamtbetriebsratsmitglied, so hat es so viele Stimmen, wie in den Betrieben, für die es entsandt ist, wahlberechtigte Arbeitnehmer in die Wählerlisten eingetragen sind; wurden mehrere Mitglieder entsandt, gilt § 47 VII 2 BetrVG entsprechend (§ 47 VIII BetrVG). Nach dem neuen § 47 IX BetrVG können für Mitglieder des Gesamtbetriebsrats, die aus einem gemeinsamen Betrieb mehrerer Unternehmen (§ 1 BetrVG) entsandt worden sind, durch Tarifvertrag oder Betriebsvereinbarung von § 47 VII, VIII BetrVG abweichende Regelungen getroffen werden, etwa des Inhalts, dass sie in Fragen, die nur eines der beteiligten Unternehmen betreffen, nur so viele Stimmen haben, wie wahlberechtigte

364 Vgl. BAG AP 1 zu § 75 BetrVG 1972.

365 BAG AP 1 zu § 51 BetrVG 1972.

Arbeitnehmer dieses Unternehmens im gemeinsamen Betrieb beschäftigt sind. Nicht gesetzlich geregelt ist die Frage, in welchen Gesamtbetriebsrat – falls beide Unternehmen einen solchen haben – der Betriebsrat des gemeinsamen Betriebs eigentlich Mitglieder entsendet oder ob er solche gar in beide entsendet.

Der Gesamtbetriebsrat ist beschlussfähig, wenn an einer Sit- 240
zung mindestens die Hälfte seiner Mitglieder teilnimmt und die Teilnehmenden mindestens die Hälfte aller Stimmen vertreten. Stellvertretung durch Ersatzmitglieder ist zulässig (§ 51 III 3 BetrVG). Bei Beschlüssen, die mit einfacher Mehrheit gefasst werden, ist auf die Mehrheit der Stimmen der anwesenden Mitglieder eines beschlussfähigen Gesamtbetriebsrats abzustellen; bei Beschlüssen, die mit absoluter Mehrheit gefasst werden, ist die Mehrheit der Stimmengewichte sämtlicher Mitglieder notwendig (§ 51 III 1, 2 BetrVG). Im Gesamtbetriebsausschuss wird nicht nach der Stimmengewichtung, sondern nach der Mehrheit der Personen abgestimmt (§ 51 IV i. V. m. § 33 I, II BetrVG).

IV. Die Zuständigkeit des Gesamtbetriebsrats

Der Gesamtbetriebsrat und die einzelnen Betriebsräte stehen 241
gleichrangig nebeneinander (§ 50 I 2 BetrVG). Daraus folgt, dass der Gesamtbetriebsrat den einzelnen Betriebsräten weder Weisungen noch allgemeine Richtlinien für ihre Arbeit erteilen kann, und dass die Zuständigkeit zwischen Einzel- und Gesamtbetriebsrat genau abgegrenzt werden muss.

Kraft **besonderer gesetzlicher Zuweisung** ist der Gesamtbe- 242
triebsrat z. B. zuständig für **(a)** die Bestellung der Mitglieder des Wirtschaftsausschusses (§ 107 II 2 BetrVG), **(b)** für die Errichtung und die Bestellung der Mitglieder des Konzernbetriebsrats (§§ 54 ff. BetrVG). Besteht in einem Konzernunternehmen nur ein Betriebsrat, so nimmt dieser dabei die Aufgaben des Gesamtbetriebsrats wahr, § 54 II BetrVG. **(c)** Mitwirkung bei der Bestellung des Wahlvorstands für die Wahl der Arbeitnehmer-Aufsichtsratsmitglieder nach dem BetrVG 1952, dem Mitbest ErgG und dem MitbestG; **(d)** Entgegennahme des Antrags auf Bestellung eines Arbeitnehmer-Aufsichtsratsmitglieds; **(e)** Anfechtung der Wahl der Arbeitnehmer-Aufsichtsratsmitglieder.

243 Nach der **Generalklausel von § 50 I BetrVG** ist der Gesamtbetriebsrat ferner zuständig für die Behandlung von Angelegenheiten, die das Gesamtunternehmen oder mehrere Betriebe betreffen und nicht durch die einzelnen Betriebsräte innerhalb ihrer Betriebe geregelt werden können. Der Gesamtbetriebsrat ist mithin nur zuständig, wenn es sich **(a)** um überbetriebliche Angelegenheiten handelt **und (b)** keine betriebliche Regelungsmöglichkeit besteht. Dazu braucht keine objektive Unmöglichkeit der Regelung auf betrieblicher Ebene zu bestehen, sondern es muss eine zwingende sachliche Notwendigkeit für eine einheitliche Regelung bestehen.[366]

244 Keine Notwendigkeit einer Regelung durch den Gesamtbetriebsrat besteht, wenn eine einheitliche Regelung nur wirtschaftlich zweckmäßig wäre.

245 Die Zuständigkeit des Gesamtbetriebsrats kommt vor allem in Betracht für die Verwaltung von Sozialeinrichtungen,[367] die Regelung der Arbeitszeit verzahnt arbeitender Betriebe,[368] Provisionsregelungen für das gesamte Versicherungsunternehmen,[369] Gratifikationsregelungen,[370] die unternehmenseinheitliche freiwillige Leistungen,[371] den Abschluss von Betriebsvereinbarungen über Ruhegehaltsrichtlinien[372] und das Abhören von Verkaufsgesprächen über Mithöranlage,[373] die unternehmenseinheitliche Einführung eines EDV-Systems,[374] einheitliche Vergütungssysteme der AT-Angestellten mehrerer Betriebe,[375] Interes-

366 BAG AP 1, 2, 3 zu § 50 BetrVG 1972; BAG 26. 1. 1993 – AP 102 zu § 99 BetrVG 1972 = NZA 1993, 714; BAG 11. 12. 2001 – 1 AZR 185/01 – z.V.v.; vgl. auch GK-Kreutz, § 50 Rn. 24ff.

367 BAG AP 3 zu § 50 BetrVG 1972.

368 BAG AP 1 zu § 50 BetrVG 1972.

369 BAG AP 1 zu § 87 BetrVG 1972; LAG Düsseldorf DB 92, 637 = NZA 92, 563; vgl. LAG Hamm DB 76, 1973.

370 BAG AP 2 zu § 50 BetrVG 1972; AP 63 zu § 611 BGB Gratifikation.

371 BAG 11. 2. 1992 – BB 92, 1215 = NZA 92, 702.

372 BAG AP 142 zu § 242 BGB Ruhegehalt; AP 3 zu § 50 BetrVG 1972; AP 1 zu § 1 BetrAVG Ablösung.

373 LAG Köln DB 83, 1101.

374 LAG Düsseldorf NZA 88, 211.

375 LAG Düsseldorf, NZA 92, 613.

senausgleich bei Zusammenlegung zweier Betriebe desselben Unternehmens[376] oder bei unternehmensweitem Personalabbau;[377] dem Abschluss von – tarifvertragsersetzenden – Betriebsvereinbarungen über die Arbeitsbedingungen von Gewerkschaftsbeschäftigten;[378] der Einführung einer unternehmenseinheitlichen Telefonanlage;[379] einer unternehmenseinheitlichen Regelung übertariflicher Vergütung;[380] usw. Im Rahmen seiner Zuständigkeit für überbetriebliche Angelegenheiten vertritt er gemäß dem neuen § 50 I 1 BetrVG auch die Belegschaften von Betrieben ohne Betriebsrat. Dagegen wurde seine Zuständigkeit für die Mitwirkung bei der Aufstellung von Urlaubsplänen,[381] zur Regelung von Kontoführungsgebühren und von Kontrolleinrichtungen zum Schutz des Eigentums der Belegschaftsangehörigen,[382] von einheitlichen Vorgabezeiten für mehrere Betriebe,[383] für Zustimmungen zu Versetzungen von Arbeitnehmern in andere Betriebe[384] oder zur Vertretung betriebsratsloser Betriebe bei nicht betriebsübergreifenden Angelegenheiten[385] sowie bei der Anhörung vor Kündigungen[386] verneint.

Nach § 50 II BetrVG kann der Betriebsrat dem Gesamtbe- 246
triebsrat die Wahrnehmung von Aufgaben übertragen. Der Gesamtbetriebsrat kann auch ermächtigt werden, für den Betriebsrat Beschlussverfahren zu führen.[387] Zur Übertragung der Aufgaben ist die Mehrheit der Stimmen der Mitglieder des Be-

376 BAG 24. 1. 1996 – AP 16 zu § 50 BetrVG 1972.

377 BAG 20. 4. 1994 – AP 27 zu § 113 BetrVG 1972.

378 BAG 28. 4. 1992 AP 11 zu § 50 BetrVG 1972; BAG 14. 12. 1999 – 1 ABR 27/98 – AP 104 zu § 87 BetrVG 1972 Lohngestaltung.

379 BAG 11. 11. 1998 AP 19 zu § 50 BetrVG 1972 = NZA 1999, 947.

380 BAG 18. 10. 1994 – AP 70 zu § 87 BetrVG 1972 Lohngestaltung.

381 BAG AP 1 zu § 56 BetrVG Urlaubsplan.

382 BAG 11. 12. 2001 – 1 AZR 185/01 – z.V.v.; LAG Düsseldorf EzA 5 zu § 50 BetrVG 1972.

383 LAG Düsseldorf DB 92, 637.

384 BAG 26. 1. 1993 – BB 93, 1871 = DB 93, 1475 = NZA 93, 714; BAG 16. 1. 1992 – AP 102 zu § 99 BetrVG 1972.

385 BAG AP 5 zu § 50 BetrVG 1972.

386 LAG Köln DB 84, 937; BAG 21. 3. 1996 – AP 89 zu § 102 BetrVG 1972.

387 BAG AP 2 zu § 50 BetrVG 1972.

triebsrats erforderlich. Der Betriebsrat kann sich jedoch die Entscheidung über die übertragenen Aufgaben vorbehalten und den Gesamtbetriebsrat lediglich zu Verhandlungen ermächtigen. Die Beauftragung sowie der Widerruf bedürfen der Schriftform.

247 Überschreitet der Gesamtbetriebsrat seine Zuständigkeit, so sind seine Beschlüsse unwirksam.

248 Macht der Gesamtbetriebsrat von seiner übertragenen Zuständigkeit keinen Gebrauch, so bleiben die Einzelbetriebsräte zuständig.[388]

V. Die Amtszeit des Gesamtbetriebsrats

249 Der Gesamtbetriebsrat selbst hat keine Amtszeit. Sobald er erstmals errichtet ist, ist er eine Dauereinrichtung.[389] Die Amtszeit der Mitglieder des Gesamtbetriebsrats ist abhängig von der der einzelnen Betriebsräte. Da diese turnusmäßig im Vierjahresrhythmus gewählt werden müssen (Abschn. II Rn. 16), endet grundsätzlich ihre Amtszeit im Gesamtbetriebsrat ebenso. Wegen der Verkürzung oder Verlängerung der Amtszeit der einzelnen Betriebsräte kann die Mitgliedschaft einzelner Gesamtbetriebsratsmitglieder über den turnusmäßigen Vierjahresrhythmus erhalten bleiben (vgl. Abschn. II Rn. 17ff., 24). Die Mitgliedschaft im Gesamtbetriebsrat endet (§ 49 BetrVG) **(a)** mit dem Erlöschen der Mitgliedschaft im Betriebsrat, **(b)** durch Amtsniederlegung, **(c)** durch Ausschluss aus dem Gesamtbetriebsrat (§ 48 BetrVG), **(d)** durch Abberufung durch den Betriebsrat; insoweit gelten die Grundsätze für die Bestellung der Gesamtbetriebsratsmitglieder entsprechend, § 50 II 2 i. V. m. § 27 II 4 BetrVG.

VI. Die Rechtsstellung der Gesamtbetriebsratsmitglieder

250 Die Vorschriften über die Rechte und Pflichten des Betriebsrats gelten entsprechend für den Gesamtbetriebsrat, soweit das BetrVG keine Sonderregelung enthält (§ 51 V BetrVG).

388 LAG Nürnberg NZA 90, 503; 93, 281.
389 BAG 5. 12. 75 AP 1 zu § 47 BetrVG 1972; Fitting/Kaiser/Heither/Engels § 47 Rn. 19, § 49 Rn. 5.

§ 29. Die Betriebsräteversammlung

I. Zweck und Zusammensetzung der Betriebsräteversammlung

Die Betriebsräteversammlung ist durch das BetrVG 1972 geschaffen worden. Auf der Unternehmensebene ist aus technischen und organisatorischen Gründen zumeist die Durchführung einer Unternehmensversammlung, also einer Versammlung der Belegschaft aller Betriebe des Unternehmens, ausgeschlossen. Die Betriebsräteversammlung ersetzt die Unternehmensversammlung. Sie steht dem Gesamtbetriebsrat gegenüber, wie die Betriebsversammlung dem Betriebsrat. 251

Die Betriebsräteversammlung besteht aus sämtlichen **Vorsitzenden und stellvertretenden Vorsitzenden der Betriebsräte** des Unternehmens sowie allen **Mitgliedern der Betriebsausschüsse** (§ 53 I 1 BetrVG). Der Betriebsrat kann durch Beschluss (§ 33 BetrVG; Rn. 90ff.) bestimmen, dass andere Mitglieder aus seiner Mitte der Betriebsräteversammlung angehören, soweit dadurch die Gesamtzahl der Versammlungsmitglieder nicht erhöht wird (§ 53 I 2 BetrVG). 252

> **Beispiel:** In einem Betrieb mit 3001 bis 3500 Arbeitnehmern besteht der Betriebsrat aus 23 Mitgliedern (§ 9 BetrVG). Der Betriebsausschuss besteht aus dem Betriebsratsvorsitzenden, seinem Stellvertreter und 5 weiteren Ausschussmitgliedern (§ 27 I BetrVG). Der Betriebsrat kann bestimmen, dass statt des Betriebsratsvorsitzenden oder einzelner Ausschussmitglieder andere Mitglieder des Betriebsrats der Betriebsräteversammlung angehören. Es dürfen nur nicht mehr als 7 Mitglieder in die Betriebsräteversammlung entsandt werden. Für zulässig ist aber zu erachten, dass statt des Betriebsratsvorsitzenden ein anderes Mitglied in die Betriebsräteversammlung entsandt wird, wenn z. B. der Betriebsratsvorsitzende als Vorsitzender des Gesamtbetriebsrats an der Betriebsräteversammlung ohnehin teilnimmt.

II. Aufgaben der Betriebsräteversammlung

Die Betriebsräteversammlung hat ähnliche Aufgaben wie die Betriebsversammlung. In ihr hat der Gesamtbetriebsrat einen Tätigkeitsbericht zu erstatten und der Unternehmer einen Be- 253 richt über das Personal- und Sozialwesen einschließlich des Stands der Gleichstellung von Frauen und Männern im Unternehmen, der Integration der im Unternehmen beschäftigten ausländischen Arbeitnehmer, über die wirtschaftliche Lage und Entwicklung des Unternehmens sowie über Fragen des Umweltschutzes im Unternehmen zu erstatten, soweit dadurch nicht Betriebs- und Geschäftsgeheimnisse gefährdet werden (§ 53 II BetrVG). Die Vorschrift entspricht § 43 I 1 und § 43 II 3 BetrVG. Es kann daher auf die Ausführungen Rn. 208f. verwiesen werden. Im Übrigen dient die Betriebsräteversammlung dem persönlichen Gedankenaustausch der Mitglieder der einzelnen Betriebsräte. Die Themen, die in der Betriebsräteversammlung behandelt werden dürfen, entsprechen dem Themenkatalog der Betriebsversammlung (§§ 53 III, 45 BetrVG; vgl. Rn. 208ff.).

III. Einberufung und Durchführung der Betriebsräteversammlung

254 Die Betriebsräteversammlung ist **mindestens einmal in jedem Kalenderjahr** einzuberufen (§ 53 I 1 BetrVG). Eine häufigere Einberufung ist zulässig, wenn entweder der Arbeitgeber zustimmt oder sie für die Arbeit des Gesamtbetriebsrats erforderlich ist. Bei der Prüfung der Erforderlichkeit ist zu berücksichtigen, dass dem Gesamtbetriebsrat Mitglieder der einzelnen Betriebsräte angehören, also die Betriebsräte hinreichend über die Arbeit des Gesamtbetriebsrats unterrichtet sind. Eine häufigere Einberufung ist nur dann notwendig, wenn dies mit Rücksicht auf die Unterrichtung der Betriebsräte gleichwohl notwendig ist.

255 Den **Zeitpunkt** der Betriebsräteversammlung legt der Gesamtbetriebsrat durch Beschluss fest; er bestimmt die **Tagesordnung.** Die Zustimmung des Unternehmens zum Zeitpunkt ist nicht notwendig. Im Allgemeinen sollte hierüber jedoch im Interesse einer vertrauensvollen Zusammenarbeit eine Übereinstimmung erzielt werden. Die **Leitung** obliegt dem Vorsitzenden des Gesamtbetriebsrats (§§ 53 III, 42 I 1 BetrVG). Die Betriebsräteversammlung ist **nicht öffentlich.** Jedoch sind teilnahmeberechtigt neben den Mitgliedern der Betriebsräteversammlung der Arbeitgeber, Vertreter der Gewerkschaften und der Arbeitgebervereini-

gungen. Insoweit gelten dieselben Vorschriften wie bei der Betriebsversammlung (§§ 53 III, 46 BetrVG; vgl. Rn. 214ff.). Die **Kosten** der Betriebsräteversammlung trägt der Arbeitgeber. Die Mitglieder der Betriebsräteversammlung haben Anspruch auf **Arbeitsfreistellung** und **Vergütungsfortzahlung** (§ 37 BetrVG; Rn. 122f.). Ferner hat der Arbeitgeber die sächlichen Kosten zu tragen (§ 40 BetrVG; Rn. 128ff.).

4. Unterabschnitt. Die Vertretung in Konzernen

§ 30. Der Konzernbetriebsrat

I. Errichtung und Zusammensetzung

Nicht in allen Konzernen besteht ein Bedürfnis für einen 256
Konzernbetriebsrat. Seine Errichtung ist daher von einer Entscheidung einer qualifizierten Mehrheit der Gesamtbetriebsräte der zum Konzern gehörenden Unternehmen abhängig (§ 54 BetrVG). Das Quorum von mehr als 50 % in § 54 I BetrVG bezieht sich auf die Gesamtzahl aller Arbeitnehmer der zum Konzern gehörenden Unternehmen unhängig davon, ob dort (Gesamt-)Betriebsräte bestehen oder nicht.[390] Der Begriff des Konzerns ergibt sich aus §§ 17, 18 AktG. **Konzern** heißt ein Rechtsgebilde, wenn **(a)** ein herrschendes und ein oder mehrere abhängige Unternehmen unter der einheitlichen Leitung des herrschenden Unternehmens zusammengefasst sind; **(b)** Unternehmen, zwischen denen ein Beherrschungsvertrag besteht (§ 291 AktG) oder von denen das eine in das andere eingegliedert ist (§ 319 AktG), unter einheitlicher Leitung zusammengefasst sind oder **(c)** rechtlich selbständige Unternehmen unter einheitlicher Leitung zusammengefasst sind (§ 18 AktG).[391] Abhängige Unternehmen sind rechtlich selbständige Unternehmen, auf die ein anderes Unternehmen (herrschendes Unternehmen) unmittelbar oder mittelbar einen beherrschenden Einfluss ausüben

390 BAG 11. 8. 1993 AP 6 zu § 54 BetrVG 1972 = BB 1994, 480.

391 Zu einem mehrstufig vertikal gegliederten Konzern vgl. BAG AP 1 zu § 54 BetrVG 1972.

kann. Von einem in Mehrheitsbesitz stehenden Unternehmen wird vermutet, dass es von dem an ihm mit Mehrheit beteiligten Unternehmen abhängig ist (§ 17 AktG).

257 Durch die Verweisung auf § 18 AktG in § 54 Abs. 1 BetrVG ist klargestellt, dass ein Konzernbetriebsrat nur in einem **Unterordnungskonzern** (Fälle a und b) zu bilden ist, dagegen nicht in einem **Gleichstellungskonzern** (Fall c).[392] Für die Annahme eines Konzerns ist es dagegen unerheblich, in welcher Rechtsform das herrschende oder abhängige Unternehmen gebildet ist. Durch den Hinweis auf § 18 Abs. 1 AktG soll lediglich umschrieben werden, was unter einem Konzern zu verstehen ist, dagegen soll nicht die Rechtsform der einzelnen Unternehmen festgelegt werden. Ein Konzern kann demnach auch bestehen bei Einzelkaufleuten, Personengesellschaften, Gesellschaften mit beschränkter Haftung usw. mit der Folge, dass ggf. bei der natürlichen Person ein Konzernbetriebsrat zu bilden ist.[393]

258 Regelmäßig wird ein Beherrschungsvertrag oder ein Eingliederungsvertrag geschlossen. Denkbar ist jedoch auch, dass ein Beherrschungsverhältnis aufgrund sonstiger Umstände vorliegt. Dies ist insbesondere der Fall, wenn die Beherrschung aufgrund einer Kapitalbeteiligung ausgeübt wird. Ein Konzern wird nur dann bejaht, wenn die Herrschaftsmacht auch tatsächlich ausgeübt wird.

259 Seit jeher umstr. ist, ob ein Konzern dann besteht, wenn ein Unternehmen von zwei oder mehreren anderen Unternehmen beherrscht wird. Insoweit wird es auf die Auslegung der Vertragsbeziehungen ankommen. Es kann sein, dass die herrschenden Unternehmen eine Gesellschaft bürgerlichen Rechts gebildet haben. Alsdann ist nur bei dieser ein Konzernbetriebsrat zu bilden. Es kann aber auch sein, dass sie nicht in näheren Rechtsbeziehungen stehen. Dann ist bei jedem herrschenden Unternehmen ein Konzernbetriebsrat einzurichten.[394]

---

392 BAG 22. 11. 1995 AP 7 zu § 54 BetrVG 1972; GK-Kreutz, § 54 Rn. 7 m. w. N.

393 BAG 22. 11. 1995 AP 7 zu § 54 BetrVG 1972; GK-Kreutz, § 54 Rn. 19; Fitting/Kaiser/Heither/Engels; § 54 Rn. 10.

394 BAG AP 20 zu § 76 BetrVG; LAG Hamm DB 85, 871; Fitting/Kaiser/Heither/Engels, § 54 Rn. 18.

In den Konzernbetriebsrat entsendet jeder Gesamtbetriebsrat zwei seiner Mitglieder. Die Geschlechter sollen angemessen berücksichtigt werden (§ 55 I BetrVG). Besteht in einem Konzernunternehmen nur ein Betriebsrat, so nimmt dieser die Aufgaben des Gesamtbetriebsrats wahr (§ 54 II BetrVG). Für jedes Mitglied ist mindestens ein Ersatzmitglied zu bestellen und die Reihenfolge des Nachrückens festzulegen (§ 55 II BetrVG). 260

Durch Tarifvertrag oder Betriebsvereinbarung kann die Mitgliederzahl des Konzernbetriebsrats abweichend geregelt werden (§ 55 IV BetrVG): Geschieht dies, gilt § 47 V bis IX BetrVG entsprechend. 261

II. Stimmengewichtung

Dem Konzernbetriebsratsmitglied stehen im Konzernbetriebsrat die Stimmen der Mitglieder des entsendenden Gesamtbetriebsrats je zur Hälfte zu (§ 55 III BetrVG). 262

III. Zuständigkeit des Konzernbetriebsrats

Der Konzernbetriebsrat ist zuständig (§ 58 BetrVG) **(a)** für die Behandlung von Angelegenheiten, die den Konzern oder mehrere Konzernunternehmen betreffen und die nicht durch die einzelnen Gesamtbetriebsräte geregelt werden können, **(b)** für Angelegenheiten, die ihm vom Gesamtbetriebsrat übertragen worden sind. Die Zuständigkeitsregelung ist der des Gesamtbetriebsrats nachgebildet (vgl. Rn. 241 ff.). Die originäre Zuständigkeit des Konzernbetriebsrats nach § 58 I BetrVG ist z. B. gegeben für die Ausübung des Mitbestimmungsrechts bei einer Unterstützungskasse, deren Wirkungskreis sich auf einen Konzern bezieht;[395] für den Abschluss einer Betriebsvereinbarung über den Austausch von Mitarbeiterdaten zwischen den Konzernunternehmen.[396] Die Zuständigkeit des Konzernbetriebsrats erstreckt sich insoweit auch auf Unternehmen, die keinen Gesamtbetriebsrat gebildet haben, und auf Konzernunternehmen ohne Betriebsrat (§ 58 I S. 1, 2. Hs. BetrVG). Eine Auftragsangelegenheit nach § 58 II BetrVG hat der Konzernbetriebsrat mit den je- 263

395 BAG 14. 12. 1993 AP 81 zu § 7 BetrAVG = NZA 1994, 554.
396 BAG 20. 12. 1995 AP 1 zu § 458 BetrVG 1972 = NZA 1996, 945.

weiligen Konzernunternehmen, nicht mit der herrschenden Konzerngesellschaft zu verhandeln.[397] Daneben gibt es Zuständigkeiten des Konzernbetriebsrats kraft besonderer gesetzlicher Zuweisung etwa in der Wahlordnung zum Mitbestimmungsgesetz.[398]

264 Wegen der Geschäftsführung wird über § 59 I BetrVG auf entsprechende Vorschriften für den Gesamtbetriebsrat verwiesen. Weiter ist die Möglichkeit der Bildung von Ausschüssen vorgesehen. Für die Wahl des Vorsitzenden vgl. § 59 II BetrVG. Die Konzernschwerbehindertenvertretung nach § 97 II SGB IX kann an allen Sitzungen des Konzernbetriebsrats beratend teilnehmen (§ 59a BetrVG).

IV. Beginn und Ende der Mitgliedschaft

265 Ein Mitglied des Konzernbetriebsrats kann wegen grober Pflichtverletzung auf Antrag vom Arbeitsgericht aus dem Konzernbetriebsrat ausgeschlossen werden (§ 56 BetrVG). Die Mitgliedschaft endet ferner, wenn die Mitgliedschaft zum Gesamtbetriebsrat erlischt, durch Amtsniederlegung oder durch Abberufung durch den Gesamtbetriebsrat (§ 57 BetrVG).

5. Unterabschnitt. Die Vertretung der Jugendlichen

§ 31. Die Jugend- und Auszubildendenvertretung

I. Wahl der Jugend- und Auszubildendenvertretung

266 Eine Jugend- und Auszubildendenvertretung ist zu wählen in allen Betrieben, in denen i. d. R. mindestens **5 Arbeitnehmer** beschäftigt werden, die das **18. Lebensjahr** noch nicht vollendet haben (Jugendliche) oder die zu ihrer **Berufsausbildung** beschäftigt sind **und** das **25. Lebensjahr** noch nicht vollendet haben (§ 60 I BetrVG). Das Recht der früheren Jugendvertretung wurde durch ein G. vom 13. 7. 1988 (BGBl. I 1034) geändert, weil sich herausgestellt hat, dass die alte Jugendvertretung wegen des hö-

397 BAG 12. 11. 1997 AP 2 zu § 58 BetrVG 1972.

398 Einzelheiten bei Fitting/Kaiser/Heither/Engels § 58 Rn. 14, 15.

heren Alters der Auszubildenden leer lief. Voraussetzung ist aber, dass ein Betriebsrat besteht.[399]

Wahlberechtigt sind alle in § 60 I BetrVG genannten Jugendlichen und Auszubildenden ohne Rücksicht auf ihre Nationalität; die fehlende Geschäftsfähigkeit wegen Nichterreichens des 18. Lebensjahres steht der Wahlberechtigung nicht entgegen. Etwas anderes gilt dann, wenn der Jugendliche oder Auszubildende wegen geistiger Gebrechen ständig betreut wird. Wird die Berufsausbildung abschnittweise in verschiedenen Betrieben durchgeführt, so ist der Auszubildende in dem Betrieb wahlberechtigt, in dem die für das Ausbildungsverhältnis zentralen Entscheidungen getroffen werden.[400] Überlässt ein Betriebsinhaber einem Dritten einen Teil seiner Lehrwerkstatt, damit dieser seine Auszubildenden dort ausbilden kann, so werden die Auszubildenden des Dritten nicht wahlberechtigt im Stammbetrieb.[401] Voraussetzung für die Arbeitnehmer- bzw. Auszubildendeneigenschaft nach § 5 I und § 60 I BetrVG ist, dass es sich bei der Ausbildung um eine betriebliche Ausbildung i. S. d. § 1 V BBiG handelt. Berufliche Rehabilitanden nach dem früheren § 56 AFG, die in einem Berufsbildungswerk ausgebildet werden, sind dort keine Arbeitnehmer i. S. d. BetrVG.[402] **Wählbar** sind alle Arbeitnehmer bis zum vollendeten 25. Lebensjahr (§ 61 II BetrVG). Nach einer Entscheidung des LAG Düsseldorf soll die Altersgrenze sich nach dem Zeitpunkt des Amtsbeginns richten, so dass ein gewählter Jugend- und Auszubildendenvertreter nicht mehr als Ersatzmitglied nachrücken kann, wenn er bereits das 25. Lebensjahr vollendet hat.[403] Ist der Wahlkandidat noch nicht geschäftsfähig, so kann er ohne Zustimmung seiner gesetzlichen Vertreter gewählt werden. Die Wählbarkeit ist von der Dauer der Betriebszugehörigkeit oder der deutschen Staatsangehörigkeit unabhängig. Nicht wählbar sind Mitglieder des Betriebsrats (§ 61 BetrVG). Im Falle der Doppel- 267

399 A. A. Däubler/Kittner/Klebe § 60 Rn. 26.

400 BAG AP 2 zu § 60 BetrVG 1972 = NZA 92, 223.

401 BAG AP 1 zu § 60 BetrVG 1972 = NZA 91, 315.

402 BAG 26. 1. 1994 AP 54 zu § 5 BetrVG 1972; BAG 12. 9. 1996 AP 11 zu § 5 BetrVG 1972 Ausbildung.

403 LAG Düsseldorf NZA 93, 474 – bedenklich.

mitgliedschaft in der Jugend- und Auszubildendenvertretung und im Betriebsrat könnte bei Abstimmungsberechtigung des Jugend- und Auszubildendenvertreters im Betriebsrat das Stimmrecht nicht ausgeübt werden. Das Gesetz will eine Ämterhäufung vermeiden. Die Wählbarkeit eines Jugend- und Auszubildendenvertreters wird aber nicht berührt durch die Ersatzmitgliedschaft im Betriebsrat. Der Jugend- und Auszubildendenvertreter muss jedoch ausscheiden, wenn er auch nur vorübergehend in den Betriebsrat nachrückt.[404] Nicht wählbar ist, wer infolge strafgerichtlicher Verurteilung die Fähigkeit, Rechte aus öffentlichen Wahlen zu erlangen, nicht besitzt (§§ 61 II 1, 8 I 3 BetrVG). Ein Mitglied der Jugend- und Auszubildendenvertretung, das im Laufe der Amtszeit das 25. Lebensjahr vollendet, bleibt bis zum Ende der Amtszeit im Amt (§ 64 III BetrVG).

268 Die Jugend- und Auszubildendenvertretung besteht in Betrieben mit i. d. R. 5–20 Jugendlichen und Auszubildenden aus einer Person, mit 21–50 aus drei Mitgliedern, mit 51–150 aus fünf, 151–300 aus sieben, mit 301 bis 700 aus neun, mit 701 bis 1000 aus 11 und mit mehr als 1000 Jugendlichen und Auszubildenden aus 15 Mitgliedern (§ 62 BetrVG). Maßgebend für die Größe der Jugend- und Auszubildendenvertretung ist die Zahl der am Tage des Erlasses des Wahlausschreibens in der Regel im Betrieb Beschäftigten.[405] Eine spätere Veränderung der Zahl ist unerheblich. Die Jugend- und Auszubildendenvertretung soll sich möglichst aus Vertretern der verschiedenen Beschäftigungsarten der im Betrieb vertretenen Jugendlichen und Auszubildenden zusammensetzen. Das Geschlecht, das unter den Jugendlichen und Auszubildenden in der Minderheit ist, muss mindestens entsprechend seinem zahlenmäßigen Verhältnis vertreten sein, wenn die Jugend- und Auszubildendenvertretung aus mindestens drei Mitgliedern besteht (§ 62 III BetrVG).

269 Die Jugend- und Auszubildendenvertretung wird in geheimer und unmittelbarer Wahl gewählt (§ 63 I BetrVG). Der **Wahlvorstand** wird durch den Betriebsrat bestellt, der unverzüglich die

404 BAG AP 6 zu § 78 a BetrVG 1972.

405 BAG AP 1 zu § 64 BetrVG 1972 = DB 85, 1534 = NZA 85, 715.

Wahl einzuleiten hat. Bestellt der Betriebsrat bis spätestens sechs Wochen vor Ablauf der Amtszeit einer amtierenden Jugend- und Auszubildendenvertretung keinen Wahlvorstand, so kann er auf Antrag der Jugendlichen und Auszubildenden durch das Arbeitsgericht bestellt werden (§ 63 II, III BetrVG). § 14a BetrVG gilt entsprechend (§ 63 IV, V BetrVG). In Betrieben mit männlichen und weiblichen Jugendlichen und Auszubildenden sollen Männer und Frauen im Wahlvorstand vertreten sein (§ 63 I i. V.m. § 16 I S. 5 BetrVG). Einzelheiten der Wahl regeln §§ 38ff. WahlO, die weitgehend auf die Vorschriften zur Wahl des Betriebsrats verweisen. Ist die Wahl mit Rechtsmängeln behaftet, findet die Wahlanfechtung statt (§§ 63 II, 19 BetrVG) (Abschn. I Rn. 110ff.). Im Verfahren über die Anfechtung der Wahl zur Jugend- und Auszubildendenvertretung ist auch der Betriebsrat Beteiligter.[406]

Die regelmäßige Amtszeit beträgt **zwei Jahre**, beginnend mit der 270
Bekanntgabe des Wahlergebnisses oder, wenn zu diesem Zeitpunkt noch eine Jugend- und Auszubildendenvertretung besteht, mit Ablauf von deren Amtszeit (§ 64 I BetrVG). Die regelmäßigen Wahlen finden alle zwei Jahre in der Zeit vom 1. Oktober bis 30. November statt. Wie auch beim Betriebsrat sollen die Gewerkschaften wegen der organisatorischen Vorbereitungen durch Zusammenfassung der Termine entlastet werden. Demgemäß endet auch die Amtszeit einer Jugend- und Auszubildendenvertretung spätestens am 30. November des Jahres, in dem die regelmäßigen Wahlen stattfinden (vgl. §§ 64 II BetrVG, Rn. 7f.).

II. Geschäftsführung der Jugend- und Auszubildendenvertretung

Die Geschäftsführung der Jugend- und Auszubildendenvertre- 271
tung ist weitgehend in Anlehnung an die des Betriebsrates geregelt (§ 65 BetrVG).

Es gelten: 272

- **§ 23 I BetrVG** für die Möglichkeit, eine Jugend- und Auszubildendenvertretung aufzulösen oder einzelne Mitglieder aus-

406 BAG AP 1 zu § 63 BetrVG 1972 = DB 86, 2552 = NZA 87, 105.

zuschließen (Rn. 16); beantragt der Betriebsrat im Beschlussverfahren, einen Jugend- und Auszubildendenvertreter aus der Jugend- und Auszubildendenvertretung auszuschließen, und lässt sich vor Gericht durch einen Rechtsanwalt vertreten, so hat der Arbeitgeber hierfür die Kosten zu tragen.[407]

- **§ 24 BetrVG** zum Erlöschen der Mitgliedschaft (Rn. 10ff.);
- **§ 25 BetrVG** als Vorschrift über das Nachrücken von Ersatzmitgliedern (Rn. 32ff.);
- **§ 26 I 1 BetrVG** über die Wahl des Vorsitzenden und seines Stellvertreters (Rn. 39).
- **§ 28 I S. 1 u. 2 BetrVG** über die Bildung von und die Übertragung von Aufgaben an Ausschüsse und die Wahl und Abberufung von deren Mitgliedern (Rn. 64ff.);
- **§ 30 BetrVG** Sitzung der Jugend- und Auszubildendenvertretung (Rn. 74ff.);
- **§ 31 BetrVG** Teilnahmerecht von Vertretern der Gewerkschaft (Rn. 84, 85);
- **§ 33 I, II BetrVG** über Beschlussfassung und Beschlussfähigkeit (Rn. 90ff.);
- **§ 34 BetrVG** zur Sitzungsniederschrift (Rn. 111ff.);
- **§ 36 BetrVG** zur Geschäftsordnung;
- **§ 37 BetrVG** über ehrenamtliche Tätigkeit und Entgeltschutz (Rn. 122) sowie Teilnahme an Bildungsveranstaltungen (Rn. 133ff., 157ff.); die Teilnahme eines Jugend- und Auszubildendenvertreters an einer Schulungsveranstaltung bedarf der Beschlussfassung durch den Betriebsrat, bei der die Jugend- und Auszubildendenvertretung stimmberechtigt ist;[408]
- **§ 40 BetrVG** Kosten- und Sachaufwand (Rn. 124ff.);
- **§ 41 BetrVG** Umlageverbot (Rn. 137ff.).

407 BAG vom 29. 7. 1982 – 6 ABR 41/79 – ArbuR 82, 258.

408 BAG AP 1, 3 zu § 65 BetrVG 1972; AP 1 zu § 73 BetrVG 1972; BAG 15. 1. 1992 AP 84 zu § 37 BetrVG 1972; zur fehlenden Teilnahme an Beschlussfassung durch Jugend- und Auszubildendenvertretung BAG AP 5 zu § 65 BetrVG 1972.

III. Aufgaben und Rechte der Jugend- und Auszubildendenvertretung

(1) Das Gesetz regelt in Anlehnung an die Betriebsratsaufgaben auch diejenigen der Jugend- und Auszubildendenvertretung. Damit diese ihre Aufgaben sachgemäß durchführen kann, hat der Betriebsrat die Jugend- und Auszubildendenvertretung rechtzeitig und umfassend zu unterrichten und ihr auf Verlangen die erforderlichen Unterlagen zur Verfügung zu stellen (§ 70 II BetrVG). Gegenüber dem Arbeitgeber kann sie jedoch allein keine wirksamen Beschlüsse fassen.[409] Dem Betriebsrat obliegt die Wahrnehmung der Interessen aller Arbeitnehmer, auch der Jugendlichen und Auszubildenden. Die Jugend- und Auszubildendenvertretung ist **kein selbständiges**, neben dem Betriebsrat stehendes Organ. Sie hat nur die Aufgabe, die speziellen Interessen gegenüber dem Betriebsrat zu artikulieren. Ihr obliegt es (§ 70 I BetrVG): 273

(a) Maßnahmen, die den Jugendlichen und Auszubildenden dienen, insbesondere in Fragen der Berufsbildung und der Übernahme der zu ihrer Ausbildung Beschäftigten in ein Arbeitsverhältnis, beim Betriebsrat zu beantragen; es bestehen grundsätzlich keine rechtlichen Bedenken gegen die Durchführung einer Fragebogenaktion unter den Jugendlichen und Auszubildenden, soweit sich die Fragen im Rahmen der gesetzlichen Aufgaben der Jugend- und Auszubildendenvertretung und des Betriebsrats halten und Betriebsablauf und Betriebsfrieden nicht gestört werden;[410] ferner kann die Jugend- und Auszubildendenvertretung sich beschäftigen mit der Arbeitszeit, besonderen Sozialleistungen und Einrichtungen, Urlaubsplänen, Ausbildungsmaßnahmen, Ausbildungsmethoden, Beurteilungsbögen für Jugendliche und Auszubildende usw. 274

(b) Maßnahmen zur Durchsetzung der tatsächlichen Gleichstellung von jugendlichen und auszubildenden Männern und Frauen und zur Vereinbarkeit von Familie und Berufsausbildung 275

409 BAG AP 1, 3, 4 zu § 65 BetrVG 1972; AP 1 zu § 70 BetrVG 1972.
410 BAG AP 10 zu § 80 BetrVG 1972.

gemäß § 80 I Nr. 2a, 2b BetrVG zu beantragen (§ 70 I Nr. 1a BetrVG);

276 **(c)** darüber zu wachen, dass die zugunsten des Jugendlichen und Auszubildenden geltenden Gesetze, VO, Unfallverhütungsvorschriften, Tarifverträge und Betriebsvereinbarungen durchgeführt werden (§ 70 I Nr. 2 BetrVG). Das Überwachungsrecht entspricht dem des Betriebsrats (§ 80 I Nr. 1 BetrVG, vgl. Abschn. V Rn. 1 ff.). Die Überwachung erstreckt sich nicht nur auf die typischen „Jugendarbeitsschutzgesetze“, sondern auf sämtliche Vorschriften, die auch dem Schutz Jugendlicher und Auszubildender dienen. Aufgrund des Überwachungsrechts wird die Jugend- und Auszubildendenvertretung nicht zu einem Kontrollorgan mit eigenen Kontrollgängen und Inspektionen. Sie kann aber ohne konkreten Anlass Stichproben machen[411] und hat bei konkretem Anlass dem einzelnen Jugendlichen zu seinem Recht zu verhelfen.

277 **(d)** Anregungen Jugendlicher und Auszubildender, insbesondere in Fragen der Berufsbildung, entgegenzunehmen und, falls sie berechtigt erscheinen, beim Betriebsrat auf eine Erledigung hinzuwirken. Zu den Anregungen gehören auch Beschwerden. Die einzelnen Betroffenen sind über den Stand und das Ergebnis der Bemühungen zu informieren;

278 **(e)** die Integration ausländischer Jugendlicher und Auszubildender im Betrieb zu fördern und entsprechende Maßnahmen beim Betriebsrat zu beantragen.

279 **(2)** Ganz erheblich sind zu diesem Zweck durch das Gesetz vom 13. 7. 1988 die **Rechte der Jugend- und Auszubildendenvertretung** erweitert worden.

280 **(a)** Sie kann nach Verständigung (also auch ohne Zustimmung) des Betriebsrats Sitzungen abhalten. Für die Sitzungen gilt § 29, der die Einberufung der Sitzungen des Betriebsrats regelt, entsprechend (§ 65 II BetrVG, vgl. Rn. 73 ff.). An den Sitzungen kann der Betriebsratsvorsitzende oder ein beauftragtes Betriebsratsmitglied teilnehmen (§ 65 II 2 BetrVG). Das Teilnahmerecht entspricht dem des Jugend- und Auszubildendenvertre-

411 BAG AP 1 zu § 70 BetrVG 1972.

ters an den Betriebsratssitzungen (§ 67 I BetrVG). Durch die wechselseitige Teilnahme soll eine Koordinierung der Arbeit erreicht werden.

(b) Sie kann zu allen Betriebsratssitzungen einen Vertreter 281
entsenden (§ 67 I BetrVG). Werden Angelegenheiten behandelt, die besonders Jugendliche und Auszubildende betreffen (vgl. Rn. 82), so hat die gesamte Jugend- und Auszubildendenvertretung ein Teilnahmerecht (§ 67 II BetrVG). Der Vorsitzende des Betriebsrats hat dann alle Mitglieder der Jugend- und Auszubildendenvertretung einzuladen. Umstritten ist, ob der Betriebsrat die Jugend- und Auszubildendenvertretung ausschließen kann, wenn etwa das Verhältnis zur Jugend- und Auszubildendenvertretung zur Diskussion steht.

(c) Sie kann das Stimmrecht im Betriebsrat ausüben, soweit 282
die zu fassenden Beschlüsse überwiegend Jugendliche und Auszubildende betreffen (vgl. Rn. 82).

(d) Sie kann beim Betriebsrat beantragen, Angelegenheiten, 283
die besonders Jugendliche und Auszubildende betreffen, auf die nächste Tagesordnung zu setzen (§ 67 III BetrVG).

(e) Sie kann an Besprechungen des Betriebsrats mit dem Ar- 284
beitgeber teilnehmen, wenn Angelegenheiten behandelt werden, die besonders Jugendliche und Auszubildende betreffen (§ 68 BetrVG; vgl. Abschn. IV Rn. 21).

(f) Sie kann in Betrieben mit i. d. R. mehr als 50 Jugendlichen 285
und Auszubildenden Sprechstunden während der Arbeitszeit einrichten. Zeit und Ort der Sprechstunden sind mit dem Arbeitgeber und dem Betriebsrat zu vereinbaren. Notfalls entscheidet die Einigungsstelle. An den Sprechstunden kann der Betriebsratsvorsitzende oder ein beauftragtes Betriebsratsmitglied teilnehmen (§ 69 BetrVG).

(g) Sie kann die Aussetzung eines Betriebsratsbeschlusses 286
beantragen, wenn die Mehrheit der Jugend- und Auszubildendenvertretung der Auffassung ist, dass durch den Beschluss wichtige Interessen der Jugendlichen und Auszubildenden erheblich beeinträchtigt werden (§ 66 BetrVG, vgl. Rn. 79ff.).

IV. Rechte der Mitglieder der Jugend- und Auszubildendenvertretung

287 **(1)** Die Jugend- und Auszubildendenvertreter, der Wahlvorstand und die Wahlbewerber genießen genau wie die Betriebsratsmitglieder einen besonderen Kündigungsschutz (§ 15 KSchG); hierzu Abschn. VIII Rn. 174ff..

288 **(2) Berufsausbildungsverträge** werden befristet für die Dauer der Berufsausbildung abgeschlossen (§ 14 BBiG).[412] Grundsätzlich hat ein Auszubildender kein Recht, dass er nach Ablauf der Ausbildungszeit in ein Arbeitsverhältnis übernommen wird. Der Arbeitgeber hätte mithin die Möglichkeit, sich missliebiger Jugend- und Auszubildendenvertreter oder ihrer auch nur vorübergehend nachgerückten Ersatzmitglieder[413] zu entledigen, indem er sich weigert, nach Ablauf der Ausbildungszeit einen Arbeitsvertrag abzuschließen. Um dies zu verhindern, ist § 78 a BetrVG durch Gesetz 18. 1. 1974 (BGBl I 85) in das BetrVG eingefügt worden. Dessen Schutz beginnt, sobald die Stimmenauszählung ergeben hat, dass der Auszubildende gewählt worden ist.[414]

289 Beabsichtigt der Arbeitgeber, einen Auszubildenden, der Mitglied der Jugend- und Auszubildendenvertretung, des Betriebsrats, der Bordvertretung oder des Seebetriebsrats ist, nach der Beendigung des Ausbildungsverhältnisses **nicht** in ein Arbeitsverhältnis auf unbestimmte Zeit **zu übernehmen**, so hat er dies drei Monate vor Beendigung des Ausbildungsverhältnisses dem Auszubildenden schriftlich mitzuteilen. Auszubildender i. S. des § 78 a BetrVG ist derjenige, der in einem anerkannten Ausbildungsberuf nach dem BBiG ausgebildet oder in ihn umgeschult wird; ferner derjenige, der in einem geordneten (tariflichen) Ausbildungsgang von zwei Jahren ausgebildet wird.[415] Der Jugend- und Auszubildendenvertreter soll durch die Mitteilung des Arbeit-

412 Schaub, Arbeitsrecht von A–Z, Stichwort: Auszubildender.

413 BAG AP 8, 11 zu § 78 a BetrVG 1972.

414 BAG AP 11 zu § 78 a BetrVG 1972 = NJW 84, 2599.

415 BAG 23. 6. 1983 AP 10 zu § 78 a BetrVG 1972; zu Problemen der Weiterbeschäftigung von Auszubildenden nach § 78 a BetrVG vgl. Jäger/Künzl, ZTR 2000, 300.

gebers einen angemessenen Überlegungszeitraum haben, ob er im Betrieb verbleiben oder ausscheiden will. Unterlässt der Arbeitgeber die Mitteilung, so ist das für den Bestand des Ausbildungs-Arbeitsverhältnisses unerheblich (§ 78 a V BetrVG). Er kann allenfalls zum Ersatz des Vertrauensschadens verpflichtet sein.[416]

Der Auszubildende seinerseits kann innerhalb der letzten drei 290
Monate vor Beendigung des Ausbildungsverhältnisses schriftlich vom Arbeitgeber die **Weiterbeschäftigung** verlangen. Das Verlangen muss dem Arbeitgeber innerhalb der letzten drei Monate zugehen.[417] Es muss nicht begründet werden, muss aber schriftlich erfolgen. Ein früheres oder späteres Verlangen ist nichtig; ein früheres deshalb, weil nach § 5 I 2 BBiG erst innerhalb der letzten drei Monate des Berufsausbildungsverhältnisses eine Beschränkung der beruflichen Tätigkeit des Auszubildenden erfolgen kann (§ 5 I 1 BBiG).[418]

Beispiel 1: Endet das Berufsausbildungsverhältnis am 31. 5., so kann das Verlangen frühestens am 1. 3. und spätestens am 31. 5. gestellt werden.

Beispiel 2: Legt der Auszubildende vorzeitig die Ausbildungsprüfung ab, so ist auf den Zeitpunkt der Bekanntgabe des Prüfungsergebnisses der Abschlussprüfung abzustellen.[419]

Beispiel 3: Besteht der Auszubildende die Prüfung nicht, so kann er sowohl nach dem BBiG als auch nach § 78 a BetrVG die Weiterbeschäftigung verlangen, das eine Mal als Auszubildender, das andere Mal als Arbeitnehmer.

Ist der Auszubildende noch minderjährig, so wird zu dem 291
Verlangen die Einwilligung des gesetzlichen Vertreters nicht notwendig sein (§ 113 I BGB).[420] Stellt der Auszubildende ein entsprechendes Verlangen, so gilt von Gesetzes wegen ein Ar-

416 BAG AP 7 zu § 78 a BetrVG 1972.

417 BAG AP 7 zu § 78 a BetrVG 1972.

418 BAG AP 7 zu § 78 a BetrVG 1972; AP 3 zu § 543 ZPO; AP 1, 2 zu § 5 BBiG.

419 BAG AP 15 zu § 78 a BetrVG 1972 = DB 86, 700 = NZA 86, 401.

420 Fitting/Kaiser/Heither/Engels § 78 a Rn. 19; a. A. Richardi § 78 a Rn. 24.

beitsverhältnis als auf unbestimmte Zeit begründet. Die Begründung eines befristeten oder eines Teilzeit-Arbeitsverhältnisses bedarf stets einer besonderen Vereinbarung.[421] Stehen sowohl ein Teilzeitarbeitsplatz als auch ein Vollzeitarbeitsplatz zur Verfügung, so ist der Jugendvertreter auf dem Vollzeitarbeitsplatz zu beschäftigen.[422] Dabei hat der Auszubildende Anspruch auf die gleiche berufliche und finanzielle Entwicklung (§ 78 a II 2, § 37 IV, V BetrVG; Rn. 176ff.). Bis zum Beginn des Arbeitsverhältnisses wird der Auszubildende sein Verlangen zurücknehmen können.[423] Ein Mitwirkungsrecht des Betriebsrats nach §§ 99ff. BetrVG hinsichtlich der Einstellung besteht nicht, wohl dagegen bei der Eingruppierung und Versetzung. Stellt der Auszubildende den Antrag nach § 78 a II BetrVG nicht, nicht rechtzeitig oder nicht schriftlich, endet das Arbeitsverhältnis wie üblich.

292 Der Arbeitgeber kann die Entstehung des Arbeitsverhältnisses verhindern bzw. seine Auflösung erreichen, wenn er bis zum Ablauf von zwei Wochen nach Beendigung des Berufsausbildungsverhältnisses im Beschlussverfahren[424] das **Arbeitsgericht** anruft. Wird das Beschlussverfahren vor Beendigung des Ausbildungsverhältnisses eingeleitet, so ist zu beantragen festzustellen, dass ein Arbeitsverhältnis nicht begründet worden ist. Dieser Antrag kann auch beibehalten werden, wenn das Berufsausbildungsverhältnis inzwischen geendet hat.[425] Wird das Beschlussverfahren nach Beendigung des Ausbildungsverhältnisses eingeleitet, so ist zu beantragen, es aufzulösen. Werden die gesetzlichen Voraussetzungen einer Weiterbeschäftigung überhaupt bestritten, kann der Feststellungsantrag und hilfsweise der Auflösungsantrag gestellt werden. Begründet sind die Anträge, wenn Tatsachen vor-

---

421 BAG AP 23 zu § 78 a BetrVG 1972 = NZA 92, 174 = BB 92, 352; AP 18 = NZA 89, 439; LAG Frankfurt NZA 1987, 532; vgl. auch Fitting/Kaiser/Heither/Engels § 78 a Rn. 47.

422 LAG Düsseldorf BB 86, 2061 = DB 87, 104 = NZA 87, 34.

423 LAG Köln 23. 2. 2000 AiB 2001, 53 (nach Revisionseinlegung durch den Kläger vor dem BAG verglichen).

424 BAG AP 13 zu § 78 a BetrVG 1972; v. 29. 11. 1989 – BB 91, 65 = NZA 91, 233; unter Aufgabe früherer Rspr.

425 BAG AP 5 zu § 78 a BetrVG 1972.

liegen, aufgrund derer dem Arbeitgeber unter Berücksichtigung aller Umstände die Weiterbeschäftigung nicht **zugemutet werden** kann. Die Formulierung „nicht zugemutet werden kann" ist zwar an § 626 I BGB angelehnt, die Begriffe sind aber inhaltlich nicht identisch.[426] Welche Gründe die Weiterbeschäftigung unzumutbar machen, ist umstr. Teils werden nur schwerwiegende Gründe persönlicher Art anerkannt,[427] teils werden auch dringende betriebliche Erfordernisse als ausreichend angesehen.[428] Der letztgenannten Auffassung ist zuzustimmen, denn das Recht des Arbeitgebers zur außerordentlichen Kündigung nach § 626 BGB bleibt ohnehin unberührt.[429] Zur Schaffung zusätzlicher Arbeitsplätze ist der Arbeitgeber nicht verpflichtet.[430] Die Ausschlussfrist des § 626 Abs. 2 BGB bzw. § 15 Abs. 4 BBiG ist nicht anzuwenden; es können mithin auch frühere Gründe herangezogen werden.[431] Die Weiterbeschäftigung ist dem Arbeitgeber unzumutbar, wenn im Betrieb bei Beendigung des Ausbildungsverhältnisses kein freier Arbeitsplatz vorhanden ist, auf dem der Jugendvertreter mit seiner durch die Ausbildung erworbenen Qualifikation auf Dauer beschäftigt werden kann.[432] Wird ein freier Platz kurz vor Beendigung des Ausbildungsverhältnisses besetzt, muss der Arbeitgeber aber darlegen, warum es betrieblich notwendig war, den Arbeitsplatz unverzüglich wieder zu besetzen.[433] Ein erst geplanter künftiger Stellenabbau führt nicht zu Unzumutbarkeit der Weiterbeschäftigung.[434] Ist ein Auszubildender (hilfsweise) bereit, zu anderen Bedingungen übernommen zu werden, muss er dies dem Arbeitgeber unver-

426 BAG AP 5 zu § 78 a BetrVG 1972; BAG 6. 11. 1996 AP 26 zu § 78 BetrVG 1972 – NZA 1997, 783.

427 LAG Düsseldorf DB 75, 1995; LAG Niedersachsen DB 75, 1224.

428 BAG AP 5 zu § 78 a BetrVG 1972; LAG Hamm DB 78, 260.

429 Vgl. LAG Schleswig-Holstein u. Bad.-Württemberg in DB 77, 777, 778.

430 BAG AP 5 zu § 78 a BetrVG 1972.

431 BAG AP 12 zu § 78 a BetrVG 1972.

432 BAG 16. 8. 1995 AP 25 zu § 78 a BetrVG 1972 = NZA 1996, 493; BAG 12. 11. 1997 AP 31 zu § 78 a BetrVG 1972 = NZA 1998, 1057.

433 BAG 12. 11. 1997 AP 30 zu § 78 a BetrVG 1972 = NZA 1998, 1056; BAG 29. 9. 1999 – 7 ABR 10/98 – n. v.

434 BAG 16. 8. 1995 AP 25 zu § 78 a BetrVG 1972 = NZA 1996, 493.

züglich nach dessen Erklärung nach § 78 a I BetrVG, spätestens mit seinem Übernahmeverlangen mitteilen. Der Arbeitgeber hat die Möglichkeit der Weiterbeschäftigung erneut zu prüfen.[435]

293 Das Arbeitsgericht stellt entweder fest, dass ein Arbeitsverhältnis nicht begründet worden ist, oder löst das bereits begründete Arbeitsverhältnis durch rechtsgestaltende Entscheidung für die Zukunft wieder auf.[436] Damit wird der besondere Kündigungsschutz nach § 15 KSchG, § 103 BetrVG erhalten. Bis zur rechtskräftigen Entscheidung durch das Arbeitsgericht bleibt der Arbeitnehmer im Betrieb.[437]

294 Rechtsstreitigkeiten über das Weiterbeschäftigungsverlangen des Auszubildenden sind im Urteilsverfahren, die Anträge des Arbeitgebers nach § 78 a IV BetrVG dagegen im Beschlussverfahren auszutragen.[438] In dem Verfahren sind die betriebsverfassungsrechtlichen Stellen nach § 78 a IV 2 BetrVG beteiligt.[439] Das Weiterbeschäftigungsverlangen kann notfalls im Wege der einstweiligen Verfügung durchgesetzt werden, sofern Verfügungsanspruch und Verfügungsgrund vorliegen.[440]

295 **(3)** Die Jugend- und Auszubildendenvertreter, dagegen – solange sie nicht nachgerückt sind oder regelmäßig herangezogen werden – nicht die Ersatzvertreter,[441] haben Anspruch auf Teilnahme an **Schulungs- und Bildungsveranstaltungen**. Die Teilnahme setzt einen Beschluss des Betriebsrats voraus.[442] Bei der Beschlussfassung sind die Jugend- und Auszubildendenvertreter stimmberechtigt.[443]

---

435 BAG 6. 11. 1996, AP 26 zu § 78 a BetrVG 1972 = NZA 1997, 783.

436 BAG AP 9 zu § 78 a BetrVG 1972.

437 BAG AP 9 zu § 78 a BetrVG 1972; ArbG Kassel BB 75, 1018.

438 BAG AP 13 zu § 78 a BetrVG 1972; BAG 29. 11. 1989 – AP 20 zu § 78 a BetrVG 1972 BB 91, 65 = NZA 91, 233; unter Aufgabe von BAG AP 2, 3, 6, 9 zu § 78 a BetrVG 1972.

439 BAG AP 3 zu § 78 a BetrVG 1972.

440 Vgl. Schaub, Meine Rechte und Pflichten im Arbeitsgerichtsverfahren, 5. Aufl., 1997.

441 BAG AP 2 zu § 65 BetrVG 1972; BAG 19. 9. 2001 – 7 ABR 32/00 – zVv.

442 BAG AP 1, 3 zu § 65 BetrVG 1972.

443 BAG AP 5 zu § 65 BetrVG 1972.

An die Erforderlichkeit der Schulungsveranstaltung nach § 37 VI BetrVG wird ein strenger Maßstab angelegt.[444] Die Schulung muss sich auf Aufgaben beziehen, die der Jugend- und Auszubildendenvertretung zugewiesen sind (s. o. Rn. 157ff.).[445] Hierzu gehören auch Fragen des Gesundheitsschutzes.[446] Ein Arbeitgeber, der auf Fortzahlung der Vergütung für die Zeit der Teilnahme an einer nach § 37 VII BetrVG anerkannten Schulungs- und Bildungsveranstaltung in Anspruch genommen wird (Rn. 165ff.), kann nicht einwenden, die Veranstaltung sei nicht geeignet.[447] 296

(4) Für Jugend- und Auszubildendenvertreter ist die völlige Freistellung von der Arbeit nicht vorgesehen, da hierdurch die Ausbildung in Ausbildungsverhältnissen beeinträchtigt werden könnte. 297

§ 32. Die Jugend- und Auszubildendenversammlung

I. Zweck und Einberufung der Jugend- und Auszubildendenversammlung

Damit die Jugendlichen ihre Angelegenheiten unter sich besprechen können, hat das Gesetz die Institution der Jugend- und Auszubildendenversammlung vorgesehen. Nach § 71 S. 1 BetrVG kann die Jugend- und Auszubildendenvertretung vor oder nach jeder Betriebsversammlung im Einvernehmen mit dem Betriebsrat eine Jugend- und Auszubildendenversammlung einberufen. Im Einvernehmen mit dem Betriebsrat und dem Arbeitgeber kann sie auch zu einem anderen Zeitpunkt einberufen werden. Damit eine Jugend- und Auszubildendenversammlung stattfindet, ist Voraussetzung: **(a)** ein Beschluss der Jugend- und Auszubildendenvertretung, der mit einfacher Mehrheit gefasst wird, und **(b)** das Einvernehmen, also die Zustimmung des Betriebsrats. Die Zustimmung des Betriebsrats bezieht sich auf die Durchführung der Jugend- und Auszubildendenversammlung 298

444 BAG AP 4, 5 zu § 65 BetrVG 1972.
445 BAG AP 6 zu § 65 BetrVG 1972.
446 BAG AP 6 zu § 65 BetrVG 1972.
447 BAG AP 41 zu § 37 BetrVG 1972.

überhaupt sowie ihre zeitliche Lage und ihre Themen. Die Zustimmung des Arbeitgebers ist notwendig, wenn sie nicht im zeitlichen Zusammenhang der Betriebsversammlung stattfindet. Im Interesse der Vermeidung von Störungen des Betriebsablaufs findet sie grundsätzlich im zeitlichen Zusammenhang mit der Betriebsversammlung statt.[448] Umstr. ist, ob die Jugend- und Auszubildendenversammlung auch als Abteilungs- und Teilversammlung durchgeführt werden kann. Die entspr. Vorschriften sind in § 71 BetrVG nicht in Bezug genommen. Indes werden Teilversammlungen möglich sein, wenn wegen der Eigenart des Betriebs eine Vollversammlung ausgeschlossen ist (§ 42 Abs. 1 S. 2 BetrVG).

299 Durch die Teilnahme an der Jugend- und Auszubildendenversammlung werden die Jugendlichen nicht gehindert, auch an der Betriebsversammlung teilzunehmen. Die Leitung der Jugend- und Auszubildendenversammlung obliegt dem Vorsitzenden der Jugend- und Auszubildendenvertretung, der nach h. M. in der Jugend- und Auszubildendenversammlung dieselben Rechte wie der Betriebsratsvorsitzende in der Betriebsversammlung hat (vgl. Rn. 205 ff.).

II. Durchführung der Jugend- und Auszubildendenversammlung

300 Die Durchführung der Jugend- und Auszubildendenversammlung im Übrigen ist durch Verweisung auf die Vorschriften über die Betriebsversammlung geregelt. An der Jugend- und Auszubildendenversammlung teilnahmeberechtigt sind der Arbeitgeber (§§ 71 S. 2, 43 II 1, 2 BetrVG) und Vertreter der Gewerkschaften sowie der Arbeitgeberverbände (§§ 71 S. 2, 43, 46 BetrVG), der Betriebsratsvorsitzende oder ein anderes beauftragtes Mitglied des Betriebsrats (§§ 71 S. 2, 65 II 2 BetrVG). Insoweit kann auf die Ausführungen zu Rn. 214 ff. verwiesen werden.

301 Für die **Themen** der Jugend- und Auszubildendenversammlung gelten dieselben Beschränkungen wie für die Themen der Betriebsversammlung (§§ 71 S. 2, 45 BetrVG; Rn. 208 ff.).

448 BAG AP 1 zu § 23 BetrVG 1972.

Für **Arbeitsfreistellung** und **Vergütungsfortzahlung** bei Teilnahme an der Jugend- und Auszubildendenversammlung ist die Rechtslage dieselbe wie bei der Betriebsversammlung (§§ 71, S. 2, 44 BetrVG, Rn. 219ff.). 302

§ 33. Die Gesamt-Jugend- und Auszubildendenvertretung

I. Errichtung der Gesamt-Jugend- und Auszubildendenvertretung

Durch das Gesetz zur Bildung von Jugend- und Auszubildendenvertretungen vom 13. 7. 1988 (BGBl I 1034) wurde die frühere Gesamtjugendvertretung in die Gesamt-Jugend- und Auszubildendenvertretung umgewandelt. Sie ist in den Unternehmen zu errichten, in denen **mehrere Jugend- und Auszubildendenvertretungen** bestehen (§ 72 I BetrVG). Voraussetzung ist aber auch, dass ein Gesamtbetriebsrat gebildet werden kann (umstr.).[449] Ist er nicht gebildet, ist die Gesamtvertretung in der Wahrnehmung der Rechte weitgehend beschränkt, da diese über den Gesamtbetriebsrat wahrgenommen werden müssen. Es zeigt sich damit eine Parallelität des Aufbaus: Betriebsrat und Gesamtbetriebsrat einerseits, Jugend- und Auszubildendenvertretung und Gesamt-Jugend- und Auszubildendenvertretung andererseits. Dem Betriebsrat ist die Betriebsversammlung, dem Gesamtbetriebsrat die Betriebsräteversammlung zugeordnet. Dagegen ist lediglich der Jugend- und Auszubildendenvertretung die Jugend- und Auszubildendenversammlung beigegeben, während der Gesamt-Jugend- und Auszubildendenvertretung eine Vertreterversammlung nicht gegenübersteht. Für das Verhältnis Jugend- und Auszubildendenvertretung/Gesamt-Jugend- und Auszubildendenvertretung gilt dasselbe wie für das Verhältnis Betriebsrat/Gesamtbetriebsrat (Rn. 241ff.). Dies gilt auch für die Abgrenzung der Zuständigkeit. Die Gesamt-Jugend- und Auszubildendenvertretung ist der Jugend- und Auszubildendenvertretung nicht übergeordnet. Im Verhältnis zu den Betriebs- und 303

449 Richardi § 72 Rn. 4; Fitting/Kaiser/Heither/Engels § 72 Rn. 9; a. A. Däubler/Kittner/Klebe § 72 Rn. 6.

Gesamtbetriebsräten nimmt die Jugend- und Auszubildendenvertretung die Aufgaben gegenüber dem Betriebsrat und die Gesamt-Jugend- und Auszubildendenvertretung gegenüber dem Gesamtbetriebsrat wahr.

II. Zusammensetzung der Gesamt-Jugend- und Auszubildendenvertretung

304 In die Gesamt-Jugend- und Auszubildendenvertretung entsendet jede Jugend- und Auszubildendenvertretung **ein Mitglied** (§ 72 II BetrVG). Die Wahl des zu entsendenden Jugend- und Auszubildendenvertreters erfolgt mit einfacher Mehrheit der nach §§ 65 I, 33 BetrVG beschlussfähigen Jugend- und Auszubildendenvertretung. Um einer Verhinderung des Gesamt-Jugend- und Auszubildendenvertreters vorzubeugen, hat jede Jugend- und Auszubildendenvertretung mindestens ein Ersatzmitglied zu bestellen und die Reihenfolge des Nachrückens zu bestimmen (§ 72 III BetrVG). Besteht die Jugend- und Auszubildendenvertretung nur aus einem Mitglied, so ist Ersatzmitglied das Ersatzmitglied des Jugend- und Auszubildendenvertreters. Das Ersatzmitglied rückt in die Gesamt-Jugend- und Auszubildendenvertretung nur dann nach, wenn das Mitglied der Jugend- und Auszubildendenvertretung aus dem Amt scheidet oder verhindert ist.

305 Durch Tarifvertrag oder Betriebsvereinbarung kann die **Mitgliederzahl** der Gesamt-Jugend- und Auszubildendenvertretung abweichend von den gesetzlichen Vorschriften bestimmt werden (§ 72 IV BetrVG). Hierdurch soll eine Anpassung der Mitgliederzahl der Gesamt-Jugend- und Auszubildendenvertretung an die praktischen Bedürfnisse erreicht werden. Tarifliche Regelungen über die Zusammensetzung der Gesamt-Jugend- und Auszubildendenvertretung haben den Vorrang vor Betriebsvereinbarungen. Gehören nach den gesetzlichen Vorschriften der Gesamt-Jugend- und Auszubildendenvertretung mehr als 20 Mitglieder an und besteht über ihre Zusammensetzung keine tarifliche Regelung, so ist zwingend der Abschluss einer Betriebsvereinbarung zwischen dem Gesamtbetriebsrat und dem Arbeitgeber über die Mitgliederzahl der Gesamt-Jugend- und Auszubildendenvertretung vorgesehen. In ihr ist zu bestimmen,

dass Jugend- und Auszubildendenvertretungen mehrerer Betriebe eines Unternehmens, die regional oder durch gleichartige Interessen miteinander verbunden sind, gemeinsame Mitglieder in die Gesamt-Jugend- und Auszubildendenvertretung entsenden (§ 72 V BetrVG). Die Regelung entspricht derjenigen beim Gesamtbetriebsrat (Rn. 231). Vor Abschluss der Betriebsvereinbarung ist mindestens einmal entsprechend den gesetzlichen Vorschriften eine Gesamt-Jugend- und Auszubildendenvertretung zu bilden. Beim Abschluss der Betriebsvereinbarung sind die Mitglieder der Gesamt-Jugend- und Auszubildendenvertretung im Gesamtbetriebsrat stimmberechtigt, da überwiegend Angelegenheiten jugendlicher Arbeitnehmer betroffen werden (Rn. 82). Kommt eine Einigung über den Abschluss einer Betriebsvereinbarung zwischen Gesamtbetriebsrat und Unternehmer nicht zustande, so entscheidet eine für das Unternehmen zu errichtende Einigungsstelle (§ 72 VI BetrVG).

Für die Abstimmung der Mitglieder der Gesamt-Jugend- und 306
Auszubildendenvertretung gilt ähnlich wie beim Gesamtbetriebsrat das Prinzip der Stimmengewichtung (§ 72 VII BetrVG; vgl. Rn. 239). Grundsätzlich hat ein Mitglied so viele Stimmen wie in dem Betrieb, in dem es gewählt wurde, Jugendliche und Auszubildende in die Wählerliste eingetragen sind. Ist ein Mitglied der Gesamt-Jugend- und Auszubildendenvertretung entsprechend der Regelung eines Tarifvertrags oder Betriebsvereinbarung für mehrere Betriebe in diese Vertretung entsandt worden, so hat es so viele Stimmen, wie in den Betrieben, für die es entsandt ist, Jugendliche und Auszubildende in die Wählerlisten eingetragen sind. Umgekehrt stehen dann, wenn mehrere Mitglieder in die Gesamt-Jugend- und Auszubildendenvertretung entsandt worden sind, diesen die Stimmen nur anteilig zu.

Beispiel: In einem Betrieb mit 151 bis 300 Jugendlichen und Auszubildenden besteht die Jugend- und Auszubildendenvertretung aus 7 Vertretern. Ist durch betriebliche oder tarifliche Regelung bestimmt, dass dieser Betrieb 3 Jugend- und Auszubildendenvertreter entsendet und sind 210 Jugendliche und Auszubildende in die Wählerliste eingetragen, so stehen jedem Mitglied 70 Stimmen zu.

307 Für Mitglieder der Gesamt-Jugend- und Auszubildendenvertretung, die aus einem gemeinsamen Betrieb mehrerer Unternehmen entsandt worden sind, können durch Tarifvertrag oder Betriebsvereinbarung Regelungen getroffen werden, die von § 72 VII BetrVG abweichen (§ 72 VIII BetrVG).

III. Die Geschäftsführung der Gesamt-Jugend- und Auszubildendenvertretung

308 Die Gesamt-Jugend- und Auszubildendenvertretung kann nach Verständigung des Gesamtbetriebsrats Sitzungen abhalten (§ 73 I 1 BetrVG). Die Sitzungen finden grundsätzlich unter Vergütungsfortzahlung während der Arbeitszeit statt. An den Sitzungen kann der Vorsitzende des Gesamtbetriebsrats oder ein beauftragtes Mitglied des Gesamtbetriebsrats teilnehmen (§ 73 I BetrVG). Im Übrigen ist die Geschäftsführung der Gesamt-Jugend- und Auszubildendenvertretung durch Verweisung auf Vorschriften über den Betriebsrat, den Gesamtbetriebsrat und die Jugend- und Auszubildendenvertretung geregelt.

309 Während die Bestellung der Ersatzmitglieder der Gesamt-Jugend- und Auszubildendenvertretung durch die einzelnen Jugend- und Auszubildendenvertretungen erfolgt, richtet sich das Nachrücken von Ersatzmitgliedern in die Gesamt-Jugend- und Auszubildendenvertretung nach §§ 73 II, 25 I BetrVG.

310 Gem. §§ 73 II, 26 I 1 BetrVG hat die Gesamt-Jugend- und Auszubildendenvertretung einen Vorsitzenden zu wählen.

311 Für die **Vertretung** der Gesamt-Jugend- und Auszubildendenvertretung gilt §§ 73 II, 26 II BetrVG (vgl. Rn. 48). Auf die entsprechenden Vorschriften zum Betriebsrat ist verwiesen für die Sitzungen (§ 30 BetrVG; Rn. 72 ff.), das Teilnahmerecht der Gewerkschaften (§ 31 BetrVG; Rn. 214), die Sitzungsniederschrift (§ 34 BetrVG; Rn. 84), die Geschäftsordnung (§ 36 BetrVG), die ehrenamtliche Tätigkeit und den Vergütungsschutz (§ 37 I bis III BetrVG; Rn. 122, 140 ff.), die Kosten und den Sachaufwand (§§ 40, 41 BetrVG; Rn. 124 ff.).

312 Von den Vorschriften zum Gesamtbetriebsrat gelten für die Gesamt-Jugend- und Auszubildendenvertretung: § 48 BetrVG über den Ausschluss von Mitgliedern der Gesamt-Jugend- und

Auszubildendenvertretung, § 49 BetrVG über das Erlöschen der Mitgliedschaft, § 50 BetrVG über die Regelung der Zuständigkeit der Gesamt-Jugend- und Auszubildendenvertretung im Verhältnis zur Jugend- und Auszubildendenvertretung (vgl. Rn. 241 ff.), §§ 51 II, III BetrVG über Konstituierung und Beschlussfähigkeit der Gesamt-Jugend- und Auszubildendenvertretung sowie § 51 V BetrVG über die allgemeinen Rechte und Pflichten der Gesamt-Jugend- und Auszubildendenvertretung.

Im Interesse einer größeren Effizienz hat nunmehr auch die 313 Gesamt-Jugend- und Auszubildendenvertretung die Möglichkeit erhalten, **Ausschüsse** zu errichten (§ 73 II i. V. m. § 28 I 1 BetrVG). Für deren Beschlussfassung gelten die Regelungen in § 33 I, II BetrVG (§ 73 II i. V. m. § 51 IV BetrVG).

Schließlich sind die für die Jugend- und Auszubildendenver- 314 tretung geltenden Vorschriften der §§ 66–68 BetrVG entsprechend anzuwenden (Rn. 281 ff.).

IV. Rechte des Gesamt-Jugend- und Auszubildendenvertreters

Der Gesamt-Jugend- und Auszubildendenvertreter hat persön- 315 lich dieselben Rechte wie der Jugend- und Auszubildendenvertreter. Zur Teilnahme an **Schulungsveranstaltungen** ist aber ein Beschluss des jeweiligen Betriebsrats, nicht des Gesamtbetriebsrats notwendig.[450]

§ 34. Die Konzern-Jugend- und Auszubildendenvertretung

Durch das BetrVG 2001 ist erstmals eine Jugend- und Auszu- 316 bildendenvertretung auf Konzernebene geschaffen worden. Bislang gab es ein solches Gremium nicht. Voraussetzung für die Errichtung ist nach § 73a I BetrVG, dass in einem Konzern nach § 18 I AktG mehrere Gesamt-Jugend- und Auszubildendenvertretungen bestehen, die die Errichtung einer Konzern-Jugend- und Auszubildendenvertretung beschließen. Dies erfordert die Zustimmung der Gesamt-Jugend- und Auszubildendenvertretungen von Konzernunternehmen, in denen insgesamt mindestens **75 vom Hundert** der in § 60 I BetrVG genannten Arbeit-

450 BAG 10. 6. 1975 AP 1 zu § 73 BetrVG 1972.

nehmer beschäftigt sind. Die einzelnen Gesamt-Jugend- und Auszubildendenvertretungen haben darüber jeweils mit Mehrheit einen Beschluss herbeizuführen. Besteht in einem Unternehmen nur eine Jugend- und Auszubildendenvertretung, so nimmt diese im gegebenen Zusammenhang die Aufgaben einer Gesamt-Jugend- und Auszubildendenvertretung wahr (§ 73a I 3 BetrVG). In die Konzern-Jugend- und Auszubildendenvertretung entsendet jede Gesamt-Jugend- und Auszubildendenvertretung eines ihrer Mitglieder. Sie hat für jedes Mitglied mindestens ein Ersatzmitglied zu bestellen und die Reihenfolge des Nachrückens festzulegen (§ 73a II BetrVG). Jedes Mitglied der Konzern-Jugend- und Auszubildendenvertretung hat so viele **Stimmen**, wie die Mitglieder der entsendenden Gesamt-Jugend- und Auszubildendenvertretung insgesamt Stimmen haben (§ 73a III BetrVG). Nach § 73a IV BetrVG gelten die Vorschriften des § 72 IV–VIII BetrVG entsprechend. Das bedeutet, dass durch Tarifvertrag oder Betriebsvereinbarung die Mitgliederzahl der Konzern-Jugend- und Auszubildendenvertretung abweichend von § 73a II BetrVG geregelt werden kann, dass Konzernbetriebsrat und Arbeitgeber eine Regelung nach § 72 V BetrVG über die Vertretung mehrerer Unternehmen durch eine Gesamt-Jugend- und Auszubildendenvertretung schließen können und darüber ggf. eine Einigungsstelle entscheidet.

317 Gemäß § 73b I BetrVG kann die Konzern-Jugend- und Auszubildendenvertretung nach Verständigung des Konzernbetriebsrats **Sitzungen** abhalten. An diesen Sitzungen kann der Vorsitzende oder ein beauftragtes Mitglied des Konzernbetriebsrats teilnehmen. Im Übrigen gelten für die Konzern-Jugend- und Auszubildendenvertretung die Regelungen des § 25 I BetrVG (Nachrücken eines Ersatzmitgliedes), § 26 BetrVG (Wahl des Vorsitzenden und seines Stellvertreters, Vertretung durch den Vorsitzenden oder seinen Stellvertreter im Rahmen der gefassten Beschlüsse), § 28 I 1 BetrVG (Übertragung von bestimmten Aufgaben auf Ausschüsse), § 30 BetrVG (Regelmäßiger Zeitpunkt der Betriebsratssitzungen während der Arbeitszeit), § 31 BetrVG (Teilnahme eines Gewerkschaftsbeauftragten an einer Sitzung), § 34 BetrVG (Sitzungsniederschrift), § 36 BetrVG (Geschäftsord-

nung), § 37 I–III BetrVG (Ehrenamtliche Tätigkeit, Freistellung von der beruflichen Tätigkeit, soweit zur Durchführung der Aufgaben als Vertretungsorgan erforderlich, Ausgleichsanspruch für Tätigkeit, die aus betriebsbedingten Gründen außerhalb der Arbeitszeit durchzuführen ist), § 40 BetrVG (Kosten und Sachaufwand), § 41 BetrVG (Umlageverbot), § 48 BetrVG (Ausschluss von Mitgliedern aus dem Vertretungsorgan), § 49 BetrVG (Erlöschen der Mitgliedschaft), § 50 BetrVG (in entsprechender Anwendung: originäre Zuständigkeit für die Behandlung von Angelegenheiten, die den Konzern oder mehrere Unternehmen betreffen und nicht durch die einzelnen Gesamt-Jugend- und Auszubildendenvertretungen innerhalb der Unternehmen geregelt werden können; Möglichkeit der Beauftragung), § 51 II–V BetrVG (Einladung zur Wahl des Vorsitzenden und seines Stellvertreters; Beschlussfassung; Rechte und Pflichten des Gremiums), § 66 BetrVG (Aussetzung von Beschlüssen des Betriebsrats), § 67 BetrVG (Teilnahme an Sitzungen des Betriebsrats) und § 68 BetrVG (Teilnahme an Besprechungen zwischen Arbeitgeber und Betriebsrat) entsprechend.

Abschnitt IV. Allgemeine Grundsätze für die Beteiligung des Betriebsrats

§ 35. Die verschiedenen Beteiligungsrechte des Betriebsrats

I. Überblick

Die Beteiligungsrechte des Betriebsrats werden nach ihrer Intensität und nach ihrem Gegenstand unterschieden. Zugleich kann die Einteilung als Überblick über den Umfang der Mitwirkungsrechte dienen. 1

Nach ihrer Intensität sind zu unterscheiden: **(a)** Gemeinsame Aufgaben von Arbeitgeber und Betriebsrat; **(b)** Informationsrechte; **(c)** Anhörungs-, Beratungs- sowie Initiativrechte; **(d)** Zustimmungs- und Vetorechte; **(e)** Mitbestimmungsrechte. 2

Nach ihrem Gegenstand hat der Betriebsrat Mitwirkungsrechte in sozialen, personellen und wirtschaftlichen Angelegenheiten. Dabei ergibt sich weiter eine Unterteilung in die Mitwirkung bei formellen und materiellen Arbeitsbedingungen. 3

II. Gemeinsame Aufgaben von Arbeitgeber und Betriebsrat

Gemeinsame Aufgaben von Arbeitgeber und Betriebsrat sind: 4

- **§ 75 I BetrVG:** Arbeitgeber und Betriebsrat haben darüber zu wachen – und beim Abschluss von Betriebsvereinbarungen darauf zu achten – dass alle im Betrieb tätigen Personen nach den Grundsätzen von Recht und Billigkeit behandelt werden;
- **§ 75 II BetrVG:** Arbeitgeber und Betriebsrat haben die freie Entfaltung der Persönlichkeit der im Betrieb beschäftigten Arbeitnehmer zu fördern;
- **§ 96 I BetrVG:** Arbeitgeber und Betriebsrat haben gemeinsam die Berufsbildung der Arbeitnehmer und die Selbstständigkeit und Eigeninitiative der Arbeitnehmer und Arbeitsgruppen zu fördern;
- **§ 96 II BetrVG:** Arbeitgeber und Betriebsrat haben darauf zu achten, dass unter Berücksichtigung der betrieblichen Notwen-

digkeit den Arbeitnehmern die Teilnahme an betrieblichen oder außerbetrieblichen Maßnahmen der Berufsbildung ermöglicht wird.

III. Informationsrechte des Betriebsrats

5 Steht dem Betriebsrat ein Informationsrecht zu, so hat der Arbeitgeber den Betriebsrat umfassend über die betreffende Angelegenheit zu unterrichten. Der Betriebsrat kann und soll aber nicht mit Unterlagen und Akten überhäuft werden, die es ihm unmöglich machen, das Wesentliche vom Unwesentlichen zu unterscheiden. Im Allgemeinen braucht er daher noch nicht über erste Planungsaufgaben unterrichtet zu werden. Die Unterrichtungspflicht setzt aber ein, wenn die Planungsvorgaben zusammengestellt und über die optimale Lösung entschieden werden soll. Bei Gliederung nach dem Refa-Standardprogramm (Sechs-Stufenmethode – MLA, Teil 3, Kap. 3)[1] ist auf der 5. Stufe zu unterrichten. Die Unterrichtung muss also **vor der Entscheidung** erfolgen. Der Arbeitgeber hat regelmäßig die zur Information notwendigen Unterlagen vorzulegen. Die Vorlagepflicht besteht unabhängig davon, ob ein konkreter Streitfall besteht.[2] Der Betriebsrat ist berechtigt, sich Notizen zu machen. Dagegen wird ihm nicht die Befugnis zustehen, die Unterlagen vollständig abzuschreiben, zu fotokopieren usw.[3]

6 Der Unterrichtungs- und Vorlagepflicht steht das Bundesdatenschutzgesetz nicht entgegen, da der Betriebsrat Teil der die Daten speichernden Stelle ist. Dagegen ist der Arbeitgeber nicht gehalten, die Angelegenheiten auch zu beraten. Allerdings folgt aus dem Grundsatz der vertrauensvollen Zusammenarbeit zwischen Arbeitgeber und Betriebsrat, dass der Arbeitgeber den Betriebsrat anzuhören hat, wenn dieser es wünscht (§ 2 I BetrVG). Die Beschaffung der Informationen wird für den Betriebsrat zu den laufenden Geschäften gehören, so dass dafür der Betriebs-

1 Schematische Darstellung bei Fitting/Kaiser/Heither/Engels § 80 zu Rn. 45

2 BAG AP 1, 2 zu § 80 BetrVG 1972; Fitting/Kaiser/Heither/Engels § 80 Rn. 46, 60.

3 Vgl. BAG AP 9, 17 zu § 80 BetrVG 1972; Richardi § 80 Rn. 79; Fitting/Kaiser/Heither/Engels § 80 Rn. 61; a. A. Däubler/Kittner/Klebe § 80 Rn. 49, 50.

ausschuss oder der Betriebsratsvorsitzende – vor allem für die Entgegennahme – zuständig sind.

Informationsrechte stehen dem Betriebsrat in folgenden Fällen zu: 7

- Allgemeines Informationsrecht zur Durchführung seiner Aufgaben aus dem BetrVG (§ 80 II Nr. 1 BetrVG; Abschn. V Rn. 2ff.).
- Unterrichtung über die Behandlung von Beschwerden durch den Arbeitgeber (§ 85 III BetrVG; Abschn. X Rn. 34ff.).
- Unterrichtung und Aushändigung der Niederschriften über Gespräche zwischen dem Arbeitgeber und den Sicherheitsbeauftragten oder dem Sicherheitsausschuss (§ 11 ASiG, § 22 SGB VII, zu denen ein Mitglied hinzuzuziehen war (§ 89 IV BetrVG; Abschn. VI Rn. 100ff.).
- Vorlage der Durchschrift einer Unfallanzeige nach § 193 V SGB VII (§ 89 V BetrVG; Abschn. VI Rn. 108).
- Unterrichtung über Planung von Neu-, Um- und Erweiterungsbauten sowie für technische Anlagen, Fabrikations- und Fertigungsmethoden sowie Arbeitsplätze (§ 90 BetrVG; Abschn. VII Rn. 2ff.).
- Unterrichtung über die Personalplanung (§ 92 BetrVG; Abschn. VIII Rn. 3ff.).
- Bei personellen Einzelmaßnahmen, d.h. bei Einstellung, Eingruppierung, Umgruppierung und Versetzung (§ 99 I BetrVG; Abschn. VIII Rn. 70ff.).
- Vorhandene und geplante Teilzeitarbeitsplätze im Betrieb (§ 7 III TzBfG; Abschn. VIII Rn. 9).
- Bei vorläufiger Durchführung von personellen Einzelmaßnahmen (§ 100 II BetrVG; Abschn. VIII Rn. 110ff.).
- Vor Ausspruch einer Kündigung (§ 102 I BetrVG; Abschn. VIII Rn. 135ff.).
- Bei Einstellung oder personeller Veränderung eines leitenden Angestellten (§ 105 BetrVG).
- Vermittelt durch den Wirtschaftsausschuss: Unterrichtung über wirtschaftliche Angelegenheiten (§ 106 BetrVG; Abschn. IX Rn. 7ff.).
- Vermittelt durch den Wirtschaftsausschuss: Erläuterung des Jahresabschlusses (§ 108 V BetrVG; Abschn. IX Rn. 22).

• Unterrichtung über Betriebsänderungen (§ 111 BetrVG; Abschn. IX Rn. 32).

8 Die Unterlassung der Unterrichtung kann teilweise mit Geldbuße (§ 121 BetrVG), im Übrigen nach § 23 III BetrVG (Abschn. III Rn. 21 ff.) geahndet werden.

IV. Anhörungs-, Beratungs- und Initiativrechte

9 Zur Erfüllung von **Anhörungsrechten** hat der Arbeitgeber den Betriebsrat zu hören und sich mit seinen Anregungen und Einwendungen auseinander zu setzen. Im Regelfall hat der Arbeitgeber dem Betriebsrat die Gelegenheit zur Stellungnahme zu geben, woraufhin der Betriebsrat von sich aus Initiative zu ergreifen und Anregungen zu unterbreiten hat.

10 Anhörungsrechte stehen dem Betriebsrat zu:

• Bei Anträgen nach § 80 BetrVG; Abschn. V Rn. 7 ff.

• Bei der Unterbreitung von Beschwerden (§ 85 BetrVG; Abschn. X Rn. 34 ff.).

• Vor Kündigungen (§ 102 BetrVG; Abschn. VIII Rn. 135 ff.).

11 Zur Erfüllung von **Beratungsrechten** hat der Arbeitgeber dem Betriebsrat nicht nur die Möglichkeit zur Stellungnahme einzuräumen, sondern darüber hinaus ihn um seine Meinung zu fragen und mit ihm den Verhandlungsgegenstand zu erörtern. Dabei geht der Gesetzgeber von verständigen Betriebsparteien aus, die die wechselseitigen Meinungen gegeneinander abwägen. Aber auch im Falle des Beratungsrechts hat letztlich der Arbeitgeber die Entscheidung zu treffen, wenngleich er seine Meinung häufig nicht unverändert wird durchsetzen können.

12 Beratungsrechte stehen dem Betriebsrat zu:

• Bei Maßnahmen des Unfallschutzes (§ 89; Abschn. VI Rn. 100 ff.).

• Bei Investitionen i. S. v. § 90 BetrVG; Abschn. VII Rn. 2 ff.

• Im Rahmen der Personalplanung (§ 92 BetrVG; Abschn. VIII Rn. 3 ff.).

• Nach Vorschlägen zur Beschäftigungssicherung (§ 92 a; Abschn. VIII Rn. 7).

• Bei Förderung der Berufsbildung (§ 96 I BetrVG; Abschn. VIII Rn. 7 ff.).

- Bei Berufsbildungsmaßnahmen (§ 97 BetrVG; Abschn. VIII Rn. 35 ff.).
- Bei wirtschaftlichen Angelegenheiten über den Wirtschaftsausschuss (§ 106 I BetrVG; Abschn. IX Rn. 6 ff.).
- Bei Betriebsänderungen usw. (§ 111 I BetrVG; Abschn. IX Rn. 31 ff.).

In Wahrnehmung von **Initiativrechten** kann der Betriebsrat 13
von sich aus an den Arbeitgeber herantreten.

Ihm stehen Initiativrechte zu:

- Für die Einführung einer Personalplanung (§ 92 II BetrVG; Abschn. VIII Rn. 4).
- Für die tatsächliche Durchsetzung der Gleichstellung von Frauen und Männern und die Förderung der Vereinbarkeit von Familie und Erwerbstätigkeit (§ 92 III i. V. m. § 80 I Nr. 2a, b BetrVG; Abschn. VIII Rn. 6).
- Für Vorschläge zur Beschäftigungssicherung (§ 92a I BetrVG; Abschn. VIII Rn. 7).
- Bei der Ausschreibung von Arbeitsplätzen (§ 93 BetrVG; Abschn. VIII Rn. 8).
- Bei der Aufstellung von Auswahlrichtlinien (§ 95 II BetrVG; Abschn. VIII Rn. 15 ff.).
- Bei der Förderung der Berufsbildung (§ 96 BetrVG; Abschn. VIII Rn. 27 ff.).
- Für die Teilnahme an Berufsbildungsmaßnahmen (§ 98 III BetrVG; Abschn. VIII Rn. 45).

V. Widerspruchsrechte

Wenn dem Betriebsrat ein **Widerspruchs-** oder **Vetorecht** ein- 14
geräumt ist, ist der Arbeitgeber zwar in der Lage, die (individualrechtlichen) Maßnahmen unter Berücksichtigung der Beschränkungen des Arbeitsvertrags und des Kündigungsschutzrechts[4] durchzuführen. Der Betriebsrat kann aber ihrer Durchführung widersprechen. Alsdann darf die Maßnahme faktisch nicht durchgeführt werden, sofern die Zustimmung des Betriebsrats nicht ersetzt wird. Ein Widerspruchsrecht hat der Betriebsrat

4 Schaub, Arbeitsrecht von A–Z, Stichwort: Kündigungsschutz.

insbesondere bei Einstellungen, Eingruppierungen, Umgruppierungen oder Versetzungen (§ 99 II BetrVG, Abschn. VIII Rn. 78 ff.)[5] sowie bei Kündigungen (§ 102 V BetrVG, Abschn. VIII Rn. 149 ff.).

VI. Mitbestimmungsrechte

15 Die stärkste Form des Beteiligungsrechts des Betriebsrats ist das **Mitbestimmungsrecht.** Bei ihm hängt die Wirksamkeit der vom Arbeitgeber beabsichtigten Maßnahme von der Zustimmung des Betriebsrats ab. Diese steht in seinem Ermessen. Können sich Arbeitgeber und Betriebsrat nicht einigen, so kann die Einigung über die Einigungsstelle erzwungen werden. Eine Parität zwischen Arbeitgeber und Betriebsrat besteht dann, wenn der Betriebsrat auch von sich aus initiativ werden kann.

16 Ein Mitbestimmungsrecht ist dem Betriebsrat eingeräumt:

- In sozialen Angelegenheiten (§ 87 BetrVG; Abschn. VI Rn. 22 ff.).
- Bei der Durchführung betrieblicher Bildungsmaßnahmen (§ 98 BetrVG; Abschn. VIII Rn. 45).
- Bei Personalfragebogen und Formularverträgen (§ 94 BetrVG; Abschn. VIII Rn. 10 ff.).
- Bei Auswahlrichtlinien (§ 95 BetrVG; Abschn. VIII Rn. 17).
- Bei Aufstellung von Beurteilungsgrundsätzen (§ 94 II BetrVG; Abschn. VIII Rn. 25).
- Bei Kündigungen, wenn dies durch eine Betriebsvereinbarung vorgesehen ist (§ 102 VI BetrVG; Abschn. VIII Rn. 172).
- Bei der außerordentlichen Kündigung von Mitgliedern der Betriebsverfassungsorgane (§ 103 BetrVG; Abschn. VIII Rn. 195).

VII. Formelle und materielle Arbeitsbedingungen

16 Die Unterscheidung zwischen formellen und materiellen Arbeitsbedingungen wurde in der Rechtsprechung des BAG zum BetrVG 1952 entwickelt. Zu den materiellen Arbeitsbedingungen wurde alles gezählt, was den Inhalt des einzelnen Arbeitsverhältnisses ausmacht, also Leistung und Gegenleistung von

5 Schaub, Arbeitsrecht von A–Z, Stichwort: Betriebsratsaufgaben.

Arbeitnehmer und Arbeitgeber. Unter formellen Arbeitsbedingungen verstand das BAG solche, die keinen unmittelbaren Einfluss auf den Umfang der Arbeitsleistung des Arbeitnehmers und der Arbeitsvergütung des Arbeitgebers haben. Im Übrigen werden unter formellen Arbeitsbedingungen lediglich die Angelegenheiten der Ordnung des Betriebs verstanden, die nicht Gegenstand der Vereinbarung zwischen Arbeitgeber und Arbeitnehmer sind, sondern vorbehaltlich der Mitbestimmung des Betriebsrats dem Direktionsrecht des Arbeitgebers unterliegen. Die Unterscheidung zwischen formellen und materiellen Arbeitsbedingungen wurde entwickelt, um den Tarifpartnern eine Monopolstellung zur Gestaltung der Arbeitsvertragsbedingungen zu sichern und um Spannungen im Betrieb infolge von Verhandlungen der Betriebsparteien über materielle Arbeitsbedingungen vorzubeugen. Diese Rechtslage wurde bereits durch das BetrVG 1972 weitgehend überholt. Dem Betriebsrat kommt in zahlreichen Fällen ein Mitbestimmungsrecht auch in materiellen Arbeitsbedingungen zu. Dies gilt jedenfalls bei Form, Ausgestaltung und Verwaltung von Sozialeinrichtungen (§ 87 I Nr. 8 BetrVG), Zuweisung und Kündigung von Werkmietwohnungen (§ 87 I Nr. 9 BetrVG),[6] Fragen der betrieblichen Lohngestaltung (§ 87 I Nr. 10 BetrVG) und Festsetzung von Leistungsvergütungen (Akkord, Prämie, Provision usw., § 87 I Nr. 11 BetrVG).[7] Die Einzelheiten werden jeweils im Zusammenhang erörtert.[8]

VIII. Durchsetzung der Beteiligungsrechte

Die Beteiligungsrechte des Betriebsrats werden durchgesetzt 17
durch das Verfahren vor der Einigungsstelle (Abschn. XI Rn. 59ff.), das Beschlussverfahren (Abschn. XI Rn. 15ff.) sowie die Vollstreckung der Beschlüsse des Arbeitsgerichts und das Vollstreckungsverfahren nach § 23 III BetrVG (Abschn. XI Rn. 5ff.).

6 BAG AP 1 zu § 87 BetrVG 1972 Werkmietwohnungen.

7 BAG AP 1 zu § 87 BetrVG 1972 Provision.

8 Vgl. auch Fitting/Kaiser/Heither/Engels, § 77 Rn. 43, § 87 Rn. 20.

IX. Vorbeugender Rechtsschutz

18 Es war umstr., in welchem Umfang der Betriebsrat geschützt ist, wenn der Arbeitgeber die Mitwirkungsrechte verletzt. Nach § 23 Abs. 3 BetrVG kann der Betriebsrat oder eine im Betrieb vertretene Gewerkschaft bei groben Verstößen des Arbeitgebers gegen seine Verpflichtung aus dem BetrVG beim Arbeitsgericht beantragen, dem Arbeitgeber aufzugeben, eine Handlung zu unterlassen, die Vornahme einer Handlung zu dulden oder eine Handlung vorzunehmen (Abschn. III Rn. 21ff., Abschn. XI Rn. 5ff.). Hieraus hat das BAG ursprünglich den Schluss gezogen, dass es keinen allgemeinen Unterlassungsanspruch gebe, da der Betriebsrat oder eine im Betrieb vertretene Gewerkschaft eben nur bei groben Verstößen eine Unterlassung verlangen könne.[9]

19 Die Gegner dieser Rechtsprechung haben eingewandt: **(1)** Das BAG überinterpretiere § 23 Abs. 3 BetrVG. Die Vorschrift sei im Jahre 1972 in das BetrVG eingeführt worden, weil bis dahin zwar ein Betriebsrat bei grober Verletzung betriebsverfassungsrechtlicher Rechte und Pflichten aufgelöst und ein Betriebsratsmitglied aus dem Betriebsrat habe ausgeschlossen werden können, es aber keine Sanktionen gegen den Arbeitgeber gegeben habe. Aus diesem Grunde sei ein besonderer Unterlassungsanspruch in § 23 Abs. 3 BetrVG eingeführt worden. Dieser schließe aber mit ihm in Anspruchskonkurrenz stehende Ansprüche nicht aus. **(2)** Das BAG verkenne, dass jedes Recht, dessen Verletzung zu einem deliktischen Schadensersatzanspruch führe, auch durch die Möglichkeit einer vorbeugenden Unterlassungsklage geschützt sei. Die betriebsverfassungsrechtlichen Rechte des Betriebsrats seien deliktisch nach § 823 Abs. 2 BGB i. V. m. § 78 BetrVG geschützt. Dann wiederum müsse der Betriebsrat auch einen Unterlassungsanspruch nach § 1004 BGB haben. **(3)** Schließlich komme das BAG zu sinnwidrigen Ergebnissen. Denn gerade bei der stärksten Form der Mitbestimmung

9 BAG AP 2 zu § 23 BetrVG 1972; AP 19 zu § 80 BetrVG 1972; AP 3 zu § 2 BetrVG 1972; kritisch AP 5 zu § 23 BetrVG 1972 = NJW 86, 400.

sei der vorbeugende Rechtsschutz in der Rechtsprechung des BAG am schwächsten ausgestaltet.

Inzwischen hat das BAG sich dem angeschlossen und seine **Rspr. geändert**. Es geht nunmehr durchweg davon aus, dass dem Betriebsrat in den Fällen der erzwingbaren Mitbestimmung ein allgemeiner Unterlassungsanspruch zusteht, notfalls durchsetzbar im Wege der einstweiligen Verfügung.[10] 20

§ 36. Allgemeine Grundsätze für die Beteiligung des Betriebsrats

I. Grundsätze für die Zusammenarbeit

Arbeitgeber und Betriebsrat sollen **mindestens einmal im Monat** zu einer **Besprechung** zusammentreten (§ 74 I 1 BetrVG; vgl. auch Abschn. I Rn. 135 ff.). Die Besprechung kann formlos verabredet werden und braucht nicht notwendig im Rahmen einer Betriebsratssitzung zu erfolgen. Der Betriebsrat kann die Besprechung dem Betriebsausschuss oder einem anderen Ausschuss übertragen; sie gehört aber nicht zu den laufenden Geschäften der Verwaltung. Es ist also nicht ausreichend, wenn Arbeitgeber und Betriebsratsvorsitzender „unter vier Augen" miteinander sprechen. Die Schwerbehindertenvertretung hat ein Recht zur Teilnahme (§ 95 V SGB IX). Entgegenstehende Rspr. des BAG[11] ist überholt. Teilnahmeberechtigt ist auch die Jugend- und Auszubildendenvertretung, soweit Angelegenheiten behandelt werden, die besonders jugendliche Arbeitnehmer betreffen (§ 68 BetrVG). Im Allgemeinen werden zu den Besprechungen betriebsfremde Personen nicht zugezogen. Die Hinzuziehung von Verbandsvertretern ist zulässig. In den gemeinsamen Besprechungen oder bei den sonstigen Verhandlungen sollen die Betriebsparteien nicht hartnäckig ihre Standpunkte vertreten, sondern über streitige Fragen mit dem **ernsthaften Willen zur Einigung** verhandeln und Vorschläge für die Beilegung von Meinungsverschiedenheiten machen (§ 74 I 2 BetrVG). Dennoch 21

10 BAG v. 3. 5. 1994 – 1 ABR 24/93 – AP 23 zu § 23 BetrVG 1972; BAG 23. 7. 1996 – AP 68 zu § 87 BetrVG 1972 Arbeitszeit.

11 BAG AP 4 zu § 74 BetrVG 1972 = DB 84, 1529.

verstoßen Betriebsparteien, die nach erfolgloser Verhandlung die Einigungsstelle anrufen, nicht gegen den Grundsatz der vertrauensvollen Zusammenarbeit.[12]

22 Kommt es nicht zu einer Einigung zwischen den Betriebsparteien, so sind Maßnahmen des Arbeitskampfes unzulässig (§ 74 II BetrVG). Die Betriebsparteien sollen ihre Meinungsverschiedenheiten allein im Wege des Beschluss- oder Einigungsstellenverfahrens austragen. Sie haben daher alles zu unterlassen, was den Arbeitsablauf oder den Frieden des Betriebs beeinträchtigen könnte. Aus der betrieblichen **Friedenspflicht** folgt, dass der Betriebsrat oder seine Mitglieder nicht in amtlicher Eigenschaft zum Streik aufrufen dürfen. Widerrechtlich geführte Arbeitskämpfe machen schadensersatzpflichtig und geben dem einzelnen Arbeitnehmer keinen Rechtfertigungsgrund, die Arbeit einzustellen.[13]

23 Von der betrieblichen Friedenspflicht unberührt bleiben die Arbeitskämpfe der Sozialpartner gegeneinander.[14] Betriebsratsmitglieder dürfen an diesen Arbeitskämpfen auch aktiv teilnehmen, sie dürfen also z. B. die Streikleitung übernehmen, Streikposten stehen oder in nichtamtlicher Eigenschaft zu Arbeitskämpfen aufrufen (Abschn. I Rn. 139). Der Arbeitgeber kann bei Verstößen des Betriebsrats gegen die betriebsverfassungsrechtliche Friedenspflicht die Unterlassung solcher Handlungen verlangen. § 74 II 2 BetrVG enthält einen selbstständigen, von § 23 I BetrVG unabhängigen Anspruch. Die Geltendmachung dieses Anspruchs im Beschlussverfahren erfordert aber, dass der Antrag auf einzelne tatbestandlich umschriebene Handlungen als Verfahrensgegenstand bezogen ist.[15] Gelegentlich wird die Auffassung vertreten, während eines Arbeitskampfes könnten oder müssten sogar Arbeitgeber und Betriebsrat über Erhaltungsarbeiten im Betrieb verhandeln.[16] In erster Linie werden dafür aber die arbeitskampfführenden Parteien zuständig sein.

12 BAG AP 4 zu § 40 BetrVG 1972 = DB 74, 731.
13 BAG AP 52 zu Art. 9 GG Arbeitskampf = BB 77, 544.
14 Vgl. Schaub, dtv 5041: Arbeitsrecht von A–Z, Stichwort: Arbeitskampf.
15 BAG AP 3 zu § 74 BetrVG 1972 = EzA 5 zu § 74 BetrVG 1972.
16 Vgl. BAG AP 74 zu Art. 9 GG Arbeitskampf.

Auch bei einem wilden Streik wird der Betriebsrat nicht verpflichtet sein, auf die Arbeitnehmer mäßigend einzuwirken.[17]

Auch während eines Arbeitskampfes besteht das Betriebsrats- 24
amt weiter und ergeben sich Aufgaben für den Betriebsrat. Hierzu gehören z. B. die Wahrung der betrieblichen Ordnung und der personellen Mitwirkung, soweit es sich nicht um mitbestimmungsfreie Arbeitskampfmaßnahmen des Arbeitgebers handelt. Während des Arbeitskampfes sind die Rechte des Betriebsrats zu wahren, vor allem **(1)** bei Kündigungen aus anderen Gründen als denen des Arbeitskampfes;[18] **(2)** in sozialen Angelegenheiten, es sei denn, dass gerade um sie der Arbeitskampf geführt wird.

II. Parteipolitische Neutralität

Nach § 74 II 2 BetrVG haben Arbeitgeber und Betriebsrat 25
alles zu unterlassen, was den Arbeitsablauf oder den Frieden des Betriebs konkret beeinträchtigen könnte. Meinungsäußerungen sind deshalb im Betrieb nur dann untersagt, wenn durch sie der Betriebsfrieden beeinträchtigt wird. Dagegen ist nach § 74 II 3 BetrVG eine parteipolitische Betätigung im Betrieb generell untersagt.[19] Politische Betätigung ist jedes Handeln, das auf Macht und Herrschaft in der Gesellschaft und auf die Gestaltung des öffentlichen Lebens gerichtet ist. Untersagt ist im Betrieb also jede parteipolitische Werbung, Propaganda, Veranlassung von Resolutionen, Sammlung von Unterschriften und Spenden usw. Gleichwohl bedarf das Verbot parteipolitischer Betätigung einer restriktiven Interpretation. Zwar setzt § 74 II 3 BetrVG der Freiheit der Meinungsäußerung Schranken. Jedoch müssen diese ihrerseits mit Blick auf die wertsetzende Bedeutung des Grundrechts der freien Meinungsäußerung (Art. 5 GG) ausgelegt werden.[20] Nicht zu beanstanden ist darum, wenn der Betriebsrat

17 LAG Hamm DB 76, 343; BAG v. 5. 12. 1978 – 6 AZR 485/76 –.

18 BAG AP 60 zu Art. 9 GG Arbeitskampf = NJW 79, 233; AP 20 zu § 102 BetrVG 1972 = NJW 79, 2635.

19 BAG AP 1 zu § 74 BetrVG 1972; AP 1 zu § 42 BetrVG 1972.

20 BVerfG AP 2 zu § 74 BetrVG 1972 = NJW 76, 1627; BVerfG AP 12 zu Art. 5 I GG Meinungsfreiheit; vgl. auch BAG AP 1 zu § 74 BetrVG 1972; AP 8 zu Art. 5 Abs. 1 GG Meinungsfreiheit.

dazu auffordert, bei politischen Wahlen nur Arbeitnehmer zu wählen, oder im Rahmen der Betriebsratswahl ein Betriebsratskandidat für sich mit dem Programm einer politischen Partei wirbt.[21] Zum Auftreten von Spitzenpolitikern auf Betriebsversammlungen vgl. Abschn. III Rn. 212.

26 Unabhängig von § 74 Abs. 2 BetrVG besteht die Verpflichtung aller Betriebsratsmitglieder aus dem Arbeitsvertrag, auf den Betriebsfrieden und den geordneten Betriebsablauf Rücksicht zu nehmen.[22] Insoweit kann sich das Verbot ergeben, Plaketten an der Kleidung zu tragen.[23]

27 Das Verbot parteipolitischer Betätigung hindert nicht die Behandlung tarifpolitischer, sozialpolitischer, umweltpolitischer und wirtschaftlicher Angelegenheiten (§ 74 II BetrVG), sofern sie betriebsbezogen sind. Tarifpolitische Fragen sind solche, die mit den durch Tarifvertrag zu regelnden Arbeitsbedingungen zusammenhängen; sozialpolitische sind diejenigen, die mit dem Gebiet der Sozialversicherung des Arbeits- und Unfallschutzes, des Bildungswesens und der Steuergesetzgebung für Arbeitnehmer zusammenhängen; umweltpolitische Fragen sind solche, die sich mit dem Abbau von Umweltbelastungen und z. B. dem Ausbau umweltschonender Produktionstechniken befassen; sie gehen über den Bereich des betrieblichen Umweltschutzes nach § 89 III BetrVG hinaus; wirtschaftspolitische Fragen sind alle, die auf das Unternehmen Auswirkungen entfalten können.

III. Gewerkschaftliche Betätigung

28 Der Betriebsrat als solcher ist zur gewerkschaftlichen Neutralität verpflichtet; d. h., er darf nicht in amtlicher Eigenschaft für oder gegen eine Gewerkschaft Stellung nehmen.[24] Dagegen wer-

---

21 BAG AP 1 zu § 1 KSchG 1969 Verhaltensbedingte Kündigung = EzA 3 zu § 74 BetrVG 1972.

22 Vgl. Schaub, Arbeitsrecht von A–Z, Stichwort: Treuepflicht.

23 Vgl. zur Anti-Atomkraft-Plakette: BAG AP 8 zu Art. 5 Abs. 1 GG Meinungsfreiheit; für den öffentlichen Dienst: AP 73 zu § 626 BGB = NJW 84, 1142; Anti-Strauß-Plakette: BAG AP 73 zu § 626 BGB; zur Plakette ,,Frieden schaffen ohne Waffen'': ArbG Köln BB 85, 663; für Zulässigkeit solcher Plaketten Däubler/Kittner/Klebe § 74 Rn. 41; Zachert ArbuR 1984, 289.

24 BVerfG AP 18 zu Art 9 GG; AP 1 zu § 108 BPersVG = NJW 79, 1877.

den die Arbeitnehmer, die nach dem BetrVG Aufgaben übernommen haben, nicht gehindert, für ihre Gewerkschaft im Betrieb tätig zu werden (§ 74 III BetrVG; vgl. Abschn. I Rn. 134). Insoweit ist die frühere Rechtsprechung des BVerfG überholt.[25] Aber auch hier ist zu unterscheiden zwischen amtlicher und nichtamtlicher Betätigung. Ein Betriebsratsmitglied darf wie jeder andere Arbeitnehmer im Betrieb für seine Gewerkschaft werben, darf Werbebriefe der Gewerkschaft unterschreiben usw.[26] Ihm ist im Interesse neutraler Amtsführung nur untersagt, in Ausübung oder unter Ausnutzung seines Amtes für die Gewerkschaft tätig zu sein.

Beispiel: Zulässig ist die Unterzeichnung eines allgemeinen Werbebriefs der Gewerkschaft durch ein Betriebsratsmitglied. Unzulässig ist die Werbung eines Neumitglieds unter Hinweis auf die Amtstätigkeit.

Die Abgrenzung ist häufig schwierig zu ziehen. Ein Betriebs- 29
ratsmitglied sollte daher alles unterlassen, was Misstrauen in seine Neutralität erregen könnte.

Zur Werbung der Gewerkschaften im Betrieb (Abschn. I 30
Rn. 132).

IV. Grundsätze für die Behandlung der Betriebsangehörigen

Arbeitgeber und Betriebsrat haben darüber zu wachen, dass 31
alle im Betrieb tätigen Personen nach den Grundsätzen von Recht und Billigkeit behandelt werden (§ 75 BetrVG). Sie haben ihr eigenes Verhalten danach einzurichten, in ihren Vereinbarungen jede Diskriminierung von einzelnen Arbeitnehmern oder Gruppen von Arbeitnehmern zu vermeiden und wechselseitig auf die Einhaltung der Grundsätze von Recht und Billigkeit zu achten. Sie haben insbesondere auf die Einhaltung des arbeitsrechtlichen Gleichbehandlungsgrundsatzes[27] und die freie Entfaltung der Persönlichkeit der Arbeitnehmer zu achten. Die Verletzung dieses Gebotes kann für den Be-

25 BVerfG AP 10, 15, 17 zu Art 9 GG.
26 Vgl. BAG AP 26 zu Art. 9 GG.
27 Schaub, Arbeitsrecht von A–Z, Stichwort: Gleichbehandlung.

triebsrat zur Auflösung (Abschn. III Rn. 16ff.) und für den Arbeitgeber zu einem Zwangsvollstreckungsverfahren nach § 23 III BetrVG (Abschn. III Rn. 21ff.) führen.

32 Aus dem Gebot der gleichmäßigen Behandlung aller Betriebsangehörigen nach Recht und Billigkeit folgt, dass Gleiches gleich, aber Ungleiches ungleich behandelt werden muss. Dabei ist eine unterschiedliche Behandlung von Personen wegen ihrer Abstammung, Religion, Nationalität, Herkunft, politischer oder gewerkschaftlicher Betätigung oder Einstellung oder wegen ihres Geschlechts oder ihrer sexuellen Identität[28] oder wegen der Überschreitung bestimmter Altersgrenzen unzulässig (§ 75 I BetrVG). Abstammung ist die regionale und die völkische Zugehörigkeit, Religion das religiöse und weltanschauliche Bekenntnis, Nationalität die Staatsangehörigkeit, Herkunft das Herkommen aus einem bestimmten Gebiet oder einer bestimmten Schicht. Unwirksam ist eine Differenzierung nach politischer oder gewerkschaftlicher Einstellung des Arbeitnehmers. § 75 Abs. 1 BetrVG wiederholt den Grundsatz der Gleichberechtigung von Männern und Frauen (Art. 3 I GG) und das Benachteiligungsverbot (Art. 3 II GG).[29] Betriebsrat und Arbeitgeber haben darauf zu achten, dass Männer und Frauen den gleichen Tariflohn erhalten, die gleichen Zulagen und denselben Zugang zur betrieblichen Altersversorgung haben. In dem Ausschluss der Teilzeitbeschäftigten von der betrieblichen Altersversorgung kann eine mittelbare Frauendiskriminierung liegen.[30] Arbeitnehmer dürfen nicht wegen Überschreitens bestimmter Altersstufen benachteiligt werden (§ 75 I 2 BetrVG). Gleichwohl ist es wirksam, wenn nach Überschreiten bestimmter Altersgrenzen Arbeitnehmer in die betriebliche Altersversorgung nicht mehr aufgenommen werden,[31] oder wenn Sozialpläne für rentennahe Jahrgänge einen anderen Nachteilsausgleich als

28 Vgl. dazu Richtlinie 2000/78/EG des Rats vom 27. November 2000.

29 Schaub, Arbeitsrecht von A–Z, Stichwort: Frauenarbeitsschutz.

30 BAG AP 1 zu § 1 BetrAVG Gleichbehandlung = NJW 82, 2013; AP 3 zu Art. 119 EWG-Vertrag; AP 11 zu Art. 119 EWG-Vertrag = DB 87, 994; EuGH DB 86, 1525; Pfarr NZA 86, 585.

31 BAG AP 4 zu § 1 BetrAVG Gleichberechtigung.

eine nach der Betriebszugehörigkeitsdauer gestaffelte Abfindung vorsehen.[32]

Die Verpflichtung von Arbeitgeber und Betriebsrat, die Persön- 33
lichkeit der im Betrieb beschäftigten Arbeitnehmer zu schützen und zu fördern (§ 75 II BetrVG), hat einen doppelten Inhalt. Sie gibt dem Arbeitnehmer ein Abwehrrecht gegenüber Maßnahmen der Betriebsparteien, sie enthält aber auch ein Gebot an die Betriebsparteien, der Persönlichkeitsentfaltung entsprechende Arbeitsbedingungen zu schaffen. Das Persönlichkeitsrecht des Arbeitnehmers kann insbesondere verletzt sein durch moderne Technologien wie Personalinformationssysteme und Überwachung von Telefongesprächen (Abschn. VI Rn. 47 ff.). Arbeitgeber und Betriebsrat sind verpflichtet, die Selbstständigkeit und Eigeninitiative der Arbeitnehmer und Arbeitsgruppen zu fördern und damit einen Beitrag zu mehr Demokratie im Betrieb zu leisten. Es geht um die Schaffung von Freiräumen für Entscheidungen, Eigenverantwortung und Kreativität der Arbeitnehmer und Arbeitsgruppen (so die Begründung des Referentenentwurfs für das BetrVG 2001, Bes. Teil Nr. 51).

V. Störungs- und Benachteiligungsverbot

Die Mitglieder des Betriebsrats, des Gesamtbetriebsrats, des 34
Konzernbetriebsrats, der Jugend- und Auszubildendenvertretung, der Gesamt-Jugend- und Auszubildendenvertretung, der Konzern-Jugend- und Auszubildendenvertretung, des Wirtschaftsausschusses, der Bordvertretung, des Seebetriebsrats, der Sondervertretungen (§ 3 I BetrVG, Abschn. I Rn. 152 ff.), der Einigungsstelle, einer tariflichen Schlichtungsstelle (§ 76 VIII) und einer betrieblichen Beschwerdestelle (§ 86 BetrVG) sowie Auskunftspersonen (§ 80 II 3 BetrVG) dürfen in der Ausübung ihrer Tätigkeit **nicht gestört oder behindert** werden (§ 78 S. 1 BetrVG). Der Schutz erstreckt sich auch auf die Ersatzmitglieder, soweit ihre Stellung als solche in Betracht kommt oder sie in einem Betriebsverfassungsorgan tätig geworden sind,[33] so-

32 BAG AP 45 zu § 112 BetrVG 1972; BAG 31. 7. 1996 AP 103 zu § 112 BetrVG 1972.

33 Vgl. Fitting/Kaiser/Heither/Engels § 78 Rn. 1.

wie die Arbeitnehmervertreter im Aufsichtsrat nach dem BetrVG 1952.[34] Der Schutz richtet sich nicht nur gegen den Arbeitgeber, sondern gegen jedermann, also Arbeitnehmer und Betriebsrat, Gewerkschaften und Behörden usw. Störung oder Behinderung sind alle Maßnahmen, durch die die Tätigkeit des Organs oder einzelner Betriebsratsmitglieder erschwert oder gar unmöglich gemacht wird.[35] Störende Maßnahmen können in einem Tun oder Unterlassen bestehen. Es sind jedoch nur solche Störungen oder Behinderungen verboten, die eine Erschwernis der Betriebsratstätigkeit bewusst herbeiführen wollen.

Beispiele: Unzulässig ist die Behinderung einer Betriebsratssitzung durch irgendwelche Störer; durch Nichtüberlassung der erforderlichen Räume und Hilfsmittel seitens des Arbeitgebers, Entfernung von Bekanntmachungen des Betriebsrats vom Schwarzen Brett usw.

Eine Verschiebung der Amtstätigkeit des Betriebsrats aus dringenden betrieblichen Gründen kann nur in Ausnahmefällen verlangt werden.[36] Keine Behinderung ist die Bildung von Sprecherausschüssen der leitenden Angestellten.[37]

35 Ist ein Betriebsratsmitglied Montagestammarbeiter, so ist seine Entsendung auf Montage dann eine unzulässige Behinderung, wenn sie mit dem Ziel erfolgt, die Amtstätigkeit zu beeinträchtigen. Hierfür kann eine Vermutung sprechen, wenn die Arbeit ebenso gut durch ein Nicht-Betriebsratsmitglied ausgeübt werden könnte. Die Rufnummern von Gesprächsteilnehmern der Betriebsvertretung dürfen vom Arbeitgeber nur bei Fern-, nicht aber bei Haus-, Orts- und Nahgesprächen aufgezeichnet, gespeichert oder sonst wie erfasst werden. Die Erfassung von Ferngesprächen ist keine Behinderung.[38]

---

34 BAG AP 1 zu § 626 BGB Arbeitnehmervertreter im Aufsichtsrat.

35 BAG 19.7.1995 AP 25 zu § 23 BetrVG 1972; BAG 12.11.1997 AP 27 zu § 23 BetrVG 1972.

36 Vgl. BAG AP 4 zu § 37 BetrVG.

37 BAG AP 9, 10 zu § 5 BetrVG 1972.

38 BAG AP 20 zu Art. 56 ZA-Nato-Truppenstatut; BAG 27. 5. 1986 AP 15 zu § 87 BetrVG 1972 Überwachung; kritisch Wohlgemuth ArbuR 1991, 190.

Ein Verstoß gegen das Behinderungs- oder Benachteiligungsverbot kann gem. § 119 I Nr. 2, 3 BetrVG bestraft werden. Insoweit genügt nicht eine objektive Beeinträchtigung; vielmehr ist ein vorsätzliches Verhalten notwendig. Im Übrigen sind solche Maßnahmen gem. §§ 78 BetrVG, 134 BGB zivilrechtlich nichtig. 36

Die Mitglieder der Betriebsverfassungsorgane dürfen wegen ihrer Tätigkeit **nicht benachteiligt oder begünstigt** werden; dies gilt auch für ihre berufliche Entwicklung (§ 78 S. 2 BetrVG).[39] Unzulässig ist die Versetzung auf einen geringer bezahlten Arbeitsplatz;[40] der Widerruf der vorübergehenden Übertragung einer tariflich höherwertigen Tätigkeit,[41] die Versagung des Zusatzurlaubs für freigestellte Betriebsratsmitglieder,[42] der Ausschluss vom Bewährungsaufstieg,[43] die Aufnahme dieser Tätigkeit in eine dienstliche Beurteilung.[44] Eine Verdienstminderung von Betriebsratsmitgliedern ist unzulässig. Eine Verschlechterung der Arbeitsbedingungen ist auch für Betriebsratsmitglieder möglich, wenn sie für alle Arbeitnehmer des Betriebs oder der Betriebsabteilung gilt. Dies gilt z. B. für die Einführung von Kurzarbeit, Herabsetzung übertariflicher Löhne oder der betrieblichen Altersversorgung, Ausscheiden mit vollendetem 65. Lebensjahr, Abführung der Steuern, auch wenn sie infolge der Betriebsratstätigkeit wegen des Wegfalls von Steuerbegünstigungen höher sind[45] usw. Ebenso unzulässig ist es, ein Betriebsratsmitglied zu begünstigen, ihm im Falle der Stilllegung eine höhere Abfindung zu gewähren usw. (Abschn. III Rn. 140). Rechtsgeschäfte, die gegen § 78 S. 2 BetrVG verstoßen, sind nach § 134 BGB nichtig. § 78 S. 2 BetrVG ist auch Schutzgesetz i. S. v. § 823 Abs. 2 BGB, so dass ggfls. Schadensersatz verlangt werden kann. 37

39 BAG AP 1 zu § 78 BetrVG 1972.
40 BAG AP 1 zu § 107 BPersVG.
41 BAG AP 2 zu § 46 BPersVG.
42 BAG AP 2 zu § 49 BAT.
43 BAG AP 1 zu § 23 a BAT.
44 BAG v. 19. 8. 1992 – BB 92, 2512.
45 BAG AP 37, 50 zu § 37 BetrVG 1972; AP 1 zu § 46 BPersVG.

VI. Verschwiegenheitspflicht

38 Die Mitglieder der Betriebsverfassungsorgane unterliegen während und nach ihrer Amtstätigkeit einer besonderen Verschwiegenheitspflicht (§ 79 BetrVG; Abschn. III Rn. 181). Der Verschwiegenheitspflicht unterliegen Mitglieder und Ersatzmitglieder des Betriebsrats, des Gesamtbetriebsrats, des Konzernbetriebsrats, der Jugend- und Auszubildendenvertretung, der Gesamt-Jugend- und Auszubildendenvertretung, der Konzern-Jugend- und Auszubildendenvertretung, des Wirtschaftsausschusses, der Bordvertretung, des Seebetriebsrats, der Vertretungen gem. § 3 I BetrVG, der Einigungsstelle, der tariflichen Schlichtungsstelle, einer betrieblichen Beschwerdestelle sowie der Vertreter von Gewerkschaften oder Arbeitgebervereinigungen.

39 Die Verschwiegenheitspflicht erstreckt sich auf **Betriebs- und Geschäftsgeheimnisse**, die den Mitgliedern der Betriebsverfassungsorgane wegen ihrer Mitgliedschaft oder Hinzuziehung bekannt geworden sind, sofern der Arbeitgeber sie **ausdrücklich als geheimhaltungsbedürftig bezeichnet** hat. Betriebs- und Geschäftsgeheimnisse sind alle Tatsachen, die im Zusammenhang mit dem technischen Betrieb oder der wirtschaftlichen Betätigung stehen, nur einem eng begrenzten Personenkreis bekannt und nach dem bekundeten Willen des Arbeitgebers geheim zu halten sind.[46] Die Betriebsgeheimnisse beziehen sich auf den technischen Ablauf des Betriebs, Geschäftsgeheimnisse auf die wirtschaftliche Betätigung (materielles Geheimnis).

40 Ein materielles Geheimnis unterliegt jedoch nur dann der Verschwiegenheitspflicht, wenn der Arbeitgeber ausdrücklich auf seine Geheimhaltungsbedürftigkeit hingewiesen hat (formelles Geheimnis). Sind einzelne Betriebsratsmitglieder bei der Information über ein Geheimnis nicht zugegen, so haben die anderen für die Geheimhaltung bei der Information des abwesenden Betriebsratsmitglieds zu sorgen. Die Mitteilung einer Tatsache als vertraulich begründet noch kein formelles Geheimnis.

46 BGH LM 2 zu § 17 UWG; BAG AP 1 zu § 611 BGB Betriebsgeheimnis; BAG DB 88, 1020 = NJW 88, 1686.

Untersagt ist die Offenbarung und Verwertung. Offenbarung ist die Weitergabe von Kenntnissen an nicht berechtigte Dritte; Verwertung die Ausnutzung zu beliebigen eigenen Zwecken. 41

> **Beispiel:** Eine Verschwiegenheitspflicht besteht über technisches Know-how, auch wenn es nicht patentfähig ist; Warenbezugsquellen; Absatzgebiete, Kunden, Preislisten; Gehaltslisten;[47] Bilanzen; Inventuren, Kreditwürdigkeit; Erfindungen usw.

Im Interesse der Durchführung der Betriebsratstätigkeit besteht die Verschwiegenheitspflicht nicht gegenüber den anderen Betriebsverfassungsorganen (§ 79 I 4 BetrVG) soweit sie in Abs. 1 S. 4 genannt sind und nicht nur in Abs. 2, wohl aber gegenüber Betriebsangehörigen.[48] 42

Ein Verstoß gegen die betriebsverfassungsrechtliche Verschwiegenheitspflicht kann nach § 23 BetrVG zur Amtsenthebung (Abschn. III Rn. 16) und nach § 823 II BGB i. V. m. § 79 BetrVG zum Schadensersatz führen. 43

Neben der aus dem BetrVG resultierenden Verschwiegenheitspflicht kann eine solche aus dem Arbeitsvertrag bestehen. Liegt zugleich eine Verletzung der betriebsverfassungsrechtlichen und der arbeitsvertraglichen Verschwiegenheitspflicht vor, so kann auch eine außerordentliche Kündigung (§ 626 BGB) gerechtfertigt sein. Weiter können sich Verschwiegenheitspflichten aus § 5 BDSG (Abschn. III Rn. 181) ergeben. Ferner trifft das Mitglied der Betriebsverfassung aus der Amtstätigkeit insoweit eine Verschwiegenheitspflicht, als durch Bekanntgabe von Vorgängen im Betriebsrat dessen Funktionsfähigkeit beeinträchtigt würde. 44

Die Verschwiegenheitspflicht muss gegenüber höherrangigen Pflichten zurücktreten. So ist das Betriebsratsmitglied zur Zeugenaussage oder zur Auskunft im Rahmen des Arbeitsschutzes verpflichtet. § 53 I StPO räumt dem Betriebsratsmitglied kein amtsbezogenes Zeugnisverweigerungsrecht im Strafprozess ein. Diese Regelung ist verfassungsrechtlich nicht zu beanstanden.[49] 45

47 BAG AP 2 zu § 79 BetrVG 1972 = DB 87, 2526 = NZA 88, 63.

48 LAG Hamburg 16.30.1982 – 3TaBV 5/82.

49 BVerfG NJW 79, 1286; LG Darmstadt NJW 79, 1286.

§ 37. Die Vereinbarungen zwischen Arbeitgeber und Betriebsrat

I. Begriffliche Einteilung

46 Die Abreden zwischen Betriebsrat oder den sonstigen Betriebsverfassungsorganen und dem Arbeitgeber werden unter dem Oberbegriff „Vereinbarungen“ zusammengefasst. Es sind Betriebsvereinbarungen und sonstigen Abreden zwischen Arbeitgeber und Betriebsrat zu unterscheiden. **Betriebsvereinbarungen** sind Verträge zwischen Arbeitgeber und Betriebsrat, die schuldrechtliche Verpflichtungen zwischen diesen begründen können (umstr.), die aber vor allem Rechtsnormen für die Belegschaftsmitglieder schaffen. Für die **sonstigen Abreden** hat sich eine einheitliche Terminologie nicht gebildet. Sie werden als betriebliche Einigung, Betriebsabsprachen, Regelungsabreden usw. bezeichnet. Eine ausführlichere gesetzliche Regelung gibt es nur für Betriebsvereinbarungen (§ 77 BetrVG).

II. Die Betriebsvereinbarung

47 **(1)** Nach klassischer Definition sind Betriebsvereinbarungen Verträge, die für einen Betrieb zwischen Arbeitgeber und Betriebsrat (also nicht möglich in vertretungslosen Betrieben) im Rahmen der Zuständigkeit des Betriebsrats zur Festsetzung von Rechtsnormen über den Inhalt, den Abschluss und die Beendigung von Arbeitsverhältnissen sowie über betriebliche und betriebsverfassungsrechtliche Fragen geschlossen werden (**Vertragstheorie**).[50] Nach einer anderen Auffassung stellt die Betriebsvereinbarung eine durch übereinstimmende, parallele Beschlüsse der Organe der Betriebsverfassung zustande kommende Normenordnung für den Betrieb dar, also eine autonome Satzung (**Satzungstheorie**). Nach einer dritten, vermittelnden Meinung ist die Betriebsvereinbarung eine rechtsetzende Vereinbarung, die nicht wie beim Vertrag durch sich ergänzende Vertragsabreden, sondern durch parallelle Erklärungen zustande kommt. Da in § 77 I BetrVG von Vereinbarungen die Rede ist,

50 Richardi § 77 Rn. 24ff.; Fitting/Kaiser/Heither/Engels § 77 Rn. 13ff.

wird ein privatrechtlicher, **kollektiver Normenvertrag** anzunehmen sein. Das BAG hat die Streitfrage bislang ausdrücklich offen gelassen.[51] Sie ist von geringer praktischer Bedeutung.

(2) Die Betriebsvereinbarung kann entweder durch freiwilligen Vertragsschluss oder den Spruch einer Einigungsstelle (Abschn. XI Rn. 74ff.) zustande kommen. Parteien der Betriebsvereinbarung sind der Arbeitgeber und der Betriebsrat. Auf Arbeitnehmerseite kann auch der Gesamtbetriebsrat (§ 50 BetrVG) oder der Konzernbetriebsrat (§ 58 BetrVG) beteiligt sein. Zum Abschluss einer Betriebsvereinbarung nicht befugt sind die Ausschüsse des Betriebsrats (§§ 27 II, 28 I BetrVG), des Gesamt- oder Konzernbetriebsrats, die Jugend- und Auszubildendenvertretung, die Gesamt-Jugend- und Auszubildendenvertretung, die Konzern-Jugend- und Auszubildendenvertretung, der Wirtschaftsausschuss und die Betriebsversammlung. 48

Der **freiwillige Vertragsabschluss** vollzieht sich nach den Regeln des BGB (§ 145 BGB). Arbeitgeber und Betriebsrat können gemeinsam, aber auch jeder für sich getrennt den Regelungstatbestand beraten und darüber Beschluss fassen. Alsdann muss eine Willensübereinstimmung herbeigeführt werden (§ 77 II 1 BetrVG). Der Betriebsrat wird dabei nur in der Erklärung durch den Betriebsratsvorsitzenden vertreten, nicht in der Willensbildung (§ 26 III BetrVG; Abschn. III Rn. 48). War der Vorsitzende zum Abschluss einer Betriebsvereinbarung durch den Betriebsrat nicht ermächtigt, so ist diese schwebend unwirksam (vgl. § 177 BGB). Sie kann durch nachträgliche Beschlussfassung des Betriebsrats genehmigt werden. Zweifelhaft ist, ob dieser den Abschluss stillschweigend genehmigen kann. In jedem Falle müssen Betriebsvereinbarungen schriftlich abgeschlossen werden (§ 77 II 1 BetrVG i. V. m. § 1 25 I 1 BGB). Arbeitgeber und Betriebsrat haben immer **auf derselben Urkunde** (diese kann allerdings aus mehreren Blättern bestehen) zu unterschreiben. Mehrere Blätter müssen zu einer Gesamturkunde zusammengefügt sein.[52] Der Austausch jeweils nur einseitig unterschriebener Urkunden ist unzu- 49

51 BAG AP 1 zu § 57 BetrVG.
52 BAG AP 18 zu § 77 BetrVG 1972; großzügiger BGH ZIP 1997, 2085.

reichend. Ebenso wenig ist ein gemeinsam von Arbeitgeber und Betriebsrat unterschriebenes Rundschreiben eine Betriebsvereinbarung.[53] Die Schriftform ist auch gewahrt, soweit auf einen Tarifvertrag oder eine andere (schriftlich niedergelegte) Betriebsvereinbarung verwiesen wird, selbst wenn diese nicht wörtlich wiedergegeben sind.[54] Dies gilt aber nicht ohne weiteres für eine sog. Blankettverweisung, also eine Verweisung auf einen Tarifvertrag oder eine Betriebsvereinbarung in der jeweils gültigen – und noch unbekannten zukünftigen – Fassung.[55] Nach Ansicht des 1. Senats des BAG führt dies zu einer unzulässigen Entäußerung der eigenen Normsetzungsbefugnis der Betriebsparteien.[56] Die Unwirksamkeit der Verweisung auf den jeweils geltenden Tarifvertrag führt aber auch für den 1. Senat des BAG nicht zur Unwirksamkeit der Verweisung auf den Tarifvertrag, der zum Zeitpunkt des Abschlusses der Betriebsvereinbarung galt. Dagegen sieht der 4. Senat im Bereich des Tarifrechts eine Blankettverweisung auf einen anderen Tarifvertrag in seiner jeweils geltenden Fassung als wirksam an, wenn die Verweisung eindeutig ist und der Inhalt der Tarifnormen, auf die verwiesen wird, in einem engen sachlichen Zusammenhang mit den verweisenden Tarifnormen steht.[57]

50 **(3)** Nach § 77 II 3 BetrVG sind Betriebsvereinbarungen durch den Arbeitgeber an geeigneter Stelle im Betrieb auszulegen und in gut leserlichem Zustand zu erhalten. Die Verletzung der Pflicht zur Auslage führt jedoch nicht zur Unwirksamkeit der Betriebsvereinbarung, weil es nicht in der Macht des Arbeitgebers stehen kann, die Betriebsvereinbarung unwirksam werden zu lassen.[58] Ist die Betriebsvereinbarung nicht ausgehängt oder ausgelegt worden,

53 LAG Düsseldorf DB 77, 1954.

54 BAG AP 14 zu § 56 BetrVG; AP 9 zu § 59 BetrVG; BAG 23. 6. 1992 AP 55 zu § 77 BetrVG 1972.

55 BAG AP 3 zu § 4 TVG Geltungsbereich; AP 12 zu § 3 TVG Verbandszugehörigkeit.

56 BAG v. 23. 6. 1992 – AP 55 zu § 77 BetrVG 1972.

57 BAG AP 7 zu § 1 TVG Form = NJW 81, 1574; BAG AP 8 = DB 83, 717; zur Verweisung auf Beamtenrecht: BAG AP 7 zu § 44 BAT; AP 1 zu § 1 TVG Durchführungspflicht; zur Verweisung eines Sozialplans auf den jeweils geltenden Tarifvertrag: BAG 22 . 8. 1979 AP 3 zu § 611 BGB Deputat.

58 BAG AP 43 zu § 4 TVG Ausschlussfristen; AP 1 zu § 8 TVG.

so hat der Arbeitgeber sie dem Arbeitnehmer auf Verlangen auszuhändigen. Nach **§ 2 I Nr. 10 Nachweisgesetz** hat der Arbeitgeber gegenüber dem Arbeitnehmer in die Niederschrift über die wesentlichen Vertragsbedingungen auf die im Arbeitsverhältnis geltenden Betriebsvereinbarungen in allgemeiner Form hinzuweisen.

(4) Betriebsvereinbarungen können nur über solche Gegen- 51
stände abgeschlossen werden, die zum Aufgabenbereich des Betriebsrats gehören.

(a) Nach der Art ihres Zustandekommens werden erzwingbare und freiwillige Betriebsvereinbarungen unterschieden. Von einer **erzwingbaren** Betriebsvereinbarung spricht man, wenn sie notfalls durch die Einigungsstelle beschlossen werden kann. Freiwillig ist sie dann, wenn keine Seite ihren Abschluss erzwingen kann. Über die Einigungsstelle **erzwingbar** sind Betriebsvereinbarungen über folgende Gegenstände:

- **§ 39 I, § 69 BetrVG:** Vereinbarung über Zeit und Ort von Sprechstunden (Abschn. III Rn. 117);
- **§ 47 V, VI, § 55 IV, § 72 VI, § 73a IV BetrVG:** Festsetzung der Mitgliederzahl des Gesamtbetriebsrats/Konzernbetriebsrats und der Gesamt-Jugend- und Auszubildendenvertretung/Konzern-Jugend- und Auszubildendenvertretung (Abschn. III Rn. 231, 261, 305, 316);
- **§ 87 BetrVG:** soziale Angelegenheiten (Abschn. VI Rn. 22ff.);
- **§ 91 BetrVG:** Maßnahmen zur Milderung oder zum Ausgleich von Verstößen gegen menschengerechte Gestaltung der Arbeitsplätze (Abschn. VII Rn. 13);
- **§ 94 BetrVG:** Ausgestaltung von Personalfragebogen (Abschn. VIII Rn. 10);
- **§ 95 BetrVG:** Aufstellung personeller Auswahlrichtlinien (Abschn. VIII Rn. 17);
- **§ 98 IV BetrVG:** Durchführung von Maßnahmen der beruflichen Bildung (Abschn. VIII Rn. 45);
- **§ 112 I, IV BetrVG:** Aufstellung eines Sozialplans, soweit dessen Erzwingbarkeit nicht nach § 112a BetrVG entfällt (Abschn. IX Rn. 58, 65ff.).

Ferner kann die Einigungsstelle in folgenden Fällen eingeschaltet und eine **verbindliche Entscheidung** für den Einzelfall erzwungen werden, ohne dass ihr Spruch zum Abschluss einer Betriebsvereinbarung führen würde: §§ 37 VI, VII; 38 II; 65 I; 85 II; 87 I Nr. 5, 9; 93; 98 III, IV; 109 BetrVG.

52 **Freiwillige** Betriebsvereinbarungen kommen insbesondere für folgende Gegenstände in Betracht:

- **§ 38 I 3 BetrVG:** Freistellung von Betriebsratsmitgliedern;
- **§ 47 IV BetrVG:** Festsetzung der Zahl der Gesamtbetriebsratsmitglieder;
- **§ 76 I 2 BetrVG:** Einrichtung einer ständigen Einigungsstelle (Abschn. XI Rn. 60);
- **§ 76 IV BetrVG:** Regelung der Einzelheiten des Verfahrens vor der Einigungsstelle;
- **§ 86 BetrVG:** Regelung des Beschwerdeverfahrens;
- **§ 88 BetrVG:** Regelungen über weitere soziale Angelegenheiten;
- **§ 93 BetrVG:** Grundsätze über die Ausschreibung von Arbeitsplätzen (Abschn. VIII Rn. 8);
- **§ 102 VI BetrVG:** Zustimmungserfordernis zur Kündigung (Abschn. VIII Rn. 172).
- **§ 112 a BetrVG:** Aufstellung eines Sozialplans bei Personalreduzierung unterhalb der gesetzlichen Schwellenwerte (Abschn. IX Rn. 66).

53 **(b) Inhalte** einer Betriebsvereinbarung können wie bei einem Tarifvertrag[59] sein (α) Normen für das Arbeitsverhältnis, (β) betriebliche und (γ) betriebsverfassungsrechtliche Regelungen.

54 **Normen für das Arbeitsverhältnis** betreffen den Abschluss (Abschlussnormen), den Inhalt (Inhaltsnormen) und die Beendigung des Arbeitsverhältnisses. Insoweit kann alles Inhalt einer Betriebsvereinbarung sein, was auch Gegenstand eines Tarifvertrags sein kann. Allerdings besteht eine Ausnahme für die Abweichung von tarifdispositivem Gesetzesrecht. Dies ist zwingendes Gesetzesrecht, von dem zum Nachteil des Arbeitnehmers nur durch Tarifvertrag, nicht aber durch Betriebsvereinbarung abgewichen werden kann.

55 **Betriebliche Normen** betreffen die Arbeitnehmer eines Betriebs oder einer Betriebsabteilung in ihrer Gesamtheit. Dazu gehören

59 Schaub, Arbeitsrecht von A–Z, Stichwort: Tarifvertrag.

z. B. Regelungen nach § 87 I 1, 6, 7, 8, 12; § 88 BetrVG. Das sind also z. B. Arbeitsordnungen, Regelungen für Unterstützungseinrichtungen usw.

Betriebsverfassungsrechtliche Normen regeln die Rechtsstellung der Organe des Betriebs untereinander. Sie sind z. B. vorgesehen in §§ 38 I 3, 47 IV, V, 55 IV, 72 IV, V, 76 I S. 2, IV, 86, 102 VI BetrVG. Betriebsverfassungsrechtliche Normen sind unwirksam, soweit sie gegen die zwingenden Organisationsregelungen des Gesetzes verstoßen. 56

Wenngleich der Betriebsrat in den aufgezählten Bereichen eine allumfassende Zuständigkeit hat, kann von den Betriebsparteien nicht in das **Persönlichkeitsrecht der Arbeitnehmer** eingegriffen werden. Unwirksam sind deshalb Betriebsvereinbarungen über die Verpflichtung zur Teilnahme an Betriebsveranstaltungen,[60] zum Beitritt zu bestimmten Verbänden,[61] über das Verbot von Nebenbeschäftigungen, soweit das Arbeitsverhältnis nicht betroffen ist,[62] über den Übergang des Arbeitsverhältnisses auf einen neuen Arbeitgeber[63] usw. Ebenso wenig kann durch Betriebsvereinbarung in bereits fällige Ansprüche des Arbeitnehmers eingegriffen werden[64] oder eine vertragliche Versorgungszusage ohne Grund gekürzt oder geschmälert werden.[65] Doch können Betriebsvereinbarungen auch Pflichten für die Arbeitnehmer begründen, z. B. für die Bezahlung von privat genutzter Arbeits- und Schutzkleidung.[66] Allerdings können Arbeitnehmer 57

60 BAG AP 5 zu § 7 BUrlG.

61 BAG AP 1 zu § 399 BGB.

62 BAG AP 4 zu § 60 HGB; AP 5 zu § 1 KSchG 1969 Krankheit; auch AP 6 zu Art. 12 GG.

63 BAG AP 1 zu § 613 a BGB.

64 BAG AP 11 zu § 4 TVG Günstigkeitsprinzip; AP 4 zu § 1 TVG Rückwirkung; AP 9 = DB 84, 303; AP 1 zu § 4 TVG Ordnungsprinzip.

65 Vgl. BAG AP 177, 185 zu § 242 BGB Ruhegehalt; AP 7, 8 zu § 1 BetrAVG Wartezeit; zum Problem des Eingriffs in Versorgungs-Besitzstände vgl. zuletzt BAG 11 .5. 1999 AP 6 zu § 1 BetrAVG, Betriebsvereinbarung = NZA 2000, 322; BAG 17 .8. 1999 AP 79 zu § 77 BetrVG 1972 = NZA 2000, 498.

66 BAG AP 17, 18, 19 zu § 618 BGB; BAG 1. 12. 1992 AP 20 zu § 87 BetrVG 1972 Ordnung des Betriebes; vgl. näher Fitting/Kaiser/Heither/Engels § 77, Rn. 50 ff., 57 ff.

nicht durch eine Betriebsvereinbarung verpflichtet werden, die Kosten für das Kantinenessen auch dann zu tragen, wenn sie es nicht in Anspruch nehmen. Ein Eingriff in die Freiheit zur Vermögensdisposition liegt jenseits der Regelungskompetenz der Betriebsparteien.[67]

(c) Durch Tarifvertrag kann in einigen Fällen die Regelungszuständigkeit des Betriebsrats erweitert werden.

58 **(d)** Zum **Schutz der Tarifautonomie** sind Betriebsvereinbarungen über Arbeitsentgelte und solche Arbeitsbedingungen, die für den betreffenden Betrieb entweder aktuell durch Tarifvertrag geregelt sind oder in der betreffenden Branche jedenfalls üblicherweise durch Tarifvertrag geregelt werden, **unwirksam,** wenn nicht der Tarifvertrag ausdrücklich eine Regelung durch Betriebsvereinbarung (Öffnungsklausel) zulässt (§ 77 III BetrVG). Sperrwirkungen bestehen sowohl für erzwingbare als auch für freiwillige Betriebsvereinbarungen, soweit eine tarifliche Regelung erfolgt oder üblich ist. Die **Sperrwirkung** tritt noch nicht ein, wenn die Tarifvertragsparteien eine Regelung in Verhandlungen nur angesprochen haben.[68] Unzulässig ist auch die Erstreckung von Tarifverträgen auf Außenseiter im Wege der Betriebsvereinbarung.[69] Die Sperrwirkung besteht für Regelungen über Arbeitsentgelte, d. h. jede in Geld zahlbare Arbeitsvergütung und Sachleistungen, und für sonstige Arbeitsbedingungen, d. h. für alle Bestimmungen, die Inhalt eines Arbeitsvertrags oder Inhaltsnormen eines Tarifvertrags sein können. Dazu zählen sowohl formelle als auch materielle Arbeitsbedingungen.[70] Beispiele für eine unzulässige Regelung von Arbeitsentgelten sind: Vorwegnahme von Tariflohnerhöhungen,[71] versteckte Tariflohnerhöhungen,[72] Zulagen ohne besondere Ver-

---

67 BAG 11. 7. 2000 AP 16 zu § 87 BetrVG 1972 Sozialeinrichtung = BB 2001, 471 = DB 2001, 545.

68 BAG AP 33 zu § 1 TVG Tarifvertrag: Metallindustrie = BB 86, 1361.

69 BT-Drucks. VI/1786 S. 47; Ausschussbericht, BT-Drucks. zu VI/ 2729 S. 11.

70 BAG 9. 4. 1991, AP 1 zu § 77 BetrVG 1972 Tarifvorbehalt.

71 BAG AP 28 zu § 12 GG.

72 BAG AP 24 zu § 59 BetrVG; BAG 24. 1. 1996 AP 8 zu § 77 BetrVG 1972*; BAG 9. 12. 1997 AP 11 zu BetrVG 1972 Tarifvorbehalt.

pflichtung.[73] Zulässig sind aber Betriebsvereinbarungen über Zulagen, die an andere tatbestandliche Voraussetzungen knüpfen als die Tarifverträge, z. B. Schmutz- und Erschwerniszulagen, Gratifikationen aus besonderem Anlass, Zusatzurlaub bei längerer Betriebszugehörigkeit[74] usw. Zulässig ist auch die Vereinbarung, die Anrechnung von Tariferhöhungen auf übertarifliche Zulagen auszuschließen.[75]

Voraussetzung für den Eintritt der Sperrwirkung ist, dass ein 59 nach seinem örtlichen, persönlichen, betrieblichen und fachlichen Geltungsbereich einschlägiger Tarifvertrag besteht oder üblich ist.[76] Üblich ist ein Tarifvertrag, wenn ein Gegenstand über längere Zeit tariflich geregelt war.[77] Da für AT-Angestellte Tarifverträge nicht gelten, können für sie ohne Verstoß gegen § 77 III BetrVG Betriebsvereinbarungen abgeschlossen werden.[78]

Beispiel: Unzulässig ist es, die Höhe des Arbeitsentgelts im Wege der Betriebsvereinbarung für einen Betrieb eines chemischen Unternehmens zu regeln. Zulässig wäre dagegen zu bestimmen, dass bargeldlose Lohnzahlung eingeführt wird. Die Höhe des Arbeitsentgelts ist eine materielle Arbeitsbedingung, die regelmäßig tariflich geregelt wird; die bargeldlose Lohnzahlung ist eine Auszahlungsmodalität.

Die Sperrwirkung des § 77 III BetrVG besteht unabhängig 60 von der Tarifbindung der Arbeitnehmer und des Arbeitgebers.[79]

Die Sperrwirkung besteht für Betriebsvereinbarungen unab- 61 hängig davon, ob sie günstiger oder ungünstiger als bestehende oder übliche Tarifvereinbarungen sind. Dies folgt daraus, dass § 77 III BetrVG eine Zuständigkeitsbeschränkung enthält.

62

73 BAG AP 2 zu § 77 BetrVG 1972.

74 LAG Hamm DB 79, 2236.

75 BAG 9. 12. 1997 AP 11 zu § 77 BetrVG 1972 Tarifvorbehalt.

76 BAG 20. 11. 2001 – 1 AZR 12/01 – Schaub, Arbeitsrecht von A–Z, Stichwort: Tariflicher Geltungsbereich.

77 BAG AP 26 zu § 59 BetrVG.

78 BAG AP 3 zu § 87 BetrVG 1972 Lohngestaltung.

79 BAG AP 1 zu § 2 ArbGG Betriebsvereinbarung; BAG 24. 1. 1996 AP 8 zu § 77 BetrVG 1972 Tarifvorbehalt.

62 Die Regelungssperre des § 77 III BetrVG gilt nur für Betriebsvereinbarungen, nicht für Regelungsabreden der Betriebsparteien und für vertragliche Einheitsregelungen.[80] Regelungsabreden dürfen aber nicht gegen höherrangiges Recht verstoßen und etwa für tarifgebundene Arbeitnehmer schlechtere Regelungen als die tariflichen vorsehen (§ 4 I TVG).[81] Gegen die Durchführung einer solchen Regelungsabrede haben die Gewerkschaften einen eigenständigen Unterlassungsanspruch.[82]

63 Umstr. war, ob im Bereich der sozialen Mitbestimmung neben dem Tarifvorrang aus § 87 I Einleitungssatz BetrVG die Sperrwirkung des § 77 III BetrVG eingreift (sog. **Zweischrankentheorie**). Dies ist vom BAG mittlerweile ausdrücklich abgelehnt worden, wenn der Arbeitgeber nicht tarifgebunden ist (**Vorrangtheorie**).[83] § 77 III BetrVG gilt danach bei fehlender Tarifbindung des Arbeitgebers nicht für Betriebsvereinbarungen in Angelegenheiten, die nach § 87 I BetrVG der zwingenden Mitbestimmung des Betriebsrats unterliegen. Die Mitbestimmungsrechte sollen nicht dadurch ausgeschlossen werden, dass die entsprechende Angelegenheit zwar üblicherweise durch Tarifvertrag geregelt wird oder gegenwärtig geregelt ist, diese tarifliche Regelung aber im Betrieb mangels Tarifbindung des Arbeitgebers keine Anwendung findet. Dann nämlich gäbe es im Betrieb entgegen der Intention des § 87 I BetrVG überhaupt keine von Arbeitnehmerseite mitbestimmte Regelung.[84] Hieraus folgt, dass in allen Fällen der erzwingbaren sozialen Mitbestimmung das Mitbestimmungsrecht des Betriebsrats wieder auflebt, wenn die zwingende Wirkung eines Tarifvertrags zur Regelung der Mitbestimmungsgegenstände in sozialen Angelegenheiten entfallen ist (Abschn. VI Rn. 22ff.).

---

80 BAG 20. 4. 1999 AP 89 zu Art. 9 GG.

81 Vgl. ArbG Marburg NZA 1996, 1339 („Viessmann").

82 BAG 20. 4. 1999 AP 89 zu Art. 9 GG.

83 BAG GS AP 52 zu § 87 BetrVG 1972 Lohngestaltung = BB 92, 1418 = NZA 92, 749; AP 6 zu § 87 BetrVG 1972 Auszahlung = NZA 88, 405; BAG 24. 1. 1996 AP 8 zu § 77 BetrVG 1972, Tarifvorbehalt; weiterhin a. A. Fitting/Kaiser/Heither/Engels § 77, Rn. 98ff.

84 BAG 22. 6. 1993 AP 22 zu § 23 BetrVG 1972 = NZA 1994, 184.

Die Sperrwirkung des Tarifvertrags kann durch tarifvertragliche Ermächtigung zum Abschluss ergänzender oder abweichender Betriebsvereinbarungen beseitigt werden. Davon wird vor allem bei der Flexibilisierung der Arbeitszeit Gebrauch gemacht.[85] Insoweit kann in einem Tarifvertrag vorgesehen werden, dass die individuelle Arbeitszeit bei Gruppen von Arbeitnehmern durch eine Betriebsvereinbarung festgelegt wird.[86] 64

(5) Der **Geltungsbereich einer Betriebsvereinbarung** erstreckt sich räumlich nur auf den Betrieb, für den sie abgeschlossen ist. Hat ein Unternehmer mehrere Betriebe, so muss für jeden Betrieb eine eigene Betriebsvereinbarung abgeschlossen werden, die andere Regelungen treffen kann. Eine durch den Gesamtbetriebsrat im Rahmen seiner originären Kompetenz nach § 50 I BetrVG abgeschlossene Gesamtbetriebsvereinbarung erstreckt sich auch auf solche Betriebe, in denen kein Betriebsrat besteht (§ 50 I 1 BetrVG). Die anders laufende Rechtsprechung des BAG[87] ist durch das BetrVG 2001 überholt. In persönlicher Hinsicht werden nur die aktiven Arbeitnehmer von einer Betriebsvereinbarung erfasst, dagegen nicht mehr die Ruheständler[88] oder ausgeschiedene Versorgungsanwartschaftsberechtigte. Etwas anderes kann vorbehaltlich der Vorschriften des BetrAVG gelten, wenn auch die Ausgeschiedenen der jeweiligen Fassung der Betriebsvereinbarung unterworfen sind.[89] Die Beschränkung des Geltungsbereichs auf die aktiven Arbeitnehmer begegnet zunehmend Bedenken.[90] In § 112 BetrVG geht das Gesetz ohne weiteres von der Zuständigkeit des Betriebsrats zum Abschluss eines Sozialplans auch für ausgeschiedene Arbeitnehmer aus.[91] 65

---

85 Schaub, Arbeitsrecht von A–Z, Stichwort: Flexible Arbeitszeit.

86 BAG AP 23 zu § 77 BetrVG 1972 = DB 87, 2257 = NZA 87, 779.

87 BAG AP 5 zu § 50 BetrVG 1972 = NJW 84, 2966.

88 BAG AP 1, 2 zu § 57 BetrVG; AP 142, 185 zu § 242 BGB Ruhegehalt; AP 1 zu § 1 BetrAVG Betriebsvereinbarung = NZA 89, 522; BAG 13. 5. 1997 AP 65 zu § 77 BetrVG 1972; LAG Bad.-Württemberg DB 77, 1706.

89 BAG AP 29 zu § 242 BGB Ruhegehalt.

90 Vgl. dazu Fitting/Kaiser/Heither/Engels § 77 Rn. 35 ff.

91 Vgl. BAG 6. 8. 1997 AP 116 zu § 112 BetrVG; BAG 11. 2. 1998 AP 121 zu § 112 BetrVG 1972.

66 **(6)** Die **Betriebsvereinbarung endet (a)** durch Abschluss eines formlosen Aufhebungsvertrags der Betriebsparteien, der jederzeit möglich ist; **(b)** durch Ablauf der Zeit, für die sie eingegangen ist;[92] ist sie als Ergänzung eines Tarifvertrags abgeschlossen, so endet sie im Zweifel mit dem Ende des Tarifvertrags bzw. seiner Nachwirkung; **(c)** durch Stilllegung des Betriebs oder Verschmelzung mit einem anderen unter Aufgabe seiner Identität; **(d)** durch ordentliche Kündigung; sofern eine andere, längere Kündigungsfrist nicht vereinbart ist, ist eine Betriebsvereinbarung jederzeit mit einer Frist von 3 Monaten kündbar (§ 77 V BetrVG); Teilkündigungen[93] einer Betriebsvereinbarung sind nur zulässig, soweit dies besonders vereinbart ist;[94] **(e)** durch außerordentliche Kündigung aus wichtigem Grund; an die Voraussetzungen eines wichtigen Grundes ist jedoch ein strenger Maßstab anzulegen; **(f)** durch Abschluss einer Betriebsvereinbarung mit abweichendem Inhalt, grundsätzlich auch dann, wenn dieser für die Arbeitnehmer ungünstiger ist; insoweit gilt die sog. Zeitkollisionsregel;[95] **(g)** durch Erledigung des verfolgten Zweckes.[96]

67 Die Betriebsvereinbarung endet dagegen nicht beim bloßen Wechsel des Betriebsinhabers (§ 613 a BGB), weil dadurch der Betrieb seine Identität nicht verliert.[97] Etwas anderes gilt, wenn der Betrieb oder der ausgegliederte Betriebsteil nach dem Übergang seine Identität verloren hat. Dann werden die Rechtsnormen einer Betriebsvereinbarung zum Inhalt des Arbeitsvertrags mit dem Betriebsnachfolger und dürfen nicht vor Ablauf eines Jahres geändert werden (§ 613 I S. 2 BGB; s. o. Abschn. III Rn. 9). Das Änderungsverbot besteht dann nicht, wenn bei dem

92 BAG AP 7 zu § 77 BetrVG 1972.

93 BAG AP 1 zu § 4 TVG Günstigkeitsprinzip; Schaub, Arbeitsrecht von A–Z, Stichwort: Kündigung.

94 BAG AP 1 zu § 4 TVG Günstigkeitsprinzip; BAG AP 24 zu § 59 BetrVG.

95 BAG NZA 87, 855; BAG 15. 11. 2000 – 5 AZR 310/99 – NZA 2001, 900.

96 BAG AP 5 zu § 77 BetrVG 1972.

97 BAG 27. 7. 1994 AP 118 zu § 613 a BGB; Schaub, Arbeitsrecht von A–Z, Stichwort: Betriebsnachfolge.

neuen Betriebsinhaber der Gegenstand der Betriebsvereinbarung durch anderweitige Kollektivnormen geregelt ist.[98] Teilweise wird aber die Auffassung vertreten, dass der Betriebsnachfolger in die bisherige Betriebsvereinbarung eintreten müsse.[99]

Unter bestimmten Voraussetzungen können Gesamtbetriebs- 68
vereinbarungen nach einer Umwandlung fortbestehen.[100]

(7) Die Betriebsvereinbarungen haben **normativen Charakter.**[101] 69
Sie erzeugen im Rahmen des BetrVG objektives Recht. Die Rechtslage bei Betriebsvereinbarungen ist also ähnlich der bei Tarifverträgen. Betriebsvereinbarungen sind unabdingbar; ihre Rechtsnormen wirken unmittelbar und zwingend auf das Arbeitsverhältnis ein (§ 77 IV BetrVG). Die **unmittelbare Wirkung** besteht darin, dass die Betriebsvereinbarungsnormen wie ein Gesetz ohne Rücksicht auf die Kenntnis der Arbeitsvertragsparteien von ihrem Bestehen oder ihrem Inhalt im Arbeitsverhältnis gelten.[102] Positive Normen ergänzen den Arbeitsvertrag; negative Normen machen den entgegenstehenden Inhalt unwirksam.

Beispiel: Ist in einer Betriebsvereinbarung bestimmt, dass sämtliche Arbeitnehmer nach 10-jähriger Betriebszugehörigkeit Anspruch auf eine zusätzliche Altersversorgung erlangen, so erwächst die Versorgungsanwartschaft ohne Rücksicht darauf, ob der Arbeitnehmer davon Kenntnis hat oder sie ihm einmal individualvertraglich zugesagt ist.

Zwingende Wirkung bedeutet, dass der Betriebsvereinbarung 70
widersprechende arbeitsvertragliche Abreden nichtig sind. Ist der Arbeitsvertrag nur teilweise nichtig, so führt dies abweichend von § 139 BGB nicht zur Nichtigkeit des ganzen Vertrags. Die Ausnahme von § 139 BGB ist gerechtfertigt, weil anderenfalls der mit den Betriebsvereinbarungen bezweckte Schutz des Arbeitnehmers in sein Gegenteil verkehrt würde.

98 BAG AP 14 zu § 77 BetrVG 1972 = DB 86, 596 = NZA 86, 401.

99 Münch.-Komm.-Schaub, § 613 a BGB RZ 103ff.

100 Vgl. Röder/Haußmann, DB 1999, 1754.

101 Vgl. dazu Schaub, Arbeitsrecht von A–Z, Stichworte: Betriebsvereinbarung, Tarifvertrag.

102 BAG AP 1 zu § 57 BetrVG.

Beispiel: Bestimmt eine Betriebsvereinbarung, dass jeder Arbeitnehmer ein 13. Gehalt als Weihnachtsgratifikation erhält, so erlangt der Arbeitnehmer hierauf Anspruch, auch wenn der Anspruch auf die Weihnachtsgratifikation einzelvertraglich ausgeschlossen ist. Nur die Abrede über den Ausschluss des 13. Gehaltes wird unwirksam; dagegen bleibt der übrige Arbeitsvertrag aufrechterhalten.

71 Die zwingende Wirkung entfällt nur dann, wenn die einzelvertragliche Regelung für den Arbeitnehmer günstiger ist **(Günstigkeitsprinzip).** Es hat ein Vergleich der Abreden des Arbeitsvertrags mit den entsprechenden Normen der Betriebsvereinbarung zu erfolgen, soweit diese in einem inneren Zusammenhang stehen.

Beispiel: Ist in einer Betriebsvereinbarung bestimmt, dass ein Arbeitnehmer nach 10-jähriger Betriebszugehörigkeit einen Anspruch auf zusätzliche Altersversorgung erhält, während nach dem Arbeitsvertrag der Anspruch bereits nach 5-jähriger Betriebszugehörigkeit erwachsen soll, so ist der Arbeitsvertrag vorrangig und weiterhin wirksam.

72 Der Grundsatz der **Unabdingbarkeit** besagt, dass ein Arbeitnehmer nicht von vornherein auf Ansprüche aus einer Betriebsvereinbarung verzichten kann. Um zu verhindern, dass ein Arbeitgeber den Arbeitnehmer nachträglich zu einem Verzicht (Erlass) von Rechten aus einer Betriebsvereinbarung veranlasst, ist die Wirksamkeit eines derartigen Verzichts (Erlasses § 397 BGB) an die Zustimmung des Betriebsrats geknüpft (§ 77 IV 2 BetrVG). Auch diese Regelung ist dem Tarifrecht nachgebildet.[103]

Beispiel: Ist in einer Betriebsvereinbarung ein bestimmter Akkordsatz festgelegt, so kann der Arbeitnehmer vor Entstehung des Anspruchs mit dem Arbeitgeber keinen niedrigeren Akkordsatz vereinbaren. Insoweit ist der Arbeitnehmer durch den Grundsatz der Unabdingbarkeit der Betriebsvereinbarungsnormen geschützt. Auch nach Entstehung des Akkordlohnanspruchs können Arbeitgeber und Arbeitnehmer nicht eine Herabsetzung des Akkordsatzes vereinbaren; insoweit ist der Arbeitnehmer durch das Erfordernis der Zustimmung des Betriebsrats geschützt.

103 Vgl. Schaub, Arbeitsrecht von A–Z, Stichwort: Tarifvertrag unter VI.

Ausschlussfristen und **Verfallfristen**[104] und die **Abkürzung der Verjährungsfrist** für Rechte aus einer Betriebsvereinbarung können nur in einem Tarifvertrag oder einer Betriebsvereinbarung vereinbart werden (§ 77 IV 3 BetrVG). **Verjährungsfristen** sind Fristen für die Erhebung von Ansprüchen, nach deren Ablauf dem Schuldner das Recht zusteht, eine Leistung zu verweigern (vgl. § 222 BGB). Sie werden in einer gerichtlichen Auseinandersetzung nur dann berücksichtigt, wenn sich der Schuldner auf sie beruft, also die Einrede der Verjährung erhebt. **Verfall- oder Ausschlussfristen** sind Fristen, nach deren Ablauf ein Recht automatisch erlischt; sie sind vom Gericht von Amts wegen zu berücksichtigen. 73

Beispiel: Ist in einem Arbeitsvertrag bestimmt, dass ein Anspruch erlöschen soll, wenn er nicht binnen einer Frist von 3 Monaten nach Fälligkeit geltend gemacht wird, so ist eine derartige Frist für Rechte aus einer Betriebsvereinbarung unwirksam. Fristen für Rechte aus einer Betriebsvereinbarung können nur durch die Betriebs- oder Tarifparteien festgelegt werden.

Auch die allgemeine Verwirkung[105] von Rechten aus einer Betriebsvereinbarung ist ausgeschlossen (§ 77 IV 3 BetrVG). Verwirkung bedeutet das Erlöschen von Rechten, weil **(a)** der Gläubiger sie längere Zeit nicht geltend gemacht hat, **(b)** der Schuldner nach dem früheren Verhalten des Gläubigers annehmen musste, dass dieser Rechte auch künftig nicht mehr geltend machen würde, **(c)** er sich hierauf eingerichtet hat und **(d)** ihm die Erfüllung nicht mehr zumutbar ist. Durch den Ausschluss der Verwirkung soll verhindert werden, dass der Arbeitnehmer, der Rechte aus einer Betriebsvereinbarung über einen längeren Zeitraum nicht geltend gemacht hat, seine Rechtsposition verliert. Dagegen ist die Einrede der Arglist auch gegenüber Ansprüchen aus einer Betriebsvereinbarung zulässig. 74

Ist die Betriebsvereinbarung abgelaufen (Rn. 66), so entfalten solche Betriebsvereinbarungen, in denen ein Spruch der Eini- 75

104 Vgl. Schaub, Arbeitsrecht von A–Z, Stichwort: Verfallfristen.
105 Vgl. Schaub Arbeitrecht von A–Z, Stichwort: Verwirkung.

gungsstelle die Einigung zwischen Arbeitgeber und Betriebsrat ersetzt hat (Rn. 51), **Nachwirkung,** bis sie durch eine andere Abmachung ersetzt werden (§ 77 VI BetrVG). Voraussetzung ist, dass beide Parteien dazu die Einigungsstelle anrufen können; andernfalls könnte diejenige Seite, die die Einigungsstelle nicht anrufen kann, die Nachwirkung nicht beseitigen.[106] Die nachwirkenden Betriebsvereinbarungsnormen gelten auch für solche Arbeitnehmer, die erst im Nachwirkungszeitraum in den Betrieb eingetreten sind.[107] Durch die Nachwirkung von Betriebsvereinbarungen soll erreicht werden, dass ein Arbeitgeber sich den in einer Betriebsvereinbarung übernommenen Pflichten nicht durch bloße Kündigung der Betriebsvereinbarung entziehen kann. Einer nur nachwirkenden Betriebsvereinbarung kommt aber keine zwingende Wirkung mehr zu; d. h., die Arbeitsvertragsparteien können einzelvertraglich auch zum Nachteil des Arbeitnehmers von einer nachwirkenden Betriebsvereinbarung abweichen.

Beispiel: Ist eine Betriebsvereinbarung über einen Akkordsatz abgelaufen, so kann einzelvertraglich ein niedrigerer Akkordsatz als der, der in der Betriebsvereinbarung enthalten war, vereinbart werden.

76 Nach dem Gesetz kommt nur solchen Betriebsvereinbarungen Nachwirkung zu, die notfalls durch einen Spruch der Einigungsstelle erzwungen werden können. Ob dies der Fall ist, ergibt sich jeweils aus dem Gesetz (vgl. z. B. §§ 91, 112 IV BetrVG). Die Nachwirkung kann einvernehmlich ausgeschlossen werden.[108] Keine Nachwirkung entfalten freiwillige Betriebsvereinbarungen.[109] Sie enden daher grundsätzlich mit Ablauf ihrer Geltungsdauer. Die Parteien sollen nicht länger an sie gebunden sein, als es ihrem Willen entsprach. Allerdings können die Gegenstände einer Betriebsvereinbarung untrennbar teils dem erzwingbaren, teils dem freiwilligen Bereich angehören. Nur in diesen Fällen

106 Vgl. BAG AP 5 zu § 77 BetrVG 1972. Besonderheiten bei Ergänzungsbetriebsvereinbarungen zu Tarifverträgen: BAG AP 7, 9 zu § 77 BetrVG 1972.
107 GK-Kreutz § 77, Rn. 342.
108 BAG AP 9 zu § 77 BetrVG 1972 = DB 84, 1477.
109 BAG AP 40 zu § 77 BetrVG 1972 = NZA 89, 765 = BB 89, 2112.

kann u. U. von einer Nachwirkung auch des freiwilligen Teils ausgegangen werden.[110] Das BAG hat angenommen, dass eine Betriebsvereinbarung über eine betriebliche Altersversorgung grundsätzlich mit der Frist von drei Monaten gekündigt werden kann. Eine Nachwirkung trete nicht ein. Je stärker jedoch in Besitzstände der Arbeitnehmer eingegriffen werde, umso gewichtiger müssten die Änderungsgründe sein.[111] Auch für freiwillige Betriebsvereinbarungen kann eine Nachwirkung vereinbart werden. Verweigert eine Betriebspartei in einem solchen Fall nach Beendigung der Betriebsvereinbarung den Abschluss einer neuen, so kann die Einigungsstelle auf Antrag der anderen Betriebspartei eine verbindliche neue Regelung treffen; sonst wäre die freiwillig vereinbarte Nachwirkung nicht zu beseitigen.[112]

(8) Die **Auslegung** von Betriebsvereinbarungen hat nach den Grundsätzen der Gesetzesauslegung zu erfolgen.[113] Es kommt also zunächst auf den Wortsinn an. Ist dieser nicht eindeutig, ist auf den von den Betriebsverfassungsorganen erfolgten Zweck abzustellen, soweit er im Wortlaut seinen Niederschlag gefunden hat.[114] Hilfsweise sind der Gesamtzusammenhang der Betriebsvereinbarung und ihre Entstehungsgeschichte zu berücksichtigen.[115] Die für die Tarifauslegung entwickelten Grundsätze[116] gelten entspr.[117] Betriebsvereinbarungen unterliegen der **Rechts-** 77

110 Vgl. Blomeyer DB 85, 2506; Hanau Beil. 2 zu NZA 85; BAG 26. 10. 1993 APG zu § 77 BetrVG 1972 Nachwirkung; vgl. aber BAG 18. 10. 1994 AP 70 zu § 87 BetrVG 1972 Lohngestaltung.

111 BAG AP 2 zu § 1 BetrAVG Betriebsvereinbarung = NZA 90, 67 = BB 90, 781; BAG 10. 3. 1992 AP 5 zu § 1 BetrVG Betriebsvereinbarung; BAG 17. 8. 1999 AP 79 zu § 77 BetrVG 1972 = NZA 2000, 498.

112 BAG 28. 4. 1998 AP 11 zu § 77 BetrVG 1972 Nachwirkung; vgl. aber Jacobs NZA 2000, 69.

113 BAG AP 1 zu § 77 BetrVG 1972 Auslegung, BAG.

114 Vgl. dazu BAG AP 1 zu § 77 BetrVG 1972 Auslegung; AP 3 zu § 77 BetrVG 1972; AP 3 zu § 80 ArbGG 1979.

115 BAG AP 1 zu § 4 1. VermBG; LAG Düsseldorf DB 76, 203; vgl. auch Koch/Rüßmann, Juristische Begründungslehre S. 177; Kreft FA 1999, 242 m. w. N.

116 BAG AP 10, 96, 117, 121 zu § 1 TVG Auslegung; AP 6, 7 zu § 4 TVG Geltungsbereich.

117 BAG AP 3 zu § 52 BetrVG 1972; AP 4 zu § 57 BetrVG.

kontrolle durch das Arbeitsgericht. Das Gericht hat also zu überprüfen, ob die Betriebsvereinbarung gegen Gesetz oder sonstige höherrangige Rechtsquellen verstößt, insbesondere gegen Grundrechte. Darüber hinaus unterliegt die Betriebsvereinbarung der gerichtlichen **Inhaltskontrolle,** soweit sie in erdiente Besitzstände eingreift.[118] Die §§ 305 ff. BGB (Kontrolle Allgemeiner Geschäftsbedingungen) finden auf Betriebsvereinbarungen aber keine Anwendung, § 310 IV BGB.

78 **(9)** Die Konkurrenz von Betriebsvereinbarungen und anderen Rechtsquellen war lange Zeit umstritten. Sie richtet sich nach der sog. Rechtsquellenlehre. Aus ihr ergeben sich folgende Prinzipien:

79 **(a)** Eine Betriebsvereinbarung kann grundsätzlich durch eine nachfolgende Betriebsvereinbarung sowohl zugunsten wie zu Lasten der Arbeitnehmer geändert werden.[119] Es gilt die sog. Zeitkollisionsregel: Die jüngere Vorschrift löst die vorangegangene ab. Eine verschlechternde Betriebsvereinbarung unterliegt der erwähnten gerichtlichen Inhaltskontrolle.

80 **(b)** Eine Betriebsvereinbarung kann keinen Tarifvertrag abändern, wenn der Tarifvertrag Sperrwirkung nach § 77 III BetrVG entfaltet. Dagegen werden bloß durch § 87 I Einleitungssatz BetrVG günstigere freiwillige Betriebsvereinbarungen nicht verdrängt.[120]

81 **(c)** Umstr. war, ob und in welchem Umfang Betriebsvereinbarungen Gesamtzusagen, arbeitsvertragliche Einheitsregelungen, Betriebsübungen **abändern** können. Von einer Gesamtzusage wird dann gesprochen, wenn der Arbeitgeber allen Arbeitnehmern oder einer Gruppe von Arbeitnehmern des Betriebs be-

---

118 BAG AP 142 zu § 242 BGB Ruhegehalt; AP 5 zu § 57 BetrVG; AP 84 zu § 611 BGB Gratifikation; AP 1 zu § 77 BetrVG 1972 Auslegung; AP 11, 12, 14 zu § 112 BetrVG 1972; BAG GS AP 17 zu § 77 BetrVG 1972 = NZA 87, 168, 185 = DB 87, 383.

119 BAG AP 5 zu § 57 BetrVG; AP 142 zu § 242 BGB Ruhegehalt; AP 12 zu § 112 BetrVG 1972; AP 9 zu § 1 BetrAVG Ablösung = NZA 87, 855; v. 22. 5. 1990 – NZA 90, 813 = BB 90, 1133, 1774, 2047, 2074; BAG 15. 11. 2000 – 5 AZR 310/99 – NZA 2001, 900.

120 Fitting/Kaiser/Heither/Engels § 87 Rn. 39 m. w. N.

stimmte Vertragsbedingungen einseitig verspricht. Bei einer arbeitsvertraglichen Einheitsregelung schließt der Arbeitgeber gleich lautende Arbeitsverträge mit allen oder einer Gruppe von Arbeitnehmern des Betriebs. Bei einer Betriebsübung zeigt der Arbeitgeber ein Verhalten, aus dem die Arbeitnehmer für die Zukunft den Schluss ziehen dürfen, dass der Arbeitgeber sich in entsprechender Weise auch für die Zukunft binden will. Es handelt sich der Sache nach um ein konkludentes Vertragsangebot.[121] Die Rechtslage ist von den verschiedenen Senaten des BAG unterschiedlich beurteilt worden. Zur Wiederherstellung der Rechtseinheit wurde der Große Senat des BAG angerufen.[122] Aus seiner Entscheidung lassen sich folgende Grundprinzipien ableiten:

Ist eine Betriebsvereinbarung für den Arbeitnehmer **günstiger** 82
als die arbeitsvertraglichen Regelungen, so geht sie in jedem Falle diesen vor. Der Arbeitnehmer erlangt also z. B. Ansprüche auf betriebliche Altersversorgung, auch wenn diese durch Einzelvertrag, arbeitsvertragliche Einheitsregelung usw. ausgeschlossen waren.

Ist dagegen die nachfolgende Betriebsvereinbarung **ungünsti-** 83
ger als die Gesamtzusage, arbeitsvertragliche Einheitsregelung oder betriebliche Übung, so gilt grundsätzlich das Günstigkeitsprinzip (oben Rn. 71), wonach vertraglich günstigere Abreden einer Betriebsvereinbarung vorgehen. Gleichwohl findet insoweit eine unterschiedliche Betrachtung statt.

Bei Gesamtzusagen, arbeitsvertraglichen Einheitsregelungen 84
und betrieblicher Übung kann der Arbeitnehmer erkennen, dass ihm die Zusagen nur als Teil der Belegschaft gemacht wurden, sie also einen kollektiven Bezug haben. Bei umstrukturierenden, den Arbeitnehmer benachteiligenden Betriebsvereinbarungen kommt es deshalb nur auf einen **kollektiven Günstigkeitsvergleich** an. Bleibt der Gesamtaufwand des Arbeitgebers für bestimmte Sozialleistungen gleich und soll dieser nur anders verteilt werden, weil z. B. andere Gerechtigkeitsvorstellungen verwirklicht

121 Schaub, Arbeitsrecht von A–Z, Stichwort: Betriebsübung; BAG 28. 3. 2000 – 1 AZR 366/99 – AP 83 zu § 77 BetrVG 1972 = NZA 2001, 49.

122 BAG AP 17 zu § 77 BetrVG 1972 = DB 87, 383 = NZA 87, 168, 185; BAG 7. 11. 1989 – AP 46 zu § 77 BetrVG 1972 = NZA 90, 816.

werden sollen, so kann eine nachfolgende Betriebsvereinbarung eine Gesamtzusage, arbeitsvertragliche Einheitsregelung oder betriebliche Übung zum Nachteil des einzelnen Arbeitnehmers ändern.

85 Soll dagegen der Gesamtaufwand des Arbeitgebers für die Sozialleistungen durch die nachfolgende Betriebsvereinbarung herabgesetzt werden, so ist das grundsätzlich ausgeschlossen. Es gilt das Günstigkeitsprinzip (Rn. 71).

86 Hiervon wird nur dann eine Ausnahme gemacht, wenn die Geschäftsgrundlage für die vertragliche Regelung weggefallen ist oder die vertragliche Regelung betriebsvereinbarungsoffen war,[123] d. h., wenn der Arbeitgeber sich vorbehalten hat, sie zu ändern oder sie eine Jeweiligkeitsklausel enthält.[124] Auf andere arbeitsvertragliche Ansprüche als auf sog. freiwillige Sozialleistungen treffen diese Überlegungen allerdings nicht zu. Für sie kommt ein kollektiver Günstigkeitsvergleich nicht in Betracht.[125]

87 Soweit bereits vor dem Beschluss des Großen Senats des BAG eine ablösende Betriebsvereinbarung abgeschlossen worden ist, verbleibt es bei dieser.[126]

III. Sonstige betriebliche Abreden

88 Um eine ordnungsgemäße Zusammenarbeit zu gewährleisten, müssen Arbeitgeber und Betriebsrat zahlreiche Abmachungen miteinander treffen. Derartige Abmachungen sind wirksam, ohne dass hierfür die Schriftform eingehalten werden müsste. Umstritten ist lediglich, inwieweit **Regelungsabreden** anstelle von Betriebsvereinbarungen getroffen werden können. Grundsätzlich wird dies zulässig sein; die Regelungsabreden sind nur dann unwirksam, wenn dadurch die den Betriebsparteien nach § 77 III BetrVG auferlegten Beschränkungen umgangen werden (s. o. Rn. 62).

---

123 BAG AP 4 zu § 77 BetrVG 1972 = NJW 83, 68.

124 Schaub, Arbeitsrecht von A–Z, Stichworte: Ruhegeld, Jeweiligkeitsklausel.

125 BAG 28. 3. 2000 AP 83 zu § 77 BetrVG 1972 m. w. N.

126 BAG AP 14 zu § 1 BetrAVG Ablösung = NZA 91, 477.

Beispiel: Unzulässig ist eine Regelungsabrede, wonach sich der Arbeitgeber verpflichtet, allen Arbeitnehmern statt des Tariflohns betrieblich vereinbarte Lohnsätze zu zahlen.

Auch eine Regelungsabrede kann von den Betriebsparteien 89
gekündigt werden. Betrifft sie eine Frage der erzwingbaren Mitbestimmung, so entfaltet sie Nachwirkung.[127]

Die betrieblichen Abreden unterscheiden sich nach Vorausset- 90
zungen und Rechtswirkungen von den Betriebsvereinbarungen. Bei Regelungsabreden ist der Geschäftswille der Betriebsparteien nur auf die **schuldrechtliche Verpflichtung** der jeweils anderen Seite gerichtet, während bei einer Betriebsvereinbarung eine normative Wirkung für die Arbeitnehmer, d. h. die normative Gestaltung der Arbeitsverträge gewollt ist. Regelungsabreden kommt keine **normative Wirkung** zu. Sie sind deshalb auch nicht unabdingbar (Rn. 70). Soll durch Regelungsabreden auf die Arbeitsverträge Einfluss genommen werden, so bedarf es einer besonderen Ausführungshandlung des Arbeitgebers. Er muss die einzelnen Arbeitsverträge durch arbeitsvertragliche Gestaltungsmittel den Regelungsabreden anpassen.

Beispiel: Er muss also den Arbeitnehmern eine besondere Zusage erteilen, er muss Änderungskündigungen aussprechen o. Ä.

Durch eine bloße Regelungsabrede kann deshalb auch nicht 91
mit unmittelbarer rechtlicher Wirkung auf die bestehenden Arbeitsverträge Kurzarbeit im Betrieb eingeführt werden.[128] Die Regelungsabrede kann jederzeit durch eine Betriebsvereinbarung abgelöst werden; dagegen ist es ausgeschlossen, eine Betriebsvereinbarung durch eine Regelungsabrede zu ändern.[129] Eine – etwa wegen § 77 III BetrVG – unwirksame Betriebsver-

127 BAG v. 23. 6. 1992 – NZA 92, 1098 = BB 92, 2643.

128 BAG 14. 2. 1991 AP 4 zu § 615 BGB Kurzarbeit; zur Erweiterung des Mitbestimmungsrechts des Betriebsrats durch Regelungsabrede vgl. BAG 14. 8. 2001 NZA 2002, 342.

129 BAG AP 14 zu § 77 BetrVG 1972 = NZA 86, 401; BAG 20. 11. 1990 AP 2 zu § 77 BetrVG 1972 Regelungsabsprache.

einbarung kann in eine vertragliche Einheitsregelung umgedeutet werden (§ 140 BGB), falls die konkreten Umstände die Annahme rechtfertigen, der Arbeitgeber habe sich unabhängig von der beabsichtigten Weise auf jeden Fall verpflichten wollen, die in der Betriebsvereinbarung vorgesehenen Leistungen zu erbringen.[130]

IV. Die Durchführung von Abreden zwischen Arbeitgeber und Betriebsrat

92 **(1)** Vereinbarungen zwischen Betriebsrat und Arbeitgeber, auch soweit sie auf einem Spruch der Einigungsstelle beruhen, führt der Arbeitgeber durch, es sei denn, dass im Einzelfall der Betriebsrat zur Durchführung ermächtigt worden ist (§ 77 I BetrVG). Dem Betriebsrat steht es nicht zu, durch einseitige Handlungen in die Leitung des Betriebs einzugreifen. Der Arbeitgeber kann sich jedoch gegenüber dem Betriebsrat verpflichten, eine Betriebsvereinbarung nur mit den in ihr genannten Mitteln durchzuführen, z. B. bei der Überwachung des Alkoholkonsums.[131]

93 Eine Ermächtigung des Betriebsrats zur Durchführung einzelner Aufgaben ist möglich; ihm kann z. B. die Bewirtschaftung der Kantinen übertragen werden.[132]

94 Namentlich in den Fällen der erzwingbaren Mitbestimmung, etwa bei der Verwaltung von Sozialeinrichtungen oder Unterstützungskassen, wird häufig ein Betriebsausschuss mit der Ausübung der Mitwirkungsrechte des Betriebsrats beauftragt. Dieser Betriebsausschuss wird alsdann in den Vorstand der Sozialeinrichtung delegiert (vgl. dazu Abschn. VI Rn. 62).[133] Der Betriebsrat hat gegen den Arbeitgeber einen Anspruch auf Durchführung der getroffenen Vereinbarung (auch einer Regelungsabrede) und Unterlassung vereinbarungswidriger Hand-

130 BAG 5. 3. 1997 AP 10 zu § 77 BetrVG 1972 Tarifvorbehalt. BAG 24. 1. 1996 AP 8 zu § 77 BetrVG 1972 Tarifvorbehalt; BAG 23. 8. 1989 AP 42 zu § 77 BetrVG 1972; aber auch BAG 20. 11. 2001 – 1 AZR 12/01 – n. v.; vgl. auch Belling, NZA 1998, 673.

131 BAG AP 24 zu § 77 BetrVG 1972 = DB 88, 611 = NZA 88, 255.

132 Vgl. BAG AP 7 zu § 87 BetrVG 1972 Sozialeinrichtung.

133 Vgl. BAG AP 5 zu § 87 BetrVG Altersversorgung.

lungen.[134] Zur Durchsetzung kommt ggfls. auch eine einstweilige Verfügung in Betracht.

(2) Die Gewerkschaft kann im Beschlussverfahren nicht die 95 **Feststellung** beantragen, die Betriebsvereinbarung sei unwirksam.[135] Die Gewerkschaft hat gegen den Arbeitgeber aber zur Abwehr von Eingriffen in die Koalitionsfreiheit nach Art. 9 III GG einen **Anspruch** aus § 1004 BGB analog, die Durchführung einer gegen § 77 III BetrVG verstoßenden Betriebsvereinbarung Regelungsabsprache oder vertraglichen Einheitsregelung zu unterlassen.[136]

---

134 BAG 10. 11. 1987 AP 24 zu § 77 BetrVG 1972; BAG 28. 9. 1988 AP 29 zu § 87 BetrVG 1972 Arbeitszeit.

135 BAG AP 9 zu § 81 ArbGG 1979 = NZA 89, 229; BVerfG 29. 6. 1993 AP 2a zu § 77 BetrVG 1972 Tarifvorbehalt.

136 BAG 20. 4. 1988 AP 89 zu Art. 9 GG; BAG 20. 4. 1999 AP 12 zu § 77 BetrVG 1972 Tarifvorbehalt.

Abschnitt V. Allgemeine Aufgaben des Betriebsrats

§ 38. Der allgemeine Aufgabenkatalog

I. Allgemeines

1 In § 80 BetrVG sind allgemeine Aufgaben des Betriebsrats auf sozialem, personellem und wirtschaftlichem Gebiet geregelt. Diese Aufgaben stehen im Rahmen ihres jeweiligen Zuständigkeitsbereichs auch dem Gesamt- und dem Konzernbetriebsrat zu.

II. Der Aufgabenkatalog

2 **(1)** Der Betriebsrat hat darüber zu wachen, dass die zugunsten der Arbeitnehmer geltenden Gesetze, Verordnungen, Unfallverhütungsvorschriften der Berufsgenossenschaften, Tarifverträge – und zwar sowohl in ihrem schuldrechtlichen als auch in ihrem normativen Teil[1] – und die Betriebsvereinbarungen durchgeführt werden (§ 80 I Nr. 1 BetrVG). Zuständig für die Überwachung ist der örtliche Betriebsrat, auch wenn die Betriebsvereinbarung vom Gesamtbetriebsrat abgeschlossen wurde.[2] Das **Überwachungsrecht** erstreckt sich auf sämtliche zugunsten der Arbeitnehmer bestehenden Rechtsnormen, nicht nur auf die Arbeitnehmerschutzvorschriften im engeren Sinne. Es erstreckt sich also auf die Einhaltung aller arbeitsrechtlichen Gesetze, die den Arbeitnehmer begünstigende Normen enthalten wie Urlaubs- und Feiertagsgesetze, die Gesetze über Kündigungsbeschränkungen, das BDSG,[3] den Gleichbehandlungsgrundsatz[4] usw. Kraft ausdrücklicher gesetzlicher Weisung sind dem Betriebsrat solche Aufgaben zugewiesen in

---

1 BAG AP 1 zu § 80 BetrVG 1972.
2 BAG 20. 12. 1988 AP 5 zu § 92 ArbGG 1979.
3 BAG AP 29 zu § 80 BetrVG 1972 = DB 87, 1491 = NZA 87, 747.
4 BAG AP 1, 3 zu § 80 BetrVG 1972.

- **§§ 3, 17, 20 KSchG:** bei Kündigung und Massenentlassung;
- **§§ 173 I, 174 II, 183 IV, 256 I, § 312 II, 316 SGB III:** bei Kurzarbeit, Zuschüssen zu Sozialplanmaßnahmen, Insolvenzgeld; vgl. ferner die FdA-AO; Fortbildungs- u. Umschulungs-AO;
- **§§ 20, 21 ArbNErfG:** Bestellung von Erfinderberatern;
- **§§ 80 II, 81 I, 87 II, 93, 95 IV, 99, 102 SGB IX:** Schwerbehindertenschutz;
- **§§ 9, 11, 12 II Nr. 1 ASiG:** Mitwirkung bei der Bestellung von Betriebsärzten und Fachkräften für Arbeitssicherheit;
- **§§ 21, 22 MitbestG:** Anfechtung der Aufsichtsratswahl;
- **§§ 98 II, 104 I AktG:** Mitwirkung bei der Wahl des Aufsichtsrates;
- **§§ 20 III SGB VII** i. V. m. AVV; 22, 193 SGB VII: Mitwirkungsrecht im Rahmen des Unfallschutzes;
- **§ 11 5. VermBG:** Vereinbarung von vermögenswirksamen Leistungen;

3 Kein Überwachungsrecht besteht im Hinblick auf die Einhaltung der Vorschriften des Lohnsteuerrechts.[5] Inhalt und Gestaltung einzelner Arbeitsverträge unterliegen ebenfalls der Überwachungsaufgabe nicht. Etwas anderes gilt wegen des Gleichbehandlungsgrundsatzes für die einheitliche Regelung von Arbeitsbedingungen durch Abschluss gleichlautender Arbeitsverträge.[6]

4 Durch die dem Betriebsrat eingeräumten Überwachungsrechte wird dieser nicht zu einem allgemeinen Kontrollorgan des Arbeitgebers. Ihm obliegt es nur, von seiner Seite dafür zu sorgen, dass die zugunsten der Arbeitnehmer bestehenden Gesetze eingehalten werden. Dagegen kann er nicht verlangen, dass in jedem einzelnen Fall untersucht wird, ob und wie die Schutzvorschriften eingehalten werden. In Ausübung des Kontrollrechts wird man dem Betriebsrat jedoch das Recht zuerkennen müssen, **Kontrollgänge** im Betrieb und auch solchen Räumen durchzuführen, deren Betreten Unbefugten untersagt ist.[7] Ein Bewachungsunternehmen kann seinem Betriebsrat nicht generell ver-

5 BAG AP 5 zu § 80 BetrVG 1972.
6 Fitting/Kaiser/Heither/Engels § 80, Rn. 11 m. w. N.
7 LAG Frankfurt DB 72, 2214.

bieten, das Wachpersonal an dessen Arbeitsplätzen zu besuchen; ein Verbot des Kunden hat der Betriebsrat aber zu respektieren.[8] Dagegen kann der Betriebsrat auch ohne Verdacht einer Arbeitnehmerüberwachung bei der Überprüfung eines Personalinformationssystems Stichproben machen und Ausdrucke von Programmen oder Datenläufen verlangen.[9] Das Bundesdatenschutzgesetz gilt auch für die Datenverarbeitung durch Betriebsräte. Dagegen besteht insoweit keine Kontrollbefugnis der betrieblichen Datenschutzbeauftragten nach §§ 36, 37 BDSG.[10]

Unabhängig vom Überwachungsrecht des Betriebsrats kann 5 der einzelne Arbeitnehmer seine **Rechtsansprüche** vor den Arbeitsgerichten verfolgen. Dem Betriebsrat obliegt es nicht, den Arbeitnehmer vor den Arbeitsgerichten zu vertreten.[11] Insoweit fehlt es ihm an der sog. **Antragsbefugnis** (vgl. Abschn. XI Rn. 30). Er sollte überhaupt mit der Erteilung von Rechtsrat vorsichtig sein und die betroffenen Arbeitnehmer an die Gewerkschaft oder, sofern sie nicht deren Mitglieder sind, an einen Rechtsanwalt verweisen. Nach § 1 des Gesetzes zur Verhütung von Mißbräuchen auf dem Gebiet der Rechtsberatung vom 13. 12. 1935 (RGBl. I 1478) darf die Besorgung fremder Rechtsangelegenheiten einschließlich der Rechtsberatung, der Einziehung fremder oder zu Einziehungszwecken abgetretener Forderungen geschäftsmäßig nur von Personen betrieben werden, denen dazu von der zuständigen Behörde die Erlaubnis erteilt ist. Erteilt ein Betriebsratsmitglied eine unrichtige Rechtsauskunft, so kann es, von Ausnahmen abgesehen, hierfür nicht zur Verantwortung gezogen werden (§ 676 BGB); noch weniger kann hierfür der Arbeitgeber haftbar gemacht werden (§§ 37, 40 BetrVG). Erteilt der Betriebsrat einem ratsuchenden Arbeitnehmer eine unrichtige Auskunft über den Lauf der Klagefrist für eine Kündigungsschutzklage (§ 4 KSchG), so wird dieser nur in Ausnahmefällen einen Antrag auf nachträgliche Zulassung der

8 BAG AP 36 zu § 80 BetrVG 1972 = NZA 89, 934 = BB 89, 2118.

9 LAG Frankfurt BB 94, 66.

10 BAG 11. 11. 1997 AP 1 zu § 36 BDSG.

11 BAG AP 41 zu § 63 BetrVG; AP 44 zu § 37 BetrVG 1972; BVerwG 50, 186.

Klage stellen können (§ 5 KSchG),[12] nämlich dann, wenn bei dem Betriebsratsmitglied, etwa in einem Großbetrieb, die richtige Kenntnis vorausgesetzt werden konnte (umstr.). Wegen des kollektivrechtlichen Bezugs von Sozialplanansprüchen soll der Betriebsrat befugt sein, die Ansprüche der einzelnen Arbeitnehmer im Insolvenzverfahren nach §§ 174 ff. InsO anzumelden.[13] Bleiben die Überwachungsmaßnahmen des Betriebsrats ohne Erfolg, so wird er im Allgemeinen ein Beschlussverfahren einleiten müssen.[14] Die Einschaltung der Presse (Flucht in die Öffentlichkeit) wird nur in Ausnahmefällen in Betracht kommen.[15] Der Betriebsrat kann nicht ohne weiteres verlangen, dass der Arbeitgeber vom Betriebsrat eingeladenen Journalisten den Zutritt zum Betriebsratsbüro auf dem Betriebsgelände gewährt.[16] Es gehört auch nicht zu den allgemeinen Aufgaben des Betriebsrats, von sich aus und ohne Veranlassung durch den Arbeitgeber die Medien über allgemein interessierende Vorgänge des Betriebs zu unterrichten.[17]

6 Aus der Verpflichtung des Betriebsrats, die in § 80 I Nr. 1 BetrVG genannten Aufgaben durchzuführen, folgt kein Anspruch, vom Arbeitgeber die zutreffende Durchführung der Aufgaben verlangen zu können.[18] Will der Betriebsrat Verstöße gerichtlich feststellen lassen, müssen die Klageanträge hinreichend bestimmt sein.[19]

7 **(2)** Der Betriebsrat kann **Maßnahmen,** die dem Betrieb und der Belegschaft dienen, **beim Arbeitgeber beantragen** (§ 80 I Nr. 2 BetrVG). Er kann auf allen Gebieten, also im sozialen, wirtschaftlichen oder personellen Bereich, auch wenn ihm ein erzwingbares Mitbestimmungsrecht nicht zusteht, Anträge stel-

12 Schaub, Arbeitsrecht von A–Z, Stichwort: Kündigungsschutzklage.

13 BAG AP 6 zu § 112 BetrVG 1972 zur Konkursordnung.

14 Vgl. aber BAG 10. 6. 1986 AP 26 zu § 80 BetrVG 1972; BAG 24. 2. 1987 AP 28 zu § 80 BetrVG 1972.

15 Vgl. BAG AP 4 zu § 15 BAT; BGH DB 81, 788.

16 BAG 18. 9. 1991 AP 41 zu § 40 BetrVG 1972.

17 BAG AP 41 zu § 40 BetrVG 1972 = NZA 92, 315.

18 BAG AP 26 zu § 80 BetrVG 1972 = DB 86, 2393, 2396.

19 BAG AP 28 zu § 80 BetrVG 1972.

len, soweit sie sich auf den Betrieb oder die Belegschaft beziehen. Der Arbeitgeber braucht diesen Anträgen nicht zu folgen; er hat sich mit ihnen aber ernsthaft auseinander zu setzen (§§ 2 I, 74 I BetrVG). Das Überwachungsrecht bedeutet nicht die Einräumung eines zusätzlichen Mitbestimmungsrechts.[20] Erzwingen kann der Betriebsrat seine Anträge deshalb nur in den Fällen der §§ 85 II, 87 II, 91, 93, 95 II, 98 V, 104, 109, 112 IV, 112 a BetrVG. Bei Meinungsverschiedenheiten kann die Einigungsstelle nach Maßgabe von § 76 VI BetrVG tätig werden.

Beispiel: Der Betriebsrat kann die Versetzung eines – auch leitenden – Arbeitnehmers beantragen; um die Gewährung von Weihnachtsgratifikationen nachsuchen; Rationalisierungsvorschläge machen usw.

Nach dem Gesetzeswortlaut muss die beantragte Maßnahme 8
dem Betrieb „und" der Belegschaft dienen; „und" darf aber gelesen werden wie „oder".[21]

(3) Der Betriebsrat hat die Durchsetzung der **tatsächlichen** 9
Gleichstellung von Frauen und Männern, insbesondere bei der Einstellung, Beschäftigung, Aus-, Fort- und Weiterbildung und dem beruflichen Aufstieg, zu fördern (§ 80 I Nr. 2 a BetrVG). Hierzu kann er alle Maßnahmen ergreifen, die der Gleichberechtigung förderlich sind. Die Regelung zielt – wie Art. 3 II S. 2 GG – auf ein aktives Handeln zur Erreichung der tatsächlichen Gleichberechtigung von Frauen und Männern. Sie ergänzt § 75 BetrVG.

(4) Der Betriebsrat hat die **Vereinbarkeit von Familie und Er-** 9
werbstätigkeit zu fördern (§ 80 I Nr. 2 b BetrVG). Hier ist insbesondere an eine familienfreundliche Gestaltung der Lage der betrieblichen Arbeitszeit zu denken.

(5) Der Betriebsrat hat **Anregungen von Arbeitnehmern** und der 10
Jugend- und Auszubildendenvertretung (Abschn. III Rn. 277) entgegenzunehmen und, falls sie berechtigt erscheinen, durch

20 BAG AP 2 zu § 87 BetrVG 1972 = DB 82, 2467; AP 17 zu § 87 BetrVG 1972 Lohngestaltung = DB 86, 231; AP 26 zu § 80 BetrVG 1972 = NZA 87, 28.

21 Richardi § 80 Rn. 22.

Verhandlungen mit dem Arbeitgeber auf eine Erledigung hinzuwirken; er hat die betreffenden Arbeitnehmer über den Stand und das Ergebnis der Verhandlungen zu unterrichten (§ 80 I Nr. 3 BetrVG). Anregungen können Vorschläge oder Beschwerden der Arbeitnehmer oder der Jugend- und Auszubildendenvertretung sein. Unmittelbar kann die Jugend- und Auszubildendenvertretung beim Arbeitgeber nicht vorstellig werden.[22] Geht eine Anregung ein, so hat sich der Betriebsrat mit ihr, sofern nicht die Behandlung der Angelegenheit einem Betriebsausschuss übertragen ist (§§ 27, 28 BetrVG; Abschn. III Rn. 62, 66), auseinander zu setzen. Für Beschwerden in eigenen Angelegenheiten des Arbeitnehmers – und nur für diese – gelten daneben §§ 84, 85 BetrVG. Wenn der Betriebsrat die Anregung für begründet erachtet, hat er beim Arbeitgeber vorstellig zu werden. Kommt es zu keiner Einigung, so kann der Betriebsrat in den Fällen der erzwingbaren Mitbestimmung die Einigungsstelle anrufen (§ 76 BetrVG; Abschn. IV Rn. 51). Deren Spruch ersetzt alsdann die Einigung zwischen Arbeitgeber und Betriebsrat. Der Betriebsrat hat den Arbeitnehmer über den Stand und das Ergebnis der Verhandlungen mit dem Arbeitgeber zu unterrichten, einen jugendlichen Antragsteller unter Hinzuziehung der Jugend- und Auszubildendenvertretung.[23] Dies kann schriftlich oder mündlich erfolgen. Der Arbeitnehmer kann sich im Fall der Verfolgung von Rechtsansprüchen unabhängig von den Bemühungen des Betriebsrats an das Arbeitsgericht wenden. Dies gilt auch dann, wenn der Betriebsrat die Ansprüche für unbegründet hält.

11 **(6)** Aufgabe des Betriebsrats ist es, die **Eingliederung Schwerbehinderter** und sonstiger schutzbedürftiger Personen in den Betrieb zu fördern (§ 80 I Nr. 4 BetrVG; § 93 SGB IX). Schwerbehinderte sind Personen mit einem Grad der Behinderung von wenigstens 50 v. H., sofern sie rechtmäßig in der BRD wohnen oder sich gewöhnlich dort aufhalten oder eine Beschäftigung als Arbeitnehmer ausüben. Besonders schutzbedürftige Personen sind insbesondere die in § 19 SGB III genannten körperlich,

22 BAG AP 1 zu § 65 BetrVG 1972; AP 1 zu § 70 BetrVG 1972.
23 Fitting/Kaiser/Heither/Engels, § 80 Rn. 29, § 70 Rn. 18.

geistig oder seelisch Behinderten. Die Vorschrift ergänzt insoweit § 80 I Nr. 1 BetrVG, §§ 81 IV, 93 SGB IX. Besonders schutzbedürftige Personen sind aber auch Schwerbehinderte mit einem Behinderungsgrad von weniger als 50 v. H., chronisch Kranke, Suchtabhängige, ehemalige Strafgefangene, Langzeitarbeitslose, ggfls. auch allein erziehende Väter oder Mütter.[24] Die Förderung der Eingliederung umfasst die Verpflichtung, für ihre Anstellung und die Anpassung des Arbeitsplatzes an ihre Bedürfnisse zu sorgen; aber umgekehrt auch die Verpflichtung zur Einwirkung auf die Behinderten, sich in den Betrieb einzupassen, und auf die Belegschaft, auf die Behinderten im notwendigen Umfang Rücksicht zu nehmen. Die Förderung der Anstellung umfasst nicht das Recht, vom Arbeitgeber die Einstellung bestimmter Schwerbehinderter oder sonstiger Schutzbedürftiger verlangen zu können, sondern nur, dafür zu sorgen, dass sie bei der Einstellung berücksichtigt werden und der beruflichen Förderungspflicht Rechnung getragen wird.[25]

(7) Nach § 80 Nr. 5 BetrVG hat der Betriebsrat die **Wahl der** 12
Jugend- und Auszubildendenvertretung vorzubereiten und durchzuführen (Abschn. III Rn. 269) und mit dieser zur Förderung der Belange der Jugendlichen und Auszubildenden zusammenzuarbeiten. Der Betriebsrat hat vor allem Informations- und Hinweispflichten.[26] Der Förderung der Zusammenarbeit dient das wechselseitige Teilnahmerecht an den Sitzungen (Abschn. III Rn. 280, 281). Der Betriebsrat kann die Jugend- und Auszubildendenvertretung zur Abgabe von Vorschlägen und Stellungnahmen auffordern und braucht nicht auf die Anregung der Jugend- und Auszubildendenvertretung (§ 80 I Nr. 3 BetrVG; Rn. 10) zu warten.

(8) Der Betriebsrat hat die **Beschäftigung älterer Arbeitnehmer** 13
im Betrieb zu fördern (§ 80 I Nr. 6 BetrVG). Er hat bereits nach § 75 BetrVG (Abschn. IV Rn. 31) darauf zu achten, dass Arbeitnehmer nicht wegen ihres Alters im Betrieb benachteiligt werden. Die besondere Förderungspflicht soll noch einmal heraus-

24 Richardi, § 80 Rn. 36; Däubler/Kittner/Klebe, § 80 Rn. 24.
25 BAG AP 1–4, 6 zu § 12 SchwBeschG.
26 BAG 10. 5. 1974 AP 2 zu § 65 BetrVG 1972 = BB 1974, 1206.

stellen, dass auch im Rahmen von Neueinstellungen ältere Arbeitnehmer angemessen berücksichtigt werden. Darüber hinaus soll er dafür Sorge tragen, dass bei der Durchführung beruflicher Bildungsmaßnahmen auch ältere Arbeitnehmer im Rahmen der Förderungsmöglichkeiten sowie der Förderungsfähigkeit und -willigkeit berücksichtigt werden (vgl. auch § 96 II S. 2 BetrVG). Die Nichtberücksichtigung älterer Menschen kann ein Widerspruchsrecht nach § 99 BetrVG begründen.[27]

14 **(9)** Der Betriebsrat soll die **Integration ausländischer Arbeitnehmer** im Betrieb und das Verständnis zwischen ihnen und den deutschen Arbeitnehmern durch aktive Beiträge zur Integration fördern (§ 80 I Nr. 7 BetrVG). Insoweit obliegt dem Betriebsrat insbesondere darauf zu achten, dass im Betrieb beschäftigte ausländische Arbeitnehmer nicht benachteiligt und wechselseitige Vorurteile abgebaut werden. Er sollte dabei solche Arbeitnehmer zur Rede stellen, die sich weigern, mit ausländischen Arbeitnehmern zusammenzuarbeiten. Es geht auch um den Abbau von Sprachbarrieren, u. U. durch die Heranziehung von Dolmetschern.[28] Vor dem Hintergrund der Zunahme fremdenfeindlicher Aktionen in den letzten Jahren hat der Betriebsrat nach dem Gesetz nunmehr auch das ausdrückliche Recht, Maßnahmen zur Bekämpfung von Rassismus und Fremdenfeindlichkeit im Betrieb zu beantragen.

15 **(10)** Der Betriebsrat hat nach der neuen Regelung in § 80 I Nr. 8 BetrVG die Aufgabe, die **Beschäftigung im Betrieb zu fördern und zu sichern.** Er soll sich dafür einsetzen, dass die Arbeitnehmer nicht ihren Arbeitsplatz verlieren. Nach der Begründung zum Referentenentwurf soll dies in Anbetracht der häufigen Umstrukturierungen und Fusionen von Unternehmen und des damit regelmäßig einhergehenden Personalabbaus ein Schwerpunkt der Betriebsratsarbeit sein. Ergänzt wird die Wahrnehmung dieser Aufgabe durch besondere Beteiligungsrechte des Betriebsrats in § 92a, § 96 I 2, § 97, § 111 und § 112 BetrVG.

27 LAG Frankfurt DB 75, 2329; a. A. ArbG Stuttgart 26. 11. 1987 – 10 BV 7/87 – n. v.

28 Vgl. ArbG Stuttgart 27. 2. 1986 – 17 Ca 315/85 – n. v.; Korinth ArbuR 1993, 105.

(11) Der Betriebsrat hat **Maßnahmen des Arbeitsschutzes und des betrieblichen Umweltschutzes** zu fördern (§ 80 I Nr. 9 BetrVG). Neben dem Arbeitsschutz gewinnt der betriebliche Umweltschutz zunehmend an Bedeutung. Die Unternehmen beziehen die Arbeitnehmer mit ihrem Wissen um ökologisch relevante Vorgänge stärker in entsprechende Entscheidungen im Betrieb ein. Es soll sich deshalb auch der Betriebsrat nachhaltig für dieses Ziel einsetzen können. Im Übrigen kann der betriebliche Umweltschutz auf Betriebs- und Abteilungsversammlungen sowie Betriebsräteversammlungen thematisiert werden und Regelungsgegenstand freiwilliger Betriebsvereinbarungen sein (§ 43 II, § 45 S. 1, § 53 II Nr. 2 und § 88 Nr. 1 a, 4 BetrVG). 16

§ 39. Unterrichtung des Betriebsrats zur Durchführung der allgemeinen Aufgaben

I. Das Unterrichtungsrecht

Unabhängig von bestehenden besonderen Unterrichtungspflichten (§§ 43 II, 53 II, 81 ff., 89 II, 90, 92 I, 96 ff., 99 I, 100 II, 102 I, 105, 106 II, 108 V, 110, 111 BetrVG) hat der Arbeitgeber den Betriebsrat nach **§ 80 II BetrVG** rechtzeitig und umfassend zu unterrichten, damit dieser seine Aufgaben nach dem Betriebsverfassungsgesetz wahrnehmen kann. Er ist also nicht nur über Angelegenheiten zu unterrichten, die im allgemeinen Zuständigkeitskatalog nach § 80 BetrVG aufgeführt werden. Zu unterrichten ist insbesondere, wenn der Betriebsrat seine Aufgaben erst dann wahrnehmen kann oder er erst dann feststellen kann, dass ihm Mitwirkungsrechte zustehen.[29] Ist in einem Unternehmen ein Wirtschaftsausschuss nicht zu errichten, so ist der Betriebsrat über wirtschaftliche Angelegenheiten so weit zu unterrichten, wie dies zur Durchführung seiner konkreten Aufgaben erforderlich ist.[30] Das Unterrichtungsrecht erstreckt sich auch auf die Beschäftigung von Personen, die nicht in einem Arbeitsverhältnis zum Arbeitgeber und Be- 17

29 BAG AP 12 zu § 80 BetrVG 1972; AP 31 = NZA 88, 620 = BB 88, 1387.

30 Zum Verhältnis von § 80 II BetrVG zu § 106 BetrVG vgl. BAG 5. 2. 1991 AP 10 zu § 106 BetrVG 1972 = NZA 1991, 644.

triebsinhaber stehen, wie etwa **Leiharbeitnehmer** oder Arbeitnehmer eines anderen Arbeitgebers, die aufgrund von Dienst- oder Werkverträgen, die dieser mit dem Betriebsinhaber geschlossen hat, im Betrieb längerfristig tätig werden (§ 80 II 1, 2. Hs. BetrVG).

18 Das Unterrichtungsrecht entfällt nicht dadurch, dass Betriebs- oder Geschäftsgeheimnisse gefährdet werden könnten.[31] Zu unterrichten ist auch darüber, dass Arbeitnehmer besonderen Schutzvorschriften unterliegen, wie etwa dem Mutterschutzgesetz usw. Umstritten ist, ob der Arbeitgeber auch gegen den Willen der Schwangeren den Betriebsrat von der Schwangerschaft zu unterrichten hat. Das BAG hat dies gegen vielfache Kritik in der Literatur bejaht.[32] Der Zeitpunkt der Unterrichtung ergibt sich jeweils aus dem Gegenstand und der Art der Beteiligung. Ist die Unterrichtung von einem Verlangen des Betriebsrats abhängig, so hat sie unverzüglich (§ 121 BGB) nach Stellung des Verlangens zu erfolgen. Die Unterrichtung des Betriebsrats hat grundsätzlich in deutscher Sprache zu erfolgen. Fremdsprachige Unterlagen sind in deutscher Sprache vorzulegen.[33] „Rechtzeitig" ist die Unterrichtung nur, wenn sie zu einem Zeitpunkt stattfindet, in welchem es dem Betriebsrat realistischerweise noch möglich ist, auf die endgültige Willensbildung des Arbeitgebers tatsächlich Einfluss zu nehmen.[34]

19 Die Unterrichtungspflicht wird durch Vorschriften des BDSG nicht eingeschränkt. Der Betriebsrat ist Teil der datenspeichernden Stelle. Der Betriebsrat seinerseits kann jederzeit überwachen und prüfen, ob tatsächlich nur die nach dem BDSG und etwa nach einer Betriebsvereinbarung gemäß § 87 II Nr. 6 BetrVG zulässige Datenerhebung und -verarbeitung erfolgt.

II. Vorlagepflicht

20 Auf Verlangen sind dem Betriebsrat jederzeit – also ohne konkrete Verdachtsmomente[35] – die zur Durchführung seiner Aufgaben erforderlichen **Unterlagen** zur Verfügung zu stellen. Der Be-

31 BAG AP 10 zu § 106 BetrVG 1972 = NZA 91, 644 = BB 91, 1635.
32 BAG AP 1 zu § 58 BetrVG.
33 Hess. LAG DB 94, 384 = NZA 1995, 285.
34 BAG 14. 9. 1976 AP 2 zu § 113 BetrVG 1972 = NJW 1977, 727.
35 BAG AP 1, 3, 12 zu § 80 BetrVG 1972.

triebsrat kann beanspruchen, dass ihm die Schwerbehindertenlisten, Urlaubslisten, Über- und Mehrarbeitsstundenlisten, Arbeitsplatzbeschreibungen zur Kontrolle der Eingruppierung usw. zur Verfügung gestellt werden. Das Verlangen ist bereits dann gerechtfertigt, wenn der Betriebsrat im Rahmen von § 80 I Nr. 1 BetrVG seine Überwachungsaufgaben erfüllen will. Dagegen wird der Betriebsrat keinen Anspruch auf Vorlage der Personalakten (§ 83 I BetrVG) oder einzelner Arbeitsverträge haben.[36] Wegen der Arbeitsverträge wird dann eine Ausnahme gemacht, wenn es sich um Leiharbeitnehmer handelt: Es soll die Einhaltung des AÜG gewährleistet werden.[37] Verwendet der Arbeitgeber mit dem Betriebsrat abgestimmte Formulararbeitsverträge, hat dieser, um die Einhaltung des Nachweisgesetzes zu überwachen, nur dann einen Anspruch auf Vorlage der ausgefüllten Arbeitsverträge, wenn er konkrete Anhaltspunkte für die Erforderlichkeit weiterer Informationen darlegt.[38] Der Arbeitgeber hat dem Betriebsrat nur die Unterlagen vorzulegen, die er selbst besitzt. Der Betriebsrat kann nicht verlangen, dass der Arbeitgeber nur für ihn Unterlagen erstellt und die zu deren Erstellung erforderlichen Einrichtungen anschafft.[39] Der Betriebsrat hat Anspruch auf umfassende Unterrichtung über alle Formen der Verarbeitung personenbezogener Daten der Arbeitnehmer, auch wenn die Verarbeitung in einem anderen Unternehmen erfolgt,[40] auf Vorlage der Verträge mit Fremdfirmen, wenn deren Arbeitnehmer im Betrieb beschäftigt werden,[41] auf Unterrichtung hinsichtlich der Beschäftigung freier Mitarbeiter, wenn er sein Auskunftsbegehren nach Art und Umfang konkretisiert,[42] auf Unterrichtung über die Ergebnisse einer Mitarbeiterbefragung, wenn

36 LAG Frankfurt NZA 85, 97; Fitting/Kaiser/Heither/Engels § 80 Rn. 57; Hess/Schlochauer/Glaubitz § 80 Rn. 40; LAG Hamm BB 75, 183; a. A. Pfarr ArbuR 76, 198.

37 BAG AP 33 zu § 80 BetrVG 1972 = NZA 89, 932 = BB 89, 1693.

38 BAG 19. 10. 1999 AP Nr. 58 zu § 80 BetrVG 1972; BAG 8. 6. 1999 AP Nr. 57 zu § 80 BetrVG 1972.

39 BAG 28. 11. 1989 AP 4 zu § 87 BetrVG 1972 Initiativrecht.

40 BAG 17. 3. 1987 AP 29 zu § 80 BetrVG 1972.

41 BAG 31. 1. 1989 AP 33 zu § 80 BetrVG 1972.

42 BAG 15. 12. 1998 AP 56 zu § 80 BetrVG 1972.

eine hinreichende Wahrscheinlichkeit dafür besteht, dass die dabei gewonnenen Erkenntnisse Aufgaben des Betriebsrats betreffen.[43] U. U. hat der Arbeitgeber dem Betriebsrat auch die Unterlagen einer Kundenbefragung zu überlassen.[44]

21 Nach § 80 II S. 2 BetrVG steht nur einem **Betriebsausschuss** (§ 27 BetrVG; Abschn. III Rn. 61) oder einem nach § 28 BetrVG gebildeten Ausschuss ein **Einsichtsrecht in die Listen über die Bruttolöhne** und Gehälter zu. Dies gilt auch dann, wenn sie in EDV-Anlagen gespeichert sind.[45] Dagegen kann der betreffende Ausschuss nicht verlangen, dass ihm auch Einsicht in die Nettolohnlisten gewährt wird. Zur Wahrnehmung der Aufgaben des Betriebsrats, insbesondere zur Überwachung des Gleichbehandlungsgrundsatzes, ist dies nicht notwendig. Die Beschränkung wurde insbesondere zum Zwecke der Geheimhaltung der persönlichen Verhältnisse des Arbeitnehmers eingeführt. Ein Einsichtsrecht besteht hinsichtlich aller Beschäftigten, die dem Betriebsverfassungsgesetz unterfallen. Der Betriebsrat kann also zwar nicht Einsicht in die Gehaltslisten der leitenden Angestellten nach § 5 III BetrVG, wohl aber in die der AT-Angestellten[46] sowie in Listen über Gratifikationen und Sonderzuwendungen oder sonstige allgemeine oder außertarifliche Zulagen verlangen.[47] Das Einsichtsrecht besteht unabhängig davon, ob der Betriebsrat einen konkreten Verdacht hat, der Arbeitgeber habe seine Pflichten nicht eingehalten.[48] Hiervon hat das BAG lediglich bei AT-Angestellten eine Ausnahme gemacht; bei diesen hat es eine schlüssige Darlegung des Interesses verlangt.[49] Inzwischen hat es diese Rspr. aufgegeben.[50] Hat ein Arbeitgeber seinen außertariflichen Angestellten individuelle Versorgungszusagen erteilt, die über eine generelle Versorgungsordnung hinausgehen, so kann der Be-

43 BAG 8. 6. 1999 AP 57 zu § 80 BetrVG 1972.
44 BAG 28. 1. 1992 AP 1 zu § 96 BetrVG 1972 = NZA 1992, 707.
45 BAG AP 18 zu § 80 BetrVG 1972 = NJW 83, 2463.
46 BAG AP 6, 15, 16 zu § 80 BetrVG 1972.
47 BAG AP 7, 12, 15, 16, 18 zu § 80 BetrVG 1972; AP 27 = DB 87, 1152.
48 BAG AP 1 zu § 80 BetrVG 1972.
49 BAG AP 6 zu § 80 BetrVG 1972.
50 BAG AP 15 zu § 80 BetrVG 1972.

triebsrat Auskunft über die dabei angewandten Grundsätze verlangen, ohne ein besonderes Interesse darzulegen.[51] Der Tendenzcharakter einer staatlich anerkannten privaten Ersatzschule mit angeschlossenem eigenen Internat steht dem Einblicksrecht des Betriebsrats nicht entgegen.[52] Ggfls. kann der Betriebsrat die geschlechtsspezifische Aufschlüsselung der Gehälter verlangen.[53]

Die Vorlage der Unterlagen zur Einsicht schließt das Recht 22
ein, sich Notizen zu machen,[54] nicht dagegen sie abzuschreiben.[55] Über die Verpflichtung zur Vorlage von Unterlagen hat der Betriebsrat nicht die Möglichkeit, die Erstellung nicht vorhandener Unterlagen zu verlangen. Der Betriebsrat kann nur die Vorlage bereits vorhandener Unterlagen verlangen.[56] Dem Arbeitgeber ist es untersagt, bei der Einsichtnahme eine Kontrolle – selbst oder durch damit beauftragte Personen – auszuüben. Die Ausübung des Einsichtsrechts darf aber den normalen Betriebsablauf nicht stören. Daher dürfen Personen, die auch sonst regelmäßig in dem Raum arbeiten, in dem die Einsichtnahme erfolgt, dort weiterarbeiten, ohne den Betriebsrat zu überwachen.[57]

Da Gesetz gewährt nur einem **Betriebsausschuss** oder einem 23
nach § 28 BetrVG gebildeten Ausschuss ein Einsichtsrecht. Ein Betriebsausschuss kann aber nur gebildet werden, wenn der Betriebsrat mindestens neun Mitglieder hat (§ 27 BetrVG; Abschn. III Rn. 57), ein Ausschuss nach § 28 BetrVG nur, wenn der Betriebsrat mindestens sieben Mitglieder hat. Nach h. M. hat deshalb in kleineren Betrieben der Betriebsratsvorsitzende oder ein sonstiges Mitglied des Betriebsrats ein Einsichtsrecht.[58] Die durch die Einsicht gewonnenen Erkenntnisse sind an das Gesamtgremium weiterzugeben.[59]

---

51 BAG AP 14 zu § 80 BetrVG 1972.
52 BAG AP 1, 12 zu § 118 BetrVG 1972.
53 Fitting/Kaiser/Heither/Engels § 80, Rn. 66.
54 BAG AP 9 zu § 80 BetrVG 1972.
55 BAG AP 17 zu § 80 BetrVG 1972 = NJW 82, 3299.
56 BAG AP 25 zu § 80 BetrVG 1972 = DB 86, 1784.
57 BAG 16. 8. 1995 AP 53 zu § 80 BetrVG 1972.
58 BAG AP 2, 3, 13 zu § 80 BetrVG 1972.
59 Fitting/Kaiser/Heither/Engels § 80 Rn. 64 m. w. N.

III. Auskunftspersonen

24 Nach dem neuen § 80 II 3 BetrVG hat der Arbeitgeber dem Betriebsrat, soweit es zur ordnungsgemäßen Erfüllung von dessen Aufgaben erforderlich ist, **sachkundige Arbeitnehmer als Auskunftspersonen** zur Verfügung zu stellen. Dabei hat er Vorschläge des Betriebsrats zur Person der betreffenden sachkundigen Arbeitnehmer zu berücksichtigen, soweit betriebliche Notwendigkeiten dem nicht entgegenstehen. Durch die neue Regelung soll der Betriebsrat die Möglichkeit erhalten, den internen Sachverstand der Arbeitnehmer des Betriebs zu nutzen und bei der Suche nach Problemlösungen einzubeziehen. Dies kann nach der Begründung des Referentenentwurfs (Besonderer Teil zu Nr. 54) in der Weise geschehen, dass ein Arbeitnehmer zur Lösung eines einzelnen Problems hinzugezogen wird, aber auch in der Weise, dass ein oder mehrere Auskunftspersonen zusammen mit Betriebsratsmitgliedern Arbeitskreise bilden, die zu wichtigen Themen – etwa zur Qualifizierung der Mitarbeiter, zur Beschäftigungssicherung im Betrieb – eigene Vorschläge erarbeiten. Die betreffenden Auskunftspersonen sind keine Sachverständigen iSd. § 80 Abs. 3 BetrVG, sondern stellen eine von diesen unabhängige personelle Möglichkeit zur Informationsbeschaffung und Problemlösung dar. Für die Auskunftspersonen gilt die Geheimhaltungspflicht des § 79 BetrVG entsprechend (§ 80 IV BetrVG).[60]

IV. Rechtsstreitigkeiten

25 Stellt der Arbeitgeber die erforderlichen Unterlagen oder Auskunftspersonen nicht zur Verfügung, so entscheidet das Arbeitsgericht im Beschlussverfahren. Der Betriebsrat hat einen echten Anspruch,[61] der nicht nach § 23 III BetrVG eingeschränkt ist (Abschn. III Rn. 21 ff.). Der Beschluss wird nach § 888 ZPO vollstreckt.[62]

---

60 Zu weiteren Einzelheiten Natzel NZA 2001, 872.
61 BAG AP 19 zu § 80 BetrVG 1972 = DB 83, 1986.
62 LAG Hamm DB 73, 1951.

§ 40. Die Heranziehung von Sachverständigen

Dem Betriebsrat obliegen zahlreiche Aufgaben, die nur mit arbeitsmedizinischem, technischem, wirtschaftlichem oder rechtlichem Spezialwissen zu bewältigen sind. Er kann daher gemäß § 80 III BetrVG **nach vorheriger Vereinbarung** mit dem Arbeitgeber nicht nur betriebliche Auskunftspersonen, sondern auch Sachverständige hinzuziehen, soweit dies zur ordnungsgemäßen Erfüllung seiner Aufgaben notwendig ist. Die mit dem Arbeitgeber zu treffende nähere Vereinbarung über die Person des Sachverständigen und über Inhalt, Kosten und Zeitpunkt muss nach h. M. zwingend vor der Bestellung des Sachverständigen erfolgen und ggfls. vorher gerichtlich ersetzt worden sein.[63] Etwas anderes gilt nur für den Berater gemäß § 111 S. 2 BetrVG. Für dessen Hinzuziehung bedarf es keines vorherigen Einverständnisses des Unternehmens. Sachverständige sind Personen, die dem Betriebsrat oder sonstigen Betriebsverfassungsorganen die ihnen fehlenden fachlichen oder rechtlichen Kenntnisse vermitteln können, damit eine sachgemäße Zusammenarbeit zwischen den Betriebsverfassungsorganen und dem Arbeitgeber möglich ist.[64] Der Sachverständige braucht nicht dem Betrieb anzugehören, der Betriebsrat kann betriebsangehörige Sachverständige aber nicht schlechthin ablehnen. Auch Rechtsanwälte und Gewerkschaftssekretäre können Sachverständige sein.[65] **Erforderlich** ist die Hinzuziehung eines Sachverständigen dann, wenn nach verständigem Ermessen der Betriebsrat sachverständiger Hilfe bedarf. Das setzt voraus, dass der Betriebsrat alle betriebsinternen Informationsquellen ausgeschöpft und zuvor auch das Angebot auf Unterrichtung durch betriebliche Fachkräfte angenommen hat und gleichwohl offene Fragen bleiben.[66] Dies gilt insbeson- 26

63 BAG AP 8 zu § 40 BetrVG 1972; AP 35 zu § 80 BetrVG 1972 = NZA 89, 936 = BB 89, 1696; BAG 26. 2. 1992 AP 48 zu § 80 BetrVG 1972 = NZA 1993, 86; LAG Düsseldorf DB 75, 538, 1418.

64 BAG AP 1 zu § 42 BetrVG 1972; AP 11 zu § 80 BetrVG 1972.

65 BAG AP 11 zu § 80 BetrVG 1972; AP 9 zu § 76 BetrVG 1972; AP 1 zu § 108 BetrVG 1972.

66 BAG 26. 2. 1992 AP 48 zu § 80 BetrVG 1972 = NZA 1993, 86; gegen diese Einschränkungen Däubler/Kittner/Klebe § 80 Rn. 70ff.

dere im Bereich der betrieblichen Datenverarbeitung.[67] Die **Kosten** des Sachverständigen trägt gemäß § 40 I BetrVG der Arbeitgeber. Die Hinzuziehung eines Sachverständigen wird vor allem in Betracht kommen bei der Wahrnehmung der Rechte des Betriebsrats bei der Gestaltung von Arbeitsplatz, Arbeitsablauf und Arbeitsumgebung, bei Ruhegeldfragen, aber auch bei Akkord- oder Berufsbildungsfragen. Können sich Arbeitgeber und Betriebsrat nicht einigen, ob die Hinzuziehung eines Sachverständigen erforderlich ist und wer als Sachverständiger beigezogen werden soll, so entscheidet das Arbeitsgericht im Beschlussverfahren (§ 2a ArbGG; Abschn. XI Rn. 15ff.) ggfls. im Wege der einstweiligen Verfügung.[68]

27 Die Auskunftspersonen nach § 80 II S. 3 BetrVG und die Sachverständigen unterliegen gemäß § 79 BetrVG der **Verschwiegenheitspflicht, auf die sie der Betriebsrat hinzuweisen hat.**

28 Unabhängig von den Voraussetzungen des § 80 III BetrVG kann der Betriebsrat sich vor der Einigungsstelle oder dem Arbeitsgericht durch einen Rechtsvertreter vertreten lassen.[69] Der Sachverständige hat die Wissenslücke des Betriebsrats aufzufüllen, ihn also zu beraten. In Verhandlungen mit dem Arbeitgeber tritt er nicht in Erscheinung. Soweit er dennoch in dieser Weise tätig wird, tut er dies als Vertreter des Betriebsrats, nicht als Sachverständiger. Die Rechtsmacht des Gerichts, ein fehlendes Einverständnis des Arbeitgebers zu ersetzen, ist durch den Anwendungsbereich des § 80 III S. 1 BetrVG begrenzt. Dies kann für die Kostentragungspflicht des Arbeitgebers von Bedeutung sein.[70] Die Einigungsstelle kann ihrerseits Sachverständige hinzuziehen, deren Kosten der Arbeitgeber zu tragen hat, wenn ihre Hinzuziehung erforderlich und verhältnismäßig war.[71]

---

67 BAG AP 40 zu § 80 BetrVG 1972 = DB 88, 50 = NZA 88, 208.

68 LAG Hamm 15. 3. 1994 LAGE 12 zu § 80 BetrVG 1972 = AiB 1994, 423.

69 BAG v. 26. 2. 1992 - NZA 93, 86 = BB 92, 2007; BAG 14. 2. 1996 AP 5 zu § 76a BetrVG 1972 = NZA 1996, 892.

70 BAG 13. 5. 1998 AP 55 zu § 80 BetrVG 1972 = NZA 1998, 900.

71 BAG 13. 11. 1991 AP 1 zu § 76a BetrVG 1972.

Abschnitt VI.
Mitwirkung und Mitbestimmung des Betriebsrats in sozialen Angelegenheiten

§ 41. Die erzwingbare Mitbestimmung in sozialen Angelegenheiten

I. Vorbemerkung

1 Der Betriebsrat hat ein erzwingbares Mitbestimmungsrecht in den in § 87 I BetrVG aufgezählten Fällen (Rn. 22ff.). Dabei steht dem Betriebsrat ein Initiativrecht zu, er kann also von sich aus an den Arbeitgeber mit Regelungswünschen herantreten.[1] Das Mitbestimmungsrecht ist **eingeschränkt: (a)** durch den Vorrang eines einschlägigen Gesetzes oder Tarifvertrags (unter II); **(b)** durch den Grundsatz, dass es sich mit einigen Ausnahmen nur auf kollektiv bedeutsame Maßnahmen des Arbeitgebers erstreckt (unter III); **(c)** dagegen gilt der frühere Grundsatz, dass es sich allein auf formelle Arbeitsbedingungen bezieht, nur noch sehr eingeschränkt (unter IV). Die Form der Ausübung des Mitbestimmungsrechts ist unter V, die Durchsetzung der Mitbestimmung bzw. die Rechtsfolgen fehlender Einigung sind unter VII beschrieben.

II. Vorrang gesetzlicher oder tariflicher Regelungen

2 Dem Betriebsrat steht ein erzwingbares Mitbestimmungsrecht bei den in § 87 BetrVG aufgezählten Regelungsgegenständen zu. Dies gilt jedoch nur, soweit nicht schon eine gesetzliche oder tarifliche Regelung der Angelegenheit vorliegt **(Sperrwirkung des Gesetzes oder eines Tarifvertrags)**. Der Grund für diese Einschränkung liegt darin, dass ein Mitbestimmungsrecht nur Platz greifen kann, wo es überhaupt eine betriebliche Regelung zu treffen gilt, wo also der Arbeitgeber nicht schon ohne eigenen Spielraum durch Gesetz oder Tarifvertrag gebunden ist.[2] **Gesetz**

---

1 BAG AP 1 zu § 87 BetrVG 1972; vgl. auch BT-Drucks. VI, 2729 S. 4.
2 BAG 23. 3. 1993 AP 26 zu § 87 BetrVG 1972 Tarifvertrag = NZA 1993, 806.

sind alle Rechtsnormen im materiellen Sinne, also auch Rechtsverordnungen, Satzungen, Dienstordnungen[3] usw. Dazu zählen nach Sinn und Zweck des § 87 I S. 1 BetrVG ferner Verwaltungsakte und Anordnungen aufgrund gesetzlicher Vorschriften oder Ermächtigungen.[4] Nach umstr. Meinung zählt dazu nicht das gesetzesvertretende Richterrecht.[5] Durch Betriebsvereinbarung kann deshalb kein zwingendes, wohl aber dispositives Gesetzesrecht abgedungen werden.[6] Sieht ein Gesetz eine Regelungsbefugnis für Tarifvertragsparteien vor (§ 7 AZG, § 13 BUrlG, § 622 IV BGB, § 4 IV EntgeltFzG), so eröffnet es damit keine Regelungsbefugnis für die Betriebsparteien. Richterliche Interessenabwägungen können wohl durch Tarifvertrag, nicht aber durch eine Betriebsvereinbarung ersetzt werden.[7]

3 Das erzwingbare Mitbestimmungsrecht entfällt auch, soweit eine tarifliche Regelung besteht. Der Vorrang des Tarifvertrags schließt aber nur die zwingende Mitbestimmung des Betriebsrats aus. Dagegen sind freiwillige Betriebsvereinbarungen auch im Regelungsbereich des § 87 BetrVG rechtlich zulässig, soweit nicht § 77 III BetrVG entgegensteht. Sind sie ungünstiger als die tariflichen Regelungen, sind sie unwirksam. Sind sie dagegen günstiger als der Tarifvertrag, so haben sie Vorrang.[8]

4 Voraussetzung der tariflichen Sperrwirkung iSd. § 87 I S. 1 BetrVG ist, dass der Betrieb von dem betreffenden Tarifvertrag tatsächlich erfasst wird, er also in dessen fachlichen, räumlichen und persönlichen Geltungsbereich fällt.[9] Dafür muss eine **Tarifbindung** jedenfalls des **Arbeitgebers** bestehen. Nach dem TVG besteht eine

---

3 BAG AP 53 zu § 611 BGB Dienstordnungsangestellter.

4 BAG AP 14 zu § 87 BetrVG 1972 Ordnung des Betriebs = NZA 88, 811 vom 26. 5. 1988 – 1 ABR 9/87; AP 19 = NZA 92, 126 = BB 91, 2228.

5 Fitting/Kaiser/Heither/Engels § 87 Rn. 29; Däubler/Kittner/Klebe § 87 Rn. 26; Schaub, Arbeitsrechts-Handbuch § 235 V 1; a. A. GK-Wiese § 87 Rn. 58; Richardi § 87 Rn. 145.

6 Vgl. BAG AP 1 zu § 87 BetrVG 1972; AP 1 zu § 87 BetrVG 1972 Provision; AP 1 zu § 87 BetrVG 1972 Werkmietwohnung.

7 BAG AP 54, 57, 63 zu § 611 BGB Gratifikation; AP 32 zu § 620 BGB Befristeter Arbeitsvertrag.

8 Vgl. Fitting/Kaiser/Heither/Engels § 87 Rn. 39.

9 Schaub, Arbeitsrecht von A–Z, Stichwort: Tariflicher Geltungsbereich.

Tarifbindung[10] des Arbeitsgebers nur in drei Fällen: a) Der Arbeitgeber ist Mitglied einer Tarifvertragspartei; b) der Arbeitgeber ist selbst Partei des Tarifvertrags (§ 3 I TVG); c) der Tarifvertrag ist für allgemein verbindlich erklärt worden (§ 5 I TVG).[11] Da in einem Betrieb regelmäßig sowohl Gewerkschaftsmitglieder als auch Nichtorganisierte beschäftigt werden, wird es von der h. M. für die Einschränkung der Mitbestimmungsrechte des Betriebsrats nach § 87 II BetrVG als ausreichend angesehen, dass jedenfalls der Arbeitgeber tarifgebunden ist und der mitbestimmungspflichtige Gegenstand in dem betreffenden Tarifvertrag geregelt ist.[12]

Beispiel: Ist der Arbeitgeber Mitglied eines Arbeitgeberverbands und sind in einem von diesem geschlossenen Tarifvertrag, der für den fachlichen Bereich des Betriebs gilt, die Akkordsätze geregelt, so steht dem Betriebsrat ein gemäß § 87 Nr. 11 BetrVG erzwingbares Mitbestimmungsrecht nicht zu.

Zweifelhaft kann sein, in welchem Umfang eine tarifliche Re- 5
gelung das Mitbestimmungsrecht ausschließt. Dazu hat das Bundesarbeitsgericht den Rechtsgrundsatz aufgestellt, dass eine betriebliche Regelung durch jede tarifvertragliche Regelung ausgeschlossen wird, die auch nur **einigermaßen vollständig** und als offensichtlich endgültige Regelung gewollt ist.[13] Die Reichweite der tariflichen Regelung ist im Wege der Auslegung zu ermitteln. Schweigt ein Tarifvertrag zu einer bestimmten Frage, so wird im Allgemeinen insoweit eine Regelung nicht gewollt sein.[14] Ist das

10 Schaub, Arbeitsrecht von A–Z, Stichwort: Tarifbindung.

11 Schaub, Arbeitsrecht von A–Z, Stichwort: Allgemeinverbindlicherklärung.

12 Richardi § 87 Rn. 154; Fitting/Kaiser/Heither/Engels § 87 Rn. 42; Wiedemann/Wank, Tarifvertragsgesetz § 4 Rn. 606.

13 BAG AP 25 zu § 56 BetrVG; AP 1 zu § 87 BetrVG 1972 Kurzarbeit; BAG AP 2 zu § 87 BetrVG 1972; BAG AP 3, 12, 14 zu § 87 BetrVG 1972 Lohngestaltung; BAG AP 1 zu § 87 BetrVG 1972 Tarifvorrang; AP 5 zu § 87 BetrVG 1972 Arbeitszeit; AP 4 zu § 87 BetrVG 1972 Altersversorgung; BAG v. 16. 2. 1993 – NZA 93, 953 = BB 93, 1291.

14 Nach Auffassung des BAG ist mit Einführung der bargeldlosen Lohnzahlung durch den BAT das Mitbestimmungsrecht des Betriebsrats zu den Kontoführungsgebühren beseitigt, obwohl der BAT dazu schweigt: BAG AP 2 zu § 87 BetrVG 1972 Auszahlung.

Arbeitsentgelt tariflich geregelt, so besteht ein Mitbestimmungsrecht, wenn der Arbeitgeber eine übertarifliche Zulage zahlen will, die zur Erhöhung des Entgelts führen soll.[15] Das Mitbestimmungsrecht ist dabei begrenzt auf die Verteilungsgrundsätze, nach denen die vom Arbeitgeber zur Verfügung gestellten Mittel (Dotierungsrahmen) auf die Arbeitnehmer aufgeteilt werden sollen.[16] Eine Betriebsvereinbarung, mit der (ausschließlich) die Erhöhung der bisherigen Vergütung und Weihnachtsgratifikation geregelt wird, ist dagegen wegen Verstoßes gegen § 77 III BetrVG auch bei fehlender Tarifbindung des Arbeitgebers nichtig, weil ein Mitbestimmungsrecht nach § 87 BetrVG betreffend die Lohnhöhe nicht besteht.[17] Die nichtige Betriebsvereinbarung kann u. U. nach § 140 BGB in ein Vertragsangebot des Arbeitgebers an die einzelnen Arbeitnehmer umgedeutet werden.[18]

Beispiel: Enthält ein Tarifvertrag nur Rahmenvorschriften, etwa dass die Akkordvorgabe aufgrund arbeitswissenschaftlicher Methoden zu ermitteln sei, so kann der Betriebsrat über die konkrete Methode (Refa, Bedaux-System, MTM) mitbestimmen (§ 87 I Nr. 10 BetrVG; vgl. Rn. 69ff.).

6 Die Tarifvertragsparteien können das Mitbestimmungsrecht nicht durch ein **einseitiges Anordnungsrecht** des Arbeitgebers ersetzen. Das Mitbestimmungsrecht entfällt nur, wenn sie selbst eine abschließende Regelung treffen. Das schließt wiederum nicht aus, dass sie dem Arbeitgeber ein zeitlich eng befristetes Anordnungsrecht für den Fall einräumen, dass er die Zustimmung des Betriebsrats zu kurzfristig notwendigen und unaufschiebbaren Überstunden nicht erreichen kann.[19]

15 Vgl. BAG Großer Senat 3. 12. 1991 AP 51 zu § 87 BetrVG 1972 Lohngestaltung. Fitting/Kaiser/Heither/Engels § 87 Rn. 51, 52.

16 BAG 26. 5. 1998 AP 98 zu § 87 BetrVG 1972 Lohngestaltung.

17 BAG 24. 1. 1996 AP 8 zu § 77 BetrVG 1972 Tarifvorbehalt; BAG 9. 12. 1997 AP 11 zu § 77 BetrVG 1972 Tarifvorbehalt.

18 BAG 24. 1. 1996 AP 8 zu § 77 BetrVG 1972 Tarifvorbehalt.

19 BAG 17. 11. 1998 AP 79 zu § 87 BetrVG 1972 Arbeitszeit = NZA 1999, 854.

Ist ein Tarifvertrag beendet und kommt ihm nur noch **Nachwirkung**[20] zu, so haben die Betriebsparteien nach § 87 I BetrVG die Befugnis, abweichende und für den Arbeitnehmer ungünstigere Regelungen zu treffen.[21] Nachteiligere Regelungen werden aber unwirksam, wenn später wieder ein für die Arbeitnehmer günstigerer Tarifvertrag abgeschlossen wird. 7

Der Tarifvorrang besteht nicht, wenn der Tarifvertrag ergänzende Regelungen zulässt (Öffnungsklausel). Daraus folgt, dass z. B. tarifliche Regelungen über die Flexibilisierung der Arbeitszeit,[22] in denen dem Betriebsrat die Befugnis eingeräumt wird, ergänzende Betriebsvereinbarungen abzuschließen, rechtlich möglich sind.[23] 8

Es war umstr., ob in den Fällen der sozialen Mitbestimmung neben dem Tarifvorrang gemäß § 87 I BetrVG auch die Regelungssperre des § 77 III BetrVG (Abschn. IV Rn. 63) zu beachten ist (Zweischrankentheorie). Das BAG hat diese Auffassung verneint.[24] Es vertritt die Ansicht, dass in den Fällen des § 87 I BetrVG die Regelungssperre des § 77 III BetrVG nicht gilt (**Vorrangtheorie**). Dies hat folgende Konsequenzen: 9

Beispiel: Ein räumlich und fachlich einschlägiger Tarifvertrag, in dem die Akkordsätze geregelt sind, ist abgelaufen. Damit sind die Betriebsparteien befugt, die Akkordsätze gemäß § 87 I Nr. 11 BetrVG zu regeln, auch wenn der Arbeitgeber tarifgebunden ist. Wäre die Zweischrankentheorie anzuwenden, wären die Betriebsparteien durch § 77 III BetrVG gehindert, die Akkordsätze bis zum Abschluss der Ta-

20 Schaub, Arbeitsrecht von A–Z, Stichwort: Tarifvertragsnachwirkung.

21 BAG AP 1 zu § 615 BGB Kurzarbeit; AP 27 zu § 56 BetrVG; AP 5 zu § 56 BetrVG Entlohnung; AP 2 zu § 87 BetrVG 1972 Kurzarbeit; AP 21 zu § 77 BetrVG 1972 = NZA 87, 639 = BB 87, 1246; AP 8 zu § 87 BetrVG 1972 Akkord = NZA 89, 648 = BB 89, 1346.

22 Schaub, Arbeitsrecht von A–Z, Stichwort: Flexibilisierung der Arbeitszeit.

23 BAG AP 23 zu § 77 BetrVG 1972 = DB 87, 2257 = NZA 87, 779.

24 BAG GS AP 51 zu § 87 I BetrVG 1972 Lohngestaltung = NZA 92, 749, 961, 767 = BB 92, 1418, 1859; AP 21 zu § 77 BetrVG 1972 = DB 87, 1435 = NZA 87, 639; AP 6 zu § 87 BetrVG 1972 Auszahlung = NZA 88, 405; weiterhin a. A. Fitting/Kaiser/Heither/Engels § 77 Rn. 98 ff.

rifverhandlungen durch Betriebsvereinbarung festzusetzen. Nach der Rechtsprechung des BAG gilt die Sperrwirkung aus § 77 III BetrVG für die mitbestimmungspflichtigen Angelegenheiten des § 87 I BetrVG aber nicht. Lässt sich der Arbeitgeber auf für die Arbeitnehmer günstigere Bedingungen ein, gehen diese einem späteren Tarifvertrag allerdings nur vor, wenn der Arbeitgeber nicht tarifgebunden ist. Dies gilt auch, wenn ein Einigungsstellenverfahren stattgefunden hat.

10 Da für AT-Angestellte Tarifverträge nicht gelten, besteht für sie das Mitbestimmungsrecht des Betriebsrats ohne Einschränkung, sofern sie nicht zugleich leitende Angestellte nach § 5 III BetrVG sind.[25]

III. Kollektive Maßnahmen

11 Dem Betriebsrat steht bei den Regelungsgegenständen des § 87 I BetrVG ein **Mitbestimmungsrecht grundsätzlich nur bei kollektiven Maßnahmen** zu.[26] Ein kollektiver Tatbestand setzt aber nicht zwingend voraus, dass tatsächlich mehrere Arbeitnehmer betroffen sind. Er liegt vielmehr immer schon dann vor, wenn sich eine Regelungsfrage stellt, die die kollektiven Interessen der Arbeitnehmer des Betriebs berührt. So ist bei einem zusätzlichen Arbeitbedarf stets die Frage zu beantworten, wann und von wem die Überstunden geleistet werden sollen und ob eine Neueinstellung nicht ohnehin besser wäre, so dass keine Zustimmung erteilt werden sollte. Diese Probleme sind unabhängig von der Person und der Anzahl der potenziell Betroffenen zu regeln. Schon deshalb liegt eine kollektive Maßnahme und ein das Kollektiv berührender Tatbestand vor.[27]

12 Von dem Grundsatz, dass dem Betriebsrat ein Mitbestimmungsrecht nur bei kollektiven Maßnahmen zusteht, gelten zwei **Ausnahmen.** Nach § 87 I Nr. 5 BetrVG hat der Betriebsrat ein erzwingbares Mitbestimmungsrecht bei der Festlegung des Urlaubs einzelner Arbeitnehmer (Rn. 46). Dasselbe gilt nach

25 BAG AP 3 zu § 87 BetrVG 1972 Lohngestaltung.
26 BAG AP 2 zu § 56 BetrVG Entlohnung; AP 2 zu § 56 BetrVG.
27 BAG 10. 6. 1986 AP 18 zu § 87 BetrVG 1972 Arbeitszeit.

§ 87 I Nr. 9 BetrVG bei der Zuweisung und Kündigung von Werkmietwohnungen[28] (Rn. 67).

IV. Formelle und materielle Arbeitsbedingungen

Das BAG hat die Unterscheidung zwischen formellen und materiellen Arbeitsbedingungen zum BetrVG 1952 entwickelt. Formelle Arbeitsbedingungen waren solche, die keinen unmittelbaren Einfluss auf den Umfang der Arbeitsleistung und der Arbeitsvergütung im Betrieb hatten.[29] Die Unterscheidung war schon seit jeher umstritten. Unter Geltung des Betriebsverfassungsgesetzes 1972 muss sie als überholt angesehen werden. Weder gilt § 77 III BetrVG nur für materielle noch § 87 I BetrVG nur für formelle Arbeitsbedingungen.[30] In jedem Falle erstreckt sich das Mitbestimmungsrecht des Betriebsrats in § 87 I Nr. 8, 9[31] und § 87 I Nr. 10, 11[32] BetrVG 1972 auch auf materielle Arbeitsbedingungen (vgl. Abschn. IV Rn. 16). 13

V. Die Form der Mitbestimmung

Das Mitbestimmungsrecht als solches kann durch Abschluss von Betriebsvereinbarungen und durch bloße Regelungsabreden ausgeübt werden (Abschn. IV Rn. 88). Eine Regelungsabrede wird ebenso wie eine Betriebsvereinbarung dann unzulässig sein, wenn durch sie die Grenzen des Mitbestimmungsrechts (Vorrang des Gesetzes oder Tarifvertrags; oben Rn. 2) umgangen werden sollen. In vielen Fällen muss aber eine Betriebsvereinbarung deshalb geschlossen werden, weil sonst keine Normwirkung eintritt. 14

Manchmal erweist es sich als zu schwerfällig, dass der Betriebsrat in seiner Gesamtheit über die Regelungsgegenstände des § 87 BetrVG entscheidet. Dies gilt z. B. in den Fällen der Verwaltung von Sozialeinrichtungen (§ 87 I Nr. 8 BetrVG). 15

28 Vgl. Schaub, Arbeitsrecht von A–Z, Stichwort: Werkswohnung.

29 BAG AP 3, 6 zu § 56 BetrVG Wohlfahrtseinrichtung; AP 2 zu § 56 BetrVG Entlohnung; AP 1, 2 zu § 56 BetrVG Arbeitszeit, AP 3 zu § 56 BetrVG Akkord.

30 Vgl. Fitting/Kaiser/Heither/Engels § 77 Rn. 43, § 87 Rn. 20; vgl. auch BAG 6. 8. 1991 AP 52 zu § 77 BetrVG 1972.

31 BAG AP 1 zu § 87 BetrVG 1972 Werkmietwohnungen.

32 BAG AP 1 zu § 87 BetrVG 1972 Provision.

Zwar ist es möglich, den Vorstand oder die Geschäftsführung einer Sozialeinrichtung ausschließlich mit Arbeitgebervertretern zu besetzen und deren Handeln im Innenverhältnis von der Zustimmung des Betriebsrats oder eines Sozialausschusses abhängig zu machen. Denkbar ist aber auch, dass ein Sozialausschuss des Betriebsrats mit der Wahrnehmung der betreffenden Aufgaben betraut und zugleich zum gleichberechtigten Mitvorstand/Mitgeschäftsführer der Sozialeinrichtung bestellt wird („organschaftliche Mitbestimmung", § 28 II BetrVG).[33]

VI. Initiative bei mitbestimmungspflichtigen Maßnahmen und deren Durchführung

16 Liegt ein mitbestimmungspflichtiger Regelungsgegenstand vor, so hat der Betriebsrat grundsätzlich ein **Initiativrecht** (vgl. Abschn. IV Rn. 13), d. h., er kann von sich aus an den Arbeitgeber herantreten, um eine Regelung herbeizuführen und diese ggfls. mit Hilfe der Einigungsstelle erzwingen.[34] Dadurch wird die unternehmerische Freiheit des Arbeitgebers vielfältig eingeschränkt. Dies ist mit dem GG vereinbar. Umgekehrt besteht für den Arbeitgeber die Notwendigkeit, an den Betriebsrat heranzutreten, wenn er eine Maßnahme auf einem der in § 87 BetrVG (Rn. 22ff.) genannten Bereiche ergreifen will. Vielfach wird der Betriebsrat kein Interesse daran haben, von sich aus tätig zu werden, etwa zur Einführung von Kontrollsystemen o. Ä.[35]

17 Kommt es zu einer Einigung, so führt der Arbeitgeber die Maßnahme nach § 77 I BetrVG durch. Der Arbeitgeber kann dabei mit dem Betriebsrat Vereinbarungen über die Art der Durchführung treffen.[36] Kommt es nicht zu einer Einigung, so haben beide

33 BAG AP 5 zu § 87 BetrVG 1972 Altersversorgung; BAG 10. 3. 1992 AP 34 zu § 1 BetrAVG Unterstützungskassen; BAG 26. 4. 1988 AP 16 zu § 87 BetrVG 1972 Altersversorgung.

34 BAG AP 1 zu § 87 BetrVG 1972; AP 1 zu § 87 BetrVG 1972 Vorschlagswesen; AP 8 zu § 87 BetrVG 1972 Arbeitszeit; AP 3 zu § 87 BetrVG 1972 Kurzarbeit = DB 86, 1395; v. 25. 4. 1989 – NZA 90, 406 = BB 90, 1062; AP 3 zu § 87 BetrVG 1972 Initiativrecht = NZA 90, 322 = BB 90, 347.

35 Vgl. BAG AP 8 zu § 87 BetrVG 1972 Arbeitszeit = NJW 83, 953; dazu BVerfG AP 15 aaO = NJW 86, 1601.

36 BAG vom 10. 11. 1987 – 1 ABR 55/86 – DB 88, 611 = NZA 88, 255.

Betriebsparteien die Möglichkeit, die **Einigungsstelle** anzurufen. Der Spruch der Einigungsstelle ersetzt die bis dahin fehlende Einigung (§ 87 II BetrVG).

VII. Rechtsfolgen der fehlenden Mitbestimmung des Betriebsrats

Übergeht der Arbeitgeber in den Fällen des § 87 I BetrVG den 18
Betriebsrat, so sind seine Maßnahmen auch individualrechtlich im Verhältnis zu den betroffenen Arbeitnehmern **unwirksam** (im Schrifttum umstr.).[37] Dies gilt auch dann, wenn die betroffenen Arbeitnehmer mit der einseitig getroffenen Maßnahme einverstanden sind. Für die Zukunft wird der Arbeitgeber sich von einseitig durchgeführten Maßnahmen lösen können und auf Vorhalt des Betriebsrats auch lösen müssen; für die Vergangenheit bleibt er zu Leistungen verpflichtet, wenn etwa Arbeitnehmer aufgrund veränderter Arbeitszeit Arbeit geleistet haben.[38]

Beispiel: Der Arbeitgeber will die bargeldlose Lohnzahlung im Betrieb einführen. Der Betriebsrat stimmt dem nicht zu, weil keine Einigung über die Kontogebühren erzielt werden kann. Darauf legt der Arbeitgeber den Lohntüten eine Zustimmungserklärung der einzelnen Arbeitnehmer zur Einführung der bargeldlosen Lohnzahlung bei und die Mehrheit der Arbeitnehmer unterzeichnet diese Erklärung. Die Einführung ist gleichwohl rechtswidrig.

Nach der **Theorie der Wirksamkeitsvoraussetzungen** (= Theorie 19
der notwendigen Mitbestimmung) ist die Unwirksamkeit einer Maßnahme die geeignete Sanktion, wenn der Arbeitgeber bei einer belastenden Maßnahme das Mitbestimmungsrecht des Betriebsrats verletzt hat.[39] Aus der Verletzung von Mitbestimmungsrechten kann sich aber kein individual-rechtlicher Anspruch auf bestimmte Leistungen ergeben, der zuvor noch nicht bestanden

37 BAG AP 70 zu Art. 9 GG Arbeitskampf; AP 6 zu § 87 BetrVG 1972 Altersversorgung; bereits früher AP 2, 4, 22 zu § 56 BetrVG.

38 Vgl. BAG AP 54 zu §§ 22, 23 BAT; AP 3, 4 zu § 56 BetrVG Entlohnung.

39 BAG 16. 9. 1986 (Großer Senat) AP 17 zu § 77 BetrVG 1972 = NZA 1987, 168, 185; BAG 10. 11. 1992 AP 58 zu § 87 BetrVG 1972 Lohngestaltung = NZA 1993, 570.

hat.[40] So führt die mangelnde Beteiligung des Betriebsrats bei der Aufstellung von Verteilungsgrundsätzen bei einer Gehaltserhöhungsrunde nicht zu einem Anspruch des Arbeitnehmers auf eine bestimmte Gehaltserhöhung.[41] Ist im Beschlussverfahren rechtskräftig festgestellt worden, dass ein Mitbestimmungsrecht nicht besteht, so können die von einer Maßnahme betroffenen Arbeitnehmer nicht mehr mit Erfolg geltend machen, diese sei ihnen gegenüber wegen Verletzung des Mitbestimmungsrechts unwirksam.[42] Das Gebot der vertrauensvollen Zusammenarbeit (§ 2 BetrVG) verbietet es dem Arbeitgeber, bei geplanter anteiliger Anrechnung einer Tariflohnerhöhung auf eine übertarifliche Zulage Verhandlungen mit dem Betriebsrat über eine andere Verteilung des Anrechnungsvolumens zu verweigern und auf Änderungsvorschläge des Betriebsrats mit der vollständigen (mitbestimmungsfreien) Anrechnung zu reagieren.[43] Bedarf eine allgemeine Änderung der bisherigen Arbeitsbedingungen sowohl der Mitbestimmung des Betriebsrats als auch des Ausspruchs von Änderungskündigungen, so geht weder das eine noch das andere vor. Die ausgesprochene Änderungskündigung kann auch ohne Einhaltung des Mitbestimmungsrechts sozial gerechtfertigt sein, sie darf vom Arbeitgeber aber nicht tatsächlich umgesetzt werden, solange der Betriebsrat nicht zustimmt.[44]

20 Auch in so genannten **Eilfällen** entfällt das Mitbestimmungsrecht des Betriebsrats nicht.[45] Das Gesetz lässt lediglich in § 100 (vorläufig personelle Maßnahmen) und § 115 VII Nr. 4 (Bordvertretung auf Schiffen) BetrVG einseitige Regelungen des Arbeitgebers zu. Im Rahmen des § 87 I BetrVG gibt es eine solche Befugnis

40 BAG 20. 8. 1991 AP 50 zu § 87 BetrVG 1972 Lohngestaltung = NZA 1992, 225.

41 BAG 15. 11. 1994 AP 121 zu § 242 BGB Gleichbehandlung = NZA 1995, 939; vgl. auch BAG 14. 6. 1994 AP 69 zu § 87 BetrVG 1972 Lohngestaltung = NZA 1995, 543.

42 BAG 10. 3. 1998 AP 5 zu § 84 ArbGG 1979.

43 BAG 26. 5. 1998 AP 98 zu § 87 BetrVG 1972 Lohngestaltung.

44 BAG 17. 6. 1998 AP 49 zu § 2 KSchG 1969; anders noch (Kündigung unwirksam) BAG 31. 1. 1984 AP 15 zu § 87 BetrVG 1972 Lohngestaltung.

45 Vgl. BAG AP 1, 2 zu § 87 BetrVG 1972 Kurzarbeit; AP 6 zu § 87 BetrVG 1972 Arbeitszeit.

des Arbeitgebers nicht. Gegebenenfalls ist mit dem Betriebsrat eine vorläufige Regelung zu treffen. Möglich ist auch, für Eilfälle eine bestimmte Verfahrensregelung zu vereinbaren, die festlegt, was der Arbeitgeber tun muss, um doch noch kurzfristig die Zustimmung des Betriebsrats oder etwa zumindest die eines anwesenden Betriebsratsmitglieds zu erreichen, und dies dem Arbeitgeber gestatten kann, etwa zwingend erforderliche Überstunden in bestimmtem Umfang u. U. auch einseitig anzuordnen.[46] Lediglich in Notfällen, also in plötzlichen unvorhergesehenen Situationen, bei denen Gefahren für den Betrieb oder die Arbeitsergebnisse drohen, wird dem Arbeitgeber eine einseitige Anordnungsbefugnis zustehen. Die frühere Auffassung des BAG, wonach in Eilfällen eine einseitige Anordnungsbefugnis stets bestand, wenn der Arbeitgeber zugleich die Einigungsstelle anrief, ist überholt.[47]

VIII. Unterlassungsanspruch des Betriebsrats

Im Bereich der sozialen Mitbestimmung war umstr., ob dem 21
Betriebsrat ein allgemeiner Unterlassungsanspruch zusteht, d. h. ein Anspruch gegen den Arbeitgeber darauf, mitbestimmungspflichtige Maßnahmen zu unterlassen, bevor nicht das Mitbestimmungsrecht ausgeübt wurde. Das BAG hat einen solchen allgemeinen Unterlassungsanspruch zunächst verneint.[48] Die Instanzgerichte sind dieser Rechtsprechung vielfach nicht gefolgt. Während auf der Grundlage der Rspr. des BAG einstweilige Verfügungen gerichtet auf Unterlassung der Maßnahmen ausscheiden mussten, waren diese nach der Rspr. der Instanzgerichte denkbar.[49] Inzwischen hat auch das BAG einen vorbeugenden Unterlassungsanspruch bei Bestehen eines erzwingbaren Mitbestimmungsrechts nach § 87 BetrVG anerkannt (s. o. Abschn. IV Rn. 18ff.).[50]

46 BAG 8. 8. 1989 AP 11 zu § 23 BetrVG 1972; BAG 17. 11. 1998 AP 79 zu § 87 BetrVG 1972 Arbeitszeit; BAG 23. 3. 1999 AP 80 zu § 87 BetrVG 1972 Arbeitszeit.

47 BAG AP 1 zu § 56 BetrVG Arbeitszeit.

48 BAG AP 2 zu § 23 BetrVG 1972 = NJW 81, 196; AP 5 aaO = NJW 86, 400.

49 Vgl. LAG Schleswig-Holstein BB 85, 997.

50 BAG v. 3. 5. 1994 – 1 ABR 24/93 – AP 23 zu § 23 BetrVG 1972 = NZA 1995, 8.

§ 42. Gegenstände der erzwingbaren Mitbestimmung

I. Abschließende Aufzählung

22 In § 87 I BetrVG sind die Fälle abschließend aufgezählt, in denen dem Betriebsrat **in sozialen Angelegenheiten** ein erzwingbares Mitbestimmungsrecht zusteht. Eine Erweiterung durch Tarifvertrag oder Betriebsvereinbarung ist unzulässig; denn anders als in personellen Angelegenheiten (§ 102 VI BetrVG) sieht das Gesetz eine solche Erweiterung nicht vor. Die entsprechende Vorschrift des Entwurfs zum Betriebsverfassungsgesetz 1972 ist nicht Gesetz geworden.

II. Fragen der Ordnung des Betriebs und des Verhaltens der Arbeitnehmer im Betrieb (§ 87 I Nr. 1 BetrVG)

23 Der Betriebsrat hat ein erzwingbares Mitbestimmungsrecht in Fragen der Ordnung des Betriebs und des Verhaltens der Arbeitnehmer im Betrieb. Nach Auffassung des BAG handelt es sich um einen **einheitlichen** Tatbestand, d. h. „Verhalten" und „Ordnung" sind nicht gegeneinander abzugrenzen,[51] nach Meinungen im Schrifttum sind zwei verschiedene Tatbestände geregelt. Der Unterschied besteht darin, dass nach Meinung des Schrifttums die Überwachung des Verhaltens von Arbeitnehmern auch dann mitbestimmungspflichtig ist, wenn die Voraussetzungen von § 87 I Nr. 6 BetrVG nicht vorliegen (Rn. 47). Zur Ordnung des Betriebs zählen alle Maßnahmen, welche die **äußere Ordnung** des Betriebs, das **Zusammenwirken** und das **Verhalten der Arbeitnehmer im Betrieb** regeln.[52] Nicht zur Ordnung des Betriebs gehört die arbeitstechnische Einrichtung, also z. B. die Organisation des Maschinenablaufs.[53] Stehen die Regeln über die Ordnung des Betriebs und des Verhaltens der Arbeitnehmer in unmittelbarem Zusammenhang mit der Arbeitsleistung, handelt es sich also um arbeitstechnische Anord-

---

51 BAG AP 2 zu § 87 BetrVG 1972 Arbeitssicherheit = NJW 82, 404; AP 8 zu § 87 BetrVG 1972 Ordnung des Betriebs = NJW 85, 1045.

52 BAG AP 2 zu § 87 BetrVG 1972 Arbeitssicherheit.

53 Vgl. BAG AP 3 zu § 56 BetrVG Ordnung des Betriebs.

nungen, ohne deren Beachtung der Arbeitnehmer die Arbeit nicht ordnungsgemäß erbringen kann, so besteht kein Mitbestimmungsrecht.[54] Hierzu kann die Einführung von Tätigkeitsberichten gehören, auch wenn sie im Wege der Datenverarbeitung ausgewertet werden,[55] das Ausfüllen von Tageszetteln für Redakteure[56] zur Erleichterung des Nachweises von Überstunden usw.

Beispiel: Der Arbeitgeber kann ohne Mitwirkung des Betriebsrats den produktionstechnischen Arbeitsablauf bestimmen. Mitbestimmungspflichtig sind dagegen Vorschriften über das Betreten oder das Verlassen des Betriebs[57] (An- und Abmeldungen, Anwesenheitskontrollen,[58] Torkontrollen,[59] Umstellen von Anwesenheitslisten auf EDV,[60] Ausstellen von Passierscheinen,[61] Leibesvisitationen), Aufenthalt im Betrieb, während und außerhalb der Arbeitszeit, Verbote, während der halbstündigen Mittagspause den Betrieb zu verlassen,[62] das Radiohören im Betrieb,[63] Erlass von Rauch- und Alkoholverboten, soweit sie sich nicht bereits aus Vorschriften der Unfallverhütung ergeben, Einsatz von Privatdetektiven zur Überwachung der Arbeitnehmer bei der Erfüllung der Arbeit,[64] Behandlung von Werkzeug, Aufbewahrung

54 BAG 8. 6. 1999 AP 31 zu § 87 BetrVG 1972 Ordnung des Betriebs.

55 Vgl. BAG v. 23. 1. 1979 – DB 81, 1144; AP 3 zu § 87 BetrVG 1972 Ordnung des Betriebs.

56 BAG AP 2 zu § 87 BetrVG 1972 Ordnung des Betriebs; AP 1 zu § 87 BetrVG 1972 Tarifvorrang.

57 Nicht bei Betriebsratsmitgliedern; BAG AP 45 zu § 37 BetrVG 1972.

58 Bei Gleitzeit: BAG AP 53 zu § 611 BGB Dienstordnungsangestellte = DB 82, 2712.

59 LAG Düsseldorf DB 67, 2230; zu Passierscheinen LAG Bad.-Württemberg NJW 76, 2230; im Arbeitskampf: BAG AP 13 zu § 87 BetrVG 1972 Arbeitskampf = DB 87, 791; BAG 12. 8. 1999 AP 28 zu § 626 BGB Verdacht strafbarer Handlungen.

60 BAG ArbuR 78, 778.

61 Nicht für Betriebsratsmitglieder: BAG AP 45 zu § 37 BetrVG 1972; nicht bei elektronischer Zugangskontrolle, bei der diese Funktion eines Schlüssels hat: BAG AP 7 zu § 87 BetrVG 1972 = NJW 84, 2431.

62 BAG AP 17 zu § 87 BetrVG 1972 Ordnung des Betriebs = NZA 91, 154 = BB 91, 71.

63 BAG AP 10 zu § 87 BetrVG 1972 Ordnung des Betriebs = NJW 86, 1952.

64 BAG AP 21 zu § 87 BetrVG 1972 Überwachung = BB 91, 1566 = NZA 90, 729.

eingebrachter Sachen (Parkplätze,[65] Sicherung von Fahrrädern, Kleidung des Arbeitnehmers).[66]

Kein Mitbestimmungsrecht besteht, soweit die Anordnungen des Arbeitgebers durch Vorschriften des Gesundheitsschutzes zur sachgemäßen Arbeit aufgrund öffentlich-rechtlicher Vorschriften notwendig sind, etwa das Tragen von Kopftüchern oder Mützen in der Küche, Rauchverbote in Lebensmittelbetrieben und Krankenhäusern[67] usw. (§ 87 I Einleitungssatz BetrVG, s. o. Rn. 2). Mitbestimmungspflichtig ist dagegen die Einführung eines Rauchverbots, wenn es nur die Belästigung Dritter verhindern soll, z. B. für Verkäufer in einem Eisenwarengeschäft usw.

24 Eine Betriebsvereinbarung über ein betriebliches Rauchverbot muss die Belange des Betriebs, der Nichtraucher und der Raucher gegeneinander abwägen. Ein generelles Rauchverbot auch im Freien kann i. d. R. nicht mit dem Gesundheitsschutz der Nichtraucher begründet werden.[68]

25 Zu den Vorschriften über das Verhalten der Arbeitnehmer gehören sämtliche Normen, die das **Verhalten im Betrieb** und zu den Arbeitskollegen regeln. Keine Regelungskompetenz haben Arbeitgeber und Betriebsrat für das außerdienstliche Verhalten der Arbeitnehmer.

Beispiel: Mitbestimmungspflichtig sind Anweisungen zu Krankmeldungen, zum Nachweis von Erkrankungen, die Aufforderung zur Führung von Krankengesprächen.[69] Nicht mitbestimmungspflichtig ist die Anweisung des Arbeitgebers, auf Geschäftsbriefen den Vornahmen anzugeben.[70]

65 Vgl. BAG AP 26, 36, 58 zu § 611 BGB Fürsorgepflicht; AP 7 zu § 618 BGB; AP 1, 4 zu § 611 BGB Parkplatz.

66 BAG v. 1. 12. 1992 – NZA 93, 711 = BB 93, 939.

67 LAG München NZA 86, 577.

68 BAG 19. 1. 1999 AP 28 zu § 87 BetrVG 1972 Ordnung des Betriebs.

69 BAG 8. 11. 1994 AP 24 zu § 87 BetrVG 1972 Ordnung des Betriebs; BAG 21. 1. 1997 AP 27 zu § 87 BetrVG 1972 Ordnung des Betriebs; BAG 25. 1. 2000 AP 34 zu § 87 BetrVG Ordnung des Betriebs.

70 BAG 8. 6. 1999 AP 31 zu § 87 BetrVG 1972 Ordnung des Betriebs.

Die Einführung von **Betriebsbußen** und **Ordnungsstrafen** ist nicht ausdrücklich geregelt. Da die betriebliche Ordnung selbst der erzwingbaren Mitbestimmung unterliegt, bezieht sich diese auch auf die Einführung von Betriebsbußen.[71] Das gilt nicht nur für die Betriebsbußordnung als solche, sondern auch für die Verhängung der Betriebsbußen im Einzelfall, da sie der Durchführung der betrieblichen Ordnung dienen.[72] Die rechtswirksame Verhängung von Bußen setzt voraus: **(a)** Eine wirksam geschaffene und bekannt gemachte Bußordnung; **(b)** klar und eindeutig gefasste, eine Buße auslösende Tatbestände und zulässige Bußen; **(c)** die Einhaltung eines rechtsstaatlichen und ordnungsgemäßen Verhängungsverfahrens; **(d)** die Gewährung rechtlichen Gehörs und die Zulassung einer Vertretung auf Seiten des Arbeitnehmers; **(e)** die Mitbestimmung des Betriebsrats. Zweckmäßigerweise werden die Bußen durch einen paritätisch besetzten Ausschuss verhängt.[73] Die Bußgeldbefugnis erstreckt sich nicht auf die Ahndung von Straftatbeständen, soweit nicht zugleich ein Verstoß gegen die betriebliche Ordnung vorliegt, etwa bei Kollegendiebstahl. Als Bußen können verhängt werden Verwarnung, Verweis oder Geldbußen; Letztere werden nur bis zur Höhe eines Tagesverdienstes für zulässig gehalten. Geldbuße kann auch der generelle Entzug von Vergünstigungen sein, z. B. der eines verbilligten Bezugs von Flugscheinen.[74] Im Wege der Betriebsbuße kann keine Entlassung ausgesprochen werden, da andernfalls die zwingenden Vorschriften des Kündigungsschutzrechtes umgangen würden.[75] Die Bußordnung sollte eine Frist bestimmen, innerhalb derer die Bußen in der Personalakte wieder gelöscht werden. Regelmäßig wird eine 2-jährige Tilgungsfrist vorgesehen. 26

71 BAG AP 1 zu § 56 BetrVG Betriebsbuße; AP 1, 2 zu § 87 BetrVG 1972 Betriebsbuße; zweifelnd, ob überhaupt zulässig: BAG AP 18 zu § 87 BetrVG 1972 Lohngestaltung = DB 86, 384.

72 BAG AP 8 zu § 66 PersVG; AP 27 zu § 59 BetrVG; AP 1 zu § 56 BetrVG Betriebsbuße; AP 1 zu § 87 BetrVG 1972 Betriebsbuße.

73 BAG AP 5 zu § 87 BetrVG 1972 Altersversorgung.

74 BAG AP 18 zu § 87 BetrVG 1972 Lohngestaltung = DB 86, 384; auch BAG AP 12 zu § 339 BGB = DB 86, 1979.

75 BAG AP 4 zu § 87 BetrVG 1972 Betriebsbuße (Ausnahme für frühere Dienstordnungsangestellte i. S. v. § 351 RVO).

27 Die Verhängung der Betriebsbuße kann gerichtlich überprüft werden. Die gerichtliche Nachprüfung erstreckt sich darauf, ob eine wirksame Bußordnung vorliegt, ein rechtsstaatliches Verfahren bei der Verhängung eingehalten wurde und die Betriebsbuße im Einzelfall angemessen ist.[76]

28 Verwarnung und Verweis als Bußen sind zu unterscheiden von der Abmahnung, mit der die Erfüllung einzelvertraglicher Pflichten erreicht werden soll und eine Rechtsfolge für die Zukunft angedroht wird.[77] Sie hat häufig einer verhaltensbedingten Kündigung vorauszugehen. Sie ist nicht mitbestimmungspflichtig.[78] Lediglich die nachfolgenden personellen Maßnahmen können dem Mitwirkungsrecht des Betriebsrats unterliegen.[79] Die Abmahnung darf keinen über den Warnzweck hinausgehenden Sanktionscharakter haben, sonst wird sie mitbestimmungspflichtig.[80]

III. Die Verteilung der Arbeitszeit (§ 87 I Nr. 2 BetrVG)

29 **(1)** Das Volumen, d. h. die Dauer der wöchentlichen Arbeitszeit ist in der Regel in einem Tarifvertrag oder im Arbeitsvertrag geregelt. Das **Volumen der Arbeitszeit** unterliegt grundsätzlich nicht der Mitbestimmung des Betriebsrats, auch bei Teilzeitkräften nicht![81] Die Tarifparteien ermächtigen aber insbesondere bei der Flexibilisierung der Arbeitszeit häufig Betriebsparteien, für die einzelnen Betriebsabteilungen die Länge der wöchentlichen Arbeitszeit im Rahmen einer bestimmten Bandbreite festzulegen.[82] Generell mitbestimmungspflichtig ist **(a)** die Festsetzung

---

76 Zur Rspr. des BGH bei Vereinsstrafen: BGHZ 21, 307; 29, 352; 47, 172, 381; BGH AP 5 zu § 19 BetrVG; NJW 84, 918; zur Rspr. des BAG AP 1 zu § 56 BetrVG Betriebsbuße; AP 31 zu § 611 BGB Dienstordnungsangestellte.

77 BAG AP 3 zu § 1 KSchG 1969 Verhaltensbedingte Kündigung; AP 12 zu § 87 BetrVG 1972 Betriebsbuße = NZA 90, 193.

78 Vgl. BAG AP 1, 2, 3, 5 zu § 87 BetrVG 1972 Betriebsbuße; Schaub, Arbeitsrecht von A–Z, Stichwort: Abmahnung.

79 BAG AP 12 zu § 87 BetrVG 1972 Betriebsbuße.

80 BAG AP 3 zu § 87 BetrVG 1972 Betriebsbuße.

81 Vgl. zuletzt nur BAG 27. 1. 1998 AP 14 zu § 87 BetrVG 1972 Sozialeinrichtung; BAG 22. 6. 1993 AP 22 zu § 23 BetrVG 1972; BAG 16. 7. 1991 AP 44 zu § 87 BetrVG 1972 Arbeitszeit.

82 BAG AP 23 zu § 77 BetrVG 1972 = DB 87, 2257.

des Beginns und des Endes der täglichen Arbeitszeit; **(b)** die Verteilung der Arbeitszeit auf einzelne Wochentage; **(c)** die Festsetzung der Lage der Pausen; **(d)** die Festsetzung der zeitlichen Lage von Überstunden oder Kurzarbeit. Der Betriebsrat kann im Rahmen der gesetzlichen und der tariflichen Höchstarbeitszeit über die Dauer der täglichen Arbeitszeit mitbestimmen.[83] Mitbestimmungspflichtig sind desbalb die Einführung oder der Abbau von Schichtarbeit für den Betrieb oder einzelne Betriebsabteilungen,[84] die Zuordnung der Arbeitnehmer zu den jeweiligen Schichten,[85] die Aufstellung von Dienstplänen im Fahrdienst,[86] die Einführung von Rufbereitschaft und Bereitschaftsdienst,[87] die Erstellung von Rahmenbedingungen für die Teilzeitarbeit oder das Job Sharing, die Festlegung von Theaterproben,[88] die Festlegung der Unterrichtsstunden für Lehrer[89] und die der Höchstgrenzen für Vertretungsstunden,[90] die Einführung von Freischichten zwischen Weihnachten und Neujahr,[91] die Regelung der Pausenvertretung[92] u. Ä. Das Mitbestimmungsrecht besteht auch dann, wenn durch die Festsetzung von Beginn und Ende der Arbeitszeit Ladenöffnungszeiten beeinflusst werden.[93] Dagegen soll der Betriebsrat kein Mitbestimmungsrecht haben, wenn jahrelang geleistete Überstunden abgebaut werden.[94] § 87 I Nr. 2 BetrVG ermöglicht es dem Betriebsrat nicht, in einem Betrieb mit rotierender Arbeitszeit einen zusätzlichen freien Tag für einen auf einen Feiertag fallenden

83 BAG 28. 9. 1988 Ap 29 zu § 87 BetrVG 1972 Arbeitszeit.

84 BAG AP 2 zu § 87 BetrVG 1972 Kurzarbeit; AP 20 zu § 87 BetrVG 1972 Arbeitszeit = DB 87, 692.

85 BAG AP 35 zu § 87 BetrVG 1972 Arbeitszeit = NZA 90, 35.

86 BAG AP 1 zu § 16 BMT – G II; auch BAG AP 34 zu § 87 BetrVG 1972 Arbeitszeit.

87 BAG AP 9 zu § 87 BetrVG 1972 Arbeitszeit = NJW 83, 1135; BAG 29. 2. 2000 AP 81 zu § 87 BetrVG 1972 Arbeitszeit.

88 BAG AP 5 zu § 87 BetrVG 1972 Arbeitszeit.

89 BAG AP 51 zu § 87 BetrVG 1972 Arbeitszeit = NZA 92, 1098

90 BAG AP 36 zu § 87 BetrVG 1972 Arbeitszeit = NZA 90, 235.

91 BAG AP 58 zu § 1 LohnFG = DB 84, 2099.

92 LAG Düsseldorf DB 83, 2052.

93 BAG AP 8 zu § 87 BetrVG 1972 Arbeitszeit.

94 BAG AP 1 zu § 87 BetrVG 1972 Arbeitszeit = DB 78, 403.

freien Tag zu verlangen.[95] Soll im Betrieb die Viertagewoche oder die gleitende Arbeitszeit[96] eingeführt werden, so unterliegt dies der Mitbestimmung des Betriebsrats. Hat der Betriebsrat der gleitenden Arbeitszeit mit oder ohne Zeitausgleich zugestimmt, so kann der einzelne Arbeitnehmer selbstständig Beginn und Ende der Arbeitszeit festlegen.

Beispiel: In einer Betriebsvereinbarung ist bestimmt, dass die Arbeitnehmer eine Stammarbeitszeit von 9–15 Uhr einzuhalten haben, im Übrigen aber die geschuldete Arbeitsleistung von 7–18 Uhr erbringen können. Es bedarf also keiner weiteren Festlegung des Beginns und des Endes der Gleitzeit im Einzelfall.

30 **(2)** Seit den Tarifauseinandersetzungen im Jahre 1984 werden vor allem in der Metall- und Druckindustrie Tarifverträge zur **Flexibilisierung** der Arbeitszeit abgeschlossen, die ergänzende Betriebsvereinbarungen notwendig machen.

31 Im Schrifttum führte die Flexibilisierung der Arbeitszeit zunächst zu erheblichen Kontroversen darüber, ob sie rechtlich zulässig sei. Das BAG hat sie anerkannt.[97]

32 Häufig sehen die tariflichen Bestimmungen vor, dass die regelmäßige wöchentliche Arbeitszeit abgesenkt wird, aber ein bestimmter Prozentsatz der Belegschaft länger als die regelmäßige Arbeitszeit arbeiten darf.[98]

33 Aus Flexibilisierungsmodellen erwachsen zahlreiche individual-rechtliche Probleme zur Berechnung der Entgeltfortzahlung im Krankheitsfall, des Urlaubsentgelts usw. Die Entscheidung dieser Fragen richtet sich nach den jeweiligen tariflichen Regelungen. Das hat zu einer umfangreichen Rspr. des BAG geführt.[99]

---

95 BAG AP 9 zu § 83 ArbGG 1979 = DB 84, 2148; auch AP 38 zu § 87 BetrVG 1972 Arbeitszeit.

96 Vgl. Schaub, Arbeitsrecht von A–Z, Stichwort: Gleitende Arbeitszeit.

97 BAG AP 23 zu § 77 BetrVG 1972 = DB 87, 2257.

98 Zu den diversen Flexibilisierungsmodellen vgl. Hamm, Flexible Arbeitszeiten in der Praxis, Frankfurt a. M. 1999.

99 Schaub, ArbR-Hdb. § 160; Schaub, Arbeitsrecht von A–Z, Stichwort: Flexibilisierung der Arbeitszeit.

Haben sich die Betriebsparteien über eine Neuregelung der 34
Verteilung der Arbeitszeit, die infolge der Änderung eines Tarifvertrags notwendig geworden ist, noch nicht geeinigt, so ist der Arbeitgeber nicht berechtigt die Arbeitszeit einseitig festzulegen. Vielmehr bleibt die alte Regelung in Kraft, soweit sie beibehalten werden kann.[100]

IV. Vorübergehende Verkürzung oder Verlängerung der betriebsüblichen Arbeitszeit (§ 87 I Nr. 3 BetrVG)

Mitbestimmungspflichtig ist die vorübergehende Einführung 35
von Kurzarbeit und die vorübergehende Verlängerung der betrieblichen Arbeitszeit in Form von Über- und Mehrarbeit.[101,102] Es muss sich um die **nur vorübergehende** Abweichung vom regulären Zeitvolumen mit anschließender Rückkehr zur betriebsüblichen bzw. regelmäßigen individuellen Dauer der Arbeitszeit handeln; mitbestimmungspflichtig ist nicht die auf Dauer angelegte vertragliche Änderung des individuellen Arbeitszeitvolumens.[103] Betriebsübliche Arbeitszeiten sind alle Arbeitszeiten, die die **einzelnen Arbeitnehmer individual-rechtlich** schulden; [104] Die Einführung von Mehrarbeit/Überarbeit kann durch ausdrückliche Anordnung, aber auch durch bloße Duldung erfolgen.[105] Ein Mitbestimmungsrecht bei der Anordnung von Überstunden besteht auch dann, wenn diese aus besonderem Anlass (etwa bei Schlussverkäufen),[106] zur Beseitigung immer wieder auftretender technischer Störungen[107] oder bei Arbeitskräfteeng-

100 BAG AP 42 zu § 87 BetrVG 1972 Arbeitszeit = NZA 91, 609 = BB 91, 1050.

101 BAG AP 1 zu § 87 BetrVG 1972; AP 2 zu § 87 BetrVG 1972 Kurzarbeit; DB 77, 2235.

102 Dies gilt auch aus Anlass von Schlussverkäufen in einem Kaufhaus: BAG AP 3 zu § 87 BetrVG 1972 Arbeitszeit.

103 BAG 27. 1. 1998 AP 14 zu § 87 BetrVG 1972 Sozialeinrichtung; BAG 16. 7. 1991 AP 44 zu § 87 BetrVG 1972 Arbeitszeit.

104 BAG 16. 7. 1991 AP 44 zu § 87 BetrVG 1972 Arbeitszeit; BAG 11. 12. 2001 – 1 ABR 3/01 – z.V.v..

105 BAG AP 41 zu § 87 BetrVG 1972 Arbeitszeit = NZA 91, 382.

106 BAG AP 3 zu § 87 BetrVG 1972 Arbeitszeit = NJW 81, 1751.

107 BAG AP 6 zu § 87 BetrVG 1972 Arbeitszeit = DB 82, 1115; AP 2 zu § 23 BetrVG 1972 = NJW 84, 196.

pässen[108] notwendig werden. Mitbestimmungspflichtig ist auch die vorübergehende Verlängerung der Arbeitszeit von **Teilzeitbeschäftigten**, selbst wenn für diese unterschiedliche Wochenarbeitszeiten gelten.[109] Mitbestimmungspflichtig ist eine betrieblich veranlasste Anordnung von Überstunden selbst dann, wenn nur ein einzelner oder einzelne Arbeitnehmer Über- oder Mehrarbeit leisten sollen.[110] Wegen der zeitlichen Lage der Kurz- oder Über- bzw. Mehrarbeit hat der Betriebsrat ein Mitbestimmungsrecht nach § 87 I Nr. 2 BetrVG (oben III). Die Anordnung einer Dienstreise außerhalb der normalen Arbeitszeit ist keine mitbestimmungspflichtige Verlängerung der betriebsüblichen Arbeitszeit, wenn während der Reise keine Arbeitsleistung zu erbringen ist.[111] Der Arbeitgeber kann die Mitbestimmungspflicht weder dadurch umgehen, dass er gegenüber seinen Arbeitnehmern eine Änderungskündigung erklärt oder sich vertraglich mit ihnen über die Einführung veränderter betrieblicher Arbeitszeiten einigt, noch dadurch, dass er die Arbeit auf eine geschäftlich nicht tätige Firma überträgt, die von denselben Geschäftsführern geleitet wird und die die Arbeiten in seinem Betrieb, auf seinen Betriebsanlagen sowie gerade mit den Arbeitnehmern ausführen soll, die von ihm zu den Überstunden herangezogen werden sollten.[112]

36 Umstritten ist, ob der Betriebsrat vom Arbeitgeber verlangen kann, dass für einzelne Abteilungen Überstunden angeordnet werden.

---

108 BAG AP 18 zu § 87 BetrVG 1972 Arbeitszeit = DB 86, 2340; AP 18 aaO = DB 86, 2391 = NZA 86, 840.

109 BAG AP 44 zu § 87 BetrVG 1972 Arbeitszeit = NZA 92, 70 = BB 91, 2156.

110 BAG AP 18 zu § 87 BetrVG 1972 Arbeitszeit; BAG 11. 11. 1986 AP 21 zu § 87 BetrVG Arbeitszeit; BAG 13. 6. 1989 AP 36 zu § 87 BetrVG 1972 Arbeitszeit.

111 BAG 23. 7. 1996 AP 26 zu § 87 BetrVG 1972 Ordnung des Betriebs = NZA 1997, 216.

112 BAG AP 48 zu § 87 BetrVG 1972 Arbeitszeit = NZA 92, 376 = DB 92, 686; vgl. auch BAG 25. 2. 1997 AP 72 zu § 87 BetrVG 1972 Arbeitszeit.

Beispiel: Die Fußbodenleger eines Betriebs verlangen, dass die anfallende Arbeit nicht durch Neueinstellungen, sondern im Wege der Überarbeit erledigt wird.

Nach der Rspr. des BAG und der überwiegenden Meinung in der Literatur steht dem Betriebsrat bei der Einführung von Überstunden oder Kurzarbeit ein **Initiativrecht** zu.[113] 37

Soll Kurzarbeit eingeführt werden, sind ggfls. besondere gesetzliche und tarifliche Bestimmungen zu beachten.[114] Auch bei der Einführung von Kurzarbeit besteht ein Mitbestimmungsrecht des Betriebsrats. Es muss in Form einer Betriebsvereinbarung ausgeübt werden, sonst vermögen die Betriebsparteien die vertraglich geschuldete Arbeitszeit nicht wirksam zu verkürzen, so dass der Arbeitgeber in Annahmeverzug geraten kann (s. o. Abschn. IV Rn. 91).[115] Tarifverträge, die dem Arbeitgeber einseitig die Möglichkeit geben, Kurzarbeit einzuführen, sind gegenstandslos geworden.[116] Ein Tarifvertrag kann vorsehen, dass der Arbeitgeber Überstunden bis zur Entscheidung einer tariflichen Schlichtungsstelle für kurze Zeit (z. B. sechs Tage) ohne Zustimmung des Betriebsrats anordnen darf, wenn dies unaufschiebbar geboten ist.[117] Kann infolge veränderter Auftragslage vorzeitig wieder zur normalen Arbeitszeit zurückgekehrt werden, so hat der Betriebsrat kein Mitbestimmungsrecht.[118] Soll Kurzarbeit in mittelbar vom Arbeitskampf betroffenen Betrieben eingeführt werden, so hat der Betriebsrat kein Mitbestimmungsrecht bei der Frage, ob überhaupt Kurzarbeit eingeführt wird, wohl aber bei der Frage, wie die verkürzte Arbeitszeit zu verteilen ist.[119] Ebenfalls nicht mitbestimmungspflichtig ist es, wenn der Arbeit- 38

113 BAG AP 3 zu § 87 BetrVG 1972 Kurzarbeit = DB 86, 1395; Fitting/Kaiser/Heither/Engels § 87 Rn. 154 m. w. N. auch zur Gegenansicht.

114 Schaub, Arbeitsrecht von A–Z, Stichwort: Massenentlassung.

115 BAG 14. 3. 1991 AP 4 zu § 615 BGB Kurzarbeit; BAG 12. 10. 1994 AP 66 zu § 87 BetrVG 1972 Arbeitszeit.

116 BAG AP 1, 2 zu § 87 BetrVG 1972 Kurzarbeit.

117 BAG 17. 11. 1998 AP 79 zu § 87 BetrVG 1972 Arbeitszeit.

118 BAG AP 2 zu § 87 BetrVG 1972 Arbeitszeit.

119 BAG AP 70, 71 zu Art. 9 GG Arbeitskampf; Schaub, Arbeitsrecht von

geber aus arbeitskampfbedingten Gründen für einen Teil der Belegschaft die Arbeitszeit verlängert.[120]

39 Ordnet der Arbeitgeber einseitig Überstunden an, so steht dem Betriebsrat ein vorbeugender Unterlassungsanspruch zu (Rn. 21).[121] Dieser wird unbegründet, wenn die Überstunden inzwischen geleistet wurden.[122]

V. Zeit, Ort und Art der Auszahlung des Arbeitsentgelts (§ 87 I Nr. 4 BetrVG)

40 Das Mitbestimmungsrecht bezieht sich auf die Auszahlung der Arbeitsvergütung einschließlich aller Zulagen. Dem Mitbestimmungsrecht unterliegen: **(a)** die Zeit der Auszahlung (Wochen-, Tage-, Monatsentlohnung; Zahlung zu Beginn oder am Ende der Abrechnungsperiode; **(b)** der Ort der Auszahlung (an der Baustelle, im Firmenbüro usw.; nicht in Gaststätten: § 115 a GewO; § 35 II SeemannsG); **(c)** die Art der Auszahlung (bargeldlose Lohnzahlung,[123] die Kostentragung für die Einführung der bargeldlosen Lohnzahlung[124] als sog. Annexregelung; bestehende Betriebsvereinbarungen werden durch spätere tarifliche Regelungen zumeist nicht angetastet).[125] Im Allgemeinen überschreitet der Spruch einer Einigungsstelle billiges Ermessen, wenn durch ihn der Arbeitgeber gezwungen wird, die Arbeitnehmer monatlich eine Stunde von der Arbeit freizustellen, um den mit der bargeldlosen Lohnzahlung verbundenen Zeitaufwand auszugleichen.[126] Erstattet der Arbeitgeber Kontoführungsgebühren, so gehört der Ersatz zum steuerpflichtigen Arbeitslohn

A–Z, Stichwort: Betriebsrisiko; vgl. auch Fitting/Kaiser/Heither/Engels § 87 Rn. 159 ff., 167 ff.

120 BAG AP 63 zu Art. 9 GG Arbeitskampf.

121 BAG v. 3. 5. 1994 AP 23 zu § 23 BetrVG 1972..

122 BAG AP 8 zu § 81 ArbGG 1979 = NZA 88, 317.

123 BAG AP 2, 5 zu § 56 BetrVG Entlohnung; AP 25 zu § 59 BetrVG; AP 1 zu § 36 BAT; BVerwG AP 88 zu § 611 BGB Fürsorgepflicht.

124 BAG AP 1, 2 zu § 87 BetrVG 1972 Auszahlung; AP 11 = NZA 91, 611; zur Frage der Zuständigkeit von Betriebsrat oder Gesamtbetriebsrat vgl. BAG 11. 12. 2001 – 1 AZR 185/01 – z.V.v.

125 BAG AP 5 zu § 36 BAT; AP 9 zu § 87 BetrVG 1972 Auszahlung = NZA 89, 564.

126 BAG v. 10. 8. 1993 – AP 12 zu § 87 BetrVG 1972 Auszahlung.

(LStR 70 II Nr. 13). Nach § 11 III des 5. VermBG hat der Betriebsrat ein erzwingbares Mitbestimmungsrecht bei der Festlegung des Termins, bis zu dem die Anlage vermögenswirksamer Leistungen begehrt werden kann.

VI. Aufstellung allgemeiner Urlaubsgrundsätze und des Urlaubsplans (§ 87 I Nr. 5 BetrVG)

Zur Aufstellung allgemeiner Urlaubsgrundsätze gehört **nicht** 41
die Festlegung der **Dauer** des Urlaubs. Es geht um Regelungen darüber, **wann** der gesetzlich, tariflich oder einzelvertraglich bestehende Anspruch auf Urlaub erfüllt werden soll. Betriebsvereinbarungen über die Dauer des Urlaubs sind nicht erzwingbar. Ein Mitbestimmungsrecht besteht auch für die zeitliche Lage von Sonderurlaub.[127] Dasselbe gilt für Bildungsurlaub und den Zusatzurlaub für Schwerbehinderte.[128]

Das Mitbestimmungsrecht bezieht sich zunächst auf die Fest- 42
legung allgemeiner Urlaubsgrundsätze. Dazu zählen allgemeine Richtlinien für die Erteilung des Urlaubs (z. B.: Vorrang für Arbeitnehmer mit schulpflichtigen Kindern während der Ferien; Abwechslung in den günstigen und ungünstigen Monaten). Dazu gehört ferner die Einführung von Betriebsferien.[129]

Nach Maßgabe der Urlaubsgrundsätze ist der Urlaubsplan 43
aufzustellen. In ihm wird der konkrete Urlaub der einzelnen Arbeitnehmer des Betriebs im Kalenderjahr festgelegt. Hat sich der einzelne Arbeitnehmer in eine Urlaubsliste eingetragen, in der die Wünsche der Arbeitnehmer gesammelt werden, so gilt der Urlaub als in der eingetragenen Zeit erteilt, wenn der Arbeitgeber nicht binnen angemessener Frist Einwände erhebt. Geschieht dies nicht, wird aus der Urlaubsliste gleichsam automatisch der Urlaubsplan.[130] Eine generelle Änderung der Urlaubsliste unterliegt der Mitbestimmung des Betriebsrats.

127 BAG AP 8 zu § 9 BUrlG = DB 78, 499; AP 1 zu § 87 BetrVG 1972 Urlaub.

128 LAG Frankfurt BB 87, 1461.

129 Vgl. BAG AP 84 zu § 611 BGB Urlaubsrecht; AP 3 zu § 9 BUrlG; AP 2 zu § 7 BUrlG Betriebsferien; zur Einführung von Betriebsferien für mehrere Jahre: BAG AP 2 zu § 87 BetrVG 1972 Urlaub.

130 Fitting/Kaiser/Heither/Engels § 87 Rn. 197.

44 Besteht eine Betriebsvereinbarung über die Gewährung von Urlaub, so verstößt der Arbeitgeber noch nicht dadurch gegen sie, dass er auf die einzelnen Arbeitnehmer wegen der Eintragung in die Urlaubsliste steuernd einwirkt.[131]

45 Auch wenn der Urlaub als erteilt gilt, kann er im Einzelfall aus dringenden betrieblichen Gründen widerrufen werden. Zulässigkeit und Grenzen richten sich nach urlaubsrechtlichen Grundsätzen.[132] Ob der Widerruf dem Mitbestimmungsrecht des Betriebsrats unterliegt, ist strittig.[133]

46 Nach § 7 I BUrlG unterliegt die Erteilung des Urlaubs dem Direktionsrecht des Arbeitgebers. Bei der zeitlichen Festlegung hat der Arbeitgeber die Wünsche der Arbeitnehmer zu berücksichtigen, es sei denn, dass ihrer Berücksichtigung dringende betriebliche Belange oder Urlaubswünsche anderer Arbeitnehmer, die unter sozialen Gesichtspunkten den Vorrang verdienen, entgegenstehen. Die Festlegung des Urlaubszeitpunkts steht damit im pflichtgemäßen Ermessen des Arbeitgebers. Kommt es zu Streitigkeiten zwischen Arbeitgeber und dem einzelnen Arbeitnehmer, so hat der Betriebsrat bei der Festlegung gemäß § 87 I Nr. 5 BetrVG ein erzwingbares Mitbestimmungsrecht. Kommt es zu keiner Einigung, so kann der Betriebsrat auch für diese einzelne Urlaubserteilung die Einigungsstelle (Abschn. XI Rn. 59ff.) anrufen, die verbindlich entscheidet. Auch die Einigungsstelle hat den Urlaub nach den allgemeinen Grundsätzen festzusetzen.[134] Der Spruch der Einigungsstelle kann auf Antrag des Arbeitgebers oder des Betriebsrats vor den Arbeitsgerichten gemäß §§ 87 I Nr. 5, 76 V BetrVG, 7 I BUrlG, 315 BGB im Beschlussverfahren überprüft werden (Abschn. XI Rn. 80ff.). Daneben kann der einzelne Arbeitnehmer gem. §§ 7 I BUrlG, 315 BGB im Urteilsverfahren vor den Arbeitsgerichten auf Erteilung bzw. zeitliche Festlegung des Urlaubs klagen. Es kann auf diese Weise zu mehreren Verfahren mit einander widersprechenden Ent-

131 LAG Hamm EzA 2 zu § 87 BetrVG 1972 Urlaub.

132 Schaub, Arbeitsrecht von A–Z, Stichwort: Urlaub.

133 Bejahend LAG München 23. 3. 1988 – BB 1988, 2175; ablehend GK-Wiese Rn. 468.

134 Dazu BAG AP 5 zu § 7 BUrlG.

scheidungen kommen.[135] Eine verbreitete Auffassung im Schrifttum ist der Meinung, dass die Individualklage unzulässig ist, bevor nicht eine Einigung mit dem Arbeitgeber, ggfls. mit Hilfe der Einigungsstelle versucht worden ist.[136]

VII. Überwachungseinrichtungen (§ 87 I Nr. 6 BetrVG)

Mitbestimmungspflichtig ist die Einführung und Anwendung 47
sämtlicher technischer Einrichtungen, die dazu **bestimmt oder geeignet** sind, das **Verhalten oder die Leistung** der Arbeitnehmer zu **überwachen**.[137] Gesetzeszweck ist der Schutz der Persönlichkeit der Arbeitnehmer (BT-Drucks. VI/1786, S. 48). Das Mitbestimmungsrecht bedeutet nicht, dass der Betriebsrat die Einführung von technischen Kontrollen, etwa zur Erfassung der Arbeitszeit, auch gegen den Willen des Arbeitgebers verlangen kann.[138] Falls eine technische Kontrolle durchgeführt werden soll, geht das Mitbestimmungsrecht nach § 87 I Nr. 6 BetrVG dem aus § 87 I Nr. 1 BetrVG vor.[139] Daneben kommt ein Mitbestimmungsrecht nach §§ 90, 106 III Nr. 5, 111 Nr. 5 BetrVG in Betracht. Überwachen ist das Sammeln von Daten, um sie mit anderen Daten zu vergleichen (Soll-Ist-Vergleich).[140] Eine technische Überwachung kann auch dann gegeben sein, wenn nicht alle Teile des Überwachungsvorgangs technisch ausgewertet werden. Eine technische Überwachung liegt auch dann vor, wenn nur die Leistungsdaten technisch erhoben werden[141] oder wenn die manuell erhobenen Daten technisch ausgewertet werden.[142] Keine Überwachung ist gegeben, wenn eine technische Einrichtung von einem bestimmten Arbeitnehmer mit seiner Code-Nummer in Gang gesetzt wird, dann aber unterschiedslos von allen Arbeitnehmern benützt werden

135 Vgl. dazu BAG AP 14 zu § 626 BGB Ausschlussfrist.
136 Fitting/Kaiser/Heither/Engels § 87 Rn. 206.
137 BAG AP 1, 2, 3 zu § 87 BetrVG 1972 Überwachung.
138 BAG AP 4 zu § 87 BetrVG 1972 Initiativrecht = NZA 90, 406.
139 Vgl. BAG AP 2 zu § 87 BetrVG 1972 Überwachung.
140 BAG AP 9 zu § 87 BetrVG 1972 Überwachung = NJW 85, 450.
141 Fitting/Kaiser/Heither/Engels § 87 Rn. 213 m. w. N.
142 BAG AP 9 zu § 87 BetrVG 1972 Überwachung = NJW 85, 450; AP 11 aaO = NJW 86, 152; AP 14 aaO = NJW 86, 2724.

kann.[143] Etwas anderes kann dann gelten, wenn die Arbeitnehmergruppe so klein ist, dass selbst die gemeinsame Benutzung der Code-Karte noch eine Überwachung ermöglicht.[144] Einführung ist nicht nur die erstmalige Anwendung der Kontrolleinrichtung; sie liegt vielmehr schon in der Gesamtheit der Maßnahmen, die die geplante Anwendung vorbereiten sollen. Anwendung ist die allgemeine Handhabung der eingeführten Kontrolleinrichtungen. Die Möglichkeit der Überwachung muss sich auf Leistung und Verhalten des Arbeitnehmers beziehen. Leistung ist jede vom Arbeitnehmer zur Erfüllung seiner Arbeitspflicht verrichtete Tätigkeit.[145] Verhalten ist jedes Tun oder Unterlassen im betrieblichen oder außerbetrieblichen Bereich. Eine Überwachung von Leistung oder Verhalten ist nicht gegeben, wenn nur die Personenstandsdaten (Name, Anschrift, Geburtstag, Kinderzahl, Steuerklasse usw.) registriert werden.[146]

48 Mitbestimmungspflichtig ist die Einführung von Produktographen, wenn auch die Kontrolle der Arbeitnehmer möglich ist,[147] Multimomentkameras,[148] Fernsehmonitoren, Spiegeln oder Einwegscheiben, Geräten zum Mithören von Telefongesprächen[149] oder zu ihrer Registrierung,[150] Stechuhren, Zeitstemplern,[151] gesetzlich nicht vorgeschriebenen Fahrtenschreibern,[152] automatisierten Personalinformationssystemen;[153] mitbestimmungspflichtig sind ferner kurzzeitige Filmaufnahmen am Ar-

143 BAG AP 7 zu § 87 BetrVG 1972 Überwachung = NJW 84, 1475; AP 7 zu § 87 BetrVG 1972 Ordnung des Betriebs = NJW 84, 2431.

144 BAG AP 13 zu § 87 BetrVG 1972 Überwachung = NJW 86, 2069; BAG 26. 7. 1994 – NZA 1995, 186.

145 BAG AP 12 zu § 87 BetrVG 1972 Überwachung = NJW 86, 152; AP 13 aaO = NJW 86, 2069.

146 BAG 22. 10. 1986 AP 2 zu § 23 BDSG = DB 87, 1048 = NZA 87, 415.

147 BAG AP 2 zu § 87 BetrVG 1972 Überwachung.

148 BAG AP 1 zu § 87 BetrVG 1972 Überwachung.

149 LAG Köln DB 83, 1101.

150 BAG AP 15 zu § 87 BetrVG 1972 Überwachung = NJW 87, 674; BAG AP 3 zu § 23 BDSG = DB 87, 1153.

151 LAG Düsseldorf DB 79, 459.

152 BAG 10. 7. 1979 AP 4 zu § 87 BetrVG 1972 Überwachung.

153 BAG AP 9 zu § 87 BetrVG 1972 Überwachung = NJW 85, 450; AP 11 aaO = NJW 86, 152; AP 14 aaO = NJW 86, 2724.

beitsplatz[154] und Tonbandaufnahmen. Nicht mitbestimmungspflichtig ist die Einführung von Tagesnotizen oder Berichten für Außendienstmitarbeiter[155] sowie der Einsatz von Privatdetektiven zur Überwachung von Arbeitnehmern bei der Erfüllung ihrer Arbeitspflicht[156] oder eine Kundenbefragung.[157]

Das Mitbestimmungsrecht besteht auch dann, wenn die Über- 49
wachung nicht der unmittelbare Zweck ist, sondern sich als Nebeneffekt ergibt.[158] Es genügt, dass aufgrund vorhandener EDV-Programme Verhaltens- und Leistungsdaten ermittelt und aufgezeichnet werden, die bestimmten Arbeitnehmern zugeordnet werden können, unabhängig davon, zu welchem Zweck diese Daten erfasst werden.[159] Insbesondere durch den Einsatz von EDV-Anlagen lässt sich die Leistung und das Verhalten der Arbeitnehmer lückenlos überwachen. Eine Verknüpfung der entspr. Daten mit der Personaldatei ermöglicht eine umfangreiche Speicherung von Daten über den Arbeitnehmer, an denen der Arbeitgeber häufig gar kein Interesse hat. Durch eine Betriebsvereinbarung kann geregelt werden, welche Daten nicht gespeichert oder zu Personalentscheidungen verwandt werden dürfen. Mitbestimmungspflichtig ist auch die technisch-maschinelle Auswertung von auf nichttechnischem Wege erhobenen Daten.[160]

Zu der Frage in welchem Umfang der Betriebsrat ein Mitbe- 50
stimmungsrecht bei der Einführung von **Bildschirmarbeitsplätzen** hat, hat das BAG in einer Entscheidung vom 6. 12. 1983 (AP Nr. 7 zu § 87 BetrVG 1972 Überwachung = NJW 1984, 1475) Stellung genommen. Die Leitsätze seiner Entscheidung

154 BAG AP 4 zu § 87 BetrVG 1972 Überwachung.

155 BAG AP 2, 3 zu § 87 BetrVG 1972 Ordnung des Betriebs; LAG Düsseldorf DB 75, 556.

156 BAG AP 21 zu § 87 BetrVG 1972 Überwachung = NZA 91, 729 = BB 91, 1566.

157 BAG 28. 1. 1992 AP 1 zu § 96 BetrVG 1972.

158 BAG AP 1, 2, 3, 7 zu § 87 BetrVG 1972 Überwachung.

159 BAG 6. 12. 1983 AP 7 zu § 87 BetrVG 1972 Überwachung.

160 BAG 11. 3. 1986 AP 14 zu § 87 BetrVG 1972 Überwachung (Paisy); vgl. auch Bopp/Molkenbur BB 1995, 514; die Ansicht ist nicht unumstritten, zum Meinungsstand vgl. Fitting/Kaiser/Heither/Engels § 87 Rn. 233 ff. m. w. N.

lauten: **(1)** Verlangt der Betriebsrat anlässlich der Einführung von Bildschirmarbeitsplätzen die Regelung einer Vielzahl von Gegenständen, so kann der Arbeitgeber hinsichtlich eines jeden Gegenstandes die Feststellung beantragen, dass das Regelungsverlangen des Betriebsrats nicht begründet ist. **(2)** Nach § 91 BetrVG kann der Betriebsrat auch dann nicht generell die bestimmte Ausgestaltung von Arbeitsplätzen und Arbeitsabläufen verlangen, wenn einzelne Arbeitsplätze gesicherten arbeitswissenschaftlichen Erkenntnissen über die menschengerechte Gestaltung der Arbeit offensichtlich widersprechen und Arbeitnehmer dadurch besonders belastet werden. **(3)** Das Verlangen des Betriebsrats, die Arbeit an Bildschirmgeräten zeitlich zu beschränken und durch bezahlte Pausen zu unterbrechen, hält sich als Maßnahme des Gesundheitsschutzes nicht im Rahmen gesetzlicher Vorschriften i. S. von § 87 Abs. 1 Nr. 7 BetrVG. § 120 a GewO verpflichtet nicht dazu, möglichen Gesundheitsgefahren, die mit einer Arbeit verbunden sind, dadurch zu begegnen, dass die Arbeit zeitlich beschränkt oder regelmäßig unterbrochen wird. **(4)** Die Vorschriften des Arbeitssicherheitsgesetzes ermöglichen es dem Betriebsrat nicht, Augenuntersuchungen der an Bildschirmgeräten beschäftigten Arbeitnehmer zu verlangen. **(5)** Der Schutz werdender Mütter vor gesundheitsgefährdenden Strahlen ist durch § 4 MuSchG abschließend gesetzlich geregelt, so dass ein Mitbestimmungsrecht des Betriebsrats insoweit nicht gegeben ist. **(6)** Datensichtgeräte in Verbindung mit einem Rechner sind i. S. von § 87 Abs. 1 Nr. 6 BetrVG dann zur Überwachung von Verhalten und Leistung der Arbeitnehmer bestimmt, wenn aufgrund vorhandener Programme Verhaltens- und Leistungsdaten ermittelt und aufgezeichnet werden, die bestimmten Arbeitnehmern zugeordnet werden können, unabhängig davon, zu welchem Zweck die Daten erfasst werden. **(7)** Ob die Einführung von Datensichtgeräten eine Betriebsänderung i. S. von § 111 S. 2 BetrVG darstellt, ist auch dann für jeden Betrieb gesondert zu prüfen, wenn die Geräte unternehmenseinheitlich eingeführt werden. **(8)** Der Betriebsrat kann keine Regelung erzwingen, die ihm bestimmte Auskunfts-, Überwachungs- und Kontrollrechte einräumt. Das

Bundesarbeitsgericht hat ferner entschieden zum Mitbestimmungsrecht bei Arbeitswirtschaftsinformationssystemen („ARWIS“),[161] unternehmenseinheitlichen Telefonvermittlungsanlagen (HICOM),[162] Automatic-Call-Distribution-Telefonanlagen (ACD).[163] Für die Erteilung eines Einzelentgeltnachweises für eine Nebenstellenanlage bedarf es der Zustimmung des Betriebsrats nach § 6 VII der Telekommunikationsdienstunternehmen-Datenschutz-Verordnung (BGBl. 1996, Teil I S. 982). Unabhängig von der erzwingbaren Mitbestimmung können die Betriebsparteien freiwillige Betriebsvereinbarungen über den Einsatz und die Nutzung technischer Einrichtungen oder eine Datenerhebung schließen.

Kein Mitbestimmungsrecht besteht, wenn die technischen 51
Kontrolleinrichtungen lediglich den Arbeitsablauf der Maschinen überwachen sollen. Das Mitbestimmungsrecht entfällt ferner, wenn die technischen Kontrolleinrichtungen gesetzlich vorgeschrieben sind, z. B. Fahrtenschreiber. Es besteht jedoch, wenn diese ohne gesetzliche Verpflichtung eingeführt werden.[164] Unzulässige Eingriffe in das Persönlichkeitsrecht der Arbeitnehmer bleiben auch dann rechtswidrig, wenn der Betriebsrat ihnen zugestimmt hat.[165]

Führt der Arbeitgeber ohne oder gegen die Mitbestimmung 52
des Betriebsrats Überwachungseinrichtungen ein, so erlangt der Betriebsrat einen im Beschlussverfahren (Abschn. XI Rn. 15ff.) – ggfls. im Wege der einstweiligen Verfügung – durchsetzbaren Beseitigungsanspruch. Die einzelnen Arbeitnehmer haben das Recht, ihre Arbeitsleistung zu verweigern (§ 273 BGB).

161 BAG 26. 7. 1994 AP 26 zu § 87 BetrVG 1972 Überwachung.
162 BAG 11. 11. 1998 AP 19 zu § 50 BetrVG 1972.
163 BAG 30. 8. 1995 AP 29 zu § 87 BetrVG 1972 Überwachung.
164 BAG AP 3 zu § 87 BetrVG 1972 Überwachung.
165 BAG 15. 5. 1991 AP 23 zu § 611 BGB Persönlichkeitsrecht.

VIII. Regelungen über den Unfall- und Gefahrenschutz im Rahmen der gesetzlichen Vorschriften und der Unfallverhütungsvorschriften (§ 87 I Nr. 7 BetrVG)

53 Dem Betriebsrat steht kein erzwingbares Mitbestimmungsrecht bei der Einführung **zusätzlicher Schutzvorrichtungen** zu. Insoweit besteht lediglich die Möglichkeit einer freiwilligen Betriebsvereinbarung nach § 88 BetrVG. Ein erzwingbares Mitbestimmungsrecht hat er dagegen, wenn der Arbeitgeber aufgrund gesetzlicher Vorschriften oder der Unfallverhütungsvorschriften Sicherungen vornehmen muss. Es betrifft die Art der vorzunehmenden Sicherungen.[166] Das Mitbestimmungsrecht besteht bei der Ausfüllung und Umsetzung des durch die jeweilige Arbeitsschutzvorschrift vorgegebenen Regelungsrahmens.[167] In diesem Zusammenhang hat der Betriebsrat ein Initiativrecht; er kann den Erlass entsprechender betrieblicher Regelungen verlangen. Es sollen die Erfahrungen und Kenntnisse des Betriebsrats bei der Einführung von Schutzeinrichtungen nutzbar gemacht werden. Dem vorbeugenden Unfallschutz dient das Mitwirkungsrecht des Betriebsrats bei der Gestaltung von Arbeitsplatz, Arbeitsablauf usw. nach §§ 90, 91 BetrVG (Abschn. VII Rn. 2ff.; zum Überwachungsrecht des Betriebsrats Abschn. V Rn. 2ff.). Den einzelnen Arbeitnehmer hat der Arbeitgeber vor Beginn der Beschäftigung über die Unfall- und Gesundheitsgefahren, denen er bei der Beschäftigung ausgesetzt ist, sowie über die Maßnahmen und Einrichtungen zur Abwendung der Gefahren nach § 81 I 2 BetrVG zu unterrichten.

54 Nach dem Gesetz über Betriebsärzte, Sicherheitsingenieure und andere Fachkräfte für Arbeitssicherheit (Arbeitssicherheitsgesetz – ASiG – vom 12. 12. 1973 (BGBl. I 885), zul. geänd. durch Gesetz vom 19. 12. 1998 (BGBl. I S. 3843)) ist der Arbeitgeber verpflichtet, Betriebsärzte usw. zu bestellen.[168] Der Betriebsrat hat nach § 87 I Nr. 7 BetrVG mitzubestimmen, wenn entschieden wird, welche der drei Möglichkeiten zur Erfül-

166 BAG AP 3 zu § 87 BetrVG 1972 Arbeitssicherheit.

167 BAG 16. 8. 1998 AP 7 zu § 87 BetrVG 1972 Gesundheitsschutz; BAG 15. 1. 2002 – 1 ABR 13/01 – z.v.V.; Fitting/Kaiser/Heither/Engels § 87 Rn. 274.

168 Schaub, Arbeitsrecht von A–Z, Stichwort: Betriebsärzte.

lung von § 2 I ASiG für den Betrieb zu wählen ist (angestellter Betriebsarzt, freiberuflich tätiger Betriebsarzt oder überbetrieblicher Dienst).[169] Nach § 9 III ASiG ist der Betriebsrat bei der Bestellung und Abberufung zu beteiligen. Dabei bedarf es seiner Zustimmung, wenn die Sicherheitskraft als Arbeitnehmer des Betriebs eingestellt werden bzw. als solcher entlassen werden soll.[170] Andernfalls besteht nur ein Anhörungsrecht, § 9 III S. 3 ASiG. Ist die Zustimmung erforderlich, entscheidet ggfls. die Einigungsstelle, § 9 II S. 2 ASiG. Daneben bestehen u. U. die Rechte des Betriebsrats aus §§ 99, 102 BetrVG. Nach richtiger, aber bestrittener Meinung wird dem Betriebsrat insoweit ein Initiativrecht zukommen.

Durch das Arbeitsschutzgesetz vom 7. 8. 1996 (BGBl. I 55
S. 1246; zuletzt geändert durch Gesetz vom 19. 12. 1998 (BGBl. I S. 3843)) sind die Pflichten des Arbeitgebers auf dem Gebiet des Arbeitsschutzes erweitert und konkretisiert worden.[171] Ergänzungen finden sich aber weiterhin in diversen Spezialregelungen. Zu diesen zählt u. a. die Bildschirmverordnung vom 4. 12. 1996. Bei deren Umsetzung besteht ein Mitbestimmungsrecht des Betriebsrats. Der Anspruch des Arbeitnehmers darauf, dass ihm bei der Bildschirmarbeit eine Sehhilfe zur Verfügung gestellt wird, folgt unmittelbar aus § 6 II Bildschirmarbeit-VO selbst.[172]

IX. Form, Ausgestaltung und Verwaltung von Sozialeinrichtungen (§ 87 I Nr. 8 BetrVG)

Sozialeinrichtungen sind uneigennützige Einrichtungen des 56
Betriebs, durch die den Arbeitnehmern oder ihren Familienmitgliedern zusätzliche Vorteile gewährt werden. Unerheblich ist, ob der Arbeitgeber dabei auch eigenwirtschaftliche Zwecke verfolgt. Der Begriff der Einrichtung setzt voraus, dass eine gewisse, auf längeren Bestand ausgerichtete Organisation vorhanden

169 BAG AP 1 zu § 87 BetrVG 1972 Arbeitssicherheit.

170 LAG Brandenburg 15. 1. 1998 – 3 Sa 477/96.

171 Überblick bei Fitting/Kaiser/Heither/Engels § 87 Rn. 286 ff.; zur Rüge des EuGH, die BRD habe die zugrundeliegende Richtlinie 89/391/EWG unvollständig umgesetzt vgl. EuGH 7. 2. 2002 – Rs. C-5/00 – NZA 2002, 321.

172 BAG 2. 4. 1996 AP 5 zu § 87 BetrVG 1972 Gesundheitsschutz.

ist,[173] die sich mit der Verwaltung von abgesonderten Mitteln („zweckgebundenem Sondervermögen“) beschäftigt.[174] Ein Betriebsausflug ist mangels einer auf Dauer angelegten Organisation keine Sozialeinrichtung.[175] Eine Sozialeinrichtung i. S. v. § 2 I Nr. 4 b, 6 ArbGG kann auch eine Beschäftigungsgesellschaft sein, dei Mittel aus einem Sozialplan erhalten hat.[176]

Beispiel: Sozialeinrichtungen sind Werkskantinen,[177] Unterstützungs- und Pensionskassen,[178] Erholungsheime, Werksbüchereien, Sportanlagen, Fortbildungseinrichtungen, Kindergarten[179] usw. Eine Sozialeinrichtung entsteht aber nicht dadurch, dass der Arbeitgeber Gratifikationen oder Jubiläumsgelder zahlt. Etwas anderes kann gelten, wenn der Arbeitgeber eine bestimmte Vermögensmasse zur Verfügung stellt, aus der Gratifikationen usw. gezahlt werden. Nicht zu den Sozialeinrichtungen zählen Werkszeitungen[180] und Betriebskrankenkassen als gesetzliche Träger der Sozialversicherung. Führt der Arbeitgeber die betriebliche Altersversorgung durch den Abschluss von Lebensversicherungen durch, so liegt ebenfalls keine Sozialeinrichtung vor. Vielmehr folgt das Mitbestimmungsrecht des Betriebsrats in diesem Fall aus § 87 I Nr. 10 BetrVG.[181] (§ 87 I Nr. 8 BetrVG ist ein Sondertatbestand zu § 87 I Nr. 10 BetrVG.[182]

173 Vorübergehend hat das BAG sich von dieser Begriffsbildung gelöst. Vgl. BAG AP 2, 3 zu § 87 BetrVG 1972 Sozialeinrichtung; dann aber AP 5 zu § 87 BetrVG 1972 Lohngestaltung.

174 BAG AP 5 zu § 56 BetrVG; AP 3 zu § 57 BetrVG; AP 6, 8 zu § 56 BetrVG Wohlfahrtseinrichtung; AP 1–3 zu § 87 BetrVG Altersversorgung; AP 5 zu § 87 BetrVG 1972 Lohngestaltung.

175 BAG 27. 1. 1998 AP 14 zu § 87 BetrVG 1972 Sozialeinrichtung.

176 BAG 23. 8. 2001 – 5 AZB 11/01 – DB 2001, 2559.

177 BAG AP 6–8 zu § 56 BetrVG Wohlfahrtseinrichtungen; der Betriebsrat als solcher kann nicht Träger der Kantine sein: BAG AP 7 zu § 87 BetrVG 1972 Sozialeinrichtung = DB 86, 2680.

178 BAG AP 1–4 zu § 87 BetrVG 1972 Altersversorgung; AP 5 aaO = DB 78, 2129; AP 1 zu § 1 BetrAVG Unterstützungskasse = NJW 82, 1773.

179 BAG AP 10 zu § 76 BetrVG 1972; LAG Hamm DB 76, 201.

180 Zur Verpflichtung des Arbeitgebers, ein Informationsblatt des Betriebsrats zu finanzieren, einerseits Hoffmann ArbuR 74, 276; LAG Hamburg DB 78, 118 – bejahend; andererseits LAG Düsseldorf DB 76, 2021 – verneinend.

181 BAG v. 16. 2. 1993 – AP 19 zu § 87 BetrVG 1972 Altersversorgung.

182 ErfK-Hanau/Kania BetrVG § 87 Rn. 68.

Der Betriebsrat hat kein Mitbestimmungsrecht bei der Entscheidung des Arbeitgebers, ob eine Sozialeinrichtung geschaffen oder geschlossen wird. Insoweit kommt nur eine freiwillige Betriebsvereinbarung gemäß § 88 BetrVG in Frage.[183] 57

Beispiel: Der Betriebsrat kann den Arbeitgeber nicht zwingen, überhaupt eine Kantine oder Unterstützungskasse einzurichten.

Mitbestimmungsfrei ist auch die Festsetzung des Dotierungsrahmens.[184] 58

Ist die Sozialeinrichtung aber – freiwillig – installiert, besteht innerhalb des Dotierungsrahmens und des vom Arbeitgeber damit verfolgten Zwecks das Mitbestimmungsrecht des Betriebsrats bezüglich Form, Verwaltung und inhaltlicher Ausgestaltung. 59

Sollen die Leistungen einer Unterstützungskasse gekürzt werden, so ist die Festsetzung des neuen Dotierungsrahmens mitbestimmungsfrei. Mitbestimmungspflichtig ist dagegen die Aufstellung des neuen Leistungsplans.[185] Ob die Leistungen der Unterstützungskasse gegenüber den Arbeitnehmern überhaupt widerrufen werden können, richtet sich nach dem Arbeitsvertrag.[186] 60

Mitbestimmungspflichtig ist die **Form der Sozialeinrichtung.** Hat sich der Arbeitgeber entschlossen, eine Sozialeinrichtung zu schaffen, so hat der Betriebsrat mitzubestimmen, in welcher Rechtsform sie errichtet wird (GmbH, e. V. usw.), ob sie in den Betrieb eingegliedert wird oder eine eigene Rechtspersönlichkeit erhält. Ferner bezieht sich das Mitbestimmungsrecht auf die **Ausgestaltung** (die Satzung) der Einrichtung, die Verteilung und die Anlage der zur Verfügung gestellten Mittel,[187] die Grundsätze über die Art der Benutzung usw. Zur **Verwaltung** der Sozialein- 61

183 BAG AP 8 zu § 56 BetrVG Wohlfahrtseinrichtung.

184 BAG AP 1 zu § 87 BetrVG 1972 Werkmietwohnung; AP 1 zu § 87 BetrVG 1972 Sozialeinrichtung; AP 1–3 zu § 87 BetrVG 1972 Altersversorgung.

185 BAG AP 16 zu § 87 BetrVG 1972 Altersversorgung = NZA 89, 219.

186 Schaub, Arbeitsrecht von A–Z, Stichwort: Betriebsunterstützungskasse.

187 BAG AP 5 zu § 87 BetrVG 1972 Altersversorgung.

richtung schließlich gehört nicht nur die Aufstellung allgemeiner Richtlinien, sondern auch die Durchführung der einzelnen Verwaltungsmaßnahmen.

Beispiel: Dem Betriebsrat steht ein erzwingbares Mitbestimmungsrecht zu bei dem Einkauf der Waren für die Kantine, der Festsetzung der Ruhegelder usw.

62 Bei rechtlich selbstständigen Sozialeinrichtungen kann die Mitbestimmung vor allem im Bereich der Verwaltung auf zwei Wegen verwirklicht werden. Nach der sog. **zweistufigen Lösung** können zunächst Arbeitgeber und Betriebsrat die mitbestimmungspflichtige Frage regeln. Alsdann hat der Arbeitgeber dafür zu sorgen, dass die Leitung der sozialen Einrichtung entspr. verfährt. Die Betriebsparteien können aber auch eine **einstufige Lösung** vereinbaren. Dies geschieht in der Weise, dass der Betriebsrat Vertreter in die Geschäftsleitung der Sozialeinrichtung entsendet und diesen Vertretern wie einem Betriebsausschuss die Angelegenheiten zur selbstständigen Erledigung überträgt (vgl. § 28 II BetrVG, oben Abschn. III Rn. 62, 67).[188] Die Leitung der Sozialeinrichtung ist dabei paritätisch mit Vertretern des Arbeitgebers und Betriebsrats zu besetzen („organschaftliche Mitbestimmung"). Bei der einstufigen Lösung lässt sich die Mitbestimmung des Betriebsrats auch dadurch gewährleisten, dass die Handlungen der nur aus Arbeitgebervertretern bestehenden Geschäftsleitung der Sozialeinrichtung an die Zustimmung eines Beirats geknüpft wird und die Vertreter des Betriebsrats in den Beirat entsandt werden.

63 Erstreckt sich der Wirkungsbereich der Sozialeinrichtung auf den Betrieb, so ist der örtliche Betriebsrat zuständig; erstreckt er sich auf das Unternehmen, so ist der Gesamtbetriebsrat (Abschn. III Rn. 241 ff.), erstreckt er sich auf den Konzern, der Konzernbetriebsrat (Abschn. III Rn. 263) zuständig. Besteht kein Konzernbetriebsrat, so ist die Mitwirkung sämtlicher Gesamtbetriebsräte

188 BAG AP 5 zu § 87 BetrVG 1972 Altersversorgung; AP 6 zu § 242 BGB Ruhegehalt und Zusatzversorgung; AP 1 zu § 1 BetrAVG Unterstützungskasse.

notwendig. Bei Gruppenunterstützungskassen, deren Wirkungsbereich sich auch auf nicht konzernmäßig verbundene Unternehmen erstreckt, wird das Mitbestimmungsrecht in der Weise ausgeübt, dass der Betriebsrat über die Ausübung der gesellschaftsrechtlichen Stimmrechte derjenigen Unternehmen mitbestimmt, für die er gebildet ist.[189] Das Mitbestimmungsrecht des Betriebsrats wird also nicht dadurch eingeschränkt, dass Dritte als Gäste in die Sozialeinrichtung aufgenommen werden. Ein solcher Fall ist gegeben, wenn die selbstständige Versorgungskasse eines Konzerns unmittelbar nur den Angestellten des Konzerns offen steht, aber mit Zustimmung der Konzernmutter auch Angestellte befreundeter Unternehmen aufgenommen werden können.[190]

Beispiel: Sozialkassen für einen bestimmten Gewerbezweig; Versicherungsgesellschaften, bei denen der Arbeitgeber seine Arbeitnehmer versichert usw.

Im Falle der Betriebsnachfolge kann es sein, dass der Erwer- 64
ber für die Versorgungsaussicht der Arbeitnehmer persönlich einstehen muss.[191]

X. Werkswohnungen (§ 87 I Nr. 9 BetrVG)

Zu unterscheiden sind Werkmietwohnungen und Werkdienst- 65
wohnungen.[192] **Werkmietwohnungen** sind solche, die mit Rücksicht auf das Bestehen des Arbeitsverhältnisses vermietet werden. Es müssen drei Voraussetzungen vorliegen: **(a)** Arbeitsvertrag und Mietvertrag müssen nebeneinander bestehen; **(b)** der Mietvertrag muss aus Anlass des Arbeitsvertrags abgeschlossen sein; **(c)** es muss sich um eine Wohnung handeln. **Werkdienst-**

189 BAG AP 13 zu § 87 BetrVG 1972 Altersversorgung = DB 86, 1343 = NZA 86, 574; AP 18 = NZA 89, 889 = BB 89, 1982.

190 BAG AP 1 zu § 87 BetrVG 1972 Sozialeinrichtung; zum Inhalt des Mitbestimmungsrechts in einer solchen Kasse vgl. BAG 26. 9. 2000 – 3 AZR 570/99 – n. v.

191 Schaub, Arbeitsrecht von A–Z, Stichwort: Betriebsnachfolge.

192 Vgl. Schaub, Arbeitsrecht von A–Z, Stichwort: Werkswohnung.

wohnungen sind solche, bei denen der Wohnraum im Rahmen des Arbeitsverhältnisses überlassen wird.[193] Bei diesen besteht kein Mitbestimmungsrecht.

Beispiel: Werkdienstwohnung ist in der Regel die im Rahmen des Arbeitsverhältnisses zur Verfügung gestellte Hausmeisterwohnung

66 Das Mitbestimmungsrecht bezieht sich auf alle als Werkmietwohnungen überlassenen Räume, die zum Wohnen von Menschen dienen, also abgeschlossene Wohnungen, einzelne Zimmer oder Massenunterkünfte,[194] sofern sie im Eigentum des Arbeitgebers stehen oder er für sie das Belegungsrecht hat. Ausgenommen sind Wohnungen, die ausschließlich für leitende Angestellte bestimmt sind.[195]

67 Dem Betriebsrat steht ein erzwingbares Mitbestimmungsrecht zu, wenn einem Arbeitnehmer eine **Werkmietwohnung** zugewiesen oder gekündigt werden soll. Eine ohne Zustimmung des Betriebsrats ausgesprochene Kündigung ist rechtsunwirksam.[196] Die Mitbestimmung bei der Kündigung scheidet aber aus, wenn Eigentümer und Vermieter der Wohnung ein Dritter ist. Ist der Arbeitgeber nicht selbst Vermieter der Wohnräume, die seinem Arbeitnehmer mit Rücksicht auf das Bestehen des Arbeitsverhältnisses vermietet werden, so reicht das Mitbestimmungsrecht so weit, wie die Rechte des Arbeitgebers gegenüber dem Vermieter bei der Begründung und/oder Durchführung des Mietvertrags über diese Wohnräume gehen. Diese Rechte können sich auch aus der Stellung des Arbeitgebers als Mehrheitsgesellschafter des Vermieters ergeben.[197] Werden Werkmietwohnungen aus einem einheitlichen Bestand ohne feste Zuordnung sowohl an Arbeitnehmer als auch an Dritte vergeben, so erstreckt sich das Mitbe-

193 Zur Unterscheidung vgl. auch BAG 2. 11. 1999 AP 68 zu § 2 ArbGG 1979 = NZA 2000, 277.

194 BAG AP 1, 3 zu § 87 BetrVG 1972 Werkmietwohnungen.

195 BAG AP 2 zu § 87 BetrVG 1972 Werkmietwohnungen.

196 BAG AP 1 zu § 87 BetrVG 1972 Werkmietwohnungen; OLG Frankfurt AP 6 zu § 87 BetrVG 1972 Werkmietwohnungen.

197 BAG AP 4 zu § 87 BetrVG 1972 Werkmietwohnungen.

stimmungsrecht des Betriebsrats bei der Zuweisung der Wohnungen auch auf die Vergabe an die Dritten.[198] Der Beschluss, diese Wohnungen künftig nur noch an eine nicht vom Betriebsrat repräsentierte Gruppe (z. B. leitende Angestellte) zu vergeben, bedarf dagegen nicht der Zustimmung des Betriebsrats.[199] Im Fall der Kündigung kann es zu zwei nebeneinander laufenden Verfahren kommen. Wegen der Kündigung einer Werkmietwohnung kann vom Betriebsrat die Einigungsstelle angerufen und deren Spruch auf Antrag des Arbeitgebers oder des Betriebsrats von den Arbeitsgerichten überprüft werden (Abschn. XI Rn. 80). Daneben kann sich der Arbeitnehmer auf den Mietkündigungsschutz berufen.

Das Mitbestimmungsrecht des Betriebsrats besteht auch bei der 68
allgemeinen Festlegung der Nutzungsbedingungen, also des Inhalts der Mietverträge. Umstritten ist, ob und inwieweit der Betriebsrat ein Mitbestimmungsrecht bei der Festsetzung der Höhe des Mietzinses hat. Nach richtiger Auffassung wird dem Betriebsrat im Rahmen der zur Verfügung gestellten Mittel ein Mitbestimmungsrecht bei der allgemeinen Festsetzung der Mietzinsbildung zukommen (Berechnung des Quadratmeterpreises).[200] Der Betriebsrat kann aber nicht die Lieferung von Heizgas erzwingen, wenn der Arbeitgeber nur eine Wohnung mit Heizmöglichkeit zu überlassen hat und der Arbeitnehmer das Heizmaterial selbst beschaffen muss.[201] Werden die Werkmietwohnungen als Sozialeinrichtung geführt, so kann sich das Mitbestimmungsrecht bereits aus § 87 I Nr. 8 BetrVG ergeben. § 87 I Nr. 9 BetrVG ist eine Spezialregelung zu § 87 I Nr. 8 BetrVG.

198 BAG v. 28. 7. 1992 – AP 7 zu § 87 BetrVG 1972 Werkmietwohnungen = NZA 93, 272.

199 BAG 23. 3. 1993 AP 8 zu § 87 BetrVG 1972 Werkmietwohnungen = NZA 1993, 767.

200 BAG AP 1 zu § 87 BetrVG Werkmietwohnungen; BAG 28. 7. 1992 AP 7 zu § 87 BetrVG 1972 Werkmietwohnungen.

201 BAG AP 5 zu § 87 BetrVG 1972 Werkmietwohnungen = DB 86, 704.

XI. Betriebliche Lohngestaltung (§ 87 I Nr. 10 BetrVG)

69 Betriebliche Lohngestaltung ist die Festlegung allgemeiner Regeln zur Ausgestaltung der Lohnfindung für die gesamte Belegschaft oder einzelne Gruppen der Belegschaft oder Abteilungen.[202] Bei einer **abstrakten Regelung** der Lohnfindung kann selbst dann ein Mitbestimmungsrecht bestehen, wenn nur ein einzelner Arbeitnehmer betroffen ist (z. B. ein Portier oder Fahrer des Betriebs). Kein Mitbestimmungsrecht besteht bei der Festlegung der **Höhe** der individuellen Löhne der Arbeitnehmer. Das Mitbestimmungsrecht bezieht sich nur auf die Grundsätze der Lohnfindung, nicht auf die absolute Lohnhöhe. Zweck des Mitbestimmungsrechts ist, den Arbeitnehmer vor einer einseitigen, nur an den Interessen des Arbeitgebers ausgerichteten oder einer willkürlichen Lohngestaltung zu schützen und das betriebliche Lohngefüge angemessen und durchsichtig zu gestalten. Das Mitbestimmungsrecht greift deshalb immer dann ein, wenn es darum geht, das betriebliche Lohngefüge durchsichtig zu machen und die Lohn- und Verteilungsgerechtigkeit zu wahren.[203] Soweit tarifliche Regelungen bestehen, gehen sie wegen § 87 I Eingangssatz BetrVG bei Tarifbindung des Arbeitgebers vor. Für AT-Angestellte bleibt es aber auch dann beim Mitbestimmungsrecht des Betriebsrats. Dieses ist von großer praktischer Bedeutung. Dennoch scheint von ihm deutlich weniger Gebrauch gemacht zu werden, als durch entsprechende Initiativen des Betriebsrats möglich wäre.

70 Der Begriff Lohn ist im Sinne von **Arbeitsvergütung** zu verstehen. Erfasst werden sämtliche – auch freiwillige – Leistungen des Arbeitgebers, die zur Abgeltung der Arbeitsleistung erbracht werden, ohne Rücksicht auf ihre Benennung. Dazu gehören Gratifikationen mit und ohne Rechtsanspruch, Geldprämien für Außendienstmitarbeiter im Rahmen eines zeitlich be-

---

202 BAG AP 1 zu § 87 BetrVG 1972 Provision; BAG AP 2, 3, 7 zu § 87 BetrVG 1972 Lohngestaltung.

203 BAG AP 7 zu § 87 BetrVG 1972; BAG 9. 5. 1995 AP 2 zu § 76 BetrVG 1972 Einigungsstelle; BAG 19. 9. 1995 AP 81 zu § 87 BetrVG 1972 Lohngestaltung.

grenzten Wettbewerbs,[204] Veranstaltung eines innerbetrieblichen Wettbewerbs mit Reisen für die Gewinner,[205] Arbeitgeberdarlehen,[206] Beitragsermäßigungen für Kindergarten,[207] übertarifliche Zulagen jeder Art[208] sowie Erschwerniszulagen,[209] das Arbeitsentgelt der AT-Angestellten,[210] unentgeltlicher Werksverkehr,[211] Abgabe verbilligter Flugscheine,[212] Lieferung verbilligten Heizgases,[213] die Gewährung von Mietzuschüssen und die Übernahme von Heimfahrtkosten,[214] Zeitgutschriften aus besonderen Anlässen.[215] Dazu zählen auch Ruhegelder, die nicht durch eine Sozialeinrichtung erbracht werden,[216] ferner Akkord-, Prämienlohn- und Provisionssysteme,[217] Lohn- oder Gehaltsgruppenordnungen zur Eingruppierung.[218] Der Arbeitgeber kann jedoch nicht gezwungen werden, zusätzliche freiwillige Leistungen zu erbringen.[219] Der Arbeitgeber kann allein darüber entscheiden, in welchem Umfang er finanzielle Mittel einsetzen, welchen

204 BAG AP 2 zu § 87 BetrVG 1972 Lohngestaltung.

205 BAG AP 2, 10 zu § 87 BetrVG 1972 Lohngestaltung.

206 BAG AP 5 zu § 87 BetrVG 1972 Lohngestaltung.

207 BAG AP 10 zu § 76 BetrVG 1972.

208 BAG AP 4 zu § 87 BetrVG 1972 Lohngestaltung; AP 15 = NZA 84, 47; AP 26 aaO = DB 87, 1096 = NZA 87, 386; AP 5 zu § 87 BetrVG 1972 Tarifvorrang = NZA 86, 364; AP 33 zu § 87 BetrVG 1972 Lohngestaltung = NZA 88, 479; AP 41 = NZA 90, 571; vom 10. 2. 1988 – 1 ABR 56/86.

209 BAG AP 7 zu § 87 BetrVG 1972 Lohngestaltung.

210 BAG AP 3 zu § 87 BetrVG 1972 Lohngestaltung.

211 BAG AP 16 zu § 75 BPersG.

212 BAG AP 18 zu § 87 BetrVG 1972 Lohngestaltung = NZA 86, 299.

213 BAG AP 5 zu § 87 BetrVG 1972 Werkmietwohnungen.

214 BAG AP 22 zu § 87 BetrVG 1972 Lohngestaltung = NZA 87, 30.

215 BAG 27. 1. 1998 – AP 14 zu § 87 BetrVG Sozialeinrichtung.

216 BAG AP 1–4 zu § 87 BetrVG 1972 Altersversorgung; AP 6 = DB 83, 2159; AP 13 = DB 86, 1130, 1343; vom 16. 2. 1993 – AP 19 zu § 87 BetrVG 1972 Altersversorgung.

217 BAG AP 1 zu § 87 BetrVG 1972 Prämie; AP 3 zu § 87 BetrVG 1972 Leistungslohn = NZA 86, 296; AP 4 zu § 87 BetrVG 1972 Provision = NZA 84, 296; AP 37 zu § 87 BetrVG 1972 Lohngestaltung = NZA 89, 479, AP 46 zu § 76 BetrVG 1972.

218 BAG AP 15 zu § 87 BetrVG 1972 Lohngestaltung = NZA 84, 47; BAG 27. 1. 1987 – 1 ABR 66/85 – NZA 87, 489.

219 BAG AP 3 zu § 87 BetrVG 1972 Altersversorgung; AP 2, 4 zu § 87 BetrVG 1972 Lohngestaltung; AP 1 zu § 87 BetrVG 1972 Prämie.

Zweck er verfolgen und welchen Personenkreis er bedenken will.

71 Nicht zur Lohngestaltung gehören Grundsätze über die Reisekostenabrechnung,[220] die Gewährung von Zusatzurlaub,[221] Maßnahmen, die zur Vorbereitung der Aufstellung von Entlohnungsgrundsätzen dienen,[222] und die Ein- und Zuteilung der Bearbeitungsgebiete von Außendienstmitarbeitern.[223] Nicht mitbestimmungspflichtig sind solche Zahlungen, die nur Auslagen der Arbeitnehmer erstatten sollen, etwa für die betriebliche Nutzung des privaten PKW. Etwas anderes gilt, wenn diese Zahlungen über eine Unkostenerstattung hinausgehen und in Wirklichkeit Vergütungscharakter haben.[224]

72 Festlegung der Entlohnungsgrundsätze ist die **Bestimmung des Systems**, nach dem die Vergütung für einen Betrieb oder Betriebsteil zu erfolgen hat, also z. B. der finalen oder kausalen Lohnberechnung,[225] ferner die Bestimmung, ob die Vergütung als Zeit-, Akkord- oder Prämienlohn erfolgen soll. Dazu gehört auch die Einführung und Ausgestaltung eines Provisionssystems.[226]

73 Entlohnungsmethode ist das technische Verfahren, nach dem die Entlohnungsgrundsätze angewandt werden, also z. B. das REFA-, Bedaux- oder MTM-System.[227]

74 Das Mitbestimmungsrecht des Betriebsrats bezieht sich auf alle Fragen der Lohngestaltung, die Aufstellung von Entlohnungsgrundsätzen, die Einführung und Anwendung von neuen Entlohnungsmethoden sowie deren Änderung. Nach dem Zweck des Mitbestimmungsrechts, die Lohngestaltung einsehbar und durchschaubar zu machen, umfasst es die gesamte Ausgestaltung der Entlohnung, etwa die Ausarbeitung eines Katalogs

220 BAG AP 6 zu § 87 BetrVG 1972 Lohngestaltung.

221 BAG AP 5 zu § 87 BetrVG 1972 = NZA 86, 401.

222 Zeitstudien: BAG AP 3 zu § 87 BetrVG 1972 Ordnung des Betriebs; Bewertung von Aufgaben: BAG AP 21 zu § 87 BetrVG 1972 Lohngestaltung = NZA 86, 578.

223 BAG AP 49 zu § 87 BetrVG 1972 Lohngestaltung = NZA 92, 178.

224 BAG 27. 10. 1998 AP 99 zu § 87 BetrVG 1972 Lohngestaltung.

225 Schaub, Arbeitsrechts-Handbuch § 62.

226 BAG AP 1 zu § 87 BetrVG 1972 Provision; LAG Hamm DB 76, 1973.

227 Schaub, Arbeitsrecht von A–Z, Stichwort: Akkord.

erschwerniszuschlagspflichtiger Arbeiten[228] – falls der Arbeitgeber eine Erschwerniszulage überhaupt zahlen will –, die Zuordnung der einzelnen Arbeiten zu Leistungsgruppen, die Festlegung der Leistungsgruppen usw.,[229] bei Provisionsentlohnung das Verhältnis der Provisionssätze zueinander,[230] bei Prämienentlohnung den Verlauf der Prämie.[231] Unerheblich ist, dass durch die Mitbestimmung beim Verlauf der Prämienkurve unter Umständen der finanzielle Gesamtaufwand des Arbeitgebers berührt wird, sofern nur der Ausgangslohn mitbestimmungsfrei bleibt.[232] Der Betriebsrat hat auch darüber mitzubestimmen, ob der Ausgleich von Nachtarbeit nach § 6 V ArbZG durch Freizeit oder zuschlagspflichtige Vergütung erfolgen soll.[233] (Ein Mitbestimmungsrecht folgt insoweit auch aus § 87 I Nr. 7 BetrVG.)

Auch die spätere **Änderung** der Ausgestaltung eines Entloh- 75
nungssystems ist mitbestimmungspflichtig. Das betrifft den Fall, dass eine Lohngruppenordnung durch eine andere abgelöst wird[234] oder bestimmte Leistungen nach anderen Merkmalen gewährt werden.[235] Wird bei freiwilligen Leistungen das Volumen der Aufwendungen gekürzt, so ist dies mitbestimmungsfrei; mitbestimmungspflichtig ist aber, wie das gekürzte Volumen auf die Arbeitnehmer verteilt wird. Dies gilt auch dann, wenn der Arbeitgeber die gekürzten Mittel gleichmäßig auf die Arbeitnehmer verteilen will.[236] Diese Grundsätze gelten auch im Rahmen der betrieblichen Altersversorgung.[237]

228 BAG 9. 5. 1995 AP 2 zu § 76 BetrVG 1972 Einigungsstelle.

229 BAG AP 7 zu § 87 BetrVG 1972 Lohngestaltung.

230 BAG AP 4 zu § 87 BetrVG 1972 Provision = NZA 84, 296; v. 26. 7. 1988 AP 6 zu § 87 BetrVG 1972 Provision.

231 BAG AP 3 zu § 87 BetrVG 1972 Prämie = NZA 84, 296; AP 8 = DB 87, 1198.

232 BAG AP 7 zu § 87 BetrVG 1972 Prämie; AP 8 = DB 87, 1198.

233 BAG 26. 8. 1997 AP 74 zu § 87 BetrVG 1972 Arbeitszeit.

234 BAG AP 15 zu § 87 BetrVG 1972 Lohngestaltung = NZA 84, 47; vom 27. 1. 1987 – 1 ABR 66/85 – NZA 87, 489.

235 BAG AP 4 zu § 87 BetrVG 1972 Lohngestaltung; AP 12.

236 BAG AP 26 zu § 87 BetrVG 1972 Lohngestaltung = DB 87, 1096.

237 BAG vom 26. 4. 1988 – AP 16 zu § 87 BetrVG 1972 Altersversorgung = NZA 89, 219.

76 Umstr. war, in welchem Umfang ein Mitbestimmungsrecht besteht, wenn übertarifliche Zulagen, freiwillige oder unter Widerrufsvorbehalt geleistete Zulagen mit Tariflohnerhöhungen verrechnet werden sollen. Nach dem sog. Tarifautomatismus werden bei Tariflohnerhöhungen übertarifliche Zulagen aufgesogen, wenn nichts anderes vereinbart ist.[238] Damit ist noch nichts über die Mitbestimmung des Betriebsrats ausgesagt. Der Große Senat des BAG hat entschieden, dass der Betriebsrat immer dann ein erzwingbares Mitbestimmungsrecht hat, wenn sich die Verteilungsgrundsätze ändern.[239]

77 Damit gilt Folgendes: **(1)** Kürzt der Arbeitgeber alle übertariflichen Zulagen um den gleichen Prozentsatz der Lohnerhöhung, werden die Verteilungsgrundsätze, wenn die Zulage ebenfalls in Prozenten auf den Lohn besteht, in der Regel nicht geändert. Es besteht dann kein Mitbestimmungsrecht. Werden alle Zulagen um denselben Prozentsatz (z. B. 10 %) gekürzt, verändern sich die Verteilungsgrundsätze in der Regel ebenfalls nicht. **(2)** Mitbestimmungsfrei sind die Streichung sämtlicher Zulagen und die vollständige und gleichmäßige Anrechnung der Lohnerhöhung. **(3)** Führt dagegen die Teilanrechnung der Tariflohnerhöhungen zu einer Änderung der Verteilungsgrundsätze, weil z. B. auf jede Zulage der gleiche absolute Betrag angerechnet werden soll, so ist dies mitbestimmungspflichtig.[240] **(4)** In jedem Fall besteht das Mitbestimmungsrecht, wenn der verbleibende Dotierungsrahmen nach anderen Kriterien verteilt werden muss.[241] Damit besteht ein Mitbestimmungsrecht, wenn der Arbeitgeber die durch Anrechnung eingesparte Summe anderweitig verteilen[242]

238 BAG AP 13 zu § 4 TVG Übertariflicher Lohn und Tariflohnerhöhung = BB 80, 1583 = DB 80, 2243; AP 58 zu § 1 TVG Tarifverträge: Metallindustrie = NZA 87, 848.

239 BAG Großer Senat 3. 12. 1991 AP Nr. 51 zu § 87 BetrVG 1972 Lohngestaltung = NZA 92, 749.

240 BAG 25. 7. 1996 AP 8 zu § 27 BAT; BAG 28. 9. 1994 AP 68 zu § 87 BetrVG 1972 Lohngestaltung.

241 BAG v. 22. 9. 1992 – AP 54 zu § 87 BetrVG 1972 Lohngestaltung = NZA 93, 232.

242 BAG AP 53 zu § 87 BetrVG 1972 Lohngestaltung = BB 92, 2295 = DB 93, 46.

oder er aus Leistungsgesichtspunkten bei einem Teil der Arbeitnehmer anrechnen, bei einem anderen Teil nicht anrechnen will.[243] Mitbestimmungspflichtig ist die Anrechnung einer in einer Betriebsvereinbarung vereinbarten Prämienentlohnung[244] und bei nicht mehr altersgesicherten Arbeitnehmern.[245] Dagegen besteht kein Mitbestimmungsrecht, wenn der Arbeitgeber bei einem einzelnen Arbeitnehmer beim Wechsel in eine höhere Tarifgruppe die übertarifliche Zulage anrechnet,[246] wenn der Betriebsrat von vornherein einem bestimmten Entgeltsystem zugestimmt hat[247] oder wenn kein kollektiver Tatbestand vorliegt.[248]

Die tatsächlich durchgeführte Mitbestimmung ist Wirksam- 78
keitsvoraussetzung für Maßnahmen zum Nachteil des Arbeitnehmers.[249] Dies bedeutet i. d. R. nicht, dass bei Verletzung des Mitbestimmungsrechts Zahlungsansprüche entstehen, die bisher nicht bestanden haben.[250]

XII. Festsetzung von Akkord- und Prämiensätzen usw. (§ 87 I Nr. 11 BetrVG)

Nach § 87 I Nr. 10 BetrVG hat der Betriebsrat darüber mitzu- 79
bestimmen, ob z. B. betrieblich Leistungsentlohnung eingeführt wird. § 87 I Nr. 11 BetrVG erstreckt das Mitbestimmungsrecht auf die Festsetzung der Akkord- und Prämiensätze und vergleichbarer leistungsbezogener Entgelte einschließlich der Geldfaktoren. Das Mitbestimmungsrecht nach § 87 I Nr. 10 BetrVG

243 BAG v. 22. 9. 1992 – AP 56 zu § 87 BetrVG 1972 Lohngestaltung; v. 22. 9. 1992 – AP 60 Lohngestaltung.

244 BAG v. 10. 11. 1992 – AP 58 zu § 87 BetrVG 1972 Lohngestaltung v. 22. 9. 1992 – AP 60 Lohngestaltung.

245 BAG v. 23. 3. 1993 – AP 64 zu § 87 BetrVG 1972 Lohngestaltung.

246 BAG AP 54 zu § 87 BetrVG 1972 Lohngestaltung.

247 BAG v. 22. 9. 1992 – AP 55 zu § 87 BetrVG 1972 Lohngestaltung.

248 BAG v. 22. 9. 1992 – AP 57 zu § 87 BetrVG 1972 Lohngestaltung; BAG v. 27. 10. 1992 – AP 61; vgl. dazu Fitting/Kaiser/Heither/Engels § 87 Rn. 467, aber auch Rn. 465.

249 BAG GS 16. 9. 1986 AP 17 zu § 77 BetrVG 1972; BAG 28. 9. 1994 AP 68 zu § 87 BetrVG 1972 Lohngestaltung (Anrechnung übertariflicher Zulagen bei AT-Angestellten); BAG 28. 7. 1998 AP 9 zu § 79 LPVG Bad.-Württbg.

250 BAG AP 50 zu § 87 BetrVG 1972 Lohngestaltung = NZA 92, 225; BAG 28. 9. 1994 AP 68 zu § 87 BetrVG 1972 Lohngestaltung.

wird durch § 87 Abs. 1 Nr. 11 BetrVG auf die dort geregelten Fälle erweitert.

80 Beim **Akkord** werden der Geld- und Zeitakkord unterschieden. Beim **Geldakkord** wird die Vergütung ermittelt, indem die Zahl der Arbeitsstücke (Stückakkord), das Gewicht der Arbeitsmenge (Gewichtsakkord beim Entladen eines Waggons), das Maß der Arbeitsleistung (Maßakkord bei der Länge einer Naht), die Fläche der Arbeitsleistung (Flächenakkord beim Verputzen einer Wand) mit dem Geldfaktor multipliziert wird. Das Mitbestimmungsrecht bezieht sich sowohl auf die Bemessung der Arbeitsmenge als auch auf den Geldfaktor.

81 Beim **Zeitakkord** wird für eine bestimmte Arbeitsleistung eine bestimmte Zeit vorgegeben (Vorgabezeit). Der Arbeitnehmer erhält diese Zeiteinheiten vergütet, gleichgültig wie lange er tatsächlich für die Arbeit benötigt hat. Die Vergütung ergibt sich aus der Multiplikation von Arbeitsergebnis mit Zeitfaktor und Geldfaktor.[251] Das Mitbestimmungsrecht besteht bezüglich der Festsetzung von Zeitfaktor und Geldfaktor. Bei der Methode der Vorgabezeitermittlung ist zu unterscheiden zwischen dem sog. **Faust- oder Meisterakkord**, bei dem die Arbeitsvorgaben ohne arbeitswissenschaftliche Bewertungsmaßstäbe festgesetzt werden und beide Seiten nur eine grobe Vorstellung von der notwendigen Arbeitszeit haben; dem **Schätzakkord,** bei dem die Zeitermittlung auf einer durch Erfahrung und Kenntnis begründeten Prognose der notwendigen Zeiten für die Erledigung von Teilen einer Gesamtarbeitsaufgabe beruht, und dem **arbeitswissenschaftlichen Akkord.** Bei diesem wird die Vorgabezeit in der betrieblichen Praxis vor allem nach drei Systemen ermittelt. Das sind das Zeitermittlungsverfahren nach den vom „damaligen Reichsausschuss für Arbeitszeitermittlung“ (Refa) aufgestellten Grundsätzen, das Bedauxsystem und das Methods-Time-Measurement. Das **Refa-System** geht von der Überlegung aus, dass die individuelle Arbeitsleistung des Arbeitnehmers ermittelt werden kann, wenn als Bezugsgröße die Normalleistung festgestellt wird. Normalleistung ist eine Arbeitsleistung, die ein geübter Arbeiter auf die Dauer

251 BAG AP 4 zu § 611 BGB Akkordlohn.

oder im Mittel der täglichen Schichtzeit ohne Gesundheitsschädigung erbringen kann, wenn er die in der Vorgabezeit enthaltenen Zeiten für persönliche Bedürfnisse und Erholung einhält. Das **Bedaux-System** wird von Ingenieuren der Bedaux-Gesellschaft angewandt. Die Normalleistung errechnet sich auf der Grundlage von 60 Bedaux'. 60 Bedaux' entsprechen der Arbeitszeit von 60 Minuten normaler Arbeit einschließlich der vorgeschriebenen Erholungszuschläge, deren Ermittlung als Geschäftsgeheimnis der Bedaux-Gesellschaft nicht bekannt gemacht wird. Beim **Methods-Time-Measurement-Verfahren** erfolgt die Zeitvorgabe möglichst ohne Zeitaufnahme. Mit Hilfe von Filmzeitstudien wird die Arbeitsleistung in die Elementarbewegungen zerlegt (Greifen, Hinlegen usw.); die hierfür notwendigen Teilzeiten werden zur Gesamtzeit zusammengerechnet.

Über die Methode, nach der die Vorgabezeit ermittelt wird, 82
hat der Betriebsrat gemäß § 87 I Nr. 10 BetrVG mitzubestimmen. Aber auch die anschließende Vorgabezeitermittlung selbst unterliegt der Mitbestimmung, und zwar auch dann, wenn sie auf wissenschaftlicher Grundlage ermittelt wird.[252] Der Einwand, bei Anwendung eines arbeitswissenschaftlichen Systems sei nur eine Entscheidung möglich und verbleibe kein Regelungsspielraum, überzeugt nicht. Bei der Schätzung der Normalleistung verbleibt durchaus ein Ermessensspielraum. Innerhalb des Systems ist der Betriebsrat daher an der Ermittlung zu beteiligen.

In Vorgabezeiten sind Erholungszeiten vorgesehen. Der Be- 83
triebsrat hat darüber mitzubestimmen, ob innerhalb des Akkordlohnsystems die in der Vorgabezeit enthaltenen Erholungszeiten zu feststehenden Kurzpausen zusammengefasst werden.[253]

Schließlich stellt § 87 I Nr. 11 BetrVG klar, dass der Betriebs- 84
rat auch bei der Festsetzung des Geldfaktors mitzubestimmen hat.[254] Ist im Tarifvertrag bereits ein Stundenakkordrichtsatz festgelegt, so beträgt der Geldfaktor für eine Minute $^{1}/_{60}$ des Akkordrichtsatzes. Insoweit besteht Tarifvorrang (§ 87 I Einlei-

252 Vgl. teils a. M. BAG AP 22 zu § 66 BetrVG; AP 1 zu § 56 BetrVG.
253 BAG AP 6 zu § 87 BetrVG 1972 Akkord = NZA 88, 320 = BB 88, 977.
254 Vgl. BAG AP 2 zu § 87 BetrVG 1972 Prämie.

tungssatz). Der Tarifvorrang ist beseitigt, wenn der Tarifvertrag nur noch kraft Nachwirkung gilt (oben Abschn. VI Rn. 7).[255] Mitbestimmungspflichtig ist ferner die Frage, ob bei Akkordarbeit anfallende Wartezeiten (z. B. wegen Maschinenstillstands) mit dem Akkordrichtsatz oder dem persönlichen Durchschnittsverdienst des Arbeitnehmers bezahlt werden sollen.[256] Zu beachten ist aber, dass der Betriebsrat nur ein Mitbestimmungsrecht bei der allgemeinen Festlegung der Faktoren der Akkordvergütung hat, nicht dagegen bei der darauf beruhenden Berechnung des Lohns des einzelnen Arbeitnehmers.

85 Das Mitbestimmungsrecht des Betriebsrats besteht ferner im Rahmen der Prämienentlohnung. Ob Prämienentlohnung im Betrieb überhaupt eingeführt wird, ist bereits nach § 87 I Nr. 10 BetrVG mitbestimmungspflichtig. Nach § 87 I Nr. 11 BetrVG besteht darüber hinaus ein Mitbestimmungsrecht wegen der Prämienart, der Bezugsgröße, der Prämienkurve und des Prämiensystems.[257] Gleichfalls mitbestimmungspflichtig ist die Anrechnung einer in einer Betriebsvereinbarung vereinbarten Prämienentlohnung auf übertarifliche Zulagen.[258]

86 Nach § 87 I Nr. 11 BetrVG besteht ein Mitbestimmungsrecht auch bei leistungsbezogenen Entgelten, die der Akkord- und Prämienentlohnung vergleichbar sind. Dieses Mitbestimmungsrecht kann neben dem aus § 87 I Nr. 10 BetrVG bestehen. Bei vergleichbaren leistungsbezogenen Entgelten muss es sich um eine Vergütungsform handeln, bei der eine Leistung des Arbeitnehmers gemessen und mit einer Bezugsleistung verglichen wird und bei der sich die Höhe der Vergütung in irgendeiner Weise nach dem Verhältnis der Leistung des Arbeitnehmers zur Bezugsleistung bemisst.[259] Die Leistung des Arbeitnehmers kann in

---

255 BAG AP 21 zu § 77 BetrVG 1972 = DB 87, 1246 = NZA 87, 639.

256 BAG AP 8 zu § 87 BetrVG 1972 Akkord = NZA 89, 648 = BB 89, 1346.

257 BAG AP 4 zu § 56 BetrVG Entlohnung; AP 2, 3 zu § 87 BetrVG 1972 Prämie; AP 8 = NZA 87, 568.

258 BAG v. 10. 11. 1992 – AP 58 zu § 87 BetrVG 1972 Lohngestaltung.

259 BAG AP 2, 4 zu § 87 BetrVG 1972 Provision = NZA 84, 296; BAG AP 3 zu § 87 BetrVG 1972 Leistungslohn = NJW 86, 2849 = NZA 86, 296.

einer größeren Arbeitsmenge, in einer besseren Qualität, in der Material- und Energieersparnis, in einer besonderen Einsatzbereitschaft liegen. Zu den leistungsbezogenen Entgelten gehört auch das „Gedinge" im Bergbau.[260] Das BAG hat zunächst angenommen, dass auch Provisionen zu den vergleichbaren Entgelten gehören.[261] Es hat diese Rspr. aber später aufgegeben, weil bei Provisionen die Leistung nicht mit einer Ausgangsleistung verglichen werde.[262] Bei der Einführung eines Provisionssystems, bei dem die Abschlussprovision nach Pfennigsätzen pro Artikel gezahlt werden soll und zu diesem Zweck sachlich Provisionsgruppen mit unterschiedlichen Pfennigsätzen gebildet werden, unterliegt die Zuordnung der Artikel zu den Provisionsgruppen dem Mitbestimmungsrecht.[263] Eine Ausdehnung des Mitbestimmungsrechts nach § 87 I Nr. 11 BetrVG auf sämtliche leistungsbezogenen Entgelte hat das BAG abgelehnt, auch wenn von diesen Systemen wegen ihrer Lohnanreizfunktion Gefahren für die Arbeitnehmer ausgehen können.

Leistungszulagen sind mitbestimmungspflichtig, wenn sie vom 87
Arbeitsergebnis, der Arbeitsausführung, dem Arbeitseinsatz, der Arbeitssorgfalt, der Arbeitssicherheit usw. abhängen.[264] Nicht mitbestimmungspflichtig sind Leistungszulagen, die ohne weitere Anforderungen gleichbleibend für einen längeren Zeitraum gezahlt werden. Ein Mitbestimmungsrecht besteht bei den Leistungszulagen nach dem Lohnrahmenabkommen der Metallindustrie NRW vom 11. 1. 1973 und dem Tarifvertrag Leistungsbeurteilung von Zeitlohnarbeitnehmern vom 7. 9. 1970 m. spät. Änd.[265]

260 Richardi § 87 Rn. 959.

261 BAG AP 1 zu § 87 BetrVG Provision.

262 BAG 13. 3. 1984 AP 4 zu § 87 BetrVG 1972 Provision; BAG 26. 7. 1988 AP 6 zu § 87 BetrVG 1972 Provision.

263 BAG AP 6 zu § 87 BetrVG 1972 Provision = NZA 89, 109.

264 BAG AP 5 zu § 87 BetrVG 1972 Tarifvorrang = NZA 86, 86, 346, 701.

265 Vgl. dazu BAG AP 3 zu § 1 TVG Tarifverträge: Metallindustrie; LAG Düsseldorf EzA 3 zu § 87 BetrVG 1972 Initiativrecht.

XIII. Grundsätze über das betriebliche Vorschlagswesen (§ 87 I Nr. 12 BetrVG)

88 Da das erzwingbare Mitbestimmungsrecht nur in Betracht kommt, wenn eine gesetzliche oder tarifliche Regelung nicht besteht, entfällt das Mitbestimmungsrecht nach § 87 I Nr. 12 BetrVG, soweit der Geltungsbereich des Arbeitnehmererfindungsgesetzes vom 25. 7. 1957 (BGBl. I 756) reicht. Vom ArbNErfG werden Erfindungen und technische Verbesserungsvorschläge erfasst.[266] **Erfindungen** im Sinne des ArbNErfG sind solche, die patent- oder gebrauchsmusterfähig sind (§ 2 ArbNErfG). Technische Verbesserungsvorschläge im Sinne des ArbNErfG sind Vorschläge für sonstige technische Neuerungen, die nicht patent- oder gebrauchsmusterfähig sind (§ 3 ArbNErfG). Der Bereich der Erfindungen ist durch das ArbNErfG geregelt. Durch Vereinbarung zwischen Betriebsrat und Arbeitgeber können ein oder mehrere Erfinderberater bestellt werden (§ 21 ArbNErfG). Die Auswahl der betreffenden Person(en) unterliegt nicht dem Mitbestimmungsrecht.[267]

89 Dagegen sind die **technischen Verbesserungsvorschläge** gesetzlich nicht abschließend geregelt. Nach § 20 I ArbNErfG erlangt der Arbeitnehmer für technische Verbesserungsvorschläge, die dem Arbeitgeber eine ähnliche Vorzugsstellung gewähren wie ein gewerbliches Schutzrecht, also eine Monopolstellung ermöglichen, einen Vergütungsanspruch.[268] Die Behandlung sonstiger technischer Verbesserungsvorschläge, die dem Arbeitgeber keine Monopolstellung gewähren (§ 20 II ArbNErfG), bleibt der Regelung durch Tarifvertrag oder Betriebsvereinbarung überlassen. Hierhin gehören alle Vorschläge, durch die eine Verbesserung gegenüber dem bisherigen Zustand erreicht wird. Ferner ist dem Betriebsrat bezüglich aller nichttechnischen Verbesserungsvorschläge, etwa auf kaufmännischem Gebiet, ein Mitbestimmungsrecht eingeräumt. Die nach § 87 I Nr. 12 BetrVG erzwingbare

266 Schaub, Arbeitsrecht von A–Z, Stichwort: Arbeitnehmererfindung.

267 BAG 16. 3. 1982 AP 2 zu § 87 BetrVG 1972 Vorschlagswesen.

268 Vgl. Richtlinien für die Vergütung von Arbeitnehmererfindungen im privaten Dienst vom 1. 9. 1983 (Beil. zum BAnz. 156).

Betriebsvereinbarung kann Regelungen enthalten über die Teilnahmeberechtigung, über die Anmeldung und Prüfung der Vorschläge, die Zusammensetzung des Prüfungsausschusses.[269] Mitbestimmungsfrei ist die Höhe der Vergütung für die Verbesserungsvorschläge (geregelt in §§ 9, 12 ArbNErfG)[270] sowie die Entscheidung über die Annahme eines Verbesserungsvorschlags.[271] Der gesamte Bereich ist von großer praktischer Bedeutung. 1996 gingen bundesweit über 900 000 Verbesserungsvorschläge von Arbeitnehmern ein.[272] Seit 1989 gehören Prämien des Arbeitgebers für Verbesserungsvorschläge des Arbeitnehmers zum steuerpflichtigen Arbeitslohn, sofern es sich nicht um sog. Aufmerksamkeiten bis 30,– DM (Abschn. 73 Abs. 1 LStR) handelt. Steuererleichterungen greifen nur noch dann ein, wenn es sich bei den Prämien um außerordentliche Einkünfte (§ 34 II EStG) handelt oder eine Vergütung für eine mehrjährige Tätigkeit vorliegt. Alsdann gilt nach § 34 I EStG der halbe Steuersatz bzw. im Zweifelsfall eine Progressionsminderung (vgl. § 34 III EStG, Abschn. 200 Abs. 5 EStR).

XIV. Grundsätze über die Durchführung von Gruppenarbeit (§ 87 I Nr. 13 BetrVG)

Die neue Regelung des § 87 Nr. 13 BetrVG räumt dem Be- 90
triebsrat ein Mitbestimmungsrecht bei der Aufstellung von **Grundsätzen über die Durchführung von Gruppenarbeit** ein. Nach der gesetzlichen Definition in § 87 I Nr. 13 BetrVG liegt Gruppenarbeit im Sinne des Betriebsverfassungsgesetzes vor, wenn im Rahmen des betrieblichen Arbeitsablaufs eine Gruppe von Arbeitnehmern eine ihr übertragene Gesamtaufgabe im Wesentlichen eigenverantwortlich erledigt.[273] Das Mitbestimmungsrecht ist auf die **Grundsätze** der Durchführung von

269 BAG AP 1 zu § 87 BetrVG 1972 Vorschlagswesen, zuvor LAG Düsseldorf EzA 1 zu § 87 BetrVG 1972 Vorschlagswesen.

270 BAG AP 1 zu § 87 BetrVG 1972 Vorschlagswesen.

271 BAG AP 2 zu § 87 BetrVG 1972 Vorschlagswesen.

272 Däubler/Kittner/Klebe § 87 Rn. 289.

273 Zur Geschichte der Gruppenarbeit und zu weiteren rechtlichen Einzelheiten vgl. Klein, Sonderbeilage zu NZA Heft 24/2001, S. 15 ff.

Gruppenarbeit beschränkt. Über die Einführung und die Beendigung von Gruppenarbeit entscheidet der Arbeitgeber weiterhin allein. Mitwirkungsrechte des Betriebsrats aus §§ 90 und 106 BetrVG bleiben davon unberührt. Eine in Gruppenarbeit tätige Gruppe erledigt die ihr übertragenen Aufgaben im Wesentlichen eigenverantwortlich.[274] In der Begründung des Referentenentwurfs wird dies als „teilautonome Gruppenarbeit" bezeichnet.[275] Die Teilautonomie der Arbeitsgruppe eröffnet ihren Mitgliedern Handlungs- und Entscheidungsspielräume und fordert ihre Fach- und Sozialkompetenz heraus, um die geschaffenen Freiräume sachgerecht zu gestalten. Damit ist die Gefahr von Gruppendruck und die Ausgrenzung leistungsschwächerer Arbeitnehmer verbunden. Einer solchen Gefahr soll der Betriebsrat durch das Mitbestimmungsrecht nach § 87 Abs. I Nr. 13 BetrVG begegnen können. Mit seiner Hilfe kann der Betriebsrat die Durchführung der Gruppenarbeit im Grundsatz mitgestalten. Nach der Begründung des Referentenentwurfs kann er etwa Regelungen zur Wahl eines Gruppensprechers und zu dessen Stellung und Aufgaben, zur Abhaltung von Gruppengesprächen, zur Zusammenarbeit innerhalb der Gruppe und mit anderen Gruppen und zur Lösung möglicher Konflikte innerhalb der Gruppe verlangen und ggfls. mit Hilfe der Einigungsstelle durchsetzen. Eine Arbeitsgruppe im Sinne des § 87 I Nr. 13 BetrVG liegt vor, wenn Arbeitnehmer, die an sich Einzeltätigkeiten erbringen, zu einer Gruppe zusammengefasst werden, die ganzheitliche Arbeitsaufgaben zu erfüllen hat. Die Gruppe steuert dabei die Ausführung der Aufgabe weitgehend selbstständig und kontrolliert das Ergebnis. Sie muss in den betrieblichen Arbeitsablauf eingegliedert sein. Arbeitsgruppen, die nur parallel zur Arbeitsorganisation bestehen, etwa Projekt- oder Steuerungsgruppen, werden von der Vorschrift nicht erfasst (vgl. Begründung des Referentenentwurfs, Besonderer Teil zu Nr. 56 am Ende). Eine Arbeitsgruppe nach § 87 Abs. 1 Nr. 13 BetrVG ist nicht zwangsläufig gleichzusetzen mit Arbeitsgruppen gem.

274 Richardi, Grundriß: Die neue Betriebsverfassung § 18 Rn. 32.

275 Vgl. dazu auch Franzen ZFA 2001, 423, 446 m. w. N.

§ 28a BetrVG. Der Anwendungsbereich des § 28a BetrVG ist zwar weitergehend als der des § 87 I Nr. 13 BetrVG, seine Eröffnung ist aber an andere Merkmale geknüpft. Es kann sich allerdings empfehlen, sonstige Mitbestimmungsrechte des Betriebsrats nach § 87 I Nr.1–12 BetrVG, soweit sie eine Arbeitsgruppe nach Nr. 13 der Vorschrift betreffen, auf Arbeitsgruppen im Sinne des § 28a BetrVG zu übertragen.[276]

§ 43. Die freiwillige Mitbestimmung in sozialen Angelegenheiten

I. Begriff der freiwilligen Mitbestimmung

Freiwillige Mitbestimmung in sozialen Angelegenheiten bedeutet, dass Arbeitgeber und Betriebsrat auch unabhängig von dem Zuständigkeitskatalog in § 87 I BetrVG soziale Angelegenheiten im Wege der Betriebsvereinbarung oder Regelungsabrede regeln können. Der Abschluss einer derartigen Betriebsvereinbarung oder Abrede kann jedoch nicht erzwungen werden. Es kann zwar einvernehmlich die Einigungsstelle (Abschn. XI Rn. 59ff.) angerufen werden; deren Spruch ist aber nur dann verbindlich, wenn beide Beteiligten sich ihm unterwerfen. 91

II. Zuständigkeitskatalog für freiwillige Betriebsvereinbarungen

Aus dem Wortlaut von § 88 BetrVG („können insbesondere geregelt werden“) folgt, dass die Zuständigkeit der Betriebsparteien zur Regelung sozialer Angelegenheiten nicht abschließend, sondern nur beispielhaft aufgezählt ist. Die Betriebsparteien sind daher in der Lage, alle sozialen Angelegenheiten zu regeln, die auch Gegenstand des normativen Teils eines Tarifvertrags sein können. Geregelt werden können auch materielle Arbeitsbedingungen (Abschn. IV Rn. 16; Abschn. VI Rn. 13); allerdings sind freiwillige Betriebsvereinbarungen über solche Gegenstände unwirksam, die durch Tarifvertrag geregelt sind oder üblicherweise geregelt werden (§ 77 III BetrVG; Abschn. IV Rn. 63). Eine wei- 92

276 Richardi, Grundriß: Die neue Betriebsverfassung, § 18 Rn. 29; zum Ganzen auch Franzen ZFA 2001, 423, 446/47.

tere Einschränkung der Regelungskompetenz der Betriebsparteien ergibt sich daraus, dass nicht in die Individualrechte der Arbeitnehmer eingegriffen werden kann.

Beispiele für zulässige Regelungen: Einführung einer betrieblichen Altersversorgung; Änderungen der Leistungen einer betrieblichen Altersversorgung, sofern diese auf einer Betriebsvereinbarung oder einer vertraglichen Einheitsregelung (Gesamtzusage) des Arbeitgebers beruht; sonstige Regelungen über freiwillige Sozialleistungen des Arbeitgebers (Beihilfen zu Familienereignissen, Gratifikationen, Treueprämien usw.); Einführung vermögenswirksamer Leistungen, Gewinnbeteiligungen,[277] Bildung einer betrieblichen Schiedsstelle zur Überprüfung der tariflichen analytischen Arbeitsbewertung.[278]

Zulässig sind auch den Arbeitnehmer belastende Betriebsvereinbarungen wie Beiträge zur Pensionskasse des Arbeitgebers, Lohnabtretungsverbote,[279] Kostenpauschalen des Arbeitgebers für Bearbeitung von Lohnpfändungen usw.

Mitbestimmungspflichtig nach § 87 I Nr. 1 BetrVG ist die Veranstaltung eines Sicherheitswettbewerbs, der zu einem sicherheitsbewussten Verhalten anregen soll. Dagegen hat der Betriebsrat kein Initiativrecht zur Veranstaltung des Wettbewerbs. Dies ergibt sich aus einem Umkehrschluss aus § 88 Nr. 1 BetrVG.

93 Beispiel für eine unzulässige Regelung: Betriebsvereinbarung über die Beteiligung auch solcher Arbeitnehmer an den Kosten für das Kantinenessen, die dieses nicht in Anspruch nehmen.[280] Einen Ausschnitt aus der Allzuständigkeit der Betriebsparteien zur Regelung sozialer Angelegenheiten stellen die ausdrücklich im Gesetz aufgezählten Beispiele dar.

94 Im Wege freiwilliger Mitbestimmung können zusätzliche **Maßnahmen zur Verhütung von Arbeitsunfällen und Gesundheitsschädigungen** eingeführt werden (§ 88 Nr. 1 BetrVG).[281] Ein erzwingbares Mitbestimmungsrecht hat der Betriebsrat, soweit es

277 BAG AP 6 zu § 88 BetrVG 1972 = NZA 90, 559 = BB 90, 711.
278 BAG AP 1 zu § 88 BetrVG 1972.
279 BAG AP 1 zu § 75 LPVG Rheinland-Pfalz.
280 BAG 11. 7. 2000 AP 16 zu § 87 BetrVG 1972 Sozialeinrichtung.
281 BAG AP 2 zu § 87 BetrVG 1972 Arbeitssicherheit.

darum geht, die dem Arbeitgeber kraft Gesetzes oder der Unfallverhütungsvorschriften auferlegten Verpflichtungen für die Besonderheiten des Betriebes auszugestalten (§ 87 I Nr. 7 BetrVG; Rn. 53 ff.).

Beispiel für zusätzliche Maßnahmen: Einführung eines Gesundheitsdienstes; Verbesserung sanitärer Anlagen; Entlüftungs- und Entstaubungsvorrichtungen usw.

Der neue § 88 Nr. 1a BetrVG erlaubt ausdrücklich Betriebs- 95
vereinbarungen über Maßnahmen des **betrieblichen Umweltschutzes**. Dadurch wird dessen Bedeutung nachdrücklich hervorgehoben.

Nach § 88 Nr. 2 BetrVG können **Sozialeinrichtungen**, deren 96
Wirkungsbereich auf den Betrieb, das Unternehmen oder den Konzern beschränkt ist, errichtet werden. Dem Arbeitgeber steht es nach § 87 I Nr. 8 BetrVG frei, ob er eine Sozialeinrichtung errichten oder schließen und in welcher Höhe er sie dotieren will. Ferner ist es seine Sache, den Benutzerkreis zu bestimmen. Der Arbeitgeber kann sich aber im Wege der freiwilligen Betriebsvereinbarung verpflichten, eine solche Einrichtung zu errichten und mit bestimmten Mitteln auszustatten. Von einer solchen Betriebsvereinbarung werden die Arbeitsverhältnisse der Arbeitnehmer unmittelbar erfasst, so dass diese unmittelbare Ansprüche aufgrund der Benutzungsbedingungen erlangen. Ist die Sozialeinrichtung einmal errichtet, so hat der Betriebsrat gemäß § 87 I Nr. 8 BetrVG ein erzwingbares Mitbestimmungsrecht bei ihrer Form, Ausgestaltung und Verwaltung (Rn. 56 ff.).

Sodann können nach § 88 Nr. 3 BetrVG **Maßnahmen zur För- 97
derung der Vermögensbildung** vereinbart werden. Zusätzliche vermögenswirksame Leistungen sind vor allem in Tarifverträgen enthalten. Durch die Aufnahme der Vorschrift in das Gesetz soll aber die Verbindung zum 5. VermBG geschaffen werden, in dem besondere Betriebsvereinbarungen vorgesehen sind.[282] Schließlich soll den Betriebsparteien die Möglichkeit vor Augen geführt

282 Schaub, Arbeitsrecht von A–Z, Stichwort: Vermögensbildung.

werden, dass sie auch andere Formen der Vermögensbildung der Arbeitnehmer ergreifen können, z. B. betriebliche Vermögensbeteiligung, Gewährung von Arbeitgeberdarlehn, Ausgabe von Beteiligungspapieren (Belegschaftsaktien) usw.

98 Schließlich sieht § 88 Nr. 4 BetrVG ausdrücklich die Möglichkeit vor, dass Arbeitgeber und Betriebsrat Maßnahmen zur Integration ausländischer Arbeitnehmer und zur Bekämpfung von Rassismus und Fremdenfeindlichkeit vereinbaren. Auch deren Bedeutung wird auf diese Weise besonders betont.

§ 44. Die Mitwirkung des Betriebsrats bei der Bekämpfung von Unfall- und Gesundheitsgefahren

I. Übersicht

99 Die Mitwirkung des Betriebsrats bei der Bekämpfung von Arbeits- und Unfallgefahren ist besonders umfassend ausgestaltet. So hat der Betriebsrat **(a)** im Interesse des vorbeugenden Unfallschutzes Unterrichtungs- und Beratungsrechte bei der Gestaltung von Arbeitsplatz, Arbeitsablauf und Arbeitsumgebung (§ 90 BetrVG; Abschn. VII Rn. 5); **(b)** ein erzwingbares Mitbestimmungsrecht bei der Anpassung der gesetzlichen Vorschriften oder der Unfallverhütungsvorschriften an die Bedürfnisse des Betriebs (§ 87 I Nr. 7 BetrVG; Rn. 53 ff.); **(c)** ein freiwilliges Mitbestimmungsrecht bei der Einführung zusätzlicher Maßnahmen zur Verhütung von Arbeitsunfällen und Gesundheitsschädigungen (§ 88 Nr. 1 BetrVG; Rn. 94); **(d)** besondere Rechte bei der Durchführung des Arbeits- und des betrieblichen Umweltschutzes (§ 89 BetrVG; sogleich Rn. 100 ff.); **(e)** Überwachungsrechte im Rahmen seiner allgemeinen Aufgaben (§ 80 I Nr. 1 BetrVG; Abschn. V Rn. 2 ff.).

II. Mitwirkung bei der Bekämpfung von Unfall- und Gesundheitsgefahren

100 Die Vorschrift des § 89 BetrVG ist dadurch das Reformgesetz 2001 um den Aspekt des **betrieblichen Umweltschutzes** erweitert worden. Der Betriebsrat sollte in diesem Bereich eine ähnliche Rechtsstellung erhalten, wie er sie im Bereich des Arbeitsschut-

zes bereits hatte. Unter „betrieblichem Umweltschutz" im Sinne des BetrVG sind nach § 89 III BetrVG alle personellen und organisatorischen Maßnahmen sowie alle die betrieblichen Bauten, Räume, technische Anlagen, Arbeitsverfahren, Arbeitsabläufe und Arbeitsplätze betreffenden Maßnahmen zu verstehen, die dem Umweltschutz dienen. Stehen Maßnahmen in diesen Bereichen an, an denen der Betriebsrat etwa nach §§ 90, 99, 111 BetrVG zu beteiligen ist, hat er dabei die umweltschutzrelevanten Aspekte und Auswirkungen zu prüfen und zu berücksichtigen. Ein Bezug zum Betrieb muss gegeben sein. Ein allgemeines umweltpolitisches Mandat zugunsten Dritter oder der Allgemeinheit hat der Betriebsrat nicht (vgl. Begründung zum Referentenentwurf, Bes. Teil zu Nr. 58).

Der Betriebsrat hat sich für die **Durchführung der Vorschriften** 101
über den Arbeitsschutz, die Unfallverhütung und den Umweltschutz im Betrieb einzusetzen (§ 89 I BetrVG). Gedacht ist nicht nur an die Einwirkung auf den Arbeitgeber, sondern auch auf die Arbeitnehmer des Betriebs, etwa durch Anschläge am Schwarzen Brett, in kollegialen Gesprächen und Hinweisen in der Betriebsversammlung. Der Betriebsrat ist jedoch nicht befugt, anstelle des Arbeitgebers notwendige Maßnahmen zu treffen.

Bei der **Bekämpfung** von Unfall- und Gesundheitsgefahren hat 102
der Betriebsrat die für den Arbeitsschutz zuständigen Behörden, die Träger der gesetzlichen Unfallversicherung und die sonstigen in Betracht kommenden Stellen durch Anregung, Beratung und Auskunft zu unterstützen (§ 89 I BetrVG). In Betracht kommen vor allem die staatlichen Gewerbeärzte und Gewerbeaufsichtsbeamten, Beamte der Baubehörden, des vorbeugenden Brandschutzes und der Bergbehörden, die Sachverständigen der Technischen Überwachungsorganisationen, die technischen Aufsichtsbeamten der Berufsgenossenschaften, die für den Umweltschutz zuständigen Behörden nach dem BImSchG, der Immissionsschutz- und Störfallbeauftragte (§§ 53 ff.; §§ 58 a ff. BImSchG), der Strahlenschutzbeauftragte (§ 30 III StrlSchVO, § 14 Röntgen-VO), der Beauftragte für biologische Sicherheit (§ 18 II GenTSV) usw. Stellt der Betriebsrat im Rahmen seiner allgemeinen Überwachungsaufgaben (§ 80 I Nr. 1 BetrVG) fest, dass im

Betrieb eine konkrete Gefahrenlage besteht, so wird er zunächst auf deren Behebung durch den Arbeitgeber hinwirken. Kommt es nicht zu einer zufriedenstellenden Lösung, so kann der Betriebsrat ohne Verstoß gegen seine Verschwiegenheitspflicht (§ 79 BetrVG; Abschn. III Rn. 181 ff.) die zuständigen Stellen einschalten. Aber auch unabhängig von konkreten Gefahrenlagen kann der Betriebsrat die zuständigen Stellen über die betrieblichen Bedürfnisse beraten und Anregungen geben. Beteiligungsrechte (etwa aus § 87 I Nr. 7 BetrVG, § 90 BetrVG, §§ 96 ff. BetrVG, §§ 106, 111 BetrVG) hat der Betriebsrat auch im Rahmen der Einführung einer betrieblichen „Umwelt-Prüfung" (Audit) nach der Europäischen Umwelt-Audit-VO vom 29. 6. 1993 (VO Nr. 1836/93, ABl. EG Nr. L 168/1), geltendes Recht in den Mitgliedstaaten seit 13. 4. 1995.

103 Damit der Betriebsrat seinen Rechten im Rahmen der Verhütung von Unfall- und Gesundheitsgefahren nachkommen kann, haben sowohl der Arbeitgeber als auch die zuständigen Stellen, also vor allem die Gewerbeaufsichtsämter und Träger der Unfallversicherung, ihn oder seine von ihm bestimmten Mitglieder bei allen im Zusammenhang mit dem Arbeitsschutz, dem betrieblichen Umweltschutz oder der Unfallverhütung stehenden Besichtigungen und Fragen sowie bei Unfalluntersuchungen **hinzuzuziehen** (§ 89 II BetrVG). Die Zusammenarbeit ist in der Allgemeinen Verwaltungsvorschrift (AVV) über das Zusammenwirken der technischen Aufsichtsbeamten der Träger der Unfallversicherung mit den Betriebsvertretungen vom 28. 11. 1977 (BAnz. Nr. 255 vom 2. 12. 1977, abgedruckt als Anhang 7 bei Fitting/Kaiser/Heither/Engels) geregelt. Nach diesen Richtlinien sind die technischen Aufsichtsbeamten verpflichtet, den Betriebsrat hinzuzuziehen bei Betriebsbesichtigungen, Unfalluntersuchungen, Besprechungen über betriebliche Unfallverhütungsfragen, Anordnungen oder Ausnahmen zu Unfallverhütungsmaßnahmen im Einzelfall. Ferner haben sie dem Betriebsrat Niederschriften über die Betriebsbesichtigungen und Abschriften über die Korrespondenz mit dem Arbeitgeber zu übermitteln, die Maßnahmen der Unfallverhütung zum Gegenstand haben. Der Betriebsrat kann sich schließlich durch die technischen Aufsichtsbeamten beraten lassen.

Durch die Allgemeine Verwaltungsvorschrift werden die Unfallversicherungsträger und Gewerbeaufsichtsbehörden zu einem Zusammenwirken auf dem Gebiet der Unfallverhütung und der ersten Hilfe verpflichtet. Den Gewerbeaufsichtsbeamten ist schließlich durch Dienstanweisung der obersten Landesarbeitsbehörden eine Zusammenarbeit mit dem Betriebsrat vorgeschrieben. 104

Der Arbeitgeber hat dem Betriebsrat nicht nur auf seine Kosten (§ 40 II BetrVG) die für den Betrieb maßgeblichen Unfallverhütungsvorschriften auszuhändigen, sondern ihm auch unverzüglich, d. h. ohne schuldhaftes Zögern (§ 121 BGB) die dem Arbeitsschutz, dem betrieblichen Umweltschutz und der Unfallverhütung dienenden (Einzel-)Auflagen und Anordnungen der zuständigen Stellen mitzuteilen. Im Übrigen hat er im Interesse einer vertrauensvollen Zusammenarbeit mit dem Betriebsrat alle Umstände, die für die Einhaltung der Schutzvorschriften von Bedeutung sind, mitzuteilen (wegen der Mitteilung von Schwangerschaft vgl. Abschn. V Rn. 18). 105

In Unternehmen mit mehr als 20 Beschäftigten hat der Unternehmer nach § 22 SGB VII einen oder mehrere **Sicherheitsbeauftragte** zu bestellen. Die Bestellung hat unter Mitwirkung des Betriebsrats zu erfolgen. Die Berufsgenossenschaften können für Betriebe mit geringer Unfallgefahr in ihrer Satzung die Bestellungspflicht erst bei einer größeren Zahl von Arbeitnehmern einführen und umgekehrt. Werden mehr als drei Sicherheitsbeauftragte bestellt, so bilden sie einen **Sicherheitsausschuss.** An Besprechungen des Arbeitgebers mit den Sicherheitsbeauftragten gemäß § 22 II SGB VII nehmen vom Betriebsrat beauftragte Betriebsratsmitglieder teil (§ 89 IV BetrVG). 106

Haben Untersuchungen oder Besichtigungen der zuständigen Stellen oder Besprechungen, zu denen der Betriebsrat oder Vertreter des Betriebsrats hinzugezogen werden mussten, stattgefunden, so erhält der Betriebsrat eine Abschrift der über die Verhandlungen aufgenommenen Niederschrift (§ 89 V BetrVG). Die Niederschrift ist auch dann auszuhändigen, wenn ein Mitglied des Betriebsrats, gleich aus welchen Gründen, nicht teilgenommen hat. 107

III. Die Unfallanzeige

108 Der Arbeitgeber oder sein Vertreter hat jeden Unfall im Betrieb binnen drei Tagen anzuzeigen, wenn durch den Unfall ein im Betrieb Beschäftigter getötet oder so verletzt ist, dass er stirbt oder für mehr als drei Tage völlig oder teilweise arbeitsunfähig wird (§ 193 SGB VII). Die Anzeige ist an die durch die Satzung der Berufsgenossenschaft bestimmte Stelle zu richten. Bei Unfällen in Unternehmen, für die eine Berufsgenossenschaft der allgemeinen Unfallversicherung zuständig ist, ist ein zweites Stück dem zuständigen Gewerbeaufsichtsamt zu übersenden. An die Stelle des Gewerbeaufsichtsamts tritt das Bergamt, wenn das Unternehmen der Bergaufsicht unterliegt. Der Betriebsrat hat die Unfallanzeige zu unterschreiben (§ 193 V SGB VII) und erhält eine Abschrift der Anzeige (§ 89 VI BetrVG).

109 Die **Behinderung** des Betriebsrats bei der Wahrnehmung seiner Aufgaben nach § 89 BetrVG ist strafbar (§ 119 I Nr. 2 BetrVG); vgl. auch § 209 SGB VII.

Abschnitt VII. Gestaltung von Arbeitsplatz, Arbeitsablauf und Arbeitsumgebung

§ 45. Die menschengerechte Gestaltung des Arbeitsplatzes und der Arbeitsumgebung

I. Grundgedanken der gesetzlichen Regelung

1 Zweck des Vierten Abschnitts des Betriebsverfassungsgesetzes ist, bereits im Planungsstadium zu erreichen, dass im Rahmen der technischen Entwicklung auf die menschengerechte Gestaltung von Arbeitsplatz, Arbeitsablauf und Arbeitsumgebung Rücksicht genommen wird. Es handelt sich insoweit um eine Art vorbeugenden Unfallschutzes (betriebs-)autonomer Unfallschutz). Durch das Arbeitsschutzgesetz vom 7. 8. 1996 (BGBl. I, S. 1246) ist mittlerweile schon der gesetzliche Arbeitsschutz stärker in diese Richtung ausgedehnt worden (vgl. § 2 I ArbSchG). Die Fachdisziplin heißt **Ergonomie**. Die BReg hat seit 1974 ein umfangreiches Forschungsprogramm zur Humanisierung des Arbeitslebens durchgeführt, das jährlich mit ca. 100 Mill. DM gefördert wurde (Schriftenreihe: Humanisierung des Arbeitslebens, herausgegeb. v. BMFT; Forschungsberichte Humanisierung des Arbeitslebens, herausgegeb. v. BMA; vgl. Antworten bzw. Berichte der BReg vom 21. 3. 1980 - BT-Drucks 8/3844, vom 6. 4. 1983 - BT-Drucks 10/16 und vom 8. 11. 1985 - BT-Drucks 10/4196). Das Programm ist 1989 ausgelaufen. Es wurde ersetzt durch das Programm „Arbeit und Technik“. Dieses behielt wesentliche Ziele des Humanisierungsprogramms bei. Leitziele sind entsprechende Prävention und Innovation im Betrieb.

II. Unterrichtungs- und Beratungsrechte des Betriebsrats

2 Der Arbeitgeber hat nach § 90 BetrVG den Betriebsrat zu unterrichten über die **Planung**

3 **(1) von Neu, Um- und Erweiterungsbauten** von Fabrikations-, Verwaltungs- und sonstigen betrieblichen Räumen. Der Betriebsrat ist über die Planung sämtlicher Bauvorhaben zu unter-

richten, in denen Arbeitnehmer arbeiten oder sich auf die Arbeit vorbereiten, von ihr erholen oder nach der Arbeit für den Heimgang rüsten müssen. Ausgenommen von der Unterrichtung sind Renovierungsarbeiten oder geringfügige bauliche Veränderungen, durch die der bestehende Bauzustand nicht verändert wird. Eine Unterrichtungspflicht besteht damit bei der Einrichtung von Großraumbüros;[1]

4 **(2) von technischen Anlagen;** das sind sämtliche technischen Einrichtungen, also Montagebänder, Maschinen, Transferbänder, EDV-Anlagen i. V. m. Datensichtgeräten,[2] durch Computer gesteuerte Maschinen usw.; im Verwaltungsbereich zählt hierzu die Einführung neuer Büromaschinen, nicht aber die Übertragung aufgelaufener Buchungsarbeiten auf Drittfirmen.[3] Die Unterrichtungspflicht besteht nur bei der Neueinrichtung oder der Veränderung bestehender Anlagen.[4] Keine Unterrichtungspflicht besteht bei der Ersatzbeschaffung für bestehende Anlagen oder der Beschaffung einfacher Werkzeuge;

5 **(3) von Arbeitsverfahren und Arbeitsabläufen.** Der Begriff ist weitgehend deckungsgleich mit dem der Fabrikations- und Arbeitsmethoden in § 106 III Nr. 5 BetrVG bzw. den Arbeitsmethoden und Fertigungsverfahren in § 111 S. 2 Nr. 5 BetrVG (Rn. 442). Arbeitsverfahren und Arbeitsablauf ist das Hintereinanderschalten von Arbeitsvorgängen. Die Unterrichtungspflicht bezieht sich z. B. auf die Auskunft, ob Muskel- oder Maschinenkraft eingesetzt werden soll, ob Einzel- oder Gruppenarbeit geleistet werden soll, auf die Einführung von PPS (Produktionsplanungs- und Steuerungssysteme), PMS (Projektmanagementsysteme) „lean production“, „lean management“, auf die Teilnahme an Qualitätsmanagementsystemen („Öko-Audit“), auf geplantes Outsourcing;

6 **(4) von Arbeitsplätzen,** also des dem Arbeitnehmer räumlich zugewiesenen Tätigkeitsorts.

1 LAG München DB 88, 186.

2 Vgl. LAG Hamburg BB 85, 2110.

3 LAG Hamm EzA 1 zu § 90 BetrVG 1972.

4 H. M. Fitting/Auffarth/Kaiser/Heither § 90 Rn. 4; a. A. Richardi § 90 Rn. 12; Gnade/Kehrmann/Schneider/Blanke § 91 Rn. 4.

Das Beteiligungsrecht des Betriebsrats wird nicht bei bestehenden Anlagen, sondern nur bei ihrer Neuprojektierung oder bei Veränderung der bestehenden Anlagen ausgelöst. Bei bestehenden Anlagen wird ein gesundheitsgefährdender Zustand durch öffentlich-rechtliche Arbeitsschutzvorschriften verhindert. Insoweit hat der Betriebsrat ein Initiativrecht nach § 87 I Nr. 7 BetrVG. Der Betriebsrat kann auch Änderungen nach § 80 I Nr. 2 BetrVG vorschlagen.[5] 7

Plant der Arbeitgeber Neuerrichtungen oder Veränderungen im vorstehenden Sinne, so hat er den Betriebsrat zu informieren und die vorgesehenen Maßnahmen im Hinblick auf ihre Auswirkungen auf die Art der Arbeit und die Anforderungen an die Arbeitnehmer mit ihm zu beraten. Unterrichtung und Beratung müssen rechtzeitig erfolgen (§ 90 I, II BetrVG; vgl. § 80 BetrVG; Abschn. V Rn. 17). Planung ist das systematische Suchen und Festlegen von Zielen sowie die Vorbereitung der Aufgaben, deren Durchführung zur Erreichung des Ziels erforderlich ist. Der Arbeitgeber hat auch schriftliche Unterlagen zur Verfügung zu stellen (§ 90 I a. E. BetrVG, vgl. § 80 II 2 BetrVG). Durch die Einschaltung des Betriebsrats soll sichergestellt werden, dass den Bedürfnissen der Arbeitnehmer hinreichend Rechnung getragen wird (§ 90 II 2 BetrVG) und bei der Planung die gesicherten arbeitswissenschaftlichen Erkenntnisse über die menschengerechte Gestaltung der Arbeit berücksichtigt werden. Gesicherte arbeitswissenschaftliche Erkenntnisse sind solche, die von der Mehrheit der Fachleute als richtig anerkannt werden.[6] 8

Dem Betriebsrat erwächst durch seine Einschaltung eine hohe Verantwortung für die zukünftige Gestaltung der Arbeitswelt. Wegen der notwendigen Spezialkenntnisse kann er gem. §§ 27, 28 BetrVG die Wahrnehmung seiner Beteiligungsrechte auf einen Ausschuss übertragen oder sich im Rahmen des rechtlich Zulässigen (§ 80 II, III BetrVG) der Hilfe von Auskunftspersonen und Sachverständigen (Abschn. V Rn. 24, 26ff.) bedienen. 9

---

5 BAG AP 7 zu § 87 BetrVG 1972 Überwachung = NJW 84, 1475 = DB 84, 775; 85, 1341.

6 Einzelheiten bei Fitting/Kaiser/Heither/Engels § 90 Rn. 50ff.

10 Der Arbeitgeber ist nicht gezwungen, den Ratschlägen des Betriebsrats zu folgen, sondern kann die projektierten Anlagen nach seinen Vorstellungen durchführen. Gleichwohl wird mittelbar ein Druck auf ihn ausgeübt, den Ratschlägen des Betriebsrats Rechnung zu tragen.

III. Ausgleich bei nicht menschengerechter Gestaltung von Arbeitsplatz und Arbeitsumgebung

11 Der Betriebsrat hat ein erzwingbares Mitbestimmungsrecht, wenn **(a)** der Arbeitgeber Änderungen des Arbeitsplatzes, des Arbeitsablaufs oder der Arbeitsumgebung durchführt; **(b)** diese Maßnahmen offensichtlich gesicherten arbeitswissenschaftlichen Erkenntnissen über die menschengerechte Gestaltung der Arbeit widersprechen und **(c)** die Arbeitnehmer durch die Änderungen in besonderer Weise belastet werden (§ 91 S. 1 BetrVG). Das Mitbestimmungsrecht nach § 91 BetrVG wird nicht ausgelöst, wenn schon bestehende Verhältnisse den gesicherten arbeitswissenschaftlichen Erkenntnissen widersprechen.[7] Wenn der gesetzliche Arbeitsschutz durch die bestehenden Verhältnisse verletzt wird, hat der Betriebsrat aber ein Initiativrecht nach § 87 I Nr. 7 BetrVG. Anders als in § 90 BetrVG ist in § 91 BetrVG die bauliche Veränderung als Auslöser des Beteiligungsrechts nicht aufgeführt. Im Falle baulicher Veränderungen wird es aber regelmäßig zu Änderungen des Arbeitsplatzes oder des Arbeitsablaufs kommen, so dass aus diesem Grund ein Mitbestimmungsrecht des Betriebsrats besteht. Die vom Arbeitgeber durchgeführten Maßnahmen verstoßen dann offensichtlich gegen gesicherte arbeitswissenschaftliche Erkenntnisse, wenn dies für jeden mit den Erkenntnissen der Arbeitswissenschaft Vertrauten deutlich erkennbar ist. Besondere Belastungen erwachsen dann, wenn die Arbeitnehmer in besonders hohem Maße oder einseitig belastet werden oder wenn die Ausübung der Tätigkeit mit Gesundheitsgefahren verbunden ist. Diese entstehen durch negative Umgebungseinflüsse (Lärm, Nässe, Gase, Dämpfe, Hitze, Kälte, Lichtmangel usw.) oder Beanspruchungen aufgrund der Art der

7 BAG AP 3 zu § 87 BetrVG 1972 Arbeitssicherheit.

Arbeitsleistung (Tempo, Takt, Zwangshaltung, einseitige Beanspruchung usw.).

Liegen die unter (a) bis (c) aufgezählten Voraussetzungen vor, 12
kann der Betriebsrat angemessene Maßnahmen zur Abwendung, Milderung oder zum Ausgleich der Belastungen verlangen. Das Beteiligungsrecht steht dem Betriebsrat auch zu, wenn er zuvor mit der Durchführung der Maßnahmen einverstanden war, denn es besteht im Interesse der Arbeitnehmer und der menschengerechten Gestaltung der Arbeitsplätze. Es entfällt nicht dadurch, dass er sich zuvor bei der Planung geirrt hat. Welche Maßnahmen vom Betriebsrat verlangt werden, bestimmt sich in erster Linie nach den bestehenden Belastungen. Als Maßnahmen zu deren Abwendung kommen z. B. in Betracht: Änderung der Belastungsfaktoren, Austausch gesundheitsgefährdender Stoffe durch andere, Beseitigung von Staub, Gasen usw. Als Maßnahmen zur Milderung kommen in Betracht: Schutzkleidung, Fürsorge- und Überwachungsuntersuchungen; als Maßnahmen zum Ausgleich sind denkbar: Zusatzurlaub, Lohnzuschläge, Zusatzverpflegung usw. Im Interesse der Gesundheit der Arbeitnehmer sollte der Betriebsrat in erster Linie darauf bedacht sein, die eigentlichen Störungsfaktoren zu beseitigen, bevor er Lohnzuschläge usw. fordert. Zur Rechtslage bei Arbeit an Bildschirmarbeitsplätzen Abschn. VI Rn. 50.

Besteht Streit darüber, ob die unter (a) bis (c) aufgezählten 13
Voraussetzungen vorliegen, ob also das Beteiligungsrecht des Betriebsrats überhaupt entstanden ist, so entscheiden hierüber die Arbeitsgerichte im Beschlussverfahren (§ 2 a ArbGG; vgl. Abschn. XI Rn. 15 ff.). Können sich dagegen Arbeitgeber und Betriebsrat über die zu ergreifenden Maßnahmen nicht einigen, so entscheidet die Einigungsstelle. Der Spruch der Einigungsstelle ersetzt die Einigung zwischen Arbeitgeber und Betriebsrat (§ 91 S. 2, 3 BetrVG). Die unterschiedliche Zuständigkeit gibt zu erkennen, dass das Arbeitsgericht über die Rechtsfrage, die Einigungsstelle über die Zweckmäßigkeitsfrage entscheiden soll.

Abschnitt VIII. Die Mitwirkung und Mitbestimmung in personellen Angelegenheiten

§ 46. Die Beteiligung in allgemeinen personellen Angelegenheiten

I. Vorbemerkung

Nach dem BetrVG 1952 hatte der Betriebsrat nur Beteiligungsrechte bei Einstellung, Eingruppierung, Umgruppierung und Versetzung sowie im Falle der Kündigung. Dagegen war er von vorausgehenden personellen Grundsatzentscheidungen ausgeschlossen. Dadurch konnte es dazu kommen, dass er personellen Einzelentscheidungen aufgrund eingetretener Sachzwänge zustimmen musste. 1

Das BetrVG 1972 sicherte dem Betriebsrat eine Beteiligung schon in den **personellen Grundsatzentscheidungen,** damit er von erforderlich werdenden Einzelmaßnahmen nicht überrascht wird. Aus diesem Grunde stehen dem Betriebsrat Beteiligungsrechte zu bei der Personalplanung, bei der Stellenausschreibung, bei der Erstellung von Personalfragebogen, Formularverträgen und Beurteilungsgrundsätzen sowie bei der Aufstellung von Auswahlrichtlinien. 2

II. Personalplanung[1]

Der Arbeitgeber hat den Betriebsrat über die Personalplanung und deren Methoden rechtzeitig und anhand von Unterlagen zu unterrichten (§ 92 I 1 BetrVG). Personalplanung kann die organisatorische Planung wie auch die intuitive ad-hoc-Planung sein. Im Allgemeinen versteht man unter Personalplanung die Herstellung einer Übereinstimmung zwischen künftigen Arbeitsanforderungen und dem dazu notwendigen Personal. So jedenfalls ist der Begriff in § 92 II BetrVG gebraucht. Teil der Personalplanung ist 3

1 Vgl. die ausführliche Kommentierung bei Fitting/Kaiser/Heither/Engels § 92 passim.

die Erstellung von Anforderungsprofilen[2] oder Stellenbeschreibungen.[3] Zu unterrichten hat der Arbeitgeber noch nicht über bloße Denkmodelle, sondern erst über **Planungen**, also über das systematische Suchen und Festlegen von Zielen.[4] Damit gehört die Feststellung des Personalbedarfs für ein künftiges Projekt auch schon vor Zustimmung der einzelnen Zuwendungsgeber zur Personalplanung.[5] Der Betriebsrat hat ein Recht auf Unterrichtung über den gegenwärtigen und zukünftigen Personalbedarf in qualitativer und quantitativer Hinsicht. Ferner ist er zu unterrichten über die sich daraus ergebenden Maßnahmen der Berufsbildung (vgl. Rn. 35ff.). Betriebswirtschaftlich wird zwischen der Personalbedarfsplanung, der Personalbeschaffungsplanung, der Personalentwicklungsplanung, der Personaleinsatzplanung, der Personalkostenplanung und der Personalabbauplanung unterschieden. Aus dem Personalbedarfsplan ergibt sich eine Gegenüberstellung des voraussichtlichen zukünftigen Personalbedarfs und des zukünftigen Personalbestands. Der Personalbeschaffungsplan befasst sich mit der Frage der Verfügbarkeit künftig benötigter Arbeitnehmer.[6] Der Personalentwicklungsplan deckt sich teilweise mit dem Personalbeschaffungsplan. In ihm befinden sich die Regelungen zur Ausschöpfung des innerbetrieblichen Arbeitsmarkts, insbesondere durch Ausbildung, Fortbildung und Umschulung, durch Frauenförderpläne u. Ä.[7] Die Personaleinsatzplanung regelt die optimale Einsatzmöglichkeit der Arbeitnehmer im Betrieb.

4 Ein uneingeschränktes Mitbestimmungsrecht über die Personalplanung hat der Betriebsrat nicht. Er soll lediglich von personellen Entscheidungen, die von langer Hand geplant sind, nicht überrascht werden. Der Betriebsrat hat das Beratungsrecht auch in **Tendenzbetrieben**.[8] Die sich aus der Personalplanung ergeben-

2 BAG AP 2 zu § 95 BetrVG 1972 = DB 83, 2311.
3 BAG AP 3 zu § 95 BetrVG 1972 = DB 84, 1199 = NZA 84, 51.
4 BAG AP 2 zu § 92 BetrVG 1972 = NJW 85, 343 = DB 84, 2305.
5 BAG AP 3 zu § 92 BetrVG 1972 = NZA 91, 358.
6 BAG 6. 11. 1990 AP 3 zu § 92 BetrVG = NZA 91, 358.
7 Zu Letzteren vgl. Compensis BB 1991, 2153; Debler NZA 1997, 529.
8 BAG AP 3 zu § 92 BetrVG 1972 = NZA 91, 358.

den Maßnahmen hat der Arbeitgeber mit dem Betriebsrat zu **beraten** (§ 92 I 2 BetrVG). Das Beratungsrecht (Abschn. IV Rn. 11) bezieht sich nicht nur auf soziale Angelegenheiten, sondern auch auf die wirtschaftliche Seite. Der Arbeitgeber hat den Betriebsrat zuvor anhand von Unterlagen, z. B. Stellenplänen, Personalbedarfsunterlagen, Statistiken über Fluktuation, Altersaufbau und Krankenstand der Belegschaft usw. zu unterrichten.[9] Die Unterlagen sind ihm zur Verfügung zu stellen. Der Betriebsrat braucht nicht zu warten, bis der Arbeitgeber an ihn herantritt, sondern kann von sich aus auf den Arbeitgeber mit Vorschlägen für die Personalplanung zugehen (§ 92 II BetrVG). Eine bestimmte Methode der Personalplanung kann der Betriebsrat nicht erzwingen. Es können freiwillige Betriebsvereinbarungen über Maßnahmen der Personalplanung und deren Ziele abgeschlossen werden. Findet eine betriebsübergreifende, unternehmensbezogene Personalplanung statt, ist der Gesamtbetriebsrat zuständig.

Zur Information und Beratung kann ein Personalplanungs- 5
ausschuss errichtet werden, wenn der Betriebsrat eine Größe erreicht, die ihn zur Bildung von Ausschüssen berechtigt (§ 28 I BetrVG).

§ 92 I, II BetrVG gilt entsprechend für Maßnahmen zur Durch- 6
setzung der tatsächlichen Gleichstellung von Frauen und Männern und zur Förderung der Vereinbarkeit von Familie und Erwerbstätigkeit i. S. v. § 80 I Nr. 2 a, b BetrVG (§ 92 III BetrVG). Der Arbeitgeber ist danach verpflichtet, von sich aus bei der Personalplanung die Frauenförderung zu berücksichtigen und mit dem Betriebsrat zu beraten. Dies gilt aufgrund der ausdrücklichen Erwähnung im Gesetz insbesondere für die Aufstellung und Durchführung von Maßnahmen zur Förderung der Gleichstellung von Frauen und Männern.

III. Beschäftigungssicherung

Nach dem neuen § 92a BetrVG kann der Betriebsrat dem Ar- 7
beitgeber **Vorschläge zur Sicherung und Förderung der Beschäftigung** machen. Schon nach § 80 I Nr. 8 BetrVG gehört die Be-

9 BAG AP 2 zu § 92 BetrVG 1972 = NJW 85, 343 = DB 84, 2305.

schäftigungssicherung zu den allgemeinen Aufgaben des Betriebsrats. Mit der Vorschrift des § 92a BetrVG soll ihm dafür ein besonderes Instrumentarium zur Verfügung gestellt werden. Das Vorschlagsrecht nach § 92a I 1 BetrVG ist gegenstandlich nicht begrenzt. Die Aufzählung in Satz 1 der Regelung ist nicht abschließend. Danach können die Vorschläge insbesondere die flexible Gestaltung der Arbeitszeit, die Förderung von Teilzeitarbeit und Altersteilzeit, neue Formen der Arbeitsorganisation, Änderungen der Arbeitsverfahren und -abläufe, die Qualifizierung der Arbeitnehmer, Alternativen zur Ausgliederung von Arbeit und ihrer Vergabe an andere Unternehmen (Outsourcing) sowie zum Produktions- und Investitionsprogramm betreffen. Nach § 92a II BetrVG hat der Arbeitgeber die Vorschläge des Betriebsrats mit diesem zu **beraten**. Zu den Beratungen können der Arbeitgeber oder der Betriebsrat einen Vertreter des örtlich zuständigen Arbeitsamts oder Landesarbeitsamts hinzuziehen. Nach der Begründung zum Referentenentwurf soll dadurch erreicht werden, dass überbetriebliche Kenntnisse und Erfahrungen insbesondere über Fortbildung- und Umschulungsmaßnahmen sowie deren Unterstützung durch die Arbeitsverwaltung in den Beratungen der Betriebsparteien nutzbar gemacht werden. Außerdem soll der Vertreter der Arbeitsverwaltung als „neutrale Instanz“ bei Meinungsverschiedenheiten hilfreich sein können. Hält der Arbeitgeber die Vorschläge des Betriebsrats für ungeeignet, hat er dies zu begründen. In Betrieben mit mehr als 100 Arbeitnehmern hat die Begründung schriftlich zu erfolgen.

IV. Stellenausschreibung

8 Der Betriebsrat kann im Rahmen der Personalbeschaffungsplanung verlangen,[10] dass Arbeitsplätze, die besetzt werden sollen, vor ihrer Besetzung innerhalb des Betriebs ausgeschrieben werden (§ 93 BetrVG), z. B. in der Werkszeitung, am Schwarzen Brett usw. Ausschreibung ist die Aufforderung des Arbeitgebers an alle Mitarbeiter oder einen bestimmten Kreis von Mitarbeitern, Stellenbewerbungen abzugeben. Dem Verlangen des Be-

10 BAG v. 27. 7. 1993 – AP 3 zu § 93 BetrVG 1972.

triebsrats auf Stellenausschreibung steht der Tendenzcharakter eines Betriebs nicht entgegen.[11] Durch die Stellenausschreibung soll der innerbetriebliche Arbeitsmarkt aktiviert und den im Betrieb beschäftigten Arbeitnehmern vorab Kenntnis der betreffenden Beförderungsmöglichkeiten beschafft werden. Der Betriebsrat braucht sich nicht darauf zu beschränken, nur für bestimmte Arten von Tätigkeiten eine Ausschreibung zu verlangen, sondern er kann sie allgemein begehren. Zweckmäßig wird dies nicht immer sein, da den Belegschaftsmitgliedern zumeist nur an einem Aufstieg und nicht an einer bloßen Versetzung gelegen ist. Das Anforderungsprofil für die einzelnen Stellen bestimmt der Arbeitgeber.[12] Nach § 611 b BGB darf der Arbeitgeber einen Arbeitsplatz weder öffentlich noch innerhalb des Betriebs nur für Männer oder für Frauen ausschreiben, es sei denn, ein bestimmtes Geschlecht sei unverzichtbare Voraussetzung für die betreffende Tätigkeit (§ 611 b BGB i. V. m. § 611 a I 2 BGB; zwingender Grundsatz der geschlechtsneutralen Stellenausschreibung).[13] Der Arbeitgeber ist verpflichtet, dem Verlangen auf Stellenausschreibung im Betrieb, nicht dagegen im Unternehmen (umstr.), nachzukommen. Unterlässt der Arbeitgeber die Ausschreibung, so kann der Betriebsrat einer Einstellung widersprechen (§ 99 II Nr. 5 BetrVG; vgl. Rn. 99). Nimmt der Arbeitgeber die Stellenausschreibung nicht geschlechtsneutral vor, kann eine tatsächliche Vermutung für die Benachteiligung des anderen Geschlechts bestehen. Schreibt der Arbeitgeber die Stelle aus, so ist er nicht gehindert, sich daneben durch Zeitungsinserate oder Vermittlungsaufträge an das Arbeitsamt anderweitig um Arbeitskräfte zu bemühen. Unter mehreren betrieblichen oder außerbetrieblichen Bewerbern hat er eine sachliche Auswahl zu treffen. Der Bewerber hat keinen Rechtsanspruch auf Einstellung.[14] Wenn eine Betriebsvereinbarung für

11 BAG AP 11 zu § 118 BetrVG 1972 = EzA 20 zu § 118 BetrVG 1972.

12 LAG Hamm DB 79, 1468; BAG AP 2 zu § 93 BetrVG 1972 = NZA 88, 551.

13 Vgl. EuGH 22. 4. 1997 BB 1997, 1481; BVerfG 16. 11. 1993 NZA 1994, 745; LAG Hamm BB 1997, 525.

14 BAG AP 1 zu § 100 BetrVG 1972.

die Bewerbung einen Fristenrahmen festlegt, liegt darin keine Beschränkung des Arbeitgebers in der Auswahl unter den innerhalb der Frist eingegangenen Bewerbungen.[15] Schon gemäß der früheren Regelung in § 93 S. 2, 3 BetrVG (eingefügt durch das Zweite Gleichberechtigungsgesetz vom 24. 6. 1994 (BGBl. I S. 1406) konnte der Betriebsrat anregen, dass die Arbeitsplätze auch als Teilzeitarbeitsplätze ausgeschrieben werden. War der Arbeitgeber zur Besetzung mit einer Teilzeitkraft bereit, war darauf hinzuweisen.

9 Durch § 7 des Teilzeit- und Befristungsgesetzes vom 21. Dezember 2000 (BGBl. I S. 1966) ist dieser Komplex neu geregelt worden. Nach § 7 I TzBfG hat der Arbeitgeber einen Arbeitsplatz bei einer öffentlichen oder betrieblichen Stellenausschreibung stets auch als Teilzeitarbeitsplatz auszuschreiben, wenn der Arbeitsplatz sich dafür eignet. Gemäß § 7 III TzBfG hat der Arbeitgeber den Betriebsrat über Teilzeitarbeit im Betrieb und Unternehmen zu informieren, vor allem über vorhandene oder geplante Teilzeitarbeitsplätze und über die Umwandlung von Vollzeit- in Teilzeitarbeitsplätze und umgekehrt. Dem Betriebsrat sind auf Verlangen die erforderlichen Unterlagen zur Verfügung zu stellen. § 92 BetrVG bleibt davon unberührt (§ 7 III 2, 2. Hs. TzBfG).

V. Personalfragebogen und Formularverträge

10 Bei der Einstellung von Arbeitnehmern werden häufig Fragebogen verwendet. Dies ist aus Arbeitnehmersicht insoweit bedenklich, als darin vielfach nach sehr persönlichen Angelegenheiten gefragt wird. Beantworten die Bewerber die Fragen wahrheitsgemäß, so setzen sie sich der Preisgabe persönlicher Geheimnisse aus; beantworten sie die Fragen nicht, so werden sie als Bewerber vermutlich zurückgewiesen; beantworten sie die Fragen falsch, setzen sie sich der Gefahr der Anfechtung ihres Arbeitsvertrages, der Kündigung oder der Erhebung von Schadensersatzansprüchen aus.[16] Dieser schwierigen Situation

15 BAG AP 1 zu § 93 BetrVG 1972 = EzA 1 zu § 93 BetrVG 1972.

16 Vgl. Schaub, Arbeitsrecht von A–Z, Stichwort Einstellungsfragebogen, Vorverhandlung.

will § 94 BetrVG Rechnung tragen. **Personalfragebogen bedürfen der Zustimmung des Betriebsrats.** Personalfragebogen sind formularmäßig gefasste Zusammenstellungen von Fragen, die der Bewerber ausfüllen oder beantworten soll. Zu den Personalfragebogen gehören auch standardisierte Checklisten, die vom Befrager selbst ausgefüllt werden. Entsprechendes gilt, wenn der Befrager die Listen auswendig gelernt hat und nach einem bestimmten Schema abfragt.[17] Nach persönlichen Verhältnissen des Arbeitnehmers darf nur insoweit gefragt werden, als der Arbeitgeber daran ein schutzwürdiges Interesse hat.[18] Mitbestimmungspflichtig sind auch Fragen aus psychologischen Eignungstests.[19] Zulässig sind Fragen im öffentlichen Dienst, mit denen der Arbeitgeber in Erfahrung bringen will, ob der Bewerber für das frühere Ministerium für Staatssicherheit der DDR gearbeitet hat.[20] Kommt eine Einigung über den Inhalt der Fragebogen nicht zustande, so entscheidet die Einigungsstelle. Der Spruch der Einigungsstelle ersetzt die Einigung zwischen Arbeitgeber und Betriebsrat (§ 94 I BetrVG). Der Betriebsrat hat kein Initiativrecht zur Einführung von Fragebogen.[21] Bei Nichteinigung kann der Arbeitgeber auf die Verwendung eines Personalfragebogens deshalb gänzlich verzichten.

Mit einem Personalfragebogen werden Personaldaten erho- 11
ben. Die Vorschrift des § 94 BetrVG gilt auch dann, wenn die erhobenen Daten in Personaldateien verarbeitet werden, die den Vorschriften des BDSG unterliegen. Für die Verarbeitung müssen die Voraussetzungen des BDSG gegeben sein. Geschlecht, Familienstand, Schule, Ausbildung in Lehr- und Anlernberufen, Fachschulausbildung/Fachrichtung, Abschluss und Sprachenkenntnisse des Bewerbers und künftigen Arbeitnehmers dürfen in Personalinformationssystemen gespeichert werden.[22]

17 BAG v. 21. 9. 1993 – AP 4 zu § 94 BetrVG 1972 = BB 94, 75.
18 BAG AP 2, 15 zu § 123 BGB.
19 Vgl. Schaub, Arbeitsrechts-Handbuch § 26; Schierbaum AiB 1995, 586.
20 BAG v. 21. 9. 1993 – AP 4 zu § 94 BetrVG 1972 = BB 94, 75.
21 LAG Düsseldorf DB 85, 134.
22 BAG AP 2 zu § 23 BDSG = DB 87, 1048.

12 Ebenso wie Personalfragebogen sind **Formularverträge,** in denen **persönliche Angaben** enthalten sind, der Mitbestimmung des Betriebsrats unterworfen (§ 94 II BetrVG). Das Gesetz will damit Vorsorge dagegen treffen, dass die erzwingbare Mitbestimmung bei Personalfragebogen nicht durch erst spätere Aufnahme der Fragen in einen Einstellungsvertrag umgangen wird. Mitbestimmungspflichtig sind aber nur Formularverträge und nicht einzelne, auf die Person bestimmter Arbeitnehmer zugeschnittene Verträge.

Beispiel: Mitbestimmungspflichtig ist ein einheitlich verwendeter Arbeitsvertrag, in dem Frauen die Frage nach einer bestehenden Schwangerschaft gestellt wird.

13 Verletzt der Arbeitgeber das Mitbestimmungsrecht, so bleibt dies individualrechtlich nicht ohne Folgen: Nach § 123 BGB ist ein Arbeitsvertrag seitens des Arbeitgebers nur anfechtbar, wenn **(a)** die Frage zulässig war; **(b)** der Arbeitnehmer die Frage bewusst falsch beantwortet hat; **(c)** er wissen oder erkennen musste, dass die von ihm verschwiegene Tatsache für die Entscheidung des Arbeitgebers zu seiner Anstellung von ausschlaggebender Bedeutung sein würde und **(d)** die verschwiegene Tatsache für die Einstellung ursächlich war;[23] hat der Betriebsrat der Fragestellung im Personalfragebogen oder im Formularvertrag aber nicht zugestimmt, so ist die Frage von vornherein unzulässig; eine unrichtige Antwort berechtigt den Arbeitgeber dann nicht zur Anfechtung.

14 Umgekehrt ist eine Frage aber nicht schon deswegen zulässig, weil der Betriebsrat ihr zugestimmt hat. Über die Zulässigkeit einer Frage entscheidet vielmehr die Abwägung zwischen den Informationsinteressen des (künftigen) Arbeitgebers und dem Persönlichkeitsrecht des (künftigen) Arbeitnehmers. Auf unzulässige Fragen darf der Arbeitnehmer sanktionslos unrichtige Antworten geben.[24] Manche Fragen können vor der Einstellung,

23 BAG AP 2, 15 zu § 123 BGB.

24 BAG 15. 10. 1992 AP 8 zu § 611 a BGB; BAG 5. 10. 1992 AP 40 zu § 123 BGB.

d. h. in Personalfragebogen zur Vorbereitung der Einstellung unzulässig sein und danach zulässig werden (z. B. Fragen nach der Zugehörigkeit zu Kirchen, Gewerkschaften). Schon vor der Einstellung zulässig sind Fragen nach der Mitgliedschaft in der Scientology-Vereinigung,[25] nach einer Schwerbehinderung,[26] nach akuter Erkrankung an AIDS (nicht nach der bloßen Infektion),[27] nach Vorstrafen soweit sie mit der beabsichtigten Beschäftigung in Zusammenhang stehen.[28] Unzulässig ist die Frage nach einer bestehenden Schwangerschaft, auch wenn die – unbefristet eingestellte – Arbeitnehmerin wegen der Schwangerschaft die Arbeit – zunächst – gar nicht aufnehmen darf, die Frage[29] und nach einem noch laufenden Ermittlungsverfahren.[30] Das Mitbestimmungsrecht des Betriebsrats erstreckt sich auch auf die Frage, zu welchem Zweck die zulässigerweise erhobenen Daten verwendet werden dürfen.[31] Für eine Verarbeitung/Speicherung der Daten in automatisierten Verfahren ist das Bundesdatenschutzgesetz zu beachten. Mitbestimmungspflichtig ist auch die Aufstellung allgemeiner Beurteilungsgrundsätze, nicht dagegen die Beurteilung im Einzelfall.

VI. Auswahlrichtlinien

Auswahlrichtlinien sind Vorgaben darüber, nach welchen Kri- 15
terien Arbeitnehmer eingestellt, versetzt, umgruppiert oder gekündigt werden sollen (§ 95 I 1 BetrVG). Es ist zu unterschei-

25 Bauer/Baeck DB 1997, 2534; vgl. auch BAG 22. 3. 1995 AP 21 zu § 5 ArbGG 1979 und LAG Berlin 11. 6. 1997 DB 1997, 2542.

26 BAG 11. 11. 1993 AP 38 zu § 123 BGB = NZA 1994, 407; BAG 5. 10. 1995 AP 40 zu § 123 BGB; BAG 3. 12. 1998 AP 49 zu § 123 BGB; BAG 18. 10. 2000 – 2 AZR 380/99 – AP 59 zu § 123 BGB = NZA 2001, 315.

27 Lichtenberg/Schücking NZA 1990, 41; Fitting/Kaiser/Heither/Engels § 94 Rn. 19 a m. w. N.

28 BAG 5. 12. 1957 AP 2 zu § 123 BGB; BAG 15. 1. 1970 AP 7 zu § 1 KSchG Verhaltensbedingte Kündigung.

29 EuGH 5. 5. 1994 AP 3 zu EWG Richtlinie Nr. 76/207; EuGH 3. 2. 2000 NZA 2000, 255; die entgegenstehende Rechtsprechung des BAG (1. 7. 1993 AP 36 zu § 123 BGB) ist nicht mehr haltbar EuGH 4. 10. 2001 – Rs. C-109/00 – z.V.v.; EuGH 4. 10. 2001 – Rs. C-438/99 z.V.v.

30 ArbG Münster 20. 11. 1992 NZA 1993, 461; Moritz NZA 1987, 329.

31 Fitting/Kaiser/Heither/Engels § 94 Rn. 7 m. w. N.

den zwischen Auswahlrichtlinien in Betrieben mit bis zu 500 und solchen mit mehr als 500 Arbeitnehmern. Bei der Berechnung der Zahl der Arbeitnehmer werden leitende Angestellte (§ 5 III BetrVG; vgl. Abschn. I Rn. 48ff.) nicht mitgezählt.

16 In **Betrieben mit bis zu 500 Arbeitnehmern** kann der Arbeitgeber Auswahlrichtlinien aufstellen, ohne dass ihn der Betriebsrat hierzu zwingen könnte. Stellt der Arbeitgeber Auswahlrichtlinien auf, so bedürfen diese aber der Zustimmung des Betriebsrats. Stimmt der Betriebsrat den geplanten Auswahlrichtlinien nicht zu, so kann der Arbeitgeber die Einigungsstelle anrufen. Der Spruch der Einigungsstelle ersetzt die Einigung zwischen Arbeitgeber und Betriebsrat (§ 95 I BetrVG). Stimmt der Betriebsrat nicht zu, kann der Arbeitgeber von der Aufstellung von Auswahlrichtlinien ganz absehen. Der Betriebsrat hat von sich aus keine Möglichkeit, die Einigungsstelle anzurufen.

17 In **Betrieben mit mehr als 500 Arbeitnehmern** kann der Betriebsrat dagegen die Aufstellung von Auswahlrichtlinien erzwingen. Im Unterschied zu kleineren Betrieben hat der Betriebsrat hier ein Initiativrecht. Kommt über den Inhalt der Auswahlrichtlinien eine Einigung nicht zustande, so entscheidet die Einigungsstelle. Der Spruch der Einigungsstelle ersetzt auch hier die Einigung zwischen Arbeitgeber und Betriebsrat (§ 95 II BetrVG). Werden Auswahlrichtlinien für alle Betriebe des Unternehmens oder Konzerns aufgestellt, so ist unter den jeweiligen Voraussetzungen der Gesamt- bzw. der Konzernbetriebsrat (vgl. Abschn. III Rn. 241ff., 263) zuständig.[32]

18 **Richtlinien** können über die personelle Auswahl bei Einstellungen aufgestellt werden. In diesem Fall werden regelmäßig die fachlichen und persönlichen Voraussetzungen normiert, die an einen Bewerber zu stellen sind. Zulässig ist es zu bestimmen, dass für bestimmte Tätigkeiten bevorzugt Frauen eingestellt werden, wenn die Arbeitsplätze besonders für Frauen geeignet sind. Bei der Aufstellung der Auswahlrichtlinien sind die Grundrechte zu beachten. Unzulässig wären deshalb Auswahlrichtlinien, nach denen keine Frauen, keine Ausländer oder nur Gewerk-

32 Vgl. BAG AP 2 zu § 95 BetrVG 1972.

schaftsangehörige eingestellt werden dürften. Von den Auswahlrichtlinien sind mitbestimmungsfreie Anforderungsprofile zu unterscheiden. In ihnen werden für einen bestimmten Arbeitsplatz die fachlichen, persönlichen und sonstigen Anforderungen abstrakt festgelegt, die ein Stellenbewerber erfüllen soll. Sie sind nach Auffassung des BAG nichts anderes als die subjektiven Vorstellungen des Arbeitgebers für die Besetzung des Arbeitsplatzes.[33] Ebenso wenig wie für Anforderungsprofile hat der Betriebsrat ein Mitbestimmungsrecht für Stellenbeschreibungen; dies sind Zusammenfassungen der fachlichen, persönlichen oder sonstigen Voraussetzungen, denen ein Bewerber genügen muss.[34] Mitbestimmungsfrei sind auch Funktionsbeschreibungen, die für Gruppen von Stelleninhabern mit vergleichbaren Tätigkeiten deren Funktionen festgelegen.[35]

Richtlinien können ferner über die personelle Auswahl bei 19
Versetzungen und Umgruppierungen aufgestellt werden. Der Begriff der Versetzung ist in § 95 III BetrVG definiert. **Versetzung** ist die Zuweisung eines anderen Arbeitsbereichs,[36] die voraussichtlich die Dauer von einem Monat überschreitet oder mit einer erheblichen Änderung der Umstände verbunden ist, unter denen die Arbeit zu leisten ist.

Werden für eine Versetzung Auswahlrichtlinien in Form eines 20
Punktesystems geschaffen, muss dem Arbeitgeber ein Entscheidungsspielraum bleiben. Dieser muss umso größer sein, je undifferenzierter das Punktesystem ist. Ermessensfehlerhaft ist z. B. ein Einigungsstellenspruch, der der erworbenen Grundqualifikation und der Dauer der bisherigen beruflichen Tätigkeit gegen den Willen des Arbeitgebers ein deutliches Übergewicht gegenüber der aktuellen Leistungsbeurteilung beimisst.[37]

33 BAG AP 2 zu § 95 BetrVG 1972 = DB 83, 2311.

34 BAG AP 3 zu § 95 BetrVG 1972 = NJW 84, 1709 = DB 84, 1199.

35 BAG AP 21 zu § 87 BetrVG 1972 Lohngestaltung = DB 86, 1286 = NZA 86, 531.

36 Zu diesem Begriff BAG AP 4 zu § 95 BetrVG 1972 = DB 84, 2198 = NZA 84, 233; eingeschränkt: AP 13 zu § 95 BetrVG 1972 = NZA 89, 438; auch AP 8 = DB 86, 915 = NZA 86, 532; vgl. auch KG BB 74, 885.

37 BAG v. 27. 10. 1992 – AP 29 zu § 95 BetrVG 1972.

21 Bestehen **Richtlinien für Versetzung und Umgruppierung,** so kann der Arbeitnehmer sich gegen eine Versetzung durch seinen Arbeitgeber gleichwohl wehren. Er kann geltend machen, **(a)** die Versetzung verstoße gegen seinen Arbeitsvertrag und sei (individualrechtlich) unwirksam; **(b)** der Betriebsrat habe seiner Versetzung nicht zugestimmt, sie sei daher betriebsverfassungsrechtlich unwirksam – die Zustimmung des Betriebsrats ist Wirksamkeitsvoraussetzung einer Versetzung (§ 99 BetrVG; vgl. Rn. 108); **(c)** seine Auswahl zur Versetzung verstoße gegen eine Auswahlrichtlinie und sei aus diesem Grunde unwirksam.

22 Schließlich können **Kündigungsrichtlinien** zwischen Betriebsrat und Arbeitgeber vereinbart werden. Bei personen- oder verhaltensbedingten Kündigungen[38] scheiden Auswahlrichtlinien in der Regel aus. In Betracht kommen sie für betriebsbedingte Kündigungen und in diesem Rahmen für die soziale Auswahl unter mehreren Arbeitnehmern (§ 1 III KSchG). Bei Aufstellung der Auswahlrichtlinien sind die Grundrechte und allgemeinen Grundsätze des Arbeitsrechts zu beachten. Eine Auswahlrichtlinie wäre rechtsunwirksam, wenn sie bestimmte, dass ausländische Arbeitnehmer vor Deutschen, Frauen vor Männern usw. entlassen werden müssen. Es werden nur allgemeine Grundsätze für die Auswahl unter mehreren zu kündigenden Arbeitnehmern normiert werden können.[39]

23 Nach § 1 III KSchG sind alle wechselseitigen Interessen bei der sozialen Auswahl gegeneinander abzuwägen. Kommt es zu einer Kollision zwischen der gesetzlich gebotenen Interessenabwägung nach § 1 III KSchG und den von den Betriebsparteien vereinbarten Auswahlrichtlinien, so geht die Interessenabwägung nach § 1 III KSchG als auf der stärkeren Rechtsquelle beruhend vor.[40]

---

38 Schaub, Arbeitsrecht von A–Z, Stichwort Kündigungsschutzklage.

39 BAG AP 1 zu § 95 BetrVG 1972.

40 BAG AP 1 zu § 95 BetrVG 1972; AP 18 zu § 1 KSchG 1969 Soziale Auswahl = NZA 90, 226.

Beispiel: Bestimmt eine Auswahlrichtlinie, dass im Falle der Kündigung verheiratete Arbeitnehmer oder ältere Arbeitnehmer grundsätzlich erst nach ledigen oder jüngeren entlassen werden sollen, so kann eine Kündigung, die nach Maßgabe dieser Auswahlrichtlinie vorgenommen wurde, gleichwohl unwirksam sein, wenn einem jungen ledigen Arbeitnehmer gekündigt wurde, der körperbehindert ist oder für seine Eltern und Geschwister zu sorgen hat und der durch eine Kündigung deshalb besonders und unverhältnismäßig hart betroffen wird.

Es wurde versucht, für die soziale Auswahl bei Kündigungen 24 Punktesysteme zu schaffen. Das BAG hat demgegenüber eine schematisierende Betrachtung der sozialen Auswahl für unvollkommen gehalten. Zur Vermeidung von unbilligen Härten müsse im Anschluss an die Auswahl anhand der Punktetabelle stets eine individuelle, abschließende Überprüfung stattfinden.[41] In jedem Fall müssen bei der sozialen Auswahl Lebensalter, Betriebszugehörigkeit, Familienstand und Unterhaltspflichten berücksichtigt werden.[42] Nach § 1 IV KSchG i. d. F. v. 19. 12. 1998 (BGBl. I 3843) kommt einer Betriebsvereinbarung nach § 95 BetrVG über die Berücksichtigung sozialer Gesichtspunkte aber eine erhebliche Bedeutung zu. Gegen sie kann etwa im Rahmen eines Kündigungsschutzprozesses nur „grobe Fehlerhaftigkeit" eingewendet werden.

VII. Beurteilungsgrundsätze (§ 94 II BetrVG)

Der erzwingbaren Mitbestimmung des Betriebsrats unterliegen 25 die Grundsätze, nach denen die Arbeitnehmer des Betriebs beurteilt werden. Beurteilungsgrundsätze sind Richtlinien, nach denen die Leistung und das Verhalten der Arbeitnehmer im Betrieb bewertet wird.[43] Die Beurteilungen werden Bestandteile der Personalakten des Arbeitnehmers. Durch die Mitbestim-

41 BAG AP 12 zu § 1 KSchG 1969 Betriebsbedingte Kündigung; AP 19 zu § 1 KSchG 1969 Soziale Auswahl = NZA 90, 729.

42 BAG AP 13 zu § 1 KSchG 1969 Betriebsbedingte Kündigung = NJW 84, 1648 = DB 84, 563; Däubler NJW 1999, 601.

43 BAG AP 8 zu § 87 BetrVG 1972 Ordnung des Betriebs = NJW 85, 1045 = DB 84, 2353; 85, 495.

mung des Betriebsrats bei der Aufstellung der Beurteilungsgrundsätze soll die Beurteilung verobjektiviert werden. Namentlich die qualifizierten Zeugnisse bei Beendigung des Arbeitsverhältnisses (§ 630 BGB) werden anhand der Beurteilungsgrundsätze zu erstellen sein. Zu beachten ist aber, dass nicht die Einzelbeurteilungen der Arbeitnehmer der Mitbestimmung unterliegen, sondern **nur** die **Grundsätze,** anhand derer die Einzelbeurteilung erfolgt.

26 Der Arbeitgeber ist berechtigt, die Arbeitnehmer nach Eignung, Befähigung und fachlicher Leistung zu beurteilen.[44]

§ 47. Mitwirkung und Mitbestimmung bei der Berufsbildung

I. Die Förderung der Berufsbildung

27 Nach § 96 I 1 BetrVG haben Arbeitgeber und Betriebsrat im Rahmen der betrieblichen Personalplanung und in Zusammenarbeit mit den für die Berufsbildung und den für die Förderung der Berufsbildung zuständigen Stellen die Berufsbildung der Arbeitnehmer zu fördern **(Förderpflicht).** Die gemeinsame Verpflichtung von Arbeitgeber und Betriebsrat soll bildungswilligen und bildungsfähigen Arbeitnehmern die Möglichkeit eröffnen, an Maßnahmen der Berufsbildung teilzunehmen. Die Förderungspflicht erstreckt sich sowohl auf betriebliche wie außerbetriebliche Bildungsmaßnahmen.

28 **Berufsbildung**[45] ist die Berufsausbildung, die berufliche Fortbildung und die berufliche Umschulung (vgl. § 1 I BBiG). Die Berufsausbildung dient der Vermittlung einer breit angelegten Grundbildung und der für die Ausübung einer qualifizierten beruflichen Tätigkeit notwendigen fachlichen Fähigkeiten und Kenntnisse in einem geordneten Ausbildungsgang (§ 1 II BBiG). Das Berufsausbildungsrecht ist in §§ 3ff. BBiG und §§ 21ff. HandwO ausführlich geregelt. Jugendliche, also Personen unter 18 Jahren, dürfen danach grundsätzlich nur in staatlich anerkannten Ausbildungsberufen ausgebildet werden (§ 28 BBiG).

44 BAG AP 3 zu § 75 BPersVG; AP 1 zu § 13 BAT.

45 Schaub, Arbeitsrecht von A–Z, Stichwort Berufsbildung; Auszubildende.

Ein Überblick über die Ausbildungsberufe wird vom Bundesinstitut für Berufsbildung veröffentlicht (§ 6 II Nr. 4 Berufsbildungsförderungsgesetz vom 12. 1. 1994 (BGBl. I 79) in d. Änd. vom 26. 4. 1994 (BGBl. I 918)).[46] Die berufliche Fortbildung soll es ermöglichen, die beruflichen Kenntnisse und Fähigkeiten zu erhalten, zu erweitern, der technischen Entwicklung anzupassen und beruflich aufzusteigen (§ 1 III BBiG). Die berufliche Umschulung soll zu einer anderen beruflichen Tätigkeit befähigen (§ 1 IV BBiG).

Die für die Berufsbildung zuständigen Stellen sind im Wesent- 29
lichen die Handwerkskammern und im nichthandwerklichen Bereich die Industrie- und Handelskammern, die Landwirtschaftskammern sowie für einzelne Berufsarten die im BBiG oder in den nach § 97 BBiG ergangenen Verordnungen genannten Stellen. Hierzu gehören z. B. Rechtsanwalts-, Ärztekammern usw.

Die Förderung der Berufsbildung obliegt insbesondere der 30
Bundesanstalt für Arbeit (§§ 59ff., 77 SGB III). Hiernach werden Jugendlichen und Erwachsenen, aber auch Arbeitgebern Mittel zur Verfügung gestellt. Zu unterscheiden sind die individuelle und die institutionelle Förderung.[47] Mit der individuellen Förderung wird der einzelne Arbeitnehmer, mit der institutionellen Förderung werden dagegen vor allem Bildungseinrichtungen unterstützt. Die Vorschriften des Gesetzes werden ergänzt durch Anordnungen der Bundesanstalt, in denen Art und Ausmaß der Förderungsmaßnahmen näher umschrieben sind. Für die Berufsbildung sind vor allem von Interesse:

- AO über die individuelle Förderung der beruflichen Ausbildung i. d. F. vom 6. 7. 1990 (ANBA 1142, 1144);
- AO über die individuelle Förderung der beruflichen Fortbildung und Umschulung i. d. F. v. 29. 4. 1993 (ANBA Sonder-Nr. v. 5. 5. 1993);
- AO über die Förderung von Einrichtungen der beruflichen Bildung vom 31. 10. 1989 (ANBA 1970, 81);

46 Vgl. dazu Schaub, Arbeitsrechts-Handbuch, § 173 II (Verzeichnis vom 1. 10. 1992; Beil. zum BAnz. 93 Nr. 39).

47 Schaub, Arbeitsrecht von A–Z, Stichwort Berufsausbildungsbeihilfen.

- AO über die Arbeits- und Berufsförderung Behinderter i. d. F. vom 8. 7. 1993 (ANBA 1680).

31 Ähnlich wie im Rahmen der Personalplanung kann der Betriebsrat auch bei der Berufsbildung die **Initiative** ergreifen. Der Arbeitgeber ist verpflichtet, auf Verlangen des Betriebsrats den Berufsbildungsbedarf zu ermitteln und mit ihm Fragen der Berufsbildung der Arbeitnehmer des Betriebs zu beraten. Hierzu kann der Betriebsrat Vorschläge machen (§ 96 I 2, 3 BetrVG). Die Ermittlung das Berufsbildungsbedarfs soll dazu dienen festzustellen, welche Arbeitnehmer in welchem Bereich Qualifizierungsbedarf haben. Auf dieser Grundlage erst kann der Betriebsrat seine sonstigen Beteiligungsrechte nach §§ 96 ff. BetrVG wirksam ausüben.

32 Die **Berufsausbildung** ist weitgehend durch das BerufsbildG und die hierzu ergangenen Ausbildungsordnungen, die der zuständige Fachminister im Einvernehmen mit dem BMA als RechtsVO erlässt, geregelt. Dem Betriebsrat kommen insoweit nur Rechte im Hinblick auf die betriebliche Anpassung zu. Dem Betriebsrat stehen insbesondere Rechte zu bei der Bestellung des Ausbilders und der Einrichtung und Ausstattung betrieblicher Ausbildungsstätten.

33 Für die **berufliche Fortbildung und Umschulung** besteht dagegen keine eingehende gesetzliche Regelung.[48] Für die Teilnahme an Weiterbildungs- und Umschulungsmaßnahmen wird nach dem SGB III finanzielle Unterstützung gewährt (§§ 77 ff., 153 ff. SGB III). Nach §§ 217 ff. SGB III können von Arbeitgeber Eingliederungsbeihilfen gewährt werden.[49]

34 Zur betrieblichen Berufsbildung gehören alle Maßnahmen, die über die Unterrichtung des Arbeitnehmers hinsichtlich seiner Aufgaben und Verantwortung, der Art seiner Tätigkeit und ihrer Einordnung in den Arbeitsablauf des Betriebs sowie über die Unfall- und Gesundheitsgefahren und die Maßnahmen und

48 Schaub, Arbeitsrecht von A–Z, Stichwort: Berufsbildung, Berufsfortbildung.

49 Vgl. dazu Schaub, Arbeitsrecht von A–Z, Stichwort Berufsausbildungsbeihilfe.

Einrichtungen zur Abwendung dieser Gefahren i. S. von § 81 BetrVG hinausgehen. Dazu müssen sie dem Arbeitnehmer gezielte Kenntnisse und Erfahrungen vermitteln, die ihn zur Ausübung einer bestimmten Tätigkeit erst befähigen oder es ermöglichen, die beruflichen Kenntnisse und Fähigkeiten zu erhalten (§ 1 III BBiG). Bei der beruflichen Bildung geht es um die gezielte Vermittlung beruflicher Kenntnisse und Erfahrungen, auf deren Grundlage der Arbeitnehmer im Betrieb eine konkrete Tätigkeit unter Einsatz dieser Kenntnis und Erfahrungen ausüben kann.[50] Hierzu gehört vor allem die Teilnahme an Seminaren. Träger bzw. Veranstalter einer betrieblichen Bildungsmaßnahme ist der Arbeitgeber auch dann, wenn er diese in Zusammenarbeit mit einem Dritten durchführt und hierbei auf Inhalt und Organisation rechtlich oder tatsächlich einen beherrschenden Einfluss hat.[51] Träger einer außerbetrieblichen Bildungsmaßnahme sind z. B. die BfA, Berufsverbände, berufsständische Kammern u. Ä.

II. Einführung betrieblicher Berufsbildungsmaßnahmen

Bei der Errichtung und Ausstattung betrieblicher Einrichtungen zur Berufsbildung, der Einführung betrieblicher Berufsbildungsmaßnahmen und der Teilnahme an außerbetrieblichen Berufsbildungsmaßnahmen hat der Betriebsrat nur ein **Beratungsrecht** (§ 97 BetrVG). Der Arbeitgeber kann durch den Betriebsrat – abgesehen von der Regelung in § 97 II BetrVG – nicht zur Einführung von Bildungsmaßnahmen gezwungen werden. Vielmehr obliegt ihm die Entscheidung im Rahmen seiner finanziellen Möglichkeiten. Betriebliche Bildungseinrichtungen sind insbesondere Lehrwerkstätten, Umschulungswerkstätten, betriebliche Bildungszentren; zu deren Ausstattung gehört Ausrüstung mit Maschinen, Werkzeugen und Lehrmaterial. 35

50 BAG AP 7 zu § 98 BetrVG 1972 = NZA 91, 817; v. 28. 1. 1992 – AP 1 zu § 96 BetrVG 1972 = NZA 92, 707; AP 7 zu § 98 BetrVG 1972 = NZA 91, 817.

51 BAG AP 1 zu § 97 BetrVG 1972 = NZA 91, 388; AP 8 zu § 98 BetrVG 1972 = NZA 92, 657.

36 Der Arbeitgeber hat die Einführung betrieblicher Berufsbildungsmaßnahmen und die Teilnahme an außerbetrieblichen Berufsbildungsmaßnahmen mit dem Betriebsrat zu beraten (§ 97 I BetrVG). Im Allgemeinen ist die berufliche Ausbildung in den Vorschriften des BBiG und den dazu ergangenen Ausbildungsordnungen geregelt, so dass der betriebliche Spielraum nur gering ist. Dagegen fehlen für die berufliche Fort- und Weiterbildung sowie für die berufliche Umschulung weitgehend gesetzliche Regelungen. Beteiligungsrechte bestehen also insbesondere bei Fortbildungskursen, Technikerausbildungen, Einführung in neue technische Verfahren, Bekanntmachung mit neuen Werkstoffen usw.

37 Der Betriebsrat trägt hier eine hohe Verantwortung. Er wird sich daher eingehend mit Fragen des Berufsbildungsrechts beschäftigen und sich ggfls. durch Sachverständige beraten lassen müssen (Abschn. V Rn. 26ff.). Der Arbeitgeber hat mit dem Betriebsrat die Errichtung und Ausstattung betrieblicher Einrichtungen zur Berufsbildung zu beraten (§ 97 I BetrVG). Der Betriebsrat kann gem. § 96 BetrVG hierzu selbst Vorschläge unterbreiten. Die personelle Ausstattung unterliegt seiner Mitbestimmung nach § 98 II BetrVG.

38 Der neue § 97 II BetrVG räumt dem Betriebsrat mit Blick auf die wachsende Bedeutung der Qualifizierung der Arbeitnehmer ein Mitbestimmungs- und damit ein Initiativrecht bei der Einführung von Maßnahmen der betrieblichen Berufsbildung unter folgenden Voraussetzungen ein: **(a)** Der Arbeitgeber hat Maßnahmen zur Änderung von technischen Anlagen, Arbeitsverfahren, Arbeitsabläufen oder Arbeitsplätzen geplant; (b) diese haben zur Folge, dass sich die Tätigkeit der davon betroffenen Arbeitnehmer ändert, und zwar so nachhaltig, dass **(c)** deren beruflichen Kenntnisse und Fähigkeiten nicht mehr ausreichen, um ihre (neuen) Aufgaben noch erfüllen zu können. In diesem Fall soll der Betriebsrat berufliche Bildungsmaßnahmen im Betrieb auch gegen den Willen des Arbeitgebers zum Zweck der Arbeitsplatzsicherung und der Vermeidung von Kündigungen durchsetzen können und nicht auf Widerspruchsrechte nach § 102 III Nr. 4 BetrVG nach dem Ausspruch von Kündigungen angewiesen

sein. Kommt eine Einigung zwischen Arbeitgeber und Betriebsrat über die Einführung betrieblicher Berufsbildungsmaßnahmen nicht zustande, so entscheidet verbindlich die Einigungsstelle (§ 97 II 2, 3 BetrVG). Die Einigungsstelle wird dabei prüfen müssen, ob die Voraussetzungen des § 97 I 1 BetrVG vorliegen und welche Maßnahmen geeignet und dem Arbeitgeber kostenmäßig zumutbar sind.

III. Die Durchführung betrieblicher Berufsbildungsmaßnahmen

Bei der Durchführung von Maßnahmen der betrieblichen Be- 39
rufsbildung hat der Betriebsrat ein echtes Mitbestimmungsrecht (§ 98 I BetrVG). Aus dem Vorrang bestehender Gesetze oder Tarifverträge folgt allerdings, dass der Betriebsrat dabei nur im Rahmen der Gesetze oder Tarifverträge mitbestimmen kann.

Im Rahmen der Berufsausbildung kann er deshalb keinen 40
Einfluss nehmen auf Inhalt und Ausgestaltung der Berufsausbildungsverträge. Beides ist in §§ 3 ff. BBiG geregelt. Dagegen steht ihm ein Mitbestimmungsrecht bei Inhalt und Ausgestaltung von Verträgen über Fortbildung und Umschulung zu.

Beispiel: Die so genannten Ingenieurausbildungsverträge unterliegen der Mitbestimmung.

Mitbestimmungspflichtig ist der allgemeine Ablauf von Ausbil- 41
dung, Fortbildung und Umschulung, soweit er nicht kraft Gesetzes oder aufgrund eines Gesetzes geregelt ist. Mitbestimmungspflichtig ist damit die Aufstellung von betrieblichen Durchlauf- und Versetzungsplänen bei Auszubildenden,[52] Führung und Überwachung von Berichtsheften, Abhaltung betrieblicher Zwischenprüfungen, Aufstellung von Richtlinien über die regelmäßige Beurteilung der Auszubildenden[53] usw. Dagegen unterliegt die Zuweisung der einzelnen Ausbildungsaufgabe an den Auszubildenden nicht der Mitbestimmung.

52 Vgl. bei Versetzung in andere Filialen: BAG AP 8 zu § 95 BetrVG 1972 = NZA 86, 532.

53 LAG Köln EzA 1 zu § 98 BetrVG 1972.

Beispiel: Es bedarf keiner Mitbestimmung, wenn dem Auszubildenden ein bestimmter Arbeitsauftrag erteilt wird.

42 Bei der Berufsausbildung sind i. d. R. die jugendlichen Arbeitnehmer betroffen, so dass die Jugend- und Auszubildendenvertretung an den Betriebsratssitzungen ein Teilnahme- und Stimmrecht hat (§§ 67, 70 I Nr. 1, 3 BetrVG). Vereinbaren mehrere Arbeitgeber die gemeinsame Durchführung von Maßnahmen der Berufsbildung, ohne dass dabei einzelne Arbeitgeber einen beherrschenden Einfluss hätten, so haben die betroffenen Betriebsräte bei der Durchführung der Bildungsmaßnahmen kein Mitbestimmungsrecht nach § 98 I BetrVG. In entsprechender Anwendung des § 98 I BetrVG haben sie jedoch beim Abschluss der Vereinbarung über die Zusammenarbeit der Arbeitgeber insoweit mitzubestimmen, wie Regelungen über die spätere Durchführung getroffen werden.[54]

43 Kein Mitbestimmungsrecht hat der Betriebsrat bei der Aus- und Weiterbildung der leitenden Angestellten (§ 5 III BetrVG). Dies folgt aus § 5 III 1 BetrVG selbst und aus der Erwägung, dass dem Arbeitgeber allein überlassen sein muss, für die Bildung derjenigen Angestellten zu sorgen, die ihn später vertreten sollen oder von seinem besonderen Vertrauen getragen sein müssen. Ein Mitbestimmungsrecht besteht aber bei solchen Personen, die sich für Leitungsaufgaben erst qualifizieren sollen.

44 Kommt es bei der Durchführung von betrieblichen Bildungsmaßnahmen im Sinne des § 98 I BetrVG nicht zu einer Einigung zwischen Arbeitgeber und Betriebsrat, so entscheidet die Einigungsstelle. Der Spruch der Einigungsstelle ersetzt die Einigung zwischen Arbeitgeber und Betriebsrat (§ 98 IV BetrVG).

IV. Einzelne Bildungsmaßnahmen

45 **(1)** Bei der **Auswahl der Teilnehmer an Bildungsveranstaltungen** haben Arbeitgeber und Betriebsrat darauf zu achten, dass unter

54 BAG 18. 4. 2000 – 1 ABR 28/99 – AP 9 zu § 98 BetrVG 1972 = NZA 2001, 167.

Berücksichtigung der betrieblichen Notwendigkeiten allen bildungswilligen Arbeitnehmern die Teilnahme an betrieblichen oder außerbetrieblichen Maßnahmen der Berufsbildung ermöglicht wird (§ 96 II 1 BetrVG). Es hat ggfls. eine Abwägung der Interessen des Betriebs an der Arbeitsleistung eines bestimmten Arbeitnehmers und denen des Arbeitnehmers an der Teilnahme an der Bildungsveranstaltung stattzufinden. Dabei sind die Belange älterer Arbeitnehmer, Teilzeitbeschäftigter und Arbeitnehmer mit Familienpflichten angemessen zu berücksichtigen (§ 96 II 2 BetrVG). Führt der Arbeitgeber eine betriebliche Bildungsmaßnahme durch oder stellt er Arbeitnehmer für außerbetriebliche Bildungsmaßnahmen frei oder trägt er die Kosten solcher Maßnahmen ganz oder teilweise, so kann der Betriebsrat für die Teilnahme der Arbeitnehmer oder der Gruppen von Arbeitnehmern Vorschläge machen (§ 98 III BetrVG). Schlagen Arbeitgeber und Betriebsrat für die Teilnahme an Maßnahmen der Berufsbildung mehr Arbeitnehmer vor als Teilnehmerplätze zur Verfügung stehen, müssen Arbeitgeber und Betriebsrat alle vorgeschlagenen Arbeitnehmer in die Auswahl einbeziehen. Dies gilt auch für die Einigungsstelle, wenn sich Arbeitgeber und Betriebsrat nicht einigen.[55] Umstr. ist, ob der Arbeitgeber einseitig sachliche Zugangsvoraussetzungen aufstellen kann, um den Erfolg der Bildungsmaßnahme zu gewährleisten. Dies wird im Allgemeinen bejaht.[56] Zu den betrieblichen Bildungsmaßnahmen gehören etwa die Ausbildung in einem Kernkraftwerk,[57] die Teilnahme an einem Lehrgang über Sicherheits- und Notfallmaßnahmen, dessen erfolgreicher Abschluss Voraussetzung für den Einsatz des Flugbegleiters ist,[58] die Teilnahme an Seminaren,[59] nicht aber die bloße Einweisung in die Tätigkeit nach § 81 I S. 1 BetrVG[60] wie z. B. in die Arbeit an Bildschirmarbeitsplätzen,[61] in die Ge-

55 BAG AP 4 zu § 98 BetrVG 1972 = NZA 88, 401.
56 Fitting/Kaiser/Heither/Engels § 98 Rn. 31 m. w. N.
57 BAG AP 2 zu § 98 BetrVG 1972 = DB 86, 1341 = NZA 86, 535.
58 BAG AP 5 zu § 98 BetrVG 1972 = NZA 88, 549.
59 BAG AP 7 zu § 98 BetrVG 1972 = NZA 91, 817.
60 BAG 28. 1. 1992 AP 1 zu § 96 BetrVG 1972.
61 ArbG Hamburg BB 81, 1213.

meinkostenanalyse u. Ä.[62] Umstr. ist der Inhalt des Vorschlagsrechts des Betriebsrats. Nach einer Meinung kann der Betriebsrat nur Vorschläge für die generelle Auswahl, also für Auswahlrichtlinien machen. Dies wird damit begründet, dass die Berufsbildung zur Personalplanung gehört. Nach anderer, richtiger Ansicht steht dem Betriebsrat ein Vorschlagsrecht bei der Einzelauswahl zu.[63] Er kann also einzelne Arbeitnehmer oder Gruppen von Arbeitnehmern vorschlagen. Er hat sich dabei an die Grundsätze von § 75 BetrVG zu halten und insbesondere den Gleichbehandlungsgrundsatz zu beachten. Zur Verobjektivierung können Auswahlgrundsätze geschaffen werden. Die Auswahl kann auch einem paritätisch besetzten Ausschuss übertragen werden (vgl. Abschn. III Rn. 67). Macht der Betriebsrat keine Vorschläge für die Teilnahme an den Bildungsveranstaltungen, so kann er der Teilnahme der vom Arbeitgeber ausgesuchten Arbeitnehmer nicht widersprechen.[64] Kommt es über die Person der Teilnehmer nicht zu einer Einigung zwischen Arbeitgeber und Betriebsrat, so entscheidet die Einigungsstelle. Deren Spruch ersetzt auch insoweit die Einigung zwischen Arbeitgeber und Betriebsrat (§ 98 IV BetrVG).

46 **(2)** Der Betriebsrat kann der **Bestellung** einer mit der Durchführung der betrieblichen Berufsbildung beauftragten Person widersprechen oder ihre Abberufung verlangen (§ 98 II BetrVG). Vor allem in größeren Betrieben werden Arbeitgeber und Ausbilder nicht identisch sein. Der einstellende Arbeitgeber benötigt nur die persönliche, nicht auch die fachliche Eignung (§ 20 I 1 BBiG). Der Ausbilder muss dagegen die für die Ausbildung erforderliche persönliche und fachliche Eignung haben (§§ 20, 21 BBiG, §§ 21, 22 HandwO). Voraussetzung des Begehrens des Betriebsrats ist, dass der Ausbilder die persönliche oder fachliche, insbesondere die berufs- und arbeitspädagogische Eignung im Sinne des BBiG nicht besitzt oder seine Aufgaben vernachlässigt. Persönlich nicht geeignet ist, wer Kinder und Jugendliche nicht

62 ArbG Karlsruhe NZA 86, 236.

63 BAG vom 10. 2. 1988 – AP 5 zu § 98 BetrVG 1972 = NZA 88, 549.

64 BAG AP 4 zu § 98 BetrVG 1972 = NZA 1988, 401 = DB 88, 760.

beschäftigen darf oder wer wiederholt oder schwer gegen das BBiG oder die aufgrund dieses Gesetzes erlassenen Vorschriften und Bestimmungen verstoßen hat (§ 20 II BBiG). Kinder und Jugendliche darf z. B. nicht beschäftigen, wer bestimmte Straftaten begangen hat. Fachlich nicht geeignet ist, wer die erforderlichen beruflichen Fähigkeiten und Kenntnisse oder die erforderlichen berufs- und arbeitspädagogischen Kenntnisse nicht besitzt (§ 20 III BBiG). Nähere Einzelheiten finden sich in der Verordnung über die berufs- und arbeitspädagogische Eignung für die Berufsbildung in der gewerblichen Wirtschaft (Ausbilder-EignungsVO v. 20. 4. 1972, BGBl. I S. 707, zul. geänd. 12. 11. 1991 (BGBl. I S. 2110), für das Gebiet der neuen Bundesländer Ausbilder-EignungsVO gewerbliche Wirtschaft vom 12. 11. 1991 (BGBl. I S. 2110) sowie den Ausbilder-EignungsVOen Landwirtschaft vom 5. 4. 1976 (BGBl. I 923/III 800–21 - 4–2), öffentlicher Dienst v. 16. 7. 1976 (BGBl. I S. 1825/III 800–21 - 4–3), Hauswirtschaft v. 29. 6. 1978 (BGBl. I S. 976/III 800–21 - 4–4). Verletzt der Arbeitgeber seine Pflichten im Rahmen der Berufsausbildung, so kann er dem Auszubildenden schadensersatzpflichtig werden.[65] Es können auch andere Personen als Ausbilder nach dem BBiG mit der betrieblichen Bildungsmaßnahme betraut werden. Auch für diese gilt das Mitbestimmungsrecht nach § 98 II BetrVG.

An den notwendigen Beschlüssen des Betriebsrats ist die 47
Jugend- und Auszubildendenvertretung unter den Voraussetzungen von § 67 BetrVG zu beteiligen (Abschn. III Rn. 281 ff.).

Hat der Betriebsrat Bedenken gegen die Eignung eines Ausbil- 48
ders, so hat er zunächst zu versuchen, sich mit dem Arbeitgeber zu einigen. Gelingt dies nicht, so stehen ihm nach § 98 V BetrVG folgende Behelfe offen: Er kann beim Arbeitsgericht beantragen, dem Arbeitgeber aufzugeben, die Bestellung zu unterlassen oder die Abberufung vorzunehmen. Das Arbeitsgericht entscheidet im Wege des Beschlussverfahrens.

65 BAG AP 2 zu § 6 BBiG.

Beispiel für einen solchen Antrag: In Sachen des Betriebsrats der Firma…, vertreten durch seinen Vorsitzenden, und der Firma… wird dem Arbeitgeber aufgegeben, die Bestellung des Herrn Peter Peters, wohnhaft…, zum Ausbilder zu unterlassen.

Gründe: Im Betrieb des Arbeitgebers besteht eine Ausbildungswerkstatt. Der Arbeitsplatz des Ausbilders ist neu zu besetzen. Der Arbeitgeber hat für die Stelle des Ausbilders Herrn P. in Aussicht genommen. Dieser besitzt jedoch nicht die erforderlichen fachlichen Kenntnisse. Dies zeigt sich bereits daraus, dass Herr P. erst im zweiten Anlauf die Meisterprüfung und auch dann nur mit „ausreichend" bestanden hat. Nach Ablegung der Meisterprüfung hat er keine Fortbildungsmaßnahmen mehr besucht. Er soll nur deswegen in die Ausbildungswerkstatt versetzt werden, weil er sich im Betrieb nicht bewährt hat.

49 Nimmt der Arbeitgeber die Bestellung entgegen einer rechtskräftigen gerichtlichen Entscheidung vor, so ist er auf Antrag des Betriebsrats vom Arbeitsgericht wegen der Bestellung nach vorheriger Androhung zur Zahlung eines Ordnungsgeldes bis zu 20 000,– DM (ab 1.1.2002: 10 000,– Euro) zu verurteilen. Nimmt der Arbeitgeber entgegen einer rechtskräftigen gerichtlichen Entscheidung die Abberufung nicht vor, so ist er durch das Arbeitsgericht durch Zwangsgelder hierzu anzuhalten. Das Höchstmaß des Zwangsgeldes beträgt für jeden Tag der Zuwiderhandlung 500,– DM (ab 1. 1. 2002: 250,– Euro).

50 Neben diesem Zwangsverfahren kann sich der Betriebsrat im Falle der Berufsausbildung an die zuständige Stelle der Berufsbildung, also zumeist die Handwerks- oder die Industrie- und Handelskammer wenden und gem. §§ 23, 24 BBiG die Untersuchung über die persönliche oder fachliche Eignung einleiten bzw. die Einstellung oder Ausbildung von Auszubildenden untersagen lassen. Schließlich kann der Betriebsrat im Rahmen der personellen Mitbestimmung bei Einstellung, Entlassung und Versetzung (§§ 99, 102 BetrVG) usw. der Bestellung eines Ausbilders widersprechen (Rn. 78ff.). Die gerichtliche Verurteilung zur Abberufung eines Ausbilders ersetzt diesem gegenüber nicht eine etwa erforderliche Änderungskündigung.

Wird dem Arbeitgeber gerichtlich aufgegeben, einen bestimmten Arbeitnehmer nicht zum Ausbilder zu bestellen oder ihn abzuberufen, so hat er im Verhältnis zum Arbeitnehmer die dazu erforderlichen Willenserklärungen abzugeben, also z. B. eine (Änderungs-)Kündigung auszusprechen oder die Versetzung anzuordnen. Der Arbeitnehmer seinerseits kann die gegen diese Maßnahmen vorgesehenen Rechtsbehelfe ergreifen, also z. B. gegen seine Kündigung Kündigungsschutzklage erheben. Diese kann trotz des vorausgegangenen Beschlussverfahrens begründet sein, wenn etwa eine Versetzung des Ausbilders ausgereicht hätte. 51

(3) Der Betriebsrat hat in gleicher Weise ein Mitbestimmungsrecht, wenn der Arbeitgeber sonstige Bildungsmaßnahmen im Betrieb durchführt (§ 98 VI BetrVG). Das volle Mitbestimmungsrecht bezieht sich auf die Durchführung dieser Bildungsmaßnahmen, die Auswahl der Ausbilder und die der Teilnehmer. Unter sonstigen Bildungsmaßnahmen sind alle Veranstaltungen zu verstehen, auf denen theoretische Einsichten in bestimmte Fachgebiete vermittelt werden. Hierzu können Veranstaltungen mit staatsbürgerlichem oder kulturellem Inhalt, Erste-Hilfe-Kurse, Sprachkurse, Meisterkurse, Programmierkurse usw. gehören. 52

§ 48. Die Mitbestimmung des Betriebsrats bei personellen Einzelmaßnahmen

I. Begriff der personellen Einzelmaßnahme

Das Betriebsverfassungsgesetz fasst unter dem Oberbegriff der personellen Einzelmaßnahme die **Einstellung, Eingruppierung, Umgruppierung** und **Versetzung** zusammen. 53

Einstellung ist sowohl der Abschluss des Arbeitsvertrags zwischen Arbeitgeber und Arbeitnehmer als auch die tatsächliche Eingliederung des Arbeitnehmers in den Betrieb, ohne dass bereits ein rechtswirksamer Arbeitsvertrag abgeschlossen worden wäre.[66] Fallen beide Zeitpunkte auseinander, so ist der jeweils erste Vorgang mitbestimmungspflichtig. Das Beteiligungsrecht 54

66 BAG AP 35 zu § 99 BetrVG 1972 = DB 86, 1783.

des Betriebsrats muss sich sowohl auf den Vertragsabschluss als auch auf die faktische Eingliederung des Arbeitnehmers in den Betrieb beziehen, weil es dem Betriebsrat im Interesse der Zusammensetzung der Belegschaft eingeräumt ist und weil es andernfalls leicht umgangen werden könnte. Demgegenüber fasst das BAG den Begriff der Einstellung neuerdings enger. Einstellung i. S. von § 99 BetrVG sei die tatsächliche Beschäftigung im Betrieb, nicht der Abschluss des Arbeitsvertrages.[67] Soll die Beschäftigung im Betrieb aufgrund eines Arbeitsvertrags erfolgen, so ist der Betriebsrat zuvor über die geplante Beschäftigung zu unterrichten und um Zustimmung zu ersuchen.[68] Für das Mitbestimmungsrecht des Betriebsrats ist nicht erforderlich, dass gerade ein Arbeitsverhältnis begründet werden soll. Entscheidend ist die Eingliederung in den Betrieb und die Weisungsbefugnis des „Arbeitgebers“. Auch freie Mitarbeiter oder von der Schwesternschaft gestellte DRK-Schwestern können deshalb i. S. d. § 99 I BetrVG eingestellt werden.[69] Beteiligungspflichtig sind sämtliche Einstellungen, also befristete, unbefristete, solche zur Aushilfe, Probe, Ausbildung, die Beschäftigung von Leiharbeitnehmern (§ 14 III AÜG)[70] oder die von Kosmetikberaterinnen in einem Kaufhaus,[71] die Einrichtung einer zweiten Schicht durch eine Drittfirma,[72] die Verlängerung eines befristeten Arbeitsvertrags,[73] und die Beschäftigung über die vereinbarte Altersgrenze hinaus.[74] Die Vergabe von Heimarbeit ist als Einstel-

67 BAG 28. 4. 1992 AP 98 zu § 99 BetrVG 1972; BAG 13. 4. 1994 AP 9 zu § 72 LPVG NRW.

68 BAG v. 28. 4. 1992 – NZA 92, 1141 = BB 92, 1852 = DB 92, 2144.

69 BAG 27. 7. 1993 AP 3 zu § 93 BetrVG 1972; BAG 22. 4. 1997 AP 18 zu § 99 BetrVG 1972 Einstellung; vgl. auch BVerwG ZTR 1998, 233; Walle NZA 1999, 518.

70 BAG AP 2 zu § 99 BetrVG 1972; AP 60 = NZA 89, 358; AP 5 zu § 14 AüG = NZA 90, 364; vgl. zur Einstellung von Bordpersonal im Ausland: BAG AP 3 zu § 117 BetrVG 1972 = DB 86, 331.

71 ArbG Herne DB 85, 393; ArbG Bremerhaven DB 89, 2131.

72 LAG Frankfurt BB 90, 1348 = DB 90, 2126; DB 91, 396.

73 BAG AP 32 zu § 118 BetrVG 1972 = NJW 82, 2540 = NZA 87, 530; AP 82 zu § 99 BetrVG 1972 = NZA 91, 150.

74 BAG AP 9 zu § 99 BetrVG 1972 = DB 78, 2319; AP 54 = NZA 88, 577; 89, 225.

lung anzusehen, wenn von vornherein feststeht, dass der Heimarbeiter überwiegend für den Betrieb arbeiten wird (§ 5 I 2 BetrVG). Keine Einstellung ist gegeben, wenn Personen als Dienst- oder Werkunternehmer oder als deren Erfüllungsgehilfen die vereinbarte Leistung erbringen. Sie sind nicht schon deswegen in den Betrieb des Auftraggebers und dessen Organisation eingegliedert, weil sie im Betrieb tätig werden und die von ihnen zu erbringende Dienstleistung oder das von ihnen zu erstellende Werk hinsichtlich Art, Umfang, Güte, Zeit und Ort in den betrieblichen Arbeitsprozess eingeplant ist. Hinzu kommen muss für eine Einstellung, dass diese Personen der Personalhoheit des Arbeitgebers unterliegen.[75]

Keine Einstellung ist die Rückkehr von Leiharbeitnehmern in 55
den Stammbetrieb, die Rücknahme von Kündigungen,[76] die einvernehmliche Weiterbeschäftigung,[77] die Weiterbeschäftigung nach dem Ende des Ausbildungsverhältnisses nach § 78 a BetrVG, wohl aber die vertragliche Weiterbeschäftigung oder Weiterbeschäftigung gemäß § 17 BBiG[78] und die Aufnahme einer Teilzeitbeschäftigung auf dem bisherigen Arbeitsplatz während des Erziehungsurlaubs.[79] Ferner liegt keine Einstellung vor bei einer Betriebsübernahme nach § 613 a BGB[80] und bei der (gerichtlichen) Feststellung, dass ein freies Mitarbeiterverhältnis in Wirklichkeit ein Arbeitsverhältnis ist.[81]

Eingruppierung ist jede Einstufung in das für den Betrieb be- 56
stehende Vergütungsgefüge. Dieses kann eine tarifliche oder

75 BAG AP 90 zu § 99 BetrVG 1972 = NZA 91, 986; AP 94 = NZA 92, 275; AP 97 = NZA 92, 1044; vgl. aber auch BAG 18. 10. 1994 AP 5 zu § 99 BetrVG 1972 Einstellung.

76 Anders, wenn nach Ausspruch betriebsbedingter Kündigungen überraschend Weiterbeschäftigungsmöglichkeiten entstehen, aber nicht alle Gekündigten weiterbeschäftigt werden können, BAG 4. 12. 1997 AP 4 zu § 1 KSchG 1969 Wiedereinstellung.

77 LAG Frankfurt BB 87, 2093.

78 Vgl. Fitting/Kaiser/Heither/Engels § 99 Rn. 13; Richardi § 99 Rn. 39; LAG Hamm DB 82, 2303.

79 BAG 28. 4. 1998 AP 22 zu § 99 BetrVG 1972 Einstellung.

80 BAG AP 3 zu § 99 BetrVG 1972.

81 BAG AP 15 zu § 611 BGB Abhängigkeit.

eine betriebliche Vergütungsgruppen-Einteilung sein,[82] nicht dagegen die Vereinbarung eines übertariflichen Entgelts im Einzelfall.[83] Beteiligungspflichtig ist damit auch die Eingruppierung von AT-Angestellten in für sie bestehende betriebliche Gehaltsgruppen. Unerheblich ist, ob ein tarifliches Vergütungsgefüge kraft Tarifbindung oder einzelvertraglich – etwa aufgrund betrieblicher Übung – gilt.[84] Die Eingruppierung in eine tarifliche Vergütungsgruppe erfolgt nach der ausgeübten Tätigkeit.[85]

57 Die zutreffende Eingruppierung ist eine reine Rechtsfrage, der Betriebsrat hat deshalb in dieser Hinsicht nur ein Mitbeurteilungsrecht.[86] Dieses erschöpft sich aber nicht darin, dass ihm der Arbeitgeber die von ihm selbst für richtig befundene Eingruppierung mitteilt und dem Betriebsrat Gelegenheit zur Stellungnahme gibt. Der Arbeitgeber hat vielmehr auch zur Eingruppierung die Zustimmung des Betriebsrats einzuholen und bei deren Verweigerung ein Zustimmungsersetzungsverfahren einzuleiten.[87] Nicht mitbestimmungspflichtig ist die Zuweisung des ersten Arbeitsplatzes als solche. Ein Beschlussverfahren zwischen Arbeitgeber und Betriebsrat über die richtige Eingruppierung kann die individuelle Eingruppierungsklage des Arbeitnehmers nicht präjudizieren.[88]

58 **Umgruppierung** ist jede Änderung der Einreihung in das tarifliche oder betriebliche Vergütungsschema.[89] Unter einer Umgruppierung ist die Feststellung des Arbeitgebers zu verstehen,

---

82 BAG AP 1 zu § 74 BAT; AP 32 zu § 99 BetrVG 1972 = DB 86, 1398; BAG 31. 10. 1995 AP 5 zu § 99 BetrVG 1972 Eingruppierung.

83 BAG AP 27 zu § 118 BetrVG 1972.

84 BAG AP 31 zu § 99 BetrVG 1972 = DB 86, 1932; AP 1, 2 zu § 74 BAT = DB 86, 1980, 756.

85 BAG AP 46 zu § 256 ZPO; AP 1 zu § 12 AVR = BB 84, 723; AP 17 zu § 1 TVG Tarifverträge: Metallindustrie = BB 84, 723.

86 BAG AP 6 zu § 101 BetrVG 1972; AP 27 zu § 118 BetrVG 1972.

87 BAG v. 9. 2. 1993 – NZA 93, 664 = BB 93, 1007.

88 BAG AP 24 zu § 59 HGB; BAG 3. 5. 1994 AP 2 zu § 99 BetrVG 1972 Eingruppierung; a. A. Dütz ArbuR 1993, 33.

89 Fitting/Kaiser/Heither/Engels § 99 Rn. 78; arbeitsvertragliche Geltung des Vergütungsschemas: BAG AP 4 zu § 63 BetrVG; betriebsübliche Geltung: BAG AP 6 zu § 61 BetrVG; AP 32 zu § 99 BetrVG 1972 = DB 86, 1398.

dass die Tätigkeit des Arbeitnehmers nicht (mehr) den Tätigkeitsmerkmalen der Vergütungsgruppe entspricht, in die er eingruppiert ist. Anlass für diese Feststellung kann eine Änderung der Tätigkeit, des Entgeltschemas oder eine veränderte Einschätzung der Rechtslage sein.[90] Unter den Begriff der Umgruppierung fallen damit Höher- und Herabstufungen,[91] die Eingruppierung bei unveränderter Tätigkeit aufgrund neuer Lohn- bzw. Gehaltsgruppeneinteilung[92] und die Übertragung einer höherwertigen Tätigkeit,[93] auch wenn diese nur probeweise erfolgt.[94] Mitbestimmungspflichtig ist die Umgruppierung auch, wenn der Arbeitgeber einen Arbeitnehmer irrtümlich in eine höhere Vergütungsgruppe eingruppiert hat, als es den tariflichen Vergütungsgruppenmerkmalen entspricht, und der Arbeitnehmer zum Zweck der Korrektur rückgruppiert werden soll.[95] Verweigert der Betriebsrat die Zustimmung, führt dies nicht dazu, dass der korrigierend rückgruppierte Arbeitnehmer die Vergütung aus der bisherigen Vergütungsgruppe weiter verlangen kann, in die er zu Unrecht eingruppiert worden ist. Wird ein Arbeitnehmer zum leitenden Angestellten (§ 5 III BetrVG) befördert, so besteht, wie bei der Einstellung, kein Beteiligungsrecht.[96] Keine Umgruppierung liegt vor bei Bestellung oder Widerruf der Bestellung zum Vorhandwerker unter Gewährung oder Wegfall einer Zulage;[97]

90 BAG 2. 4. 1996 AP 7 zu § 99 BetrVG 1972 Eingruppierung.

91 Vgl. BVerwG AP 10 zu § 71 PersVG; einschränkend, wenn Arbeitnehmer in die Tätigkeit hineinwächst: BAG AP 11 zu § 71 PersVG; AP 54 zu §§ 22, 23 BAT; AP 49, 52 zu §§ 22, 23 BAT 1975.

92 BAG AP 1, 2, 4 zu § 63 BetrVG; auch BAG AP 3, 5, 6 zu § 9 MTB II; AP 2 zu § 75 BPersVG; AP 2 zu § 28 BMT-G II; BAG 9. 3. 1993 BB 93, 1223.

93 BAG AP 6 zu § 1 TVG Tarifverträge BAVAV; AP 36 zu § 75 BPersVG = NZA 92, 805.

94 BVerwG AP 8 zu § 71 PersVG; zur vorübergehenden Übertragung aber: BAG AP 9, 10 zu § 1 TVG Tarifverträge BAVAV; BVerwG AP 5 zu § 75 BPersVG.

95 BAG AP 31 zu § 75 BPersVG = NZA 90, 899; AP 37 = NZA 93, 469; BAG 28. 4. 1998 AP 18 zu § 99 BetrVG 1972 Eingruppierung.

96 BAG AP 16 zu § 5 BetrVG 1972; AP 24 = DB 80, 1946.

97 BAG AP 3, 5, 6 zu § 9 MTB II; AP 2 zu § 75 BPersVG; BAG 2. 4. 1996 AP 7 zu § 99 BetrVG 1972 Eingruppierung.

etwas anderes gilt dann, wenn die Zulage besondere Tätigkeitsmerkmale voraussetzt.[98]

59 Ist eine Ein- oder Umgruppierung mangels Beteiligung des Betriebsrats rechtswidrig, so hat der Arbeitnehmer für die Dauer der tatsächlichen Ausübung der entsprechenden Tätigkeit dennoch Anspruch auf entspr. Vergütung.[99]

60 Für den Begriff der **Versetzung** enthält § 95 III BetrVG eine Legaldefinition. Versetzung ist gemäß § 95 III BetrVG die Zuweisung eines anderen Arbeitsbereichs, die entweder die Dauer von einem Monat voraussichtlich überschreitet oder mit einer erheblichen Veränderung der tatsächlichen Umstände verbunden ist, unter denen die Arbeit bisher geleistet wurde. Es müssen also zwei Voraussetzungen vorliegen, wobei es für die zweite wiederum zwei Alternativen gibt: (a) Erforderlich ist zunächst die Zuweisung eines anderen Arbeitsbereichs; sie ist immer erforderlich, genügt für eine Versetzung aber nicht; (b) hinzu kommen muss entweder (aa) die voraussichtliche Dauer von mehr als einem Monat oder – bei kürzerer Dauer – (bb) eine erhebliche Änderung der Umstände, unter denen die Arbeit zu leisten ist. Der Begriff des Arbeitsbereichs hat eine räumlich-geographische und eine funktionale Dimension.[100] Die Veränderung des Arbeitsbereichs muss so erheblich sein, dass sich das Gesamtbild der bisherigen Tätigkeit geändert hat (bei einem Entzug von 23 % der bisherigen Tätigkeit vom BAG bejaht).[101]

61 Der Arbeitsbereich wird in der Regel nicht durch die Lage der Arbeitszeit bestimmt. Die Umsetzung von Normal- in Wechselschicht stellt deshalb keine Zuweisung eines anderen Arbeitsbereichs dar und ist keine Versetzung nach §§ 95 III, 99 I BetrVG (auch wenn die Umsetzung durchaus zu einer erheblichen Änderung der Umstände führt, unter denen die Arbeit zu leisten

---

98 BAG AP 37 zu § 99 BetrVG 1972 = DB 86, 2392 = NZA 86, 31.

99 BAG AP 72, 95 zu §§ 22, 23 BAT; AP 8 zu §§ 22, 23 BAT 1975; AP 7 zu § 75 BPersVG; BAG 20. 3. 1990 AP 79 zu § 99 BetrVG 1972; BAG 30. 5. 1990 AP 31 zu § 75 BPersVG.

100 BAG 19. 2. 1991 AP 25 zu § 95 BetrVG 1972.

101 BAG 2. 4. 1996 AP 34 zu § 95 BetrVG 1972; BAG 28. 4. 1993 AP 32 zu § 111 BetrVG 1972.

ist).[102] Mitbestimmungspflichtig ist der Vorgang allerdings nach § 87 I Nr. 2 BetrVG. Eine Änderung des Arbeitsbereichs kann in dem Übergang vom Einzel- zum Gruppenakkord liegen;[103] ebenso u. U. in der Anordnung einer Auslandsdienstreise mit Übernachtung.[104] In der Umsetzung einer Pflegekraft in eine andere Station desselben Seniorenheims liegt auch bei im Übrigen gleicher Tätigkeit die Zuweisung eines anderen Arbeitsbereichs; ist sie für länger als einen Monat vorgesehen, handelt es sich deshalb um eine Versetzung.[105] Keine Versetzung liegt im Entzug der bisherigen Arbeitsaufgaben – z. B. durch Freistellung während der Kündigungsfrist –, ohne dass andere Aufgaben an ihre Stelle träten.[106]

Beispiele für eine Versetzung: die Veränderung des Arbeitsorts,[107] die erhebliche Verlängerung des Anfahrtswegs zum neuen Arbeitsort,[108] die Bestellung zum Datenschutzbeauftragten,[109] die Umsetzung einer Verkäuferin von der Damen- in die Herrenoberbekleidungsabteilung eines Kaufhauses,[110] die Umsetzung in einen anderen Filialbetrieb.[111]

Versetzung kann die Veränderung des Arbeitsorts auch dann 62
sein, wenn von vornherein feststeht, dass der Arbeitnehmer an den Arbeitsplatz zurückkehrt.[112] Die vorübergehende Entsendung eines Arbeitnehmers für die Zeit von mehr als einem Monat

102 BAG 19. 2. 1991 AP 25 zu § 95 BetrVG 1972; BAG 16. 7. 1991 AP 28 zu § 95 BetrVG 1972.

103 BAG 22. 4. 1997 AP 14 zu § 99 BetrVG 1972 Versetzung.

104 BAG 21. 9. 1999 AP 21 zu § 99 BetrVG 1972 Versetzung.

105 BAG 29. 2. 2000 AP 36 zu § 95 BetrVG 1972.

106 BAG 28. 3. 2000 – 1 ABR 17/99 – AP 39 zu § 95 BetrVG 1972.

107 BAG AP 33 zu § 99 BetrVG 1972 = NZA 86, 616; AP 55 = NZA 89, 188.

108 BAG AP 17 zu § 95 BetrVG 1972 = NZA 90, 196; AP 18 = NZA 90, 198.

109 LAG München EzA 2 zu § 95 BetrVG 1972 = DB 79, 1561.

110 LAG Düsseldorf NZA 1988, 69; a. A. LAG Köln NZA 1985, 258.

111 BAG AP 56 zu § 99 BetrVG 1972 = NZA 89, 402.

112 BAG AP 33 zu § 99 BetrVG 1972 = DB 86, 1523 = NZA 86, 616; BAG 23. 7. 1996 AP 26 zu § 87 BetrVG 1972 Ordnung des Betriebs.

in einen anderen Betrieb und seine anschließende Rückkehr ist eine einheitliche Maßnahme, die als Versetzung der Zustimmung des Betriebsrats des abgebenden Betriebs bedarf.[113] Ist sie nur für wenige Tage vorgesehen, ist sie nur dann eine Versetzung und deshalb zustimmungspflichtig, wenn sie mit einer erheblichen Änderung der Arbeitsumstände verbunden ist.[114] In jedem Fall ist sie für den aufnehmenden Betrieb eine Einstellung und bedarf aus diesem Grund (auch) der Zustimmung des dortigen Betriebsrats.[115] Der Betriebsrat des abgebenden Betriebs hat nach §§ 95 III, 99 I BetrVG auch bei einer auf Dauer geplanten Umsetzung des Arbeitnehmers in einen anderen Betrieb des Arbeitgebers (neben dem Betriebsrat des aufnehmenden Betriebs) mitzubestimmen. Etwas anderes gilt nur, wenn der Arbeitnehmer aus freien Stücken mit seiner Umsetzung einverstanden ist.[116]

63 Werden die Arbeitnehmer nach der Eigenart des Arbeitsverhältnisses üblicherweise an verschiedenen Arbeitsplätzen beschäftigt, z. B. Bau- oder Montagearbeiter,[117] so gilt die Bestimmung des jeweiligen Arbeitsplatzes nicht als Versetzung (§ 95 III 2 BetrVG).

II. Die Entstehung des Beteiligungsrechts des Betriebsrats

64 Das Beteiligungsrecht des Betriebsrats bei personellen Einzelmaßnahmen bestand nach dem BetrVG 1972 nur in Betrieben mit in der Regel mehr als **20 wahlberechtigten Arbeitnehmern.**[118] Das geltende BetrVG stellt nicht mehr auf die Betriebsgröße, sondern auf die entsprechende **Unternehmensgröße** ab. Der Betriebsrat hat nunmehr stets ein Mitbestimmungsrecht, wenn der Arbeitgeber im gesamten Unternehmen in der Regel mehr als

113 BAG AP 76 zu § 99 BetrVG 1972 = NZA 90, 357; AP 26 zu § 95 BetrVG 1972 = NZA 91, 565.

114 BAG 16. 12. 1986 AP 40 zu § 99 BetrVG 1972.

115 BAG 16. 12. 1986 AP 40 zu § 99 BetrVG 1972; BAG 26. 1. 1993 AP 102 zu § 99 BetrVG 1972.

116 BAG 20. 9. 1990 AP 84 zu § 99 BetrVG 1972; BAG 26. 1. 1993 AP 102 zu § 99 BetrVG 1972.

117 Vgl. LAG Rheinland-Pfalz EzA 3 zu § 95 BetrVG 1972.

118 Bei Verfolgung des gleichen arbeitstechnischen Zwecks in mehreren Betrieben BAG AP 28 zu § 99 BetrVG 1972 = DB 86, 1076 = NZA 86, 334.

zwanzig wahlberechtigte Arbeitnehmer beschäftigt, mögen die einzelnen Betriebe auch personell kleiner sein.[119] Das Mitbestimmungsrecht besteht unabhängig davon, ob die personelle Einzelmaßnahme für den Arbeitnehmer im Einzelfall günstig oder ungünstig ist, denn es steht dem Betriebsrat im Interesse der Zusammensetzung der Belegschaft zu. Die Interessengegensätze können zwischen Betriebsrat einerseits und Arbeitgeber und betroffenem Arbeitnehmer andererseits, aber auch zwischen Betriebsrat und betroffenem Arbeitnehmer einerseits und dem Arbeitgeber andererseits verlaufen.

Beispiel: Der Betriebsrat widerspricht einer vom Arbeitgeber geplanten Höhergruppierung eines bestimmten Arbeitnehmers, weil er diesen für ungeeignet hält; hier werden Arbeitgeber und Arbeitnehmer Front gegen den Betriebsrat machen.

Der Betriebsrat widerspricht auf dessen Wunsch der Versetzung eines Arbeitnehmers auf einen anderen Arbeitsplatz; hier werden Arbeitnehmer und Betriebsrat auf einer Seite stehen.

Hat selbst das Unternehmen keine 20 wahlberechtigten Arbeitnehmer, so kann ein einköpfiger Betriebsrat im Rahmen seiner allgemeinen Aufgaben personelle Maßnahmen anregen, die dem Betrieb oder der Belegschaft dienen (§ 80 I Nr. 2 BetrVG; vgl. Abschn. V Rn. 7), Beschwerden von Arbeitnehmern, die sich auf Umgruppierung, Versetzung oder Kündigung beziehen, entgegennehmen (§ 85 BetrVG) und auf Einhaltung der gesetzlichen und tariflichen Bestimmungen auch im personellen Bereich dringen (§ 80 I Nr. 1 BetrVG). 65

Das Mitbestimmungsrecht des Betriebsrats besteht unabhängig davon, ob der Arbeitgeber im Verhältnis zum einzelnen Arbeitnehmer die personelle Einzelmaßnahme durch Vertragsänderung, Änderungskündigung oder Direktionsrecht vornimmt.[120] 66

---

119 Zur verfassungskonformen entsprechenden Auslegung der sog. Kleinbetriebsklausel des § 23 I KSchG in Unternehmen mit mehreren Betrieben vgl. BVerfGE 97, 169 ff.

120 BAG AP 47 zu § 3 TOA; AP 5 zu § 1 TVG Tarifverträge: BAVAV; AP 32 zu § 99 BetrVG 1972 = DB 86, 1398 = NZA 86, 536.

Beispiel: Eine Versetzung ist mitwirkungspflichtig unabhängig davon, ob sie im Wege der einvernehmlichen Vertragsänderung, der Änderungskündigung oder des Direktionsrechts durchgeführt wird.

67 Das Mitbestimmungsrecht des Betriebsrats aus § 99 BetrVG kann mit anderen Beteiligungsrechten konkurrieren.

Beispiel: Ein Arbeitnehmer soll gegen seinen Willen aus dem Betrieb A in den Betrieb B versetzt werden. Die Versetzung wird im Wege der Änderungskündigung durchgeführt. Im Betrieb A hat der Betriebsrat ein Mitbestimmungsrecht nach § 99 I BetrVG und zudem das Mitwirkungsrecht nach § 102 BetrVG (Rn. 120ff.). Im Betrieb B liegt eine mitbestimmungspflichtige Einstellung vor.

68 Die Rechte des Betriebsrats aus § 99 BetrVG und § 102 BetrVG bestehen nebeneinander. Ist der Betriebsrat zur Änderungskündigung korrekt angehört worden, hat er aber der mit dieser beabsichtigten Versetzung nicht nach § 99 BetrVG zugestimmt, so ist die Kündigung als solche zwar wirksam, kann vom Arbeitgeber aber nicht umgesetzt werden.[121] Bei den Nachfolgeunternehmen der Deutschen Bundespost und der Deutschen Bundesbahn sind die Mitbestimmungsrechte des Betriebsrats nach § 99 BetrVG modifiziert.[122]

69 Während eines Arbeitskampfs ruhen die Beteiligungsrechte des Betriebsrats, soweit sie im Zusammenhang mit dem Arbeitskampf stehen.[123]

121 BAG 30. 9. 1993 AP 33 zu § 2 KSchG 1969; vgl. für eine nicht nach § 87 I Nr. 10 BetrVG mitbestimmte, sozial aber gerechtfertigte Änderung der Vergütung BAG 17. 6. 1998 AP 49 zu § 2 KSchG 1969.

122 Vgl. BAG 12. 8. 1997 AP 15 zu § 99 BetrVG 1972 Versetzung; BAG 12. 8. 1997 AP 14 zu § 99 BetrVG 1972 Eingruppierung; Hessisches LAG 4. 2. 1997 – 4 TaBV 1/96 –; LAG Düsseldorf 22. 4. 1997 – 8 TaBV 93/96 –; LAG Niedersachsen 31. 1. 1997 – 16 TaBV 82/96 –; LAG Rheinland-Pfalz 21. 4. 1997 – 5 TaBV 51/96 –; – 5 TaBV 52/96 –; Hessisches LAG 21. 7. 1998 – 4 TaBV 191/97 –.

123 BAG AP 58 zu Art. 9 GG Arbeitskampf = EzA 22 zu Art. 9 GG Arbeitskampf = DB 78, 1403; LAG Frankfurt DB 78, 1357.

§ 49. Das Verfahren der Mitbestimmung des Betriebsrats bei personellen Einzelmaßnahmen

I. Die Unterrichtung des Betriebsrats

In **Unternehmen mit in der Regel mehr als 20 wahlberechtigten Arbeitnehmern** hat der Arbeitgeber den Betriebsrat vor jeder Einstellung, Eingruppierung, Umgruppierung und Versetzung zu **unterrichten,** ihm die erforderlichen **Bewerbungsunterlagen** vorzulegen und **Auskunft** über die Person der Beteiligten zu geben (§ 99 I 1 BetrVG). Die Unterrichtung kann schriftlich oder mündlich erfolgen. Zur Entgegennahme ist der Vorsitzende des Betriebsrats, gegebenenfalls der des Personalausschusses (§ 28 BetrVG), oder im Falle seiner Verhinderung sein Stellvertreter berechtigt (§ 26 II BetrVG; vgl. Abschn. III Rn. 49). Eine Frist für die Unterrichtung vor Durchführung der Maßnahme ist im Gesetz nicht vorgesehen. Jedoch wird der Arbeitgeber den Betriebsrat mindestens eine Woche vorher unterrichten, weil diesem eine Widerspruchsfrist von einer Woche zusteht (Rn. 78). Führt der Arbeitgeber eine personelle Einzelmaßnahme durch und wird er mangels Zustimmung des Betriebsrats genötigt, die Maßnahme rückgängig zu machen, so kann er gegenüber dem betroffenen Arbeitnehmer schadensersatzpflichtig werden.[124] 70

Beispiel: Ein Arbeitgeber sagt einem Bewerber die Einstellung zu. Dieser kündigt darauf seinen bisherigen Arbeitsplatz. Seine Einstellung scheitert aber an der fehlenden Zustimmung des Betriebsrats. Dann kann der Bewerber vom Arbeitgeber Schadensersatz verlangen unter der Voraussetzung, dass der Arbeitgeber schuldhaft gehandelt hat.

In der betrieblichen Praxis kommt es vor allem zu Streitigkeiten über den **Umfang der Unterrichtungspflicht** des Arbeitgebers. Der Arbeitgeber schuldet Auskunft über die Person des betroffenen Arbeitnehmers (Personalien, Anschrift usw.), über die betrieblichen Auswirkungen der Maßnahme und den Zeitpunkt 71

124 Schaub, Arbeitsrecht von A–Z, Stichwort Vorverhandlungen.

der Maßnahme (§ 99 I 1 BetrVG).[125] Im Fall der Einstellung hat er dem Betriebsrat die erforderlichen Bewerbungsunterlagen vorzulegen und Auskunft über die Person aller Beteiligten, also sämtlicher Bewerber und nicht nur des oder der in Aussicht genommenen, zu geben.[126] Die Bewerbungsunterlagen sämtlicher Bewerber hat er ihm längstens für eine Woche zu überlassen.[127] Dazu gehören nicht die Unterlagen derjenigen Bewerber, die sich um eine andere Stelle beworben haben.[128] Werden Einstellungen durch eine Unternehmensberatungsfirma vorbereitet und wird diese mit der Auswahl von Bewerbern beauftragt, so sind dem Betriebsrat nur diejenigen Bewerber mitzuteilen, die von der Unternehmensberatungsfirma vorgeschlagen werden.[129] Vorzulegen sind alle Bewerbungsunterlagen, die der Betriebsrat benötigt, um sein Mitbestimmungsrecht sachgemäß ausüben zu können. Der Arbeitgeber hat den Betriebsrat über alle ihm bekannten persönlichen und fachlichen Eigenschaften und Umstände der Bewerber (Schwangerschaft, Schwerbehinderteneigenschaft) zu unterrichten. So kann es geboten sein, Strafurteile usw. vorzulegen.[130] Der Arbeitgeber braucht keine Informationen zu **beschaffen**, die er selbst nicht hat oder für die keine Offenbarungspflicht des Bewerbers besteht. Dies gilt insbesondere bei der Einstellung ausländischer Arbeitnehmer.[131] Untersagt der einzelne Bewerber die Vorlage von Urkunden an den Betriebsrat, so muss der Arbeitgeber den Bewerber, wenn die Vorlage für die Wahrnehmung des Mitbestimmungsrechts erforderlich ist, entweder umstimmen oder von einer Einstellung absehen. Bei Einstellungen und Versetzungen hat der Arbeitgeber dem Betriebsrat den in Aussicht genommenen Arbeitsplatz und

125 BAG AP 3 zu § 99 BetrVG 1972 = BB 76, 134.

126 BAG AP 1, 7 zu § 99 BetrVG 1972; AP 18 zu § 118 BetrVG 1972 = NJW 82, 124 = DB 81, 2384; BVerwG AP 1 zu § 72 PersVG; BVerwGE 61, 325.

127 BAG AP 29 zu § 99 BetrVG 1972 = NJW 86, 1709 = DB 86, 917.

128 BAG v. 10. 11. 1992 – NZA 93, 376.

129 BAG AP 85 zu § 99 BetrVG 1972 = NZA 91, 482; LAG Köln NZA 88, 589.

130 Zur Frage nach Vorstrafen: BAG AP 2 zu § 123 BGB.

131 BAG AP 7 zu § 99 BetrVG 1972.

die vorgesehene Eingruppierung (Rn. 58) mitzuteilen. Arbeitsplatz ist nicht nur der räumliche Ort, an dem die Arbeit geleistet werden soll, sondern auch die betriebliche Stellung des Arbeitnehmers. Bei Teilzeitbeschäftigten gehört zur Unterrichtung auch die Angabe des Umfangs der Arbeitszeit.[132] Der Arbeitgeber ist nicht verpflichtet, dem Betriebsrat Auskunft über den Inhalt des Arbeitsvertrags des einzustellenden Arbeitnehmers zu geben, soweit es sich nicht um Vereinbarungen über Art und Dauer der vorgesehenen Beschäftigung und die beabsichtigte Eingruppierung handelt. Der Arbeitsvertrag gehört nicht zu den vorzulegenden Bewerbungsunterlagen.[133] Bei der Einstellung von **Leiharbeitnehmern** muss sich die Unterrichtung auf deren Zahl, ihre Qualifikation und die Einstellungstermine sowie die Auswirkungen auf die Stammbelegschaft beziehen. Der Betriebsrat kann Einsicht in die Arbeitnehmerüberlassungsverträge, nicht aber in die Arbeitsverträge der Arbeitnehmer mit dem Verleiher verlangen.[134]

Der Arbeitgeber hat vom Betriebsrat die Zustimmung zu der 72
personellen Maßnahme einzuholen. Nicht notwendig ist, dass er um Zustimmung zur Maßnahme ausdrücklich ersucht. Vielmehr kann sich aus der Mitteilung der Einstellungsabsicht und Bekanntgabe der Daten der Bewerber konkludent das Zustimmungsersuchen ergeben. Der Betriebsrat kann verlangen, dass ihm die Auswirkungen der personellen Maßnahme erläutert werden, z. B. wenn ein Spezialist eingestellt werden soll, durch dessen Tätigkeit Arbeitsplätze entfallen können.

Beispiel für ein Zustimmungsersuchen
An den Betriebsrat
z. Hdn. des Betriebsratsvorsitzenden, im Hause.
Sehr geehrte Damen und Herren,
wegen der nach wie vor guten Auftragslage beabsichtigen wir, einen weiteren Schlosser einzustellen, um die Überstunden abzubauen. Das

132 LAG Frankfurt NZA 87, 499; 714 = BB 87, 1951; LAG Düsseldorf NZA 86, 200; teilweise a. A. LAG Schleswig-Holstein NZA 88, 68.
133 BAG AP 57 zu § 99 BetrVG 1972 = NZA 89, 355 = BB 89, 626.
134 BAG AP 6 zu § 99 BetrVG 1972.

> Arbeitsamt hat Herrn Arnold S., geb. am 1. 10. 1960, verheiratet, 2 Kinder, vorgeschlagen. Herr S. hat die Schlosserprüfung mit Erfolg abgelegt. Auf das Inserat der Firma hat sich ferner Herr Bertram P., geb. am 4. 1. 1950, verh., 5 Kinder beworben. Aus den vorgelegten Arbeitspapieren ist ersichtlich, dass Herr P. im letzten Jahr 5-mal den Arbeitsplatz gewechselt hat. Wir bevorzugen Herrn P., da wir wegen des auffälligen Stellenwechsels von Herrn S. nicht mit einer gedeihlichen Zusammenarbeit rechnen können. Außerdem hat Herr S. seine Zeugnisse aus den letzten drei Jahren vorgelegt, die sämtlich eine bessere fachliche Beurteilung erkennen lassen. Wir bitten Sie, der Einstellung von Herrn S. zuzustimmen.

73 Vor allem in Großbetrieben kann es sich empfehlen, den oder die Bewerber zu bitten, einen **Einstellungsfragebogen** (Rn. 10) auszufüllen, diesem die erforderlichen (eingereichten) Unterlagen beizufügen und den Bewerber auch dem Betriebsrat vorzustellen. Ein Rechtsanspruch des Betriebsrats auf Teilnahme an einem Vorstellungsgespräch besteht aber nicht.[135]

74 **Unterlässt** der Arbeitgeber die ausreichende Unterrichtung des Betriebsrats, so wird der Lauf der Frist für die Verweigerung der Zustimmung durch den Betriebsrat nach § 99 III BetrVG nicht in Gang gesetzt.[136] Hat der Arbeitgeber dem Betriebsrat Angaben zur Person der Beteiligten, zum vorgesehenen Arbeitsplatz und zur Auswirkung der geplanten Maßnahmen gemacht, die Bewerbungsunterlagen der Beteiligten vorgelegt und um die Zustimmung des Betriebsrats gebeten, so muss sich der Betriebsrat innerhalb der Wochenfrist des § 99 III BetrVG schriftlich äußern, wenn er für eine abschließende Stellungnahme ergänzende Auskünfte benötigt. Andernfalls gilt mit Ablauf der Wochenfrist seine Zustimmung als erteilt (§ 99 III 2 BetrVG).[137] Kommt der Arbeitgeber einem berechtigten Verlangen nach ergänzenden Angaben nicht nach, kann der Betriebsrat vom Arbeitgeber die Entlassung des eingestellten Arbeitnehmers (§ 101 BetrVG) ver-

135 BAG AP 7 zu § 99 BetrVG 1972.

136 BAG AP 34 zu § 99 BetrVG 1972 = NJW 86, 2283 = NZA 86, 490; BAG 18. 12. 1990 AP 85 zu § 99 BetrVG 1972.

137 BAG AP 64 zu § 99 BetrVG 1972 = NZA 89, 639 = BB 89, 1346; vgl. AP 34 = NZA 86, 490.

langen (Rn. 115ff.). Der Arbeitgeber kann außerdem gem. § 121 BetrVG mit **Bußgeldern** belegt werden.

75 Die Auswahl unter den Stellenbewerbern ist Sache des Arbeitgebers.[138] Rechtlich möglich ist eine tarifliche Regelung, die dem Betriebsrat ein echtes Mitbestimmungsrecht bei der Frage zubilligt, welcher Bewerber einzustellen ist; Voraussetzung ist, dass im Streitfall die Einigungsstelle nach den Bestimmungen des BetrVG entscheiden soll.[139]

76 Die Mitglieder des Betriebsrats sind im Interesse der betroffenen Arbeitnehmer verpflichtet, über die ihnen im Rahmen des Mitbestimmungsverfahrens bekannt gewordenen persönlichen Verhältnisse und Angelegenheiten der Arbeitnehmer, die ihrer Bedeutung oder ihrem Inhalt nach einer vertraulichen Behandlung bedürfen, Stillschweigen zu bewahren (§ 99 I 3 BetrVG). Die **Verschwiegenheitspflicht** erwächst aufgrund des Persönlichkeitsrechts der Betroffenen unabhängig davon, ob der Arbeitgeber den Betriebsrat hierauf hingewiesen hat. Sie besteht auch noch nach dem Ausscheiden aus dem Amt. Sie besteht nicht gegenüber den sonstigen Mitgliedern der Betriebsverfassungsorgane (§ 99 I S. 3, § 79 I 3 BetrVG). Verletzt ein Betriebsratmitglied die Verschwiegenheitspflicht, so kann es sich gegenüber dem betroffenen Arbeitnehmer schadensersatzpflichtig machen. § 99 I BetrVG ist insofern ein Schutzgesetz im Sinne von § 823 II BGB. Außerdem kann die Amtsenthebung des Betriebsratsmitglieds gerechtfertigt sein (§ 23 BetrVG, vgl. Abschn. III Rn. 16ff.).

II. Das Verhalten des Betriebsrats nach der Unterrichtung

77 Ist der Betriebsratsvorsitzende über eine geplante Einzelmaßnahme unterrichtet worden, so hat er die Stellungnahme des Betriebsrats oder, sofern die Behandlung personeller Angelegenheiten einem Ausschuss übertragen ist (§§ 27, 28 BetrVG), dessen Stellungnahme herbeizuführen. Der Betriebsrat bzw. der Personalausschuss hat die personelle Maßnahme zu beraten und darüber einen Beschluss zu fassen. Der Betriebsrat kann der perso-

138 BAG AP 7 zu § 99 BetrVG 1972 = BB 78, 1719 = DB 78, 2320.

139 BAG AP 53 zu § 99 BetrVG 1972 = NZA 88, 699 = BB 88, 1386 = DB 88, 1397.

nellen Maßnahme zustimmen. In diesem Falle sollte er den Arbeitgeber unverzüglich, also ggfls. noch vor Ablauf der Wochenfrist unterrichten, damit die Maßnahme durchgeführt werden kann. Er kann die Wochenfrist verstreichen lassen. In diesem Falle gilt die Zustimmung als erteilt (§ 99 III 2 BetrVG). Er kann beim Arbeitgeber eine Gegenvorstellung erheben. Das Gebot der vertrauensvollen Zusammenarbeit (§ 2 I BetrVG) erfordert auf Arbeitgeberseite eine ernsthafte Auseinandersetzung mit den Gründen der Gegenvorstellung. Stattgeben muss der Arbeitgeber jedoch einer Gegenvorstellung nicht. Schließlich kann der Betriebsrat aus den in § 99 II BetrVG aufgezählten Gründen seine Zustimmung zur Durchführung der personellen Maßnahme verweigern.

III. Die Verweigerung der Zustimmung des Betriebsrats

78 Hat der Betriebsrat gegen eine Einstellung Bedenken, so hat er dies schriftlich unter Angabe von Gründen binnen einer Woche dem Arbeitgeber mitzuteilen. Die Fristberechnung erfolgt nach §§ 187 ff. BGB. Danach läuft die Frist in der folgenden Woche an dem Tage ab, der durch seine Benennung dem Tage entspricht, an dem der Betriebsrat (vertreten durch den Betriebsratsvorsitzenden) unterrichtet worden ist, es sei denn, dass dieser Tag ein Sonnabend, Sonntag oder staatlich anerkannter Feiertag ist. In diesen Fällen verlängert sich die Frist bis zum Ablauf des darauf folgenden Werktags (§ 193 BGB).[140] Hat der Arbeitgeber den Betriebsrat nicht ausreichend unterrichtet oder die erforderlichen Unterlagen nicht vorgelegt, so beginnt der Lauf der Wochenfrist nicht. Ein gleichwohl gestellter Zustimmungsersetzungsantrag des Arbeitgebers ist als unbegründet abzuweisen.[141] Betriebsrat und Arbeitgeber können die Frist zur Stellungnahme einvernehmlich verlängern;[142] dies geschieht vielfach bei Massenvorgängen. Gelegentlich helfen sich die Betriebsparteien

140 Zur Fristenberechnung vgl. Hochhuth AiB 1999, 431.

141 BAG AP 34 zu § 99 BetrVG 1972 = NJW 86, 2273 = DB 86, 1077; AP 36 = DB 86, 1783.

142 BAG AP 18 zu § 99 BetrVG 1972; zur Verlängerung durch Tarifvertrag: AP 23 = BB 86, 1776.

wegen der kurzen Wochenfrist auch damit, dass der Arbeitgeber erst eine Vorankündigung abgibt und später formell um Zustimmung zur personellen Maßnahme ersucht. Das Gesetz erfordert für den Widerspruch zwingend die Schriftform.[143] Ein durch den Betriebsratsvorsitzenden nur mündlich erhobener Widerspruch ist grundsätzlich unwirksam, es sei denn, dass die Einhaltung der Schriftform wider Treu und Glauben vom Arbeitgeber verhindert worden ist.

Beispiel: Der Arbeitgeber weist bei einer Rücksprache den Betriebsratsvorsitzenden darauf hin, dass es einer schriftlichen Erhebung des Widerspruchs nicht mehr bedürfe. Er habe ja davon Kenntnis genommen.

Neben der schriftlichen Stellungnahme kann sich eine münd- 79
liche empfehlen, um Missverständnissen vorzubeugen. Das Widerspruchsschreiben muss vom Betriebsratsvorsitzenden handschriftlich unterzeichnet sein[144] (§ 126 BGB).

Der Betriebsrat hat in seinem **Widerspruchsschreiben** konkrete 80
Gründe anzugeben, auf die der Widerspruch gestützt wird. Dabei reicht es aus, dass sich die Gründe einem der gesetzlichen Tatbestände des § 99 II BetrVG zuordnen lassen, nur bei Nr. 3 und Nr. 6 müssen genaue Tatsachen angegeben werden.[145] Ob die Gründe den Widerspruch tragen, ist für seine Wirksamkeit unbedeutend, weil die Prüfung der Schlüssigkeit des Widerspruchs dem Gericht obliegt. Jeder Widerspruch des Betriebsrats gegen eine personelle Einzelmaßnahme zwingt den Arbeitgeber also, das Zustimmungsersetzungsverfahren einzuleiten. Dies gilt nur dann nicht, wenn sich der Betriebsrat so weit von dem Widerspruchskatalog entfernt, dass sein Widerspruch offensicht-

143 Zur Einlegung per Telefax vgl. einerseits Thannheiser AiB 1997, 498 (nicht ausreichend), andererseits Fischer AiB 1999, 390 (genügend); vgl. dazu auch BAG 11. 10. 2000 AP 153 zu § 4 TVG Ausschlussfristen = NZA 2001, 231.

144 BAG 24. 7. 1979 AP 11 zu § 99 BetrVG 1972.

145 BAG 26. 1. 1988 AP 50 zu § 99 BetrVG 1972; BAG 18. 10. 1988 AP 57 zu § 99 BetrVG 1972; BAG 20. 11. 1990 AP 47 zu § 118 BetrVG 1972.

lich gesetzeswidrig ist.[146] Der Betriebsrat muss alle Gründe, mit denen er die Zustimmung verweigern will, im Widerspruchsschreiben angeben. Andere Gründe kann er nach Ablauf der Wochenfrist nicht mehr nachschieben.[147] Widerspruch und Widerspruchsbegründung können in getrennten Schriftsätzen erfolgen. Dann müssen beide vom Betriebsratsvorsitzenden unterzeichnet sein (§ 126 BGB).[148]

81 Über die Frage, ob der Betriebsrat seine Zustimmung verweigern will, hat er nach § 33 BetrVG zu beschließen (Abschn. III Rn. 92ff.).[149] Bei einer personellen Maßnahme gegenüber einem Betriebsratsmitglied ist dieses gehindert, an der Beschlussfassung und der vorausgehenden Beratung teilzunehmen. Geschieht dies doch, ist der ablehnende Beschluss unwirksam und die Zustimmung gilt nach Ablauf der Wochenfrist als erteilt.[150] Bei einzustellenden Jugendlichen kann die Jugend- und Auszubildendenvertretung unter den Voraussetzungen des § 67 BetrVG ein Teilnahme- und Stimmrecht haben (Abschn. III Rn. 281ff.). Der einer Einstellung zustimmende Beschluss bedarf keiner Form. Ist die Zustimmung zur Einstellung erteilt, so kann sie nicht mehr zurückgenommen werden. Umgekehrt kann aber der Betriebsrat einen Widerspruch zurücknehmen, wenn er zu einer anderen Ansicht kommt. Versäumt der Betriebsrat die Wochenfrist, so gilt seine Zustimmung als erteilt. Ist die Aussetzung des Betriebsratsbeschlusses nach § 66 BetrVG beantragt, so kann der Beschluss dem Arbeitgeber gleichwohl mitgeteilt werden, da die Wochenfrist des § 99 BetrVG dadurch nicht gehemmt ist.

82 Der Betriebsrat kann die **Zustimmung zu einer personellen Maßnahme mit Erfolg nur verweigern,** wenn:

83 • die personelle Maßnahme gegen ein Gesetz, eine Verordnung, eine Unfallverhütungsvorschrift oder gegen eine Bestim-

146 BAG AP 50 zu § 99 BetrVG 1972 = NZA 88, 476 = BB 88, 1327 = DB 88, 1167; umstritten, vgl. Dannhäuser NZA 1989, 617.

147 BAG AP 20 zu § 99 BetrVG 1972 = DB 84, 2304 = NZA 84, 191; 85, 57; AP 36 = DB 86, 1783 = NZA 86, 755.

148 BAG AP 11 zu § 99 BetrVG 1972.

149 LAG Frankfurt DB 85, 1534.

150 BAG 3. 8. 1999 AP 7 zu § 25 BetrVG 1972.

mung in einem Tarifvertrag (auch bei nur einzelvertraglicher Inbezugnahme) oder in einer Betriebsvereinbarung oder gegen eine gerichtliche Entscheidung oder eine behördliche Anordnung verstoßen würde (§ 99 II Nr. 1 BetrVG),

- die personelle Maßnahme gegen eine Richtlinie nach § 95 84
verstoßen würde (§ 99 II Nr. 2 BetrVG),
- die durch Tatsachen begründete Besorgnis besteht, dass in- 85
folge der personellen Maßnahme im Betrieb beschäftigte Arbeitnehmer gekündigt werden oder sonstige Nachteile erleiden, ohne dass dies aus betrieblichen oder persönlichen Gründen gerechtfertigt ist; dabei gilt bei einer beabsichtigten unbefristeten Einstellung als Nachteil auch die Nichtberücksichtigung eines gleich geeigneten befristet Beschäftigten (§ 99 II Nr. 3 BetrVG),
- der betroffene Arbeitnehmer durch die personelle Maßnahme 86
benachteiligt wird, ohne dass dies aus betrieblichen oder in der Person des Arbeitnehmers liegenden Gründen gerechtfertigt ist (§ 99 II Nr. 4 BetrVG),
- eine nach § 93 erforderliche Ausschreibung im Betrieb unter- 87
blieben ist (§ 99 II Nr. 5 BetrVG) **oder**
- die durch Tatsachen begründete Besorgnis besteht, dass der 88
für die personelle Maßnahme in Aussicht genommene Bewerber oder Arbeitnehmer den Betriebsfrieden durch gesetzwidriges Verhalten oder durch grobe Verletzung der in § 75 I enthaltenen Grundsätze, insbesondere durch rassistische oder fremdenfeindliche Betätigung, stören werde (§ 99 II Nr. 6 BetrVG).

Zu den Widerspruchsgründen gilt im Einzelnen: 89

(1) Berechtigt ist der Widerspruch, wenn die personelle Maß- 90
nahme gegen eine **Verbotsnorm** oder gegen eine **Gebotsnorm,** durch die der Betroffene oder ein Dritter begünstigt werden soll, **verstößt.** Beschäftigungsverbote können sich z. B. aus §§ 3, 4, 6, 8 MuSchG, § 120 e GewO, §§ 22 ff. JArbSchG ergeben.

Durch das Widerspruchsrecht des Betriebsrats soll sicherge- 91
stellt werden, dass der Arbeitgeber nicht durch die faktische Beschäftigung die Verbotsnorm umgeht.

Beispiel: Der Widerspruch ist berechtigt, wenn eine Schwangere auf einen Arbeitsplatz versetzt werden soll, auf dem sie im Interesse ihrer Gesundheit nicht beschäftigt werden darf; wenn ein Arbeitsplatz entgegen § 611 a BGB nicht geschlechtsneutral ausgeschrieben ist oder ein Teilzeitbeschäftigter mit einer Wochenarbeitszeit von weniger als 20 Stunden eingestellt werden soll, wenn dies ein Tarifvertrag untersagt;[151] wenn ein ausländischer Arbeitnehmer ohne Arbeitserlaubnis (§ 19 AFG) beschäftigt werden soll (nach Ablauf der Arbeitserlaubnis bedarf es dagegen der Kündigung);[152] wenn eine Einstellung entgegen tariflichen Besetzungsregeln erfolgen soll.[153]

92 Kein Verstoß gegen gesetzliche Vorschriften i. S.v. § 99 II Nr. 1 BetrVG liegt darin, dass der Arbeitgeber den Betriebsrat nicht hinreichend unterrichtet.[154] Wird das Verfahren nach § 99 BetrVG verletzt, so läuft nur die Wochenfrist für den Betriebsrat nicht. Ein Widerspruchsgrund kann gegeben sein, wenn der Betriebsrat berechtigt ist, an Bewerbungsgesprächen teilzunehmen, aber nicht hinzugezogen wurde.[155]

93 Der Widerspruch gegen eine Einstellung ist ungerechtfertigt, wenn der Betriebsrat nur gegen die Eingruppierung des Arbeitnehmers Bedenken hat oder er die Befristung des Arbeitsverhältnisses für unzulässig hält. Im ersten Fall muss er der Einstellung zustimmen, kann aber der Eingruppierung widersprechen;[156] im zweiten Fall ist nicht die Einstellung, sondern allenfalls die Beendigung des Arbeitsverhältnisses rechtswidrig.[157] Die wiederholte Verweigerung der Zustimmung zu gleichgelagerten personellen Maßnahmen mit einer Begründung, von der allgemein anerkannt ist, dass sie zur Verweigerung der Zustimmung nicht

151 BAG AP 95 zu § 99 BetrVG 1972 = NZA 92, 606.

152 BAG AP 2 zu § 19 AFG; AP 86 zu § 99 BetrVG 1972 = NZA 91, 569.

153 BAG AP 1 zu § 1 TVG Tarifverträge: Druckindustrie = BB 84, 1551; AP 57 zu Art. 9 GG = NZA 90, 850.

154 BAG AP 1 zu § 99 BetrVG 1972; AP 34 = NJW 86, 2273 = NZA 86, 490; AP 36 = NZA 86, 755.

155 LAG Berlin DB 86, 49 = NZA 85, 604.

156 BAG AP 4 zu § 99 BetrVG 1972.

157 BAG AP 8 zu § 99 BetrVG 1972 = DB 78, 2033; AP 21 = NJW 86, 2967 = DB 86, 124.

berechtigt, kann rechtsmissbräuchlich sein.[158] Der Betriebsrat kann seine Zustimmung zur Einstellung verweigern, wenn der Arbeitgeber nicht vorher gemäß § 81 I SGB IX geprüft hat, ob der Arbeitsplatz nicht auch mit einem Schwerbehinderten besetzt werden kann.[159]

Eine Klage auf Einstellung in den öffentlichen Dienst kann 94
nicht mit der Begründung abgewiesen werden, das Verfahren nach § 99 BetrVG sei nicht durchgeführt worden.[160]

Wird die von einem Arbeitnehmer zu verrichtende Tätigkeit 95
von einer im Betrieb anzuwendenden tariflichen oder betrieblichen Lohn- oder Gehaltsgruppenordnung erfasst, so ist der Arbeitgeber gegenüber dem Betriebsrat verpflichtet, den Arbeitnehmer in diese Ordnung einzugruppieren und den Betriebsrat daran zu beteiligen.[161] Dies gilt aber nur, wenn er den Arbeitnehmer erstmals einstellt oder ihn versetzt. Dagegen kann der Betriebsrat keine neue Entscheidung verlangen, wenn er die Eingruppierung nicht mehr für zutreffend hält.[162] Ist die Eingruppierung tariflich geregelt, so verstößt die Eingruppierung nach Maßgabe eines Absenkungserlasses im öffentlichen Dienst gegen den Tarifvertrag und berechtigt zur Zustimmungsverweigerung.[163]

(2) Das Verweigerungsrecht besteht ferner, wenn die personelle 96
Maßnahme **gegen eine Richtlinie nach § 95 BetrVG** (Rn. 15ff.) verstieße (§ 99 II Nr. 2 BetrVG). Es bedarf keiner positiven Einigung auf die Person des auszuwählenden Arbeitnehmers; der Betriebsrat kann nur geltend machen, die in Aussicht genommene personelle Maßnahme widerspreche der generellen Auswahlrichtlinie. Das Widerspruchsrecht besteht nicht, wenn der Arbeitgeber zwar

158 BAG AP 21 zu § 99 BetrVG 1972 = NJW 86, 2967 = NZA 86, 163.

159 Zu § 14 I SchwbG BAG AP 77 zu § 99 BetrVG 1972 = NZA 90, 368; auch AP 100 = BB 93, 367 = DB 93, 1141 = NZA 93, 376; a. A. Fitting/Kaiser/Heither/Engels § 99 Rn. 160.

160 BAG AP 9 zu Art. 33 Abs. 2 GG = EzA 28 zu § 99 BetrVG 1972.

161 BAG AP 62 zu § 99 BetrVG 1972 = NZA 89, 518; BAG 23. 11. 1993 AP 111 zu § 99 BetrVG 1972 = NZA 94, 461 = BB 94, 292.

162 BAG AP 91 zu § 99 BetrVG 1972 = NZA 91, 852.

163 BAG AP 78 zu § 99 BetrVG 1972 = NZA 90, 493.

einseitig Auswahlrichtlinien aufgestellt hat, der Betriebsrat diese aber hingenommen hat und die beabsichtigte Maßnahme mit ihnen übereinstimmt.[164]

97 (3) Ein Zustimmungsverweigerungsrecht besteht auch, wenn die durch Tatsachen begründete Besorgnis besteht, dass infolge der personellen Maßnahme **im Betrieb beschäftigte Arbeitnehmer gekündigt** werden oder **sonstige Nachteile** erleiden, ohne dass dies aus betrieblichen oder persönlichen Gründen gerechtfertigt ist (§ 99 II Nr. 3 BetrVG). Nachteile können tatsächliche und rechtliche Nachteile sein.[165] Der Betriebsrat kann deshalb einer Einstellung widersprechen, wenn die Gefahr besteht, dass es zu einem Personalüberhang kommt und bewährte Arbeitskräfte entlassen werden usw. Dagegen besteht kein Widerspruchsrecht, wenn für die Kündigung anderer Arbeitnehmer betriebliche oder persönliche Gründe bestehen, da die Einstellung insoweit nicht ursächlich ist. Die Zustimmung des Betriebsrats zu einer Versetzung eines Arbeitnehmers, dessen Stelle weggefallen ist, muss erteilt werden, wenn dem Arbeitnehmer, auf dessen Stelle Ersterer versetzt werden soll, aus sozialen Gründen gekündigt werden kann.[166] Umstr. war, inwieweit ein Widerspruchsrecht besteht, wenn durch die Einstellung betriebliche Berufschancen schon beschäftigter Arbeitnehmer zunichte gemacht werden. Nach h. M. besteht ein Widerspruchsrecht, wenn die beschäftigten Arbeitnehmer einen Rechtsanspruch oder eine betriebliche Anwartschaft, nicht nur eine Chance auf Beförderung haben.[167] Es besteht kein allgemeiner Anspruch auf Beförderung; eine Ausnahme kann sich dann ergeben, wenn eine generelle Höhergruppierung erfolgt.[168] Die Annahme des Betriebsrats, ein anderer Arbeitnehmer sei ge-

---

164 BAG AP 5 zu § 117 BetrVG 1972 = NZA 87, 282.

165 BAG AP 46 zu § 99 BetrVG 1972 = DB 88, 128 = NZA 88, 101.

166 BAG AP 45 zu § 99 BetrVG 1972 = NZA 88, 624; BAG 30. 8. 1995 AP 5 zu § 99 BetrVG 1972 Versetzung; BAG 10. 11. 1994 AP 65 zu § 1 KSchG 1969 Betriebsbedingte Kündigung.

167 BAG AP 1 zu § 100 BetrVG 1972; AP 1 zu § 101 BetrVG 1972; AP 10 zu § 99 BetrVG 1972.

168 Vgl. BAG AP 2 zu § 319 BGB, AP 38 zu § 242 BGB Gleichbehandlung; LAG Düsseldorf DB 75, 1312.

eigneter, ist als Zustimmungsverweigerungsgrund unzureichend. Er kann nicht die Einstellung oder Beförderung eines von ihm bevorzugten Bewerbers erzwingen.[169] Die Nichtberücksichtigung bei einer Versetzung auf einen innerbetrieblich ausgeschriebenen Arbeitsplatz ist kein Nachteil, es sei denn, der nichtberücksichtigte Arbeitnehmer hätte einen rechtlichen Anspruch auf die Stelle.[170] Liegen für eine zu besetzende Stelle Bewerbungen sowohl externer als auch interner Bewerber vor, so kann der Arbeitgeber frei entscheiden, wen er einstellen will. Der Betriebsrat hat nur dann ein Widerspruchsrecht wegen betrieblich erwachsener Nachteile, wenn interne Bewerber aufgrund von Einstellungsrichtlinien einen Bewerbungsvorsprung haben.[171] Als ein Nachteil, der zur Zustimmungsverweigerung berechtigt, ist es dagegen anzusehen, wenn ein bereits befristet Beschäftigter bei der Besetzung einer unbefristeten Stelle trotz gleicher Eignung nicht berücksichtigt wird (§ 99 II Nr. 3 BetrVG). Dem Betriebsrat wird auf diese Weise zur Aufgabe gemacht darauf zu achten, dass im Betrieb befristet beschäftigte Arbeitnehmer die Chance erhalten, auf Dauer beschäftigt zu werden.

(4) Ferner kann die Zustimmung verweigert werden, wenn der 98
betroffene Arbeitnehmer durch die personelle Maßnahme benachteiligt wird, ohne dass dies aus betrieblichen oder in seiner Person liegenden Gründen gerechtfertigt ist (§ 99 II Nr. 4 BetrVG).[172] Dieses Widerspruchsrecht wird nur bei **Umgruppierungen** oder **Versetzungen** eines Arbeitnehmers in Betracht kommen. Gedacht ist etwa an eine weder betrieblich noch persönlich begründete Versetzung des Arbeitnehmers, an die Nichtbeachtung sozialer Gesichtspunkte im Rahmen notwendiger Versetzungen[173] und dergleichen.

(5) Ein Zustimmungsverweigerungsrecht besteht auch, wenn 99
eine nach § 93 BetrVG erforderliche **Ausschreibung** (Rn. 8) im Betrieb **unterblieben** ist (§ 99 II Nr. 5 BetrVG). Dies gilt auch in

169 BAG AP 18 zu § 118 BetrVG 1972.
170 BAG AP 66 zu § 99 BetrVG 1972 = NZA 89, 937.
171 LAG Düsseldorf DB 75, 1372.
172 Vgl. BAG AP 10 zu § 99 BetrVG 1972.
173 Vgl. BAG 2. 4. 1996 AP 9 zu § 99 BetrVG 1972.

Tendenzbetrieben.[174] Das Weigerungsrecht besteht unabhängig davon, ob geeignete Bewerber im Betrieb überhaupt vorhanden sind. Dies lässt sich erst nach erfolgter Ausschreibung beurteilen.[175] Der innerbetriebliche Stellenausgleich ist damit besonders gesichert. Der Arbeitgeber hat einer vom Betriebsrat geforderten Stellenausschreibung nicht genügt, wenn er eine bestimmte Stelle im Betrieb zwar ausgeschrieben hat, in der gleichzeitigen Stellenanzeige in der Tagespresse aber geringere Anforderungen an die Bewerber stellt. Der Betriebsrat kann deshalb die Zustimmung zur Einstellung eines Bewerbers verweigern, der sich auf diese Stellenanzeige mit ihren geringeren Anforderungen beworben hat.[176]

100 **(6)** Ein Weigerungsrecht besteht schließlich, wenn die durch Tatsachen begründete Besorgnis besteht, dass der für die personelle Maßnahme in Aussicht genommene Bewerber oder Arbeitnehmer den **Betriebsfrieden** durch gesetzwidriges Verhalten oder durch grobe Verletzung der in § 75 I BetrVG enthaltenen Grundsätze, insbesondere durch rassistisches oder fremdenfeindliches Verhalten stören wird (§ 99 II Nr. 6 BetrVG). Der Betriebsrat hat aus denselben Gründen ein Widerspruchsrecht, aus denen er auch die Entlassung oder Versetzung eines Arbeitnehmers aus dem Betrieb verlangen könnte (§ 104 BetrVG; Rn. 219ff.). Beispiele für gesetzwidriges Verhalten sind: Diebstähle, sexuelle Belästigung von Mitarbeitern, Beleidigungen, Raufereien, körperliche Züchtigung von jugendlichen Arbeitnehmern, Verleumdungen usw.

Beispiel für ein Widerspruchsschreiben des Betriebsrats:
An die Geschäftsleitung der Firma...
Sehr geehrte Damen und Herren!
Bezugnehmend auf Ihr Schreiben vom ... wird der Einstellung des Herrn S. gemäß § 99 II Nr. 6 BetrVG widersprochen. Zwar ist es richtig, dass in den von Herrn S. vorgelegten Zeugnissen diesem gute fachliche Kenntnisse bescheinigt werden. Im Zeugnis seines letzten

174 BAG AP 11 zu § 118 BetrVG 1972 = DB 79, 1609.
175 BAG AP 1 zu § 99 BetrVG 1972.
176 BAG AP 2 zu § 83 BetrVG 1972 = NZA 88, 551.

Arbeitgebers ist jedoch ein Hinweis auf die Ehrlichkeit von Herrn S. nicht enthalten. Dem Betriebsrat ist bekannt geworden, dass Herr S. auf seiner letzten Arbeitsstelle wegen wiederholten Kollegendiebstahls fristlos entlassen worden ist. Es besteht daher der Verdacht, dass Herr S. sich auch jetzt nicht korrekt verhalten wird und es zu erheblichen Störungen des Betriebsfriedens kommt.

(7) Die Beteiligungsrechte des Betriebsrats können durch Tarifvertrag zu echten Mitbestimmungsrechten erweitert werden.[177] 101

IV. Das Verhalten des Arbeitgebers bei Verweigerung der Zustimmung des Betriebsrats

(1) Verweigert der Betriebsrat – und sei es objektiv auch grundlos – seine Zustimmung zur Durchführung der personellen Maßnahme, so kann der Arbeitgeber a) von der personellen Maßnahme absehen; dann entstehen keine weiteren betriebsverfassungsrechtlichen Probleme; der Arbeitgeber kann gegenüber dem betroffenen Arbeitnehmer schadensersatzpflichtig werden, wenn er sich ihm gegenüber bereits zur Durchführung der personellen Maßnahme verpflichtet hatte; 102

Beispiel: Der Arbeitgeber hat dem betroffenen Arbeitnehmer die Höhergruppierung bereits verbindlich zugesagt.

(b) der Arbeitgeber kann mit der Ausführung der personellen Maßnahme warten und beim Arbeitsgericht beantragen, die Zustimmung des Betriebsrats zu ersetzen; das Zustimmungsersetzungsverfahren muss er auch dann einleiten, wenn der Betriebsrat mit nur mangelhafter Begründung widersprochen hat;[178] 103

(c) in dringenden Fällen kann der Arbeitgeber die personelle Maßnahme gemäß § 100 BetrVG vorläufig durchführen und dabei zugleich das Zustimmungsersetzungsverfahren betreiben. 104

---

177 BAG AP 53 zu § 99 BetrVG 1972 = BB 88, 1386 = DB 88, 1397 = NZA 88, 699.

178 BAG AP 50 zu § 99 BetrVG 1972 = NZA 88, 476 = BB 88, 1327 = DB 88, 1167.

105 Führt der Arbeitgeber die personelle Maßnahme ohne Rücksicht auf die fehlende Zustimmung des Betriebsrats durch, so setzt er sich einem Verfahren nach § 101 BetrVG aus (Rn. 115).

106 **(2)** Für das **Zustimmungsersetzungsverfahren** ist das Arbeitsgericht im Beschlussverfahren (§ 2 a ArbGG) und nicht die Einigungsstelle zuständig; denn ob der Betriebsrat berechtigt ist, seine Zustimmung zu verweigern, ist keine Zweckmäßigkeits-, sondern allein eine Rechtsfrage. An dem Beschlussverfahren ist der betroffene Arbeitnehmer nach der Rspr. des BAG nicht zu beteiligen.[179] Das Arbeitsgericht hat von Amts wegen aufzuklären, ob die Voraussetzungen der Zustimmungsverweigerung (§ 99 II BetrVG) vorliegen. Gleichwohl kann es dazu kommen, dass nicht geklärt werden kann, ob die tatsächlichen Voraussetzungen für eine Zustimmungsverweigerung gegeben sind. Nach h. M. trägt insoweit der Arbeitgeber die Feststellungslast. Allerdings ist der Betriebsrat für die Einhaltung der Formalien des Widerspruchs (Schriftform, Frist) darlegungs- und beweispflichtig. Der Betriebsrat hat keine Möglichkeit, erst im Beschlussverfahren weitere Gründe für die Zustimmungsverweigerung nachzuschieben.[180] Liegt eine der Voraussetzungen vor, unter denen der Betriebsrat die Zustimmung verweigern kann, so weist das Arbeitsgericht den Antrag des Arbeitgebers ab und die personelle Einzelmaßnahme muss endgültig unterbleiben; ist ein Verweigerungsgrund nicht gegeben, so ersetzt das Arbeitsgericht die Zustimmung des Betriebsrats und der Arbeitgeber kann nunmehr die personelle Einzelmaßnahme durchführen.

Beispiel für einen Antrag auf Zustimmungsersetzung

An das Arbeitsgericht

In dem Beschlussverfahren

der Firma... gegen den Betriebsrat vertreten durch den Betriebsratsvorsitzenden ebenda,

179 BAG AP 3 zu § 80 ArbGG 1979; für Ein- und Umgruppierungen: BAG AP 6 zu § 101 BetrVG 1972; AP 27 zu § 118 BetrVG 1972; AP 18 zu § 99 BetrVG 1972.

180 BAG AP 20 zu § 99 BetrVG 1972 = DB 84, 2304 = NZA 84, 191; 85, 57; AP 36 = DB 86, 1783 = NZA 86, 755.

wegen Ersetzung der Zustimmung des Betriebsrats zu einer personellen Maßnahme
wird beantragt, die Zustimmung des Betriebsrats zur Einstellung des Schlossers Hans S., wohnhaft... zu ersetzen.
Gründe: Die Antragstellerin beabsichtigt, Herrn Hans S., geboren am..., verheiratet, zwei Kinder, ab... einzustellen. Die Antragstellerin hat den Betriebsrat mit Schreiben vom... ersucht, seine Zustimmung zu erteilen (Beweis: Schreiben vom...). Der Betriebsrat hat seine Zustimmung verweigert, weil angeblich...
Das Schreiben des Betriebsrats vom... ist beigefügt.
Der Betriebsrat hat seine Zustimmung zu Unrecht verweigert, denn seine Behauptungen sind unrichtig. Stattdessen ist von folgenden Tatsachen auszugehen:...

(3) Stellt der Arbeitgeber einen Bewerber gegen den Widerspruch des Betriebsrats ein, so ist nach Ansicht des BAG der Arbeitsvertrag individualrechtlich ohne Einschränkung wirksam. Der Arbeitgeber darf den Bewerber nur nicht tatsächlich beschäftigen.[181] Wird die Zustimmung des Betriebsrats nicht ersetzt, so muss der Arbeitgeber das Arbeitsverhältnis beenden. Dadurch kann er dem Arbeitnehmer schadensersatzpflichtig werden. 107

Bei Ein- und Umgruppierungen hat der Arbeitnehmer einen Rechtsanspruch auf die richtige Eingruppierung. Der Betriebsrat hat nur ein **Mitbeurteilungsrecht**;[182] die Arbeitsverträge können bei zutreffender Eingruppierung daher nicht nichtig sein. Ist die Ein- oder Umgruppierung tarifrechtlich richtig, aber mangels Beteiligung des Betriebsrats an der Zuweisung der Arbeit rechtswidrig, so kann der Arbeitnehmer die tarifvertragliche Vergütung verlangen, solange er die Beschäftigung ausübt.[183] Der Betriebsrat hat einen Anspruch darauf, dass der Arbeitgeber seine Zu- 108

181 BAG AP 9 zu Art. 33 Abs. 2 GG = EzA 28 zu § 99 BetrVG 1972; AP 5 zu § 101 BetrVG 1972.

182 BAG AP 4 zu § 99 BetrVG 1972 = DB 76, 778; AP 6 zu § 101 BetrVG 1972 = DB 83, 2313; AP 27 zu § 118 BetrVG 1972 = NJW 84, 1143; LAG Schleswig-Holstein DB 82, 1575; LAG Hamm DB 79, 2499; DB 81, 1727.

183 BAG AP 54 zu §§ 22, 23 BAT; AP 3 zu § 24 BAT; AP 8 zu §§ 22, 23 BAT 1975.

stimmung noch einholt.[184] Hat der Betriebsrat der Ein- oder Umgruppierung nicht widersprochen, obwohl sie tarifrechtlich unzutreffend ist, so hat der Arbeitnehmer gleichwohl einen Anspruch auf Eingruppierung in die (höhere) Tarifgruppe, deren Tätigkeitsmerkmale er erfüllt.[185]

109 Versetzungen ohne Beteiligung des Betriebsrats sind unwirksam.[186]

V. Die vorläufige personelle Maßnahme

110 Der Arbeitgeber kann die personelle Maßnahme, schon bevor sich der Betriebsrat geäußert und auch wenn er die Zustimmung verweigert hat, ohne die Zustimmung des Betriebsrats vorläufig durchführen, wenn dies aus sachlichen Gründen dringend erforderlich ist (§ 100 I 1 BetrVG). Personelle Maßnahmen sind in diesem Zusammenhang zumindest die Einstellung und die Versetzung. Ob für eine vorläufige Durchführung auch die Ein- und Höhergruppierung in Frage kommt, ist zweifelhaft.[187] Für eine vorläufige Durchführung müssen Gründe vorliegen, die einen verständig urteilenden Arbeitgeber zum sofortigen Handeln veranlassen.[188] Ein dringendes Erfordernis ist noch nicht bei Interesse an baldiger Arbeitsaufnahme oder bei Arbeitslosigkeit des Bewerbers gegeben, vielmehr muss ein darüber hinausgehendes betriebliches Bedürfnis bestehen.

Beispiel: Einstellung zur Erledigung unbedingt notwendiger Arbeit; Interesse an der Gewinnung eines Spezialisten, der sonst abspringt, usw.

111 Will der Arbeitgeber eine personelle Maßnahme vor oder ohne Zustimmung des Betriebsrats vornehmen, so hat er **(a)** den betroffenen Arbeitnehmer über die Sach- und Rechtslage **aufzuklären** (§ 100 I 2 BetrVG), **(b)** den Betriebsrat **unverzüglich**,

184 BAG AP 6 zu § 101 BetrVG 1972; AP 27 zu § 118 BetrVG 1972.
185 BAG AP 24 zu § 59 HGB.
186 BAG vom 26. 1. 1988 – AP Nr. 50 zu § 99 BetrVG 1972.
187 BAG AP 42 zu § 99 BetrVG 1972 = NZA 87, 489, 598.
188 BAG AP 1 zu § 100 BetrVG 1972.

d. h. ohne schuldhaftes Zögern (§ 121 BGB) von der vorläufigen personellen Maßnahme zu **unterrichten** (§ 100 II 1 BetrVG). Die Unterrichtung des betroffenen Arbeitnehmers hat den Zweck, ihm die Möglichkeit zu geben zu entscheiden, ob er sich auf eine Einstellung, Versetzung usw. ohne oder gegen die Zustimmung des Betriebsrats einlassen will. Sie dient zugleich dem Interesse des Arbeitgebers, möglichen Schadensersatzansprüchen wegen Verschuldens bei Vertragsschluss vorzubeugen.[189] Der unverzüglichen Unterrichtung des Betriebsrats bedarf es, um dessen betriebsverfassungsrechtlichen Rechte zu wahren. Die Unterrichtung muss vor Durchführung der vorläufigen Maßnahmen oder unmittelbar danach erfolgen.[190] Damit der Betriebsrat sich darüber klar werden kann, ob er gegen die vorläufige Maßnahme einschreiten will oder nicht, wird der Arbeitgeber ihn zweckmäßigerweie darüber informieren, warum er eine vorläufige personelle Maßnahme für erforderlich hält. Unterlässt der Arbeitgeber die Unterrichtung des Betriebsrats, so enstehen für diesen die Rechte aus § 101 BetrVG analog (Rn. 115 ff.).[191]

Hat der Arbeitgeber dem Betriebsrat zusammen mit der Bitte, 112
der beabsichtigten Maßnahme zuzustimmen, mitgeteilt, er wolle die Maßnahme in jedem Falle vorläufig durchführen, so kann der Betriebsrat **(a)** der personellen Maßnahme schon als endgültiger Maßnahme ausdrücklich zustimmen oder sich länger als eine Woche nicht erklären, was als Zustimmung gilt (§ 99 III BetrVG); **(b)** der personellen Maßnahme als endgültiger die Zustimmung verweigern, aber ihre vorläufige Durchführung hinnehmen; **(c)** der personellen Maßnahme sowohl als endgültiger die Zustimmung verweigern als auch bestreiten, dass sie als vorläufige Maßnahme dringend erforderlich ist. Will er die Dringlichkeit der vorläufigen Maßnahme **bestreiten**, so hat er dies dem Arbeitgeber **unverzüglich** schriftlich oder mündlich mitzuteilen (§ 100 II 2 BetrVG). Im Interesse der Beweissicherung sollte der Betriebsrat die Schriftform einhalten. Bestreitet der

189 BAG AP 54 zu §§ 22, 23 BAT.
190 BAG AP 1 zu § 100 BetrVG 1972.
191 LAG Frankfurt NZA 87, 645.

Betriebsrat rechtzeitig, d. h. ohne schuldhaftes Zögern die Notwendigkeit einer vorläufigen personellen Maßnahme, so darf der Arbeitgeber sie nur dann weiter aufrechterhalten, wenn er **innerhalb von drei Kalendertagen** beim Arbeitsgericht beantragt, **(1)** die Zustimmung des Betriebsrats zur endgültigen Durchführung der personellen Maßnahme zu ersetzen und **(2)** festzustellen, dass die Maßnahme aus sachlichen Gründen dringend erforderlich war (§ 100 II 3 BetrVG). Auf diese Weise werden die Verfahren nach § 99 IV und § 100 II BetrVG prozessual miteinander verbunden.[192] War der Antrag auf Ersetzung der Zustimmung schon gestellt, so bedarf es nur einer entsprechenden Antragserweiterung. Für die Fristberechnung gelten §§ 187 ff. BGB. Der Tag des Zugangs der Mitteilung des Betriebsrats wird nicht mitgerechnet. Ist der letzte Tag der Frist ein Sonnabend, Sonntag oder gesetzlicher Feiertag, so verlängert sich die Frist bis zum nächsten Werktag. Geht dem Arbeitgeber die Mitteilung am Freitag zu, muss er den Antrag am folgenden Montag bis 24.00 Uhr beim Arbeitsgericht anhängig gemacht haben. Andernfalls hat der Betriebsrat die Rechte aus § 101 BetrVG.

113 Das **Arbeitsgericht** kann **(a)** vorab die Berechtigung der vorläufigen Maßnahme feststellen, die Entscheidung über die Ersetzung der Zustimmung dagegen noch zurückstellen; in diesem Fall ist die Maßnahme als vorläufige wirksam;[193] ob sie endgültig durchgeführt, d. h. auf Dauer fortgesetzt werden darf, hängt von der späteren Entscheidung über die Ersetzung der Zustimmung ab; **(b)** die Zustimmung des Betriebsrats zur personellen Maßnahme ersetzen; in diesem Fall ist sie schon endgültig wirksam, einer Entscheidung über die Berechtigung zur vorläufigen Durchführung bedarf es dann nicht mehr;[194] **(c)** feststellen, dass die vorläufige Maßnahme unberechtigt ist, aber die Entscheidung über die

192 BAG AP 1 zu § 100 BetrVG 1972; AP 46 zu § 99 BetrVG 1972 = BB 88, 482 = DB 88, 128 = NZA 88, 101.

193 Vgl. LAG Schleswig-Holstein BB 78, 611.

194 Vgl. BAG AP 1 zu § 100 BetrVG 1972 = NJW 78, 848; AP 10 zu § 99 BetrVG 1972 = BB 79, 373 = DB 79, 311; BAG 18. 10. 1988 AP 4 zu § 100 BetrVG 1972; a. A. bei „offensichtlich" fehlender Notwendigkeit zur vorläufigen Durchführung mit der Folge, dass dann die Maßnahme trotz Zustimmungserset-

Ersetzung der Zustimmung noch zurückstellen; zwei Wochen nach Rechtskraft dieser (Teil-)Entscheidung ist der Maßnahme zunächst wieder aufzuheben (§ 100 III BetrVG); **(d)** den Antrag auf Zustimmungsersetzung ablehnen; die Maßnahme muss dann, auch wenn sie als vorläufige berechtigt gewesen sein mag, binnen zwei Wochen nach Rechtskraft aufgehoben werden. Die Rechtshängigkeit des Antags auf Feststellung, dass die vorläufige personelle Maßnahme aus sachlichen Gründen dringend erforderlich war, endet mit der Rechtskraft einer Entscheidung über den Zustimmungsersetzungsantrag des Arbeitgebers.[195]

Lehnt das Gericht durch rechtskräftigen Beschluss die Erset- 114
zung der Zustimmung des Betriebsrats ab oder stellt es rechtskräftig fest, dass die vorläufige Maßnahme nicht berechtigt war, so endet sie mit Ablauf von zwei Wochen nach Rechtskraft der Entscheidung. Von diesem Zeitpunkt an darf die Maßnahme nicht mehr aufrechterhalten werden (§ 100 III BetrVG). Vgl. zu allem die **Grafik** oben auf S. XXXII, XXXIII.

VI. Die Durchsetzung der Mitbestimmungsrechte des Betriebsrats

In § 101 BetrVG trifft das Gesetz dafür Vorsorge, dass der Ar- 115
beitgeber das Mitbestimmungsrecht des Betriebsrats bei personellen Einzelmaßnahmen nicht einfach übergeht. Der Betriebsrat kann nach entsprechender Beschlussfassung gemäß § 33 BetrVG beim Arbeitsgericht unter folgenden Voraussetzungen beantragen, dem Arbeitgeber aufzugeben, die personelle Maßnahme aufzuheben: Der Arbeitgeber hat die **(a)** personelle Einzelmaßnahme ohne Unterrichtung oder ohne Zustimmung des Betriebsrats vorgenommen; oder **(b)** der Arbeitgeber hat den Betriebsrat von der vorläufigen personellen Maßnahme nicht unterrichtet; oder **(c)** der Arbeitgeber hat trotz des Widerspruchs des Betriebsrats das Ersetzungs- und Feststellungsverfahren nicht eingeleitet oder vor rechtskräftiger Entscheidung zurückgenommen und hält die vor-

---

zung nicht aufrechterhalten werden darf Fitting/Kaiser/Heither/Engels § 100 Rn. 8ff. m. w. N.

195 BAG AP 4 zu § 100 BetrVG 1972 = NZA 89, 183; BAG 10. 11. 1992 AP 100 zu § 99 BetrVG 1972.

läufige Maßnahme gleichwohl aufrecht; oder **(d)** der Arbeitgeber setzt die tatsächliche Beschäftigung fort, obwohl die vorläufige personelle Maßnahme gemäß § 100 III BetrVG geendet hat.

116 Dem Antrag des Betriebsrats nach § 101 BetrVG kann der Arbeitgeber nicht mehr mit dem Gegenantrag begegnen, die Zustimmung des Betriebsrats zu ersetzen.[196] Dagegen kann der Betriebsrat in dem vom Arbeitgeber nach §§ 99, 100 BetrVG angestrengten Verfahren vorsorglich bereits die Anträge nach § 101 BetrVG stellen. Dies wird sich vielfach zur Beschleunigung des Verfahrens empfehlen.[197]

117 Das Arbeitsgericht entscheidet im Beschlussverfahren (§ 2 a ArbGG). Der betroffene Arbeitnehmer ist nicht beteiligt.[198]

118 Hebt der Arbeitgeber entgegen einer rechtskräftigen Entscheidung des Arbeitsgerichts die personelle Maßnahme nicht auf, so ist auf Antrag des Betriebsrats vom Arbeitsgericht zu erkennen, dass er zur Aufhebung der Maßnahmen durch Zwangsgeld anzuhalten sei. Das Höchstmaß des Zwangsgelds beträgt für jeden Tag der Zuwiderhandlung 500,– DM (ab 1. 1. 2002: 250,– Euro). Das Verfahren nach § 101 BetrVG schließt den Anspruch des Betriebsrats auf künftige Beachtung seiner Mitbestimmungsrechte nach § 23 III BetrVG (Abschn. III Rn. 21 ff., Abschn. XI Rn. 5 ff.) nicht aus.[199]

Beispiel:
In dem Beschlussverfahren
des Betriebsrats der Firma ...
gegen
die Firma ...
wegen Aufhebung einer personellen Einzelmaßnahme wird beantragt:
1. dem Arbeitgeber aufzugeben, den Arbeitnehmer ... zu entlassen;
2. für den Fall der Zuwiderhandlung ein Zwangsgeld bis zur Höhe von 500,– DM (250,– Euro) für jeden Tag der Zuwiderhandlung anzudrohen.

196 BAG AP 1, 3 zu § 101 BetrVG 1972.
197 Vgl. ArbG Berlin DB 76, 779.
198 BAG AP 3 zu § 80 ArbGG 1979.
199 BAG AP 7 zu § 23 BetrVG 1972 = DB 87, 2051 = NZA 87, 786.

> Gründe: Der Antragsgegner hat dem Betriebsrat am... mitgeteilt, dass er beabsichtige, Herrn S...., wohnhaft in..., geb. am..., verheiratet, zwei Kinder, als Schlosser einzustellen. Die Mitteilung ist dem Betriebsrat am... zugegangen. Der Betriebsrat hat die Zustimmung zur Einstellung verweigert. Die Mitteilung über die Verweigerung ist dem Arbeitgeber am... zugegangen. Gleichwohl hat dieser die Einstellung vorgenommen. Er ist daher durch das Arbeitsgericht zur Aufhebung der Maßnahme anzuhalten.

Die tatsächliche Wirkung der §§ 100, 101 BetrVG ist begrenzt. 119
Ein allgemeiner Unterlassungsanspruch des Betriebsrats könnte mitbestimmungswidrige Personalmaßnahmen des Arbeitgebers von vornherein verhindern, während vor allem bei kurzfristigen Einstellungen oder Versetzungen der nur im Nachhinein wirkende Anspruch aus § 101 BetrVG häufig durch tatsächliche Erledigung ins Leere geht. Ob ein solcher Unterlassungsanspruch besteht, hat das BAG bislang offen gelassen.[200] Ein Antrag auf einstweilige Verfügung, mit der dem Arbeitgeber aufgegeben werden soll, eine personelle Maßnahme zunächst wieder aufzuheben, ist in der Regel unzulässig, weil dadurch die Regelungen in §§ 100, 101 BetrVG unterlaufen würden.[201]

§ 50. Die Anhörung des Betriebsrats bei Kündigungen

I. Voraussetzungen der Anhörung

(1) Der Arbeitgeber hat den **Betriebsrat vor jeder Kündigung zu** 120
hören (§ 102 BetrVG). Dies gilt unabhängig davon, ob das KSchG Anwendung findet oder nicht,[202] ob die Arbeit je aufgenommen worden ist[203] und ob mit dem Arbeitnehmer ein Auslandsstatut,[204] also die Anwendung ausländischen Arbeitsrechts vereinbart ist.[205] Das Gleiche gilt, wenn der Arbeitnehmer – etwa

200 BAG 6. 12. 1994 AP 24 zu § 23 BetrVG 1972.

201 LAG Hamm 17. 2. 1998 – 13 TaBV 14/98 –.

202 BAG AP 17–19 zu § 102 BetrVG 1972.

203 LAG Frankfurt DB 85, 2689.

204 Schaub, Arbeitsrecht von A–Z, Stichwort Internationales Arbeitsrecht.

205 BAG AP 13 zu Internat. Privatrecht, Arbeitsrecht; AP 27 = NZA 90, 658; AP 15 zu § 12 SchwbG = NJW 87, 2766 = NZA 88, 135.

als Reiseführer – im Ausland arbeitet, aber dem Direktionsrecht aus Deutschland unterliegt.[206] Der Betriebsrat ist auch anzuhören, wenn Heimarbeiter gekündigt werden (§ 29 HAG).[207] Keine Anhörung des deutschen Betriebsrats ist notwendig, wenn der Arbeitnehmer ausschließlich in einem ausländischen Betrieb tätig wird.[208]

121 Die Kündigung ist eine einseitige, empfangsbedürftige, rechtsgestaltende Willenserklärung, durch die der Endtermin eines Arbeitsverhältnisses bestimmt werden soll.[209] Es sind verschiedene Arten von Kündigungen zu unterscheiden: die ordentliche Kündigung und die außerordentliche Kündigung, die Änderungskündigung, die Teilkündigung und die vorsorgliche Kündigung. Die **ordentliche Kündigung** erfolgt unter Einhaltung der gesetzlichen, tariflichen, betrieblichen oder einzelvertraglich vereinbarten Kündigungsfrist. Die **außerordentliche Kündigung** erfolgt aus wichtigem Grund (§ 626 BGB) und wird regelmäßig als fristlose erklärt. Denkbar und rechtlich zulässig – teilweise sogar erforderlich – ist aber, dass auch bei ihr eine sog. Auslauffrist, die nicht der Kündigungsfrist zu entsprechen braucht, eingehalten wird. Mit der **Änderungskündigung** (§ 2 KSchG) versucht der Kündigende, die Änderung bestimmter Arbeitsbedingungen zu seinen Gunsten herbeizuführen. Sie ist zusammengesetzt aus zwei Teilen: der Erklärung einer „normalen“ Beendigungskündigung verbunden mit dem (Vertrags-)Angebot, das Arbeitsverhältnis zu geänderten Bedingungen – z. B. mit geringerer Vergütung, anderer Tätigkeit, an anderem Arbeitsort – fortzusetzen. Auch die Änderungskündigung kann als ordentliche oder außerordentliche ausgesprochen werden.[210] Eine **vorsorgliche Kündigung** ist eine unbedingte Kündigung, bei der sich der Kündigende lediglich intern vorbehält, sie rückgängig zu machen,

206 BAG AP 27 zu Internat. Privatrecht, Arbeitsrecht = NZA 90, 658.

207 BAG 7. 11. 1995 AP 74 zu § 102 BetrVG 1972.

208 BAG 25. 4. 1978 AP 16 zu Internat. Privatrecht, Arbeitsrecht; LAG Berlin BB 77, 1302.

209 Schaub, Arbeitsrecht von A–Z, Stichwort Kündigung.

210 BAG AP 1 zu § 626 BGB Änderungskündigung; Schaub, Arbeitsrecht von A–Z, Stichwort Kündigung unter IV.

wenn sie sich infolge Änderung der Verhältnisse als nicht notwendig erweisen sollte.

> **Beispiel:** Ein Betrieb kann keine Anschlussaufträge mehr erhalten. Er kündigt einem Arbeitnehmer. Er behält sich aber vor, die Kündigung zurückzunehmen, wenn er neue Aufträge erhält. Der Arbeitnehmer kann sich hierauf einlassen und der Rücknahme zustimmen; er braucht es aber nicht; dann ist das Arbeitsverhältnis (weiterhin) beendet, falls nicht ein Kündigungsschutzprozess noch läuft. Unzulässig ist eine Kündigung, die unter der Bedingung erklärt wird, dass keine Anschlussaufträge erlangt werden (bedingte Kündigung).

Eine **Teilkündigung** ist die Kündigung lediglich einzelner Ar- 122
beitsbedingungen. Sie ist grundsätzlich unzulässig. Eine Ausnahme besteht nach Ansicht des Bundesarbeitsgerichts nur dann, wenn sie im Vertrag vorbehalten ist.[211] Nach anderer Ansicht stellt der Vorbehalt der Kündigung von einzelnen Arbeitsbedingungen eine Umgehung des Kündigungsschutzes bei Änderungskündigungen dar, so dass der Vorbehalt unwirksam ist. Der Sache nach ist die Teilkündigung ein Widerruf einzelner Arbeitsbedingungen. Zulässigkeit und Grenzen des Widerrufs bzw. der vorbehaltenen Teilkündigung sind an § 315 BGB zu messen. Ob dabei der Betriebsrat angehört werden muss, ist streitig, ist aber zu verneinen.[212]

> **Beispiel:** In einem Vertrag mit einem angestellten Außendienstmitarbeiter ist vorgesehen, dass isoliert die Provisionsstaffel gekündigt werden kann.

Erforderlich ist die Anhörung auch in Tendenzbetrieben.[213] 123
Dort sind allenfalls die Einwendungen des Betriebsrats eingeschränkt.

---

211 BAG AP 2 zu § 242 BGB Betriebliche Übung; AP 1, 5 zu § 620 BGB Teilkündigung.

212 Richardi § 102 Rn. 12; Fitting/Kaiser/Heither/Engels § 102 Rn. 3; Heinze Rn. 466.

213 BAG AP 4 zu § 118 BetrVG 1972.

124 (2) Die **Anhörung** des Betriebsrats ist **nicht erforderlich,** wenn das Arbeitsverhältnis aus anderen Gründen als durch Kündigung des Arbeitgebers enden soll. Es bedarf deshalb keiner Anhörung, wenn **(a)** der Arbeitnehmer selbst kündigt, **(b)** der Arbeitnehmer mit dem Arbeitgeber einen Aufhebungsvertrag schließt, **(c)** das Arbeitsverhältnis befristet oder bedingt abgeschlossen und die Frist abgelaufen bzw. die Bedingung eingetreten ist, **(d)** der Arbeitnehmer ausgesperrt wird[214] oder **(e)** der Arbeitgeber den Arbeitsvertrag anficht.[215] In Arbeitskämpfen ist die Anhörung zur Kündigung grundsätzlich ebenfalls entbehrlich.[216] Sie ist aber erforderlich, wenn die Kündigung aus Gründen erfolgt, die mit dem Arbeitskampf nicht im Zusammenhang stehen.[217]

125 Die Erklärung, das befristete Arbeitsverhältnis werde nicht mehr verlängert, ist keine Kündigung.[218] War die Befristung unwirksam, so kann die Nichtverlängerungsanzeige in aller Regel schon nicht in eine Kündigung des Arbeitgebers umgedeutet werden. In jedem Fall ist zu beachten, dass – wenn sie wirksam sein soll – der Betriebsrat zu hören war.[219]

126 Keine Kündigung ist auch die sog. Nichtverlängerungsanzeige von **Ausbildungsverträgen.**[220]

> **Beispiel:** In einem Ausbildungsvertrag ist bestimmt, dass das Ausbildungsverhältnis automatisch in ein Arbeitsverhältnis übergeht, sofern nicht der Arbeitgeber 3 Monate vor Ablauf der Ausbildungszeit anzeigt, dass er nicht beabsichtige, ein Arbeitsverhältnis zu begründen. Zeigt der Arbeitgeber an, dass er das Ausbildungsverhältnis nicht in ein Arbeitsverhältnis überleiten wolle, so ist hierzu eine Anhörung des Betriebsrats nicht notwendig.

---

214 Schaub, Arbeitsrecht von A–Z, Stichwort Aussperrung.

215 BAG 11. 11. 1993 AP 38 zu § 123 BGB.

216 BAG AP 44, 58, 60 zu Art. 9 GG Arbeitskampf; AP 20 zu § 102 BetrVG 1972.

217 BAG AP 20 zu § 102 BetrVG 1972.

218 BAG AP 32 zu § 118 BetrVG 1972 = DB 87, 847 = NZA 87, 530.

219 Heinze Rn. 467; Richardi § 102 Rn. 18.

220 Vgl. dazu BAG AP 2 zu § 5 BBiG.

Auch die Beendigung eines Eingliederungsvertrags nach § 232 II SGB III fällt nicht unter § 102 BetrVG. Zu denken ist aber an eine analoge Anwendung der Vorschrift.[221] 127

Eine Anhörung ist ausgeschlossen, wenn kein Betriebsrat besteht oder sich noch nicht konstituiert hat.[222] Wird ein betriebsratsfähiger Betriebsteil auf einen anderen Inhaber übertragen und von diesem als selbstständiger Betrieb fortgeführt, so endet die Zuständigkeit des Betriebsrats des abgebenden Betriebs für den abgetrennten Betriebsteil und die in ihm beschäftigten Arbeitnehmer. Ihm steht aber ein **Übergangsmandat** zu, das ihn verpflichtet, unverzüglich die Wahl eines Betriebsrats im abgetrennten Betriebsteil einzuleiten.[223] Bis dahin bleibt der bisherige Betriebsrat im Amt, längstens allerdings sechs Monate, § 21 a BetrVG (vgl. Abschn. III Rn. 9 f.).[224] Umstr. ist die Rechtslage bei Verhinderung des Betriebsrats oder einzelner Betriebsratsmitglieder, die nicht durch Ersatzmitglieder ersetzt werden können. Teils wird die Meinung vertreten, dass eine Anhörung erfolgen müsse, doch liefen die Äußerungsfristen für den Betriebsrat nicht;[225] teils wird für ausreichend gehalten, dass der verfügbare Restbetriebsrat gehört wird.[226] 128

Soll ein **leitender Angestellter** (§ 5 III BetrVG) gekündigt werden, so genügt die Information des Betriebsrates **(§ 105 BetrVG)**. Eine Verletzung der Informationspflicht ist nicht sanktioniert. Wird ein Arbeitnehmer eingestellt, der als leitender Angestellter vorgesehen ist, dem aber während der Probezeit noch nicht die Funktionen eines leitenden Angestellten übertragen sind, so bleibt im Fall der Kündigung das Anhörungsrecht des Betriebsrats bestehen.[227] Besteht Streit, ob ein Arbeitnehmer leitender Angestellter ist, so kann dieser sich im Kündigungsschutzprozess 129

221 Fitting/Kaiser/Heither/Engels § 102 Rn. 12 b.

222 BAG AP 36 zu § 102 BetrVG 1972 = DB 85, 1085 = NZA 85, 566.

223 BAG 31. 5. 2000 – 7 ABR 78/98 – AP 12 zu § 1 BetrVG 1972 Gemeinsamer Betrieb = NZA 2000, 1350. ArbG Solingen 26. 1. 2000 AiB 2000, 285.

224 Vgl. Fitting/Kaiser/Heither/Engels § 21 Rn. 42 ff.; 46.

225 Fitting/Kaiser/Heither/Engels § 102 Rn. 4 a.

226 Vgl. BAG AP 24 zu § 102 BetrVG 1972 = NJW 83, 2836.

227 BAG AP 13 zu § 5 BetrVG 1972.

selbst dann auf die fehlende Anhörung berufen, wenn Arbeitgeber und Betriebsrat gemeinsam davon ausgegangen sind, dass er leitender Angestellter sei.[228] Ob eine Information nach § 105 BetrVG dann als Einleitung des Anhörungsverfahrens aufgefasst werden kann, ist im Wege der Auslegung nach den Umständen des Einzelfalls zu entscheiden.[229] Der Arbeitgeber sollte daher eindeutig zu erkennen geben, ob er auch eine Anhörung nach § 102 BetrVG durchführen will.[230] Es ist nicht erforderlich, dass der Arbeitgeber wörtlich zur Stellungnahme auffordert, vielmehr genügt es, wenn der Betriebsrat der Mitteilung entnehmen kann, dass mit ihr auch ein Anhörungsverfahren eingeleitet werden soll.[231] Werden dem leitenden Angestellten während der Kündigungszeit Funktionen entzogen, so bleibt die Anhörung des Betriebsrats entbehrlich. Hat der Betriebsrat die Entlassung eines bestimmten Arbeitnehmers nach § 104 BetrVG verlangt, so ist bei der darauf erfolgten Kündigung eine weitere Anhörung nicht notwendig.[232] Nach Abschluss eines Interessenausgleichs nach §§ 111, 112 BetrVG ist dagegen gleichwohl eine Anhörung nach § 102 BetrVG erforderlich.[233]

130 **(3)** Anzuhören ist der Betriebsrat ohne Rücksicht auf die Größe des Betriebs, und zwar ist der Betriebsrat zu hören, der sich bei Ausspruch der Kündigung im Amt befindet. Zu Beginn und Ende der Amtszeit vgl. Abschn. III Rn. 5ff.

131 Ist die Wahl des Betriebsrats nichtig, so ist eine Anhörung entbehrlich, da die Nichtigkeit jederzeit, also auch in einem anschließenden Kündigungsrechtsstreit geltend gemacht werden kann (vgl. Abschn. II Rn. 111). Anders ist es, wenn die Betriebsratswahl nur anfechtbar ist, da die Mängel mit Ablauf der Anfechtungsfrist geheilt werden (vgl. Abschn. II Rn. 113ff.). Umstr. ist, ob eine Anhörung entbehrlich ist, wenn der **Betriebsrat nicht**

228 BAG AP 5 zu § 102 BetrVG 1972.

229 BAG AP 5 zu § 102 BetrVG 1972.

230 BAG AP 13, 21 zu § 102 BetrVG 1972.

231 BAG AP 1 zu § 105 BetrVG 1972; AP 21 zu § 102 BetrVG 1972.

232 BAG 15. 5. 1997 AP 1 zu § 104 BetrVG 1972; LAG München DB 75, 1180.

233 BAG 20. 5. 1999 AP 5 zu § 1 KSchG 1969 Namensliste.

funktionsfähig ist.[234] Das Problem ist nur von geringer Bedeutung. Während eines Betriebsurlaubs kann sich der gesamte Betriebsrat in Urlaub befinden. Gleichwohl kann auch in diesen Fällen nicht von einer Funktionsunfähigkeit gesprochen werden. Notfalls muss der Arbeitgeber das Ende des Betriebsurlaubs abwarten. Ist der einzige Betriebsobmann arbeitsunfähig krank, so ist er gleichwohl zu einer Kündigung zu hören, wenn er auch sonst seine Geschäfte ausgeübt hat.[235]

Anhören muss **der Arbeitgeber**. Das ist grundsätzlich diejenige 132
Rechtsperson, die mit dem Arbeitnehmer den Arbeitsvertrag geschlossen hat oder die Rechte aus dem Arbeitsvertrag ausübt, also auch der Insolvenzverwalter oder die Arbeitsgemeinschaft.[236]

Die Anhörung muss zwingend **vor Ausspruch** der Kündigung 133
erfolgen.[237] Eine schriftliche Kündigung ist ausgesprochen, wenn das Schriftstück den Machtbereich des Arbeitgebers verlassen hat, er es also zur Beförderung gegeben hat.[238] Im Zeitpunkt der Kündigung muss das Anhörungsverfahren bereits beendet sein. Der Arbeitgeber kann nur dann vor Ablauf der einwöchigen Anhörungsfrist (§ 102 II 1, 3 BetrVG) kündigen, wenn der Betriebsrat eindeutig zu verstehen gegeben hat, dass er eine weitere Erörterung nicht mehr wünsche.[239] Unerheblich für die Wirksamkeit der Anhörung ist, ob der Arbeitgeber seinen Kündigungswillen bereits vor der Anhörung abschließend gebildet hat.[240] Ist das Anhörungsverfahren abgeschlossen, so braucht der Arbeitgeber zwar nicht unverzüglich zu kündigen. Lässt er jedoch geraume Zeit verstreichen, dann ist eine **erneute Anhörung** notwendig, wenn sich in der Zwischenzeit der Kündigungssachverhalt nicht unwesentlich verändert hat.[241]

---

234 Vgl. BAG 12. 1. 2000 AP 5 zu § 24 BetrVG 1972.

235 BAG AP 2 zu § 25 BetrVG 1972 = DB 85, 1028 = NZA 85, 367.

236 LAG Düsseldorf DB 75, 650.

237 BAG AP 2, 7, 8, 10 zu § 102 BetrVG 1972.

238 BAG AP 7 zu § 102 BetrVG 1972.

239 BAG AP 4, 8 zu § 102 BetrVG 1972; AP 47 = DB 88, 658 = NZA 88, 137.

240 BAG AP 2, 7, 19 zu § 102 BetrVG 1972.

241 BAG AP 14 zu § 102 BetrVG 1972; AP 55 = NJW 90, 2489 = NZA 90, 748.

134 Übergeht der Arbeitgeber den Betriebsrat, so ist die Kündigung **schlechthin unwirksam**. Dasselbe gilt, wenn die Anhörung mangelhaft war, insbesondere dann, wenn der Arbeitgeber seiner Mitteilungspflicht nicht genügt[242] oder den Betriebsrat bewusst falsch informiert hat.[243] Die Kündigung kann auch durch nachträgliche Zustimmung des Betriebsrats nicht geheilt werden, da ein Schwebezustand bei einer einseitigen Willenserklärung nicht zugelassen werden kann.[244] Besonderheiten bietet die Anhörung im Rahmen von Änderungskündigungen. Insoweit hat der Arbeitgeber sowohl das Verfahren nach §§ 99ff. BetrVG als auch das nach § 102 BetrVG einzuleiten. Der Arbeitnehmer kann die Unwirksamkeit der Kündigung mangels Anhörung des Betriebsrats auch noch nach Ablauf der Frist zur Erhebung einer Kündigungsschutzklage (§ 4 KSchG) geltend machen (§ 13 KSchG).[245] Eine Auflösung des Arbeitsverhältnisses nach § 9 KSchG[246] auf Antrag des Arbeitgebers kommt nicht in Betracht.[247]

II. Die Durchführung des Anhörungsverfahrens durch den Arbeitgeber

135 Beabsichtigt der Arbeitgeber, einen Arbeitnehmer zu kündigen, so hat er dazu den Betriebsrat zu hören. Anders als nach dem BetrVG 1952 darf der Wille zur Kündigung bereits gebildet sein.[248] Doch verlangt die vertrauensvolle Zusammenarbeit (§ 2 BetrVG), dass der Arbeitgeber noch offen gegenüber den Einwänden des Betriebsrats ist.[249]

136 Nach § 102 II BetrVG hat sich der Betriebsrat im Falle einer **ordentlichen** Kündigung spätestens **innerhalb einer Woche,** im Falle einer **außerordentlichen** Kündigung spätestens **innerhalb**

242 Vgl. BAG AP 2, 4, 15, 19 zu § 102 BetrVG 1972.

243 BAG AP 62 zu § 102 BetrVG 1972 = BB 94, 74 = DB 94, 381.

244 BAG AP 2, 3 zu § 102 BetrVG 1972.

245 BAG AP 4 zu § 9 KSchG 1969; Fitting/Kaiser/Heither/Engels § 102 Rn. 25.

246 Schaub, Arbeitsrecht von A–Z, Stichwort: Kündigungsschutzklage, unter V.

247 BAG AP 4 zu § 9 KSchG 1969.

248 BAG AP 19 zu § 102 BetrVG 1972.

249 Vgl. BAG AP 29 zu § 102 BetrVG 1972 = DB 84, 407.

von 3 Tagen zu äußern. Andernfalls gilt seine Zustimmung als erteilt (§ 102 II 2 BetrVG). Arbeitgeber und Betriebsrat können die Anhörungsfristen verlängern,[250] da hierdurch für den betroffenen Arbeitnehmer kein Nachteil eintritt. Umstr. war, ob der Arbeitgeber die Anhörungsfrist verkürzen kann, indem er gleichzeitig die Einberufung einer Sondersitzung des Betriebsrats verlangt (§ 29 III BetrVG). Das BAG hat dies grundsätzlich verneint; es will allenfalls eine Ausnahme in wirtschaftlichen Notfällen zulassen.[251] Im Falle einer außerordentlichen Kündigung sind die Gründe nach Ablauf von zwei Wochen verwirkt (§ 626 II BGB). Beabsichtigt der Arbeitgeber außerordentlich zu kündigen, so muss er deshalb den Betriebsrat so rechtzeitig einschalten, dass die Kündigung nach dessen Anhörung dem Arbeitnehmer noch vor Ablauf der Zwei-Wochenfrist zugehen kann. Will der Arbeitgeber außerordentlich und hilfsweise ordentlich kündigen, so muss er den Betriebsrat sowohl zur außerordentlichen als auch zur ordentlichen Kündigung anhören. Die dem Betriebsrat zustehenden Äußerungsfristen werden hierdurch nicht berührt, d. h., der Arbeitgeber muss bis zum Ausspruch der ordentlichen Kündigung notfalls eine Woche warten. Unterbleibt die Anhörung des Betriebsrats zur ordentlichen Kündigung, so kann eine unberechtigte außerordentliche Kündigung grundsätzlich nicht in eine ordentliche Kündigung umgedeutet werden (§ 140 BGB). Eine Ausnahme gilt dann, wenn der Betriebsrat der außerordentlichen Kündigung ausdrücklich zugestimmt hatte. Unter dieser Voraussetzung kann mit ausreichender Gewissheit angenommen werden, dass er auch einer ordentlichen Kündigung zugestimmt hätte.[252] Unzulässig ist es, den Betriebsrat zu einer ordentlichen Kündigung anzuhören, dann aber eine außerordentliche Kündigung auszusprechen.[253] Will der Arbeitgeber eine weitere Kündigung aussprechen, etwa weil sich nach Ausspruch der ersten Kündigung neue Kündigungsgründe ergeben haben, so hat er den Betriebsrat erneut anzuhören. Hat der

250 BAG AP 43 zu § 102 BetrVG 1972 = DB 86, 1831.
251 BAG AP 7 zu § 102 BetrVG 1972.
252 BAG AP 15 zu § 102 BetrVG 1972 = DB 78, 1454.
253 BAG AP 10 zu § 102 BetrVG 1972.

Arbeitgeber den Betriebsrat zur Kündigung gehört, so muss er binnen angemessener Frist von der Kündigung Gebrauch machen. Nur solange sich der Sachverhalt nicht wesentlich geändert hat, ist keine erneute Anhörung notwendig.[254] (s. o. Rn. 133).

137 Der Arbeitgeber braucht nach dem Wortlaut des Gesetzes den Betriebsrat nicht ausdrücklich zur einer Stellungnahme zur Kündigung aufzufordern, wenngleich dies im Interesse der Klarstellung zweckmäßig ist. Das Ersuchen um Stellungnahme ist an den Betriebsrat zu Händen seines Vorsitzenden oder im Falle von dessen Verhinderung seines stellvertretenden Vorsitzenden zu richten.[255] Der Vorsitzende bzw. stellvertretende Vorsitzende vertritt den Betriebsrat bei der Entgegennahme von Willenserklärungen (§ 26 II BetrVG). Hat der Betriebsrat für die Anhörung bei Kündigungen einen besonderen Ausschuss gebildet, so kann der Arbeitgeber sich auch an den Vorsitzenden des Ausschusses wenden.[256] Die Unterrichtung hat grundsätzlich während der Arbeitszeit zu erfolgen. Weist der Betriebsratsvorsitzende jedoch eine außerhalb der Dienststunden erfolgte Mitteilung (z. B. telefonisch nach Dienstschluss) nicht zurück, so beginnt die Anhörungsfrist.[257]

138 Der Arbeitgeber hat über den oder die zu kündigenden **Arbeitnehmer** im Anhörungsschreiben oder bei der mündlichen Anhörung nach Namen, Alter, Familienstand, Zahl der Kinder, Stellung im Betrieb, Dauer der Betriebszugehörigkeit und besonderen sozialen Verhältnissen **genau zu unterrichten.** Darüber hinaus hat er die geplante **Art der Kündigung**[258] – ordentliche oder außerordentliche (Änderungs-)Kündigung –, den Kündigungstermin und die Kündigungsfrist[259] sowie die **Gründe,** auf

---

254 BAG AP 14 zu § 102 BetrVG 1972 = DB 77, 2455; vgl. auch LAG Rheinland-Pfalz 10. 12. 1996 BB 1997, 2002.

255 BAG AP 2, 4 zu § 102 BetrVG 1972.

256 BAG AP 1 zu § 28 BetrVG 1972; AP 32 zu § 102 BetrVG 1972 = DB 85, 340.

257 BAG AP 25 zu § 102 BetrVG 1972.

258 BAG AP 2, 10 zu § 102 BetrVG 1972; AP 58 = NZA 92, 416 = BB 91, 2308.

259 BAG AP 56 zu § 102 BetrVG 1972 = NZA 90, 894.

die die Kündigung gestützt werden soll, mitzuteilen (§ 102 I 2 BetrVG). Fehler in der Berechnung der Kündigungsfrist sind unschädlich.[260] Diese Angaben sind auch bei Massenentlassungen erforderlich.[261] Entbehrlich ist die Angabe solcher Gründe, auf die die Kündigung nicht gestützt werden soll.[262] Der für die Kündigung maßgebende Sachverhalt ist näher zu beschreiben. Eine nur pauschale, schlagwort- oder stichwortartige Bezeichnung des Kündigungsgrundes genügt ebenso wenig wie die Mitteilung eines bloßen Werturteils ohne Angabe der für die Bewertung maßgebenden Tatsachen.[263] Zu den anzugebenden Kündigungsgründen gehören im Fall einer **betriebsbedingten** Kündigung nicht nur die Tatsachen, die zum Wegfall des Arbeitsplatzes geführt haben, sondern auch die Umstände, die für die soziale Auswahl maßgebend sind, d. h. mitzuteilen sind ggfls. auch die Sozialdaten vergleichbarer Arbeitnehmer.[264] Hat der Arbeitgeber aber eine Sozialauswahl gar nicht getroffen, bedarf es als in der Regel unverzichtbar nur der Mitteilung von Lebensalter und Betriebszugehörigkeitsdauer.[265] Im Fall der Kündigung wegen **Krankheit** gehören dazu die Fehlzeiten, Zukunftsprognosen und Belastungen für den Betrieb.[266] Bei **verhaltensbedingten** Kündigungsgründen ist das beanstandete Verhalten darzulegen und – i. d. R. unverzichtbar – Lebensalter und Dauer der Betriebszugehörigkeit.[267] Ihm bekannte entlastende Umstände hat der Arbeit-

260 BAG AP 42 zu § 102 BetrVG 1972 = DB 86, 2549 = NZA 87, 32.

261 BAG v. 16. 9. 1993 – BB 94, 74 = DB 94, 381.

262 BAG AP 18 zu § 102 BetrVG 1972; AP 22 = NJW 81, 2316.

263 BAG AP 17, 19 zu § 102 BetrVG 1972; AP 1 zu § 77 LPersVG Baden-Württemberg; BAG 26. 1. 1995 AP 34 zu § 1 KSchG 1969 Verhaltensbedingte Kündigung; vgl. aber BAG 3. 12. 1998 AP 99 zu § 102 BetrVG 1972.

264 BAG AP 7 zu § 1 KSchG 1969 Krankheit; dagegen LAG Hamm DB 82, 1624; LAG Düsseldorf BB 83, 899; BAG 16. 9. 1993 AP 62 zu § 102 BetrVG 1972; vgl. auch Bitter DB 1999, 1214; Quecke NZA 1999, 1247.

265 BAG 22. 1. 1998 AP 1973 zu § 613 a BGB m. w. N.

266 BAG AP 31 zu § 102 BetrVG 1972 = NJW 84, 2374; AP 30 = DB 84, 1149; vom 30. 1. 1986 – 2 AZR 668/84 – NZA 87, 555; AP 28 zu § 1 KSchG 1969 Krankheit = NZA 92, 1073; v. 2. 5. 1992 – NZA 93, 501 = BB 93, 727; BAG 22. 9. 1994 AP 68 zu § 102 BetrVG 1972.

267 BAG 15. 11. 1995 AP 73 zu § 102 BetrVG 1972; BAG AP 28 zu § 102 BetrVG 1972 = NJW 83, 2047; BAG 16. 1. 1987 BB 87, 2302.

geber ebenfalls mitzuteilen, um dem Betriebsrat eine eigene Bewertung zu ermöglichen.[268] Zu unterrichten ist nicht nur über vorausgegangene Abmahnungen, sondern auch über bereits vorliegende Gegendarstellungen.[269] Bei einer **Änderungskündigung** hat der Arbeitgeber dem Betriebsrat das Änderungsangebot und die Gründe für die beabsichtigte Vertragsänderung mitzuteilen.[270] Der Arbeitgeber braucht den Betriebsrat nicht über solche Kündigungsgründe noch einmal ausdrücklich zu informieren, die dieser bereits kennt. Er trägt aber insoweit das Risiko, dass die zur Entgegennahme der Anhörung zuständigen Personen auch wirklich über den notwendigen Kenntnisstand verfügen.[271]

139 Das BDSG steht einer Mitteilung der Kündigungsgründe nicht entgegen.[272] Die Ordnungsgemäßheit der Anhörung hängt nicht davon ab, dass die mitgeteilten Kündigungsgründe die beabsichtigte Kündigung **objektiv** rechtfertigen, d. h. einer gerichtlichen Überprüfung standhalten. Der Arbeitgeber hat dem Betriebsrat seine – subjektiven – Gründe für die Kündigung mitzuteilen und muss dabei auch über die den Kündigungssachverhalt prägenden Begleitumstände informieren; dann ist die Anhörung nach § 102 I BetrVG ordnungsgemäß, auch wenn in einem späteren Kündigungsschutzprozess diese Gründe als nicht ausreichend für § 626 I BGB oder § 1 I, III KSchG anerkannt werden sollten.[273] Diese Anforderungen an die Anhörung des Betriebsrats sind vom Arbeitgeber unabhängig davon zu beachten, ob das KSchG auf das betreffende Arbeitsverhältnis (schon) Anwendung findet.[274]

268 BAG 22. 9. 1994 AP 68 zu § 102 BetrVG 1972.

269 BAG 31. 8. 1989 – NZA 90, 658 = BB 90, 142.

270 BAG AP 53 zu § 102 BetrVG 1972 = NZA 90, 529.

271 BAG AP 37 zu § 102 BetrVG 1972 = DB 86, 332 = NZA 86, 426; BAG 19. 5. 1993 – NZA 93, 1075 = BB 93, 2020.

272 LAG Berlin EzA 17 zu § 1 KSchG Betriebsbedingte Kündigung; vgl. auch BAG 2. 3. 1989 AP 101 zu § 626 BGB.

273 BAG 11. 7. 1991 AP 57 zu § 102 BetrVG 1972; BAG 22. 9. 1994 AP 68 zu § 102 BetrVG 1972; BAG 15. 11. 1995 AP 73 zu § 102 BetrVG 1972; BAG 3. 12. 1998 AP 99 zu § 102 BetrVG 1972.

274 BAG 8. 9. 1988 AP 49 zu § 102 BetrVG 1972.

Im Allgemeinen können Kündigungsgründe, zu denen der Betriebsrat nicht gehört worden ist, im Kündigungsschutzprozess nicht vorgebracht werden. Dies wäre zwar individualrechtlich und prozessual nicht ausgeschlossen, ist aber betriebsverfassungsrechtlich unzulässig.[275] Ein **Nachschieben von Kündigungsgründen** im Prozess ist unzulässig, wenn der Arbeitgeber bei Kündigungsausspruch die betreffenden Kündigungsgründe bereits kannte, sie aber dem Betriebsrat nicht mitgeteilt hatte.[276] Dagegen können solche Gründe im Prozess nachgeschoben werden, die nur zur Abrundung des Bildes dienen, also keinen kündigungsrechtlich relevanten Eigenwert besitzen.[277] Kündigungsgründe, die bei Ausspruch der Kündigung tatsächlich bereits vorlagen, aber dem Arbeitgeber noch nicht bekannt waren, können in den Kündigungsschutzprozess eingeführt werden, wenn der Arbeitgeber den Betriebsrat hierzu erneut angehört hat.[278] Beweismittel brauchen nicht beigefügt zu werden,[279] der Arbeitgeber darf dem Betriebsrat aber z. B. nicht verschweigen, dass für ein bestimmtes Verhalten nur ein Zeuge vom Hörensagen vorhanden ist.[280] 140

Tatkündigung und **Verdachtskündigung** sind zwei eigenständige, unterschiedliche Kündigungssachverhalte. Die Anhörung zur einen ersetzt nicht die zur anderen.[281] 141

Vor Ausspruch der Kündigung kann der Arbeitgeber seine Anhörung jederzeit ergänzen. U. U. läuft dann allerdings erneut die Wochenfrist des § 102 II BetrVG.[282] 142

---

275 BAG 17. 8. 1972 AP 65 zu § 626 BGB; BAG 11. 4. 1985 AP 39 zu § 102 BetrVG 1972.

276 BAG AP 23 zu § 102 BetrVG 1972; AP 1 zu § 72 BPersVG; BAG 26. 9. 1991 AP 28 zu § 1 KSchG 1969 Krankheit.

277 BAG AP 22 zu § 102 BetrVG 1972 = EzA 44 zu § 102 BetrVG 1972; AP 39 = NJW 86, 3159 = NZA 86, 674.

278 BAG AP 39 zu § 102 BetrVG 1972 = NJW 86, 3159 = NZA 86, 674; BAG 4. 6. 1997 AP 5 zu § 626 BGB Nachschieben von Kündigungsgründen.

279 BAG AP 12 zu § 102 BetrVG 1972 = BB 77, 1249.

280 BAG AP 29 zu § 102 BetrVG 1972 = DB 84, 407.

281 BAG 26. 3. 1992 AP 23 zu § 626 BGB Verdacht strafbarer Handlungen; BAG 13. 9. 1995 AP 25 zu § 626 BGB Verdacht strafbarer Handlungen; BAG 20. 8. 1997 AP 27 Verdacht strafbarer Handlungen.

282 BAG 6. 2. 1997 AP 85 zu § 102 BetrVG 1972.

143 Zum Zwecke der Beweissicherung empfiehlt es sich, die Anhörung des Betriebsrats schriftlich vorzunehmen und den Tag der Übergabe des Anhörungsschreibens vom Betriebsrat quittieren zu lassen.[283]

Beispiel:
An den Betriebsrat
Zu Händen von Herrn ... oder seines Vertreters im Amt
im Hause
Sehr geehrte Damen und Herren,
wir beabsichtigen, Herrn Schlosser Alfred S. ordentlich und fristgemäß zu kündigen. Die Kündigung soll möglichst am ... ausgesprochen werden. Die Kündigungsfrist läuft am ... ab.

Herr S. ist am ... geboren, verheiratet und hat ... minderjährige Kinder. Er arbeitet in der Abteilung ... Er gehört unserer Firma seit dem ... an.

Für die Kündigung sind im Wesentlichen folgende Gründe ausschlaggebend:

Herr S. ist nicht in der Lage, die ihm übertragenen Arbeiten auszuführen. Er hat am ... lediglich Ausschuss produziert.

Er ist außerdem am ... verspätet zum Dienst gekommen und hat am ... unentschuldigt gefehlt (usw.). Ich bitte Sie um ihre Zustimmung.

III. Die Behandlung des Kündigungsersuchens durch den Betriebsrat

144 Ist dem Betriebsratsvorsitzenden die Aufforderung zur Stellungnahme zu einer geplanten Kündigung zugegangen, so hat er die Behandlung der Kündigung auf die Tagesordnung der nächsten Sitzung des Betriebsrats zu setzen oder, im Falle der Eilbedürftigkeit, eine außerordentliche Betriebsratssitzung einzuberufen. Dies kann vor allem bei außerordentlichen Kündigungen notwendig sein. Ist die Behandlung der Kündigung dem Be-

283 Eine praxisnahe „Checkliste" zur Betriebsratsanhörung bei den unterschiedlichen Kündigungsarten bei Tschöpe in: Kündigung und Kündigungsschutz in der betrieblichen Praxis, hrsg. v. M. Henssler und W. Moll, Köln 2000, S. 185 ff.

triebsausschuss oder einem besonderen Personalausschuss übertragen (§§ 27, 28 BetrVG; vgl. Abschn. III Rn. 62, 65), so ist diesem das Ersuchen des Arbeitgebers zuzuleiten. Unterlaufen im Anhörungsverfahren Fehler, so ist nach Verantwortungsbereichen zu unterscheiden. Begeht der Arbeitgeber im Rahmen des Anhörungsverfahrens einen Fehler, so ist die Anhörung und damit auch die Kündigung unwirksam.[284] Dagegen lassen Fehler im Verantwortungsbereich des Betriebsrats die Wirksamkeit der Anhörung unberührt. Zum **Verantwortungsbereich des Arbeitgebers** gehört die Anhörung überhaupt, die Anhörung des „richtigen" Betriebsrats und die hinreichende Mitteilung der Kündigungsgründe.[285] Zum **Verantwortungsbereich des Betriebsrats** gehört es, einen ordnungsgemäßen Beschluss zu fassen. Fehler bei der Beschlussfassung, etwa weil der Betriebsrat oder der Ausschuss nicht ordnungsgemäß besetzt oder einberufen worden ist,[286] der Betriebsrat im Umlaufverfahren entschieden[287] oder der Arbeitgeber an der Sitzung teilgenommen hat und dort offen abgestimmt worden ist, gehen nicht zu Lasten des Arbeitgebers und machen die Anhörung nicht unwirksam.[288] Dem Arbeitgeber obliegt es nicht, den Betriebsrat zu überwachen. Daher braucht der Arbeitgeber den Betriebsrat auch dann nicht anzuhalten, das Anhörungsverfahren ordnungsgemäß durchzuführen, wenn er die Mängel auf der Seite des Betriebsrats erkennt. Äußert sich der Betriebsratsvorsitzende allerdings sofort, so muss der Arbeitgeber erkennen, dass ein wirksamer Beschluss schlechterdings nicht vorliegen kann; zweckmäßigerweise wird er die Frist zur Äußerung des Betriebsrats abwarten.[289] Äußert sich der Betriebsrat vor Ablauf der Stellungnahmefristen, so bedarf es ggfls. der Klärung, ob dies bereits die abschließende Stel-

284 BAG AP 3, 4, 9 zu § 102 BetrVG 1972.

285 BAG AP 2, 3, 4, 24 zu § 102 BetrVG 1972.

286 BAG AP 9 zu § 102 BetrVG 1972; AP 7 zu § 1 KSchG 1969 Betriebsbedingte Kündigung.

287 BAG AP 4 zu § 102 BetrVG 1972; NJW 76, 1519.

288 Vgl. BAG AP 12 zu § 102 BetrVG 1972 = EzA 28 zu § 102 BetrVG 1972.

289 BAG AP 3, 6 zu § 102 BetrVG 1972.

lungnahme des Betriebsrats darstellen soll.[290] Eine beachtliche Äußerung ist auch eine mündliche Stellungnahme des Betriebsrats. Teilt der Betriebsratsvorsitzende mit, der Betriebsrat wolle die Frist verstreichen lassen, so kann vor Fristablauf nur dann gekündigt werden, wenn darin die eindeutige Erklärung zu sehen ist, der Betriebsrat werde sich nicht mehr äußern.[291] Für die ordnungsmäßige Durchführung des Anhörungsverfahrens ist der Arbeitgeber darlegungs- und beweispflichtig.[292]

145 Der Betriebsrat soll, soweit dies erforderlich scheint, vor seiner Stellungnahme zur Kündigung **den betroffenen Arbeitnehmer hören.** Eine Anhörung wird insbesondere dann zweckmäßig sein, wenn ein Widerspruch gegen die Kündigung nach § 102 III Nr. 3 bis 5 in Betracht kommt. Aber auch in den sonstigen Fällen wird sich eine Anhörung empfehlen, wenn besondere Verhältnisse des Arbeitnehmers von Bedeutung sind. Eine Anhörung wird im Allgemeinen nur dann unterbleiben können, wenn die relevanten Umstände klar zutage liegen. Da der Betriebsrat innerhalb einer Frist von längstens einer Woche seine Stellungnahme abgeben muss, sollte der Betriebsratsvorsitzende unmittelbar nach Eingang der Kündigungsanzeige die Anhörung des Arbeitnehmers herbeiführen. Über die persönlichen Verhältnisse des Arbeitnehmers trifft den Betriebsrat eine besondere Verschwiegenheitspflicht (§§ 102 II 5, 99 I 3 BetrVG). Unterlässt der Betriebsrat die Anhörung, so wird hiervon die Wirksamkeit der Kündigung nicht berührt.[293]

146 Der Betriebsrat kann nach Eingang der Anzeige **(a)** der Kündigung zustimmen; **(b)** schweigen; **(c)** Bedenken gegen die Kündigung erheben oder **(d)** der Kündigung widersprechen.

147 **Stimmt der Betriebsrat einer Kündigung zu,** so ist der Arbeitnehmer nach Ausspruch der Kündigung nicht gehindert, gleichwohl das Kündigungseinspruchsverfahren nach § 3 KSchG einzuleiten oder Kündigungsschutzklage (§ 4 KSchG) zu erheben.[294] Das Ar-

290 BAG AP 4, 6, 8 zu § 102 BetrVG; LAG Frankfurt BB 87, 1324; BAG 15. 11. 1995 AP 73 zu § 102 BetrVG 1972.

291 BAG AP 47 zu § 102 BetrVG 1972 = NZA 88, 137.

292 BAG AP 2, 5 zu § 102 BetrVG 1972.

293 BAG AP 9 zu § 102 BetrVG 1972; AP 1 zu § 72 BPersVG.

294 Schaub, Arbeitsrecht von A–Z, Stichwort Kündigungsschutzklage.

beitsgericht ist an die Zustimmung des Betriebsrats nicht gebunden, sondern prüft unabhängig davon, ob die Voraussetzungen einer wirksamen Kündigung vorliegen. Stimmt der Betriebsrat einer Kündigung zu, weil auch nach seiner Ansicht betriebsbedingte Gründe vorliegen, so hat dies allenfalls eine tatsächliche Vermutung der Richtigkeit für sich.

Der Betriebsrat kann **schweigen.** Äußert er sich im Falle einer 148
ordentlichen Kündigung nicht binnen einer Frist von einer Woche, im Falle einer außerordentlichen Kündigung nicht binnen einer Frist von 3 Tagen, so gilt seine Zustimmung zur Kündigung als erteilt. Für die Fristberechnung gelten die §§ 187 ff. BGB. Für den Beginn der Frist wird deshalb der Tag des Zugangs der Mitteilung des Arbeitgebers nicht mitgerechnet. Die Wochenfrist endet um 24.00 Uhr des Tages, der durch seine Benennung dem Tag entspricht, an dem die Mitteilung zugegangen ist.[295] Ist der letzte Tag der Wochen- oder Dreitagefrist ein Sonnabend oder gesetzlicher Sonn- oder Feiertag, so endet die Frist am darauf folgenden Werktag (§ 193 BGB).

> **Beispiel:** Geht die Mitteilung einer ordentlichen Kündigung am Freitag beim Betriebsratsvorsitzenden ein, so endet die Frist zur Abgabe der Stellungnahme am darauf folgenden Freitag. Ist dieser Tag ein staatlich anerkannter Feiertag, so endet die Frist am darauf folgenden Montag.

Der Betriebsrat kann **schriftlich Bedenken gegen die Kündi-** 149
gung erheben. Er ist bei der Erhebung von Bedenken nicht auf den in § 102 III BetrVG aufgezählten Katalog beschränkt. Er kann gegen eine ordentliche Kündigung etwa einwenden, nach seinem Dafürhalten lägen personen- oder verhaltensbedingte Gründe zur Kündigung nicht vor, dringende betriebliche Erfordernisse seien nicht gegeben. Erhebt der Betriebsrat Bedenken, die nicht in dem Katalog des § 102 III BetrVG enthalten sind, so hat der Arbeitgeber lediglich im Rahmen des Gebots zur vertrauensvollen Zusammenarbeit (§ 2 BetrVG) die Einwendungen des Betriebsrats zu prüfen. Im Rahmen eines Kündigungsschutz-

295 BAG 12. 12. 1996 AiB 1998, 112.

prozesses des Arbeitnehmers kommt der Erhebung von Bedenken des Betriebsrats keine rechtliche Bedeutung zu, was nicht ausschließt, dass sie sich praktisch zugunsten des Arbeitnehmers auswirken kann.

150 Der Betriebsrat kann binnen einer Frist von einer Woche einer **ordentlichen** Kündigung des Arbeitgebers aus den in § 102 III BetrVG aufgezählten Gründen förmlich **widersprechen.**

151 Im Falle der **außerordentlichen** Kündigung hat der Betriebsrat seine Bedenken unter Angabe der Gründe dem Arbeitgeber unverzüglich, spätestens innerhalb von drei Tagen **schriftlich** mitzuteilen (§ 102 II 3 BetrVG). Vor außerordentlichen Kündigungen wird der Betriebsrat den Arbeitnehmer in der Regel zu hören haben (§ 102 II 4 BetrVG; Rn. 145).

IV. Der Widerspruch des Betriebsrats

152 Der Widerspruch des Betriebsrats gegen eine ordentliche Kündigung gegenüber dem Arbeitgeber ist nur wirksam, wenn ihm ein wirksamer Beschluss zugrunde liegt,[296] er **(a)** schriftlich erfolgt, **(b)** eine Begründung enthält und **(c)** die im Gesetz aufgezählten Widerspruchsgründe vorliegen.

153 Ein nur **mündlich** erklärter Widerspruch ist unwirksam. Umstritten ist, ob ein **Telefax** die Schriftform wahrt.[297] Dies ist zu bejahen, weil § 126 BGB nur für Rechtsgeschäfte gilt und die Erklärung des Widerspruchs allenfalls eine geschäftsähnliche Handlung darstellt.[298] Der Widerspruch ist ferner unwirksam, wenn er keine Begründung enthält. Dabei darf sich der Betriebsrat nicht mit einer formelhaften, nur den Gesetzeswortlaut wiederholenden Begründung begnügen, sondern er hat die Erwägungen anzugeben, die für die Erhebung des Widerspruchs maßgebend waren.[299] Eine Angabe von Gesetzesparagraphen ist nicht notwendig. Unschädlich ist auch, wenn sich der Betriebsrat in der Zitierung

296 LAG Nürnberg BB 93, 444.

297 Vgl. Fitting/Kaiser/Heither/Engels § 102 Rn. 32 (verneinend) m. w. N.

298 Vgl. BAG 11. 10. 2000 AP 153 zu § 4 TVG Ausschlussfristen = NZA 2001, 231 – zur Wahrung tariflicher Ausschlussfristen per Telefax.

299 LAG Düsseldorf EzA 3, 4 zu § 102 BetrVG 1972 Beschäftigungspflicht; BB 78, 810.

eines Paragraphen oder seiner Absätze irrt. Bei der Abfassung des Widerspruchs sollte der Betriebsrat bedenken, dass der betroffene Arbeitnehmer, wenn der Arbeitgeber gleichwohl kündigt, Anspruch auf Aushändigung des Widerspruchs hat und auf diesen ggfls. eine Kündigungsschutzklage sollte stützen können. Ein Widerspruch kann z. B. folgenden Wortlaut haben:

Beispiel:
An die Betriebsleitung
im Hause
Sehr geehrte Damen und Herren,
der Betriebsrat hat in seiner Sitzung vom... beschlossen, der Kündigung des Arbeiters Willi A. gem. § 102 III Nr. 1 BetrVG zu widersprechen. Für den Widerspruch sind folgende Gründe ausschlaggebend: Herr A., geb. am 1. 10. 1960, ist seit dem 1. 1. 1988 als Dreher in unserer Firma. Er ist verheiratet und hat 2 Kinder. Beanstandungen gegen die von ihm verrichtete Arbeit sind, soweit dem Betriebsrat auch nach Befragung von Herrn A. und des Meisters K. bekannt, nicht erhoben worden.

Der Betriebsrat will nicht verkennen, dass die Firma wegen eines derzeit bestehenden Auftragsmangels genötigt ist, einen Arbeitnehmer zu entlassen. Der Betriebsrat ist jedoch der Auffassung, dass anstelle von Herrn A. eher Herr Günter D.[300] entlassen werden soll. Herr D. ist wesentlich jünger als Herr A. und wird daher auf dem Arbeitsmarkt leichter eine andere Stelle finden. Der Betriebsrat meint, dass auch der Altersaufbau unserer Belegschaft keine andere Entscheidung rechtfertigt. Von der Qualifikation her sind Herr A. und Herr D. gleich befähigt.

Mit freundlichen Grüßen

Es ist umstr., ob dem Betriebsrat ein Widerspruchsrecht nur im Fall einer betriebsbedingten oder auch bei einer personen- oder verhaltensbedingten Kündigung zusteht. Im Allgemeinen wird ein Widerspruch nur bei betriebsbedingten, allenfalls noch bei personenbedingten Gründen in Betracht kommen.[301] Ausge- 154

300 Nach h. M. in der Literatur ist der Widerspruch auch noch ausreichend, wenn ein anderer Arbeitnehmer nicht namentlich bezeichnet wird.

301 Vgl. BAG AP 4 zu § 1 KSchG 1969 Krankheit = DB 77, 1463 a E.

schlossen ist der Widerspruch aber auch bei verhaltensbedingten Gründen nicht, wenn zu erwarten ist, dass das zu missbilligende Verhalten auf einem anderen Arbeitsplatz nicht vorkommen wird.[302] Der Betriebsrat kann einer Kündigung widersprechen, wenn der Arbeitgeber bei der Auswahl des zu kündigenden Arbeitnehmers **soziale Gesichtspunkte nicht** oder nicht ausreichend **berücksichtigt** hat (§ 102 III Nr. 1 BetrVG). Wird einem Arbeitnehmer aus betrieblichen Gründen gekündigt, so trägt er im Rahmen des Kündigungsschutzprozesses die Beweislast dafür, dass der Arbeitgeber soziale Gesichtspunkte bei der Auswahl nicht berücksichtigt hat, dass also an seiner Stelle ein anderer Arbeitnehmer hätte gekündigt werden müssen. Die Beweisführung soll dem gekündigten Arbeitnehmer dadurch erleichtert werden, dass ihm der Betriebsrat durch einen auf § 102 III Nr. 1 BetrVG gestützten Widerspruch seine besseren Kenntnisse über die Sozialstruktur des Betriebs nutzbar macht.

155 Der Betriebsrat kann einer Kündigung widersprechen, wenn der Arbeitgeber bei der Auswahl unter mehreren zu kündigenden Arbeitnehmern **gegen eine Auswahlrichtlinie** (vgl. oben Rn. 15 ff.) verstoßen hat (§ 102 III Nr. 2 BetrVG). Das Arbeitsgericht hat bei der Überprüfung einer Kündigung nach dem Kündigungsschutzgesetz die Interessen des Arbeitnehmers gegen die des Arbeitgebers abzuwägen. Kommt es zu einer Kollision zwischen den Auswahlrichtlinien und der nach dem Gesetz gebotenen Interessenabwägung, so hat das Gesetz nur dann den Vorrang, wenn die durch die Auswahlrichtlinie getroffene soziale Auswahl der Arbeitnehmer grob fehlerhaft ist, § 1 IV KSchG. Auswahlrichtlinien müssen in jedem Fall Lebensalter, Dauer der Betriebszugehörigkeit und Familienstand Rechnung tragen. Doch wird der Beurteilungsspielraum bei der Gewichtung der sozialen Auswahldaten erweitert.[303]

156 Der Betriebsrat ist zum Widerspruch berechtigt, wenn der gekündigte Arbeitnehmer **an einem anderen Arbeitsplatz** im selben

302 Vgl. dazu BAG AP 15 zu § 102 BetrVG 1972; AP 5 zu § 1 KSchG 1969 Verhaltensbedingte Kündigung; LAG Rheinland-Pfalz ArbuR 73, 331; LAG Düsseldorf BB 76. 464.

303 BAG AP 12 zu § 1 KSchG 1969 Betriebsbedingte Kündigung; Däubler NJW 1999, 601; vgl. auch Baden NZA 1999, 64.

Betrieb oder in einem anderen Betrieb des Unternehmens **weiterbeschäftigt** werden kann (§ 102 III Nr. 3 BetrVG). Die Möglichkeit der Weiterbeschäftigung setzt das Vorhandensein eines freien Arbeitsplatzes voraus. Als frei sind solche Arbeitsplätze anzusehen, die zum Zeitpunkt des Zugangs der Kündigung unbesetzt sind.[304] Für einen begründeten Widerspruch reicht es deshalb nicht, wenn ein freier Arbeitsplatz erst dadurch zu schaffen wäre, dass der Arbeitgeber auf seine eigene Mitarbeit verzichtet, die er bislang im Betrieb geleistet hat.[305] Sofern der Arbeitgeber bei Ausspruch der Kündigung mit hinreichender Sicherheit voraussehen kann, dass ein Arbeitsplatz bis zum Ablauf der Kündigungsfrist zur Verfügung stehen wird, ist ein derartiger Arbeitsplatz aber ebenfalls als frei anzusehen.[306] Der Betriebsrat muss den freien Arbeitsplatz möglichst konkret, zumindest klar bestimmbar angeben. Ein bloß allgemeiner Hinweis auf bestehende Beschäftigungsmöglichkeiten reicht nicht aus.[307] Frei sind auch von Leiharbeitnehmern besetzte Arbeitsplätze.[308] § 102 III Nr. 3 BetrVG ist nach der Rspr. des BAG nicht entsprechend anzuwenden, wenn eine Weiterbeschäftigung am selben Arbeitsplatz möglich ist.[309] Der Arbeitnehmer kann unabhängig von einem Widerspruch des Betriebsrats Kündigungsschutzklage mit der Begründung erheben, dass der Arbeitgeber seine Versetzungsmöglichkeiten im Betrieb oder Unternehmen nicht ausgeschöpft habe.[310] Es ist herrschende Meinung, dass der Arbeitgeber eine Kündigung durch eine Versetzung versuchen muss zu vermeiden.

Nach § 102 III Nr. 4 BetrVG ist der Betriebsrat zum Wider- 157
spruch berechtigt, wenn die **Weiterbeschäftigung** des Arbeitneh-

304 BAG 15. 12. 1994 AP 66 zu § 1 KSchG 1969 Betriebsbedingte Kündigung m. w. N.

305 ArbG Berlin DB 77, 2454.

306 BAG 15. 12. 1994 AP 66 zu § 1 KSchG 1969 Betriebsbedingte Kündigung.

307 BAG 17. 6. 1999 AP 11 zu § 102 BetrVG 1972 Weiterbeschäftigung.

308 ArbG Stuttgart NZA-RR 1997, 260; Däubler/Kittner/Klebe § 102 Rn. 198.

309 BAG AP 7 zu § 102 BetrVG 1972 Weiterbeschäftigung = NJW 86, 1831 = NZA 86, 424; a. A. Fitting/Kaiser/Heither/Engels § 102 Rn. 47 m. w. N.

310 BAG AP 2 zu § 1 KSchG 1969.

mers **nach zumutbaren Umschulungs- und Fortbildungsmaßnahmen möglich** ist. Hier ist insbesondere an die Fälle gedacht, in denen infolge von Rationalisierungsmaßnahmen ein Arbeitnehmer den gestiegenen Anforderungen nicht mehr genügt und daher an sich seine Kündigung gem. § 1 II KSchG gerechtfertigt wäre. Der Arbeitgeber soll zur Vermeidung von Kündigungen gezwungen werden, nicht nur durch Investitionen seinen Betrieb veränderten technischen Bedingungen anzupassen, sondern auch für die Umschulung und Fortbildung seiner Arbeitnehmer zu sorgen (vgl. o. Rn. 27ff.). Hieraus folgt, dass der Widerspruch begründet ist, wenn der Arbeitnehmer bereit ist, sich umschulen und fortbilden zu lassen und ein derart umgeschulter und fortgebildeter Arbeitnehmer weiterbeschäftigt werden kann.[311]

158 Schließlich kann der Betriebsrat einer Kündigung widersprechen, wenn eine **Weiterbeschäftigung** des Arbeitnehmers **unter geänderten Vertragsbedingungen möglich** ist und der Arbeitnehmer sein Einverständnis hiermit erklärt hat (§ 102 III Nr. 5 BetrVG). Könnte der Arbeitgeber das Arbeiterverhältnis zu geänderten Bedingungen fortsetzen, so kann der Betriebsrat einer Beendigungskündigung mit dieser Begründung widersprechen. Voraussetzung ist aber, dass der betroffene Arbeitnehmer mit einer Änderung der Vertragsbedingungen – wenn auch unter dem Vorbehalt der Überprüfung ihrer sozialen Rechtfertigung – einverstanden ist. Unberührt bleibt der Kündigungsschutz bei Änderungskündigungen nach § 2 KSchG. Der Widerspruch des Betriebsrats ist ungerechtfertigt, wenn er nur auf die Möglichkeit hinweist, Kurzarbeit einzuführen.[312] Der Betriebsrat kann stattdessen nach § 87 I Nr. 3 BetrVG initiativ werden und durch die Einführung von Kurzarbeit versuchen, Kündigungen überflüssig zu machen.[313]

159 Hat der Betriebsrat einer Kündigung widersprochen, kommt er aber nach erneuter Überprüfung zu der Überzeugung, dass die Kündigung gerechtfertigt ist, so kann er den Widerspruch bis zum Zugang der Kündigung zurücknehmen. Nimmt er den Wi-

311 BAG 7. 2. 1991 AP 1 zu § 1 KSchG 1969 Umschulung.
312 LAG Hamm BB 83, 1349; dagegen ArbG Bocholt BB 82, 1938.
313 Vgl. BAG 4. 3. 1986 AP 3 zu § 87 BetrVG 1972 Kurzarbeit.

derspruch erst nach Zugang der Kündigung zurück, hat dies auf den Weiterbeschäftigungsanspruch des Arbeitnehmers nach § 102 V BetrVG (s. u.) keinen Einfluss.[314]

V. Rechtsfolgen des Widerspruchs

Hat der Betriebsrat einer Kündigung form- und fristgemäß aus 160
einem der in § 102 III BetrVG aufgezählten Gründe widersprochen, so bleibt der Arbeitgeber gleichwohl berechtigt, die Kündigung auszusprechen. Er hat dann dem gekündigten Arbeitnehmer mit der Kündigung eine Abschrift der Stellungnahme des Betriebsrats zuzuleiten (§ 102 IV BetrVG). Unterbleibt dies, so führt das zwar nicht zur Unwirksamkeit der Kündigung,[315] für den Arbeitnehmer können aber Schadensersatzansprüche entstehen und es kann u. U. die nachträgliche Zulassung der bislang nicht erhobenen Kündigungsschutzklage geboten sein (§ 5 KSchG). Genießt der Arbeitnehmer nach § 1 I KSchG noch keinen Kündigungsschutz – ist er also noch nicht 6 Monate im Betrieb beschäftigt –,[316] so bleibt der Widerspruch ohne weitere Folgen. Gilt dagegen das KSchG, hat der Betriebsrat form- und fristgemäß einer ordentlichen Kündigung aus einem der in § 102 III BetrVG aufgezählten Gründe widersprochen und hat der Arbeitnehmer nach dem KSchG Klage auf die Feststellung erhoben, dass das Arbeitsverhältnis durch die Kündigung nicht aufgelöst ist, so hat ihn der Arbeitgeber auf sein Verlangen bis zum rechtskräftigen Abschluss des Kündigungsschutzprozesses zu den bisherigen Bedingungen **weiterzubeschäftigen** (§ 102 V BetrVG). Ob ein betriebsverfassungsrechtlicher Weiterbeschäftigungsanspruch auch dann in Betracht kommt, wenn der Arbeitgeber gegenüber dem Arbeitnehmer eine Änderungskündigung ausgesprochen hat und dieser sie unter Vorbehalt angenommen hat, ist umstritten.[317] Der Weiterbeschäftigungsanspruch dient

314 Fitting/Kaiser/Heither/Engels § 102 Rn. 52.

315 A. A. Düwell NZA 1988, 866.

316 Schaub, Arbeitsrecht von A–Z, Stichwort Kündigungsschutzklage.

317 Bejahend LAG Düsseldorf DB 93, 1680; verneinend Fitting/Kaiser/Heither/Engels § 102 Rn. 58 m. w. N. offen gelassen in BAG 18. 1. 1990 AP 27 zu § 2 KSchG 1969.

dem Zweck, einer Entfremdung des Arbeitnehmers aus dem Betrieb vorzubeugen, damit nicht das eigentliche Ziel eines erfolgreichen Kündigungsschutzprozesses infolge des Zeitablaufs unerreichbar wird. Entgegen einer teilweise in der Literatur vertretenen Ansicht ist der Arbeitgeber nach dem Gesetzeszweck zur tatsächlichen Beschäftigung verpflichtet.[318] Auch der Auffassung, der Arbeitnehmer könne den Weiterbeschäftigungsanspruch nur dann erheben, wenn er ihn umgehend nach Ausspruch der Kündigung oder innerhalb der Kündigungsfrist geltend gemacht habe,[319] ist das BAG zu Recht nicht gefolgt; aus dem Wortlaut und dem Sinn des Gesetzes ergeben sich hierfür keine ausreichenden Anhaltspunkte.[320] Solange der Weiterbeschäftigungsanspruch besteht, hat der Arbeitnehmer seinen vertraglichen Verpflichtungen nachzukommen, also auch Wettbewerbsverbote und Schweigepflichten einzuhalten. Zugleich stehen ihm sämtliche Rechte aus dem Arbeitsverhältnis zu (Entgeltfortzahlung im Krankheitsfall, Anspruch auf Sonderzuwendungen usw.). Während der Weiterbeschäftigung besteht bis zur Rechtskraft der Entscheidung des Gerichts über die Kündigungsschutzklage oder bis zur Entbindung des Arbeitgebers von der Weiterbeschäftigungspflicht das Arbeitsverhältnis auflösend bedingt fort. In der Weiterbeschäftigungsphase kann das Arbeitsverhältnis auch vom Arbeitgeber erneut gekündigt werden, wenn z. B. der Arbeitnehmer seine Pflichten aus dem Arbeitsverhältnis verletzt (§ 626 BGB). Das Weiterbeschäftigungsverhältnis **endet automatisch**, ohne dass es eines erneuten Ausspruchs einer Kündigung bedarf, wenn die Kündigungsschutzklage des Arbeitnehmers abgewiesen wird.

161 Beschäftigt der Arbeitgeber den Arbeitnehmer nicht weiter, so gerät er in Annahmeverzug und bleibt zur Vergütungszahlung verpflichtet, selbst wenn der Arbeitnehmer den Kündigungsschutzprozess schließlich verliert. Erhebt der Arbeitnehmer in den Fällen des § 102 V BetrVG keinen Weiterbeschäftigungs-

318 LAG Berlin BB 76, 1273.
319 LAG Hamm DB 76, 1917.
320 BAG AP 1 zu § 102 BetrVG 1972 Weiterbeschäftigung.

anspruch, sondern begnügt sich mit dem Angebot seiner Arbeitsleistung, gerät der Arbeitgeber gleichwohl in Annahmeverzug, wenn der Arbeitnehmer den Kündigungsschutzprozess gewinnt.[321]

Der Arbeitnehmer kann seinen Anspruch auf tatsächliche Be- 162
schäftigung im Wege der einstweiligen Verfügung verfolgen.[322]

Umgekehrt kann der **Arbeitgeber auf seinen Antrag** durch 163
einstweilige Verfügung vom Arbeitsgericht **von der Pflicht zur Weiterbeschäftigung entbunden** werden, wenn **(a)** die Klage des Arbeitnehmers keine hinreichende Aussicht auf Erfolg bietet oder mutwillig erscheint oder **(b)** die Weiterbeschäftigung des Arbeitnehmers zu einer unzumutbaren wirtschaftlichen Belastung des Arbeitgebers führen würde oder **(c)** der Widerspruch des Betriebsrats offensichtlich unbegründet war (§ 102 V 2 BetrVG). Die Klage bietet keine hinreichende Aussicht auf Erfolg, wenn eine gewisse Wahrscheinlichkeit dafür besteht, dass sie unbegründet ist. Sie ist mutwillig, wenn sie ein verständiger Dritter nicht erheben oder weiterführen würde, z. B. bei Abschluss eines Aufhebungsvertrages nach Ausspruch der Kündigung. Die Voraussetzungen stimmen in etwa mit denen überein, die für die Bewilligung von Prozesskostenhilfe maßgebend sind.[323] Die Weiterbeschäftigung führt zu einer unzumutbaren wirtschaftlichen Belastung des Arbeitgebers, wenn es dem Arbeitgeber bei verständiger Abwägung der beiderseitigen Interessen nicht zuzumuten ist, den Arbeitnehmer weiterzubeschäftigen. Dazu muss die wirtschaftliche Existenz des Betriebs (z. B. bei der Entlassung mehrerer Arbeitnehmer, die alle Weiterbeschäftigung verlangen) gefährdet sein.[324] Dieser Tatbestand kommt deshalb nur ausnahmsweise in Betracht. Im Regelfall genügt die Belastung durch die Vergütungszahlung nicht, weil der

321 Schaub, Arbeitsrecht von A–Z, Stichwort Annahmeverzug.

322 LAG Berlin BB 76, 1273; LAG Köln NZA 84, 300; LAG Nürnberg BB 93, 444; LAG Berlin BB 1993, 732; LAG München NZA 1994, 997; Schaub, Meine Rechte und Pflichten im Arbeitsgerichtsverfahren, 6. Aufl. 1997.

323 Schaub, Meine Rechte und Pflichten im Arbeitsgerichtsverfahren, 6. Aufl., 1997, § 18.

324 Richardi § 102 Rn. 235.

Arbeitgeber im Gegenzug die Arbeitsleistung erhält und er im Fall des Prozessverlustes die Vergütung ohnehin zahlen muss. Der Widerspruch des Betriebsrats ist offensichtlich unbegründet, wenn die tatsächlichen Voraussetzungen eines Widerspruchs offensichtlich nicht vorliegen. Über den Antrag auf einstweilige Verfügung wird vom Arbeitsgericht nach inzwischen überwiegender Meinung im Urteilsverfahren entscheiden.[325] Umstr. ist die Rechtslage, wenn schon der Widerspruch des Betriebsrats nicht ordnungsgemäß war. Nach einer Meinung ist dem Antrag des Arbeitgebers auf Entbindung von der Beschäftigungspflicht gleichwohl stattzugeben.[326] Nach anderer Meinung kann der Arbeitgeber die tatsächliche Weiterbeschäftigung verweigern, so dass es für die Entbindung von der Beschäftigungspflicht am Rechtsschutzinteresse fehle.[327] Nach richtiger Ansicht wird man den Antrag des Arbeitgebers wegen der unsicheren Rechtslage für zulässig und begründet ansehen müssen. Auch dann, wenn der Arbeitgeber von der Beschäftigungspflicht entbunden wird, bleibt hiervon der Annahmeverzug unberührt, wenn sich später herausstellt, dass die Kündigung ungerechtfertigt war. Die Entbindung des Arbeitgebers von der Weiterbeschäftigungspflicht erst durch das Rechtsmittelgericht lässt bis dahin angefallene Vergütungsansprüche des Arbeitnehmers unberührt.[328]

164 Stellt sich im Laufe des Kündigungsrechtsstreits heraus, dass der Arbeitgeber zu Unrecht von der Weiterbeschäftigung entbunden wurde, so ist zweifelhaft, ob er nach § 945 ZPO schadensersatzpflichtig ist.[329]

165 Hat der Arbeitgeber **außerordentlich gekündigt,** so hat der Arbeitnehmer nach § 102 V BetrVG keinen Weiterbeschäftigungs-

---

325 LAG Berlin DB 74, 1629; ArbuR 75, 188, 189; LAG Düsseldorf DB 74, 1342; 2112, BB 74, 1299; EzA 3 zu § 102 BetrVG Beschäftigungspflicht; LAG Mannheim BB 75, 43.

326 LAG Bad.-Württemberg BB 75, 43; LAG Hamm DB 1979, 1232.

327 LAG Düsseldorf EzA 3 zu § 102 BetrVG 1972 Beschäftigungspflicht; LAG Niedersachsen DB 75, 1898; LAG Berlin DB 1974, 1629; Dütz Beilage 13 zu DB 1978, S. 9.

328 BAG 7. 3. 1996 AP 9 zu § 102 BetrVG 1972 Weiterbeschäftigung.

329 Vgl. BAG AP 1 zu § 102 BetrVG 1972 Weiterbeschäftigung.

anspruch.[330] Ein solcher Anspruch wird nur dann eingeräumt, wenn die außerordentliche Kündigung rechtsmissbräuchlich ist oder die außerordentliche Kündigung gegenüber einem ordentlichen nicht mehr kündbaren Arbeitnehmer mit einer Auslauffrist ausgesprochen wird.[331] Ob ein Weiterbeschäftigungsanspruch besteht, wenn neben der außerordentlichen hilfsweise eine ordentliche Kündigung ausgesprochen wird, ist umstritten.[332]

Umstr. war auch, ob der Arbeitnehmer unabhängig von den 166
Voraussetzungen des § 102 V BetrVG einen allgemeinen Beschäftigungsanspruch bis zur Rechtskraft einer Klage über die Wirksamkeit der Beendigung des Arbeitsverhältnisses hat.[333] Das BAG hat dies zunächst grundsätzlich verneint.[334] Dieser Rspr. sind die Instanzgerichte vielfach nicht gefolgt. Es kam schließlich zu einer Entscheidung des Großen Senats des BAG.[335] Dieser hat angenommen, dass der gekündigte Arbeitnehmer einen Anspruch auf vertragsgemäße Beschäftigung über den Ablauf der Kündigungsfrist oder bei einer fristlosen Kündigung über deren Zugang hinaus bis zum rechtskräftigen Abschluss des Kündigungsschutzprozesses hat, wenn überwiegende schutzwerte Interessen des Arbeitgebers einer solchen Beschäftigung nicht entgegenstehen. Außer im Falle einer offensichtlich unwirksamen Kündigung begründet die Ungewissheit über den Ausgang des Kündigungsschutzprozesses zunächst ein überwiegendes Interesse des Arbeitgebers an der Nichtbeschäftigung des Arbeitnehmers. Das ändert sich, wenn der Arbeitnehmer in der ersten Instanz den Kündigungsschutzprozess gewonnen hat. Von diesem Zeitpunkt ab überwiegt das Interesse des Arbeitnehmers an

330 BAG AP 5 zu § 611 BGB Beschäftigungspflicht = EzA 2 zu § 611 BGB Beschäftigungspflicht = BB 77, 1504 = DB 77, 2299.

331 BAG 4. 2. 1993 EzA 144 zu § 626 BGB n. F.; Kania/Kramer RdA 1995, 287.

332 Nachweise zum Meinungsstand bei Fitting/Kaiser/Heither/Engels § 102 Rn. 57.

333 Schaub, Arbeitsrecht von A–Z, Stichwort Beschäftigungspflicht.

334 BAG AP 5 zu § 611 BGB Beschäftigungspflicht = EzA 2 zu § 611 BGB Beschäftigungspflicht = BB 77, 1504 = DB 77, 2299.

335 BAG 27. 2. 1985 AP 14 zu § 611 BGB Beschäftigungspflicht = NJW 85, 2968 = NZA 85, 702 = DB 85, 2197.

der Beschäftigung. Wird das erstinstanzliche Urteil im Berufungsrechtszug abgeändert, überwiegt wiederum das Interesse des Arbeitgebers an der Nichtbeschäftigung. Hat der Arbeitgeber mehrere Kündigungen hintereinander ausgesprochen, so ist der Beschäftigungsanspruch für jede Kündigung gesondert zu beurteilen.[336]

Hat der Arbeitgeber eine Änderungskündigung ausgesprochen, die der Arbeitnehmer unter Vorbehalt angenommen hat, so ist der Arbeitgeber trotz des allgemeinen Beschäftigungsanspruchs nicht gehalten, den Arbeitnehmer vorläufig zu den bisherigen Bedingungen weiterzubeschäftigen.[337]

167 Dieser arbeitsvertragliche vorläufige Beschäftigungsanspruch für die Zeit bis zum rechtskräftigen Abschluss des Kündigungsschutzprozesses kann im Klagewege geltend gemacht werden. Eine Aussetzung des Prozesses über den Beschäftigungsanspruch bis zur Entscheidung über die Kündigungsschutzklage kommt nicht in Betracht. Der Beschäftigungsanspruch kann im Allgemeinen nicht im einstweiligen Verfügungsverfahren geltend gemacht werden. In Betracht kommt dies allenfalls bei offensichtlicher Unwirksamkeit der Kündigung. Im Allgemeinen wird sich der Arbeitnehmer deshalb gegenüber Kündigungen in der Weise zur Wehr setzen, dass er im Wege der Klagehäufung **(1)** die Kündigung bekämpft, **(2)** einen Beschäftigungsanspruch geltend macht und **(3)** Vergütungszahlung aus Annahmeverzug begehrt.

168 Eine Klageschrift könnte z. B. folgenden Wortlaut haben:

Beispiel:
An das Arbeitsgericht
……

In Sachen

des Angestellten Josef F., Leipzig, Münchener Str. 20 – Kläger –
gegen
die F. AG, Leipzig, Dresdener Str. 10, Beklagte
wegen Kündigung, Weiterbeschäftigung und Vergütungszahlung wird beantragt

336 BAG AP 17 zu § 611 BGB Beschäftigungspflicht = NJW 86, 2965.
337 BAG AP 27 zu § 2 KSchG 1969 = NZA 90, 734 = BB 90, 1843.

1. festzustellen, dass das Arbeitsverhältnis durch die Kündigung vom ...... nicht beendet worden ist,
2. die Beklagte zu verurteilen, den Kläger zu unveränderten Arbeitsbedingungen über den Ablauf der Kündigungsfrist bis zur Rechtskraft der Entscheidung über die Kündigung weiter zu beschäftigen und
3. die Beklagte zu verurteilen an den Kläger ... DM brutto nebst 4 % Zinsen seit Klagezustellung zu zahlen.

Gründe: Der im Jahre ... geborene Kläger trat am ... in die Dienste der Beklagten. Diese beschäftigt mehr als fünf Arbeitnehmer. Sie hat dem Kläger am ... gekündigt. Die Kündigung ist ihm am ... zugegangen. Für die Kündigung bestehen keine Gründe. Der Betriebsrat ist vor Ausspruch der Kündigung gehört worden, hat sich aber – soweit bekannt – nicht geäußert.

Der Kläger verlangt seine vorläufige Weiterbeschäftigung zu unveränderten Arbeitsbedingungen.

Der Kläger hat monatlich ... DM brutto verdient. Er hat seine Arbeitskraft der Beklagten angeboten. Diese hat die Annahme verweigert. Sie ist daher gemäß § 615 BGB zur Vergütungszahlung verpflichtet.

Beschäftigt der Arbeitgeber den Arbeitnehmer aufgrund des 169
allgemeinen Beschäftigungsanspruches weiter und stellt sich später heraus, dass die Kündigung gerechtfertigt war, so hat der Arbeitgeber den Arbeitnehmer ohne Rechtsgrund beschäftigt. Das BAG unterscheidet für die sich daraus ergebenden Rechtsfolgen danach, ob der Arbeitnehmer einvernehmlich weiterbeschäftigt worden ist oder der Arbeitgeber den Arbeitnehmer nur unter dem Druck der drohenden Zwangsvollstreckung beschäftigt hat. Wird der Arbeitnehmer einvernehmlich weiterbeschäftigt, so besteht entweder das alte Arbeitsverhältnis auflösend bedingt weiter, oder es wird ein Ersatzarbeitsverhältnis[338] begründet. Hieraus folgt, dass dem Arbeitnehmer alle Ansprüche aus dem Arbeitsverhältnis (Vergütungsansprüche, Ansprüche auf Entgeltfortzahlung im Krankheitsfall, auf Sonderzuwendungen, Urlaub usw.) zustehen. Zugleich muss er die entsprechenden Pflichten einhalten. Wird der Arbeitnehmer nur unter Zwang weiterbeschäftigt, hat er

338 BAG AP 66 zu § 1 LohnFG = NJW 86, 2133 = DB 86, 1393; AP 22 zu § 611 BGB Beschäftigungspflicht = DB 87, 1154.

nach der – kaum haltbaren – Rspr. des BAG lediglich Ansprüche aus ungerechtfertigter Bereicherung.[339] Der Vergütungsanspruch wird im Allgemeinen zwar auch dann dem bisherigen Vergütungsanspruch entsprechen. Es sollen aber keine Ansprüche entstehen, wenn der Arbeitnehmer an der Arbeitsleistung durch Krankheit oder Urlaub verhindert ist.

§ 51. Abweichende Tarifverträge oder Betriebsvereinbarungen über das Mitbestimmungsrecht bei Kündigungen

170 Von Gesetzes wegen (§ 102 BetrVG) hat der Arbeitgeber vor dem Ausspruch einer ordentlichen oder außerordentlichen Kündigung den Betriebsrat lediglich zu hören. An die Stellungnahme des Betriebsrats ist er nicht gebunden, auch wenn er wegen des bestehenden Prozessrisikos möglicherweise gegen den Widerspruch des Betriebsrats eine Kündigung nicht aussprechen wird.

171 Nach richtiger, wenn auch umstr. Meinung ist eine Erweiterung des gesetzlichen Mitbestimmungsrechts durch **Tarifvertrag** möglich, da Tarifverträge über betriebsverfassungsrechtliche Fragen zulässig sind.[340]

172 Arbeitgeber und Betriebsrat können außerdem in einer Betriebsvereinbarung festlegen, dass Kündigungen der Zustimmung des Betriebsrats bedürfen und dass über die Berechtigung der Zustimmungsverweigerung die Einigungsstelle entscheiden soll, § 102 VI BetrVG.[341] Der Abschluss einer derartigen Betriebsvereinbarung selbst ist nicht erzwingbar. Es handelt sich um eine **freiwillige** Betriebsvereinbarung; eine Regelungsabrede genügt nicht.[342] Haben Arbeitgeber und Betriebsrat eine entsprechende Vereinbarung getroffen, so müssen sie sich vor der Einigungsstelle

339 BAG AP 1 zu § 611 BGB Weiterbeschäftigung = DB 87, 1045; AP 8 = NZA 91, 769 = BB 91, 1413.

340 BAG 10 2. 1988 AP 53 zu § 99 BetrVG 1972 = BB 88, 1386 = DB 88, 1397 = NZA 88, 699; LAG Köln DB 84, 670; Fitting/Kaiser/Heither/Engels § 102 Rn. 75 m. w. N.

341 Vgl. BAG 28. 4. 1998 AP 11 zu § 77 BetrVG 1972 Nachwirkung. BAG 6. 2. 1997 AP 86 zu § 102 BetrVG 1972.

342 BAG 14. 2. 1978 AP 60 zu Art. 9 GG Arbeitskampf.

erst dann über die Berechtigung der Kündigung auseinandersetzen, wenn der Betriebsrat nicht zustimmt. Auch dann, wenn der Betriebsrat zustimmt oder seine Zustimmung durch die Einigungsstelle ersetzt wird, kann der Arbeitnehmer die Kündigung vor den Arbeitsgerichten im Wege der Kündigungsschutzklage[343] anfechten. Den Spruch der Einigungsstelle als solchen kann dagegen nicht der Arbeitnehmer, sondern nur der Betriebsrat oder – bei Nichtersetzung der Zustimmung – der Arbeitgeber anfechten.

Wenn im Wege der Betriebsvereinbarung lediglich die Kündi- 173
gung von einer Zustimmung des Betriebsrats abhängig gemacht worden ist, während die Vereinbarung eines Einigungsstellenverfahrens fehlt, soll nach einer Ansicht das Zustimmungsersetzungsverfahren nach § 99 IV BetrVG (vgl. Rn. 103, 106ff.) entsprechend anzuwenden sein. In diesem Falle soll also die Zustimmung des Betriebsrats auf Antrag des Arbeitgebers durch das Arbeitsgericht ersetzt werden können.[344] Nach anderer Ansicht ist auch eine solche Betriebsvereinbarung in der Regel dahin auszulegen, dass die gesetzliche Bestimmung des § 102 VI BetrVG gelten soll, also die Einigungsstelle angerufen werden muss.[345] Haben Arbeitgeber und Betriebsrat eine Betriebsvereinbarung nach § 102 VI BetrVG geschlossen, entfallen eine Widerspruchsmöglichkeit nach § 102 III BetrVG und der Weiterbeschäftigungsanspruch nach § 102 V BetrVG. An ihre Stelle tritt die getroffene Vereinbarung.[346]

§ 52. Der besondere Kündigungs- und Versetzungsschutz für Mitglieder und Wahlbewerber der Betriebsverfassungsorgane

I. Zweck des besonderen Kündigungsschutzes

Mitglieder der Betriebsverfassungsorgane und Wahlbewerber 174
genießen im Interesse ihrer Unabhängigkeit einen besonderen

343 Schaub, Arbeitsrecht von A–Z, Stichwort Kündigungsschutzklage.
344 Richardi § 102 Rn. 281; Heinze Rn. 730.
345 BAG 28 .4. 1998 AP 11 zu § 77 BetrVG 1972 Nachwirkung.
346 Fitting/Kaiser/Heither/Engels § 102 Rn. 70 m. w. N.

Kündigungsschutz und Schutz vor amtsbeendenden Versetzungen, § 3 V S. 2 BetrVG. Das Gesetz will dadurch verhindern, dass der Arbeitgeber sich unbequemer Mitglieder der Betriebsverfassungsorgane oder bereits der Wahlbewerber durch Kündigung entledigt. Außerdem sollen die Mitglieder der Betriebsverfassungsorgane ohne Sorge um ihren Arbeitsplatz ihre Aufgaben nach dem Betriebsverfassungsgesetz wahrnehmen und gegebenenfalls die Rechte der Belegschaft gegenüber dem Arbeitgeber nachdrücklich vertreten können.

II. Geschützter Personenkreis

175 In besonderer Weise vor **Kündigungen** geschützt sind die Mitglieder eines Betriebsrats, einer Jugend- und Auszubildendenvertretung, einer Bordvertretung und eines Seebetriebsrats (§ 15 I 1 KSchG). Weiter geschützt sind die Mitglieder des Wahlvorstands und die Wahlbewerber (§ 15 III KSchG). § 15 III a KSchG hat den besonderen Kündigungsschutz auf diejenigen Arbeitnehmer erstreckt, die zu einer Betriebswahl- oder Bordversammlung nach § 17 III, § 17 a Nr. 3 S. 2, § 115 II Nr. 8 S. 1 BetrVG einladen oder die Bestellung eine Wahlvorstands nach § 16 II S. 1, § 17 IV, § 17 a Nr. 4, § 63 III, § 115 II Nr. 8 S. 2 oder § 116 II Nr. 7 S. 5 BetrVG beantragen. Er gilt allerdings nur für die ersten drei in der Einladung oder Antragsstellung aufgeführten Arbeitnehmer, § 15 III a S. 1, 2. Hs. KSchG. Geschützt sind auch Mitglieder einer tariflichen Sondervertretung nach § 3 I Nrn. 1–3 BetrVG, da diese an Stelle des Betriebsrats tritt, § 3 V S. 2 BetrVG. Den besonderen Kündigungsschutz genießen ferner die Vertrauenspersonen der Schwerbehinderten (§ 96 III, § 97 SGB III) und die entsprechenden Wahlbewerber (§ 94 VI 2 SGB III). § 29 a HAG erstreckt den Kündigungsschutz auf Heimarbeiter mit betriebsverfassungsrechtlichen Funktionen. Zu Jugend- und Auszubildendenvertretern vgl. auch Abschn. III Rn. 287 ff. Der besondere Kündigungsschutz besteht nicht, wenn die Mitgliedschaft im jeweiligen Betriebsverfassungsorgan auf einer nichtigen Wahl beruht.[347]

347 BAG 7. 5. 1986 AP 18 zu § 15 KSchG 1969; Fischermeier ZTR 1998, 433.

Keinen besonderen Kündigungsschutz genießen: Ersatzmitglieder der Betriebsvertretungen (Abschn. III Rn. 32), solange sie nicht in die Betriebsvertretung nachgerückt sind oder nicht in dieser tätig werden;[348] andernfalls sind sie aber während der gesamten Dauer der Vertretung besonders geschützt; Mitglieder einer Einigungsstelle oder tariflichen Schlichtungsstelle; Mitglieder des Wirtschaftsausschusses (§§ 106ff. BetrVG; vgl. Abschn. IX Rn. 28), Arbeitnehmervertreter im Aufsichtsrat (§§ 76ff. BetrVG 52). Dieser Personenkreis kann sich nur auf den allgemeinen Kündigungsschutz[349] berufen. Erfolgt ihre Kündigung aber im Zusammenhang mit ihrer Mitgliedschaft in diesen Gremien, so ist die Kündigung wegen Verstoßes gegen das Benachteiligungsverbot (§§ 78 BetrVG, 134 BGB) nichtig (Abschn. IV Rn. 34).[350] 176

Beispiel: Kündigt ein Arbeitgeber einem Mitglied des Wirtschaftsausschusses, weil dieses die Auffassung vertritt, der Arbeitgeber habe nur unzureichend Auskünfte gegeben, so ist die Kündigung gemäß §§ 78 BetrVG, 134 BGB nichtig.

Der Umfang und die Dauer des Kündigungsschutzes für den oben aufgeführten Personenkreis sind unterschiedlich geregelt (s. u. III). Vor **Versetzungen,** die zu einem Verlust des Amtes oder der Wählbarkeit führen würden, ist der gleiche Personenkreis geschützt, ausgenommen die in § 15 III a KSchG genannten Arbeitnehmer (§ 103 III BetrVG). 177

III. Der Kündigungsschutz bei ordentlichen Kündigungen

Während der Dauer des besonderen Kündigungsschutzes ist jede **ordentliche** Kündigung des Arbeitgebers **grundsätzlich unzulässig,** § 15 I KSchG. Unzulässig sind auch vorbehaltene 178

348 Vgl. dazu BAG AP 3 zu § 15 KSchG 1969 = DB 78, 495; AP 5 = DB 79, 1136.

349 Schaub, Arbeitsrecht von A–Z, Stichwort Kündigungsschutz.

350 Vgl. BAG AP 1 zu § 20 BetrVG Jugend- und Auszubildendenvertretung; AP 1 zu § 78 BetrVG 1972; AP 1 zu § 1 KSchG 1969 Verhaltensbedingte Kündigung; DB 79, 1659 = BB 79, 1347.

Teilkündigungen (Rn. 122) und Änderungskündigungen (Rn. 121),[351] auch im Fall von Massenänderungskündigungen.[352] Eine Massenänderungskündigung ist dann gegeben, wenn der Arbeitgeber gegenüber allen oder einer größeren Gruppe von Arbeitnehmern eine solche Kündigung zur Herbeiführung anderer Arbeitsbedingungen ausspricht.

Beispiel: Ein Arbeitgeber kündigt gegenüber sämtlichen Belegschaftsmitgliedern das kraft Betriebsübung bestehende Recht auf Hausbrandversorgung.

179 Die Meinung des BAG kann zu einer Bevorzugung der Betriebsratsmitglieder führen. Das BAG sucht dieses Ergebnis dadurch zu vermeiden, dass es auf die Möglichkeit einer außerordentlichen betriebsbedingten Änderungskündigung verweist.[353]

180 Eine ordentliche Kündigung ist während der Dauer des besonderen Kündigungsschutzes unzulässig, auch wenn die Kündigungsfrist erst nach Wegfall des Kündigungsschutzes abläuft. Eine vor Beginn des Sonderkündigungsschutzes erklärte Kündigung bleibt wirksam, auch wenn die Kündigungsfrist erst nach Eintritt des besonderen Kündigungsschutzes abläuft. Dies gilt dann nicht, wenn der Arbeitgeber damit den Eintritt des besonderen Kündigungsschutzes verhindern will.

Beispiel: In einem Betrieb besteht eine Betriebsvereinbarung, nach der alle Arbeitnehmer mit Vollendung des 65. Lebensjahres aus dem Betrieb ausscheiden. Kurz vor Vollendung des 65. Lebensjahres eines ordentlichen Betriebsratsmitglieds spricht der Arbeitgeber gegenüber dem vorgesehenen Ersatzmitglied eine Kündigung aus, weil er dessen

351 BAG AP 10 zu § 13 KSchG; AP 19 zu § 15 KSchG 1969 = DB 86, 2605 = NZA 87, 102.

352 BAG AP 10, 18 zu § 13 KSchG; AP 10 zu § 15 KSchG 1969; AP 19 = DB 86, 2605 = NZA 87, 102; AP 28 = NZA 87, 807; DB 81, 2282; vgl. aber AP 2 zu § 15 KSchG 1969; a. A. Fitting/Kaiser/Heither/Engels § 103 Rn. 10 m.w.N. und Hilbrandt NZA 1997, 465.

353 Vgl. BAG 6. 3. 1986 AP 19 zu § 15 KSchG 1969 und BAG 21. 6. 1995 AP 36 zu § 15 KSchG 1969.

Nachrücken verhindern will. In diesem Fall wird man auch dem Ersatzmitglied den besonderen Kündigungsschutz zubilligen müssen. Ähnliches gilt, wenn der Arbeitgeber den in Aussicht genommenen Wahlkandidaten kündigt.

Der besondere Kündigungsschutz hindert nicht den Ablauf 181
von Befristungen. Wird jedoch ein befristet eingestellter Arbeitnehmer in den Betriebsrat gewählt und erneut befristet weiter beschäftigt, so sind an die Wirksamkeit der neuerlichen Befristung[354] strenge Anforderungen zu stellen.[355]

Der **Kündigungsschutz beginnt** ohne Rücksicht auf die Kennt- 182
nis des Arbeitgebers von den ihn begründenden Umständen. Er beginnt

- beim Wahlvorstand mit der Bestellung (§§ 16, 17, 17a BetrVG; 183
Abschn. II Rn. 40ff.);[356] keinen besonderen Kündigungsschutz haben Wahlbewerber zum Wahlvorstand;[357]
- bei den in § 15 III a KSchG genannten Arbeitnehmern mit 184
dem Zeitpunkt der Einladung oder Antragstellung;
- bei Wahlbewerbern vom Zeitpunkt der Aufstellung des Wahl- 185
vorschlags (§ 14 III BetrVG; Abschn. II Rn. 73ff.), also sobald dieser die erforderliche Zahl von Unterschriften trägt und ein Wahlvorstand besteht;[358] der Kündigungsschutz wird nicht dadurch berührt, dass die Vorschlagsliste durch spätere Streichung von Stützunterschriften ungültig wird;[359]
- bei Mitgliedern eines Betriebsrats, einer Jugend- und Aus- 186
zubildendenvertretung, einer Bordvertretung oder eines Seebetriebsrats mit dem Amtsbeginn; zumeist wird zu diesem Zeitpunkt schon der Kündigungsschutz des Wahlbewerbers gelten; lediglich bei Ersatzmitgliedern kann bei Amtsbeginn der Kündigungsschutz des Wahlbewerbers abgelaufen sein.

---

354 Schaub, Arbeitsrecht von A–Z, Stichwort: Befristetes Arbeitsverhältnis.

355 BAG AP 14 zu § 15 KSchG 1969.

356 Vgl. LAG Hamm DB 74, 389; LAG Bad.-Württemberg NJW 75, 232.

357 Fischermeier ZTR 1998, 433.

358 BAG AP 1, 9 zu § 15 KSchG 1969 Wahlbewerber; AP 1 zu § 626 BGB Arbeitnehmervertreter im Aufsichtsrat.

359 AP 9 zu § 15 KSchG 1969 = DB 81, 1142.

187 Für den Beginn des Kündigungsschutzes ist unerheblich, ob die Wahl mit Mängeln behaftet ist, solange sie nicht rechtswirksam angefochten ist (§ 19 BetrVG; Abschn. II Rn. 110 ff.). Keinen Kündigungsschutz genießen dagegen die Mitglieder eines aus einer nichtigen Wahl hervorgegangenen Betriebsverfassungsorgans.[360]

188 • Der besondere **Kündigungsschutz endet**

189 • beim Wahlvorstand sechs Monate nach Bekanntgabe des Wahlergebnisses (§ 15 III KSchG); dies gilt nur dann nicht, wenn der Wahlvorstand gemäß § 18 I S. 2 BetrVG durch das Arbeitsgericht abberufen worden ist; in diesem Falle endet er mit der rechtskräftigen Abberufung;

190 • bei den in § 15 III a KSchG genannten Arbeitnehmern mit Bekanntgabe des Wahlergebnisses; ein in der Regel etwas länger dauernder Kündigungsschutz ist nach dem Wortlaut des § 15 III a KSchG nur vorgesehen, wenn es nicht zur Wahl des betreffenden Betriebsverfassungsorgans gekommen ist; dann gilt ein nachwirkender Kündigungsschutz von drei Monaten ab dem Zeitpunkt der Einladung oder Antragstellung; eine dem § 15 III S. 2 KSchG entsprechende Regelung fehlt in § 15 III a KSchG; dies ist eine auffallende gesetzliche Abweichung;

191 • bei Wahlbewerbern sechs Monate nach Bekanntgabe des Wahlergebnisses (§ 15 III KSchG);

192 • bei Mitgliedern eines Betriebsrats, einer Jugend- und Auszubildendenvertretung, eines Seebetriebsrats ein Jahr, bei Mitgliedern einer Bordvertretung sechs Monate nach Beendigung der Amtszeit; der Kündigungsschutz endet jedoch mit dem Ende der Amtszeit, wenn die Beendigung der Mitgliedschaft in dem Betriebsverfassungsorgan auf einer gerichtlichen Entscheidung beruht.

193 Kündigt der Arbeitgeber einem besonders geschützten Mitglied der Betriebsverfassungsorgane während der Schutzfrist, so ist die Kündigung nichtig. Dies kann gemäß § 13 III KSchG unabhängig von der Dreiwochenfrist des § 4 KSchG geltend gemacht werden.[361] Gleichwohl ist es ratsam, die Dreiwochenfrist

360 BAG AP 4 zu § 19 BetrVG 1972 = NJW 76, 2229.

361 Schaub, Arbeitsrecht von A–Z, Stichwort Kündigungsschutzklage.

einzuhalten, da nur in diesem Fall – vorbehaltlich § 6 KSchG – das Arbeitsgericht in die Lage versetzt wird, das Arbeitsverhältnis ggfls. gegen Zahlung einer Abfindung gemäß §§ 9, 10 KSchG aufzulösen.

IV. Der Kündigungsschutz bei außerordentlichen Kündigungen

Die **außerordentliche Kündigung** gegenüber Angehörigen des 194
genannten Personenkreises ist nicht schlechterdings unzulässig. Sie ist aber an zusätzliche Voraussetzungen geknüpft.

Ein Mitglied eines Betriebsrats, einer Jugend- und Auszubil- 195
dendenvertretung, einer Bordvertretung oder eines Seebetriebsrats kann vom Beginn bis zum Ende seiner Amtszeit (Abschn. III Rn. 5 ff.), **außerordentlich** nur dann gekündigt werden, wenn ein **wichtiger Grund** nach § 626 I BGB gegeben ist und außerdem die **Zustimmung der Betriebsvertretung** gemäß § 103 BetrVG vorliegt oder durch das Arbeitsgericht rechtskräftig ersetzt ist (§ 15 I, III KSchG). Kündigt der Arbeitgeber vorher, ist die Kündigung unheilbar nichtig.[362] Das Gleiche gilt für ein Mitglied des Wahlvorstands von der Bestellung, für einen Wahlbewerber vom Zeitpunkt der Aufstellung des Wahlvorschlags und für die in § 15 III a KSchG genannten Arbeitnehmer vom Zeitpunkt der Einladung oder Antragstellung an jeweils bis zur Bekanntgabe des Wahlergebnisses. Bei einer außerordentlichen Kündigung der in § 15 III a KSchG genannten Arbeitnehmer bedarf es allerdings keiner Zustimmung nach § 103 BetrVG. Für sie gilt ggfls. nur § 102 BetrVG. Nach Beendigung der Amtszeit des Betriebsrats, einer Jugend- und Auszubildendenvertretung oder eines Seebetriebsrats können die ehemaligen Mitglieder der Betriebsverfassungsorgane für eine Übergangszeit von einem Jahr zwar weiterhin nur außerordentlich aus wichtigem Grund gekündigt werden. Zu dieser Kündigung ist aber die Zustimmung der amtierenden Betriebsvertretung nicht mehr notwendig. Einzuhalten ist nur noch das Anhörungsverfahren gemäß § 102 BetrVG. Der **nachamtliche Kündigungsschutz** beträgt für Mitglieder der Bordvertretung sechs Monate seit Beendigung der

362 BAG 9. 7. 1198 AP 36 zu § 103 BetrVG 1972 mwN BAG 30. 5. 1978 Ap 4 zu § 15 KSchG 1969.

Amtszeit, für Wahlvorstandsmitglieder und Wahlbewerber sechs Monate ab Bekanntgabe des Wahlergebnisses (§ 15 I, III KSchG). Der nachamtliche Kündigungsschutz entfällt außer für Wahlbewerber ganz, wenn die Mitglieder der Betriebsverfassungsorgane durch das Arbeitsgericht abberufen oder das Betriebsverfassungsorgan durch das Arbeitsgericht aufgelöst worden ist (§ 15 I, III KSchG).

196 Will der Arbeitgeber gegenüber Betriebsratsmitgliedern und den übrigen geschützten Personen wegen Teilnahme an einem rechtswidrigen Arbeitskampf außerordentlich kündigen (Kampfkündigung), so bedarf dies nicht der Zustimmung des Betriebsrats. Der Arbeitgeber hat aber in diesen Fällen sofort das gerichtliche Zustimmungsersetzungsverfahren einzuleiten.[363]

197 Ein **wichtiger Grund** besteht dann, wenn Tatsachen vorliegen, aufgrund derer dem Kündigenden unter Berücksichtigung aller Umstände des Einzelfalles und unter Abwägung der Interessen beider Vertragsteile nicht zugemutet werden kann, das Arbeitsverhältnis bis zum Ablauf der Kündigungsfrist oder bis zum vereinbarten Ende des Arbeitsverhältnisses fortzusetzen (§ 626 I BGB).[364] Bei der Zumutbarkeitsprüfung ist auf die fiktive Kündigungsfrist abzustellen, die ohne den besonderen Kündigungsschutz bei einer ordentlichen Kündigung gelten würde.[365] Würde man, wie eigentlich von § 626 I BGB geboten, auf die reale erste Möglichkeit zur fristgemäßen Beendigung des Arbeitsverhältnisses abstellen, wären Betriebsratsmitglieder wegen der oft noch langen Dauer des Kündigungsschutzes u. U. eher fristlos kündbar als vergleichbare Arbeitnehmer ohne Amtsfunktionen.[366] Etwas anderes gilt bei außerordentlichen betriebsbedingten Änderungskündigungen.[367] Nach § 626 II BGB kann die außerordentliche Kündigung nur binnen einer Frist von zwei Wochen seit Kenntnis des Kündigungsgrundes erfolgen. Diese Frist gilt

363 BAG AP 57 zu Art. 9 GG Arbeitskampf = NJW 78, 2054 = BB 78, 913.

364 Schaub, Arbeitsrecht von A–Z, Stichwort: Kündigung.

365 BAG v. 18. 2. 1993 – AP 35 zu § 15 KSchG 1969; BAG 10. 2. 1999 AP 42 zu § 15 KSchG 1969.

366 Vgl. Fitting/Kaiser/Heither/Engels § 103 Rn. 18a, 18b m. w. N.

367 BAG 21. 6. 1995 AP 36 zu § 15 KSchG 1969.

auch für die Kündigung von Mitgliedern der Betriebsverfassungsorgane. Die Frist beginnt mit der sicheren und vollständigen positiven Kenntnis des Kündigungsberechtigten von den für die Kündigung maßgebenden Tatsachen. Ihr Ablauf ist gehemmt, solange der Arbeitgeber dem Betriebsratsmitglied noch eine Äußerung zugesteht. Jedoch muss es innerhalb einer kurz bemessenen Frist gehört werden, die regelmäßig nicht länger als eine Woche sein darf.[368] Der Antrag auf Zustimmung des Betriebsrats nach § 103 I BetrVG muss, da die dreitägige Äußerungsfrist des § 102 II 3 BetrVG entsprechend anzuwenden ist, so rechtzeitig gestellt werden, dass der Arbeitgeber ggfls. den Antrag auf Ersetzung der Zustimmung noch rechtzeitig innerhalb der Frist des § 626 II BGB beim Arbeitsgericht stellen kann.[369] Schweigt der Betriebsrat länger als drei Tage, so gilt die Zustimmung als verweigert.[370] Nur ein zulässiger Antrag auf gerichtliche Ersetzung der Zustimmung wahrt die Frist des § 626 II BGB. Ein vor der Verweigerung des Betriebsrats gestellter Antrag ist unheilbar unzulässig.[371] Hat das Arbeitsgericht die Zustimmung zur Kündigung rechtskräftig ersetzt, so muss der Arbeitgeber nunmehr die Kündigung unverzüglich aussprechen.[372] Die Rechtskraft einer Entscheidung des LAG, in der die Rechtsbeschwerde zum BAG nicht zugelassen wurde, tritt erst ein, wenn die Frist zur Einlegung der Nichtzulassungsbeschwerde abgelaufen ist oder das BAG die rechtzeitig eingelegte Nichtzulassungsbeschwerde abgelehnt hat.[373] Erteilt der Betriebsrat im Laufe des Beschlussverfahrens die Zustimmung zur Kündigung, dann wird das Beschlussverfahren gegenstandslos und es tritt die Erledigung der Hauptsache ein. Der Arbeitgeber kann kündigen; er muss es aber unverzüglich tun.[374] Zu beachten ist, dass

368 BAG v. 10. 12. 1992 – AP 4 zu § 87 ArbGG 1979 = NZA 93, 501 = DB 93, 889.

369 Vgl. BAG AP 1, 2, 10 zu § 103 BetrVG 1972; v. 10. 12. 1992 – NZA 93, 501 = DB 93, 889; BAG 24. 10. 1996 AP 32 zu § 103 BetrVG 1972.

370 BAG AP 10 zu § 103 BetrVG 1972.

371 BAG 24. 10. 1996 AP 32 zu § 103 BetrVG 1972.

372 BAG AP 3 zu § 103 BetrVG 1972.

373 BAG 9. 7. 1998 AP 36 zu § 103 BetrVG 1972.

374 BAG AP 14 zu § 103 BetrVG 1972.

eine **Verletzung der Amtspflichten** grundsätzlich keine außerordentliche Kündigung rechtfertigt. Im Fall der Verletzung von Amtspflichten ist lediglich das Amtsenthebungsverfahren (§ 23 BetrVG; Abschn. III Rn. 16) vorgesehen und nicht die außerordentliche Kündigung.[375] Durch die Mitgliedschaft in einem Betriebsverfassungsorgan werden die aus dem Arbeitsvertrag resultierenden Pflichten nicht gesteigert.[376] Spricht der Arbeitgeber wegen eines Vorfalls, den sich auch andere Arbeitnehmer haben zuschulden kommen lassen, nur dem Betriebsratsmitglied die Kündigung aus, so ist diese nach §§ 75, 78 i. V. m. § 134 BGB nichtig.[377] Eine Verletzung von Amtspflichten rechtfertigt nur dann auch eine außerordentliche Kündigung, wenn darin zugleich eine arbeitsvertragliche Pflichtverletzung liegt.[378]

Beispiel: Ein Betriebsratsvorsitzender unterlässt es, zu den Sitzungen des Betriebsrats im Falle der Verhinderung eines Betriebsratsmitglieds ein Ersatzmitglied zu laden, weil dies einer anderen Gewerkschaft angehört als er. Hier liegt allein eine Amtspflichtverletzung vor, die seine Amtsenthebung nach § 23 BetrVG rechtfertigen mag, nicht aber ein wichtiger Grund zur außerordentlichen Kündigung.

Ein Mitglied des Betriebsrats beschimpft in einer Betriebsversammlung den Arbeitgeber grundlos als Sklavenhalter, Leuteschinder usw. Hier kann neben der Amtspflichtverletzung auch eine Vertragspflichtverletzung und damit ein wichtiger Grund zur Kündigung vorliegen, so dass sowohl die Amtsenthebung als auch die außerordentliche Kündigung – vorbehaltlich der Zustimmung des Betriebsrats oder der Ersetzung seiner Zustimmung – in Betracht kommen.

198 Auch eine außerordentliche Änderungskündigung bedarf der Zustimmung des Betriebsrats. Dabei stellt das Ziel einer Gleichbehandlung mit anderen Arbeitnehmern – etwa die Ermöglichung der Anrechnung von Tariflohnerhöhungen auf übertarifliche Zulagen – kein dringendes betriebliches Erfordernis nach § 1 II S. 1 KSchG dar, das die Verschlechterung einer arbeitsver-

375 BAG AP 2–4 zu § 13 KSchG; AP 57 zu § 626 BGB.
376 Vgl. BAG AP 3, 16 zu § 13 KSchG.
377 BAG DB 79, 1659.
378 Vgl. BAG AP 19 zu § 13 KSchG; AP 1 zu § 103 BetrVG 1972.

traglichen Vergütungsregelung des Betriebsratsmitglieds im Wege der Änderungskündigung bedingen kann, wenn eine entsprechende (Gesamt-)Betriebsvereinbarung abgeschlossen wurde.[379]

Zustimmung zur Kündigung heißt, dass der Betriebsrat mit der 199
außerordentlichen Kündigung schon vor ihrem Ausspruch einverstanden sein muss (§ 103 BetrVG). Kündigt der Arbeitgeber, ohne die Zustimmung eingeholt zu haben, so ist die Kündigung nichtig,[380] so dass das Mitglied des Betriebsverfassungsorgans auch noch nach Ablauf der Klagefrist von § 4 KSchG gemäß § 13 III KSchG die Unwirksamkeit der Kündigung geltend machen kann. Die nachträgliche Zustimmung (Genehmigung) heilt die Unwirksamkeit der Kündigung nicht.[381] In dem Rechtsstreit um die Wirksamkeit der Kündigung kann das Arbeitsverhältnis nicht auf Antrag des Arbeitgebers gegen Zahlung einer Abfindung aufgelöst werden.[382]

Hat der Betriebsrat einer außerordentlichen Kündigung nicht 200
zugestimmt, so kann das Arbeitsgericht auf Antrag des Arbeitgebers die Zustimmung ersetzen, wenn die außerordentliche Kündigung unter Berücksichtigung aller Umstände gerechtfertigt ist. Der Antrag kann nicht bereits vorsorglich für den Fall gestellt werden, dass der Betriebsrat nicht zustimmt.[383] Dem Betriebsrat steht bei der Frage, ob er der Kündigung zustimmen will, kein Ermessensspielraum zu. Vielmehr hat er der Kündigung zuzustimmen und ist seine fehlende Zustimmung vom Gericht zu ersetzen, wenn ein wichtiger Grund vorliegt.[384] In der Beratung und Beschlussfassung ist das betroffene Betriebsratsmitglied ausgeschlossen.[385] Grundsätzlich muss der Zustimmungsbeschluss des Betriebsrats rechtswirksam sein, denn nur dann wird die Kündi-

379 BAG 20. 1. 2000 AP 40 zu § 103 BetrVG 1972; BAG 1. 7. 1999 AP 53 zu § 2 KSchG 1969.

380 BAG AP 1, 2, 5, 6, 11 zu § 103 BetrVG 1972.

381 BAG AP 1 zu § 15 BBiG; AP 2 zu § 102 BetrVG 1972; AP 1, 2, 11 zu § 103 BetrVG 1972.

382 BAG AP 4 zu § 9 KSchG 1969.

383 BAG AP 18 zu § 103 BetrVG 1972 = DB 86, 1883.

384 BAG AP 1, 7 zu § 103 BetrVG 1972.

385 BAG AP 13 zu § 103 BetrVG 1972; BAG 3. 8. 1999 AP zu § 25 BetrVG 1972.

gungssperre beseitigt. Ist der Beschluss fehlerhaft, so kann er die Kündigungssperre nicht beseitigen. Der Arbeitgeber wird aber im Vertrauen auf die Wirksamkeit des Beschlusses geschützt, wenn er den Rechtsmangel nicht erkannte und nicht erkennen konnte.[386] Scheidet das Betriebsratsmitglied während des Zustimmungsersetzungsverfahrens wegen Neuwahl des Betriebsrats aus diesem aus, ist für die außerordentliche Kündigung keine neuerliche Anhörung des neuen Betriebsrats erforderlich.[387] Will der Arbeitgeber im Rahmen des Ersetzungsverfahrens weitere Kündigungsgründe nachschieben, so muss er diese zuvor dem Betriebsrat mitteilen.[388] Alsdann können diese noch in das Ersetzungsverfahren eingeführt werden, da es eine zukünftig auszusprechende Kündigung betrifft.[389] Im gerichtlichen Zustimmungsersetzungsverfahren sind alle Gründe für die Unwirksamkeit der beabsichtigten Kündigung zu prüfen. Nach rechtskräftiger Zustimmungsersetzung kann sich der Arbeitnehmer grundsätzlich nicht mehr auf Kündigungshindernisse berufen, die er schon im Ersetzungsverfahren hätte einwenden können. Das gilt nicht für solche Hindernisse, die noch nach Abschluss des Ersetzungsverfahrens beseitigt werden können, wie etwa die fehlende Zustimmung der Hauptfürsorgestelle zur Kündigung eines Schwerbehinderten.[390] In dem Beschlussverfahren ist der betroffene Arbeitnehmer **Beteiligter** (§ 103 II BetrVG).[391] Seine Beteiligung ist keine Betriebsratstätigkeit, so dass er keine Kostenerstattungsansprüche nach § 40 BetrVG gegen den Arbeitgeber hat, wenn die Zustimmung des Betriebsrats ersetzt wird.[392] Wird der Zustimmungsersetzungsantrag des Arbeitgebers rechtskräftig abgewiesen, sind dem Betriebsratsmitglied die Rechtsanwaltskosten zu ersetzen.[393]

386 BAG AP 17 zu § 103 BetrVG 1972 = NJW 85, 1976 = DB 85, 554.
387 BAG 8. 6. 2000 AP 41 § 103 BetrVG 1972.
388 BAG AP 1, 4, 7 zu § 103 BetrVG 1972.
389 BAG AP 1, 4, 7 zu § 103 BetrVG 1972.
390 BAG 11. 5. 2000 – 2 AZR 276/99 – AP 42 zu § 103 BetrVG 1972 = NZA 2000, 1106.
391 LAG Hamm DB 75, 939; LAG Köln AP 22 zu § 103 BetrVG 1972.
392 BAG AP 16 zu § 40 BetrVG 1972 = DB 79, 1706.
393 BAG AP 28 zu § 103 BetrVG 1972 = NZA 91, 152.

Beispiel für einen Ersetzungsantrag:
In der Beschlusssache
der Firma... – Antragstellerin –
gegen
den Betriebsrat, vertreten durch seinen Vorsitzenden
– Antragsgegner –
Beteiligter: Werner G.
wird beantragt, die Zustimmung des Betriebsrats zur Kündigung des Betriebsratsmitgliedes Werner G. zu ersetzen.
Gründe: Der am... geborene Werner G. wurde am... als... eingestellt. Seit dem... gehört er dem Betriebsrat an. Er hat in der Betriebsversammlung vom... den leitenden Angestellten... als Fähnleinführer, Leuteschinder, KZ-Wärter beschimpft. Dieses Verhalten rechtfertigt die fristlose Kündigung. Der Betriebsrat hat in seiner Sitzung vom... gleichwohl die Zustimmung verweigert. Es bedarf daher der Ersetzung der Zustimmung durch das Arbeitsgericht.

Das Zustimmungsersetzungsverfahren kann hilfsweise mit 201
einem Antrag auf **Ausschließung aus dem Betriebsrat** verbunden werden; allerdings nicht umgekehrt.[394] Dies wird sich für den Arbeitgeber dann empfehlen, wenn schwer abzugrenzen ist, ob eine Amtspflichtverletzung oder eine Arbeitsvertragsverletzung vorliegt.

Soll ein Wahlvorstand oder Wahlbewerber aus wichtigem 202
Grund gekündigt werden, bevor ein Betriebsrat besteht, so hat der Arbeitgeber sofort das Zustimmungsersetzungsverfahren einzuleiten.[395] Dies dürfte für die Kündigung eines in § 15 III a KSchG genannten Arbeitnehmers ebenso gelten. Das Zustimmungsersetzungsverfahren muss auch dann unmittelbar eingeleitet werden, wenn das einzige Betriebsratsmitglied gekündigt werden soll und ein Vertreter nicht vorhanden ist.[396] Sollen sämtliche Mitglieder des Betriebsrats gekündigt werden, so ist bezüglich eines jeden Mitglieds ein eigener Beschluss herbeizuführen. Bei der Abstimmung im Betriebsrat ist nur das jeweils

394 BAG AP 1 zu § 74 BetrVG 1972.
395 BAG AP 2 zu § 15 KSchG 1969; AP 4 = NJW 80, 80 = DB 79, 359.
396 BAG AP 13 zu § 15 KSchG 1969 = DB 83, 1049.

von der Kündigung betroffene Betriebsratsmitglied an der Abstimmung gehindert.[397] Im Rahmen der Beschlussfassung ist das betroffene Betriebsratsmitglied nicht nur von der Abstimmung, sondern auch von der vorausgehenden Beratung ausgeschlossen.[398] Ersetzt das Arbeitsgericht die Zustimmung, so kann der Arbeitgeber nach formeller Rechtskraft[399] kündigen. Nach Meinung des BAG muss die Kündigung unverzüglich d. h. ggfls. auch schon vor Ablauf weiterer zwei Wochen erfolgen.[400]

203 Auch dann, wenn das Arbeitsgericht die Zustimmung des Betriebsrats zur Kündigung ersetzt hat, kann das Betriebsratsmitglied im Wege der individuellen **Kündigungsschutzklage** gegen die Kündigung vorgehen. Mit der rechtskräftigen Ersetzung der Zustimmung zur Kündigung wird jedoch zugleich die für den nachfolgenden Kündigungsschutzprozess bindende Feststellung getroffen, dass die außerordentliche Kündigung unter Berücksichtigung aller Umstände gerechtfertigt ist. Daraus folgt, dass das Betriebsratsmitglied im Kündigungsschutzverfahren die Unmaßgeblichkeit des Beschlusses nur geltend machen kann, wenn es zugleich neue Tatsachen vorträgt.[401] Außerdem kann der betreffende Arbeitnehmer geltend machen, dass die Formalien der späteren Kündigung (Frist des § 626 II BGB; Schriftform, Zustimmung der Hauptfürsorgestelle) nicht eingehalten seien.[402]

204 Hat der Betriebsrat einer außerordentlichen Kündigung eines Betriebsratsmitglieds zugestimmt, will dieses aber geltend machen, es liege tatsächlich kein wichtiger Grund vor, so ist es zur Meidung der fiktiven Wirksamkeit der Kündigung (§ 7 KSchG) gehalten, innerhalb der Klagefrist die Kündigungsschutzklage zu erheben (§§ 13, 4 KSchG).

---

397 BAG AP 6 zu § 103 BetrVG 1972.

398 BAG AP 6, 13 zu § 103 BetrVG 1972; AP 17 = NJW 85, 1976 = DB 85, 554.

399 BAG AP 8 zu § 103 BetrVG 1972; BAG 9. 7. 1998 AP 36 zu § 103 BetrVG 1972.

400 BAG AP 3, 10, 12 zu § 103 BetrVG 1972.

401 BAG AP 3 zu § 103 BetrVG 1972; BAG 9. 1. 1986 AP 20 zu § 626 Ausschlussfrist; BAG 10. 12. 1992 AP 4 zu § 87 ArbGG 1979; BAG 23. 7. 1993 AP 2 zu § 83a ArbGG 1979; a. A. Helen/Müller AiB 1999, 604.

402 Fischermeier ZTR 1998, 433.

Läuft während des Zustimmungsersetzungsverfahrens die Amtszeit des Betriebsratsmitglieds ab, so ist zu unterscheiden: Wird das Betriebsratsmitglied wieder gewählt, so gilt der Verweigerungsbeschluss des früheren Betriebsrats weiter. Der neue Betriebsrat kann jedoch die Zustimmung zur Kündigung erteilen. Wird das Betriebsratsmitglied nicht erneut in den Betriebsrat gewählt, so genießt es nur noch den nachwirkenden Kündigungsschutz. Es ist also keine Zustimmung des Betriebsrats mehr notwendig; das Verfahren nach § 103 BetrVG wird gegenstandslos. Der Arbeitgeber kann nunmehr ohne erneute Anhörung kündigen.[403] 205

Erteilt der Betriebsrat während des Zustimmungsersetzungsverfahrens nachträglich die Zustimmung zur Kündigung, so hat sich das Ersetzungsverfahren erledigt.[404] Wurde die Ersetzung der Zustimmung vom Gericht rechtskräftig abgelehnt, weil Tatvorwürfe gegen das Betriebsratsmitglied nicht erwiesen seien, so ist die spätere nicht rechtskräftige Verurteilung im Strafverfahren wegen der weiter bestehenden Unschuldsvermutung keine neue Tatsache, die in einem neuerlichen Ersetzungsverfahren zugunsten des Arbeitgebers berücksichtigt werden könnte. Etwas anderes gilt, wenn das Betriebsratsmitglied inzwischen rechtskräftig strafrechtlich verurteilt wurde.[405] Allerdings sind die Arbeitsgerichte an die Würdigung des Strafgerichts nicht gebunden. 206

Das Betriebsratsmitglied ist an dem gerichtlichen Zustimmungsersetzungsverfahren bei einer außerordentlichen Kündigung nach § 103 II BetrVG **beteiligt**. Ersetzt das Gericht die vom Betriebsrat verweigerte Zustimmung zur außerordentlichen Kündigung, so kann das betroffene Betriebsratsmitglied dagegen Rechtsmittel einlegen. Dies gilt auch dann, wenn der Betriebsrat seinerseits die gerichtliche Entscheidung hinnimmt.[406] Während des Zustimmungsersetzungsverfahrens ist das Betriebsratsmit- 207

403 BAG AP 4 zu § 15 KSchG 1969; BAG 8. 6. 2000 AP 41 zu § 103 BetrVG 1972.

404 BAG v. 23. 6. 1993 – AP 2 zu § 83 a ArbGG 1979.

405 BAG 16. 9. 1999 AP 38 zu § 103 BetrVG 1972.

406 BAG v. 10. 12. 1992 – NZA 93, 501 = DB 93, 889.

glied weiter berechtigt, sein Amt auszuüben. Deshalb kann es weiter den Betrieb betreten. Daran ändert auch nichts ein Hausverbot des Arbeitgebers. Nach Ausspruch der Kündigung ist das Betriebsratsmitglied an der weiteren Amtsausübung gehindert.[407]

208 Das von einer ordentlichen Kündigung oder einer außerordentlichen Kündigung ohne (ersetzte) Zustimmung des Betriebsrats betroffene Mitglied eines Betriebsverfassungsorgans kann sich auf den besonderen Kündigungsschutz berufen und – unabhängig von der Klagefrist des § 4 KSchG – die Unwirksamkeit der Kündigung geltend machen. Es kann sich dabei auch auf weitere Kündigungsbeschränkungen (SchwbG, MSchG) berufen.[408] Es kann außerdem – innerhalb der Dreiwochenfrist des § 4 KSchG – eine „normale“ Kündigungsschutzklage erheben und neben den genannten Unwirksamkeitsgründen das Fehlen eines wichtigen Grundes bzw. der sozialen Rechtfertigung der Kündigung vorbringen. Hat das gekündigte Mitglied im Verlaufe des Prozesses eine andere Stelle angetreten, so kann es binnen einer Woche nach Rechtskraft des Urteils schriftlich die Fortsetzung des Arbeitsverhältnisses ablehnen. Das Gleiche gilt für die in § 15 III a KSchG genannten Arbeitnehmer (§ 16 KSchG). Das Arbeitsverhältnis endet alsdann mit Zugang der Erklärung beim Arbeitgeber.

V. Ausnahmen vom Sonderkündigungsschutz

209 Durch den Sonderkündigungsschutz sollen die Mitglieder der Betriebsverfassungsorgane (oben II) nicht begünstigt, es sollen nur ihre Amtsführung erleichtert und Benachteiligungen verhindert werden. Ordentliche und außerordentliche Kündigungen sind deshalb dann zulässig, wenn der Betrieb stillgelegt und auch allen anderen Arbeitnehmern gekündigt wird (§ 15 IV KSchG).

210 **Betriebsstilllegung** ist die Auflösung der zwischen Arbeitgeber und Arbeitnehmer bestehenden Betriebs- und Produktionsgemeinschaft, die ihre Veranlassung und ihren sichtbaren Ausdruck

---

407 LAG Düsseldorf DB 75, 700; LAG Schleswig-Holstein BB 76, 1319; Fischermeier ZTR 1998, 433.

408 Schaub, Arbeitsrecht von A–Z, Stichwort Kündigungsschutz.

darin findet, dass der Unternehmer den Betriebszweck dauernd oder für eine unbestimmte, wirtschaftlich nicht unerhebliche Zeitspanne aufgibt.[409] Die Stilllegung braucht keine endgültige zu sein, die Wiederaufnahme des Betriebs darf aber nicht kurzfristig beabsichtigt sein, so dass sie als Fortführung des bisherigen Betriebs erschiene. Eine außerordentliche Kündigung wegen Betriebsstilllegung ist unzulässig.[410] Eine ordentliche Kündigung ist nur zum Zeitpunkt der Stilllegung zulässig, es sei denn, dass sie schon zu einem früheren Zeitpunkt durch zwingende betriebliche Erfordernisse bedingt ist (§ 15 IV KSchG).[411]

Beispiel: Ein Kaufhaus soll zum 31. 10. stillgelegt werden. Einem Arbeitnehmer wird schon zum 30. 9. gekündigt, da vertraglich eine Kündigung nur zum Quartalschluss zulässig war. Die zum 30. 9. ausgesprochene Kündigung wird erst zum 31. 12. wirksam. Sie wird nur dann schon zum 30. 9. wirksam, wenn das Kaufhaus am 30. 9. faktisch geschlossen wird, das betroffene Betriebsratsmitglied Einkäufer war und für ihn keinerlei Verwendungsmöglichkeit mehr bestand.

Im Fall der Kündigung wegen beabsichtigter Betriebsstilllegung ist der Betriebsrat auch bezüglich der zu kündigenden Betriebsratsmitglieder lediglich anzuhören (§ 102 BetrVG); dagegen ist nach h. M. eine Zustimmung nach § 103 BetrVG nicht notwendig,[412] weil es sich um eine ordentliche Kündigung handelt, die ausnahmsweise zulässig ist. 211

Wird nur eine Betriebsabteilung stillgelegt, so muss das Mitglied eines Betriebsverfassungsorgans, soweit betrieblich irgend möglich, in eine nicht stillgelegte Abteilung versetzt werden. Dass dies nicht möglich ist, muss der Arbeitgeber genau darlegen und beweisen.[413] Eine Betriebsabteilung ist ein organisato- 212

409 BAG AP 8 zu § 13 KSchG.

410 BAG AP 11 zu § 102 BetrVG 1972.

411 BAG AP 11 zu § 102 BetrVG 1972; AP 8 zu § 15 KSchG 1969.

412 BAG AP 16 zu § 15 KSchG 1969 = NZA 84, 38; v. 13. 8. 1992 – NZA 93, 224 = DB 93, 1424; BAG 18. 9. 1997 AP 35 zu § 103 BetrVG 1972; Hilbrandt NZA 1998, 1258.

413 BAG AP 13 zu § 103 BetrVG 1972; BAG 25. 11. 1981 AP 11 zu § 15 KSchG 1969.

risch abgegrenzter Teil eines Betriebs mit eigener personeller Einheit, eigenen technischen Betriebsmitteln und eigenem Betriebs-(hilfs-)zweck.[414] Wird eine geringer abgegrenzte Arbeiteinheit stillgelegt, scheidet eine Kündigung von vornherein aus. Wird ein selbstständiger Betriebsteil mit eigenem Betriebsrat stillgelegt, greift § 15 IV KSchG ein. Um eine Übernahme zu ermöglichen, ist der Arbeitgeber nach h. M. sogar gehalten, einen Arbeitsplatz frei zu kündigen. Dabei hat er aber die sozialen Belange des zu Kündigenden zu berücksichtigen.[415] Besteht ein freier Arbeitsplatz in einer anderen Betriebsabteilung, die räumlich in einiger Entfernung zum Betrieb liegt, und kann das Betriebsratsmitglied dort weiterbeschäftigt werden, so ist der Arbeitgeber nicht verpflichtet, einen örtlich näher gelegenen Arbeitsplatz für das Betriebsratsmitglied frei zu kündigen.[416] Nur dann, wenn eine Versetzung aus betrieblichen Gründen nicht möglich ist, ist das Betriebsratsmitglied nach den Grundsätzen, die im Falle einer Betriebsstilllegung gelten, kündbar (§ 15 V KSchG). Bei einer Betriebsteilveräußerung und Stilllegung des Restbetriebs muss der Arbeitgeber die Betriebsratsmitglieder in die zu veräußernden Abteilungen versetzen. Tut er dies nicht, gehen ihre Arbeitsverhältnisse nach § 613 a BGB analog gleichwohl auf den Erwerber über, es sei denn, eine Übernahme ist betrieblich unmöglich oder die Betriebsratsmitglieder widersprechen ihr.[417] Besteht im Fall eines Widerspruchs beim alten Arbeitgeber keine Beschäftigungsmöglichkeit mehr, greift § 15 IV KSchG ein.[418]

VI. Der Schutz gegen Versetzungen

213 Einfluss auf die Unabhängigkeit der Amtsführung der Mitglieder der Betriebsverfassungsorgane kann von Seiten des Arbeitgebers auch dadurch genommen werden, dass er andere arbeits-

414 BAG 11. 10. 1989 AP 47 zu § 1 KSchG 1969 Betriebsbedingte Kündigung.
415 Fitting/Kaiser/Heither/Engels § 103 Rn. 16 m. w. N.
416 BAG 28. 10. 1999 BB 2000, 514.
417 LAG Sachsen-Anhalt BB 1999, 1875.
418 BAG 18. 9. 1997 AP 35 zu § 103 BetrVG 1972; Hilbrandt NZA 1998, 1258.

rechtliche Maßnahmen als eine Kündigung ergreift, aufgrund derer der Funktionsträger seine Amtsstellung verliert. Ist der Arbeitgeber arbeitsvertraglich berechtigt, den Arbeitnehmer unternehmensweit einzusetzen, führt die **Versetzung** in einen anderen Betrieb zum Amtsverlust, da das Amt der Mitglieder der Betriebsverfassungsorgane an die Zugehörigkeit zum Betrieb gebunden ist. Die neu geschaffene Regelung des § 103 III BetrVG will dem entgegenwirken. Eine analoge Anwendung des bisherigen § 103 BetrVG auf die Fälle der Versetzung eines Betriebsratsmitglieds hatte das Bundesarbeitsgericht zuvor abgelehnt.[419] Danach bedarf die Versetzung der in § 103 I BetrVG genannten Personen, die dazu führen würde, dass diese ihr Amt oder die Wählbarkeit verlieren, der vorherigen Zustimmung des Betriebsrats. Dies gilt nur dann nicht, wenn der betroffene Arbeitnehmer mit der Versetzung einverstanden ist (§ 103 III 1 BetrVG). Verweigert der Betriebsrat die Zustimmung zur Versetzung, gilt § 103 II BetrVG entsprechend. Das Arbeitsgericht kann die Zustimmung zur Versetzung ersetzen, wenn diese auch unter Berücksichtigung der betriebsverfassungsrechtlichen Stellung des betroffenen Arbeitnehmers aus dringenden betrieblichen Gründen notwendig ist. Die Zustimmung nach § 103 II BetrVG hat der Betriebsrat desjenigen Betriebs zu erteilen, dem der Funktionsträger angehört. Unabhängig davon bestehen für den Betriebsrat des aufnehmenden Betriebs die Rechte aus § 99 BetrVG.

§ 53. Die Entfernung oder Versetzung eines betriebsstörenden Arbeitnehmers

I. Voraussetzungen des Anspruchs auf Entfernung oder Versetzung eines betriebsstörenden Arbeitnehmers

Im Interesse der Betriebsgemeinschaft hat der Betriebsrat das 214
Recht, vom Arbeitgeber die Entlassung oder Versetzung eines Arbeitnehmers zu verlangen, wenn dieser durch gesetzwidriges Verhalten oder durch grobe Verletzung der in § 75 I enthaltenen Grundsätze, insbesondere durch rassistische oder fremdenfeind-

419 BAG 11. 7. 2000 – 1 ABR 39/99 – NZA 2001, 516.

liche Betätigungen den Betriebsfrieden wiederholt ernstlich gestört hat. § 104 BetrVG entspricht den Rechten des Betriebsrats bei der Einstellung eines Arbeitnehmers (§ 99 II Nr. 6 BetrVG).

215 Das Verlangen kann nur bei **einem Arbeitnehmer,** dagegen nicht bei einem Vorstandsmitglied[420] oder einem leitenden Angestellten (§ 5 III BetrVG) gestellt werden. Bei leitenden Angestellten kann der Betriebsrat nur gem. § 80 I Nr. 2 BetrVG beim Arbeitgeber auf eine Versetzung oder Kündigung hinwirken.

216 Gesetzwidrig handelt derjenige, der durch sein Verhalten die Rechtsordnung missachtet.

Beispiel: Ein Arbeitnehmer begeht ein Sittlichkeitsdelikt.

217 Eine **grobe Verletzung** der in § 75 BetrVG (Abschn. IV Rn. 31 ff.) enthaltenen Grundsätze ist dann gegeben, wenn klar und eindeutig die betrieblichen Grundrechte der Arbeitnehmer verletzt werden. Nach herrschender Meinung muss das gesetzwidrige Verhalten oder die Verletzung der in § 75 BetrVG enthaltenen Grundsätze **schuldhaft** erfolgt sein.[421] Schuldhaft handelt, wer vorsätzlich oder unter Außerachtlassen der im Verkehr erforderlichen Sorgfalt handelt (§ 276 BGB).

218 Durch das gesetzwidrige oder betriebsgefährdende Verhalten muss der **Betriebsfrieden wiederholt ernstlich gestört** worden sein; bloße Gefährdungen reichen nicht.[422] Der Arbeitnehmer muss daher mindestens zweimal entsprechende Handlungen begehen, bevor seine Entfernung aus dem Betrieb verlangt werden kann. Bei Rechtsverfehlungen im rein privaten Bereich (Verstöße gegen die Straßenverkehrsordnung) wird der Betriebsfrieden in der Regel nicht berührt. Auch dies kann aber der Fall sein, wenn unter der Belegschaft eine Erregung über das Verhalten eines bestimmten Arbeitnehmers eintritt. Zwischen den betriebsfeindlichen Handlungen und der Störung des Betriebsfriedens muss ein **Kausalzusammenhang** bestehen. Ein solcher

420 Vgl. BGH AP 5 zu § 626 BGB Druckkündigung.

421 Fitting/Kaiser/Heither/Engels § 104 Rn. 6; Hess/Schlochauer/Glaubitz § 104 Rn. 7; a. A. Heinze Rn. 690.

422 LAG Köln NZA 1994, 431; LAG Hamm BB 1995, 678.

Ursachenzusammenhang ist dann gegeben, wenn das störende Verhalten nicht hinweggedacht werden kann, ohne dass auch die Störung des Betriebsfriedens entfiele. Ergibt sich, dass das Verhalten in diesem Sinne ursächlich war, so ist weiter zu prüfen, ob die Störung des Betriebsfriedens nicht außerhalb aller Wahrscheinlichkeit lag. Der Kausalzusammenhang beurteilt sich wie im allgemeinen Zivilrecht nach der durch die Adäquanztheorie modifizierten Äquivalenztheorie.[423] Die Störung des Betriebsfriedens muss nachhaltig sein; unzureichend ist es also, wenn über das betreffende Fehlverhalten im Betrieb nur diskutiert wird.

II. Das Ersuchen um Entlassung oder Versetzung

Über das Verlangen nach Versetzung oder Entlassung hat der 219 Betriebsrat gem. § 33 BetrVG einen Beschluss zu fassen. Dabei hat er die Interessen des betroffenen Arbeitnehmers gegen die der Betriebsgemeinschaft abzuwägen. Wird den Interessen des Betriebs schon durch eine Versetzung hinreichend Rechnung getragen, so ist das Verlangen nach einer Kündigung unzulässig (Grundsatz der Verhältnismäßigkeit). Hat der Betriebsrat die Behandlung sämtlicher Personalangelegenheiten auf einen Ausschuss (§§ 27 III, 28 BetrVG; vgl. Abschn. III Rn. 62, 65) übertragen, so wird auch dieser das Verlangen stellen können. In jedem Fall gehört das Versetzungs- oder Entlassungsverlangen nicht zu den Geschäften der laufenden Verwaltung (vgl. Abschn. III Rn. 61).

Beantragt der Betriebsrat die **Versetzung**, so hat er nicht das 220 Recht, dem Arbeitgeber vorzuschreiben, an welchen Arbeitsplatz oder an welche Arbeitsstelle der Arbeitnehmer versetzt werden soll. Diese Entscheidung obliegt dem Arbeitgeber. Der Betriebsrat kann gem. § 80 I Nr. 2 BetrVG einen bestimmten Arbeitsplatz lediglich vorschlagen. Erfolgt die Versetzung in einen anderen Betrieb desselben Unternehmens, so ist auch der Betriebsrat des aufnehmenden Betriebs zu beteiligen. Einer nochmaligen Mitwirkung des Betriebsrats des den Arbeitnehmer ent-

423 Schaub, Arbeitsrecht von A–Z, Stichwort: Kausalzusammenhang.

lassenden Betriebes bedarf es nicht, weil dieser selbst die Versetzung beantragt hat. Entschließt sich der Arbeitgeber zum Ausspruch einer **Kündigung,** so ist der Betriebsrat gem. § 102 BetrVG (Rn. 120ff.) zu hören, es sei denn, dass er selbst nicht nur eine Versetzung, sondern die Kündigung beantragt hat.[424] Gegenüber dem betroffenen Arbeitnehmer hat der Arbeitgeber die gesetzlichen, tariflichen oder einzelvertraglich vereinbarten Kündigungsfristen einzuhalten und die Kündigungsbeschränkungen, also z. B. die Vorschriften des KSchG, MuSchG, SchwbG zu beachten. Der Arbeitnehmer kann sich gegen eine Versetzung durch Erhebung einer Feststellungsklage nach § 256 ZPO, gegen eine Kündigung durch Erhebung einer Kündigungsschutzklage wehren.

221 Liegen die Voraussetzungen, unter denen der Betriebsrat die Versetzung oder Entlassung eines Arbeitnehmers verlangen kann, nicht vor, so hat sich der Arbeitgeber schützend vor den Arbeitnehmer zu stellen, soweit ihm dies zuzumuten ist.[425] Aber auch der Arbeitnehmer ist verpflichtet, unzumutbare Nachteile für seinen Arbeitgeber zu vermeiden, also unter Umständen einer Versetzung innerhalb des Betriebs oder Unternehmens zuzustimmen.[426]

222 Entschließt sich der Arbeitgeber, dem Versetzungs- oder Entlassungsverlangen **nicht** nachzukommen, so kann der Betriebsrat beim Arbeitsgericht beantragen, dem Arbeitgeber die Versetzung oder Entlassung aufzugeben. An dem Beschlussverfahren beteiligt sind der Betriebsrat, der Arbeitgeber und der betroffene Arbeitnehmer. Eine Frist für die Einleitung des Verfahrens ist im Gesetz nicht vorgesehen. Lässt der Betriebsrat jedoch längere Zeit nach der Weigerung des Arbeitgebers, seinem Begehren zu folgen, verstreichen, so kann das Rechtsschutzinteresse für ein gerichtliches Verfahren entfallen oder dem Begehren des Be-

424 LAG München DB 75, 1180, 1228; BAG 15. 5. 1997 AP 1 zu § 104 BetrVG 1972.

425 BAG AP 22 zu § 1 KSchG; AP 1, 3, 8, 10 zu § 626 BGB Druckkündigung; vgl. Schaub, Arbeitsrechts-Handbuch §§ 125 VII 15; 130 II 13; Schaub, Arbeitsrecht von A–Z, Stichwort: Druckkündigung.

426 BAG AP 3 zu § 626 BGB Druckkündigung.

triebsrats die Grundlage entzogen sein, wenn inzwischen der Betriebsfriede wieder eingekehrt ist.

III. Die Entscheidung des Arbeitsgerichts

Das Arbeitsgericht kann den Antrag des Betriebsrats abweisen. In diesem Falle wird die Rechtsstellung des Arbeitnehmers nicht berührt. Der Betriebsrat kann bei neuen Verfehlungen aber erneut ein Beschlussverfahren anhängig machen. 223

Das Arbeitsgericht kann dem Antrag stattgeben. Der Arbeitgeber hat alsdann die ihm aufgetragene Versetzung oder Entlassung unter Beachtung der Kündigungsbeschränkungen vorzunehmen. Das Arbeitsverhältnis mit dem betroffenen Arbeitnehmer endet bzw. ändert sich nicht etwa automatisch. Der Arbeitgeber hat die Kündigungsfristen einzuhalten. Bei Schwerbehinderten muss die Zustimmung der Hauptfürsorgestelle, bei den dem Mutterschutz unterliegenden Frauen die Genehmigung der höheren Verwaltungsbehörde zur Kündigung auch dann noch eingeholt werden. Der Arbeitnehmer kann sich gegen eine Kündigung im Wege der Kündigungsschutzklage wehren. Im Allgemeinen wird zwar der rechtskräftige Beschluss, in dem dem Arbeitgeber die Kündigung aufgegeben wird, einen Kündigungsgrund darstellen. Es können aber – wie im Zusammenhang mit § 103 BetrVG – Formfehler bei der (i. d. R. ordentlichen) Kündigung aufgetreten sein. 224

Führt der Arbeitgeber den rechtskräftigen Gerichtsbeschluss, eine Versetzung oder Entlassung vorzunehmen, nicht durch, so ist er auf Antrag des Betriebsrats vom Arbeitsgericht zur Vornahme der Entlassung oder Versetzung durch Zwangsgeld anzuhalten (§ 104 S. 2 BetrVG). Das Höchstmaß des Zwangsgeldes beträgt für jeden Tag der Zuwiderhandlung 500,– DM – ab 1. 1. 2002: 250,– Euro – (§ 104 S. 3 BetrVG). 225

Abschnitt IX. Die Beteiligung des Betriebsrats in wirtschaftlichen Angelegenheiten

§ 54. Der Wirtschaftsausschuss

I. Errichtung des Wirtschaftsausschusses

(1) In allen Unternehmen mit i. d. R. mehr als 100 ständig beschäftigten Arbeitnehmern, in denen ein Betriebsrat besteht, ist ein Wirtschaftsausschuss zu bilden. Maßgebend ist die Zahl der Arbeitnehmer sämtlicher zum Unternehmen gehörender Betriebe. Für die Bildung des Wirtschaftsausschusses ist unerheblich, ob die Unternehmensleitung vom Inland oder Ausland her erfolgt.[1] Befindet sich die Unternehmensleitung im Ausland, so wird der Wirtschaftsausschuss dort gebildet, wo sich die im Inland die maßgebliche Leitung befindet.[2] Nach dem Territorialitätsprinzip ist der Wirtschaftsausschuss auch nur für den Teil des Unternehmens zuständig, der sich im Inland befindet. Nur die im Inland beschäftigten Arbeitnehmer zählen bei der Berechnung mit. Betreiben mehrere Unternehmen gemeinsam einen einheitlichen Betrieb mit i. d. R. mehr als 100 ständig beschäftigten Arbeitnehmern, so ist bei der Trägergruppe ein Wirtschaftsausschuss auch dann zu bilden, wenn keines der beteiligten Unternehmen für sich allein diese Beschäftigtenzahl erreicht.[3] Haben die Trägerunternehmen noch andere (eigene) Betriebe, ist für jedes Unternehmen ein eigener Wirtschaftsausschuss zu bilden. Die Arbeitnehmer des Gemeinschaftsbetriebs zählen dabei in jedem Unternehmen voll mit.[4] In Tendenzunternehmen und -betrieben wird ein Wirtschaftsausschuss nicht errichtet (§ 118 BetrVG). Gehören zu einem Konzern jedoch auch tendenzfreie Unternehmen, so ist in diesen ein Wirtschaftsaus- 1

---

1 BAG AP 1, 2 zu § 106 BetrVG 1972.

2 BAG AP zu 2 § 106 BetrVG 1972.

3 BAG AP 8 zu § 106 BetrVG 1972 = NZA 91, 643; Richardi § 106 Rn. 13.

4 Fitting/Kaiser/Heither/Engels § 106 Rn. 12.

schuss zu bilden.[5] Nach dem Wortlaut des Gesetzes und nach h. M. ist auf die absolute Zahl der Arbeitnehmer und nicht auf die Zahl der zum Betriebsrat wahlberechtigten Arbeitnehmer abzustellen (§ 106 I 1 BetrVG), mitzuzählen sind dem gemäß zwar nicht leitende Angestellte, aber Auszubildende.[6] Ist in einem Unternehmen ein Wirtschaftsausschuss nicht zu errichten, weil die erforderliche Zahl beschäftigter Arbeitnehmer nicht erreicht wird, so stehen die Unterrichtungsansprüche des Wirtschaftsausschusses über wirtschaftliche Angelegenheiten nicht dem Betriebsrat oder Gesamtbetriebsrat zu. Der Betriebsrat ist aber nach **§ 80 II BetrVG** über wirtschaftliche Angelegenheiten unter Vorlage der erforderlichen Unterlagen zu unterrichten, soweit dies zur Durchführung konkreter Aufgaben erforderlich ist.[7]

2 **(2)** Der Wirtschaftsausschuss besteht aus **mindestens drei** und **höchstens sieben** Mitgliedern, die dem Unternehmen angehören müssen, darunter mindestens einem Betriebsratsmitglied (§ 107 I 1 BetrVG). Innerhalb der genannten Grenzen kann der Betriebsrat oder ggfls. der Gesamtbetriebsrat die Zahl der Mitglieder frei bestimmen. Die Mitglieder sollen die zur Erfüllung ihrer Aufgaben erforderliche fachliche und persönliche Eignung besitzen (§ 107 I 3 BetrVG). Um die Erfahrungen und Kenntnisse der leitenden Angestellten (§ 5 III BetrVG; Abschn. I Rn. 48 ff.) dem Betriebsrat bzw. dem Gesamtbetriebsrat nutzbar zu machen, können auch diese zu Mitgliedern des Wirtschaftsausschusses ernannt werden, sofern sie zur Annahme des Amtes bereit sind. Die Mitglieder des Wirtschaftsausschusses werden vom Betriebsrat oder, sofern das Unternehmen aus mehreren Betrieben besteht, vom zwingend zu errichtenden Gesamtbetriebsrat mit einfacher Stimmenmehrheit gewählt (§ 107 II 1, 2 BetrVG). Werden die Mitglieder des Wirtschaftsausschusses vom Betriebsrat bestimmt, so endet ihre Amtszeit mit der Amtszeit des Betriebsrats (vgl. Abschn. III Rn. 6 ff.). Wird ein Wirtschaftsaus-

5 BAG AP 3, 5 zu § 118 BetrVG 1972; AP 20 = NJW 82, 125 = DB 81, 2624, 2627.

6 LAG Niedersachsen NZA 85, 332.

7 BAG AP 10 zu § 106 BetrVG 1972 = NZA 91, 644; a. A. GK-Fabricius § 106, Rn. 11 ff.

schuss durch den Gesamtbetriebsrat bestimmt, so endet die Amtszeit seiner Mitglieder, wenn die Amtszeit der Mehrheit der Mitglieder des Gesamtbetriebsrats, die an der Bestellung mitgewirkt haben, abgelaufen ist. Dabei stellt das Gesetz auf das unterschiedliche Stimmengewicht der Stimmen der Gesamtbetriebsratsmitglieder und nicht auf deren Kopfzahl ab (§ 107 II 2 i. V. m. § 47 VII, VIII BetrVG). Die Mitglieder des Wirtschaftsausschusses können jederzeit von dem sie bestellenden Organ abberufen werden. Für die **Abberufung** gelten die für die Wahl geltenden Grundsätze entsprechend (§ 107 II 3 BetrVG).

Hat der **Betriebsrat** die Mitglieder des Wirtschaftsausschusses 3
zu bestimmen, so kann er mit der absoluten Mehrheit seiner Mitglieder beschließen, die Aufgaben des Wirtschaftsausschusses einem Ausschuss nach § 28 BetrVG (Abschn. III Rn. 65) oder auch dem Betriebsausschuss nach § 27 BetrVG (Abschn. III Rn. 62) zu übertragen (§ 107 III 1 BetrVG). Ein derartiger Beschluss ist erst möglich, wenn der Betriebsrat sieben oder mehr Mitglieder hat (§ 28, § 9 BetrVG). Dies setzt voraus, dass der Betrieb mehr als 100 Arbeitnehmer beschäftigt (§ 9 BetrVG). In diesen Fällen gehören dem Wirtschaftsausschuss nur Betriebsratsmitglieder an. Die Zahl der Wirtschaftsausschussmitglieder darf die Zahl der Mitglieder des Betriebsausschusses nicht übersteigen. Durch die Übertragung der Aufgaben des Wirtschaftsausschusses auf einen Ausschuss des Betriebsrats kann in Großbetrieben die Zahl der Ausschussmitglieder auf höchstens elf erhöht werden (§ 107 III 2 BetrVG i. V. m. § 27 I BetrVG). Der Betriebsrat kann aber darüber hinaus weitere Arbeitnehmer einschließlich der leitenden Angestellten (§ 5 III BetrVG) bis zur selben Zahl, die der Betriebsausschuss Mitglieder hat, kooptieren (§ 107 III 3 BetrVG). Im Endergebnis kann mithin ein vom Betriebsrat zu bestimmender Wirtschaftsausschuss **bis auf 22 Mitglieder** vergrößert werden. Die kooptierten Mitglieder des Wirtschaftsausschusses unterliegen wie die Ausschussmitglieder der Schweigepflicht (§ 79 i. V. m. § 107 III 4 BetrVG; vgl. Abschn. III Rn. 181 ff.). Für die Abänderung und den Widerruf der Beschlüsse sind dieselben Stimmenverhältnisse wie für die Bestellung erforderlich (§ 107 III 5 BetrVG).

4 Ist der **Gesamtbetriebsrat** für die Errichtung des Wirtschaftsausschusses zuständig, so kann dieser gleichfalls die Aufgaben des Wirtschaftsausschusses einem Ausschuss übertragen. Auch insoweit darf die Zahl der Mitglieder die des Gesamtbetriebsausschusses nicht übersteigen. Die Zahl der Mitglieder des Gesamtbetriebsausschusses ergibt sich aus § 51 I BetrVG. Die Beschlüsse des Gesamtbetriebsrats bedürfen gleichfalls der absoluten Mehrheit (§ 107 III S. 6, 2. Hs. BetrVG). Im Übrigen gelten die für den Betriebsrat dargestellten Grundsätze sinngemäß.

5 Der Konzernbetriebsrat kann keinen Wirtschaftsausschuss errichten.[8]

II. Zuständigkeit des Wirtschaftsausschusses

6 Der Wirtschaftsausschuss hat die Aufgabe, wirtschaftliche Angelegenheiten mit dem Unternehmer zu beraten und den Betriebsrat zu unterrichten (§ 106 I 2 BetrVG). Der Wirtschaftsausschuss hat damit die Funktion, die Zusammenarbeit und Information zwischen Unternehmer und Betriebsrat (Gesamtbetriebsrat) in wirtschaftlichen Angelegenheiten zu fördern. Die Fragen der Unternehmenspolitik sollen rechtzeitig erörtert werden, damit der Betriebs- bzw. Gesamtbetriebsrat durch die in Ausführung der Unternehmenspolitik notwendigen Einzelmaßnahmen nicht überrascht wird. Da der Wirtschaftsausschuss keine Schweigepflicht gegenüber dem Betriebsrat bzw. Gesamtbetriebsrat hat, kann er diese Funktion auch wahrnehmen. Besteht ein Gesamtbetriebsrat, so ist zunächst dieser zu unterrichten, er seinerseits wiederum informiert die einzelnen Betriebsräte.

7 Der Unternehmer hat den Wirtschaftsausschuss rechtzeitig und umfassend über die **wirtschaftlichen Angelegenheiten** – insbesondere über die in § 106 III BetrVG aufgezählten – unter Vorlage der erforderlichen Unterlagen zu unterrichten (§ 106 II BetrVG). In die vorgelegten Unterlagen haben sämtliche Mitglieder ein **Einsichtsrecht (§ 108 III BetrVG).** Die Mitglieder des Wirtschaftsausschusses können sich schriftliche Aufzeichnungen

8 BAG AP 7 zu § 106 BetrVG 1972 = NZA 90, 863.

machen. Umstr. ist, inwieweit der Unternehmer verpflichtet ist, dem Wirtschaftsausschuss die Unterlagen zu übergeben. Grundsätzlich bedeutet „vorlegen“ (§ 106 II BetrVG) nicht „überlassen“. Indes wird man den Unternehmer für verpflichtet halten müssen, umfangreiche Aufstellungen und Listen bereits vor der Sitzung in Fotokopie oder Original zu übergeben.[9] Die Ausschussmitglieder haben nicht das Recht, ohne Zustimmung des Arbeitgebers von den Unterlagen Fotokopien anzufertigen. Der Unternehmer hat überdies die Pflicht, die Auswirkungen der wirtschaftlichen Angelegenheiten auf die Personalplanung (§ 92 BetrVG; vgl. Abschn. III Rn. 3ff.) darzustellen, z. B. mitzuteilen, dass infolge der Rationalisierungsmaßnahmen Arbeitnehmer entlassen werden müssen usw.

Eine Unterrichtungspflicht besteht nicht, soweit auch unter Be- 8
rücksichtigung der Schweigepflicht (Abschn. III Rn. 181ff.) der Mitglieder des Wirtschaftsausschusses (§§ 79, 107 III BetrVG) Betriebs- oder Geschäftsgeheimnisse gefährdet würden.[10] Bloß vertrauliche Angaben dürfen dem Wirtschaftsausschuss aber nicht verweigert werden. Kommt es zu Streitigkeiten über die Richtigkeit, Rechtzeitigkeit und Vollständigkeit der Unterrichtung oder über das Bestehen der Unterrichtungspflicht, so hat sich der Wirtschaftsausschuss an den Betriebsrat zu wenden. Kommt eine Einigung zwischen Betriebsrat und Unternehmer nicht zustande, entscheidet die Einigungsstelle (§ 109 BetrVG). Unter Umständen kann bei Verweigerung der Unterrichtung ein Verfahren nach § 23 III BetrVG (Abschn. XI Rn. 6ff.) erfolgreich sein oder die Verhängung einer Geldbuße nach § 121 BetrVG in Betracht kommen.

9 BAG AP 3 zu § 106 BetrVG 1972 = NJW 85, 2663 = DB 85, 924; LAG Düsseldorf DB 82, 2711; LAG Hamm DB 83, 1311; Fitting/Kaiser/Heither/Engels § 106 Anm. 10 a; GK-Fabricius § 106 Rn. 57ff.; Schaub, Arbeitsrechts-Handbuch, § 243 II 1; Pramann DB 83, 1924; Föhr DB 76, 1383; a. A. Richardi § 106 Rn. 30; Hess/Schlochauer/Glaubitz § 106 Rn. 26; LAG Düsseldorf DB 82, 2411.

10 Vgl. LAG Köln 13. 7. 1999 – 13 (10) TaBV 5/99 – AP 1 zu § 109 BetrVG 1972 = ArbuR 2000, 151 – mit Anm. Däubler und dazu die Entsch. des BAG 11. 7. 2000 – 1 ABR 43/99 – AP 2 zu § 109 BetrVG 1972 = NZA 2001, 402.

9 Der Wirtschaftsausschuss ist vor allem in den in § 106 III BetrVG aufgezählten Fällen zu unterrichten; der Katalog ist nicht abschließend, wie sich aus dem Wort „insbesondere" ergibt. Zu unterrichten ist auch über die wirtschaftlichen Angelegenheiten von Dienstleistungsunternehmen, obwohl in dem Katalog vornehmlich auf Produktionsunternehmen Bezug genommen ist.

10 Zu unterrichten ist:

11 (1) über die **wirtschaftliche und die finanzielle Lage des Unternehmens** (§ 106 III Nr. 1 BetrVG); zur wirtschaftlichen Lage gehören Verluste, Gewinne, Wettbewerbslage des Unternehmens, bestehende Risiken und Schwierigkeiten in der Produktion, konjunkturelle Lage usw.; anders als nach dem BetrVG 1952 besteht auch eine Unterrichtungspflicht über die finanzielle Lage, also über Kapitalausstattung, monatliche Erfolgsrechnungen,[11] Verhältnis von Forderungen und Verbindlichkeiten, Liquidität, Kreditwürdigkeit, und z. B. die Absicht, seitens des Unternehmers einen Konkurs- oder Vergleichsantrag zu stellen, nicht dagegen über die privaten Vermögensverhältnisse des Unternehmers;

12 (2) über die **Produktions- und Absatzlage** (§ 106 III Nr. 2 BetrVG); hierzu gehören die Kapazität des Unternehmens, deren Ausnutzung, Auftragsbestand, Absatzmöglichkeiten usw;

13 (3) über das **Produktions- und Investitionsprogramm** (§ 106 III Nr. 3 BetrVG); zum Produktionsprogramm gehört die Planung über die Gütererzeugung, zum Investitionsprogramm die Planung über den Einsatz von Kapital zur Schaffung, Ergänzung und Erneuerung der Produktionsausrüstung;

14 (4) über **Rationalisierungsvorhaben** (§ 106 III Nr. 4 BetrVG); dies sind insbesondere Maßnahmen zur Hebung der Leistung des Betriebs durch Herabsetzung des Aufwands an menschlicher Arbeitskraft, Unkosten und Kapital, Einführung arbeitssparender und qualitätsverbessernder Technologien (Einsatz von EDV-Anlagen, Mikroprozessoren, Datensichtgeräte usw.);

15 (5) über die **Fabrikations- und Arbeitsmethoden,** insbesondere die Einführung neuer Arbeitsmethoden (§ 106 III Nr. 5 BetrVG);

---

11 BAG 17. 9. 1991 AP 13 zu § 106 BetrVG 1972.

die Vorschrift entspricht § 111 S. 2 Nr. 5 BetrVG (Rn. 47); es konkurrieren die Informationspflicht gegenüber dem Wirtschaftsausschuss und die gegenüber dem Betriebsrat nach § 111 BetrVG; Fabrikations- oder Fertigungsmethode ist die Bestimmung des Ablaufs des Fertigungsprozesses; die Arbeitsmethode entscheidet darüber, in welcher Art und Weise die einzelnen Arbeitnehmer im Rahmen des Produktionsablaufs die Arbeitsleistung zu erbringen haben; z. B. in Fließbandarbeit, Gruppenarbeit, mittels Einsatz von Automaten usw.;

(6) über Fragen des **betrieblichen Umweltschutzes** (§ 106 III 16
Nr. 5 a BetrVG; vgl. Abschn. V Rn. 16); diese Pflicht zur Unterrichtung ist darin begründet, dass der Umweltschutz heutzutage für Unternehmen ein bedeutender betriebswirtschaftlicher Faktor ist, der Auswirkungen auf die wirtschaftliche Situation des Unternehmens und die Arbeitsplätze hat;

(7) über die **Einschränkung** (Herabsetzung der Leistung des 17
Betriebs bei unverändertem Betriebszweck) oder die **Stilllegung** (Aufgabe des Betriebszwecks) von Betrieben oder Betriebsteilen (§ 106 III Nr. 6 BetrVG); vgl. § 111 Nr. 1 BetrVG;

(8) über die **Verlegung eines Betriebs oder von Betriebsteilen** 18
(§ 106 III Nr. 7 BetrVG); da der Wirtschaftsausschuss über das ganze Unternehmen unterrichtet wird, hat er ein Unterrichtungsrecht in allen Fällen, der Betriebsrat (§ 111 S. 2 Nr. 2 BetrVG) dagegen nur dann, wenn die Arbeitnehmer seines Betriebs betroffen sind; Verlegung ist die räumliche Verlagerung des Standorts des Betriebs oder eines Betriebsteils;

(9) über den **Zusammenschluss von Betrieben** (§ 106 III Nr. 8 19
BetrVG); ein Zusammenschluss von Betrieben ist gegeben, wenn zwei oder mehrere Betriebe miteinander verschmolzen werden oder der eine den/die anderen aufnimmt; vgl. § 111 Nr. 3 BetrVG;

(10) über **Änderungen der Betriebsorganisation oder des Betriebszwecks** 20
(§ 106 III Nr. 9 BetrVG); Änderung der Betriebsorganisation ist die Veränderung der Aufgabenverteilung innerhalb des Betriebs,[12] Änderung des Betriebszwecks ist die Verände-

12 Vgl. BAG AP 3, 4 zu § 111 BetrVG 1972.

rung der arbeitstechnischen Zwecksetzung; vgl. § 111 Nr. 4 BetrVG;

21 **(11)** über alle Vorgänge und Vorhaben, durch welche die Interessen der Arbeitnehmer wesentlich berührt werden können. § 106 III Nr. 10 BetrVG enthält eine **Generalklausel;** Unterrichtungspflichtig kann z. B. ein Betriebsinhaberwechsel sein oder der Übergang sämtlicher Geschäftsanteile einer GmbH auf einen neuen Gesellschafter oder Absprachen über die Geschäftsführung;[13] dagegen kann der Wirtschaftsausschuss nicht die Vorlage des notariellen Vertrages zwischen dem alten und neuen Gesellschafter verlangen, dies ist keine Urkunde des Unternehmens; ferner kann über monatliche Erfolgsrechnungen für einzelne Abteilungen oder Filialen zu unterrichten sein.[14]

22 **(12)** Nach § 108 V BetrVG ist dem Wirtschaftsausschuss unter Beteiligung des Betriebsrats der **Jahresabschluss,** also die Handelsbilanz und die Gewinn- und Verlustrechnung (§ 242 III HGB) zu erläutern (h. M.). Bei Kapitalgesellschaften gehört dazu auch der nach §§ 264 bis 288 HGB zu erstellende Anhang. Durch das Bilanzrichtliniengesetz vom 19. 12. 1985 (BGBl. I 2355) ist für alle Kaufleute ein einheitliches Bilanzrecht geschaffen worden.[15] Dem Wirtschaftsausschuss ist der Wirtschaftsprüfungsbericht nach § 321 HGB vorzulegen.[16] Der Wirtschaftsausschuss ist berechtigt, sich Notizen zu machen.[17] Eine Aushändigung von Unterlagen kann nur verlangt werden, soweit sie zu veröffentlichen sind. Die Erläuterung steht nicht unter dem Vorbehalt der Wahrung von Betriebsgeheimnissen.

III. Die Beratungen des Wirtschaftsausschusses

23 Der Wirtschaftsausschuss soll monatlich einmal zusammentreten (§ 108 I BetrVG). Er kann je nach Bedarf in kürzeren oder längeren Abständen tagen. Zur Sicherung seines Geschäftsablaufs wird er in seiner konstituierenden Sitzung einen

---

13 BAG AP 9 zu § 106 BetrVG 1972 = NZA 91, 649.

14 BAG AP 13 zu § 106 BetrVG 1972 = NZA 92, 418.

15 Vgl. Fitting/Kaiser/Heither/Engels § 108 Rn. 11 ff.

16 BAG AP 6 zu § 106 BetrVG 1972 = NZA 90, 150.

17 LAG Hamm DB 83, 1311.

Vorsitzenden wählen, der die Einberufung vorzunehmen und die Tagung zu leiten hat. Der Unternehmer oder sein Vertreter hat an den Sitzungen des Wirtschaftsausschusses teilzunehmen (§ 108 II 1 BetrVG). Vertreter des Unternehmers ist, wer als Rangnächster in der Betriebshierarchie folgt.[18] Es ist dem Unternehmer bzw. seinem Vertreter überlassen, wie viele Arbeitnehmer des Unternehmens einschließlich der leitenden Angestellten (§ 5 III BetrVG) er hinzuzieht. Eine Majorisierung des Wirtschaftsausschusses kann nicht eintreten, da er lediglich unterrichtet werden soll und Abstimmungen nicht stattfinden. Zur Vorbereitung der Sitzung mit dem Unternehmer kann der Wirtschaftsausschuss auch ohne diesen zusammentreten.[19] Sowohl der Unternehmer als auch der Wirtschaftsausschuss können **Sachverständige** hinzuziehen, der Wirschaftsausschuss aber nur nach Verständigung mit dem Unternehmer (§ 108 II 3 i. V. m. § 80 III BetrVG). Ob für den Wirtschaftsausschuss die Notwendigkeit besteht, einen Sachverständigen hinzuziehen, entscheidet bei Weigerung des Unternehmers das Arbeitsgericht.[20] Die Kosten des Sachverständigen trägt der Unternehmer (§ 40 I BetrVG). Der Sachverständige unterliegt der Verschwiegenheitspflicht (§ 108 II 3 i. V. m. § 80 III, IV, § 79 BetrVG; vgl. Abschn. III Rn. 181 ff.).

Die Mitglieder des Wirtschaftsausschusses dürfen in alle vor- 24
zulegenden Urkunden Einsicht nehmen (§ 108 III BetrVG).

Haben Betriebsrat bzw. Gesamtbetriebsrat einem Ausschuss 25
die Befugnisse des Wirtschaftsausschusses übertragen, so gelten diese Grundsätze der Geschäftsführung entsprechend (§ 108 VI BetrVG).

Der Wirtschaftsausschuss kann die Zuziehung eines **Gewerk-** 26
schaftsbeauftragten beschließen, wenn ihn der Betriebsrat (Gesamtbetriebsrat) hierzu ermächtigt hat. Liegt eine derartige Ermächtigung nicht vor, ist § 31 BetrVG entspr. anzuwenden; d. h., der Betriebsrat bzw. Gesamtbetriebsrat können die Zuzie-

18 Richardi § 108 Rn. 14.

19 BAG AP 3 zu § 108 BetrVG 1972 = NJW 82, 1831.

20 BAG AP 1 zu § 108 BetrVG 1972.

hung eines Sachverständigen zu den Sitzungen des Wirtschaftsausschusses beschließen, wenn die Antragsberechtigten einen entspr. Antrag stellen.[21]

27 An den Sitzungen des Wirtschaftsausschusses kann die Schwerbehindertenvertretung teilnehmen.[22]

IV. Die persönliche Rechtsstellung der Ausschussmitglieder

28 Die Ausschussmitglieder unterliegen einer besonderen Schweigepflicht (§ 79 II BetrVG; vgl. Abschn. III Rn. 181 ff.). Dagegen genießen sie keinen besonderen Kündigungsschutz. Für sie gilt allein das Benachteiligungsverbot des § 78 BetrVG (Abschn. IV Rn. 34 ff.). Eine Kündigung, die erklärt wird, um ein Ausschussmitglied zu bewegen, von seinem Recht auf Unterrichtung abzusehen, ist nichtig (§ 134 BGB). Weiter folgt aus dem Benachteiligungsverbot, dass der Arbeitgeber für die Dauer der Ausschusssitzung die Vergütung fortzuzahlen hat (§ 37 II BetrVG entspr.); die sächlichen Aufwendungen der Ausschusssitzungen trägt er in entsprechender Anwendung von § 40 BetrVG.[23] Dasselbe gilt für die Vorbereitung. In welchem Umfang eine Vorbereitung notwendig ist, bestimmt sich nach den Umständen des Einzelfalls, insbesondere nach der Schwierigkeit des Beratungsgegenstands.[24] Umstr. ist, ob und inwieweit Mitglieder des Wirtschaftsausschusses zu **Schulungsveranstaltungen** nach § 37 VI BetrVG (Abschn. III Rn. 157 ff.) entsandt werden können. Da die Mitglieder des Wirtschaftsausschusses nach § 107 I 3 BetrVG die erforderlichen Kenntnisse bei ihrer Bestellung schon haben sollen, hat das BAG einen originären Freistellungsanspruch zur Teilnahme an Bildungsveranstaltungen verneint und ihnen lediglich als Mitglieder des Betriebsrats Teilnahmerechte eingeräumt.[25]

---

21 BAG AP 2 zu § 108 BetrVG 1972 = EzA 4 zu § 108 BetrVG 1972; BAG 25. 6. 1987 AP 6 zu § 108 BetrVG 1972; NZA 88, 167 = EzA 7 zu § 108 BetrVG 1972.

22 BAG AP 2 zu § 22 SchwbG = DB 87, 2467 = NZA 87, 861.

23 BAG AP 8 zu § 108 BetrVG 1972 = NZA 91, 432.

24 BAG AP 3 zu § 106 BetrVG 1972 = NJW 85, 2663 = DB 85, 924.

25 BAG AP 5 zu § 37 BetrVG 1972; AP 10 zu § 89 BetrVG 1972; zu möglichen Ausnahmen vgl. BAG 11. 11. 1998 AP 129 zu § 37 BetrVG 1972.

Diese Rechtsprechung ist auf Widerspruch in der Literatur gestoßen.[26]

V. Rechtsstreitigkeiten

Wird eine Auskunft über wirtschaftliche Angelegenheiten des Unternehmens entgegen dem Verlangen des Wirtschaftsausschusses nicht, nicht rechtzeitig oder nur ungenügend erteilt und kommt hierüber nach Einschaltung des Betriebsrats bzw. Gesamtbetriebsrats eine Einigung nicht zustande, so entscheidet auf Antrag des Arbeitgebers oder der Betriebsvertretung die **Einigungsstelle (§ 109 BetrVG).**[27] Im Interesse der Wahrung der Geschäfts- und Betriebsgeheimnisse hat der Gesetzgeber die Entscheidungskompetenz der Einigungsstelle übertragen, obwohl es sich bei Streitigkeiten über den Umfang der Offenbarungspflicht um eine bloße Rechtsfrage handelt. Zuständig ist die Einigungsstelle aber nur im konkreten Streitfall.[28] Der Spruch der Einigungsstelle ersetzt die Einigung zwischen Arbeitgeber und Betriebsrat. Er ist gemäß § 76 V BetrVG im arbeitsgerichtlichen Beschlussverfahren voll überprüfbar. Die Rechtskontrolle der Arbeitsgerichte umfasst dabei auch die Frage, ob eine Gefährdung von Betriebs- oder Geschäftsgeheimnissen der Auskunft entgegensteht.[29] Die Einigungsstelle kann, wenn es für ihre Entscheidung notwendig ist, Sachverständige, die ebenfalls der Verschwiegenheitspflicht unterliegen, hinzuziehen, § 109 S. 3 BetrVG. Über die Hinzuziehung bedarf es keiner Einigung mit dem Arbeitgeber; vielmehr steht sie im Ermessen der Einigungsstelle. Kommt der Unternehmer einem Spruch der Einigungsstelle, den er nicht oder ohne Erfolg angefochten hat, nicht nach, kann er vom Arbeitsgericht auf Antrag des Betriebsrats – nicht des Wirtschaftsausschusses – zur Befolgung verpflichtet werden, u. U. im Wege der einstweiligen Verfügung.[30] 29

26 Vgl. ErfK-Hanau/Kania § 107 BetrVG Rn. 13 m. w. N.
27 Vgl. dazu OLG Karlsruhe AP 1 zu § 121 BetrVG 1972 = NZA 1985, 570.
28 BAG 17. 9. 1991 AP 13 zu § 106 BetrVG 1972.
29 BAG 11. 7. 2000 – 1 ABR 43/99 – AP 2 zu § 109 BetrVG 1972.
30 ErfK-Hanau/Kania § 109 BetrVG Rn. 8.

§ 55. Die Unterrichtung der Arbeitnehmer über wirtschaftliche Angelegenheiten

30 In Betrieben mit i. d. R. mehr als 1000 Arbeitnehmern hat der Unternehmer mindestens **einmal im Kalendervierteljahr** nach vorheriger Abstimmung mit dem Wirtschaftsausschuss oder dem Betriebsausschuss, der die Funktionen des Wirtschaftsausschusses wahrnimmt, und dem Betriebsrat die Arbeitnehmer schriftlich über die wirtschaftliche Lage des Unternehmens zu unterrichten (§ 110 I BetrVG). Zweckmäßigerweise erfolgt die Unterrichtung im Rahmen einer Werkszeitung. Ausreichend ist aber auch der Aushang am schwarzen Brett. In Unternehmen, die weniger als 1000 Arbeitnehmer, aber mehr als 20 zum Betriebsrat wahlberechtigte Arbeitnehmer beschäftigen, kann die Unterrichtung mündlich erfolgen (§ 110 II BetrVG). Die Verpflichtung aus § 43 II 2 BetrVG (Unterrichtung auf Betriebsversammlung) bleibt davon unberührt.

§ 56. Die Mitwirkung des Betriebsrats bei Betriebsänderungen

I. Die Gliederung des Gesetzes

31 Das Beteiligungsrecht des Betriebsrats bei Betriebsänderungen ist mehrstufig. Der Unternehmer, also ggfls. auch der Insolvenzverwalter,[31] hat **in Unternehmen** (und nicht mehr nur in Betrieben) **mit i. d. R. mehr als 20 wahlberechtigten Arbeitnehmern**[32] folgende Beteiligungspflichten:

32 **(a)** Er hat den Betriebsrat – und daneben und zumeist zeitlich sogar früher den Wirtschaftsausschuss – über geplante Betriebsänderungen, die **wesentliche Nachteile** für die Belegschaft oder erhebliche Teile der Belegschaft zur Folge haben können, rechtzeitig und umfassend zu **unterrichten.** Die Unterrichtung ist

31 BAG AP 1 zu § 113 BetrVG 1972; LAG Hamm AP 1 zu § 112 BetrVG 1972; BAG AP 4, 5, 6 zu § 112 BetrVG 1972.

32 BAG AP 7 zu § 113 BetrVG 1972 = DB 83, 1447; DB 83, 2634; AP 5 zu § 17 KSchG 1969 = DB 87, 1591 = NZA 87, 587.

rechtzeitig, wenn sie erfolgt, sobald die Planung[33] des Unternehmens aus dem Stadium der bloßen Überlegung herausgetreten ist und ein Einfluss des Betriebsrats auf das Ob und Wie der geplanten Änderung noch möglich ist.[34] Die Betriebsparteien haben zu versuchen, einen Ausgleich der häufig gegensätzlichen Interessen herbeizuführen (**Interessenausgleich**). Die Unterrichtung muss umfassend erfolgen, d. h. unter Darlegung der Ursachen der bisherigen und der zu erwartenden Entwicklung.[35] Unterbleibt die rechtzeitige oder umfassende Unterrichtung, so werden die Rechtsfolgen nach § 113 III BetrVG (vgl. Rn. 85ff.) ausgelöst.[36]

(b) Der Unternehmer hat die geplanten Betriebsänderungen **mit dem Betriebsrat zu beraten.** Dem Betriebsrat steht dagegen bei der Durchführung der geplanten Betriebsänderung weder ein volles Mitbestimmungs-, noch auch nur ein Vetorecht zu. Der Unternehmer kann nach Ausschöpfung aller Einigungsmöglichkeiten letztlich allein entscheiden; nur dies ist mit der Wirtschaftsverfassung des Grundgesetzes vereinbar. 33

(c) Zur **Milderung der Folgen** einer Betriebsänderung hat der Unternehmer mit dem Betriebsrat auf dessen Begehren hin einen **Sozialplan** abzuschließen; dabei hat der Betriebsrat ein uneingeschränktes Mitbestimmungsrecht. 34

Die einzelnen Gegenstände der Mitbestimmung bei einer Betriebsänderung werden in der Praxis häufig nicht scharf unterschieden. So wird in Einigungsstellen vielfach über Interessenausgleich und Sozialplan gemeinsam verhandelt. U. U. kann es für den Betriebsrat aber nachteilig sein, einem Interessenausgleich zuzustimmen, bevor ein Sozialplan abgeschlossen ist. 35

Auch dann, wenn die Mitwirkung des Betriebsrats bei der unternehmerischen Maßnahme gewahrt ist, bedarf es noch seiner Mitwirkung bei der personellen Einzelmaßnahme. 36

---

33 Vgl. BAG AP 1 zu § 113 BetrVG 1972; AP 6 zu § 112 BetrVG 1972.

34 BAG 14. 9. 1976 AP 2 zu § 113 BetrVG 1972; vgl. ferner Fitting/Kaiser/Heither/Engels § 80 Rn. 43ff.

35 BAG AP 8, 10 zu § 72 BetrVG; AP 2 zu § 113 BetrVG 1972.

36 BAG AP 2, 6–8 zu § 72 BetrVG.

Beispiel: Ein Betrieb wird stillgelegt. Der Betriebsrat hat bei der Betriebsstilllegung nach §§ 111, 112 BetrVG mitgewirkt. Nunmehr sollen die Arbeitnehmer gekündigt werden. Der Betriebsrat ist vor Ausspruch der einzelnen Kündigungen gemäß § 102 BetrVG (Abschn. VIII Rn. 120ff.) zu hören. Einer Anhörung bedarf es nur dann nicht, wenn im Verfahren der wirtschaftlichen Mitbestimmung beschlossen worden ist, dass der Betrieb zu einem bestimmten Zeitpunkt stillgelegt und zu diesem Termin alle Arbeitnehmer entlassen werden sollen. In diesem Falle hatte der Betriebsrat die Angelegenheit gleichzeitig nach §§ 111 ff. und nach § 102 BetrVG zu behandeln.

37 Die Rechte des Betriebsrats nach §§ 111 ff. BetrVG gelten – mit Modifizierungen – auch in der **Insolvenz** des Unternehmens (vgl. §§ 121 ff. InsO). Die Vorschriften des früheren Gesetzes über den Sozialplan im Konkurs- und Vergleichsverfahren sind durch die Regelungen der InsO ersetzt worden.

II. Die Voraussetzungen des Mitwirkungsrechts

38 Das Beteiligungsrecht des Betriebsrats wird ausgelöst, wenn **(a)** im **Unternehmen** in der Regel, d. h. im bisher „normalen" Zustand[37] **mehr als 20 wahlberechtigte Arbeitnehmer** beschäftigt[38] werden; durch den Bezug auf das gesamte Unternehmen und nicht mehr nur – die nach § 111 BetrVG 1972 – auf den Betrieb wird sichergestellt, dass der mit dieser Mindestgröße verbundene Schutzzweck nicht verfälscht wird. Als Indikator für die wirtschaftliche Belastbarkeit eines Unternehmens taugt nicht die Größe seiner einzelnen Betriebe, sondern nur die Größe des Unternehmens selbst als des Inhabers der einzelnen Betriebe. Ist der Gesamtbetriebsrat für eine Betriebsänderung zuständig, weil sie sich auf mehrere Betriebe des Unternehmens bezieht, so wurden schon nach dem BetrVG 1972 Arbeitnehmer von betriebsratslosen Betrieben und von Kleinbetrieben mit Betriebs-

37 BAG 10. 12. 1996 AP 37 zu § 111 BetrVG 1972; LAG Hamm BB 82, 1665; dazu Tschöpe BB 83, 1416; für den maßgeblichen Zeitpunkt bei einer zeitlich gestreckten Maßnahme vgl. BAG 9. 5. 1995 AP 33 zu § 111 BetrVG 1972.

38 Vgl. BAG AP 7 zu § 113 BetrVG 1972 = NJW 84, 323; AP 23 zu § 113 BetrVG 1972 = BB 83, 2118; AP 5 zu § 17 KSchG 1969 = NZA 87, 587.

obmann/-obfrau nach der Rechtsprechung mitgezählt;[39] die frühere Regelung, dass nur in Betrieben mit i. d. R. mehr als 20 wahlberechtigten Arbeitnehmern über geplante Betriebsänderungen zu unterrichten sind, verstieß dann nicht gegen den Gleichheitssatz, wenn nur dieser eine Betrieb des Unternehmens betroffen war, andernfalls war schon unter Geltung des BetrVG 1972 auf die Anzahl der Arbeitnehmer des Unternehmens abzustellen;[40] bildeten mehrere Unternehmen einen gemeinsamen Betrieb, kam es auf die Gesamtzahl aller dort beschäftigten Arbeitnehmern an;[41] **(b)** eine **Betriebsänderung** i. S. des Gesetzes vorliegt und **(c)** die Betriebsänderung **wesentliche Nachteile** für die Belegschaft oder erhebliche Teile der Belegschaft zur Folge haben kann (§ 111 BetrVG).

Betriebsänderung ist jede Änderung der betrieblichen Organi- 39
sation, der Struktur, des Tätigkeitsbereichs, der Arbeitsweise, des Standorts usw. Nicht jede Betriebsänderung löst das Beteiligungsrecht aus, sondern nur eine solche, die wesentliche Nachteile für die Belegschaft oder erhebliche Teile der Belegschaft zur Folge haben kann. Wesentliche Nachteile sind z. B. Erschwerung der Arbeit, Minderung des Arbeitsverdienstes, längere Anmarschwege, erhöhte Fahrtkosten usw. Von einem erheblichen Teil der Belegschaft ist immer dann auszugehen, wenn im Fall einer Kündigung der Betroffenen eine Massenentlassungsanzeige notwendig wäre (§ 17 KSchG).[42] Wegen des Unternehmensbezugs in § 111 S. 1 BetrVG bedeutet dies, dass ein erheblicher Teil der Belegschaft dann betroffen ist, wenn in einem Betrieb seines Unternehmens, das insgesamt mehr als 20 wahlberechtigte Arbeitnehmer beschäftigt, mehr als fünf Arbeitnehmer von der jeweiligen Maßnahme berührt werden. Ob im Betrieb selbst mehr als

39 BAG 8. 6. 1999 AP 47 zu § 111 BetrVG 1972; BVerfG 27. 1. 1998 AP 18 zu § 23 KSchG 1969; zur früheren Rechtsprechung vgl. BAG AP 5 zu § 50 BetrVG 1972.

40 BAG AP 29 zu § 111 BetrVG 1972 = NZA 90, 443; BAG 8. 6. 1999 AP 47 zu § 111 BetrVG 1972.

41 BAG 11. 11. 1997 AP 42 zu § 111 BetrVG 1972.

42 BAG AP 2, 3, 4, 5, 7, 8 zu § 111 BetrVG 1972; AP 12 = NJW 84, 1781 = DB 83, 2776; BAG 7. 8. 1990 AP 34 zu § 111 BetrVG 1972.

20 Arbeitnehmer beschäftigt sind, ist zwar nicht mehr maßgeblich, gleichwohl muss im Betrieb selbst die sich aus § 17 I KSchG ergebende Anzahl von Arbeitnehmern betroffen sein; diese Beurteilung ist demnach weiterhin betriebsbezogen. Dabei kommt es darauf an, wie viele Arbeitnehmer von einer als einheitlich anzusehenden Maßnahme betroffen werden, auch wenn diese in Teilabschnitten verwirklicht wird.[43] Durch das BeschFG 1985 ist eine besondere Vorschrift (§ 112 a BetrVG) in das BetrVG eingefügt worden, aus der sich bei einem bloßen Personalabbau abweichende Zahlen für die Erzwingung von Sozialplänen ergeben. Dadurch wird für die Unterrichtungspflicht nach § 111 BetrVG die notwendige Anzahl der betroffenen Arbeitnehmer aber nicht berührt. In § 111 S. 2 BetrVG sind eine Reihe von Betriebsänderungen aufgezählt, bei denen kraft Gesetzes immer anzunehmen ist, dass sie wesentliche Nachteile für die Belegschaft zur Folge haben.[44] Eine mitwirkungspflichtige Betriebsänderung kann aber nach umstrittener Auffassung – vom BAG wurde dies noch nicht entschieden[45] – auch in anderen als den aufgezählten Fällen gegeben sein. § 111 S. 2 BetrVG entspricht teilweise § 106 BetrVG, vgl. dazu Rn. 6ff.

Betriebsänderungen, die wesentliche Nachteile für die Belegschaft oder erhebliche Teile der Belegschaft zur Folge haben sind insbesondere:

40 • **Einschränkung** und **Stilllegung** des ganzen Betriebs oder von wesentlichen Betriebsteilen (§ 111 S. 3 Nr. 1 BetrVG). Ein wesentlicher Betriebsteil ist betroffen, wenn in ihm eine hinreichend große Anzahl von Arbeitnehmern beschäftigt wird. Dagegen ist ein wesentlicher Betriebsteil nicht schon dann berührt, wenn in ihm ein notwendiges Vorprodukt hergestellt wird.[46] **Stilllegung** ist die Aufgabe des Betriebszwecks unter Auflösung der Betriebsorganisation aufgrund eines ernsthaften Entschlusses des Unternehmers für eine unbestimmte, nicht

43 BAG 8. 6. 1989 AP 6 zu § 17 KSchG 1969; BAG 13. 11. 1996 AP 4 zu § 620 BGB Aufhebungsvertrag.

44 BAG AP 6, 9 zu § 72 BetrVG; AP 10, 11 zu § 111 BetrVG 1972.

45 Offen gelassen z. B. in BAG 6. 12. 1988 AP 26 zu § 111 BetrVG 1972.

46 BAG AP 30 zu § 111 BetrVG 1972 = NZA 91, 113.

nur vorübergehende Zeit.[47] Der Stilllegung steht nicht entgegen, dass einzelne Arbeitnehmer mit Abwicklungsarbeiten weiter beschäftigt werden.[48] Der **Betriebsübergang**[49] ist keine Betriebsstilllegung, beides schließt sich vielmehr aus. Der bloße Betriebsübergang (des gesamten Betriebs!) ist überhaupt keine Betriebsänderung; eine solche kann allenfalls durch zusätzliche unternehmerische Maßnahmen mit einem Betriebsübergang einhergehen.[50] 41

Eine **Betriebseinschränkung** liegt vor, wenn die Leistung der Betriebsanlage herabgesetzt wird. Umstr. war, ob nur die Herabsetzung der technischen Leistung der Betriebsanlagen eine Betriebseinschränkung darstellt oder auch eine **Personalreduzierung.** Das BAG hat entschieden, dass auch ein Personalabbau eine Betriebseinschränkung sein kann. Dies ist der Fall, wenn der Unternehmer nach einem einheitlichen Plan – und sei es über mehrere Monate hinweg – das Personal in einem Umfang reduzieren will,[51] der im Fall der Kündigung eine Massenentlassungsanzeige erforderlich machen würde.[52] Nicht mitgerechnet werden Arbeitnehmer, die aufgrund eigener, vom Arbeitgeber nicht veranlasster Kündigung ausscheiden,[53] wohl aber Arbeitnehmer, mit denen ein vom Arbeitgeber veranlasster Aufhebungsvertrag geschlossen worden ist,[54] und auch solche, denen gekündigt wird, weil sie einem Betriebsübergang widersprochen haben.[55] In Betrieben mit mehr als 1000 Arbeitnehmern liegt eine Betriebseinschränkung bei einer Entlassung von mindestens 5 v. H. der

47 BAG AP 8 zu § 13 KSchG; zur Stilllegung durch einen Pächter: BAG AP 18 zu § 111 BetrVG 1972 = DB 87, 1540 = NZA 87, 523; BAG 27. 6. 1995 AP 7 zu § 4 BetrVG 1972 = NZA 1996, 164.

48 BAG AP 8 zu § 15 KSchG 1969; AP 1 zu § 1 KSchG 1969 Konzern.

49 Schaub, Arbeitsrecht von A–Z, Stichwort Betriebsnachfolge.

50 BAG AP 6, 8 zu § 111 BetrVG 1972; BAG 16. 6. 1987 AP 19 zu § 111 BetrVG 1972.

51 BAG AP 3–7 zu § 111 BetrVG 1972.

52 Schaub, Arbeitsrecht von A–Z, Stichwort: Massenentlassung.

53 Vgl. BAG AP 27 zu § 111 BetrVG 1972 = BB 89, 2256; LAG Baden-Württemberg DB 82, 1628; LAG Hamm DB 83, 832.

54 BAG AP 12 zu § 111 BetrVG 1972.

55 BAG 10. 12. 1996 AP 32 zu § 113 BetrVG 1972.

Belegschaft vor.[56] Nicht unter den Begriff der Betriebseinschränkung fallen dagegen gewöhnliche Schwankungen der Beschäftigtenzahl, insbesondere in Saison- und Campagnebetrieben. Keine Stilllegung ist die Schließung von Betrieben, die von vornherein nur für eine zeitlich begrenzte Arbeitsaufgabe errichtet wurden (z. B. Gaststätte auf Baustelle, Auffanggesellschaft zur Verwer-
42 tung der Konkursmasse).[57]

Veräußert ein Insolvenzverwalter den Betrieb, so liegt ebenfalls keine Betriebsänderung vor.[58] Eine Betriebsveräußerung kann wegen Umgehung von § 613 a BGB auch dann anzunehmen sein, wenn die Belegschaft veranlasst wurde, zuvor von sich aus die Arbeitsverhältnisse mit dem bisherigen Betriebsinhaber zu kündigen, um mit dem Betriebserwerber neue Arbeitsverhältnisse zu begründen.[59] Die Kündigungen sind dann unwirksam. Wird eine betriebseigene Reinigungsabteilung aufgelöst und werden die Reinigungsarbeiten auf eine Fremdfirma übertragen, so liegt keine Betriebsteil-Stilllegung vor, wenn in der Reinigungsabteilung nur eine unerhebliche Anzahl von Arbeitnehmern beschäftigt wird.[60] Ob darin ein Betriebsteil-Übergang nach § 613 a BGB liegt, hängt von den Umständen des Einzelfalls – Wahrung der Identität der wirtschaftlichen Teileinheit – ab.[61] Ist ungewiss, ob ein Betriebsteil-Übergang vorliegt oder ob der bisherige Arbeitgeber seinen Arbeitnehmern mangels Beschäftigungsmöglichkeit (vorsorglich) betriebsbedingt kündigen muss, so können die Betriebsparteien vorsorglich einen Sozialplan vereinbaren, ggfls. mit Hilfe der Einigungsstelle.[62] Für einen Interessenausgleich ist dagegen Voraussetzung, dass über konkret geplante Maßnahmen verhandelt und schon

0 BAG AP 7, 12 zu § 111 BetrVG 1972.

57 LAG Hamm DB 77, 1099.

58 BAG AP 18 zu § 613 a BGB.

59 BAG AP 5 zu § 1 BetrAVG Betriebsveräußerung = NZA 88, 198.

60 BAG AP 26 zu § 111 BetrVG 1972 = NZA 89, 339, 557.

61 Vgl. EuGH 14. 4. 1994 AP 106 zu § 613 a BGB = NJW 94, 2343 = BB 94, 1500 (Christel Schmidt); EuGH 11. 3. 1997 AP 14 zu EWG-Richtlinie Nr. 77/1987 = NJW 1997, 626, 677 (Ayze Süzen).

62 BAG 1. 4. 1998 AP 123 zu § 112 BetrVG 1972.

eine Einigung über das Ob und Wie angestrebt werden kann. Ein Interessenausgleich kann nicht „vorsorglich" vereinbart werden.[63]

- **Verlegung** des ganzen Betriebs oder von wesentlichen Betriebsteilen (§ 111 S. 3 Nr. 2 BetrVG). Betriebsverlegung ist jede nicht nur geringfügige Veränderung der örtlichen Lage des Betriebs oder von wesentlichen Betriebsteilen.[64] Eine wesentliche Veränderung der örtlichen Lage wird immer dann gegeben sein, wenn es zu erschwerten, höhere Kosten verursachenden Anfahrtswegen der Belegschaft kommt.[65] Wird an dem neuen Arbeitsort eine größere Anzahl von Arbeitnehmern nicht beschäftigt, so kann eine Betriebsstilllegung verbunden mit einer Neueröffnung gegeben sein.[66] 43
- >**Zusammenschluss** mit anderen Betrieben oder die **Spaltung** von Betrieben (§ 111 S. 3 Nr. 3 BetrVG). Ein Betriebszusammenschluss ist dann gegeben, wenn zwei oder mehrere Betriebe miteinander verschmolzen werden – dann verlieren alle ihre bisherige Identität – oder ein Betrieb einen anderen oder mehrere andere aufnimmt – dann verlieren u. U. nur die aufgenommenen ihre bisherige Identität. Der Zusammenschluss von Betrieben ist zu unterscheiden von dem Zusammenschluss von Unternehmen. Der Zusammenschluss von Unternehmen löst das Beteiligungsrecht des Betriebsrats dann nicht aus, wenn die Betriebe der Unternehmen unverändert bleiben; entscheidend für die Anwendung von § 111 BetrVG ist, ob sich auf der betrieblichen Ebene etwas ändert. Die Spaltung eines Betriebs bedeutet die Aufteilung der bisher einheitlichen Betriebsorganisation in zwei oder mehrere nunmehr eigenständige Einheiten. Dabei ist es gleichgültig, ob der Unternehmer/Arbeitgeber derselbe bleibt oder mit der Aufteilung auch ein Betriebsteil-Inhaberwechsel verbunden ist. Die Spaltung des Betriebs kann mit wesentlichen Nachteilen für die Arbeitnehmer beider (neuen) Teile verbunden 44

63 BAG 19. 1. 1999 AP 37 zu § 113 BetrVG 1972.
64 BAG AP 11 zu § 111 BetrVG 1972.
65 BAG AP 11 zu § 111 BetrVG 1972 = NJW 83, 1870 = DB 83, 344.
66 BAG AP 15 zu § 13 KSchG; BAG AP 81 zu § 613 a BGB.

sein. Zuständig nach § 111 BetrVG ist der Betriebsrat des bisher einheitlichen Betriebs.[67]

45 Mit einer Unternehmensaufspaltung ist im Allgemeinen keine Betriebsänderung gegeben.[68] Eine Unternehmensaufspaltung kann auf verschiedene Weise vorgenommen werden. Das Grundmodell besteht darin, dass eine bisher einheitliche Gesellschaft in eine Vermögensgesellschaft (z. B. eine oHG) und eine vermögenslose Produktionsgesellschaft (z. B. eine GmbH oder GmbH & Co KG) aufgespalten wird.[69] In diesen Fällen bleibt vielfach die bisherige Betriebseinheit erhalten, die Arbeitsverhältnisse der Arbeitnehmer gehen lediglich auf die (vermögenslose) Produktionsgesellschaft über (§ 613 a BGB). Eine andere Form der Unternehmensaufspaltung besteht darin, dass in größeren Unternehmungen zentrale Verwaltungen, Dienstleistungsbereiche oder Produktgruppen (Sparten) juristisch verselbstständigt werden (Diversifikation, Outsourcing). Auch in diesen Fällen kann die bisherige Betriebseinheit erhaltenbleiben; möglich ist aber auch, dass die betriebliche Organisation geändert wird. Die Abreden über die künftige Organisation können ausdrücklich oder auch stillschweigend getroffen werden.[70] Wird die Verwaltungsorganisation aufgelöst, ist regelmäßig eine Betriebsänderung nach § 111 S. 2 Nr. 4 BetrVG gegeben.[71] Das Recht der Aufspaltung ist durch das UmwG neu geregelt. Bleibt trotz Unternehmensaufspaltung die bisherige Betriebsorganisation erhalten, so wird nach § 1 II Nr. 2 BetrVG vermutet, dass die (neuen) Unternehmen den Betrieb gemeinsam führen.

46 • **Grundlegende Änderungen der Betriebsorganisation, des Betriebszwecks oder der Betriebsanlagen** (§ 111 S. 3 Nr. 4 BetrVG). Eine Änderung des Betriebszwecks ist gegeben, wenn die arbeitstechnische Zwecksetzung geändert wird.[72]

---

67 BAG 16. 6. 1987 AP 20 zu § 111 BetrVG 1972; BAG 10. 12. 1996 AP 110 zu § 112 BetrVG 1972.

68 BAG AP 9 zu § 111 BetrVG 1972 = EzA 13 zu § 111 BetrVG 1972.

69 Schaub, Ich mache mich selbständig, 4. Aufl. 1992, S. 170 ff.

70 BAG AP 4 zu § 23 KSchG = DB 84, 1684; AP 10 zu § 1 KSchG 1969 = DB 86, 1287.

71 BAG AP 19 zu § 111 BetrVG 1972 = DB 87, 1842 = NZA 87, 671.

72 BAG AP 15 zu § 111 BetrVG 1972 = NZA 86, 804.

Der Betriebszweck wird aber noch nicht geändert, wenn in einem Schlachthof, in dem bislang Rinder, Kälber und Schweine geschlachtet wurden, künftig nur noch Schweine geschlachtet werden.[73]

Beispiele für Zweckänderung: Umstellung der Produktion von Sesseln auf Betten; Einrichtung eines Automatenspielsaals neben dem bisherigen „klassischen" Glücksspiel am Tisch in einer Spielbank.[74]

Grundlegend ist die Änderung dann, wenn in nicht unerheblichem Umfang der technische Zweck der Betriebsanlagen geändert worden ist.[75]

Betriebsorganisation ist das sinnvolle Zusammenwirken von Anlagen und Menschen zur optimalen Erreichung eines Betriebszwecks. Hierzu gehört die Entscheidung über Zentralisation oder Dezentralisation des Betriebs und über eine sog. lean production.

Eine Änderung der Betriebsanlagen liegt vor, wenn die technische Ausrüstung des Betriebs geändert wird, dagegen nicht schon dann, wenn abgenutzte Maschinen durch neue mit mehr oder weniger gleichem technischen Standard ersetzt werden.

• Einführung grundlegend **neuer Arbeitsmethoden** und **Fertigungsverfahren** (§ 111 S. 3 Nr. 5 BetrVG). Arbeitsmethode ist die Art, in der die Arbeitskraft der Arbeitnehmer verwertet wird; Fertigungsverfahren ist die Fabrikationsmethode. Es sollen durch diese Vorschrift vor allem Rationalisierungsmaßnahmen erfasst werden. Es muss sich um grundlegende Neuerungen handeln. Bei der Installierung von Datensichtgeräten handelt es sich um die Einführung grundlegend neuer Arbeitsmethoden, wenn erhebliche Teile der Belegschaft betroffen sind (70 Datensichtgeräte bei 1500 Arbeitsplätzen).[76] In der Aufgabe der Eigenfertigung eines notwendigen Vorprodukts kann die Einführung einer 47

73 BAG v. 28. 4. 1993 – AP 32 zu § 111 BetrVG 1972 = NZA 93, 1142 = BB 93, 1444.

74 BAG 17. 12. 1985 AP 15 zu § 111 BetrVG 1972.

75 BAG AP 10 zu § 111 BetrVG 1972 = NJW 83, 2838 = DB 82, 1766.

76 BAG AP 10 zu § 111 BetrVG 1972 = NJW 83, 2838.

grundlegend neuen Arbeitsmethode oder eines grundlegend neuen Fertigungsverfahrens liegen. Grundlegend ist die Änderung aber nur, wenn von ihr ein erheblicher Teil der Arbeitnehmer nachteilig betroffen werden kann.[77]

III. Die Mitwirkung bei der unternehmerischen Entscheidung – Interessenausgleich –

48 Über die geplante Betriebsänderung muss der Unternehmer den Betriebsrat umfassend unterrichten und anschließend mit ihm beraten. Dabei soll ein **Interessenausgleich** zwischen Arbeitgeber und Betriebsrat stattfinden (§ 112 I 1 BetrVG). Gegenstand eines Interessenausgleichs sind also ausschließlich Regelungen darüber, ob, wann und in welcher Weise die vom Unternehmer geplante Betriebsänderung durchgeführt werden soll.[78] Im Sozialplan geht es dagegen um den Ausgleich der Milderung der wirtschaftlichen Nachteile, die den Arbeitnehmern infolge der schließlich vereinbarten oder jedenfalls vom Unternehmer durchgeführten Maßnahme entstehen. Die Betriebsparteien können also im Interessenausgleich Kündigungsverbote, Versetzungs- und Umschulungspflichten vereinbaren, durch die wirtschaftliche Nachteile für die betroffenen Arbeitnehmer von vornherein vermieden werden.[79] Dagegen können derartige Regelungen nicht Gegenstand eines von der Einigungsstelle gegen den Willen des Unternehmers beschlossenen Sozialplans sein. Dieser ist insoweit unwirksam.[80] Andernfalls könnte vom Betriebsrat mit Hilfe der Einigungsstelle die geplante Änderung gegen den Willen des Unternehmers inhaltlich gestaltet oder auch ganz verhindert werden. Dies wäre mit der Wirtschaftsverfassung des Grundgesetzes und den Grundrechten des Unternehmers (Art. 2 I, 12 I, 14 GG) nicht zu vereinbaren. Nur über den Ausgleich der wirtschaftlichen Nachteile, die mit der vom Unternehmer letztlich nach seinen Vorstellungen durchführbaren Betriebsänderung verbunden sind, kann die Einigungsstelle auch gegen den Willen des Unterneh-

77 BAG 7. 8. 1990 AP 34 zu § 111 BetrVG 1972.
78 BAG AP 41 zu § 112 BetrVG 1972 = DB 88, 558 = NZA 1988, 203.
79 Vgl. Fitting/Kaiser/Heither/Engels §§ 112, 112 a Rn. 17 b.
80 BAG 17. 9. 1991 AP 59 zu § 112 BetrVG 1972 = NZA 1992, 227.

mers Regelungen beschließen.[81] Dabei ist jeweils nicht entscheidend, unter welcher „Überschrift" die Regelungen getroffen werden: Regelt ein Sozialplan in Wirklichkeit Fragen des Ob und Wie einer Betriebsänderung, ist ein entsprechender Spruch der Einigungsstelle unwirksam; finden sich im „Interessenausgleich" in Wirklichkeit (auch) Regelungen über den Ausgleich der mit der Betriebsänderung verbundenen Nachteile, z. B. ein an bestimmte Voraussetzungen gebundener Anspruch gekündigter Arbeitnehmer auf Wiedereinstellung, so handelt es sich in Wahrheit um eine Sozialplanregelung mit anspruchsbegründender Wirkung. Kommt es zu einer Einigung über den Interessenausgleich, so ist diese schriftlich niederzulegen und vom Unternehmer und vom Betriebsrat zu unterschreiben (§ 112 I 1 BetrVG). Ausreichend ist, wenn der Betriebsrat über die Einigung einen Beschluss fasst (§ 33 BetrVG) und alsdann der Betriebsratsvorsitzende die Einigung unterschreibt (vgl. Abschn. III Rn. 48). Auf die Bezeichnung der Einigung als „Interessenausgleich" kommt es nicht an. Entscheidend ist die Einigung über den Inhalt der Betriebsänderung, unter welcher Überschrift auch immer.[82]

Zu seiner Unterstützung während den Beratungen kann der Betriebsrat nach § 111 S. 2 BetrVG in Unternehmen mit mehr als 300 Arbeitnehmern einen **Berater** hinzuziehen. Dafür bedarf es – anders als sonst – keiner vorherigen Vereinbarung mit dem Unternehmer/Arbeitgeber, wie aus dem Fehlen eines Verweises auf § 80 III BetrVG hervorgeht. Auf diese Weise soll der Betriebsrat in die Lage versetzt werden, auf die mit einer Unternehmensumstrukturierung verbundenen komplexen Fragestellungen mit Hilfe externen Sachverstands möglichst rasch zu reagieren. Die gesetzliche Bestimmung stellt eine Sonderregelung für ein unbürokratisches Hinzuziehen von externem Sachverstand (so die Gesetzesbegründung des Referentenentwurfs) im Rahmen von Betriebsänderungen dar. 49

Kommt ein Interessenausgleich nicht zustande, so können der Unternehmer oder der Betriebsrat – in Insolvenzverfahren nur 50

81 BAG 17. 9. 1991 AP 59 zu § 112 BetrVG 1972 = NZA 1992, 227.
82 BAG 20. 4. 1994 AP 27 zu § 113 BetrVG 1972.

beide gemeinsam, § 121 InsO – den Präsidenten des Landesarbeitsamts um **Vermittlung** ersuchen (§ 112 II 1 BetrVG). Der Präsident des Landesarbeitsamts, der sich durch einen Beamten seiner Behörde vertreten lassen kann, ist vom Gesetzgeber wegen seiner besonderen Erfahrungen auf dem Gebiet des Arbeitsmarkts und der Berufs- und Ausbildungsförderungsmaßnahmen[83] einbezogen worden. Die Betriebsparteien brauchen sich auf das Verfahren vor dem Präsidenten des Landesarbeitsamts nicht einzulassen; dies ergibt sich schon daraus, dass der LAA-Präsident keine verbindliche Entscheidung treffen kann. Andererseits wird die Einlassung des Unternehmers mittelbar erzwungen, weil dann, wenn es zu der vom Betriebsrat gewünschten Einschaltung nicht kommt, für die Arbeitnehmer Ansprüche nach § 113 BetrVG (Rn. 85ff.) erwachsen können: Der Unternehmer hat dann u. U. nicht alles versucht, um eine Einigung mit dem Betriebsrat herbeizuführen.[84] Dies gilt selbst dann, wenn der Betriebsrat einen Sozialplan nach § 112 a BetrVG nicht erzwingen kann.[85] Die Frage, ob ein Interessenausgleich versucht werden muss, beurteilt sich allein nach § 111 BetrVG, auch wenn die geplante Betriebsänderung nur in einem Personalabbau bestehen soll und für die Sozialplanpflichtigkeit dann die – großzügigeren – Zahlen des § 112 a BetrVG gelten, und auch wenn es sich bei dem Unternehmen um eine Neugründung handelt, § 112 a II BetrVG.

51 Wird der Präsident des Landesarbeitsamts nicht um Vermittlung ersucht oder bleibt sein Vermittlungsversuch ergebnislos, so können der Unternehmer und der Betriebsrat die **Einigungsstelle** (Abschn. XI Rn. 59ff.) anrufen (§ 112 II 2 BetrVG). Auf Ersuchen des Vorsitzenden der Einigungsstelle nimmt der Präsident des Landesarbeitsamts an der Verhandlung teil (§ 112 II 3 BetrVG). Es sollen auf diese Weise die Erfahrungen und Kenntnisse des LAA-Präsidenten (bzw. seines beauftragten Beamten) der Einigungsstelle nutzbar gemacht werden. Dieser hat die Stel-

83 Schaub, Arbeitsrecht von A–Z, Stichwort Berufsausbildungsbeihilfen.

84 Vgl. BAG AP 11 zu § 113 BetrVG 1972 = DB 85, 1293 = NZA 85, 400; BAG 20. 11. 2001 – 1 AZR 97/01 – z.V.v.

85 BAG AP 18 zu § 113 BetrVG 1972 = NZA 89, 278.

lung eines Sachverständigen. Abstimmungsberechtigt im Rahmen der Einigungsstelle ist der LAA-Präsident nicht. Ruft der Unternehmer die Einigungsstelle nicht an, so hat er auch unter diesem Aspekt nicht alles für die Herbeiführung eines Interessenausgleichs getan und ist zum Nachteilsausgleich nach § 113 BetrVG verpflichtet.[86] Daneben kann vom Betriebsrat ein Sozialplan erzwungen werden.

Kommt es zu einem Einigungsstellenverfahren, so sollen Un- 52
ternehmer und Betriebsrat Vorschläge zur Beilegung der Meinungsverschiedenheiten über den Interessenausgleich machen (§ 112 III 1 BetrVG). Beide Seiten sollen konstruktive Vorschläge zur Beilegung der Meinungsverschiedenheit unterbreiten und nicht den Standpunkt der Gegenseite einfach ablehnen. Die Einigungsstelle soll eine Einigung der Betriebsparteien über den Interessenausgleich versuchen (§ 112 III 2 BetrVG). Ihre Entschließung ist für die Betriebsparteien nicht verbindlich. Die Einigungsstelle kann vielmehr nur einen Vorschlag machen. Kommt es zu einer Einigung, so ist sie schriftlich niederzulegen und vom Betriebsratsvorsitzenden nach Beschlussfassung durch den Betriebsrat, vom Unternehmer und vom Vorsitzenden der Einigungsstelle zu unterschreiben. Die Unterschrift des Vorsitzenden ist dabei nicht konstitutiv. Auch muss die Einigungsstellensitzung nicht unbedingt unterbrochen werden, um eine Beschlussfassung des gesamten Betriebsrats über den Inhalt der Einigung herbeizuführen. Auch ohne dies ist ein wirksames Handeln des Betriebsratsvorsitzenden im Rahmen zuvor gefasster Beschlüsse möglich.[87] Kommt es nicht zu einer Einigung, so ist der **Interessenausgleich gescheitert**. Der Unternehmer kann die wirtschaftliche Maßnahme nunmehr durchführen, ohne Ansprüchen nach § 113 BetrVG ausgesetzt zu sein. Im **Insolvenzverfahren** kann der Insolvenzverwalter auch nach § 122 InsO vorgehen und nach dreiwöchigen vergeblichen Verhandlungen die Zustimmung des Arbeitsgerichts zur Durchführung der Betriebsände-

86 Vgl. BAG AP 11 zu § 113 BetrVG 1972 = DB 85, 1293 = NZA 85, 400; AP 13 = NJW 86, 2454.

87 BAG 24. 2. 2000 AP 7 zu § 1 KSchG 1969 Namensliste.

rung beantragen. Dieses entscheidet nach Maßgabe des § 122 II InsO. Insolvenzverwalter und Betriebsrat können sich nach § 125 InsO auch auf eine Namensliste zu kündigender Arbeitnehmer einigen. Ihr kommt im Rahmen des § 1 KSchG eine starke Vermutungswirkung zu. Der Insolvenzverwalter kann auch stattdessen beim Arbeitsgericht die Feststellung beantragen, dass die Kündigung bestimmter Arbeitnehmer sozial gerechtfertigt ist, § 126 InsO.[88] Indes kann gleichwohl noch ein Sozialplan durchgesetzt werden.

53 Umstr. ist, ob der Betriebsrat gegen den Unternehmer einen **Anspruch auf Unterlassung** von Betriebsänderungen hat, bevor ein Interessenausgleich abgeschlossen oder endgültig vergeblich versucht worden ist. Befürwortende und ablehnende Stimmen halten sich in Literatur und Rechtsprechung der Instanzgerichte die Waage.[89] Das BAG hat bislang nur entschieden, dass der Betriebsrat die Einhaltung eines geschlossenen Interessenausgleichs nicht aus eigenem Recht erzwingen kann.[90]

IV. Der Sozialplan

54 Der Betriebsrat hat ein erzwingbares Mitbestimmungsrecht über den Ausgleich oder die Milderung der **wirtschaftlichen Nachteile**, die den Arbeitnehmern infolge der geplanten Betriebsänderung entstehen (Sozialplan; § 112 I 2 BetrVG). Dies gilt nicht, wenn der Betriebsrat erst gewählt wird, nachdem die Stilllegung eines betriebsratslosen Betriebes bereits beschlossen

---

88 Vgl. zum Ganzen Müller NZA 1998, 1318. Lakies RdA 1997, 145; ders. BB 1999, 206; Zwanziger, das Arbeitsrecht in der Insolvenzordnung 2. Aufl. §§ 122, 125, 126; zur Namensliste vgl. auch BAG 7. 5. 1998 AP 94 zu § 1 KSchG 1969 Betriebsbedingte Kündigung.

89 Vgl. die Nachweise bei Fitting/Kaiser/Heither/Engels § 111 Rn. 111; aus der neueren Rechtsprechung befürwortend: LAG Berlin 7. 9. 1995 NZA 1996, 1284; LAG Hamburg 26. 6. 1997 – 6 TaBV 5/97; Hess. LAG 6. 4. 1993 ArbuR 1994, 162; ArbG Darmstadt 6. 4. 1998 – 10 BvGa 4/98 –; ArbG Passau 9. 5. 1997 BB 1997, 1315; ArbG Hamburg 4. 11. 1997 BB 1998, 428; ablehnend: LAG Hamm 1. 4. 1997 NZA-RR 1997, 343; LAG Köln 1. 9. 1995 NZA 1995, 966; LAG Düsseldorf 19. 11. 1996 DB 1997, 1286; LAG Nürnberg 6. 6. 2000 BB 2000, 2100.

90 BAG 28. 8. 1991 AP 2 zu § 85 ArbGG 1979.

wurde.[91] Auch nach der Stilllegung steht dem schon zuvor gewählten Betriebsrat aber ein Restmandat zu (§ 21b BetrVG).[92] Der Sozialplan kann erzwungen werden, unabhängig davon, ob der Unternehmer einen Interessenausgleich versucht hat[93] oder die Betriebsänderung inzwischen durchgeführt ist.

Im Allgemeinen werden Sozialplanleistungen nur dann gewährt, wenn das Arbeitsverhältnis von Seiten des Arbeitgebers gekündigt wird. Der Ausschluss von Arbeitnehmern, die das Arbeitsverhältnis **selbst gekündigt** haben oder mit dem Arbeitgeber einen Aufhebungsvertrag geschlossen haben, kann aber dann unwirksam sein, wenn der Arbeitgeber die Eigenkündigung des Arbeitnehmers[94] oder den Aufhebungsvertrag[95] mit Blick auf die geplante Betriebsänderung veranlasst hat. Von einer Veranlassung kann dann nicht mehr gesprochen werden, wenn seit der Ankündigung des Personalabbaus drei Monate verstrichen sind und der Arbeitnehmer nicht mehr mit einer Kündigung seitens des Arbeitgebers rechnen muss.[96] Welche Maßnahmen zum Ausgleich oder zur Milderung der wirtschaftlichen Nachteile erforderlich sind, kann nur nach den Umständen des Einzelfalls entschieden werden. Die Betriebsparteien sind bei Einvernehmen grundsätzlich frei in der Entscheidung, welche wirtschaftlichen Nachteile durch welche Leistungen ausgeglichen oder gemildert werden sollen.[97] Es kann sich hierbei um **Abfindungen** für den Verlust des Arbeitsplatzes, auch wenn das KSchG noch keine Anwen- 55

91 BAG AP 15 zu § 112 BetrVG 1972; AP 63 = NZA 93, 420; a. A. ArbG Reutlingen 29. 10. 1998 ArbuR 1998, 492, wenn die Bildung des Betriebsrats bei Beschlussfassung schon „greifbare Formen“ angenommen habe.

92 BAG 1. 4. 1998 AP 123 zu § 111 BetrVG 1972.

93 BAG AP 5 zu § 111 BetrVG 1972; LAG Hamm AP 1 zu § 112 BetrVG 1972.

94 BAG AP 57 zu § 112 BetrVG 1972 = NZA 91, 692; AP 65 = NZA 93, 422.

95 BAG v. 28. 4. 1993 – AP 67 zu § 112 BetrVG 1972; v. 24. 11. 1993 – AP 72; BAG 20. 4. 1994 AP 77 zu § 112 BetrVG 1972; BAG 19. 7. 1995 AP 96 zu § 112 BetrVG 1972.

96 BAG AP 64 zu § 112 BetrVG 1972 = NZA 93, 421.

97 BAG 19. 7. 1995 AP 96 zu § 112 BetrVG 1972 m. w. N.; BAG 11. 8. 1993 AP 71 zu § 112 BetrVG 1972.

dung findet,[98] oder um den **Verlust sonstiger Vorteile** (verfallbare Versorgungsanwartschaften),[99] um **Lohnausgleich** für die Zuweisung einer anderen Tätigkeit, **Erstattung** von Fahrgeld, die Belassung von Werkswohnungen, die Übernahme von Umzugskosten usw. handeln. Die Leistungen des Sozialplans können pauschaliert sein.[100]

56 Ein erzwingbares Mitbestimmungsrecht besteht auch dann, wenn Nachteile tatsächlich nicht eingetreten sind. Die Betriebsparteien können sich im Sozialplan auch die Förderungsmöglichkeiten der **Bundesanstalt für Arbeit** zunutze machen, vgl. insoweit §§ 254, 255 SGB III.[101] Einen Beratungsanspruch nach § 256 I SGB III dürfte dabei auch die Einigungsstelle haben.[102]

57 Zumindest hat die Einigungsstelle nach der ab dem 28. Juli 2001 geltenden Fassung des § 256 II SGB III neben dem Unternehmer ausdrücklich einen Anspruch darauf, dass das Landesarbeitsamt auf einen entsprechenden Antrag im Voraus darüber entscheidet, ob und unter welchen Voraussetzungen eine Maßnahme gefördert werden kann.

58 In der Praxis werden Interessenausgleich und Sozialplan häufig zusammen vereinbart. Der Sozialplan kann danach auf folgende Weisen zustande kommen: durch **Vereinbarung** zwischen Betriebsrat und Unternehmer (§ 112 I 2 BetrVG); durch **Vermittlung** des Präsidenten des Landesarbeitsamts, wenn dieser zugleich einen Interessenausgleich und einen Sozialplan vorschlägt und die Betriebsparteien diese Vorschläge annehmen; durch **Spruch der Einigungsstelle.** Anders als im Interessenausgleich ersetzt hier der Spruch der Einigungsstelle die Einigung zwischen Betriebsrat und Unternehmer (§ 112 IV 2 BetrVG).

---

98 LAG Düsseldorf DB 76, 1824.

99 BAG AP 6 zu § 112 BetrVG 1972.

100 BAG AP 6, 21 zu § 112 BetrVG 1972.

101 Einzelheiten bei Schaub, ArbR-Hdb. 9. Aufl. § 244, Rn. 107 ff.

102 Vgl. Bepler in Gagel SGB III, Kommentar, Stand 1. 3. 2000, § 256 Rn. 14, 15.

Durch das BeschFG 1985 vom 26. 4. 1985 (BGBl. I 710) ist § 112 V BetrVG in das Gesetz eingefügt worden.[103] In ihm sind die **Grundsätze** aufgeführt, die die Einigungsstelle beachten soll, wenn sie kein Einvernehmen zwischen den Betriebsparteien erzielen kann, sondern es zu einem **Spruch** über den Sozialplan kommt. Nach § 112 V 1 BetrVG hat die Einigungsstelle bei ihrer Entscheidung sowohl die sozialen Belange der betroffenen Arbeitnehmer zu berücksichtigen als auch auf die wirtschaftliche Vertretbarkeit ihrer Entscheidung für das Unternehmen zu achten. Die Nichtbeachtung der Richtlinien des § 112 V BetrVG führt zur Anfechtbarkeit des Spruchs.[104] Der Sozialplan hat die Wirkung einer Betriebsvereinbarung (§ 112 I 3 BetrVG), sodass auf ihn § 77 V, VI BetrVG Anwendung findet.[105] Bei einvernehmlich vereinbarten Sozialplänen brauchen die Betriebsparteien § 112 V BetrVG dagegen nicht zu beachten.[106] Auch sie sind aber zwingend an den **Gleichbehandlungsgrundsatz** und an § 75 BetrVG gebunden.[107] Verstößt der Sozialplan gegen diese Gebote, haben die benachteiligten Arbeitnehmer grundsätzlich den gleichen Anspruch auf Leistung wie die Begünstigten.[108] Unterschiede bei den Leistungen des Sozialplans kommen vor, je nach Schwere und Vermeidbarkeit der Nachteile,[109] nach dem Umfang der Arbeitszeit bei Teilzeitkräften,[110] nach der Zumutbarkeit eines anderen Arbeitsplatzes,[111] und nach der Art der Beendigung des Arbeitsverhältnisses (Fremd-/Eigenkündigung/ 59

103 Vgl. dazu Hanau NZA 84, 345.

104 BAG 14. 9. 1994 AP 87 zu § 112 BetrVG 1972.

105 BAG 10. 8. 1994 AP 86 zu § 112 BetrVG 1972.

106 BAG 11. 8. 1993 AP 71 zu § 112 BetrVG 1972.

107 BAG 19. 7. 1995 AP 96 zu § 112 BetrVG 1972; BAG 30. 11. 1994 AP 89 zu § 112 BetrVG 1972; BAG 11. 2. 1998 AP 121 zu § 112 BetrVG 1972; vgl. auch Weber/Ehrich BB 1997, 1530; Hümmerich/Spirolke BB 1995, 42.

108 BAG 15. 1. 1991 APSt zu § 112 BetrVG 1972.

109 BAG 15. 1. 1991 AP 57 zu § 112 BetrVG 1972; BAG 31. 7. 1996 AP 103 zu § 112 BetrVG 1972.

110 BAG 28. 10. 1992 AP 67 zu § 112 BetrVG 1972; zur Berücksichtigung von früheren Zeiten von Teilzeitbeschäftigung vgl. BAG 14. 8. 2001 AP 181 zu § 242 BGB Gleichbehandlung = DB 2002, 153.

111 BAG 17. 4. 1996, 19. 6. 1996, 5. 2. 1997, 15. 12. 1998 AP 101, 102, 112, 126 zu § 112 BetrVG 1972.

Aufhebungsvertrag),[112] nach Stichtagen[113] und nach Unterhaltsberechtigten laut Lohnsteuerkarte.[114]

60 Entscheidet die Einigungsstelle per Spruch, soll sie beim Ausgleich oder bei der Milderung wirtschaftlicher Nachteile im Regelfall Leistungen festsetzen, die den Gegebenheiten des Einzelfalls gerecht werden (§ 112 V 2 Nr. 1 BetrVG). Die Einigungsstelle soll folglich nicht von vornherein und generell Abfindungspauschalen für die von der Betriebsänderung betroffenen Arbeitnehmer vorsehen. Sie soll vielmehr bemüht sein festzustellen, welche Nachteile den Arbeitnehmern oder einer Gruppe von Arbeitnehmern tatsächlich entstehen.[115] Dabei ist auf den Zeitpunkt der Beendigung des Arbeitsverhältnisses abzustellen.[116] Sind die Nachteile im Einzelnen nicht ohne weiteres festzustellen, so soll die Einigungsstelle diese nach freier Überzeugung schätzen. Rechtlich zulässig ist es, solche Arbeitnehmer von Sozialplanleistungen auszuschließen, die sofort oder nach Ablauf des Anspruchs auf Arbeitslosengeld übergangslos und ohne Abzüge (vorgezogenes) Altersruhegeld in Anspruch nehmen können.[117]

61 Bei der Bemessung von Leistungen für den Verlust des Arbeitsplatzes hat die Einigungsstelle die Chancen des Arbeitnehmers auf dem Arbeitsmarkt zu berücksichtigen.[118] Insoweit kommt es auf die Zeit bei Abschluss des Sozialplans an, zu der im Allgemeinen der Präsident des Landesarbeitsamts eine Stellungnahme abgeben kann. Nach § 112 V 2 Nr. 2 soll die Einigungsstelle solche Arbeitnehmer vom Bezug ausschließen, die in

112 BAG 28. 4. 1993, 11. 8. 1993, 24. 11. 1993, 30. 11. 1994, 19. 7. 1995, 11. 2. 1998 AP 67, 71, 72, 89, 96, 121 zu § 112 BetrVG 1972.

113 BAG 24. 1. 1996 AP 98 zu § 112 BetrVG 1972; BAG 6. 8. 1997 AP 116 zu § 112 BetrVG 1972.

114 BAG 12. 3. 1997 AP 111 zu § 112 BetrVG 1972.

115 BT-Drucks 10/2102 S. 27; vgl. BAG AP 21 zu § 112 BetrVG 1972 = DB 84, 1527; AP 25 = DB 85, 1487.

116 BAG AP 66 zu § 112 BetrVG 1972 = NZA 93, 717.

117 BAG AP 45 zu § 112 BetrVG 1972 = NJW 89, 480 = NZA 89, 25; BAG 31. 7. 1996 AP 103 zu § 112 BetrVG 1972.

118 Vgl. BAG AP 21 zu § 112 BetrVG 1972 = DB 84, 1527 = NZA 84, 201.

einem zumutbaren Arbeitsverhältnis in einem anderen Betrieb desselben Unternehmens oder eines zum Konzern gehörenden Unternehmens weiter beschäftigt werden können, eine solche Beschäftigung jedoch ablehnen. Die Möglichkeit der Weiterbeschäftigung allein an einem anderen Ort steht der Zumutbarkeit nicht entgegen; unzumutbar wird die Beschäftigung an einem anderen Ort, wenn noch besondere persönliche Gründe bestehen oder die Weiterbeschäftigung nur an einem Ort möglich ist, der zu einer völligen Veränderung des Lebensbereiches führt (z. B. Versetzung von Thüringen in den Schwarzwald). Die rechtliche Möglichkeit derartiger Ausschlussklauseln entsprach auch schon bislang der Rspr. des BAG.[119] Ob die Weiterbeschäftigung im Übrigen zumutbar ist, muss nach den Umständen des Einzelfalls entschieden werden. Die Einigungsstelle kann hierüber aber Regeln aufstellen.[120] Unzumutbar kann die Weiterbeschäftigung z. B. sein, wenn die Vordienstzeiten bei dem neuen Arbeitgeber nicht angerechnet werden. Wird allen Arbeitnehmern nach Eröffnung des Insolvenzverfahrens vorsorglich fristgemäß gekündigt und vereinbaren die Betriebsparteien einen Sozialplan, nach dem die Arbeitnehmer für den Verlust des Arbeitsplatzes eine Abfindung erhalten, so erhalten solche Arbeitnehmer keine Leistungen, die später unbefristet weiter beschäftigt werden.[121] Die Einigungsstelle soll insbesondere die im SGB III vorgesehenen Förderungsmöglichkeiten zur Vermeidung von Arbeitslosigkeit berücksichtigen, § 112 V Nr. 2 a BetrVG.

Nach § 112 V 2 Nr. 3 hat die Einigungsstelle bei der Bemes- 62
sung des Gesamtbetrags der Sozialplanleistungen darauf zu achten, dass der Fortbestand des Unternehmens oder die nach Durchführung der Betriebsänderung verbleibenden Arbeitsplätze nicht gefährdet werden. In der **Insolvenz** gilt die Sonderregelung des **§ 123 I InsO**: Grenze des Gesamtvolumens des Sozialplans ist der zweieinhalbfache Monatsverdienst (§ 10 III KSchG) der von einer Entlassung betroffenen Arbeitnehmer.

119 BAG AP 3 zu § 112 BetrVG 1972; AP 18 zu § 118 BetrVG 1972 = DB 84, 725; AP 41 zu § 112 BetrVG 1972; AP 47 = NZA 89, 186.

120 BAG 28. 9. 1988 AP 47 zu § 112 BetrVG 1972.

121 BAG AP 48 zu § 112 BetrVG 1972 = NZA 89, 401.

63 Durch das BeschFG 1985 und § 112 BetrVG 1972 sollten die Sozialplanleistungen beschnitten werden, indem sie an den konkreten Bedarf angepasst werden. Gleichwohl kann in vielen Fällen zur Beurteilung der Frage, ob die Einigungsstelle ihr Ermessen bei der Festsetzung der Leistungen angemessen ausgeübt hat, auf die zu § 112 BetrVG a. F. ergangene Rspr. zurückgegriffen werden. So darf ein Sozialplan keine Regelungen enthalten, die ausschließlich zu Lasten der Arbeitnehmer wirken.[122] Als Leistungen kommen z. B. in Betracht: Leistungen für den Verlust des Arbeitsplatzes – wobei die Abfindungen i. d. R. nach Alter, Familienstand, Dauer der Betriebszugehörigkeit, Höhe der Vergütung berechnet werden;[123] vorzeitige Pensionierungen bei älteren Arbeitnehmern;[124] Zahlung von Lohnausgleich oder Auslösungen bei Versetzungen, Umschulungsmaßnahmen – nach Durchführung der Betriebsänderung, nicht zu ihrer Verhinderung –; Vereinbarungen über die Weitergewährung von Deputaten;[125] Gewinnbeteiligungen, vermögenswirksame Leistungen, Beibehaltendürfen von Werkswohnungen, Aufrechterhaltung von Pensionsanwartschaften,[126] Fälligkeit von Arbeitgeberdarlehen, Regelungen über Urlaub, Übernahme von Bewerbungskosten, Fahrtkosten, Sozialfonds für Härtefälle, Auswahlrichtlinien für Kündigungen usw.

64 In einem Sozialplan kann ohne Verstoß gegen den Gleichbehandlungsgrundsatz vorgesehen werden, dass nur an solche Schwerbehinderte eine Sozialleistung gezahlt wird, deren Behinderung bei der Stilllegung bereits anerkannt war.[127] Ein Sozialplan darf aber die Zahlung von Abfindungen an die infolge einer Betriebsänderung entlassenen Arbeitnehmer nicht davon abhän-

---

122 BAG AP 169 zu § 242 BGB Ruhegehalt.

123 BAG AP 1 zu § 77 BetrVG 1972 Auslegung; AP 4 zu § 111 BetrVG 1972; zu Höchstbetragsklauseln: BAG AP 64 zu § 112 BetrVG 1972 = NJW 89, 480 = NZA 89, 28; Darstellung der Berechnungsmöglichkeiten bei Schaub ArbR-Hdb. 9. Aufl., § 244 Rn. 48.

124 Zur Beschränkung der Abfindung bei vorgezogener Pensionierung: BAG AP 45 zu § 112 BetrVG 1972 – NJW 89, 480 = NZA 89, 25.

125 BAG AP 3 zu § 611 BGB Deputat.

126 BAG AP 9 zu § 242 BGB Ruhegehalt – Unverfallbarkeit.

127 BAG AP 124 zu Art. 3 GG = NJW 84, 82.

gig machen, dass diese wegen ihrer Kündigung keine gerichtlichen Schritte unternehmen.[128] Die Fälligkeit der Leistung kann aber davon abhängig gemacht werden, dass Kündigungsschutzprozesse beendet sind.[129] Die Betriebsparteien können nicht vereinbaren, dass Meinungsverschiedenheiten zwischen Arbeitgeber und Arbeitnehmer aus der Anwendung eines Sozialplans durch einen verbindlichen Spruch der Einigungsstelle beschieden werden. Eine derartige Vereinbarung ist eine unzulässige Schiedsvereinbarung.[130] Dagegen ist ein freiwilliges Einigungsstellenverfahren zur Beilegung von Auslegungsstreitigkeiten zwischen den Betriebsparteien selbst möglich, solange die gerichtliche Überprüfbarkeit eines Spruchs gewahrt ist.[131] Die Entscheidung der Einigungsstelle kann aber nicht Rechtsansprüche Dritter beseitigen, wie sie die Begünstigten eines Sozialplans aber gemäß § 77 IV BetrVG besitzen. Der Sozialplan ist nicht dazu da, unverfallbare Versorgungsanwartschaften auszugleichen.[132] Über die gerichtliche Kontrolle der Entscheidung der Einigungsstelle vgl. Abschn. XI Rn. 80ff.

Die Erzwingbarkeit eines Sozialplans wurde durch das Besch- 65
FG 1985 für den Fall **eingeschränkt**, dass die Betriebsänderung allein auf einer Personalreduzierung beruht (Rn. 41). In § 112 a BetrVG ist bestimmt, dass die Vorschriften des § 112 IV, V BetrVG nur dann Anwendung finden, wenn **(1)** in Betrieben mit i. d. R. weniger als 60 Arbeitnehmer 20 v. H. der regelmäßig beschäftigten Arbeitnehmer, **aber** mind. 6 Arbeitnehmer, **(2)** in Betrieben mit i. d. R. mind. 60 und weniger als 250 Arbeitnehmern 20 v. H. der regelmäßig beschäftigten Arbeitnehmer **oder** mind. 37 Arbeitnehmer, **(3)** in Betrieben mit i. d. R. mind. 250 und weniger als 500 Arbeitnehmern 15 v. H. der regelmäßig beschäftigten Arbeitnehmer **oder** mind. 60 Arbeitnehmer, **(4)** in Betrieben mit i. d. R. mind. 500 Arbeitnehmern 10 v. H. der regel-

128 BAG AP 17 zu § 112 BetrVG 1972 = NJW 84, 1581 = DB 84, 723; AP 33 = NJW 86, 2785 = DB 85, 2357; AP 33 = NJW 86, 2785 = NZA 86, 258.

129 BAG AP 33 zu § 112 BetrVG 1972 = NJW 86, 2785 = DB 85, 2357.

130 BAG AP 22 zu § 76 BetrVG 1972 = NZA 88, 207.

131 BAG 20. 11. 1990 AP 43 zu § 76 BetrVG 1972.

132 BAG AP 3 zu § 1 BetrAVG = EzA 20 zu § 112 BetrVG 1972.

mäßig beschäftigten Arbeitnehmer, **aber** mind. 60 Arbeitnehmer aus betriebsbedingten Gründen entlassen werden sollen. Der Entlassung ist der Abschluss von Aufhebungsverträgen aus Anlass der Betriebsänderung gleichgestellt. Die gesetzliche Neuregelung von 1985 hat die Zahlen der Belegschaftsreduzierung, von der eine Betriebsänderung i. S.v. § 111 BetrVG nach der Rspr. abhing, nicht verändert. Nach der Gesetzesbegründung sollten die Beteiligungsrechte des Betriebsrats im Rahmen von §§ 111, 112, 113 BetrVG unverändert bleiben.[133] Dies rechtfertigt die Auffassung, dass die Beteiligungsrechte des Betriebsrats bei der Information und dem Abschluss des Interessenausgleichs sich von denen beim Abschluss des Sozialplans nach dem Erfordernis der Anzahl betroffener Arbeitnehmer unterscheiden.[134] Wegen des Zeitraums, in dem die Personaleinsparung durchgeführt wird, verbleibt es auch für den erzwingbaren Sozialplan bei der vor 1985 ergangenen Rspr.[135]

66 Die Erzwingbarkeit eines Sozialplans bei Betriebsänderungen, die ausschließlich auf einem Personalabbau beruhen, ist vollständig ausgeschlossen bei Betrieben eines Unternehmens in den **ersten vier Jahren nach seiner Gründung** (§ 112 a II BetrVG). Ausgeschlossen ist das Mitbestimmungsrecht dabei nur, wenn das Unternehmen neu gegründet wurde, nicht aber, wenn ein älteres Unternehmen neue Betriebe gegründet hat und dann wieder stilllegt. Befreit sind auch solche Unternehmen, die neu gegründet worden sind und ein Unternehmen übernommen haben, das schon länger als vier Jahre besteht.[136] Zweck der gesetzlichen Regelung ist, neu gegründeten Unternehmen die schwierige Aufbauphase zu erleichtern, indem sie vom Risiko einer Belastung durch Sozialpläne befreit werden. Das Mitbestimmungsrecht tritt nicht zurück bei Umstrukturierungen von Unternehmen und Konzernen (§ 112 a II 2 BetrVG).[137] Um

133 BT-Drucks 10/2102 S. 27.

134 So Hanau NZA 84, 345; BAG 8. 11. 1988 AP 18 zu § 113 BetrVG 1972.

135 BT-Drucks 10/2102 S. 28; BAG AP 3 zu § 111 BetrVG 1972.

136 BAG AP 3 zu § 112 a BetrVG 1972 = NZA 89, 974.

137 BAG 22. 2. 1995 AP 7 zu § 112 a BetrVG 1972.

Streitigkeiten über den Zeitpunkt der Gründung zu vermeiden, bestimmt § 112 a II 3 BetrVG, dass dafür die Aufnahme einer nach § 138 Abgabenordnung mitteilungspflichtigen Erwerbstätigkeit maßgeblich ist.

Tabelle zum Personalabbau		
Anzahl der Arbeitnehmer des Betriebs	Anzahl der mindestens zu entlassenden Arbeitnehmer als Voraussetzung einer Betriebsänderung nach § 111 BetrVG	Anzahl der mindestens zu entlassenden Arbeitnehmer als Voraussetzung für die Erzwingbarkeit eines Sozialplans nach § 112 a BetrVG
6 – 30 AN	6 AN	6 AN
31 – 35 AN	6 AN	7 AN
36 – 40 AN	6 AN	8 AN
41 – 45 AN	6 AN	9 AN
46 – 50 AN	6 AN	10 AN
51 – 55 AN	6 AN	11 AN
56 – 59 AN	6 AN	12 AN
60 – 180 AN	10% der regelmäßig Beschäftigten	20% der regelmäßig Beschäftigten
181 – 249 AN	10% der regelmäßig Beschäftigten	37 AN
250 AN	25 AN	38 AN
251 – 400 AN	26 AN	15% der regelmäßig Beschäftigten
401 – 499 AN	26 AN	60 AN
500 – 599 AN	30 AN	60 AN
ab 600 AN	5% der regelmäßig Beschäftigten	10% der regelmäßig Beschäftigten

(Hat ein Betrieb eines Unternehmens mit insgesamt mehr als 20 Arbeitnehmern nur fünf wahlberechtigte Arbeitnehmer, die einen Betriebsrat gewählt haben, so ist der Schwellenwert des § 17 I KSchG nicht erreichbar, auch wenn sie alle entlassen werden sollen. Gleichwohl dürfte eine Betriebsänderung nach § 111 vorliegen.)

67 Der zwischen Betriebsrat und Unternehmer unmittelbar vereinbarte oder durch Vermittlung des Präsidenten des Landesarbeitsamts vereinbarte Sozialplan ist schriftlich niederzulegen und vom Unternehmer und Betriebsratsvorsitzenden nach Beschlussfassung durch den Betriebsrat zu unterschreiben (§ 112 I BetrVG). Hat die Einigungsstelle eine Einigung herbeiführen können, hat außerdem deren Vorsitzende(r) zu unterschreiben. Fehlt dessen/deren Unterschrift, hat das auf die Wirksamkeit des Sozialplans keinen Einfluss.[138] Beruht der Sozialplan auf einem Spruch der Einigungsstelle, so ist dieser schriftlich niederzulegen, vom Vorsitzenden zu unterschreiben und Arbeitgeber und Betriebsrat zuzuleiten (§ 76 III 3 BetrVG).

68 Der Sozialplan hat die **Wirkungen einer Betriebsvereinbarung**[139] (vgl. Abschn. IV Rn. 47ff.); d. h., er entfaltet unmittelbare und zwingende Wirkung für die Arbeitsverhältnisse der Arbeitnehmer, die von ihm erfasst werden. Die betroffenen Arbeitnehmer erlangen unmittelbar Ansprüche gegen den Unternehmer.[140] Dagegen kann der Betriebsrat nicht aus eigenem Recht die Erfüllung der Sozialplanansprüche verlangen.[141]

Beispiel: Bestimmt der Sozialplan, dass im Falle der Betriebsverlegung der Arbeitgeber die erhöhten Fahrtkosten der Arbeitnehmer zu tragen hat, so können die Arbeitnehmer aufgrund des Sozialplans die Erstattung der Fahrtkosten durch den Arbeitgeber einklagen.

69 Im Regelfall ist eine Betriebsvereinbarung wegen § 77 III BetrVG unwirksam, wenn sie sich auf Gegenstände bezieht, die tarif-

138 GK-Fabricius §§ 112, 112 a Rn. 137 m. w. N.
139 BAG AP 2, 7 zu § 112 BetrVG 1972.
140 LAG Hamm AP 1 zu § 112 BetrVG 1972.
141 BAG AP 53 zu § 112 BetrVG 1972 = NZA 90, 441.

lich geregelt sind oder üblicherweise durch Tarifvertrag geregelt werden (vgl. Abschn. IV Rn. 58 ff.). Diese Sperrwirkung des Tarifvertrags ist für den Sozialplan beseitigt (§ 112 I 4 BetrVG). Die Tarifautonomie wird dadurch nicht gefährdet, auch wenn sich der Sozialplan durchaus auf tariflich geregelte Tatbestände bezieht.

Beispiel: Rechtlich möglich ist, dass durch den Sozialplan tariflich geregelte Erschwerniszulagen verdoppelt werden o. Ä.; dagegen können tarifliche Leistungen durch ihn nicht unterschritten werden.

Sieht ein Sozialplan Dauerleistungen vor, so kann er nach 70
h. M. unter bestimmten Voraussetzungen gekündigt werden.[142] Für die Zukunft kann ein Sozialplan durch eine spätere Betriebsvereinbarung jederzeit geändert werden.[143] Ein mit dem örtlichen Betriebsrat für jede betriebsbedingte Kündigung vereinbarter freiwilliger Sozialplan i. S. d. § 88 BetrVG kann im Fall unternehmensweiter Betriebsänderungen durch einen mit dem Gesamtbetriebsrat vereinbarten („schlechteren“) Sozialplan nach § 112 BetrVG aufgehoben werden.[144] Wird ein Sozialplan anlässlich einer Betriebsstilllegung aufgestellt und sieht er die Übernahme der Arbeitnehmer durch ein anderes Unternehmen desselben Konzerns vor, so ist für den Abschluss einer solchen späteren Betriebsvereinbarung der Betriebsrat des übernehmenden Betriebes zuständig.[145]

Leitende Angestellte werden von einem Sozialplan nicht er- 71
fasst (§ 5 III BetrVG). Das BAG hat vorübergehend angenommen, dass sie im Falle einer Betriebsschließung nicht leer ausgehen dürfen. Der Arbeitgeber sei aufgrund des Gleichbehandlungsgrundsatzes[146] gehalten, mit ihnen entspr. Sozialleistungen wie mit anderen Arbeitnehmern zu vereinbaren.[147] Diese Rspr. hat es wieder aufgegeben.[148]

142 Vgl. dazu BAG 10. 8. 1994 AP 86 zu § 112 BetrVG 1972.
143 Vgl. auch Mayer NZA 1995, 974.
144 Vgl. BAG 11. 12. 2001 – 1 AZR 185/01 –, – 1 AZR 193/01 – z. V. v.
145 BAG AP 12 zu § 112 BetrVG 1972.
146 Schaub, Arbeitsrecht von A–Z, Stichwort: Gleichbehandlung.
147 BAG AP 8 zu § 112 BetrVG 1972.
148 BAG AP 32 zu § 112 BetrVG 1972 = NJW 86, 94 = DB 85, 2207.

72 In den **neuen Bundesländern** war vielfach nicht gewährleistet, dass bei Betriebsstilllegungen oder Einschränkungen die Arbeitnehmer Abfindungen erhielten. Die Treuhandanstalt hat mit den Gewerkschaften Vereinbarungen geschlossen über die Bemessung von Sozialplanleistungen.[149] Wenn diese Vereinbarungen eingehalten wurden, gab die Treuhandanstalt eine Erklärung ab, dass die Sozialplanleistungen auch tatsächlich gezahlt würden. Sie spielen keine große Rolle mehr.[150] Die Gewährung von Sozialplanleistungen konnte von der Leistung der Zweckzuwendungen seitens der Treuhandanstalt abhängig gemacht werden.[151]

V. Der Sozialplan in der Insolvenz

73 Auch dann, wenn über das Vermögen eines Unternehmens das Insolvenzverfahren eröffnet wird, ist im Falle einer Betriebsänderung ein Sozialplan aufzustellen.[152] Dazu gelten mittlerweile die Regelungen in §§ 123, 124 InsO. Die Insolvenzordnung vom 5. 10. 1994 (BGBl. I 2866) ist am 1. 1. 1999 in Kraft getreten. Bis dahin galt in den alten Bundesländern das Gesetz über den Sozialplan im Konkurs- und Vergleichsverfahren vom 20. 2. 1985 (BGBl. I 369),[153] in den neuen Bundesländern die Gesamtvollstreckungsordnung und das Gesetz über die Unterbrechung von Gesamtvollstreckungsverfahren, beide vom 23. 5. 1991 (BGBl. I 1185, 1191).

74 Wird ein Sozialplan **mehr als drei Monate** vor Eröffnung des Insolvenzverfahrens abgeschlossen, so sind die Forderungen aus dem Sozialplan – falls noch nicht erfüllt – als Insolvenzforderungen geltend zu machen.

75 Ein Sozialplan, der **weniger als drei Monate** vor Eröffnung des Insolvenzverfahrens aufgestellt wurde, kann sowohl vom Insol-

149 „Gemeinsame Erklärung" von Treuhandanstalt, DGB und DAG vom 13. 4. 1991, abgedruckt in RdA 1991, 289; vgl. auch Däubler AiB 1991, 179.

150 Vgl. Schaub, ArbR-Hdb., 9. Aufl., § 244 V Rn. 57 m. w. N.

151 BAG v. 11. 8. 1993 – AP 70 zu § 112 BetrVG 1972; v. 16. 3. 1994 – AP 74.

152 BAG GS AP 6 zu § 112 BetrVG 1972; vgl. umfassend Zwanziger, Das Arbeitsrecht in der Insolvenz, 2. Aufl. 2002, S. 295 ff.

153 Dazu Hess, Das Gesetz über den Sozialplan im Konkurs- und Vergleichsverfahren, NZA 85, 205.

venzverwalter als auch vom Betriebsrat **widerrufen** werden (§ 124 I InsO). Geschieht dies nicht, sind die Sozialplanansprüche Insolvenzforderungen. Wird widerrufen, können die ursprünglich bedachten Arbeitnehmer bei der Aufstellung des Sozialplans im Insolvenzverfahren berücksichtigt werden (§ 124 II InsO). Leistungen, die sie aus dem widerrufenen Sozialplan schon erhalten haben, können nicht zurückgefordert werden, sind aber bei der Berechnung des Gesamtbetrags der Sozialplanforderungen bei Aufstellung des neuen Sozialplans bis zur Höhe des zweieinhalbfachen Monatsverdienstes abzusetzen (§ 124 III InsO). Für einen Sozialplan, der **nach Eröffnung** des Insolvenzverfahrens abgeschlossen wird, gilt § 123 InsO. Verbindlichkeiten aus einem solchen Sozialplan sind Masseverbindlichkeiten (§§ 123 II, 55 InsO). In einem solchen Sozialplan kann für den Ausgleich oder die Milderung der wirtschaftlichen Nachteile, die den Arbeitnehmern infolge der geplanten Betriebsänderung entstehen, ein **Gesamtbetrag** bis zu zweieinhalb Monatsverdiensten der von einer Entlassung betroffenen Arbeitnehmer vorgesehen werden (§ 123 I InsO, sog. absolute Obergrenze). Wegen der Berechnung des Monatsverdienstes wird vom Gesetz auf § 10 III KSchG verwiesen.[154] Bei der Berechnung des Sozialplanvolumens ist auf die Arbeitnehmer abzustellen, die von einer Entlassung betroffen sind. Das sind diejenigen Arbeitnehmer, deren Arbeitsverhältnis bei Aufstellung des Sozialplans noch nicht beendet ist. Leitende Angestellte werden nicht mitgezählt. Diese können allenfalls aus einem Vertrag Ansprüche auf Sozialplanleistungen haben.[155] Wird bei Abschluss des Sozialplans die Verdienstgrenze überschritten, so ist der Sozialplan zumindest insoweit sowohl gegenüber den übrigen Insolvenzgläubigern als auch gegenüber dem Gemeinschuldner nach § 134 BGB nichtig.[156] Ob die übrigen Vorschriften des Sozialplans aufrechterhalten werden können, richtet sich nach allgemeinen rechtlichen Grundsätzen. Dabei bleiben im Falle der Teilnichtigkeit Be-

154 Schaub, Arbeitsrecht von A–Z, Stichwort: Kündigungsschutzklage.

155 BAG AP 8 zu § 112 BetrVG 1972.

156 Fitting/Kaiser/Heither/Engels §§ 112, 112 a Rn. 211 f.; Boemke/Tietze DB 1999, 1392.

triebsvereinbarungen aufrechterhalten, wenn sie noch eine sinnvolle Regelung ermöglichen. Beruht die Überschreitung der Verdienstgrenze auf einem Spruch der Einigungsstelle, so kann die Nichtigkeit unabhängig von der Klagefrist des § 76 V BetrVG geltend gemacht werden.

76 Aus § 123 II 2 InsO ergibt sich eine noch weiter gehende Begrenzung des Sozialplans in der Insolvenz. Für die Berichtigung aller Forderungen darf **nicht mehr als ein Drittel** der für die Verteilung an die Insolvenzgläubiger zur Verfügung stehenden Masse verwandt werden (sog. relative Obergrenze). Insolvenzmasse ist das Vermögen, das nach Abzug der Massekosten und der Ab- und Aussonderungsrechte im Zeitpunkt der Auszahlung zur Verfügung steht.

77 Sind Forderungen aus mehreren Sozialplänen zu berichtigen, gilt die relative Obergrenze entsprechend für deren Gesamtvolumen.[157] Etwas anderes kann in einem **Insolvenzplan** vereinbart werden (§§ 123 II 2, 218 ff. InsO). Wird die relative Obergrenze überschritten, so sind die einzelnen Sozialplanansprüche anteilig zu kürzen (§ 123 II 3 InsO).

Beispiel: Der Sozialplan hat unter Beachtung von § 123 I InsO ein Gesamtvolumen von E **350 000,–. Die verteilbare Insolvenzmasse beträgt E 600 000,–. Gemäß § 123 II InsO entfallen auf die Sozialplanansprüche insgesamt nur E 200 000,–. Die einzelnen Forderungen sind auf je $^4/_7$ zu kürzen.**

VI. Steuerliche und sozialversicherungsrechtliche Behandlung

78 Da Leistungen aus dem Sozialplan keine Ansprüche auf Arbeitsentgelt aus dem Arbeitsverhältnis sind, ruht der Anspruch auf Arbeitslosengeld dann nicht, wenn das Arbeitsverhältnis unter Einhaltung der ordentlichen Kündigungsfrist beendet worden ist (§ 143 a I SGB III). Ein Ruhen kommt nur dann in Betracht, wenn die Abfindung als Entschädigung für die vorzeitige Beendigung des Arbeitsverhältnisses gezahlt wird und der Beendi-

157 Schaub DB 1999, 217; Lakies BB 1999, 210; Boemke/Tietze DB 1999, 1393.

gungszeitpunkt vor dem Beendigungstermin bei ordentlicher Kündigung liegt.[158] Die Dauer des Ruhens regelt § 143 a I SGB III unterschiedlich. Für die Beitragspflicht gelten dieselben Regelungen wie bei Abfindungen.

Abfindungen nach § 112 BetrVG sind steuerrechtlich (§ 3 Nr. 9, § 34 II Nr. 2 i. V. m. § 24 Nr. 1, § 2 und § 34 I EStG), sozialversicherungsrechtlich und pfändungsrechtlich (§§ 850 ff. ZPO, insbes. § 850 i ZPO) genauso zu behandeln wie Abfindungen nach §§ 9, 10 KSchG.[159]

VII. Rechtsstreitigkeiten

Ob die Einigungsstelle im Rahmen des ihr vorgegebenen Er- 79
messensrahmens geblieben ist, entscheidet das Arbeitsgericht auf Antrag des Unternehmers oder des Betriebsrats im Beschlussverfahren (§ 2 a ArbGG). Die Überschreitung der Grenzen des Ermessens kann vom Arbeitgeber oder Betriebsrat nur binnen einer Frist von zwei Wochen, vom Tage der Zuleitung des Beschlusses an gerechnet, beim Arbeitsgericht geltend gemacht werden (§ 76 V S. 4 BetrVG). Die Frist wird nicht gewahrt, wenn fristgemäß die Feststellung der Unwirksamkeit des Sozialplans beantragt wird, aber erst nach Ablauf der Frist die Begründung vorgetragen wird.[160] Die Angemessenheit der zwischen Unternehmer und Betriebsrat ausgehandelten finanziellen Gesamtausstattung eines Sozialplans kann vom Arbeitsgericht nicht im Individualprozess des einzelnen Arbeitnehmers gegen den Arbeitgeber überprüft werden.[161] Ergibt die gerichtliche Überprüfung des Spruchs der Einigungsstelle, dass er rechtswidrig ist, so ist er nicht aufzuheben, sondern ist seine Unwirksamkeit festzustellen.[162] An dem Beschlussverfahren über die Wirksamkeit eines Sozialplans ist die Einigungsstelle nicht beteiligt.[163]

158 BSG v. 29. 8. 1991 – NZA 92, 387.
159 Schaub, Arbeitsrecht von A–Z, Stichwort: Kündigungsschutzklage.
160 BAG AP 26 zu § 76 BetrVG 1972 = NZA 89, 26.
161 BAG AP 11 zu § 112 BetrVG 1972.
162 BAG AP 9 zu § 112 BetrVG 1972 = NJW 80, 1542.
163 BAG AP 7 zu § 111 BetrVG 1972 = NJW 80, 2094.

80 Hat der Unternehmer den Betrieb stillgelegt, bevor ein Sozialplan abgeschlossen worden ist, behält der Betriebsrat nach § 21b BetrVG ein Restmandat, das ihn ermächtigt, über einen Sozialplan zu verhandeln und auch Beteiligter eines gerichtlichen Beschlussverfahrens zu sein.[164] Zum Anspruch auf Unterlassung der Betriebsänderung als solcher vgl. Rn. 53.

§ 57. Der Anspruch auf Nachteilsausgleich bei Betriebsänderungen

I. Anspruchsvoraussetzungen

81 **(1)** Das Gesetz trifft dafür Vorsorge, dass der Unternehmer den Betriebsrat im Falle einer Betriebsänderung (Rn. 38ff.) nicht zu übergehen versucht oder sich zwar auf einen Interessenausgleich mit dem Betriebsrat einlässt, aber anschließend von ihm abweicht. Nach § 113 I, III BetrVG wird der Unternehmer den Arbeitnehmern **ausgleichspflichtig,** wenn er entweder von einem Interessenausgleich (Rn. 48ff.) über die geplante Betriebsänderung ohne zwingenden Grund abweicht und Arbeitnehmer infolge dieser Abweichung entlassen werden oder er einen Interessenausgleich überhaupt nicht, nur teilweise oder verspätet versucht und Arbeitnehmer infolge der Betriebsänderung entlassen werden oder sonstige Nachteile erleiden. Im Einzelnen gilt Folgendes:

82 **(2)** Ist ein Interessenausgleich zwischen Unternehmer und Betriebsrat über die geplante Betriebsänderung zustande gekommen, so kann der Unternehmer zwar, ohne dass dadurch die zivilrechtliche Wirksamkeit seiner Maßnahmen infrage gestellt würde, hiervon abweichen. Er wird jedoch ausgleichspflichtig, wenn er **ohne zwingenden Grund** von dem Interessenausgleich abweicht und infolge der Abweichung Arbeitnehmer entlassen werden oder sie sonstige Nachteile erleiden (§ 113 I, II BetrVG). Zwingende Gründe sind nur solche, die mit der ursprünglichen Betriebsänderung nicht im Zusammenhang stehen; sie werden

164 BAG AP 9 zu § 112 BetrVG 1972; AP 3 zu § 80 ArbGG; AP 20 zu § 111 BetrVG 1972; LAG Hamm DB 76, 154; LAG Düsseldorf BB 76, 1075; 1366; DB 76, 2072.

zumeist erst nach dem Interessenausgleich entstehen. Die Gründe sind zwingend, wenn sie einen verständigen Unternehmer veranlassen, den veränderten wirtschaftlichen Verhältnissen zur Abwendung dringender Nachteile für Betrieb, Belegschaft oder Unternehmen Rechnung zu tragen.[165]

> **Beispiel:** Die Betriebsparteien haben vereinbart, dass die Betriebseinschränkung, Stilllegung oder Verlegung um ein Jahr zurückgestellt wird. Kündigt anschließend eine Bank einen für den Fortbestand des Betriebs notwendigen Kredit, so kann der Arbeitgeber den Betrieb stilllegen, ohne ausgleichspflichtig zu werden.

Die Ausgleichspflicht entsteht, wenn der Unternehmer infolge der Abweichung vom Interessenausgleich **Kündigungen** aussprechen muss. Sind die Kündigungen unwirksam, etwa wegen Nichtanhörung des Betriebsrats (§ 102 BetrVG) oder mangels sozialer Rechtfertigung[166] (§ 1 KSchG), so können die Arbeitnehmer auf Feststellung des Fortbestands des Arbeitsverhältnisses klagen und Vergütungsansprüche (§ 615 BGB) geltend machen. Sind die Kündigungen dagegen wirksam, so kann der Ausgleichsanspruch nach § 113 I BetrVG geltend gemacht werden. 83

> **Beispiel:** Ein Unternehmer will eine Betriebsabteilung mangels ausreichender Rentabilität stilllegen. Im Rahmen eines Interessenausgleichs wird vereinbart, dass die Stilllegung noch ein Jahr zurückgestellt wird, um Marktveränderungen zu beobachten. Nunmehr entschließt der Unternehmer sich, die Abteilung gleichwohl vorzeitig stillzulegen und kündigt den Arbeitnehmern. Diese werden alsdann zweckmäßigerweise klagen mit dem Antrag, 1. festzustellen, dass durch die Kündigung vom ... ihr jeweiliges Arbeitsverhältnis nicht aufgelöst worden ist; 2. das Arbeitsverhältnis gegen Zahlung einer Abfindung nach §§ 9, 10 KSchG aufzulösen; hilfsweise zu Antrag 1 und 2, den Unternehmer zur Zahlung einer Abfindung gem. §§ 113 BetrVG, 10 KSchG zu verurteilen. Sind die Kündigungen unwirksam, so wird dies festge-

165 Vgl. BAG AP 6, 8 zu § 72 BetrVG; AP 1 zu § 113 BetrVG 1972; AP 4 = BB 79, 782.

166 Schaub, Arbeitsrecht von A–Z, Stichwort Kündigungsschutzklage.

stellt, und die Arbeitnehmer behalten unter den Voraussetzungen von § 615 BGB den Vergütungsanspruch. Wird das Arbeitsverhältnis auf den Antrag zu 2. aufgelöst, so erlangen sie eine Kündigungsentschädigung. Sind die Kündigungen wirksam, so erlangen die Arbeitnehmer einen Anspruch wegen Abweichung vom Interessenausgleich nach §§ 113 BetrVG, 10 KSchG.

84 Ein Ausgleichsanspruch entsteht ferner, wenn Arbeitnehmer infolge der Abweichung vom Interessenausgleich zwar nicht entlassen werden, aber ihnen andere **Nachteile** erwachsen, sie z. B. nunmehr weitere Anfahrtswege haben o. Ä. In diesem Fall hat der Unternehmer die Nachteile bis zu einem Zeitraum von zwölf Monaten auszugleichen. Die Nachteile sind voll auszugleichen; ihre Höhe ist vom Gericht notfalls nach § 287 ZPO zu schätzen.

Beispiel: Ein Unternehmer führt entgegen einem Interessenausgleich eine grundlegende Änderung der Betriebsorganisation durch, indem er die gesamte Verwaltung zentralisiert und an einen anderen Ort verlegt. In diesem Falle erlangen die betroffenen Arbeitnehmer für die Dauer von zwölf Monaten einen Anspruch auf Ausgleich von höheren Anfahrtskosten. Er entfällt, wenn der Arbeitgeber nachweist, dass für die Abweichung zwingende Gründe bestehen oder die Nachteile ihrerseits wieder entfallen, z. B. indem die Zentralisierung rückgängig gemacht wird.

85 **(3)** Führt der Unternehmer eine Betriebsänderung durch, ohne überhaupt einen Interessenausgleich mit dem Betriebsrat **versucht** zu haben, und werden infolge der Betriebsänderung Arbeitnehmer entlassen oder erleiden sie andere wirtschaftliche Nachteile, so erlangen sie gleichfalls Ansprüche auf Abfindungen bzw. auf deren Ausgleich (§ 113 III BetrVG). Der Anspruch ist unabhängig davon, ob den Arbeitgeber wegen der Durchführung von Betriebsänderungen ohne Einschaltung des Betriebsrats ein Verschulden trifft.[167] Das in § 112 II BetrVG vorgesehene Verfahren muss zur Vermeidung der Ausgleichsansprüche

167 BAG AP 7 zu § 72 BetrVG; AP 6 zu § 111 BetrVG 1972.

notfalls vom Unternehmer eingeleitet und voll, d. h. bis zum Einigungsbemühen vor der Einigungsstelle durchgeführt werden.[168] In der **Insolvenz** wird § 112 II BetrVG durch §§ 121, 122 InsO modifiziert. § 113 BetrVG gilt mit den entsprechenden Modifizierungen aber auch in der Insolvenz.[169] Der Anspruch auf Nachteilsausgleich ist Masseverbindlichkeit, wenn der Insolvenzverwalter keinen Interessenausgleich versucht hat.[170] Hatte schon vor Eröffnung des Insolvenzverfahrens der Gemeinschuldner die Betriebsänderung ohne Versuch des Interessenausgleichs durchgeführt, sind die Ansprüche aus § 113 BetrVG im Rahmen des insolvenzrechtlichen Verteilungsverfahrens (§§ 174 ff. InsO) durchzusetzen. Auch im Rahmen von § 113 BetrVG sind vom Arbeitgeber veranlasste Eigenkündigungen der Arbeitnehmer oder Aufhebungsverträge einer Kündigung durch den Arbeitgeber gleichgestellt.[171]

In § 113 III BetrVG ist auf § 113 I, II BetrVG verwiesen. Die h. M. sieht darin eine sog. Rechtsfolgenverweisung.[172] Abfindungsansprüche entstehen danach selbst dann, wenn die Betriebsänderung zwingend notwendig war, und auch dann, wenn das Verfahren nach § 112 II BetrVG nur nicht voll ausgeschöpft worden ist.[173] Der Anspruch entfällt lediglich dann, wenn die Fortführung des Betriebs ausschließlich weitere Nachteile mit sich gebracht hätte, die Betriebsschließung also die einzig mögliche und unausweichliche Maßnahme war, weil z. B. die Eröff- 86

168 BAG AP 10 zu § 113 BetrVG 1972 = DB 84, 724 = NJW 84, 1650; AP 11 = DB 85, 1293 = NZA 85, 400; AP 13 = DB 86, 279 = NZA 86, 100; AP 18 = NZA 89, 278; zuvor AP 2 zu § 113 BetrVG 1972; BAG 20. 11. 2001 – 1 AZR 11/01 –, – 1 AZR 97/01 – z.V.v.

169 BAG AP 6 zu § 112 BetrVG 1972; AP 1 zu § 113 BetrVG 1972 = NJW 75, 182.

170 Zum früheren Konkursrecht BAG AP 13 zu § 113 BetrVG 1972 = DB 86, 279 = NZA 86, 100; AP 20 = NZA 90, 619.

171 BAG AP 17 zu § 113 BetrVG 1972 = NJW 89, 1054 = NZA 89, 31; LAG Bremen BB 86, 195; LAG Berlin BB 87, 2236; dagegen LAG Berlin DB 87, 181.

172 BAG AP 1 zu § 113 BetrVG 1972.

173 BAG AP 6, 7 zu § 72 BetrVG; AP 2 zu § 113 BetrVG 1972 = NJW 77, 727; AP 6 zu § 112 BetrVG 1972; BAG 20. 11. 2001 – 1 ARZ 11/01 –, – 1 ARZ 97/01 – z.V.v.

nung des Insolvenzverfahrens nach § 26 InsO mangels Masse abgelehnt wurde.[174]

87 Die Betriebsparteien können durch ein Beschlussverfahren klären, ob wegen der vom Arbeitgeber eingeleiteten Maßnahmen ein Interessenausgleich abgeschlossen werden muss. Ergeht ein Beschluss, in dem Beteiligungsrechte des Betriebsrats festgestellt oder verneint werden, so entfaltet dieser bindende Wirkung im Rahmen einer Klage, mit der ein Arbeitnehmer später Forderungen auf Nachteilsausgleich geltend macht.[175]

II. Anspruchshöhe

88 Im Falle von notwendig werdenden Kündigungen wird in § 113 I BetrVG wegen der Höhe des Anspruchs auf **§ 10 KSchG** verwiesen. Der gekündigte Arbeitnehmer kann daher einen Anspruch bis zu zwölf Monatsverdiensten erlangen (§ 10 I KSchG). Hat der Arbeitnehmer das 50. Lebensjahr vollendet und hat das Arbeitsverhältnis mindestens 15 Jahre bestanden, so kann ein Abfindungsanspruch bis zu 15 Monatsverdiensten, hat der Arbeitnehmer das 55. Lebensjahr vollendet und hat das Arbeitsverhältnis mindestens 20 Jahre bestanden, so kann ein Abfindungsanspruch bis zur Höhe von 18 Monatsverdiensten bestehen (wegen weiterer Einzelheiten vgl. § 10 I 2, II KSchG). Die Abfindungen nach § 113 BetrVG werden steuer-, sozialversicherungs- und pfändungsrechtlich genauso behandelt wie solche nach § 10 KSchG. Sie unterliegen also innerhalb gewisser Grenzen keiner Steuerpflicht (§ 3 Nr. 9 EStG) und sind grundsätzlich nicht sozialversicherungspflichtig.[176] Sie sind abtretbar und vererblich. Sie genießen nicht denselben Pfändungsschutz wie ein Lohnanspruch.[177] Sie können aber auf besonderen Antrag nach Maßgabe des § 850 i ZPO geschützt sein.

89 Abfindungsansprüche werden als „Ansprüche aus dem Arbeitsverhältnis" regelmäßig von tariflichen **Ausschlussfristen** er-

174 BAG AP 4 zu § 113 BetrVG 1972.

175 BAG AP 15 zu 113 BetrVG 1972 = DB 88, 609 = NZA 88, 287.

176 Vgl. Schaub, Arbeitsrecht von A–Z, Stichwort Kündigungsschutzklage unter V; vgl. BFH v. 18. 9. 1991 – AP 2 zu § 34 EStG.

177 BAG AP 1 zu § 850 ZPO.

fasst.[178] Die tarifliche Fälligkeit tritt u. U. unabhängig davon ein, ob über die Wirksamkeit der Kündigung noch ein Kündigungsschutzrechtsstreit schwebt.[179]

Abfindungsansprüche aus einem Sozialplan und solche aus 90
§§ 113 I, III BetrVG, 10 KSchG schließen sich nicht gegenseitig aus, sondern bestehen nebeneinander. Sie sind aber wegen der gleichen gesetzlichen Zweckbestimmung aufeinander anzurechnen; im wirtschaftlichen Ergebnis steht dem Arbeitnehmer deshalb nur der jeweils höhere Anspruch zu.[180]

---

178 BAG AP 3, 5, 7 zu § 113 BetrVG 1972; AP 10 = DB 84, 724; AP 42 zu § 1 TVG Tarifverträge: Bau; BAG 30. 11. 1994 AP 88, 89 zu § 112 BetrVG 1972; vgl. Schaub, Arbeitsrecht von A–Z, Stichwort Verfallfristen.

179 BAG AP 5 zu § 113 BetrVG 1972.

180 BAG 20. 11. 2001 – 1 AZR 11/01 –, – 1 AZR 97/01 – z. V. v.

Abschnitt X. Rechte des einzelnen Arbeitnehmers im Betrieb

§ 58. Vorbemerkung

Im Zweiten Abschnitt des Vierten Teils des Betriebsverfassungsgesetzes sind eine Reihe von Rechten des einzelnen Arbeitnehmers geregelt. Es handelt sich um betriebliche Rechte, deren Gestaltung schon 1972 nicht einem – nach wie vor nicht Gesetz gewordenen – Arbeitsgesetzbuch vorbehalten bleiben sollte, sondern die bereits im Zusammenhang mit der Betriebsverfassung normiert wurden. Teilweise (§ 81 III BetrVG) gelten sie ausdrücklich auch in betriebsratslosen Betrieben. Die h. M. geht davon aus, dass sich auch die übrigen Ansprüche in betriebsratslosen Betrieben aus der Fürsorgepflicht des Arbeitgebers ergeben.[1] 1

§ 59. Die Unterrichtung des Arbeitnehmers über seine Verantwortung und die Einordnung seiner Tätigkeit in den Arbeitsablauf

I. Die Unterrichtung über die Aufgaben

Vor allem in größeren Betrieben kann der Arbeitnehmer den Überblick über die von ihm zu verrichtenden Aufgaben im Rahmen des Betriebsablaufs verlieren. Um einem Gefühl zu begegnen, bloßes Objekt zu sein, räumt ihm das Gesetz einen besonderen Unterrichtungsanspruch ein. Nach § 81 I 1 BetrVG hat der Arbeitgeber den Arbeitnehmer über dessen **Aufgabe und Verantwortung** sowie die **Art seiner Tätigkeit** und ihre **Einordnung in den Arbeitsablauf** des Betriebs zu unterrichten. Die Unterrichtung kann schriftlich oder mündlich und muss erforderlichenfalls in der Landessprache des Arbeitsnehmers[2] erfolgen. Sie wird durch den unmittelbaren Vorgesetzten vorgenommen, sofern 2

1 Fitting/Kaiser/Heither/Engels § 81 Rn. 2; vgl. dagegen BAG AP 9 zu § 5 BetrVG 1972.

2 LAG Bad.-Württemberg 1. 12. 1989 AiB 1990, 313.

nicht, etwa in Form einer Arbeitsplatzbeschreibung, eine schriftliche Belehrung des Arbeitnehmers stattfindet. Sie ist nicht nur anlässlich der Einstellung, sondern jedes Mal dann vorzunehmen, wenn dem Arbeitnehmer ein neuer Arbeitsplatz im betrieblichen Ablauf zugewiesen wird (§ 81 II BetrVG). Sie hat sich zu erstrecken auf die übertragene Aufgabe, den Verantwortungsbereich, die Art der zu verrichtenden Tätigkeit und die Bedeutung der Arbeit für den gesamten Arbeitsablauf. Die Einweisung setzt voraus, dass der Arbeitnehmer die für die Ausübung der Tätigkeit erforderlichen beruflichen Kenntnisse und Erfahrungen bereits besitzt. Sonst handelt es sich um betriebliche Berufsbildung.[3]

3 Unterlässt der Arbeitgeber die Unterrichtung, so erlangt der Arbeitnehmer u. U. das Recht, seine Arbeitskraft zurückzubehalten (§ 273 BGB); der Arbeitgeber wäre dann gleichwohl zur Vergütungszahlung verpflichtet (§ 615 BGB).[4] Das Fehlen einer Belehrung kann auch im Rahmen von Schadensersatzansprüchen gegen den Arbeitnehmer wegen Schlechterfüllung von Bedeutung sein.[5] Streitigkeiten zwischen Arbeitnehmer und Arbeitgeber über dessen Pflichten aus den §§ 81ff. BetrVG sind im Urteilsverfahren auszutragen (§ 2 I Nr. 3a ArbGG).

II. Die Unterrichtung über Unfall- und Gesundheitsgefahren

4 Der Arbeitgeber hat den Arbeitnehmer bei Arbeitsaufnahme sowie bei einer Veränderung des Arbeitsbereichs rechtzeitig über die Unfall- und Gesundheitsgefahren, denen dieser bei der Beschäftigung ausgesetzt ist, zu unterrichten sowie über die betrieblichen Einrichtungen zur Abwendung dieser Gefahren und die nach § 10 II ArbSchG getroffenen Maßnahmen (Benennung derjenigen Beschäftigten, die Aufgaben der Ersten Hilfe, Brandbekämpfung und Evakuierung übernehmen) zu belehren (§ 81 I 2, II BetrVG). Die weiter gehenden Vorschriften des Arbeitsschutzgesetzes (insbes. §§ 9, 10, 12, 17 ArbSchG) und sonstige Vorschriften bleiben unberührt. Die Belehrung kann mündlich oder

3 BAG AP 7 zu § 98 BetrVG 1972 = NZA 91, 817 = BB 91, 1794.
4 Schaub, Arbeitsrecht von A–Z, Stichwort Annahmeverzug.
5 Schaub, Arbeitsrecht von A–Z, Stichwort Haftung des Arbeitnehmers.

schriftlich erfolgen. Sie muss individuell vorgenommen werden; das Verlesen von Merkblättern ist unzureichend. Bestehen im Betrieb Betriebsärzte und Fachkräfte für Arbeitssicherheit, so haben sie den Arbeitgeber zu unterstützen. Unterbleibt die Belehrung, so kann der Arbeitgeber dem Arbeitnehmer schadensersatzpflichtig werden. § 81 I 2, II BetrVG ist ein Schutzgesetz im Sinne von § 823 II BGB. Indes können die Schadensersatzansprüche nach §§ 104 ff SGB VII ausgeschlossen sein.[6]

In Betrieben, in denen kein Betriebsrat besteht, hat der Ar- 5
beitgeber die Arbeitnehmer zu allen Maßnahmen zu hören, die Auswirkungen auf ihre Sicherheit und Gesundheit haben können (§ 81 III BetrVG). Dies gilt auch in gar nicht betriebsratsfähigen Kleinbetrieben, da § 81 III BetrVG die entsprechende europäische Richtlinie 89/391/EWG des Rates vom 12. 6. 1989 (ABl. EG Nr. L 183, S. 1) umsetzen soll und diese Richtlinie das vorsieht.

III. Die Unterrichtung und Erörterung bei vorgesehenen Maßnahmen mit Auswirkungen auf Arbeitsplatz und Arbeitsumgebung

Nach § 81 IV BetrVG hat der Arbeitgeber die Arbeitnehmer 6
außerdem über Maßnahmen und ihre Auswirkungen auf die tatsächlichen Arbeitsbedingungen zu unterrichten, die aufgrund einer Planung von technischen Anlagen, von Arbeitsverfahren und Arbeitsabläufen oder der Arbeitsplätze vorgesehen sind. Sobald die Änderungen feststehen und sich herausstellt, dass die beruflichen Fähigkeiten der Arbeitnehmer zur Erfüllung der veränderten Aufgaben nicht ausreichen, hat der Arbeitgeber mit dem Arbeitnehmer Abhilfemöglichkeiten zu erörtern, auf Wunsch des Arbeitnehmers im Beisein eines Betriebsratsmitglieds. Die Pflicht zur Unterrichtung des Betriebsrats nach § 90 BetrVG bleibt davon unberührt.

6 Schaub, Arbeitsrecht von A–Z, Stichwort Arbeitsunfall.

§ 60. Anhörungs- und Erörterungsrechte des Arbeitnehmers

I. Allgemeines Anhörungs- und Vorschlagsrecht

7 Das in § 82 I BetrVG vorgesehene Anhörungs- und Vorschlagsrecht soll verhindern, dass der Arbeitnehmer bloßer Befehlsempfänger wird; es soll ihm ermöglichen, mitdenkender und verantwortlicher Mitarbeiter zu sein. Der Arbeitnehmer hat deshalb Anspruch darauf, in betrieblichen Angelegenheiten, die seine Person betreffen, von den nach Maßgabe des organisatorischen Aufbaus des Betriebs dafür zuständigen Personen gehört zu werden (§ 82 I 1 BetrVG). Voraussetzung des Anhörungsrechts ist, dass es sich **(a)** um eine betriebliche Angelegenheit handelt und **(b)** der Arbeitnehmer davon betroffen ist. Das Anhörungsrecht besteht vor allem bei Ausübung des Organisations- und Direktionsrechts des Arbeitgebers. Anzuhören ist der Arbeitnehmer von der nach dem organisatorischen Aufbau für die betreffende Angelegenheit zuständigen Stelle. Dies kann z. B. ein Meister oder der Betriebsleiter sein. Nach anderer Auffassung soll der Arbeitnehmer den Dienstweg einzuhalten haben, so dass er sich jeweils an seinen unmittelbaren Vorgesetzten wenden muss.[7] Der Arbeitnehmer kann selbst initiativ werden. Er ist berechtigt, zu Maßnahmen des Arbeitgebers, die ihn betreffen, Stellung zu nehmen sowie Vorschläge für die Gestaltung des Arbeitsplatzes und des Arbeitsablaufs zu machen (§ 82 I 2 BetrVG).

8 Der Vorgesetzte hat sich mit dem Arbeitnehmer zu beschäftigen, ihn anzuhören und auf seine Anregungen einzugehen. Die Rechtsausübung durch den Arbeitnehmer darf allerdings nicht rechtsmissbräuchlich sein. Der Arbeitgeber oder die Vorgesetzten des Arbeitnehmers brauchen ihn daher dann nicht mehr zu bescheiden, wenn sie sich bereits mehrfach mit ihm auseinander gesetzt haben.

---

7 Vgl. Fitting/Kaiser/Heither/Engels § 82 Rn. 4.

II. Erläuterung der Vergütung und Leistungsbeurteilung

Der Arbeitnehmer hat aufgrund des Arbeitsvertrags Anspruch auf Erteilung von Lohnabrechnungen durch den Arbeitgeber.[8] § 82 II 1 BetrVG ergänzt diesen Anspruch. Der Arbeitnehmer kann verlangen, dass ihm die **Berechnung und Zusammensetzung seines Arbeitsentgelts erläutert** wird. Er hat etwa Anspruch darauf, dass ihm die Lohnabrechnung näher erklärt wird, wenn er mit einer durch eine Datenverarbeitungsanlage erstellten Abrechnung nicht zurechtkommt, und kann die Aufschlüsselung des Akkordlohns und die Darlegung seiner Ermittlung verlangen. Der Arbeitgeber ist ferner verpflichtet, den Verteilungsschlüssel etwaiger Sondervergütungen, Treuegelder usw. mitzuteilen. 9

Der Arbeitnehmer kann verlangen, dass mit ihm die **Beurteilung seiner Leistungen** sowie die **Möglichkeiten seiner beruflichen Entwicklung** im Betrieb erörtert wird (§ 82 II 1 BetrVG). Zeitpunkt und Häufigkeit sind im Gesetz nicht geregelt; das Recht wird nur in angemessenen Abständen ausgeübt werden können. Welcher Zeitraum angemessen ist, bestimmt sich nach den Umständen des Einzelfalls. In einem Probearbeitsverhältnis wird u. U. monatlich ein Beurteilungsgespräch verlangt werden können; bei einem für eine Aufstiegsstelle angestellten Arbeitnehmer wird mindestens halbjährlich ein Gespräch in Betracht kommen. Bestehen im Betrieb Beurteilungsgrundsätze (Abschn. VIII Rn. 25), so hat die Beurteilung anhand dieser Grundsätze zu erfolgen. 10

Der Arbeitnehmer kann bei der Erläuterung des Arbeitsentgelts und dem Beurteilungsgespräch ein **Mitglied des Betriebsrats hinzuziehen** (§ 82 II 2 BetrVG). Dies gilt auch dann, wenn der Arbeitgeber nach von ihm aufgestellten Richtlinien sog. Beratungs- und Förderungsgespräche mit den Mitarbeitern durchführt, soweit in diesem Gespräch die in § 82 BetrVG genannten Themen behandelt werden.[9] Dagegen wird der Arbeitnehmer das Betriebsratsmitglied nicht ermächtigen können, das Ge- 11

8 Schaub, Arbeitsrecht von A–Z, Stichwort: Abrechnung.

9 BAG AP 1 zu § 82 BetrVG 1972 = NJW 79, 2422.

spräch für ihn zu führen. Das Betriebsratsmitglied hat keinen eigenen Anspruch gegen den Arbeitgeber, bei Gesprächen mit dem Arbeitnehmer hinzugezogen zu werden.[10] Das Betriebsratsmitglied hat über die Verhandlungen Stillschweigen zu bewahren, soweit es nicht im Einzelfall von dieser Verpflichtung entbunden wird. Unter den Voraussetzungen von § 120 II, III BetrVG kann das Betriebsratsmitglied auf Antrag des Arbeitnehmers wegen Verschwiegenheitsbruchs mit Freiheitsstrafe bis zu zwei Jahren oder mit Geldstrafe bestraft werden.

§ 61. Einsicht in die Personalakten

I. Rechtsfragen zur Personalakte

12 Personalakten sind alle vom Arbeitgeber über den Arbeitnehmer und das Arbeitsverhältnis geführten Unterlagen (sog. materieller Begriff der Personalakte).[11] Unter den Begriff der Personalakte fallen auch die in elektronischen Datenbanken gespeicherten Personaldaten, auf die der Arbeitgeber zurückgreifen kann.

13 In der Personalakte werden die für den Betrieb wissenswerten Angaben zur Person und zur Leistung des Arbeitnehmers gesammelt. Sie können Angaben zur Person, über Personenstand, Berufsbildung, berufliche Entwicklung, Fähigkeiten, Leistungen, Anerkennungen, Arbeitsunfälle, Krankheits- und Urlaubszeiten, Weiterbildung, Abmahnungen, Verwarnungen usw. enthalten. Voraussetzung der Aufnahme von Daten in die Personalakte ist, dass der Arbeitgeber daran ein betriebliches Interesse hat.[12] Zu den Personalakten gehören auch die an anderen Stellen des Betriebs über den Arbeitnehmer geführten Nebenakten, z. B. die des Werksschutzes. In der Hauptpersonalakte sind Hinweise anzubringen, wo Nebenakten geführt werden.[13] Nicht zu den Personalakten sollen persönliche oder vorläufige Aufzeichnungen des Arbeitgebers[14] und Unterlagen des Betriebsarzts gehören,

10 BAG AP 2 zu § 82 BetrVG 1972 = DB 84, 2098 = NZA 85, 128.

11 BAG 9. 2. 1977 AP 83 zu § 611 BGB Fürsorgepflicht.

12 LAG Niedersachsen AP 85 zu § 611 BGB Fürsorgepflicht.

13 LAG Bremen BB 77, 648.

14 LAG Hamm 1. 12. 1994 LAGE § 630 BGB Nr. 28.

die nach § 8 I 2 ASiG dem Arbeitgeber nicht zugänglich sind. Insoweit soll selbst der Arbeitnehmer nur einen Anspruch auf Mitteilung des Untersuchungsergebnisses haben (§ 3 II ASiG). Ferner gehören nicht zu den Personalakten Zusammenstellungen und Statistiken, die sich auf mehrere Arbeitnehmer beziehen.

Im öffentlichen Dienst war das Recht auf Einsichtnahme in die Personalakten seit langem anerkannt, dagegen wurde in der Privatwirtschaft ein Einsichtsrecht nur zögernd bejaht.[15] **§ 83 I 1 BetrVG** gibt deshalb dem Arbeitnehmer das ausdrückliche Recht, in die über ihn geführten Personalakten **einschließlich sämtlicher Nebenakten** Einsicht zu nehmen. Unerheblich ist, wo die Personalakten geführt werden (ob im Betrieb, Unternehmen, Konzern oder bei Dritten) und in welcher Form sie angelegt sind (ob als Akten, Personalbogen, Karteien, elektronische Dateien usw.). 14

Das Einsichtsrecht umfasst auch die Befugnis, sich Notizen zu machen. Bei der Einsichtnahme kann der Arbeitnehmer **ein Mitglied des Betriebsrats hinzuziehen.** Das Betriebsratsmitglied hat über den Inhalt der Personalakten Stillschweigen zu bewahren, soweit es nicht im Einzelfall vom Arbeitnehmer von der Verschwiegenheitspflicht entbunden wird (§ 83 I 2 BetrVG). Die Einhaltung der **Verschwiegenheitspflicht** ist durch Strafandrohung gesichert (§ 120 BetrVG). Ein eigenes Einsichtsrecht in die Personalakten steht dem Betriebsrat nicht zu.[16] 15

Das Einsichtsrecht kann während der Arbeitszeit ausgeübt werden. Aus Anlass der Einsichtnahme darf die Vergütung nicht gekürzt werden. Grundsätzlich ist das Recht auf Einsichtnahme ein höchst persönlicher Anspruch. Doch kann es auch durch einen mit schriftlicher Vollmacht ausgewiesenen Bevollmächtigten ausgeübt werden.[17] Dies gilt auch in einem Kündigungsrechtsstreit (umstr.).[18] Einzelheiten des Einsichtsrechts können durch eine nach § 87 I Nr. 1 BetrVG erzwingbare Be- 16

15 BAG AP 78 zu § 611 BGB Fürsorgepflicht = NJW 70, 1391.

16 Brill ArbuR 76, 41; a. A. Pfarr ArbuR 76, 198.

17 Fitting/Kaiser/Heither/Engels § 83 Rn. 12; vgl. ArbG München DB 79, 2284.

18 A. A. ArbG München DB 79, 2284.

triebsvereinbarung geregelt werden.[19] Die Personalakten des Arbeitnehmers können, vor allem wenn zu ihnen regelmäßig Dienstleistungsberichte erstellt, Verwarnungen genommen oder Fehlzeiten aufgezeichnet werden, erhebliche Bedeutung im Rahmen von Kündigungsschutzprozessen erlangen. Vor Aufnahme von Berichten, Beurteilungen usw. in die Personalakten ist der Arbeitnehmer im Allgemeinen zu hören.[20] Um den von den Personalakten ausgehenden „Beweiswert“ zu erschüttern, ist der Arbeitnehmer berechtigt, **Erklärungen zu dem Inhalt der Personalakten abzugeben.**[21] Diese Erklärungen sind den Personalakten beizufügen (§ 83 II BetrVG). Sind die in die Personalakten aufgenommenen Berichte nicht zutreffend verfasst, so wird der Arbeitnehmer – wie im öffentlichen Dienst – deren Berichtigung oder Entfernung verlangen können.[22] Ebenso kann die Entfernung von Betriebsbußen aus der Personalakte verlangt werden, wenn die Voraussetzungen für die Verhängung der Betriebsbuße nicht vorlagen (vgl. dazu Abschn. VI Rn. 26 ff.).[23] Dasselbe gilt bei unberechtigten Abmahnungen.[24] Für die Entfernung von Abmahnungen aus der Personalakte gibt es keine Regelausschlussfrist.[25] Rechtswidrig ist die Weitergabe der Personalakte an einen Dritten, bei dem sich der Arbeitnehmer bewirbt.[26] Die Personalakten sind vertraulich zu be-

19 Schaub, in: Münchener Vertragshandbuch, Bd IV; Muster-Betriebsvereinbarung in: Der Betriebsrat, Mitteilungen für Betriebsräte der IG Bergbau – Chemie – Energie 1976, 435.

20 BAG AP 2 zu § 13 BAT.

21 LAG Hamm EzA 1 zu § 83 BetrVG 1972.

22 BAG AP 6 zu § 611 BGB Fürsorgepflicht; AP 9 zu § 611 BGB Öffentlicher Dienst, AP 3 zu § 75 BPersVG; AP 93 zu § 611 BGB Fürsorgepflicht = NJW 86, 1065; vgl. Schaub, Arbeitsrecht von A–Z, Stichwort Personalakten.

23 BAG AP 1, 2 zu § 87 BetrVG 1972 Betriebsbuße.

24 BAG AP 96 zu § 611 BGB Fürsorgepflicht = NJW 86, 1777 = DB 86, 1075.

25 BAG AP 93 zu § 611 BGB Fürsorgepflicht = NJW 86, 1065; AP 2 zu § 87 BetrVG 1972 Betriebsbuße = NJW 80, 856; AP 9 zu § 611 BGB Öffentlicher Dienst = NJW 72, 2016; Fitting/Kaiser/Heither/Engels § 83 Rn. 15; Schaub, Arbeitsrechts-Handbuch § 148 III 3.

26 BAG AP 8 zu § 611 BGB Persönlichkeitsrecht = NJW 86, 341 = DB 85, 2307.

handeln. Der Kreis der mit ihnen befassten Arbeitnehmer ist möglichst zu beschränken.[27]

II. Personaldateien und Personaldaten[28]

(1) In den Betrieben werden zumeist nicht mehr herkömm- 17
liche Personalakten, sondern Datenverarbeitungsanlagen verwandt. Besondere arbeitsrechtliche Vorschriften für den Einsatz von Datenverarbeitungsanlagen im Personalbereich gibt es nicht. Es sind daher allgemeine rechtliche Vorschriften und Grundsätze (allgemeines Persönlichkeitsrecht, Recht auf informationelle Selbstbestimmung,[29] Mitwirkungs- und Mitbestimmungsrechte des Betriebsrats aus § 90 Nr. 2, 3, § 92, § 94 I 1, § 95, § 87 I Nr. 6) sowie das Gesetz zum Schutz vor Missbrauch personenbezogener Daten bei der Datenverarbeitung (Bundesdatenschutzgesetz – BDSG) vom 20. 12. 1990 (BGBl. I 2954) zul. geänd. 18. 5. 2001 (BGBl. I 904) anzuwenden.

(2) Das BDSG schützt **personenbezogene Daten** vor Miss- 18
brauch bei ihrer Erhebung, Verarbeitung und Nutzung. Verarbeiten ist das Speichern, Verändern, Übermitteln, Sperren und Löschen personenbezogener Daten (§§ 1, 3 V BDSG). Personenbezogene Daten sind nach § 3 I BDSG Einzelangaben über persönliche und sachliche Verhältnisse einer bestimmten oder bestimmbaren Person. Geschützt sind auch solche Angaben, die in Verbindung mit anderen Daten einer bestimmten Person zugeordnet werden können. Eine Datei ist gemäß § 2 II BDSG eine Sammlung personenbezogener Daten, die durch automatisierte Verfahren nach bestimmten Merkmalen ausgewertet werden kann (automatisierte Datei), und jede sonstige Sammlung personenbezogener Daten, die gleichartig aufgebaut ist und nach bestimmten Merkmalen geordnet, umgeordnet und ausgewertet werden kann (nicht-automatisierte Datei). Nicht dazu gehören Akten und Aktensammlungen, es sei denn, dass sie durch

27 BAG AP 14 zu § 611 BGB Persönlichkeitsrecht = DB 87, 2571.

28 Schaub, Arbeitsrecht von A–Z, Stichwort: Datenverarbeitung, Personalinformationssystem; Schaub ArbR-Hdb., § 148 V mit umfassenden Nachweisen aus der Literatur; Fitting/Kaiser/Heither/Engels § 83 Rn. 16–38.

29 Vgl. BVerfG 5. 12. 1983 NJW 1984, 419.

automatisierte Verfahren umgeordnet und ausgewertet werden können. Zu den Dateien gehören im Allgemeinen Urlaubskarteien, Fehlzeitenkarteien, Personalfragebogen, Stempelkarten, Lohnkarten, Pfändungskarten u. Ä.

19 **(3)** Das Gesetz geht grundsätzlich von dem Verbot der Verarbeitung personenbezogener Daten aus. Es lässt die Verarbeitung nur zu, wenn der Betroffene einwilligt **(a)** oder das BDSG **(b)** oder eine andere Rechtsvorschrift **(c)** sie erlaubt (§ 4 I BDSG).

20 **(a)** Die **Einwilligung** ist Willenserklärung. Sie muss inhaltlich genau bestimmt sein. Sie kann auf einzelne Bearbeitungsverfahren beschränkt werden. Wird die Einwilligung bei dem Betroffenen eingeholt, ist er auf den Zweck der Speicherung und einer vorgesehenen Übermittlung sowie auf Verlangen auf die Folgen der Verweigerung der Einwilligung hinzuweisen. Im Interesse der Rechtssicherheit und zum Schutz des Betroffenen ist die Einwilligung nur verbindlich, wenn sie schriftlich erteilt ist (§ 4 II 2 BDSG). Ist sie in einer anderen Urkunde enthalten, so muss der Arbeitnehmer durch Hervorhebung im äußeren Erscheinungsbild auf die Einwilligung nach dem BDSG hingewiesen werden. Auch wenn die Einwilligung erteilt wurde, ist eine Verarbeitung solcher Personaldaten unzulässig, die nicht mit dem Arbeitsverhältnis im Zusammenhang stehen. Wird die Einwilligung in den Personalfragebogen aufgenommen, so hat der Betriebsrat die Mitwirkungsrechte nach § 94 BetrVG (Abschn. VIII Rn. 10ff.).

21 **(b)** In §§ 27–35 BDSG ist die Datenverarbeitung nicht öffentlicher Stellen und öffentlich-rechtlicher Wettbewerbsunternehmen für eigene Zwecke geregelt. Danach ist die Datenverarbeitung **zulässig** (α) im Rahmen der Zweckbestimmung eines Vertragsverhältnisses oder vertragsähnlichen Vertrauensverhältnisses oder[30] (β) soweit es zur Wahrung berechtigter Interessen der speichernden Stelle erforderlich ist und kein Grund zu der Annahme besteht, dass das schutzwürdige Interesse des Betroffenen an dem Ausschluss der Verarbeitung oder Nutzung überwiegt, (γ) wenn die Daten aus allgemein zugänglichen Quellen

30 BAG AP 2 zu § 23 BDSG = ZIP 87, 1006 = EzA § 23 BDSG Nr. 4.

entnommen werden können oder die speichernde Stelle sie veröffentlichen durfte, es sei denn, dass das schutzwürdige Interesse des Betroffenen an dem Ausschluss der Verarbeitung oder Nutzung offensichtlich überwiegt oder (δ) wenn es im Interesse der speichernden Stelle zur Durchführung wissenschaftlicher Forschung erforderlich ist, das wissenschaftliche Interesse an der Durchführung des Forschungsvorhabens das Interesse des Betroffenen an dem Ausschluss der Zweckänderung erheblich überwiegt und der Zweck der Forschung auf andere Weise nicht oder nur mit unverhältnismäßigem Aufwand erreicht werden kann (§ 28 I BDSG). Welche Personaldaten im Rahmen der Zweckbestimmung des Vertragsverhältnisses erhoben und verarbeitet werden dürfen, richtet sich nach den Grundsätzen, wie sie für die Aufnahme von Fragen in Personalfragebogen entwickelt worden sind (vgl. Abschn. VIII Rn. 10ff.).

(c) Zulässig ist die Verarbeitung von Daten auch dann, wenn 22
dies in einer **anderen Rechtsvorschrift** erlaubt ist. Diese Regelung ist im Arbeitsrecht wegen zahlreicher Auskunfts- und Mitteilungspflichten des Arbeitgebers von besonderer Bedeutung. Zu den Rechtsvorschriften zählen auch Tarifverträge und Betriebsvereinbarungen.[31] In ihnen kann festgelegt werden, zu welchen Zwecken Personaldaten im Betrieb verarbeitet werden dürfen.[32] Für den Betriebsrat können Mitwirkungs- und Mitbestimmungsrechte aus §§ 87 I Nr. 6, 90, 92, 94, 95 BetrVG in Betracht kommen.

(4) Das BDSG gewährt dem Arbeitnehmer eine Reihe von 23
Schutzrechten.

(a) Der Arbeitnehmer hat ein Recht auf **Benachrichtigung**, 24
wenn erstmals Daten über ihn gespeichert werden (§ 33 I BDSG). Ferner hat er einen Anspruch auf unentgeltliche Auskunft über (α) die zu seiner Person gespeicherten Daten, auch was deren Herkunft und Empfänger betrifft, (β) den Zweck der Speicherung und (γ) Personen und Stellen, an die seine Daten regelmäßig übermittelt werden, wenn seine Daten automatisiert

31 BAG AP 14 zu § 87 BetrVG 1972 Überwachung = NJW 87, 674 = DB 86, 1287 = NZA 86, 643.

32 Schaub, in: Münchener Vertragshandbuch, Bd IV.

verarbeitet werden (§ 34 BDSG). Schließlich kann der Arbeitnehmer verlangen, dass die Daten berichtigt werden, wenn sie unrichtig sind, dass sie gesperrt werden, wenn ihre Richtigkeit nicht festgestellt werden kann, und sie gelöscht werden, wenn ihre Kenntnis für die Erfüllung des Zwecks der Speicherung nicht mehr erforderlich ist (§ 35 BDSG).

25 **(b)** Nach der im arbeitsrechtlichen Schrifttum vorherrschenden Meinung besteht das Einsichtsrecht nach § 83 BetrVG neben dem Recht nach §§ 34, 35 BDSG, da es unentgeltlich ist und weiter reicht als das Recht aus §§ 34, 35 BDSG. In der Literatur zum Datenschutzrecht wird dagegen häufig den Rechten aus dem BDSG der Vorrang eingeräumt, da dieses Gesetz sachnäher sei.

26 Bei inhaltlich umstr. Daten kann der Arbeitnehmer nach § 83 II BetrVG eine **Gegendarstellung** zu den Personalakten geben. Auch dieses Recht besteht neben dem Anspruch auf Speicherung und Löschung aus § 35 BDSG.

27 **(c)** Die in Dateien gespeicherten Daten sind lesbar zu machen. Der Arbeitnehmer hat einen Anspruch auf Ausdruck aller über ihn gespeicherten Daten in einer entschlüsselten, lesbaren Form. Bei Sammelbelegen, also bei listenmäßiger Zusammenfassung von Belegen mehrerer Arbeitnehmer sind die Angaben zu anderen Personen zu anonymisieren.

§ 62. Das Beschwerderecht des Arbeitnehmers

I. Die Beschwerde gegenüber dem Arbeitgeber

28 Es sind die unmittelbare Beschwerde an den Arbeitgeber und die Beschwerde, die über den Betriebsrat geleitet wird, zu unterscheiden.

29 Jeder Arbeitnehmer – auch in betriebsratslosen Betrieben – hat das Recht, sich bei den zuständigen Stellen des Betriebs zu beschweren, wenn er sich vom Arbeitgeber oder von anderen Arbeitnehmern des Betriebs benachteiligt oder ungerecht behandelt oder in sonstiger Weise beeinträchtigt fühlt (§ 84 I 1 BetrVG). Als Gegenstand von Beschwerden kommen neben dem Verhalten von Personen auch die betrieblichen Arbeitsbedingun-

gen (Lärm, Staub, Umweltschutz) in Betracht. Die Beschwerde ist an die zuständige Stelle des Betriebs und nicht an Dritte zu richten. Wer **zuständige Stelle** ist, bestimmt sich nach der Organisation des Betriebs; es kann also ein Abteilungsleiter, der Betriebsleiter oder der Arbeitgeber selbst sein. Die Beschwerde kann sich gegen Maßnahmen und Handlungen des Arbeitgebers, seiner leitenden Angestellten oder von Arbeitskollegen richten. Zulässig ist die Beschwerde nur, wenn der Arbeitnehmer selbst betroffen ist. Eine Beschwerde im Interesse des Betriebs oder seiner Belegschaft ist unzulässig.[33] Die Beschwerde kann Regelungs- oder Rechtsansprüche zum Gegenstand haben (s. u. Rn. 32, 37). Werden mit der Beschwerde Ansprüche geltend gemacht, kann dadurch die tarifliche Verfallfrist gewahrt werden, wenn die Formvoraussetzungen eingehalten sind. Unzureichend ist die Beschwerde dabei, wenn es sich um eine zweistufige Verfallfrist handelt, in der auch die Klageerhebung vorgeschrieben ist.[34]

Beispiel: Unzulässig ist eine Beschwerde, mit der geltend gemacht wird, der Arbeitgeber habe bei der Festlegung der täglichen Arbeitszeit den Betriebsrat übergangen. Zulässig ist sie mit dem Inhalt, das Kantinenessen sei schlecht, der Beschwerdeführer werde bei Torkontrollen benachteiligt, sei fehlerhaft in die Vergütungsordnung eingruppiert worden, werde schikaniert (Mobbing), sexuell belästigt usw.

Der Arbeitnehmer kann ein **Mitglied des Betriebsrats zur Unterstützung** hinzuziehen (§ 84 I 2 BetrVG). Der Betriebsrat oder ein Mitglied des Betriebsrats ist nicht verpflichtet, die Beschwerde zu unterstützen. Vielmehr kann er den Arbeitnehmer darauf hinweisen, er halte die Beschwerde für ungerechtfertigt und unterstütze sie aus diesem Grunde nicht. Im Interesse des Betriebsklimas und des beschwerdeführenden Arbeitnehmers kann es sachdienlich sein, dass das Betriebsratsmitglied gleichwohl vermittelnd tätig wird. Neben dem allgemeinen Beschwerderecht aus § 84 BetrVG besteht bei **sexueller Belästigung** das 30

33 Vgl. Nebendahl/Lenk NZA 1990, 676.

34 Schaub, Arbeitsrecht von A–Z, Stichwort: Verfallfrist.

besondere Beschwerderecht nach § 3 I Beschäftigtenschutzgesetz.

31 Der Arbeitgeber bzw. die für die Beschwerde betrieblich zuständige Stelle hat den Arbeitnehmer über die Behandlung der Beschwerde zu bescheiden und ihr abzuhelfen, soweit er bzw. sie die Beschwerde für berechtigt hält (§ 84 II BetrVG). Bei längerer Bearbeitungsdauer ist ein Zwischenbescheid zu erteilen. Eine Bescheidung des Arbeitnehmers ist nur dann entbehrlich, wenn der Arbeitnehmer sich bei unverändertem Sachverhalt bereits wiederholt an den Arbeitgeber gewandt hat.

32 Hilft der Arbeitgeber der Beschwerde ab, so wird die Angelegenheit zunächst beigelegt sein. Hilft er ihr nicht ab, so ist zu unterscheiden, ob Gegenstand der Beschwerde **Regelungsansprüche oder Rechtsansprüche** des Arbeitnehmers sind (s. u. Rn. 37). Handelt es sich um Regelungsansprüche, d. h. begehrt der Arbeitnehmer vom Arbeitgeber etwas, das der Zustimmung des Betriebsrats bedarf, so kann nur der Betriebsrat die Angelegenheit aufgreifen und gemäß § 80 BetrVG beim Arbeitgeber vorstellig werden. Kommt es nicht zur Beilegung der Meinungsverschiedenheit, so kann der Betriebsrat die Einigungsstelle anrufen (§ 85 II BetrVG). Handelt es sich dagegen um Rechtsansprüche, so kann der Arbeitnehmer vor den Arbeitsgerichten im Urteilsverfahren Klage erheben. Dagegen kann die Einigungsstelle über die Berechtigung der Rechtsansprüche nicht wirksam entscheiden. Sie kann insbesondere keine Leistungspflichten des Arbeitgebers begründen.[35] U. U. steht dem Arbeitnehmer bis zur Abhilfe ein Leistungsverweigerungsrecht nach § 273 BGB zu.[36]

33 Durch die Erhebung der Beschwerde darf der Arbeitnehmer nicht benachteiligt werden (§ 84 III BetrVG). Eine Maßregelung aus Anlass der Beschwerde ist unzulässig. Eine Versetzung des Arbeitnehmers zur Maßregelung oder eine Kündigung ist gemäß § 84 III BetrVG, § 134 BGB nichtig. Der Arbeitnehmer trägt da-

35 BAG AP 1 zu § 85 BetrVG 1972 = DB 85, 1138 = NZA 85, 189.

36 Zum Leistungsverweigerungsrecht des Arbeitnehmers bei Verstößen gegen die Gefahrstoff-VO vgl. BAG 8. 5. 1996 AP 23 zu § 618 BGB; BAG 19. 2. 1997 AP 24 zu § 618 BGB; vgl. ferner § 4 II BeschSchG.

bei die Darlegungs- und Beweislast, dass er aus Anlass der Beschwerde gemaßregelt wurde. Dafür kann wiederum der Beweis des ersten Anscheins sprechen.[37]

> **Beispiel:** Ein Arbeitnehmer ist unmittelbar nach Erhebung einer Beschwerde unter Berufung auf einen geringfügigen Anlass gekündigt worden.

II. Die Beschwerde gegenüber dem Betriebsrat

Der Arbeitnehmer kann dann, wenn er sich vom Arbeitgeber 34
oder von Arbeitnehmern des Betriebs benachteiligt oder ungerecht behandelt oder sonst beeinträchtigt fühlt (vgl. unter I), auch beim Betriebsrat Beschwerde einlegen. Das wird durch eine zuvor erfolgte oder gleichzeitige Einlegung einer Beschwerde an den Arbeitgeber nicht ausgeschlossen. Der Betriebsrat hat die Beschwerde zu prüfen. Hält er sie für unberechtigt, hat er sie abzulehnen. Die Ablehnung sollte begründet werden. Hält er sie für berechtigt, hat er beim Arbeitgeber auf Abhilfe hinzuwirken (§ 85 I BetrVG). Dann kann es zu folgenden Fallgestaltungen kommen:

(1) Arbeitgeber und Betriebsrat einigen sich darüber, dass die 35
Beschwerde unberechtigt ist. War Gegenstand der Beschwerde eine Regelungsstreitigkeit, so ist die Angelegenheit erledigt; dem Arbeitnehmer steht ein weiterer Rechtsbehelf nicht zu. War Gegenstand der Beschwerde ein Rechtsanspruch, so kann der Arbeitnehmer das Arbeitsgericht anrufen.

> **Beispiel:** Der Arbeitnehmer hatte wegen der Festlegung seines Urlaubs den Betriebsrat angerufen (vgl. § 87 I Nr. 5 BetrVG). Der Betriebsrat kommt im „Beschwerdegespräch“ mit dem Arbeitgeber zu dem Ergebnis, dass der Urlaub ermessensfehlerfrei festgelegt worden ist. Alsdann kann der Arbeitnehmer beim Arbeitsgericht beantragen, den Arbeitgeber zu verpflichten, ihm zu einer anderen Zeit Urlaub zu gewähren (§ 7 I BUrlG).

37 Schaub, Arbeitsrecht von A–Z, Stichwort: Anscheinsbeweis.

36 **(2)** Arbeitgeber und Betriebsrat einigen sich darüber, dass die Beschwerde berechtigt ist; der Beschwerde wird abgeholfen. Damit ist die Angelegenheit erledigt.

37 **(3)** Arbeitgeber und Betriebsrat einigen sich nicht über die Berechtigung der Beschwerde. In diesem Fall ist erneut zu unterscheiden, ob Gegenstand der Beschwerde eine Regelungsstreitigkeit oder ein Rechtsanspruch des Arbeitnehmers ist. Rechtsansprüche können vom Arbeitnehmer vor den Arbeitsgerichten im Wege der Leistungs-, Feststellungs- oder Gestaltungsklage verfolgt werden. Ist Gegenstand der Beschwerde eine Regelungsstreitigkeit, so kann (nur) der Betriebsrat die Einigungsstelle anrufen (§ 85 II 1 BetrVG). Gegenstand des Verfahrens ist die Berechtigung/Nichtberechtigung der Beschwerde, nicht unmittelbar die Abhilfemaßnahme. Der Spruch der Einigungsstelle ersetzt die Einigung zwischen Arbeitgeber und Betriebsrat (§ 85 II 2 BetrVG). Er kann gemäß § 76 V BetrVG auf Antrag des Arbeitgebers oder des Betriebsrats vor den Arbeitsgerichten angefochten werden (Abschn. XI Rn. 80). Ist Gegenstand der Beschwerde ein Rechtsanspruch des Arbeitnehmers, so ist umstritten, ob der Betriebsrat die Einigungsstelle anrufen kann. Nach einer Meinung ist dies unzulässig. Nach einer anderen Meinung kann es nur zu einem freiwilligen Einigungsstellenverfahren kommen.[38] In jedem Fall ersetzt der Spruch der Einigungsstelle nicht die Einigung zwischen Arbeitgeber und Betriebsrat (§ 85 II 3 BetrVG).[39] Ohne Rücksicht auf das Einigungsstellenverfahren kann zugleich der Arbeitnehmer seine Ansprüche vor den Arbeitsgerichten verfolgen.

38 In allen Fällen hat der Arbeitgeber den Arbeitnehmer und den Betriebsrat über die Behandlung der Beschwerde zu unterrichten (§ 85 III i. V. m. § 84 II BetrVG). Der Arbeitnehmer kann die Beschwerde zurücknehmen. In diesem Fall wird auch ein Einigungsstellenverfahren gegenstandslos.

---

38 BAG 28. 6. 1984 AP 1 zu § 85 BetrVG 1972.

39 BAG AP 1 zu § 85 BetrVG 1972 = DB 85, 1138 = NZA 85, 189; Däubler/Kittner/Klebe § 85 Rn. 10.

III. Ergänzende Vereinbarungen über das Beschwerdeverfahren

Im Interesse der Anpassung an betriebliche Verhältnisse können die Einzelheiten des Beschwerdeverfahrens durch Tarifvertrag oder Betriebsvereinbarung geregelt werden. Hierbei kann die Einigungsstelle durch eine betriebliche Beschwerdestelle ersetzt werden (§ 86 BetrVG). 39

Beispiel: Es kann eine Beschwerdeordnung vereinbart werden, in der die Vorprüfung, die Anhörung, die Vertretung der Beteiligten usw. geregelt und ein gemeinsamer Beschwerdeausschuss eingerichtet wird.

§ 63. Das Vorschlagsrecht des Arbeitnehmers

Um das fachliche und demokratische Engagement der Arbeitnehmer im Betrieb zu stärken, sieht der neue § 86a BetrVG für jeden Arbeitnehmer das Recht vor, **dem Betriebsrat Themen zur Beratung** vorzuschlagen. Die Arbeitnehmer sollen insoweit auch außerhalb von Betriebsversammlungen und Sprechstunden die Initiative zur Behandlung von Themen ergreifen können, die sie für wichtig halten. Eine Begrenzung des Vorschlagsrechts auf bestimmte Themen sieht das Gesetz nicht vor. Voraussetzung ist lediglich, dass das betreffende Thema überhaupt in die Zuständigkeit des Betriebsrats fällt. Der Betriebsrat entscheidet selbst darüber, wir er auf den Vorschlag reagiert, ob er ihn nur zur Kenntnis nimmt, oder aber sich zu Eigen macht und gegenüber dem Arbeitgeber weiterverfolgt. Wird ein Vorschlag allerdings von **mindestens 5 vom Hundert** der Arbeitnehmer des Betriebs unterstützt, so muss der Betriebsrat ihn innerhalb von zwei Monaten auf die Tagesordnung einer Betiebsratssitzung setzen (§ 86a S. 2 BetrVG). Auch damit ist kein Anspruch der Arbeitnehmer auf Weiterverfolgung des Vorschlags verbunden. Erreicht wird auf diese Weise nur, dass sich der Betriebsrat offiziell und ernsthaft mit dem Thema befasst, um sodann aber frei darüber entscheiden zu können, wie weiter verfahren werden soll.[40] 40

40 Einzelheiten bei Wiese BB 2001, 2267 ff.

Abschnitt XI. Die Verfahren zur Durchsetzung von Rechten aus dem BetrVG

§ 64. Übersicht

Auf welchem Wege Ansprüche aus dem BetrVG durchgesetzt 1
werden können, richtet sich danach, ob es sich um eine Regelungs- oder um eine Rechtsstreitigkeit handelt.

Bei **Regelungsstreitigkeiten** wird über die Herbeiführung einer 2
sachgerechten betrieblichen Regelung, nicht unmittelbar über bloße Rechtsfragen gestritten; es ist eine ganze Bandbreite von möglichen Lösungen denkbar, gesucht ist die für den konkreten Betrieb beste Regelung. Zur Beilegung solcher Konflikte dient das Verfahren vor der Einigungsstelle. Deren Spruch kann in begrenztem Umfang durch die Arbeitsgerichte auf seine Zweckmäßigkeit hin überprüft werden. Nur in Ausnahmefällen entscheidet die Einigungsstelle unmittelbar über Rechtsfragen (vgl. u. Rn. 69). Das bedeutet nicht, dass sie nicht häufig incidenter und als Vorfragen auch schwierige Rechtsfragen zu klären hätte.

Die **Rechtsstreitigkeiten** dienen der Verfolgung von Rechts- 3
ansprüchen. Sie werden ohne Umweg über die Einigungsstelle direkt vor den Arbeitsgerichten ausgetragen. Das Verfahren vor den Arbeitsgerichten richtet sich dabei entweder nach den Grundsätzen und Regelungen des sog. Urteilsverfahrens oder denen des sog. Beschlussverfahrens.[1] Das Beschlussverfahren findet in den § 2 a ArbGG genannten Fällen statt (§ 80 I ArbGG), wenn Arbeitgeber und Betriebsrat über Rechte aus dem BetrVG streiten sowie dann, wenn es um die Stellung des Arbeitnehmers in der Betriebsverfassung geht.

Verletzt ein Mitglied der Betriebsverfassungsorgane seine 4
Amtspflichten, so kann seine **Amtsenthebung** beim Arbeitsgericht beantragt werden (§ 23 BetrVG; vgl. Abschn. III Rn. 16ff.).

---

1 Schaub, Meine Rechte und Pflichten im Arbeitsgerichtsverfahren, 5. Aufl., 1992, § 47 S. 271.

Da ein Ausschluss des Arbeitgebers aus dem Betrieb unmöglich ist, sieht das BetrVG in § 23 III BetrVG finanzielle Sanktionsmaßnahmen bei groben **Verstößen des Arbeitgebers** gegen seine Pflichten aus dem BetrVG vor (unten § 65). Im Urteilsverfahren entscheidet das Arbeitsgericht, wenn der einzelne Arbeitnehmer **individualrechtliche Ansprüche** gegen den Arbeitgeber verfolgt, auch dann, wenn diese ihre Grundlage im Betriebsverfassungsrecht haben (etwa in § 37 II, III, § 44 I S. 2, §§ 81 ff., § 113 BetrVG).

§ 65. Verletzung betriebsverfassungsrechtlicher Pflichten durch den Arbeitgeber (§ 23 III BetrVG)

5 **(1)** Hat der Betriebsrat gegen den Arbeitgeber vor dem Arbeitsgericht im Beschlussverfahren einen obsiegenden Beschluss erwirkt, findet aus diesem sog. Titel, wenn er sich nicht in einer bloßen Feststellung erschöpft, die Zwangsvollstreckung gegen den Arbeitgeber statt (§ 85 I ArbGG). Umstr. ist, inwieweit der Betriebsrat zum Zweck des vorbeugenden Rechtsschutzes mit Unterlassungsansprüchen gegen den Arbeitgeber vorgehen kann, wenn dieser unter Missachtung der Mitwirkungsrechte des Betriebsrats Entscheidungen trifft und umzusetzen beabsichtigt (Abschn. III Rn. 29, Abschn. IV Rn. 18 ff.).

6 Das Verfahren nach § 23 III BetrVG stellt ein davon unabhängiges eigenständiges Zwangsverfahren zur Ahndung von Verstößen des Arbeitgebers gegen das Betriebsverfassungsgesetz dar. Nach § 23 III BetrVG sind antragsberechtigt der Betriebsrat und eine im Betrieb vertretene Gewerkschaft. Dagegen steht – anders als bei der Amtsenthebung eines Mitglieds des Betriebsrats – einem bestimmten Quorum der Belegschaft ein Antragsrecht nicht zu.[2] Das Antragsrecht steht dem Betriebsrat und der Gewerkschaft unabhängig davon zu, ob sie jeweils die Berechtigten nach dem BetrVG sind (umstr.). So kann vom Betriebsrat geltend gemacht werden, der Arbeitgeber verweigere einem Vertreter der Gewerkschaft zu Unrecht den Zutritt in den Betrieb; um-

2 BAG AP 1 zu § 23 BetrVG 1972.

gekehrt kann die Gewerkschaft geltend machen, der Arbeitgeber missachte das Anhörungsrecht des Betriebsrats bei Kündigungen.

(2) Das Verfahren nach § 23 III 1 BetrVG kann mit Erfolg nur dann eingeleitet werden, **wenn der Arbeitgeber grob gegen seine Pflichten aus dem BetrVG verstoßen hat** (Einzelheiten vgl. Abschn. III Rn. 24f.). Auslöser des Verfahrens können auch Verstöße gegen Betriebsvereinbarungen sein, weil sie auf dem BetrVG beruhen. Sonstige Gesetzesverstöße des Arbeitgebers, z. B. Verstöße gegen das Tarifvertragsgesetz oder Arbeitnehmerschutzvorschriften können dagegen nicht Gegenstand eines Verfahrens nach § 23 III BetrVG sein. Voraussetzung für einen erfolgreichen Antrag ist ein grober Verstoß des Arbeitgebers. Ein grober Verstoß ist bei offensichtlich schwerwiegenden Verletzungen des BetrVG gegeben. Zu denken ist etwa an eine nachhaltige Verweigerung der Zusammenarbeit mit dem Betriebsrat, an parteipolitische Betätigungen des Arbeitgebers im Betrieb, an eine beharrliche Missachtung der Mitwirkungsrechte des Betriebsrats,[3] an die ungenügende Unterrichtung des Wirtschaftsausschusses usw. Hat das BAG entschieden, dass die Aufstellung von Dienstplänen mitbestimmungspflichtig ist, so verstößt der Arbeitgeber grob gegen seine Pflichten, wenn er Dienstpläne erneut ohne Zustimmung des Betriebsrats anwendet.[4] Keine grobe Pflichtverletzung ist die Beibehaltung einer bestimmten Rechtsansicht in einer schwierigen und ungeklärten Rechtsfrage, solange deren Klärung nicht rechtskräftig herbeigeführt ist.[5] Für die Frage, ob ein Arbeitgeber grob gegen seine Pflichten verstoßen hat, kommt es weder auf ein Verschulden[6] noch auf eine Wiederholungsgefahr an.[7] Letztere wird wegen der Grobheit der Verstöße gleichsam unterstellt. 7

3 BAG AP 5 zu § 23 BetrVG 1972 = NJW 86, 400 = NZA 85, 783; AP 7 = NZA 87, 786.

4 BAG AP 11 zu § 23 BetrVG 1972 = NZA 90, 569.

5 BAG AP 4 zu § 40 BetrVG 1972; BAG 14. 11. 1989 AP 76 zu § 99 BetrVG.

6 BAG AP 15 zu § 87 BetrVG 1972 Ordnung des Betriebs.

7 BAG 18. 4. 1985 AP 5 zu § 23 BetrVG 1972.

8 Hat der Arbeitgeber eine grobe Pflichtverletzung begangen, so kann ihm vom Arbeitsgericht aufgegeben werden, eine Handlung zu unterlassen, die Vornahme einer Handlung zu dulden oder eine Handlung vorzunehmen. § 23 III 1 BetrVG lehnt sich an §§ 887, 888, 890 ZPO an, die die Vollstreckung von vertretbaren und unvertretbaren Handlungen sowie von Unterlassungspflichten regeln. Nicht anwendbar ist § 23 III BetrVG auf die Verpflichtung zur Herausgabe von Sachen (der Arbeitgeber weigert sich hartnäckig, den im Betrieb vorhandenen Kommentar zum BetrVG zur Einsicht zur Verfügung zu stellen), zur Abgabe von Willenserklärungen und auf die Erstattung von Geldforderungen. Insoweit kann eine Vollstreckung nur nach Maßgabe von § 85 ArbGG i. V. m. § 883, § 894, §§ 803 ff. ZPO erfolgen. Der Antrag nach § 23 III BetrVG muss hinreichend bestimmt sein. Er muss die zu unterlassende oder vorzunehmende Handlung genau bezeichnen.[8] Hat der Arbeitgeber in der Vergangenheit grob gegen seine Pflichten aus einer Betriebsvereinbarung verstoßen, so beseitigt seine Versicherung, er werde in Zukunft ein betriebsverfassungswidriges Verhalten unterlassen, noch nicht das Rechtsschutzbedürfnis für einen Antrag nach § 23 III 1 BetrVG.[9] Der erstinstanzliche Beschluss kann mit den Rechtsmitteln des Beschlussverfahrens angefochten werden (s. u. Rn. 43 ff.).

9 **(3)** Ist der Arbeitgeber gem. § 23 III BetrVG verpflichtet worden, so findet die Zwangsvollstreckung nach § 23 III 2, 3 BetrVG statt. Zu unterscheiden ist die Zwangsvollstreckung der Verpflichtung zur Unterlassung oder Duldung einer Handlung von der zur Vornahme einer Handlung.

10 Handelt der Arbeitgeber der Verpflichtung zur **Unterlassung oder Duldung einer Maßnahme** zuwider, wird er auf Antrag des Betriebsrats vom Arbeitsgericht zu einem **Ordnungsgeld** verurteilt. Dessen Zweck ist nicht eine Bestrafung wegen der in der Vergangenheit begangenen Pflichtverletzung, sondern die Sicherung eines betriebsverfassungskonformen Verhaltens für die Zu-

8 Vgl. LAG Bremen AP 6 zu § 23 BetrVG 1972 = EzA § 23 BetrVG 1972 Nr. 14; BAG AP 19 zu § 80 BetrVG 1972 = BB 83, 1984.

9 BAG AP 20 zu § 23 BetrVG 1972 = NZA 92, 1095.

kunft. Verstöße aus der Vergangenheit sind allenfalls nach §§ 119, 121 BetrVG zu ahnden. Die Vollstreckung setzt voraus **(a)** eine vorherige rechtskräftige Androhung der Verhängung eines Ordnungsgeldes bei Nichtbefolgung der im arbeitsgerichtlichen Beschluss ausgesprochenen Verpflichtung; die Androhung kann bereits während des Beschluss-(Erkenntnis-)verfahrens beantragt werden; **(b)** die Nichtbefolgung der im rechtskräftigen arbeitsgerichtlichen Beschluss ausgesprochenen Verpflichtung; hieraus folgt, dass der Arbeitgeber nach Rechtskraft des Beschlusses des Arbeitsgerichts diesem zuwider gehandelt haben muss; da es sich um eine repressive Rechtsfolge eines Ordnungsverstoßes handelt, muss der Arbeitgeber schuldhaft gehandelt haben; **(c)** den Antrag eines Antragsberechtigten. Die Verhängung des Ordnungsgeldes erfolgt durch Beschluss. Eine mündliche Verhandlung ist zwar entbehrlich, jedoch ist dem Arbeitgeber rechtliches Gehör zu bewilligen. Für einen Beschluss ohne mündliche Verhandlung in erster Instanz ist der Vorsitzende des Arbeitsgerichts allein zuständig (§ 53 ArbGG). Das für jede Zuwiderhandlung zu verhängende Ordnungsgeld darf 20 000,– DM (ab 1. 1. 2002: 10 000,– Euro) nicht übersteigen. Das Ordnungsgeld verfällt der Staatskasse.

Beispiel für Antrag und Androhung im Erkenntnisverfahren: In dem Beschlussverfahren der Industriegewerkschaft... (Betriebsrat der Firma...) gegen die Firma... wegen Durchführung eines Zwangsverfahrens wird beantragt:

1. der Antragsgegnerin aufzugeben, den Zutritt des Gewerkschaftssekretärs M. zu den Betriebsratssitzungen, zu denen er eingeladen ist, und zu Betriebsversammlungen zu dulden;
2. der Antragsgegnerin für jede Zuwiderhandlung ein Ordnungsgeld anzudrohen, das in das Ermessen des Gerichts gestellt wird, aber... DM/Euro nicht unterschreiten sollte.

Gründe: Die Antragsgegnerin betreibt ein Chemiewerk mit 300 Arbeitnehmern. Die Antragsstellerin (der Antragsteller) ist eine im Betrieb der Antragsgegnerin vertretene Gewerkschaft (ist der im Betrieb gewählte Betriebsrat). Die Antragsgegnerin hat schon bei der Errichtung des Betriebsrats erhebliche Schwierigkeiten gemacht. Sie verweigert den Vertretern der Antragsstellerin (bzw. den Vertretern der

im Betrieb vertretenen Industriegewerkschaft), insbesondere dem Gewerkschaftssekretär M., der örtlich für den Betrieb der Antragsgegnerin zuständig ist, ständig den Zutritt zum Betrieb. Sie beruft sich darauf, dass Gewerkschaftsvertreter in ihrem Betrieb nichts zu suchen hätten, insbesondere nicht Gewerkschaftssekretär M. Dieser habe im Rahmen eines Arbeitskampfs einmal die Streikleitung übernommen. So wurde Gewerkschaftssekretär M. u. a. am ... zurückgewiesen, obwohl er durch den Betriebsrat eingeladen worden war.
Beweis: Zeugnis des Betriebsratsvorsitzenden ...
Es ist zu erwarten, dass die Antragsgegnerin die Teilnahme von Herrn M. an der Betriebsversammlung am ... wiederum verweigern wird. Zur Abkürzung des Verfahrens bedarf es deshalb schon jetzt der Androhung eines Ordnungsgeldes.

11 Wurde bereits im Erkenntnisverfahren die Androhung eines Ordnungsgeldes beantragt, so kann im Rahmen des Zwangsvollstreckungsverfahrens folgender Antrag gestellt werden.

Beispiel: In dem Vollstreckungsverfahren der Industriegewerkschaft ... gegen die Firma ...
wegen Verhängung eines Ordnungsgeldes wird beantragt, gegen die Antragsgegnerin ein Ordnungsgeld festzusetzen, dessen Höhe in das Ermessen des Gerichts gestellt wird.

Gründe: Die Antragsgegnerin ist durch rechtskräftigen Beschluss des Arbeitsgerichts vom ... / Az.: ... verurteilt worden, den Zutritt des Gewerkschaftssekretärs M. zu den Betriebsratssitzungen, zu denen er eingeladen worden ist, und zu Betriebsversammlungen zu dulden. Gleichwohl hat sie Herrn M. den Zutritt zu der Betriebsversammlung vom ... verweigert. Es bedarf deshalb der Verhängung des angedrohten Ordnungsgeldes. Die Androhung ist in dem Beschluss vom ... enthalten.

12 **(4)** Die Vollstreckung eines Beschlusses nach § 23 III 1 BetrVG zur **Vornahme einer Handlung** erfolgt durch Verhängung eines **Zwangsgeldes** (§ 23 III 3 BetrVG). Dazu müssen folgende Voraussetzungen vorliegen: **(a)** die Rechtskraft des Beschlusses des Arbeitsgerichts nach § 23 III 1 BetrVG, in dem dem Arbeitgeber die Vornahme der betreffenden Handlung aufgegeben ist. **(b)** die Antragsberechtigung. Anders als im Verfahren zur Voll-

streckung einer Unterlassungs- oder Duldungsverpflichtung ist die Androhung des Zwangsgeldes nicht notwendig. Die Entscheidung über den Antrag ergeht durch Beschluss des Arbeitsgerichts, der ohne mündliche Verhandlung ebenfalls durch den Vorsitzenden allein ergehen kann (§ 53 ArbGG). Da es sich um eine Beugemaßnahme handelt, ist die Verhängung eines Zwangsgeldes nicht mehr möglich, wenn der Arbeitgeber inzwischen dem Beschluss nachgekommen ist. Auch ein Zwangsgeld darf 20 000,– DM (ab 1. 1. 2002: 10 000,– Euro) nicht übersteigen.

(5) Die Vorschrift des § 23 III BetrVG schließt die Vollstre- 13
ckung von Gerichtsbeschlüssen, durch die der Arbeitgeber zu bestimmten Verhaltensweisen verpflichtet wird, nicht aus (§ 85 ArbGG). Aus solchen Beschlüssen ist eine Vollstreckung auch dann möglich, wenn keine grobe Pflichtverletzung des Arbeitgebers vorliegt. Soweit allerdings wegen desselben Geschehens ein Verfahren nach § 23 III BetrVG betrieben wird, ist eine Vollstreckung nach § 85 ArbGG ausgeschlossen, da § 23 III BetrVG eine Sondervorschrift darstellt. Umgekehrt schließt § 101 BetrVG den Unterlassungsanspruch des Betriebsrats nach § 23 III BetrVG nicht aus.[10]

§ 66. Das Urteilsverfahren[11]

Das Urteilsverfahren vor dem Arbeitsgericht ist vorgesehen für 14
die in § 2 I ArbGG aufgezählten Konfliktfälle. Es dient der Durchsetzung individualrechtlicher Ansprüche, d. h. von Ansprüchen des Arbeitnehmers gegen den Arbeitgeber aus dem Arbeitsverhältnis oder umgekehrt, und allgemein der Klärung der Rechtsbeziehung zwischen Arbeitnehmer und Arbeitgeber. Es wird eingeleitet durch eine Klage. Eine **Klage** muss den in § 253 ZPO genannten Voraussetzungen genügen, d. h., sie muss unter genauer Angabe der Parteien einen bestimmten Antrag und Tat-

10 BAG AP 7 zu § 23 BetrVG 1972 = NZA 87, 786.

11 Schaub, Meine Rechte und Pflichten im Arbeitsgerichtsverfahren, 6. Aufl., 1997; Schaub, Arbeitsrecht von A–Z, Stichwort Klage; Schaub, Arbeitsgerichtsverfahren, 7. Aufl., 2001, §§ 19ff.

sachen zu seiner Begründung enthalten. Der Antrag kann auf Leistung, auf die Feststellung eines Rechtsverhältnisses oder auf die Gestaltung eines Rechtsverhältnisses (z. B. auf Abgabe einer Willenserklärung) gerichtet sein. Im Falle einer auf Geld gerichteten Leistungsklage ist der Antrag zu beziffern.

Beispiel (Individualklage eines Betriebsratsmitglieds):
An das
Arbeitsgericht, Mühlheimer Str. 54 47057 Duisburg
Klage
des Autoschlossers Anton A., Schwarzer Weg 1, 47059 Duisburg
– Klägers –
gegen
die Firma Autohaus Ferdinand K., Schlossstraße 10, 47055 Duisburg
– Beklagte –
wegen Arbeitsvergütung
Es wird beantragt, die Beklagte zu verurteilen, 280,– DM brutto nebst 4 % Zinsen an den Kläger zu zahlen.

Gründe: Der Kläger ist von Beruf .... Er ist seit dem ... bei der Beklagten beschäftigt. Seit dem ... gehört er dem Betriebsrat an. Im Betriebsrat hat er folgende Funktionen .... Die Beklagte ist ein Unternehmen für .... Sie beschäftigt ... Arbeitnehmer. Der Betriebsrat besteht aus ... Mitgliedern.

Die Beklagte weigert sich, an den Kläger für den ... Arbeitsvergütung zu zahlen. An diesem Tage hätte der Kläger 10 Stunden zu einem Stundenlohn von 28,– DM gearbeitet, hätte er nicht an einer Schulung nach § 37 VI BetrVG teilgenommen. Ein Leistungsverweigerungsrecht steht der Beklagten nicht zu.

Am ... hat der Betriebsrat den Beschluss gefasst, der Kläger solle an der Schulungsveranstaltung der ... mit dem Thema ... teilnehmen. Der Schulungsveranstaltung lag der in der Anlage beigefügte Themenplan zugrunde. Der Beschluss ist der Beklagten am ... mitgeteilt worden. Die Beklagte hat wegen des Zeitpunkts der Schulungsveranstaltung Einwendungen nicht erhoben. Sie hat jedoch die Auffassung vertreten, die Schulung sei nicht notwendig gewesen. Diese Auffassung ist falsch. Die Schulung war unter Berücksichtigung der konkreten Situation im Betrieb und der vom Betriebsrat benötigten Kenntnisse erforderlich, damit dieser seine gegenwärtig und zukünftig anfallenden Aufgaben bewältigen kann. Die Schulung bezog sich ausweislich des Themenplans auf folgende Aufgaben des Betriebsrats ... (Einzelheiten darlegen).

Die Schulungsveranstaltung war nach den Verhältnissen des Betriebs und Betriebsrats notwendig... (Einzelheiten darlegen, z. B. anstehende Betriebsvereinbarungen über Akkord, Massenentlassung usw.).

Der Kläger war schulungsbedürftig und es war ihm auch nicht zuzumuten, sich bei anderen Betriebsratsmitgliedern oder aus allgemein zugänglichen Quellen zu informieren... (Einzelheiten darlegen, z. B. erstmalige Mitgliedschaft im Betriebsrat, durchgreifende Gesetzes- oder Tarifänderungen usw.).

§ 67. Das Beschlussverfahren[12]

I. Die Einleitung des Beschlussverfahrens

Das Beschlussverfahren ist nach §§ 80 I, 2 a ArbGG vorgesehen für 15

(a) Angelegenheiten aus dem BetrVG, soweit nicht für Maßnahmen nach seinen §§ 119–121 (Strafsachen, Ordnungswidrigkeiten) die Zuständigkeit der ordentlichen Gerichte gegeben ist; 16

(b) Angelegenheiten aus dem Sprecherausschussgesetz, soweit nicht für Maßnahmen nach seinen §§ 34 bis 36 die Zuständigkeit eines anderen Gerichts gegeben ist; 17

(c) Angelegenheiten aus dem MitbestG, Mitbestimmungsergänzungs-Gesetz und dem BetrVG 1952, soweit über die Wahl von Vertretern der Arbeitnehmer in den Aufsichtsräten und ihre Abberufung mit Ausnahme der Abberufung nach § 103 III AktG zu entscheiden ist; 18

(d) Angelegenheiten aus §§ 93, 94, 139 SGB IX (Aufgaben des Betriebsrats im Zusammenhang mit Schwerbehinderung; Wahl und Amtszeit der Schwerbehindertenvertretung; Mitwirkung der Behinderten im Arbeitsbereich anerkannter Werkstätten durch Werkstatträte); 19

(e) Angelegenheiten aus dem Gesetz über Europäische Betriebsräte, soweit nicht für Maßnahmen nach seinen §§ 43 bis 20

12 Dazu Schaub, Meine Rechte und Pflichten im Arbeitsgerichtsverfahren, 6. Aufl., 1997; Schaub, Arbeitsrecht von A–Z, Stichwort: Beschlussverfahren; Schaub, Arbeitsgerichtsverfahren, 7. Aufl., 2001.

45 (Strafsachen, Ordnungswidrigkeiten) die Zuständigkeit eines anderen Gerichts gegeben ist;

21 **(f)** die Entscheidung über die Tariffähigkeit und die Tarifzuständigkeit einer Vereinigung (§ 97 ArbGG).

22 (Die Verfahren zur Entscheidung über die Tariffähigkeit werden durch den Betriebsrat oder Arbeitgeber kaum eingeleitet, so dass von deren Erörterung abgesehen wird.[13]) Daneben ist das Beschlussverfahren auch in Vorschriften außerhalb des ArbGG angeordnet, so in § 122 II, III InsO, § 126 II InsO.

23 Für das Beschlussverfahren gelten

- die Vorschriften der §§ 1–13 ArbGG sowie die besonderen Vorschriften der §§ 80–98 ArbGG;
- die in § 80 II ArbGG aufgezählten Vorschriften des Urteilsverfahrens des ersten Rechtszugs und
- die Vorschriften über das amtsgerichtliche Verfahren (§§ 80 II, 46 II 1 ArbGG, 495 ff. ZPO).

24 Das Beschlussverfahren wird durch einen **Antrag** eingeleitet. Der Antrag ist bei dem örtlich zuständigen Arbeitsgericht schriftlich einzureichen oder bei seiner Geschäftsstelle mündlich zur Niederschrift anzubringen (§ 81 ArbGG). In dem Antrag sind Antragsteller und Antragsgegner nach Namen, Stand und Gewerbe und Wohnort anzugeben. Zweckmäßigerweise werden auch die sonstigen verfahrensbeteiligten Stellen benannt; das Arbeitsgericht wird aber andernfalls von seinem Fragerecht gem. § 139 ZPO Gebrauch machen. Der Antrag hat **bestimmt** zu sein, d. h., er hat das jeweilige Begehren genau zu bezeichnen, und er hat Tatsachen zu seiner Begründung anzugeben.[14] Durch den Antrag wird die vom Gericht zu entscheidende Rechtsfrage festgelegt. Das Arbeitsgericht muss sich bei seiner Entscheidung im Rahmen der gestellten Anträge halten (§ 308 ZPO). Unzulässig ist ein Antrag, mit dem der Arbeitgeber die Festlegung eines allgemeinen Handlungsrahmens begehrt, der dem Betriebsrat auferlegt werden soll und der nicht näher

13 Vgl. dazu Schaub, Arbeitsgerichtsverfahren, 7. Aufl., 2001, § 61 Rn. 1 ff.; zum Verfahren bei Fragen der Tarifzuständigkeit vgl. BAG 23. 10. 1996 AP 15 zu § 3 TVG Verbandszugehörigkeit.

14 BAG AP 19 zu § 80 BetrVG 1972 = BB 83, 1984.

konkretisierbar ist.[15] Ist streitig, ob der Betriebsrat in einer bestimmten Angelegenheit ein Mitbestimmungsrecht hat oder ob eine bestimmte Einzelregelung des Arbeitgebers dem Mitbestimmungsrecht unterliegt, so muss der Antrag dahin gestellt werden, dass vom Gericht das Bestehen oder Nichtbestehen eines Mitbestimmungsrechts in der konkret zu bezeichnenden Angelegenheit festgestellt werden möge. Ein Antrag, nach dem festgestellt werden soll, dass hinsichtlich aller denkbaren Regelungsmöglichkeiten einer Angelegenheit ein Mitbestimmungsrecht des Betriebsrats besteht oder nicht besteht, ist unzulässig.[16] Hat sich ein Streit über eine Maßnahme erledigt, weil der Arbeitgeber von ihr abgesehen oder sie inzwischen durchgeführt hat, so kann lediglich die Feststellung beantragt werden, dass der Betriebsrat (k)ein Mitbestimmungsrecht bei dieser konkreten Maßnahme hatte. Dabei bedarf es der gesonderten Prüfung des Rechtsschutzinteresses.[17] Ein sog. **Globalantrag**, mit dem vom Betriebsrat etwa die Feststellung eines Mitbestimmungsrechts bei jedweder Anordnung von Überstunden begehrt wird, ist nicht unzulässig; er ist aber unbegründet, falls auch nur ein Fall denkbar ist, in dem die Anordnung von Überstunden (ausnahmsweise) der Zustimmung des Betriebsrats nicht bedarf.[18] Der Antrag ist in entspr. Anwendung von § 253 I ZPO dem Antragsgegner zuzustellen. Dagegen ist eine Zustellung an die übrigen Verfahrensbeteiligten nicht notwendig. Insoweit reicht eine formlose Mitteilung aus (§ 81 II 3 ArbGG).

Eine **Änderung des Antrags** ist zulässig, wenn die übrigen Be- 25
teiligten zustimmen oder das Gericht sie für sachdienlich hält (§ 81 III ArbGG). Ob alle am Verfahren Beteiligten zustimmen müssen, ist umstr.; teils wird vertreten, zuzustimmen bräuchten nur diejenigen, auf die sich die Rechtskraft des späteren Beschlusses erstreckt, regelmäßig als nur der Antragsgegner;[19] an-

15 BAG AP 3 zu § 74 BetrVG 1972.

16 BAG 16. 8. 1983 AP 2 zu § 81 ArbGG 1979 = DB 84, 408.

17 BAG AP 3 zu § 81 ArbGG 1979 = BB 85, 340 = NZA 84, 364.

18 BAG 10. 6. 1986 AP 18 zu § 87 BetrVG 1972 Arbeitszeit; BAG 19. 7. 1995 AP 25 zu § 23 BetrVG 1972.

19 Grunsky, ArbGG 7. Aufl. § 81 Rn. 12.

dere meinen, sämtliche Beteiligten müssten zustimmen.[20] Die Zustimmung zur Antragsänderung gilt – anders als nach § 267 ZPO – bereits erteilt, wenn die Beteiligten sich in einem Schriftsatz oder in der mündlichen Verhandlung auf die Antragsänderung eingelassen haben (§ 81 III 2 ArbGG).[21] **Örtlich zuständig** ist das Arbeitsgericht, in dessen Bezirk der Betrieb liegt. In Angelegenheiten des Gesamtbetriebsrats,[22] des Konzernbetriebsrats, der Gesamt-Jugend- und Auszubildendenvertretung, der Konzern-Jugend- und Auszubildendenvertretung, des Wirtschaftsausschusses und der Vertreter der Arbeitnehmer im Aufsichtsrat ist das Arbeitsgericht zuständig, in dessen Bezirk das Unternehmen seinen Sitz hat (§ 82 S. 1, 2 ArbGG). Als Sitz des Unternehmens gilt in entspr. Anwendung von § 17 ZPO der Ort, an dem die Verwaltung geführt wird.[23] In Angelegenheiten eines Europäischen Betriebsrats ist das Arbeitsgericht zuständig, in dessen Bezirk das Unternehmen oder das herrschende Unternehmen nach § 2 EBRG seinen Sitz hat (§ 82 S. 4 ArbGG).

26 Wird ein Urteilsverfahren eingeleitet, obwohl das Beschlussverfahren gegeben ist, so hat das Gericht gem. § 48 ArbGG, § 17 a II GVG auf Antrag der Parteien oder nach Anhörung der Parteien von Amts wegen vorab die Unzulässigkeit der gewählten Verfahrensart auszusprechen und zugleich in die zulässige Verfahrensart zu verweisen.[24] Der Beschluss kann ohne mündliche Verhandlung ergehen und ist zu begründen. Er unterliegt der sofortigen Beschwerde (§ 17 a IV GVG). Ist der Beschluss rechtskräftig, so findet eine Überprüfung der zulässigen Verfahrensart in den höheren Instanzen nicht mehr statt (§ 17 a V GVG).

27 Wird ein Beschlussverfahren anhängig gemacht, obwohl das Urteilsverfahren gegeben ist, so gilt das Gleiche. Für den Antrag einer Gewerkschaft gegen den Arbeitgeber auf Unterlassung des Abschlusses und der Durchführung von Betriebsvereinbarungen,

20 Germelmann/Matthes/Prütting, ArbGG 3. Aufl. § 81 Rn. 87 m. w. N.
21 Schaub, Meine Rechte und Pflichten im Arbeitsgerichtsverfahren § 47 V.
22 BAG AP 1 zu § 82 ArbGG 1979 = BB 87, 339, 551.
23 Schaub, Meine Rechte und Pflichten im Arbeitsgerichtsverfahren, § 47 II.
24 Schaub, Meine Rechte und Pflichten im Arbeitsgerichtsverfahren, § 47 II.

die gegen § 77 III BetrVG verstoßen, ist das Beschlussverfahren die richtige Verfahrensart.[25]

II. Die Beteiligten und ihre Vertreter

Antragsteller ist derjenige, der Rechtsschutz im Beschlussverfahren begehrt, Antragsgegner derjenige, gegen den Rechtsschutz begehrt wird. Zu unterscheiden ist der formelle und materielle Begriff des Beteiligten. Der formelle Begriff des Beteiligten entspricht dem der Partei im Urteilsverfahren. **Formell Beteiligter** sind also Antragsteller und Antragsgegner. 28

Im Urteilsverfahren muss eine Partei **parteifähig** sein. Der Parteifähigkeit entspricht im Beschlussverfahren die Beteiligtenfähigkeit. **Beteiligtenfähig** sind ohne Rücksicht auf ihre Rechtsfähigkeit alle nach dem BetrVG und den dazu ergangenen Rechtsverordnungen mit Rechten und Pflichten ausgestatteten Personen und Stellen. Beteiligtenfähig sind demnach der Betriebsrat, der Wahlvorstand, die Jugendvertretung, die Vertretung der Schwerbehinderten, der Wirtschaftsausschuss, die Einigungsstelle, der Arbeitgeber (unabhängig von seiner Rechtsform), Gewerkschaften usw. (§ 10 ArbGG). 29

Materiell Beteiligter ist im Beschlussverfahren, wer nach dem BetrVG Rechte oder Pflichten hat und wessen Rechtsstellung durch die betreffende Angelegenheit in irgendeiner Form betroffen sein kann.[26] Wer materiell am Beschlussverfahren beteiligt ist, richtet sich also nach materiellem Betriebsverfassungsrecht. Von der materiellen Beteiligung hängt die Antragsbefugnis ab. **Antragsbefugt** ist, wer aus dem Betriebsverfassungsrecht eigene Rechte geltend machen oder Anträge zum Schutz seiner betriebsverfassungsrechtlichen Position stellen kann.[27] Das Arbeitsgericht hat die materiell Beteiligten zu hören (§ 83 III ArbGG). Materiell beteiligt ist immer der Arbeitgeber, in betriebsverfassungsrechtlichen Streitigkeiten auf Unternehmens- 30

25 BAG 13. 3. 2001 – 1 AZB 19/00 – AP 36 zu § 23 BetrVG 1972 = NZA 2001, 1037.

26 BAG AP 10 zu § 81 ArbGG 1953; AP 7 zu § 83 ArbGG 1953; AP 2 zu § 81 ArbGG 1969; AP 6 zu § 20 BetrVG 1972; AP 26 zu § 118 BetrVG 1972.

27 BAG AP 6 zu § 81 BetrVG 1972 = NZA 88, 26.

oder Konzernebene die Unternehmens- bzw. Konzernleitung. Materiell beteiligt ist ein Arbeitnehmer, wenn seine betriebsverfassungsrechtliche Stellung im Streit ist. Die betriebsverfassungsrechtliche Stellung eines Arbeitnehmers wird noch nicht dann berührt, wenn der Betriebsrat bei seiner Einstellung, Versetzung oder Kündigung in einem bestimmten Sinne mitgewirkt hat (§ 99, § 102 BetrVG).[28] Eine Gewerkschaft ist dann materiell beteiligt, wenn ihre Rechtsstellung durch die Entscheidung unmittelbar berührt wird.[29] Nicht materiell beteiligt ist die Einigungsstelle in Verfahren um die Rechtswirksamkeit ihrer Beschlüsse.[30]

31 Die Beteiligten können sich am Beschlussverfahren durch jede volljährige postulationsfähige Person **mit schriftlicher Vollmacht vertreten lassen.** Nach herrschender Meinung kann sich der Betriebsrat auch durch einen Gewerkschaftsvertreter vertreten lassen, sofern nur ein Mitglied des Betriebsrats der entsprechenden Gewerkschaft angehört.[31] Der Betriebsrat kann mit seiner Vertretung einen Rechtsanwalt beauftragen, soweit dies zur zweckentsprechenden Rechtsverfolgung notwendig ist (Abschn. III Rn. 124).[32] Der Arbeitgeber trägt selbst dann dessen Kosten, wenn es dem Betriebsrat möglich gewesen wäre, einen Gewerkschaftsvertreter mit seiner Vertretung zu beauftragen. Hat sich der Betriebsrat in der ersten Instanz durch einen Gewerkschaftsvertreter vertreten lassen, so ist er dadurch für die Vertretung in der zweiten Instanz nicht festgelegt.[33]

III. Die Verfahrensvoraussetzungen

32 Ebenso wie im Urteilsverfahren müssen für die Zulässigkeit eines Beschlussverfahrens die allgemeinen Prozessvoraussetzungen vorliegen.[34] Zu diesen gehört das Rechtsschutzinteresse. Die

28 BAG AP 3 zu § 80 ArbGG 1979; AP 6 zu § 101 BetrVG 1972.

29 Schaub, Meine Rechte und Pflichten im Arbeitsgerichtsverfahren, § 47 III.

30 BAG AP 7 zu § 111 BetrVG 1972; AP 1 zu § 87 BetrVG 1972 Vorschlagswesen; AP 2 zu § 87 BetrVG 1972 Urlaub.

31 BAG AP 7 zu § 11 ArbGG 1953; AP 21 zu § 76 BetrVG.

32 BAG AP 1, 7 zu § 39 BetrVG; AP 6 zu § 20 BetrVG 1972; AP 14, 18 zu § 40 BetrVG 1972.

33 BAG AP 14, 16, 18 zu § 40 BetrVG 1972.

34 Schaub, Meine Rechte u. Pflichten im Arbeitsgerichtsverfahren, § 3 V.

Gerichte sollen nicht für Entscheidungen in Anspruch genommen werden können, die für die Beteiligten letztlich keine Rechtswirkungen entfalten. Nach ständiger Rechtsprechung des BAG entfällt bei betriebsverfassungsrechtlichen Streitigkeiten das Rechtsschutzinteresse dann, wenn der konkrete Vorgang, der zum Verfahren geführt hat, im Zeitpunkt der gerichtlichen Entscheidung bereits abgeschlossen ist, ohne dass auch nur eine geringe Wahrscheinlichkeit dafür besteht, dass sich ein gleichartiger Vorgang zukünftig wiederholt.[35] Sind bestimmte Arbeitnehmer aus einem Betrieb bereits ausgeschieden, so ist nicht mehr von Interesse, ob sie zum Betriebsrat wahlberechtigt sind usw. Häufig kann aber eine bestimmte Rechtsfrage in Zukunft wieder streitig werden. In diesen Fällen ist es zulässig die Feststellung zu beantragen, dass der Betriebsrat in der betreffenden Angelegenheit (k)ein Mitbestimmungsrecht hatte.[36] Dieser Antrag kann bis zum Schluss der mündlichen Verhandlung beim LAG gestellt werden. Eine Antragsänderung in der Revisionsinstanz ist regelmäßig nicht mehr möglich.[37]

IV. Das Verfahren vor dem Arbeitsgericht

Geht ein Antrag im Beschlussverfahren bei Gericht ein, so hat 33
der Vorsitzende der geschäftsplanmäßig zuständigen Kammer gem. §§ 80 II, 46 II ArbGG, 495, 216 ZPO **Termin zur Anhörung der Beteiligten vor der Kammer** anzuberaumen. Seit dem 1. 5. 2000 ist es aufgrund der Änderung des § 80 II ArbGG durch das Gesetz vom 30. 3. 2000 (BGBl. I S. 333) möglich, dass der Vorsitzende auch im Beschlussverfahren vorweg ein Güteverfahren ansetzt (§ 80 II 2 ArbGG). Grundsätzlich hat die Anhörung in öffentlicher, mündlicher Verhandlung zu erfolgen. Die Kammer

35 BAG AP 15 zu § 37 BetrVG 1972 = NJW 74, 2023; AP 2 zu § 87 BetrVG 1972 = DB 79, 2186; AP 2 zu § 87 BetrVG 1972 Arbeitssicherheit = NJW 82, 404; AP 5 zu § 83 ArbGG 1979 = DB 83, 666; AP 8 zu § 81 ArbGG 1979 = NZA 88, 517; BAG 11. 12. 2001 – 1 ABR 9/01 – z. V. v.

36 BAG AP 2 zu § 101 BetrVG 1972 = DB 79, 408; AP 12 zu § 99 BetrVG 1972 = NJW 81, 2375 = DB 81, 1833; AP 3 zu § 81 ArbGG 1979 = NZA 84, 364; AP 5 zu § 83 ArbGG 1979 = DB 83, 666.

37 BAG 11. 12. 2001 – 1 ABR 3/01 – z. V. v.

kann jedoch auf Antrag einem Beteiligten die schriftliche Äußerung gestatten (§ 83 IV 3 ArbGG). Der Anhörungspflicht ist genügt, wenn ein Beteiligter auf Ladung unentschuldigt ausbleibt. Hierauf ist er zugleich mit der Ladung hinzuweisen (§ 83 IV ArbGG). Wenn alle Beteiligten einverstanden sind, kann das Verfahren auch ohne mündliche Verhandlung durchgeführt werden. Ein Versäumnisverfahren findet nicht statt.[38] Dies ergibt sich daraus, dass für das Verfahren nicht der sog. Beibringungs-, sondern der **Amtsermittlungsgrundsatz** gilt, d. h., das Gericht hat den Sachverhalt im Rahmen der Anträge von sich aus zu erforschen (§ 83 I ArbGG). Auch wenn das Amtsermittlungsprinzip gilt, sind die Beteiligten eines eigenen Sachvortrags nicht enthoben. Das Gericht braucht von sich aus keine Überlegungen anzustellen, ob das rechtliche Begehren bei einem anderen, weiter gehenden Sachvortrag gerechtfertigt wäre.[39] Es darf nicht über die Anträge der Beteiligten hinausgehen. Es darf also nicht die Auflösung des Betriebsrats verfügen, wenn der Arbeitgeber nur die Amtsenthebung eines Betriebsratsmitglieds beantragt hat (§ 23 I BetrVG), oder dem Arbeitgeber die Kündigung eines Arbeitnehmers aufgeben, wenn der Betriebsrat nur dessen Versetzung beantragt hat (§ 104 BetrVG). Das Gericht kann aber, ohne dabei an Beweisanträge der Parteien gebunden zu sein, Urkunden einsehen, Auskünfte einholen, Zeugen und Sachverständige vernehmen und den Augenschein einnehmen (§ 83 II ArbGG). Seit dem 1. 5. 2000 kann der Vorsitzende den Beteiligten Fristen für ihr Tatsachenvorbringen setzen, um das Verfahren zügig durchführen zu können; ab dem 1. 1. 2002 kann verspätetes Vorbringen zurückgewiesen werden, wenn seine Zulassung die Erledigung des Beschlussverfahrens verzögern würde und der Beteiligte die Verspätung nicht genügend entschuldigt (§ 83 I a ArbGG nach Maßgabe der Änderungen durch Gesetze vom 30. 3. 2000 (BGBl. I S. 333) und vom 27. 7. 2001 (BGBl. I S. 1887ff.)).

---

38 Schaub, Meine Rechte u. Pflichten im Arbeitsgerichtsverfahren, § 29.

39 BAG AP 1, 3 zu § 20 BetrVG 1972; AP 7 zu § 103 BetrVG 1972; AP 3 zu § 97 ArbGG.

Für die Durchführung der **Beweisaufnahme** gilt § 58 ArbGG entsprechend (§ 80 II ArbGG), d. h., die Beweisaufnahme erfolgt grundsätzlich vor der Kammer. Zeugen und Sachverständige werden nur vereidigt, wenn die Kammer dies im Hinblick auf die Bedeutung des Zeugnisses für die Entscheidung für notwendig erachtet. Als Beweismittel kommt auch die Aussage von Beteiligten in Betracht (arg. § 83 II ArbGG). Ob für die Vernehmung von Beteiligten die Grundsätze des Zeugenbeweises oder die der Parteivernehmung gelten, hat das ArbGG nicht ausdrücklich klargestellt. Da aber Zeugen nur solche Personen sein können, die am Verfahren nicht beteiligt sind, dürften für die Vernehmung der Beteiligten die Grundsätze der Parteivernehmung gelten, §§ 450–455 ZPO sind entspr. anzuwenden. Ist der Betriebsrat Beteiligter, so ist der Betriebsratsvorsitzende als Partei zu vernehmen; die übrigen Betriebsratsmitglieder sind dagegen als Zeugen zu vernehmen, denn nur der Betriebsratsvorsitzende vertritt den Betriebsrat im Rahmen der gefassten Beschlüsse (Abschn. III Rn. 48).[40] 34

Gegen Beschlüsse und Verfügungen des Arbeitsgerichts oder seines Vorsitzenden während des laufenden Verfahrens findet unter den allgemeinen Voraussetzungen die Beschwerde an das Landesarbeitsgericht statt (§§ 83 V, 78 ArbGG). 35

Das Beschlussverfahren kann enden durch 36

(a) Rücknahme des Antrags (§ 81 II ArbGG). Diese ist – in der ersten Instanz – auch nach Durchführung einer Beweisaufnahme ohne Zustimmung der übrigen Beteiligten wirksam. Wird der Antrag zurückgenommen, so ist das Beschlussverfahren vom Vorsitzenden des Arbeitsgerichts, also ohne Mitwirkung der ehrenamtlichen Richter einzustellen. Von der Einstellung ist den Beteiligten Kenntnis zu geben, soweit ihnen der Antrag vom Arbeitsgericht mitgeteilt worden ist (§ 81 II ArbGG). 37

(b) Beschluss. Anders als im Urteilsverfahren entscheidet das Arbeitsgericht nicht durch „Urteil", sondern durch „Beschluss". Die Kammer entscheidet aufgrund des Ergebnisses des Verfahrens nach freier Überzeugung (§ 84 S. 1 ArbGG). Entscheidung 38

40 Vgl. ArbG Kiel DB 75, 652.

nach freier Überzeugung (§ 286 ZPO) bedeutet, dass das Arbeitsgericht nicht an irgendwelche förmlichen Beweisregeln gebunden ist, sondern sich nach Ausschöpfung aller ihm erreichbaren Beweismittel eine Überzeugung vom wahren Sachverhalt bildet und das Gesetz auf diesen anwendet. Der Entscheidungsteil des Beschlusses ist schriftlich abzufassen und vom Vorsitzenden am Ende der mündlichen Erörterung zu verkünden; es ist also wie im Urteilsverfahren ein Tenor zu formulieren und schriftlich niederzulegen. Sind bei der Verkündung die Beteiligten anwesend, so ist der wesentliche Inhalt der Gründe vom Vorsitzenden mitzuteilen (§ 84 S. 3 i. V.m. § 60 III ArbGG). Sind bei der Verkündung die ehrenamtlichen Richter nicht mehr anwesend, so muss die Beschlussformel von allen Mitgliedern der Kammer unterzeichnet werden (§§ 84, 60 III ArbGG). Der vollständig begründete Beschluss ist in erster Instanz allein vom Kammervorsitzenden zu unterschreiben (§§ 84, 60 IV ArbGG). Wird der Beschluss nicht in dem Termin verkündet, in dem die mündliche Erörterung geschlossen wird, so muss er bei der Verkündung in vollständiger Form abgefasst sein. Ein Beschluss, der am Ende der Erörterung verkündet wird, ist vor Ablauf von drei Wochen, vom Tage der Verkündung an gerechnet, vollständig abgefasst der Geschäftsstelle zu übergeben. Ist das ausnahmsweise nicht möglich, so ist innerhalb dieser Frist der vom Vorsitzenden unterschriebene Beschluss ohne Gründe zu übergeben (§§ 84, 60 IV 3 ArbGG). Aus dem Beschluss findet nach Maßgabe des § 85 ArbGG die Zwangsvollstreckung statt (s. u. Rn. 54ff.).[41] Die Zwangsvollstreckung gegen den Arbeitgeber aus einem solchen Titel ist zu unterscheiden von dem Zwangsverfahren nach § 23 III BetrVG (Rn. 9ff.).

39 **(c) Vergleich,** sofern die Beteiligten über den Gegenstand des Verfahrens verfügen können (§ 83 a ArbGG).[42]

40 **(d) Verzichts- oder Anerkenntnisentscheidung** (§ 306, § 307 ZPO).

41 Einzelheiten bei Schaub, Meine Rechte u. Pflichten im Arbeitsgerichtsverfahren, § 47 VIII sowie § 40.

42 Schaub, Meine Rechte und Pflichten im Arbeitsgerichtsverfahren, § 47 VI.

(e) Übereinstimmende Erklärung der Beteiligten, das Verfahren habe sich erledigt (§ 83 a II ArbGG).[43] Die einseitige Erklärung des Antragstellers, das Verfahren habe sich erledigt, beendet als solche das Verfahren nicht. Falls nicht gemäß § 83a III BetrVG die Zustimmung der übrigen Beteiligten als erteilt gilt, ist das Verfahren vielmehr fortzusetzen und ist durch Beschluss auszusprechen, dass das Verfahren erledigt ist, falls tatsächlich ein erledigendes Ereignis eingetreten ist. Ob der ursprüngliche Antrag des Antragstellers zulässig und begründet war, ist dabei – anders als im Urteilsverfahren – ohne Bedeutung.[44] 41

Für das Beschlussverfahren werden gerichtliche Gebühren und Auslagen nicht erhoben (§ 12 V ArbGG). Für eine Kostenentscheidung ist deshalb im Beschlussverfahren kein Raum.[45] Wegen der außergerichtlichen Kosten ergeht ebenfalls keine Kostenentscheidung, weil der Betriebsrat keine Vermögensfähigkeit besitzt. Auf Antrag ist eine Festsetzung des Verfahrenswertes zulässig. Sie kann für die Berechnung der Gebühren eines von den Beteiligten hinzugezogenen Rechtsanwalts von Bedeutung sein. Zum Anspruch des Betriebsrats auf Kostenerstattung vgl. Abschn. III Rn. 124. 42

V. Die Rechtsmittel[46]

Gegen alle das Verfahren beendenden Beschlüsse des Arbeitsgerichts findet die **Beschwerde** an das Landesarbeitsgericht statt (§ 87 I ArbGG). Für das Beschwerdeverfahren gelten die für das Berufungsverfahren maßgebenden Vorschriften über die Einlegung der Berufung und ihre Begründung entspr. (§ 87 II 1 ArbGG). Hieraus folgt, dass die Berufung nur beim LAG eingelegt werden kann. Die Beschwerdeschrift muss von einem 43

43 Zu allem: Schaub, Meine Rechte und Pflichten im Arbeitsgerichtsverfahren, § 47 VI.

44 BAG AP 3 zu § 83 a ArbGG 1979; BAG 19. 6. 2001 – 1 ABR 48/00 – z. V. v.; BAG 27. 8. 1996 AP 4 zu § 83a ArbGG 1979; kritisch Grunsky, ArbGG § 83a Rn. 9.

45 BAG AP 1 zu § 13 BetrVG; AP 2 zu § 81 ArbGG; AP 2 zu § 40 BetrVG 1972.

46 Schaub, Meine Rechte und Pflichten im Arbeitsgerichtsverfahren, § 47 VII.

Rechtsanwalt oder einem nach § 11 II 2 ArbGG zur Vertretung befugten **Verbandsvertreter** (Gewerkschaftsvertreter oder Arbeitgeberverbandsvertreter) unterzeichnet sein (§ 89 I ArbGG). Die Beschwerde ist nur binnen einer **Frist** von einem Monat seit Zustellung des Beschlusses zulässig (§ 87 II i. V. m. § 66 I ArbGG). Wird die Beschwerde noch nicht in der Beschwerdeschrift begründet, so muss sie bis zum Ablauf von zwei Monaten seit Zustellung schriftlich begründet werden. Die Monatsfrist zur Einlegung und die Zweimonatsfrist zur Begründung der Beschwerde beginnen spätestens fünf Monate nach der Verkündung des erstinstanzlichen Beschlusses, auch wenn dieser bis dahin noch nicht vollständig abgefasst vorliegt (§ 87 II i. V. m. § 66 I 2 ArbGG in dessen seit dem 1. 1. 2002 geltenden Fassung). Auch die Beschwerdebegründung muss durch eine nach § 11 II ArbGG postulationsfähige Person unterschrieben sein. Die Beschwerde an das Landesarbeitsgericht eröffnet eine neue Tatsacheninstanz. Der Beschluss des Arbeitsgerichts kann damit in tatsächlicher und rechtlicher Hinsicht nachgeprüft werden. In der mündlichen Erörterung selbst brauchen sich die Beteiligten nicht mehr vertreten zu lassen. In erster Instanz mögliches, aber nicht vorgebrachtes und deshalb in zweiter Instanz neues Vorbringen kann das LAG zurückweisen (§ 87 III ArbGG in seiner ab dem 1. 1. 2002 geltenden Fassung).

44 Auch das **Landesarbeitsgericht** entscheidet durch Beschluss. Gegen die das Verfahren beendenden Beschlüsse des Landesarbeitsgerichts findet die **Rechtsbeschwerde** an das Bundesarbeitsgericht nur statt, wenn **(a)** schon das Landesarbeitsgericht die Rechtsbeschwerde wegen der grundsätzlichen Bedeutung der Rechtssache zugelassen hat oder wenn **(b)** das BAG sie aufgrund einer Nichtzulassungsbeschwerde zugelassen hat (§ 92 I ArbGG). Die Nichtzulassung der Rechtsbeschwerde durch das LAG kann selbstständig durch eine entsprechende Beschwerde angefochten werden (Nichtzulassungsbeschwerde), wenn **(1)** die Rechtssache grundsätzliche Bedeutung hat und Streitigkeiten über die Tariffähigkeit und Tarifzuständigkeit einer Vereinigung betrifft (§ 92 a ArbGG i. V. m. § 92 I 2, § 72 II Nr. 1 ArbGG; sog. Grundsatzbeschwerde) oder **(2)** wenn das LAG in seinem Be-

schluss von einer Entscheidung des Bundesverfassungsgerichts, von einer Entscheidung des Gemeinsamen Senats der Obersten Gerichtshöfe des Bundes, von einer Entscheidung des BAG oder, solange eine Entscheidung des BAG in der Rechtsfrage nicht ergangen ist, von einer Entscheidung einer anderen Kammer desselben LAG oder eines anderen LAG abgewichen ist und die Entscheidung auf dieser Abweichung beruht (§ 92a i. V. m. §§ 92 I 2, 72 II Nr. 2 ArbGG; sog. Divergenzbeschwerde).

Die – sei es vom LAG, sei es vom BAG – zugelassene Rechts- 45
beschwerde selbst wird durch Einreichung einer Rechtsbeschwerdeschrift beim Bundesarbeitsgericht eingelegt. Dies ist nur binnen eines Monats seit Zustellung des angefochtenen Beschlusses oder seit Zustellung des Beschlusses über die Zulassung der Rechtsbeschwerde durch das BAG zulässig. Die Rechtsbeschwerde ist bis zum Ablauf von zwei Monaten seit Zustellung zu begründen. Die Monatsfrist für die Einlegung und die Zweimonatsfrist für die Begründung der Rechtsbeschwerde beginnen spätestens fünf Monate nach der Verkündung der Entscheidung des LAG – falls dieses die Revision zugelassen hat –, auch wenn die Entscheidung bis dahin noch nicht in vollständig abgefasster Form vorliegt. Zugleich beginnt in diesem Fall die Frist zur Einlegung einer Verfassungsbeschwerde gegen die Entscheidung des LAG – wenn dieses die Revision nicht zugelassen hat. Die Verfassungsbeschwerde kann darauf gestützt werden, dass eine erst nach nochmals fünf Monaten unterzeichnete Begründung eines Beschlusses keine rechtsstaatlich ausreichende Grundlage für eine Überprüfung des Beschlusses durch das Bundesarbeitsgericht in einem möglichen Nichtzulassungsbeschwerdeverfahren darstellt.[47] Die Begründung der Rechtsbeschwerde muss sich mit der Begründung der angefochtenen Entscheidung auseinander setzen und darlegen, was der Rechtsbeschwerdeführer daran rechtlich zu beanstanden hat.[48] Rechtsbeschwerde und Rechtsbeschwerdebegründung können im Wege der Telekopie oder ei-

47 BVerfG 26. 3. 2001 – 1 BvR 383/00 – AP 33 zu Art. 20 GG = NZA 2001, 982.

48 BAG AP 1 zu § 94 ArbGG 1979 = DB 85, 240 = NZA 84, 268.

nes Computerfaxes eingelegt werden.[49] Rechtsbeschwerdeschrift und Begründung müssen durch einen **Rechtsanwalt** unterzeichnet sein (§ 94 ArbGG). Werden sie im Wege der Telekopie eingelegt, muss die Unterschrift lesbar sein.[50] Durch die Rechtsbeschwerde wird keine neue Tatsacheninstanz eröffnet. Vielmehr wird der Beschluss durch das Bundesarbeitsgericht **nur in rechtlicher Hinsicht überprüft.** Neue Tatsachen können vor dem BAG nicht vorgetragen werden.

VI. Die Bestellung des Vorsitzenden einer Einigungsstelle und die Bestimmung der Zahl der Beisitzer

46 Der Beilegung von Meinungsverschiedenheiten zwischen Arbeitgeber und Betriebsrat über Regelungsstreitigkeiten (Rn. 2) dient die betriebliche Einigungsstelle. Nach § 76 VIII BetrVG kann durch Tarifvertrag bestimmt werden, dass an die Stelle der Einigungsstelle eine tarifliche Schlichtungsstelle tritt. Ist dies nicht der Fall, müssen sich nach § 76 II BetrVG Arbeitgeber und Betriebsrat einigen, wer als unparteiischer Vorsitzender der Einigungsstelle hinzugezogen werden soll und wie viele Beisitzer von jeder Seite bestellt werden sollen. Können sich Arbeitgeber und Betriebsrat darüber nicht einigen, so entscheidet das Arbeitsgericht. Dabei entschied nach § 98 ArbGG in seiner bis zum 30. 6. 1998 geltenden Fassung der geschäftsplanmäßig zuständige Vorsitzende des Arbeitsgerichts allein.[51] Durch Gesetz vom 29. 6. 1998 (BGBl. I S. 1694) wurde § 98 ArbGG insoweit geändert. Es entschied, wie auch sonst im Beschlussverfahren, die vollbesetzte Kammer. Durch Art. 9 des Gesetzes zur Reform der arbeitsmarktpolitischen Instrumente (sog. Job-AQTIV-Gesetz) vom 10. Dezember 2001 (BGBl. I, S. 3443) ist § 98 ArbGG erneut geändert worden. Seit dem 1. 1. 2002 entscheidet in den Fällen des § 76 II 2, 3 BetrVG wieder **der Vorsitzende allein**.

---

49 BAG AP 2 zu § 94 ArbGG 1979 = NJW 86, 1178 = NZA 86, 578; GemSen OGB 5. 4. 2000 NZA 2000, 959.

50 BAG AP 2 zu § 94 ArbGG 1979 = NJW 86, 1178 = NZA 86, 578; vgl. zu den Anforderungen näher BAG 30. 8. 2000 NZA 2000, 1248.

51 BAG AP 1 zu § 98 ArbGG 1953; LAG Hamm AP 1 zu § 112 BetrVG 1972.

Für das Verfahren gelten die Vorschriften der §§ 80–84 BetrVG 47 entsprechend. Das Verfahren wird nur auf Antrag eingeleitet. Die Einlassungs- und Ladungsfristen betragen nur 48 Stunden. Im Rahmen des gestellten Antrags hat der Vorsitzende ggfls. die notwendigen Beweiserhebungen zu treffen. Er entscheidet durch Beschluss. Dieser Beschluss soll den Beteiligten schon zwei Wochen nach Eingang des Antrags bei Gericht zugestellt sein; er muss ihnen spätestens innerhalb von vier Wochen nach Antragseingang zugestellt sein (§ 98 I 6 ArbGG). Gegen die Entscheidung des Vorsitzenden findet die Beschwerde an das Landesarbeitsgericht statt. Die Beschwerde ist innerhalb von zwei Wochen einzulegen und zu begründen. Auch das Landesarbeitsgericht entschied seit dem 1. 7. 1998 durch die vollständig besetzte Kammer mit der Besonderheit, dass ihr Beschluss nur vom Vorsitzenden zu unterzeichnen ist (§ 98 II 2 ArbGG). Gemäß § 98 II 3 ArbGG in seiner seit dem 1. 1. 2002 geltenden Fassung entscheidet auch das Landesarbeitsgericht wieder durch den Vorsitzenden der zuständigen Kammer allein. Gegen die Entscheidung des Landesarbeitsgericht findet ein Rechtsmittel nicht statt (§ 98 III 4 ArbGG). Im Interesse der Verfahrensbeschleunigung können die Entscheidungen ohne mündliche Verhandlung ergehen, wenn die Beteiligten einverstanden sind (§§ 98, 83 IV 3, 90 II ArbGG).

Arbeits- und Landesarbeitsgericht prüfen im Verfahren nach 48 § 98 ArbGG nicht, ob die zu bildende Einigungsstelle für die anstehende Frage rechtlich zuständig ist. Diese frühere Streitfrage ist durch § 98 I 1 ArbGG ausdrücklich klargestellt. Sie prüfen nur, ob eine Zuständigkeit der Einigungsstelle offensichtlich nicht gegeben ist. Offensichtlich unzuständig ist die Einigungsstelle, wenn ein Mitbestimmungsrecht des Betriebsrats in der streitigen Angelegenheit bei fachkundiger Beurteilung bereits auf den ersten Blick erkennbar nicht besteht.[52] Umstr. war, ob das Verfahren zur Bestellung einer Einigungsstelle auszusetzen ist,

52 LAG Berlin EzA 1 zu § 98 ArbGG 1979 = AP 1 zu § 98 ArbGG 1979; LAG Düsseldorf EzA 4 zu § 98 ArbGG 1979; LAG München NZA 87, 210; Gespräche über erhöhte Krankheitszeiten: LAG Hamm BB 86, 1359.

wenn gleichzeitig oder vorher ein Beschlussverfahren über die Zuständigkeit der Einigungsstelle oder das (Nicht-)Bestehen eines Mitbestimmungsrechts des Betriebsrats anhängig gemacht worden ist. Das BAG hat entschieden, dass das Verfahren nach § 98 ArbGG unabhängig von einem Beschlussverfahren über die Zuständigkeit der Einigungsstelle durchgeführt werden muss und eine Aussetzung unzulässig ist.[53] Das Arbeitsgericht kann auch das ordentliche Beschlussverfahren über die Zuständigkeit der Einigungsstelle nicht aussetzen, bis diese entschieden hat.[54] Dagegen kann die Einigungsstelle ihr Verfahren bis zur Entscheidung eines über ihre Zuständigkeit geführten Beschlussverfahrens mit Mehrheitsbeschluss aussetzen.[55] Das Arbeitsgericht ist bei der Auswahl der Person des Vorsitzenden nicht an die Anträge und Vorschläge der Beteiligten gebunden.[56] Bestellt es einen Richter, muss aufgrund der Geschäftsverteilung seines Gerichts ausgeschlossen sein, dass er mit der Überprüfung der Auslegung oder der Anwendung eines Spruchs der Einigungsstelle befasst wird (§ 98 I 5 ArbGG).

VII. Die einstweilige Verfügung[57]

49 Das Verfahren zum Erlass einer einstweilige Verfügung ist ein Eilverfahren. Es kommt in Betracht, wenn infolge der für die Durchführung des ordentlichen Verfahrens benötigten Zeit der Rechtsschutz zu spät käme. Für das Verfahren zum Erlass einer einstweiligen Verfügung im Beschlussverfahren gelten die Vor-

53 BAG AP 11 zu § 76 BetrVG 1972 = EzA 33 zu § 76 BetrVG 1972.

54 BAG AP 10 zu § 76 BetrVG 1972 = DB 82, 811.

55 LAG Düsseldorf EzA 29 zu § 76 BetrVG 1972.

56 LAG Hamm DB 1976, 2069.

57 Dütz, Einstweiliger Rechts- und Interessenschutz in der Betriebsverfassung, ZfA 72, 247; Küster, Einstweilige Verfügungen im Beschlussverfahren, DB 72, 613; Schaub, Meine Rechte und Pflichten im Arbeitsgerichtsverfahren, § 48; Schaub Arbeitsgerichtsverfahren, 7. Aufl., 2001, § 62; Wenzel, Die einstweilige Verfügung im arbeitsgerichtlichen Beschlussverfahren, DB 72, 1290; Dunkl/Moeller/Baur/Feldmeier/Wertekamp, Handbuch des vorläufigen Rechtsschutzes 2. Aufl. 1991; Schuschke/Walter, Vollstreckung und vorläufiger Rechtsschutz 2. Aufl. 1999; Walker, Der einstweilige Rechtsschutz im Zivilprozess und im arbeitsgerichtlichen Verfahren 1993.

schriften des Achten Buchs der ZPO entsprechend (§ 85 II ArbGG). Es müssen ein **Verfügungsanspruch** und ein **Verfügungsgrund** bestehen. Verfügungsanspruch, d. h. der dem Eilantrag zugrunde liegende materiellrechtliche Anspruch kann jeder betriebsverfassungsrechtliche Anspruch des Antragstellers sein.[58] In Regelungsstreitigkeiten kann es dabei nicht um eine vorläufige gerichtliche Regelung der Angelegenheit bis zur endgültigen Regelung durch die Betriebsparteien gehen, sondern nur darum, eine Änderung des bestehenden Zustands bis zur zweiseitigen Regelung durch die Betriebsparteien oder bis zum Spruch der Einigungsstelle zu untersagen.

Verfügungsgrund sind tatsächliche Umstände für die besondere Eilbedürftigkeit der Sache. Um sie darzulegen, ist es sachdienlich, dem Antrag die erforderlichen Beweismittel beizufügen. Das Arbeitsgericht hat auch hier den Sachverhalt von Amts wegen zu erforschen (Rn. 33). Fehlt es an Beweismitteln, so muss es in jedem Fall den Antragsgegner hören, um sich ein Bild von dem wahren Sachverhalt machen zu können. 50

Zuständig für den Erlass der einstweiligen Verfügung ist das Arbeitsgericht. Schwebt das Hauptsacheverfahren bereits beim Landesarbeitsgericht, so ist dieses als Gericht der Hauptsache zuständig (§ 937 ZPO). 51

Die einstweiligen Verfügungen im Beschlussverfahren ergehen stets durch Beschluss der Kammer (§ 85 II ArbGG). 52

Das Arbeitsgericht entscheidet über den Antrag auf Erlass einer einstweiligen Verfügung durch Beschluss. Hat es eine einstweilige Verfügung ohne mündliche Erörterung erlassen, so ist gegen seine Entscheidung der Widerspruch gegeben (§§ 85 II ArbGG, 936, 924 ZPO). Hat es eine einstweilige Verfügung ohne mündliche Erörterung zurückgewiesen, so ist die nicht fristgebundene Beschwerde an das Landesarbeitsgericht gegeben. Hat das Arbeitsgericht Termin zur mündlichen Erörterung angesetzt, so ist der am Ende der Erörterung ergehende Beschluss mit der fristgebundenen Beschwerde an das Landesarbeitsgericht anfechtbar. Die Beschwerdefrist beträgt einen Mo- 53

58 Vgl. Germelmann/Matthes/Prütting ArbGG 3. Aufl. § 85 Rn. 31 ff.

nat, die Beschwerdebegründungsfrist beträgt seit dem 1.1.2002 zwei Monate nach Zustellung des Beschlusses. Wegen der Einzelheiten wird auf §§ 87ff. ArbGG (vgl. Rn. 43) verwiesen.

§ 68. Die Vollstreckung im Beschlussverfahren

54 **(1)** Im Beschlussverfahren kommt eine Vollstreckung in Betracht aus **(a)** rechtskräftigen Beschlüssen, **(b)** vorläufig vollstreckbaren Beschlüssen, **(c)** Vergleichen, **(d)** einstweiligen Verfügungen. Eine vorläufige Vollstreckbarkeit sieht das Gesetz aber nur in vermögensrechtlichen Streitigkeiten vor (§ 85 I 2 ArbGG). Vermögensrechtliche Ansprüche sind solche, die entweder auf Geld gerichtet sind oder in geldwerte Leistungen übergehen können.

55 **(2)** Ist der Beschluss vorläufig vollstreckbar, so kann die vorläufige Vollstreckbarkeit auf Antrag des Antragsgegners unter den Voraussetzungen des § 62 I 2, 3 ArbGG ausgeschlossen werden (§ 85 I 2 ArbGG).[59]

56 **(3)** Für die Vollstreckung gelten die Vorschriften des Achten Buches der ZPO entsprechend. Der nach dem Beschluss Verpflichtete gilt als Schuldner, der nach dem Beschluss Berechtigte als Gläubiger. Zwar sind der Betriebsrat und die sonstigen betriebsverfassungsrechtlichen Stellen nicht rechtsfähig. Insoweit bedarf es aber einer Anpassung an die Verhältnisse des Betriebsverfassungsrechts.[60]

57 **(4)** Ist der Betriebsrat oder eine betriebsverfassungsrechtliche Stelle Vollstreckungsgläubiger, so kann trotz fehlender Rechtsfähigkeit zu deren Gunsten vollstreckt werden. Dies gilt auch bei Geldforderungen. In den Fällen des § 23 III, des § 98 V und der §§ 101 und 104 BetrVG kommt eine Festsetzung von Ordnungs- oder Zwangshaft gegen den Arbeitgeber nicht in Betracht (§ 85 I 3 ArbGG).

58 **(5)** Ist der Betriebsrat Vollstreckungsschuldner, so kommt eine Pfändung (§§ 808, 835 ZPO) nicht in Betracht, da er nicht Eigentümer oder Träger von Rechten sein kann. Dagegen ist die

59 Schaub, Meine Rechte und Pflichten im Arbeitsgerichtsverfahren, § 27.
60 Schaub, Meine Rechte und Pflichten im Arbeitsgerichtsverfahren, § 40.

Wegnahme von Sachen (§ 883 ZPO), die Räumung von Zimmern (§ 885 ZPO), die Ersatzvornahme nach § 887 ZPO, die Festsetzung von Zwangs- und Ordnungsmitteln (§§ 888, 890 ZPO) und eine Vollstreckung nach § 894 ZPO möglich. Die Ordnungsgelder sind aus den dem Betriebsrat zur Verfügung gestellten Geldmitteln zu bezahlen. Die Zwangs- oder Ordnungshaft wird gegen den Betriebsratsvorsitzenden vollstreckt.[61]

§ 69. Die Einigungsstelle[62]

I. Die Errichtung der Einigungsstelle

Arbeitgeber und Betriebsrat sollen über die anstehenden Fra- 59
gen mit dem ernsten Willen zur Einigung verhandeln und sich wechselseitig Vorschläge für die Beilegung von Meinungsverschiedenheiten machen (§ 74 I 2 BetrVG). Gleichwohl wird es auch bei gutem Willen nicht immer zu einer Einigung kommen. Dann bedarf es einer Instanz, die die betrieblichen Meinungsverschiedenheiten in einem regulären Verfahren entscheidet; denn im Interesse des Betriebsfriedens sind Maßnahmen des Arbeitskampfs, wie sie bei Tarifparteien möglich sind, für die Betriebsparteien ausgeschlossen (Abschn. IV Rn. 22ff.). Das Arbeitsgericht ist dafür nicht geeignet; es ist nur zuständig für die Entscheidung von Rechtsfragen. Für die Entscheidung von sog. Regelungsfragen, d. h. für Streitigkeiten über die Herbeiführung einer sachgerechten betrieblichen Regelung, sieht das BetrVG die Einigungsstelle vor. Nur in Ausnahmefällen kann wiederum die Einigungsstelle auch Rechtsfragen entscheiden.

Zur Beilegung von Streitigkeiten zwischen dem Arbeitgeber 60
auf der einen und dem Betriebsrat, Gesamtbetriebsrat oder Konzernbetriebsrat auf der anderen Seite ist bei Bedarf eine Einigungsstelle zu bilden (§ 76 I 1 BetrVG). Die Einigungsstelle ist in der Regel keine ständige Einrichtung, sondern ist jeweils im Streitfall zu errichten. Etwas anderes kann durch Betriebsverein-

61 Vgl. dazu LAG Hamburg DB 77, 1056; LAG Hamburg NZA 1988, 371. Germdmann/Matthes/Prütting ArbGG 3. Aufl. § 85 Rn. 19.

62 [63]Schaub, Arbeitsrechts-Handbuch, § 232; Schaub, Arbeitsrecht von A–Z, Stichwort: Einigungsstelle.

barung (Gesamtbetriebsvereinbarung) bestimmt werden (§ 76 I 2 BetrVG). Im Interesse der beschleunigten Beilegung von Meinungsverschiedenheiten kann es sich für die Betriebsparteien empfehlen, eine Einigungsstelle als ständige Einrichtung zu schaffen. Der Betriebsrat besitzt vor allem im Bereich der sozialen Angelegenheiten (Abschn. VI Rn. 22ff.) erhebliche Mitbestimmungsbefugnisse, wobei die Vorhaben des Arbeitgebers häufig keinen Aufschub dulden. Sofern nicht die Tarifparteien an Stelle der Einigungsstelle eine tarifliche Schlichtungsstelle gebildet haben (§ 76 VIII BetrVG), können die Betriebsparteien durch Einsetzung einer ständigen, d. h. in ihrer Besetzung feststehenden und deshalb sofort einsatzbereiten Einigungsstelle dem Bedürfnis nach einer schnellen Konfliktlösung entgegenkommen.

61 Die Einigungsstelle besteht aus einer gleichen Anzahl von Beisitzern, die vom Arbeitgeber und Betriebsrat bestellt werden, und einem unparteiischen Vorsitzenden, auf dessen Person sich beide Seiten einigen müssen. Kommt eine Einigung über die Zahl der Beisitzer oder die Person des unparteiischen Vorsitzenden nicht zustande, so entscheidet darüber das Arbeitsgericht (§ 76 II BetrVG; Rn. 46ff.). Die Beisitzer, die von jeder Seite benannt werden, gehören zweckmäßigerweise zumindest teilweise dem Betrieb, Unternehmen oder Konzern an. Es kann aber durchaus empfehlenswert sein, ein sachverständiges Mitglied des Arbeitgeberverbandes und/oder einen Gewerkschaftssekretär in die Einigungsstelle zu entsenden.[63]

62 Keine Seite kann die von der Gegenseite benannten Beisitzer ablehnen.[64]

63 Die Zahl der Beisitzer ist nach der Schwierigkeit der zu regelnden Angelegenheit zu bemessen. I. d. R. werden zwei Beisitzer von jeder Seite genügen.[65] Der Vorsitzende muss unparteiisch sein; damit scheiden nahe Angehörige des Arbeitgebers,

---

63 Zur Zulässigkeit der Entsendung von Verbandsmitgliedern: BAG AP 7 zu § 39 BetrVG; AP 12 zu § 76 BetrVG 1972.

64 BAG AP 1 zu § 76 BetrVG 1972; LAG Düsseldorf BB 81, 733.

65 LAG Hamm DB 72, 684; BB 75, 880; LAG München DB 75, 2452; LAG Düsseldorf BB 81, 379; LAG München NZA 86, 577; LAG Frankfurt BB 87, 2452.

Angehörige des Betriebs und Gewerkschafts- oder Verbandsfunktionäre aus. Soweit Beamte oder Richter bestellt werden, bedürfen sie zur Übernahme des Amtes der dienstrechtlichen Genehmigung. Die Genehmigung kann versagt werden, wenn der Richter in amtlicher Eigenschaft mit der Sache befasst werden kann.[66] Der Vorsitzende kann wegen Befangenheit abgelehnt werden.[67] Über den betreffenden Antrag entscheidet die Einigungsstelle ohne Beteiligung des Vorsitzenden. Für das weitere Verfahren gelten die Regelungen der §§ 1025 ff. ZPO über das schiedsrichterliche Verfahren entsprechend.[68]

II. Die Zuständigkeit der Einigungsstelle

Die Einigungsstelle ist grundsätzlich nur zuständig in den ihr kraft Gesetzes zugewiesenen Fällen. Dabei gibt es Fälle, in denen ihr Spruch die Einigung zwischen Arbeitgeber und Betriebsrat ersetzt, und solche, in denen dies nicht der Fall ist, in denen sie also einen verbindlichen Spruch nicht fällen kann. 64

Kraft Gesetzes ersetzt der Spruch der Einigungsstelle die Einigung zwischen Arbeitgeber und Betriebsrat bei Streitigkeiten über 65

- die **zeitliche Lage** der Teilnahme von Mitgliedern des Betriebsrats und der Jugend- und Auszubildendenvertretung an Schulungs- und Bildungsveranstaltungen (§§ 37 VI sowie § 65 I, 37 VI BetrVG); die Einigungsstelle anrufen muss – will er sich durchsetzen – der Arbeitgeber;
- die **Freistellung** von Betriebsratsmitgliedern (§ 38 II BetrVG); die Einigungsstelle anrufen muss der Arbeitgeber;
- die Festlegung von Zeit und Ort der Sprechstunden des Betriebsrats (§ 39 I BetrVG) sowie der Jugend- und Auszubildendenvertretung (§ 69 BetrVG); die Einigungsstelle anrufen können sowohl Arbeitgeber als auch Betriebsrat;

66 Vgl. BVerwG v. 30. 6. 1983 – 2 C/57/82 – BVerwGE 67, 287 = Deutsche Richterzeitung 1984, 20; vgl. auch § 98 I 4 ArbGG.

67 BAG 9. 5. 1995 AP 2 zu § 76 BetrVG 1972 Einigungsstelle; Fitting/Kaiser/Heither/Engels § 76 Rn. 21 m. w. N.

68 BAG 11. 9. 2001 – 1 ABR 5/01 – z. V. v.

- die Herabsetzung der **Zahl der Gesamtbetriebsratsmitglieder** (§ 47 VI BetrVG) und Konzernbetriebsratsmitglieder (§ 55 IV BetrVG) sowie der Gesamt-Jugend- und Auszubildendenvertretung (§ 72 VI BetrVG) und Konzern-Jugend- und Auszubildendenvertretung (§ 73 a IV i. V. m. § 72 VI BetrVG); die Einigungsstelle anrufen können sowohl Arbeitgeber als auch Gesamt-/Konzernbetriebsrat;
- die Entscheidung von **Beschwerden** der Arbeitnehmer, sofern keine Rechtsansprüche verfolgt werden (§ 85 II BetrVG); die Einigungsstelle anrufen muss der Betriebsrat;
- die in § 87 BetrVG aufgezählten Fälle der **sozialen Mitbestimmung**; die Einigungsstelle können beide Betriebsparteien anrufen;
- die Mitbestimmung über die **Grundsätze menschengerechter Arbeitsgestaltung** (§ 91 BetrVG); die Einigungsstelle können beide Betriebsparteien anrufen;
- die Fassung und den Inhalt von **Personalfragebogen** (§ 94 BetrVG); die Einigungsstelle können beide Betriebsparteien anrufen;
- Richtlinien zur **Personalauswahl** (§ 95 I, II BetrVG); die Einigungsstelle anrufen muss der Arbeitgeber bei Betrieben mit bis zu 500 Arbeitnehmern und können beide Betriebsparteien anrufen bei mehr als 500 Arbeitnehmern;
- Fragen der **Berufsbildung** (§ 98 IV BetrVG); die Einigungsstelle können beide Betriebsparteien anrufen;
- die **Auskunftserteilung an den Wirtschaftsausschuss** (§ 109 BetrVG); die Einigungsstelle können beide Betriebsparteien anrufen;
- die Erstellung des **Sozialplans** (§ 112 IV BetrVG); die Einigungsstelle können beide Betriebsparteien anrufen.

66 Eine **besondere Zuständigkeit** der Einigungsstelle kann gegeben sein, wenn die Mitbestimmungsrechte des Betriebsrats durch kollektivrechtliche Vereinbarung, also durch Tarifvertrag oder Betriebsvereinbarung, erweitert sind. So können z. B. Arbeitgeber und Betriebsrat vereinbaren, dass Kündigungen der Zustimmung des Betriebsrats bedürfen und dass bei Meinungsverschiedenheiten über die Berechtigung der Nichterteilung der

Zustimmung die Einigungsstelle entscheidet (§ 102 VI BetrVG).

Nicht verbindlich entscheidet die Einigungsstelle im Verfahren zur Herbeiführung eines **Interessenausgleichs** (§ 112 II, III BetrVG, Abschn. IX Rn. 52). 67

Die Einigungsstelle muss insbesondere in den Fällen des § 87 I BetrVG über ihre Zuständigkeit – ggfls. durch Mehrheitsbeschluss – selbst befinden. Insoweit unterliegt ihr Spruch der Rechtskontrolle durch das Arbeitsgericht. Schwebt bereits ein Beschlussverfahren über ihre Zuständigkeit, so kann sie, je nach den Umständen des Einzelfalls, auch beschließen, ihr Verfahren auszusetzen. 68

Außer in den gesetzlich geregelten Fällen kann die Einigungsstelle von beiden Seiten einvernehmlich zur Regelung einer Angelegenheit im Bereich der freiwilligen Mitbestimmung angerufen werden (freiwilliges Einigungsstellenverfahren). Zulässig ist dies auch zur Beilegung von Meinungsverschiedenheiten rein rechtlicher Art.[69] Es muss sich lediglich um eine Angelegenheit handeln, die überhaupt in die Kompetenz der Betriebsparteien fällt. 69

III. Das Verfahren vor der Einigungsstelle[70]

Das Verfahren vor der Einigungsstelle ist gesetzlich nur unvollkommen geregelt. Dies hat seinen Grund darin, dass es ein Verfahren zur Herbeiführung von Verträgen zwischen Arbeitgeber und Betriebsrat ist. Für Vertragsverhandlungen können keine strengen Formvorschriften aufgestellt werden, wenn die Verhandlungen nicht unangemessen erschwert werden sollen. Das Gesetz bestimmt lediglich, dass die Einigungsstelle ihre Beschlüsse nach **mündlicher Beratung** fasst (§ 76 III 2 BetrVG). Hieraus folgert die herrschende Meinung, dass die Einigungsstelle keine Beschlüsse im sog. Umlaufverfahren fassen kann. 70

69 BAG 20. 11. 1990 AP 43 zu § 76 BetrVG 1972.

70 Vgl. umfassend Pünnel/Isenhardt. Die Einigungsstelle des BetrVG 1972 4. Aufl. 1997; Henniger, Das Verfahrensrecht der Einigungsstelle 1996; Weber/Ehrich/Friedemann, Das Verfahren der Einigungsstelle für Interessenausgleich und Sozialplan 1997; Hase/v. Neumann-Cosel/Rupp/Teppich, Handbuch für die Einigungsstelle 3. Aufl. 1998.

Durch Betriebsvereinbarung können weitere Einzelheiten des Verfahrens geregelt werden (§ 76 IV BetrVG). Gedacht ist dabei vor allem an Vorschriften für die Ladung der Beisitzer, die Protokollführung usw. Durch eine Verfahrensregelung in einer Betriebsvereinbarung darf aber kein anderes als das gesetzlich vorgesehene Abstimmungsverfahren eingeführt werden.

71 In der Praxis ist es üblich, dass dem Vorsitzenden der Einigungsstelle die Beisitzer benannt werden und dieser nach Rücksprache mit den Beteiligten einen Termin zur mündlichen Verhandlung ansetzt. Besondere Ladungsfristen bestehen nicht; der Termin wird je nach der Eilbedürftigkeit der Sache bestimmt. Durch Art. 8 des Gesetzes zur Reform der arbeitsmarktpolitischen Instrumente (sog. Job-AQTIV-Gesetz) vom 10. Dezember 2001 (BGBl. I, S. 3443) ist in § 76 III 1 BetrVG aber bestimmt worden, dass die Einigungsstelle **unverzüglich**, d. h. ohne schuldhaftes Zögern (§ 121 BGB) tätig zu werden hat. Die Verhandlung vor der Einigungsstelle kann durch Schriftsätze des Betriebsrats und des Arbeitgebers vorbereitet werden. Regelmäßig wird ein bestimmter Antrag gestellt („die Einigungsstelle möge beschließen, dass…") und eine Darlegung des Sach- und Streitstands unter Hervorhebung der wechselseitigen Standpunkte gegeben. In der Verhandlung vor der Einigungsstelle können sich die Beteiligten durch Rechtsanwälte vertreten lassen.[71]

72 In den Fällen der erzwingbaren Mitbestimmung wird die Einigungsstelle schon auf Antrag einer Seite, in den Fällen der freiwilligen Mitbestimmung nur auf Antrag beider Seiten tätig. Beim erzwingbaren Einigungsstellenverfahren können beide Parteien, kann aber auch nur eine Seite antragsberechtigt sein (s. o. Rn. 65). Wer antragsberechtigt ist, ergibt sich aus den Vorschriften über die einzelnen Regelungsstreitigkeiten. Dem Vorsitzenden der Einigungsstelle obliegt die Verhandlungsleitung.

73 Die Sitzungen der Einigungsstelle sind **nicht öffentlich**. Ferner gehört es zu den elementaren Grundsätzen des Einigungsstellenverfahrens, dass die abschließende mündliche Beratung und Be-

71 BAG AP 9 zu § 76 BetrVG 1972; AP 34 zu § 76 BetrVG 1972 = NJW 89, 2771 = NZA 89, 807.

schlussfassung **in Abwesenheit der Betriebsparteien** erfolgen muss.[72] Die Einigungsstelle kann die Vorlage von Urkunden oder sonstiger Unterlagen nicht erzwingen, doch kann der Betriebsrat die Vorlage von Unterlagen an sich verlangen (§ 80 BetrVG; dazu Abschn. V Rn. 20) und sie dann der Einigungsstelle vorlegen. Die Einigungsstelle kann Zeugen und Sachverständige vernehmen, aber kann sie nicht vereidigen. Sie kann insoweit auch nicht die Rechtshilfe des Arbeitsgerichts in Anspruch nehmen. Eine Pflicht zur Zeugenaussage vor der Einigungsstelle besteht nicht.

IV. Der Beschluss der Einigungsstelle

Die Einigungsstelle fasst ihre Beschlüsse **nach mündlicher Beratung mit Stimmenmehrheit** (§ 76 III 2 BetrVG). In erster Linie sollen sich die Betriebsparteien einigen. Aus diesem Grund sieht das Gesetz vor, dass sich bei der Beschlussfassung der Vorsitzende der Einigungsstelle zunächst der Stimme zu enthalten hat. Nur dann, wenn eine Stimmenmehrheit nicht zustande kommt, nimmt nach weiterer Beratung der Vorsitzende an der erneuten Beschlussfassung teil (§ 76 III 3 BetrVG). Jedenfalls in den Fällen, in denen der Spruch der Einigungsstelle die Einigung der Betriebsparteien ersetzt, zählen Stimmenthaltungen von Mitgliedern der Einigungsstelle nicht als Nein-Stimmen. Der Spruch der Einigungsstelle ist vielmehr schon im ersten Abstimmungsvorgang mit Stimmenmehrheit beschlossen, wenn die Zahl der Ja-Stimmen größer ist als die Zahl der Nein-Stimmen.[73] (Anderes gilt für einen Beschluss des Betriebsrats nach § 33 BetrVG, vgl. Abschn. III Rn. 92). Der Spruch der Einigungsstelle muss in seiner Gesamtheit von der Mehrheit der Einigungsstellenmitglieder getragen sein. Sind seine Einzelbestimmungen mit wechselnden Mehrheiten beschlossen worden, muss am Ende über den gesamten Inhalt zusammenfassend noch einmal abgestimmt werden. Auf eine förmliche Schlussabstimmung kann nur verzichtet werden, wenn sich aus den Um- 74

72 BAG v. 18. 1. 1994 – AP 51 zu § 76 BetrVG 1972.
73 BAG 17. 9. 1991 AP 59 zu § 112 BetrVG 1972.

ständen ergibt, dass der Spruch von der Mehrheit getragen wird.[74] Die Beschlüsse der Einigungsstelle sind **schriftlich** niederzulegen, vom Vorsitzenden zu unterschreiben und Arbeitgeber und Betriebsrat zuzuleiten (§ 76 III 4 BetrVG).

75 Wenn eine gerichtliche Auseinandersetzung zu erwarten ist, sollte die Zuleitung durch förmliche Zustellung erfolgen; zumindest muss wegen der Frist nach § 76 V 4 BetrVG der Zugang beweiskräftig festgestellt werden. Eine schriftliche Begründung des Spruchs ist im Gesetz nicht vorgeschrieben. Sie ist aber zweckmäßig, wenn eine gerichtliche Auseinandersetzung zu erwarten ist, und erfolgt in der Regel zumindest dann, wenn die Beteiligten dies verlangen.[75] Die Einigungsstelle ist bei der Beschlussfassung nicht an die Anträge der Beteiligten gebunden. Jedoch kann sie nicht Dinge regeln, deren Regelung nicht beantragt worden ist.

76 Der Beschluss der Einigungsstelle hat nicht in allen Fällen die Wirkung einer Betriebsvereinbarung. Vielmehr beurteilt sich sein Rechtscharakter nach der geregelten Angelegenheit, d. h. danach, ob (auch) Rechte und Pflichten für die Arbeitnehmer oder nur für die Betriebsparteien selbst begründet werden. Im letztgenannten Fall führt der Spruch der Einigungsstelle zu einer Regelungsabrede (Abschn. IV Rn. 88). Benennt eine Seite im erzwingbaren Einigungsstellenverfahren keine Mitglieder oder bleiben die von einer Seite benannten Mitglieder trotz rechtzeitiger Einladung der Sitzung fern, so entscheiden der Vorsitzende und die erschienenen Mitglieder gleichwohl nach Maßgabe von § 76 III BetrVG; auch hier stimmen also die erschienenen Mitglieder zunächst allein und nur dann, wenn es nicht zu einer Stimmenmehrheit kommt, stimmt der Vorsitzende mit (§ 76 V 2 BetrVG). Es ist verfassungsrechtlich nicht zu beanstanden, dass durch das Einigungsstellenverfahren eine betriebliche Zwangsschlichtung herbeigeführt wird.[76]

---

74 BAG AP 34 zu § 87 BetrVG 1972 Arbeitszeit = NJW 89, 2771 = NZA 89, 807.

75 Vgl. BAG AP 1 zu § 87 BetrVG 1972 Auszahlung; AP 9 zu § 112 BetrVG 1972; AP 2 zu § 87 BetrVG 1972 Urlaub; AP 8 zu § 87 BetrVG 1972 Arbeitszeit.

76 BVerfG DB 87, 2361 = NZA 88, 25.

In den Fällen der freiwilligen Mitbestimmung wird die Einigungsstelle nur tätig, wenn beide Seiten es beantragen oder mit ihrem Tätigwerden einverstanden sind (§ 76 VI 1 BetrVG). In diesen Fällen ersetzt ihr Spruch die Einigung zwischen Arbeitgeber und Betriebsrat nur, wenn beide Seiten sich dem Spruch im Voraus unterworfen oder ihn nachträglich angenommen haben. So kann ein Mitbestimmungsrecht des Betriebsrats bei Abmahnungen, das gesetzlich nicht besteht, nicht gegen den Willen des Betriebsrats durch Spruch der Einigungsstelle begründet werden.[77] Erscheinen die von einer Seite benannten Beisitzer nicht, liegt darin der – jederzeit mögliche – Widerruf des Einverständnisses mit der Anrufung der Einigungsstelle; das Verfahren kommt zum Erliegen.[78] 77

Die **Beisitzer der Einigungsstelle** sollen nicht kritiklos die Interessen ihrer Partei verfolgen. Vielmehr fasst die Einigungsstelle ihre Beschlüsse unter angemessener Berücksichtigung der Belange des Betriebs und der betroffenen Arbeitnehmer nach billigem Ermessen (§ 76 V 3 BetrVG). Der Begriff des billigen Ermessens wird auch an anderer Stelle gebraucht (vgl. z. B. §§ 315 I, 317 BGB). Die Einigungsstelle soll so entscheiden, wie sich vernünftige Betriebsparteien unter Berücksichtigung der wirtschaftlichen und betrieblichen Interessen des Arbeitgebers einerseits und der sozialen Belange der Belegschaft andererseits geeinigt hätten. 78

Die Einigungsstelle kann z. B. in einem Sozialplan Regelungen darüber treffen, wann ein angebotener Arbeitsplatz zumutbar ist[79] und welche Höchstgrenzen für Abfindungen bestehen.[80] Dagegen kann sie in Fällen der erzwingbaren Mitbestimmung dem Arbeitgeber nicht die Befugnis zur einseitigen Bestimmung einräumen und ihm etwa die Festlegung der Höhe der Provisionssätze (§ 87 I Nr. 10, 11 BetrVG) überlassen.[81] Der Spruch 79

77 BAG 30. 8. 1995 AP 29 zu § 87 BetrVG 1972 Überwachung.

78 Fitting/Kaiser/Heither/Engels § 76 Rn. 56 m. w. N.

79 BAG AP 41 zu § 112 BetrVG 1972 = NZA 88, 203; AP 47 = NZA 89, 186.

80 BAG AP 46 zu § 112 BetrVG 1972 = NJW 89, 480 = NZA 89, 28.

81 BAG AP 39 zu § 76 BetrVG 1972 = NZA 90, 399; bei Jahressondervergütungen: AP 50 = NJW 93, 382 = NZA 92, 702.

einer Einigungsstelle, der den Arbeitgeber verpflichtet, alle Arbeitnehmer zum Ausgleich für den Aufwand, der mit der bargeldlosen Lohnzahlung verbunden ist, monatlich eine Stunde von der Arbeit freizustellen, überschreitet die Grenzen des billigen Ermessens.[82]

80 Der **Spruch** der Einigungsstelle ist **gerichtlich nachprüfbar.** Das ist gesetzlich (§ 76 V BetrVG) nur für den Fall der erzwingbaren Mitbestimmung vorgesehen. Eine Überprüfung ist aber auch im Fall der freiwilligen Mitbestimmung möglich, wenn sich die Beteiligten dem Spruch der Einigungsstelle im Voraus unterworfen haben. Bei der gerichtlichen Nachprüfung ist zu unterscheiden, ob der Spruch angegriffen werden soll, weil die Einigungsstelle billiges Ermessen nicht eingehalten habe, oder weil er rechtsfehlerhaft sei. Die Überschreitung der Grenzen des Ermessens kann durch den Arbeitgeber oder den Betriebsrat nur binnen einer Frist von zwei Wochen ab dem Tag der Zuleitung des Beschlusses beim Arbeitsgericht geltend gemacht werden (§ 76 V 4 BetrVG). Für die Fristberechnung gelten die §§ 187 ff. BGB. Der Antrag auf Feststellung, die Einigungsstelle habe die Grenze des billigen Ermessens überschritten, ist zwar nicht schon unzulässig, wenn der Arbeitgeber die Zweiwochenfrist versäumt hat;[83] die Frist ist keine prozessuale, sondern eine materiellrechtliche Ausschlussfrist. Wird sie versäumt, so können aber nachträglich keine Gründe mehr vorgebracht werden, die den Antrag stützen sollen.[84] Eine Überschreitung der Grenzen billigen Ermessens liegt nicht bei jeder unzweckmäßigen oder auch anders denkbaren Regelung vor. Vielmehr ist die Anfechtung des Spruchs der Einigungsstelle nur dann berechtigt, wenn die Interessen einer Partei unangemessen vernachlässigt worden sind. Das Arbeitsgericht kann den Spruch der Einigungsstelle nur darauf hin überprüfen, ob er die Grenzen des Ermessens wahrt, es darf aber nicht sein Ermessen an die Stelle des Ermessens der Einigungsstelle setzen. Seine Kontrollbefugnis ist des-

82 BAG v. 10. 8. 1993 – AP 12 zu § 87 BetrVG 1972 Auszahlung = NZA 94, 326.

83 BAG AP 16 zu § 76 BetrVG 1972 = DB 85, 2153 = NZA 85, 715.

84 BAG AP 26 zu § 76 BetrVG 1972 = NZA 89, 26.

halb geringer als bei einem sog. unbestimmten Rechtsbegriff.[85] Das Arbeitsgericht kann in seiner Entscheidung die Unwirksamkeit des Beschlusses der Einigungsstelle feststellen[86] oder den Antrag zurückweisen. Stellt das Arbeitsgericht die Unwirksamkeit fest, so muss die Einigungsstelle unter Beachtung der Rechtsauffassung des Gerichts erneut entscheiden. Arbeitgeber und Betriebsrat müssen sich darauf einigen, ob die Einigungsstelle wieder in derselben oder einer anderen Besetzung zusammentreten soll. Ist der Spruch der Einigungsstelle teilweise unwirksam, so kann der Rest aufrechterhalten werden, wenn er noch eine sinnvolle Regelung darstellt.[87]

Sollen Rechtsmängel des Spruchs der Einigungsstelle geltend 81
gemacht werden, so ist dies jederzeit, d. h. auch noch nach Ablauf von zwei Wochen und auch als Vorfrage in einem Individualklageverfahren möglich.[88] Das Recht zur Anfechtung kann allerdings verwirken.[89] Soweit die Einigungsstelle über Rechtsfragen entschieden hat, ist eine unbeschränkte Rechtskontrolle möglich.

Beispiel: In dem Beschlussverfahren des Betriebsrats der Firma... gegen die Firma... wegen eines Spruchs der Einigungsstelle wird beantragt festzustellen, dass der Spruch der Einigungsstelle vom... zur Regelung von... rechtsunwirksam ist.

Gründe: Die Betriebsparteien haben sich nicht darüber einigen können, ob die der Antragsgegnerin gehörende Werkswohnung einem Arbeitnehmer oder leitenden Angestellten zuzuweisen ist (§ 87 I Nr. 9 BetrVG). Aus diesem Grunde ist ein Einigungsstellenverfahren durchgeführt worden. Die Einigungsstelle hat am... nachfolgenden Beschluss gefasst... Dieser Beschluss ist dem Antragsteller am... zugeleitet worden. Der Antragsteller ist der Auffassung, dass der Spruch billiges Ermessen verletzt. (Es folgt die Begründung.)

85 GemS OGB BGHZ 58, 399 = BVerwG 39, 355; dagegen BAG AP 2 zu § 87 BetrVG 1972 Urlaub; AP 8 zu § 87 BetrVG 1972 Arbeitszeit; Fitting/Kaiser/Heither/Engels § 76 Rn. 76, 77.

86 BAG AP 9 zu § 112 BetrVG 1972; AP 7 zu § 111 BetrVG 1972.

87 BAG AP 1 zu § 87 BetrVG 1972 Vorschlagswesen; AP 2 zu § 87 BetrVG 1972 Urlaub.

88 BAG AP 22 zu § 37 BetrVG 1972.

89 Schaub, Arbeitsrecht von A–Z, Stichwort: Verwirkung.

82 Unwirksam ist ein Spruch der Einigungsstelle, der vorsieht, dass Streitigkeiten zwischen Arbeitgeber und Arbeitnehmer aus der Anwendung eines Sozialplans durch einen verbindlichen Spruch der Einigungsstelle entschieden werden sollen; denn dadurch würde eine unzulässige Schiedsabrede getroffen.[90]

83 Die Einigungsstelle ist an Beschlussverfahren über die Wirksamkeit ihres Spruchs nicht beteiligt, auch wenn geltend gemacht wird, sie habe die Grenzen ihres Ermessens überschritten.[91]

V. Die Kosten der Einigungsstelle[92]

84 Gemäß § 76 a I BetrVG trägt der **Arbeitgeber** die Kosten der Einigungsstelle einschließlich der Vergütung des Vorsitzenden und der Beisitzer. Keinen Vergütungsanspruch haben Einigungsstellenmitglieder, die nicht rechtswirksam bestellt worden sind.[93]

85 Der Vorsitzende und diejenigen Beisitzer der Einigungsstelle, die nicht zu den Betriebsangehörigen zählen, haben Anspruch auf Vergütung ihrer Tätigkeit (§ 76 a III BetrVG). Die Höhe der Vergütung richtet sich nach den Grundsätzen des § 76 a IV 3–5 BetrVG.

86 Nach § 76 a IV 1 kann der Bundesminister für Arbeit und Sozialordnung die Höhe der Vergütung durch RechtsVO regeln. Eine entsprechende RechtsVO ist bislang nicht ergangen. Als Richtlinie ist im Gesetz bestimmt, dass die RechtsVO Höchstsätze festzulegen hat. Dabei sind der erforderliche Zeitaufwand, die Schwierigkeit der Streitigkeit sowie ein Verdienstausfall zu berücksichtigen. Der Vorsitzende kann Aufwendungsersatz (Telefongebühren, Porto, Spesen, Fahrtkosten usw.), ggfls. Verdienstausfall und eine Vergütung verlangen. Ist eine besondere Vergütungsvereinbarung nicht getroffen, so bestimmt sich deren

90 BAG AP 22 zu § 76 BetrVG 1972 = NZA 88, 207; vgl. AP 43 = NZA 91, 473.

91 BAG AP 3 zu § 87 BetrVG 1972 Lohngestaltung; AP 1 zu § 87 BetrVG 1972 Vorschlagswesen; AP 2 zu § 87 BetrVG 1972 Urlaub; AP 3 zu § 87 BetrVG 1972 Arbeitssicherheit.

92 Ebert, Die Kosten der Einigungsstelle gemäß § 76 a BetrVG 1972 unter besonderer Berücksichtigung der Honorierung von Einigungsstellenmitgliedern 1999.

93 BAG AP 3 zu § 76 a BetrVG 1972 = NZA 93, 710.

Höhe nach Maßgabe von §§ 612, 315, 316 BGB.[94] Demnach können die anspruchsberechtigten Mitglieder der Einigungsstelle die Vergütung nach billigem Ermessen selbst bestimmen.[95]

Nach Inkrafttreten des § 76 a BetrVG kann für die Berechnung der Vergütung nicht mehr von den Gebührensätzen der BRAGO ausgegangen werden. Es werden mittlerweile **Stundensätze** zwischen 150,– DM und 500,– DM für üblich gehalten.[96] Das BAG hielt für eine Tätigkeit als Vorsitzender der Einigungsstelle bei einer mittleren Schwierigkeit der Sache einen Stundensatz von 300,– DM für angemessen.[97] Das schließt je nach Schwierigkeitsgrad eine Abweichung nach unten und oben nicht aus. Die betrieblichen Beisitzer haben Anspruch auf Auslagenersatz und auf ihre Vergütungsfortzahlung. Nach Ansicht des BAG war schon vor Geltung des § 76 a BetrVG eine besondere Vergütungsvereinbarung unzulässig.[98] In § 76 a II 1 BetrVG ist nunmehr ausdrücklich bestimmt, dass Beisitzer der Einigungsstelle, die dem Betrieb angehören, keine Vergütung erhalten. Dasselbe gilt, wenn die Einigungsstelle für ein Unternehmen mit mehreren Betrieben oder einen Konzern eingerichtet wird und die Beisitzer aus einem unternehmens- oder konzernzugehörigen Betrieb kommen (vgl. § 76 a II BetrVG). Das gilt aber nicht, wenn für eine rein betriebliche Einigungsstelle ein zwar dem Unternehmen, aber nicht dem betreffenden Betrieb angehöriger Beisitzer bestellt wird.[99] Bei außerbetrieblichen Beisitzern kann der Betriebsrat eine Vergütungsvereinbarung mit den Beisitzern schließen, wenn er eine entspr. Zusage für erforderlich halten durfte und keine sonstigen Personen zur Verfügung stehen, die die Tätigkeit ohne Honorar auszuüben bereit sind und denen er das erforderliche Vertrauen entgegenbringen kann.[100] Nach § 76 a IV 87

94 Vgl. BAG AP 1, 5, 8 zu § 76 BetrVG 1972.

95 BAG v. 12. 2. 1992 – AP 2 zu § 76 a BetrVG 1972 = NZA 93, 606.

96 Vgl. Fitting/Kaiser/Heither/Engels § 76 a Rn. 23 m. w. N.

97 BAG 28. 8. 1996 AP 7 zu § 76 a BetrVG 1972.

98 BAG AP 2 zu § 76 BetrVG 1972.

99 Vgl. BAG AP 35 zu § 76 BetrVG 1972 = NZA 90, 110.

100 BAG AP 1, 6, 8, 12, 13, 15 zu § 76 BetrVG 1972= NZA 89, 515; LAG Hamm DB 75, 985.

4 BetrVG ist die Vergütung der Beisitzer niedriger zu bemessen als die des Vorsitzenden. Dabei kann an die Vergütung des Vorsitzenden angeknüpft werden.[101] Für Beisitzer werden i. d. R. $^{7}/_{10}$ des Honorars des Vorsitzenden für angemessen gehalten.[102] Dies gilt auch für der Einigungsstelle angehörende Rechtsanwälte.[103] Im Einzelfall kann ein anderer, auch größerer Quotient gerechtfertigt sein. Ein mehrwertsteuerpflichtiges Mitglied der Einigungsstelle hat Anspruch auf Erstattung der auf das Honorar entfallenden Mehrwertsteuer.[104]

88 Vorsitzender und Beisitzer können ihren Honoraranspruch gerichtlich im Beschlussverfahren durchsetzen.[105] Die Honoraransprüche sind auch dann insgesamt Masseverbindlichkeiten nach § 55 InsO, wenn das Einigungsstellenverfahren vor Eröffnung des Insolvenzverfahrens begonnen hat, aber erst nach diesem Zeitpunkt abgeschlossen wurde.[106] Dagegen sind Honoraransprüche Insolvenzforderungen, wenn von der Einigungsstelle ein Sozialplan vor Eröffnung des Insolvenzverfahrens aufgestellt wurde.[107]

VI. Die Rechtsstellung der Mitglieder der Einigungsstelle

89 Auf den Vorsitzenden der Einigungsstelle müssen sich beide Betriebsparteien einigen, notfalls wird er vom Arbeitsgericht eingesetzt (Rn. 46). Der Vorsitzende kann bei Verstoß gegen seine Unparteilichkeit wegen Befangenheit abgelehnt und, sofern er nicht freiwillig zurücktritt, möglicherweise vom (Landes)Arbeitsgericht abberufen werden (§§ 1036, 1037, 1062 ZPO entspr.).[108] Dabei bedeutet die Stellungnahme für die eine oder andere Par-

101 BAG v. 12. 2. 1992 – AP 2 zu § 76 a BetrVG 1972 = NZA 93, 606.

102 BAG AP 8 zu § 76 BetrVG 1972; AP 2 zu § 76 a BetrVG 1972; BAG 14. 2. 1996 AP 6 zu § 76 a BetrVG 1972.

103 BAG AP 44 zu § 76 BetrVG 1972 = NJW 91, 1846 = NZA 91, 651.

104 BAG 14. 2. 1996 AP 6 zu § 76 a BetrVG 1972.

105 BAG AP 1, 3, 5–8 zu § 76 BetrVG 1972.

106 BAG AP 7 zu § 76 BetrVG 1972 zur früheren Rechtslage unter Geltung der KO.

107 BAG AP 14 zu § 59 KO = DB 84, 303. zur früheren Rechtslage unter Geltung der KO.

108 Vgl. BAG 11. 9. 2001 – 1 ABR 5/01 – ZIP 2002, 541.

tei noch keine Parteilichkeit. Voraussetzung sind grobe Verstöße gegen das Neutralitätsgebot, die eine sachgemäße Verhandlungsführung und Entscheidung nicht mehr erwarten lassen. Einigen sich beide Parteien einvernehmlich auf einen anderen Vorsitzenden, widerrufen sie damit die Bestellung des bisherigen Vorsitzenden und dessen Amt endet auch gegen seinen Willen. Dagegen kann keine Seite die von der anderen Seite benannten Mitglieder der Einigungsstelle ablehnen. Für die Mitglieder der Einigungsstelle gilt das Begünstigungs- und Benachteiligungsverbot (§ 78 BetrVG; Abschn. IV Rn. 34 ff.). Die Mitglieder der Einigungsstelle unterliegen der gleichen Schweigepflicht wie Betriebsratsmitglieder (§ 79 II BetrVG; Abschn. III Rn. 181 ff.). Auch die Beisitzer sind an Weisungen der sie entsendenden Seite nicht gebunden.[109]

Eine Haftung der Mitglieder der Einigungsstelle für einen fehlerhaften Spruch ist zwar nicht ausgeschlossen, kommt aber allenfalls in Betracht, wenn sie vorsätzlich oder grob fahrlässig eine gänzlich ermessensfehlerhafte Regelung beschlossen haben und hieraus dem Arbeitgeber oder den Belegschaftsmitgliedern ein Schaden erwachsen ist. Der Schadensersatzanspruch kann ausgeschlossen sein, wenn die Benachteiligten nicht zuvor die Feststellung der Unwirksamkeit des Spruchs der Einigungsstelle betrieben haben (§ 254 BGB).[110] 90

109 BAG 18. 1. 1994 AP 51 zu § 76 BetrVG 1972; BAG 27. 6. 1995 AP 1 zu § 76 BetrVG 1972 Einigungsstelle; GK-Kreutz § 76 Rn. 72 m. w. N.

110 Vgl. Fitting/Kaiser/Heither/Engels § 76 Rn. 25 m. w. N.

Sachverzeichnis

Die römischen Zahlen geben Abschnitte an, die arabischen Zahlen verweisen auf Randnummern

Abfindung IX 83, 85, 88ff.
Abmahnung III 17, 145; VI 28
Ältere Arbeitnehmer V 13
Änderungskündigung VIII 121, 178, 198
Akkord VI 79ff.
Alliierte Streitkräfte I 93
Amtsenthebung III 16ff., 197, 213; XI 4
Amtszeit
- Betriebsrat I 162; III 5ff.
- Gesamtbetriebsrat III 249
- Jugend- und Auszubildendenvertretung III 6
- Wirtschaftsausschuss IX 2
- Zusätzliche Gremien und Arbeitnehmervertretungen I 162

Angestellte I 27
- Leitende Angestellte *s. dort*

Anhörung des Betriebsrats IV 9f.; VIII 120ff.
- Änderungskündigung VIII 121
- Arbeitskampf VIII 124
- Beendigung des Arbeitsverhältnisses VIII 121, 124ff.
- Beschlussfassung des Betriebsrats VIII 144ff.; *s. a. dort*
- Durchführung VIII 135ff.
- Fehlende VIII 134
- Frist VIII 136, 142
- Funktionsunfähiger Betriebsrat VIII 131
- Kündigung VIII 121f., 135ff.
- Leitende Angestellte VIII 129
- Nachschieben von Kündigungsgründen VIII 140, 142
- Stellungnahme des Betriebsrats VIII 137, 146ff.; *s. a. dort*
- Unterrichtung des Betriebsrats VIII 138ff.
- Widerspruch des Betriebsrats VIII 142f.; *s. a. dort*
- Zustimmung des Betriebsrats VIII 147f.; *s. a. dort*

Antragsbefugnis
- Beschlussverfahren *s. dort*

Anwaltskosten III 124f.
Arbeit I 29
Arbeiter I 27
Arbeitgeber
- Auskunftspflicht I 69; II 55
- Begriff I 22
- Beteiligung des Betriebsrats IV 1ff.; *s. a. dort*
- Betriebsratssitzung III 87f.
- Betriebsversammlung III 193, 195, 216f.
- Friedenspflicht I 139; IV 22f.
- Gemeinsame Aufgaben mit Betriebsrat IV 4, 31ff.
- Information des Betriebsrats IV 5ff.; V 17ff.; *s. a. Unterrichtung des Betriebsrats*
- Pflichtverletzungen III 21ff.; IV 18ff.; XI 5ff.
- Politische Betätigung I 141f.
- Unterlassungsanspruch III 20; IV 23
- Unterrichtung der Arbeitnehmer IX 30; X 2ff.
- Unterrichtung des Betriebsrats *s. dort*

– Vertrauensvolle Zusammenarbeit I 121, 135ff., 168; IV 21; VI 19
Arbeitgeberverband I 144; III 195, 216; IV 21
Arbeitnehmer
– Anhörung durch Arbeitgeber X 7ff.
– Anhörung durch den Betriebsrat VIII 145
– Außerdienstliches Verhalten VI 25
– Begriff I 2, 26ff.
– Beschwerderecht X 28ff., 34ff.
– Beurteilung X 10f.
– Datenschutz X 17ff.
– Entfernung betriebsstörender VIII 214ff.
– Hinzuziehen eines Betriebsratsmitglieds X 11, 15, 30
– Nachteilsausgleich IX 83ff.
– Personalakte X 12ff.
– Personaldaten X 17ff.
– Schutz des Persönlichkeitsrechts IV 31ff.; VI 47
– Unterrichtung IX 30
– Verhalten im Betrieb VI 23ff.
– Vorschlagsrecht X 7f., 40
Arbeitnehmerähnliche Personen I 40f.
Arbeitnehmerüberlassung I 35; II 3f., 8; VIII 54
Arbeitnehmervertretung
– Andere Arbeitnehmervertretungsstrukturen I 154
– Arbeitsgemeinschaften I 155
– Betriebsrat *s. dort*
– Betriebsvereinbarung I 149, 160
– Spartenbetriebsrat I 153
– Status I 163f.
– Tarifvertragliche Regelung I 149ff.
– Unternehmenseinheitlicher Betriebsrat I 152
– Zusätzliche Arbeitnehmervertretungen I 156ff.
– Zusätzliche Gremien I 155
Arbeitsablauf VII 1, 5
Arbeitsbedingungen
– Formelle, materielle IV 16; VI 13
Arbeitsentgelt s. *Arbeitsvergütung*
Arbeitsfreistellung III 142ff., 255, 297
Arbeitsgruppen III 70f.
Arbeitskampf I 139; III 200; IV 22ff.; VIII 196
Arbeitsplatzgestaltung VII 1ff.; X 6f.
Arbeitsschutz V 16; VI 99ff.; X 4f.
Arbeitssicherheit VI 53ff., 94, 106f.; VII 1ff.; X 4f.
Arbeitsumgebung VII 1ff.
Arbeitsverfahren VII 1, 5
Arbeitsvergütung
– Akkord- und Prämiensätze VI 79ff.
– Annahmeverzug VIII 157ff., 161
– Auszahlung VI 40
– Entlohnungsgrundsätze VI 69ff.
– Erläuterung der Berechnung X 7, 11
– Mitbestimmung VI 40, 69ff., 79ff., 97
– Vermögensbildung VI 97
Arbeitsverhältnis I 30
Arbeitsverträge
– Einsicht durch Betriebsrat V 20
– Formularverträge VIII 12
Arbeitszeit
– Flexibilisierung VI 29ff.
– Kurzarbeit VI 35ff.
– Mehrarbeit VI 35ff.

- Mitbestimmung VI 29ff.
- Überstunden VI 29, 35ff.
- Verteilung VI 29ff.

Ausländische Arbeitnehmer II 9, 62; III 125, 209; V 14; VI 98
Ausschlussfristen IV 73
Ausschuss s. *Betriebsausschuss; Wirtschaftsausschuss*
Auswahlrichtlinien
- Mitbestimmung VIII 12, 15f., 54

Beamte I 30f.; II 1, 28, 34
Befristetes Arbeitsverhältnis VIII 54, 124f.
Begünstigungsverbot IV 37; XI 89
Behinderungsverbot IV 34ff.; VI 109
Belegschaft
- Beschäftigtenzahl II 18, 26ff., 148
- Einberufung einer Betriebsversammlung III 197, 203
- Organisation der Betriebsverfassung I 161

Benachteiligungsverbot I 169; III 140; IV 34ff.; IX 28; XI 90
Beratungsrecht VIII 4f., 35ff.
Berufsausbildung I 36ff.; III 288ff.; VIII 28, 32, 54, 126
Berufsbildung VIII 27ff.
- Berufsausbildung VIII 28, 32
- Beteiligung des Betriebsrats VIII 35ff.
- Betriebliche VIII 34, 35ff.
- Durchführung VIII 39ff.
- Fortbildung VIII 28, 33
- Umschulung VIII 28, 33

Beschäftigtenzahl II 18, 26ff.; III 148; VIII 15ff., 64; IX 1, 38, 65;
Beschäftigungssicherung III 57ff.; VIII 7
Beschlussfassung des Betriebsrats
- Abstimmung III 92ff.
- Änderung von Beschlüssen III 96
- Anhörung des Arbeitnehmers VIII 145
- Aufhebung von Beschlüssen III 96
- Beschlussfähigkeit III 90ff.
- Ersatzmitglieder III 16, 90f.
- Fehler III 108ff.
- Gesamtbetriebsrat III 239f.
- Jugend- und Auszubildendenvertretung III 82, 93, 100; VIII 81
- Mehrheit III 92, 95, 154
- Personelle Einzelmaßnahmen VIII 77ff., 144ff.
- Schwerbehindertenvertretung III 83, 101
- Stellungnahme des Betriebsrats *s. dort*
- Stimmrecht III 16, 82f., 87, 93f.; VIII 81
- Umlaufverfahren III 92; VIII 144
- Widerspruch VIII 81; *s. a. Widerspruch des Betriebsrats*
- Zustimmung VIII 77, 147; *s. a. Zustimmung des Betriebsrats*

Beschlussverfahren
- Anerkenntnis XI 40
- Antrag II 47; IV 95; VIII 106, 116, 200; XI 10, 24f.
- Antragsbefugnis V 5; XI 30
- Antragsberechtigung II 52, 69; III 16, 26, 292; VIII 103, 115; IX 79; XI 6
- Antragsfrist IX 79
- Antragsteller I 69, 123; IV 95; XI 28
- Beschluss XI 38, 47
- Beschwerde XI 35, 43, 47

- Beteiligte I 123; VIII 117, 222; IX 79; XI 28ff.
- Beweisaufnahme XI 34
- Einigungsstelle XI 46f.
- Einleitung XI 15ff.
- Einstellung XI 37
- Einstweilige Verfügung I 131; III 19; XI 49ff.
- Erledigungserklärung XI 41
- Kosten XI 42
- Nichtzulassungsbeschwerde XI 44
- Rechtsbeschwerde XI 44
- Rechtsmittel XI 35, 43ff.
- Rechtsschutzinteresse XI 32
- Rechtsstreitigkeiten XI 3
- Regelungsstreitigkeiten XI 2
- Rücknahme des Antrags XI 37
- Streitgegenstand XI 15ff.
- Termin XI 33f.
- Vergleich XI 39
- Vertretung XI 31, 43, 45
- Verweisung XI 26f.
- Vollstreckung III 27; V 25; VIII 118, 225; XI 11ff., 54ff.
- Wirkung des Beschlusses VI 19; VIII 223ff.

Beschwerde XI 35

Beteiligte XI 34

Beteiligung des Betriebsrats IV 1ff.
- Anhörung des Betriebsrats IV 5ff.; *s. a. dort*
- Arbeitskampf IV 23f.; VIII 69, 196
- Arbeitsplatzgestaltung VII 1ff.
- Beratungsrecht IV 11f.; VIII 4f., 35ff.; IX 33
- Betriebsänderungen IX 31ff.
- Betriebsratsloser Betrieb VIII 128; IX 54
- Durchsetzung IV 17 ff; VI 16f.; VIII 115f.; XI 1f.
- Eilfälle VI 20; VIII 104
- Erweiterung der Rechte VIII 171ff.
- Formelle Arbeitsbedingungen IV 16; VI 13
- Funktionsunfähiger Betriebsrat VIII 131
- Gemeinsame Aufgaben mit Arbeitgeber IV 4, 31ff.
- Grundsätze IV 21ff.
- Informationsrecht IV 5ff.
- Insolvenz IX 37
- Interessenausgleich IX 35, 48ff.
- Konkurrenz von Beteiligungsrechten VIII 67f.
- Mitbestimmung IV 15f.; VI 1ff.; VIII 53ff.; *s. a. dort*
- Personelle Angelegenheiten VIII 1ff., 53ff.; *s. a. Personelle Angelegenheiten, Mitbestimmung*
- Soziale Angelegenheiten IV 22ff.; VI 1ff.; *s. a. Soziale Angelegenheiten, Mitbestimmung*
- Sozialplan IX 54ff.; *s. a. dort*
- Unterlassungsanspruch III 21ff.; IV 18ff.; VI 21; XI 5ff.
- Unterrichtung IV 5ff.; VIII 70f.; *s. Unterrichtung des Betriebsrats*
- Widerspruchsrecht IV 14
- Wirtschaftliche Angelegenheiten IX 6ff., 31ff.; *s. a. wirtschaftliche Angelegenheiten, Mitbestimmung*
- Wirtschaftsausschuss IX 1ff.; *s. a. dort*

Betrieb
- Begriff I 2, 72ff.
- Betriebsspaltung III 10f.
- Betriebsteile I 86ff.
- Einheitlicher I 74f.
- Einschränkung IX 17, 40f.
- Gemeinsamer I 76ff.
- Hauptbetrieb I 83, 90

- Kleinstbetrieb I 90
- Nebenbetrieb I 91
- Stilllegung III 11; VIII 210; *s. a. Betriebsstilllegung*
- Streitigkeiten über Eigenschaft I 120
- Verlegung IX 18, 42
- Zusammenfassung von Betrieben I 152

Betriebliche Lohngestaltung VI 69ff.

Betrieblicher Umweltschutz III 208; V 16; VI 95; IX 16

Betriebs- und Geschäftsgeheimnisse III 181ff.; IV 39; V 18; IX 8

Betriebsabsprachen IV 46, 88ff.

Betriebsänderung
- Arbeitsmethoden IX 15, 47
- Begriff IX 39ff.
- Betriebsorganisation IX 20, 46
- Betriebsratsbeteiligung IX 31 ff.
- Betriebsstilllegung *s. dort*
- Betriebszweck IX 20, 46
- Interessenausgleich IX 35, 48ff
- Nachteilsausgleich IX 81ff.
- Sozialplan IX 34f., 48, 54ff.; *s. a. dort*
- Tendenzunternehmen I 96, 108
- Unterlassungsanspruch des Betriebsrats IX 53
- Unternehmensaufspaltung IX 43
- Unterrichtungspflichten IX 17ff., 32
- Wirtschaftsausschuss IX 17ff.

Betriebsausschuss III 57ff.
- Aufgaben III 61f.; IV 48; V 23; IX 3
- Fachausschüsse III 64ff.
- Gesamtbetriebsausschuss III 234ff.
- Rechtsstellung III 63
- Sitzung III 63, 86
- Wahl III 57ff.

Betriebsbuße VI 26ff.

Betriebseinschränkung IX 17, 40f.

Betriebsfrieden VIII 218

Betriebsnachfolge I 22

Betriebsräteversammlung III 1, 251ff.
- Aufgaben III 253
- Durchführung III 255
- Einberufung III 254
- Kosten III 255
- Zusammensetzung III 252

Betriebsrat
- Amtsenthebung III 14, 16ff.; XI 4
- Amtsniederlegung III 10f.
- Amtszeit III 5ff.
- Anhörung IV 9ff.; VIII 120ff.; *s. a. Anhörung des Betriebsrats*
- Antragsrecht IV 13; V 7ff.
- Arbeitsgemeinschaften I 155
- Arbeitsgruppen III 70f.
- Aufgaben V 1ff.
- Auflösung II 22, 47; III 14, 16ff.
- Behinderung IV 34ff.; VI 109
- Beratungsrecht IV 11f.; VII 8; IX 33
- Beschlussfassung III 16, 82, 90ff.; *s. a. Beschlussfassung des Betriebsrats*
- Beteiligungsrechte IV 1ff.; *s. a. Beteiligung des Betriebsrats*
- Betriebs- und Geschäftsgeheimnisse III 181ff.; IV 38ff.; V 18
- Betriebsausschuss III 61ff.; *s. a. dort*
- Betriebsübergang I 22, 73; III 9ff.
- Büropersonal III 130
- Erlöschen des Amtes III 10ff.
- Errichtung I 71ff.

- Ersatzmitglieder II 19f.; III 32ff.; *s. a. dort*
- Friedenspflicht I 139f.; III 20; IV 22
- Gewerkschaft I 123; IV 28f.
- Gleichbehandlungsgrundsatz IV 31ff.
- Informationsrecht IV 5ff.; V 17ff.; *s. a. Unterrichtung des Betriebsrats*
- Initiativrecht IV 13; V 7ff.; VI 16f.
- Kosten III 122ff.; V 26, 28
- Mitbestimmung IV 15f.; VI 1ff.; *s. a. dort*
- Mitglieder *s. Betriebsratsmitglieder*
- Mitgliederzahl II 27ff.
- Neuwahl II 17ff.; III 8
- Politische Betätigung I 141ff.; IV 25ff.
- Rechtsanwalt III 124f.; V 26, 28
- Restmandat III 11; IX 54, 83
- Rücktritt II 20
- Sachliche Hilfsmittel III 129ff.
- Sachverständige III 124; V 26ff.; IX 49
- Schulung III 133ff., 157ff.
- Sitzung *s. Sitzung des Betriebsrats*
- Spartenbetriebsrat I 153
- Sprechstunden III 116ff.
- Stellungnahme VIII 66
- Tätigkeitsbericht III 208
- Telefon/Telefax III 129; IV 35
- Übergangsmandat III 10
- Unterlassungsanspruch VI 21; VIII 119; XI 5ff.
- Unternehmenseinheitlicher I 152
- Unterrichtung IV 5ff.; V 17ff.; VII 2ff.; VIII 70f.; *s. a. Unterrichtung des Betriebsrats*
- Vertrauensvolle Zusammenarbeit I 121, 135ff.; IV 21
- Vertretung III 48
- Vorsitzender III 39ff.: *s. a. Betriebsratsvorsitzender*
- Wählbarkeit I 80; III 13, 15
- Widerspruch IV 14; VIII 78ff.; *s. a. Widerspruch des Betriebsrats*
- Wirtschaftsausschuss IX 1ff.; *s. a. dort*
- Zusätzliche Arbeitnehmervertretungen I 156ff.
- Zusätzliche Gremien I 155
- Zusammensetzung II 30ff.
- Zustimmung VIII 66; *s. a. Zustimmung des Betriebsrats*

Betriebsratsbeschluss
- Änderung III 96
- Aufhebung III 96
- Aussetzung III 97ff.
- Begriff III 98
- Fehlerhafter III 108ff.
- Zustandekommen III 90ff.; *s. a. Beschlussfassung des Betriebsrats*

Betriebsratsloser Betrieb VIII 128; IX 54

Betriebsratsmitglieder
- Abmahnung III 17, 145
- Abmeldung III 144ff.
- Amtsenthebung III 14, 16ff., 213; XI 4
- Amtsniederlegung III 11
- Amtszeit III 5ff., 10ff.
- Beendigung des Arbeitsverhältnisses III 12
- Begünstigungsverbot IV 37
- Behinderungsverbot IV 34; VI 109
- Bildungsurlaub III 165f.
- Ehrenamt III 140
- Ersatzmitglieder II 19f.; III 32ff.; *s. a. dort*
- Freistellung III 142ff., 148ff., 157ff., 165f.
- Freizeitausgleich III 169ff.

- Geschlecht II 30ff., 97
- Gewerkschafter I 134; IV 28f.
- Haftung III 120
- Hinzuziehung durch Arbeitnehmer X 11, 15, 30
- Kündigung IV 44; VIII 178, 193, 195ff.
- Kündigungsschutz VIII 175, 178ff., 194ff.
- Kündigungsschutzklage VIII 203f.
- Nachteilsausgleich III 176ff.
- Pflichtverletzungen III 17f., 197; VIII 197
- Politische Betätigung III 18; IV 25
- Rechtsstellung III 140ff.
- Schulung III 157ff.
- Teilzeitbeschäftigung III 172ff.
- Vergütung III 140, 167ff., 220ff.
- Verhinderung II 19
- Verschwiegenheitspflicht III 18, 78, 181ff.; IV 38ff.; VIII 76; X 15
- Versetzung VIII 177, 213
- Zahl II 27ff.
- Zeugnis IV 37
- Zeugnisverweigerungsrecht IV 45

Betriebsratssitze
- Sitzverteilung II 27ff., 63f.
- Zahl II 46, 108f.

Betriebsratssitzung s. *Sitzung des Betriebsrats*

Betriebsratsvorsitzender
- Amtszeit III 54
- Rechtsstellung III 42ff., 205
- Stellvertreter III 39, 55f.
- Wahl III 39ff.

Betriebsratswahl
- Anfechtung II 21, 110ff.; *s. a. Wahlanfechtung*
- Außerordentliche II 17ff.
- Betriebsteile I 82ff.
- Briefwahl II 71
- Durchführung II 71, 92ff.
- Einstufiges Verfahren II 84
- Gemeinsame Wahl II 31, 82
- Hauptbetrieb I 83, 90
- Kleinbetrieb II 50, 52, 70ff., 83ff.
- Kleinstbetrieb I 90
- Kosten II 103
- Mehrheitswahl II 70, 99
- Nebenbetrieb I 91
- Neuwahl II 17ff.
- Nichtigkeit I 120; II 111
- Post I 31; II 1, 34, 41, 63, 82
- Regelmäßige II 16
- Sitzverteilung II 30ff., 95ff.
- Termin II 16, 24, 104
- Vereinfachtes Wahlverfahren II 83ff.
- Verhältniswahl II 30f., 63f., 70
- Voraussetzungen II 26
- Vorschlagslisten II 72ff.
- Wählerliste *s. dort*
- Wahlbeeinflussung II 46, 108f.
- Wahlbehinderung II 106ff.
- Wahlergebnis III 5
- Wahlhelfer II 38, 53
- Wahlrecht *s. dort*
- Wahlunterlagen II 94
- Wahlvorschlag I 129; II 53, 73ff.
- Wahlvorstand *s. dort*
- Zweistufiges Verfahren II 86ff.

Betriebsstilllegung
- Betriebsratsbeteiligung IX 31ff.
- Betriebsteil IX 40
- Betriebsvereinbarung IV 66
- Kündigung von Betriebsverfassungsorganen VIII 210ff.
- Restmandat IX 54, 80
- Restmandat des Betriebsrats III 11
- Sozialplan *s. dort*
- Unterrichtungspflichten IX 17

Betriebsteile
- Abteilungsversammlung III 190
- Begriff I 86ff.
- Betriebsratswahl I 82ff.
- Stillegung VIII 212; IX 40
- Übergang IX 42

Betriebsübergang
- Arbeitsverhältnis I 22, 73
- Betriebsänderung IX 40
- Betriebsrat I 22, 73; III 9ff.
- Betriebsvereinbarung I 22, 73; IV 57, 67
- Insolvenz IX 42
- Mitbestimmung VIII 55
- Regelungsabrede I 22

Betriebsvereinbarung IV 47ff.
- Ablösende IV 79
- Abschluss III 62; IV 48
- AT-Angestellte IV 59
- Auslegung im Betrieb IV 50
- Auslegungsgrundsätze IV 77
- Begriff IV 47
- Betriebliche Übung IV 81ff.
- Betriebsübergang I 22, 73; IV 57, 67
- Durchführung IV 92ff.; V 2
- Durchsetzung IV 94
- Einigungsstelle IV 48, 52f.
- Ende I 162; IV 66f., 79
- Erzwingbare IV 52; VI 14f.
- Form IV 49
- Freiwillige IV 49, 52; VI 91ff.; VIII 172
- Gegenstand I 149, 160; III 150; IV 51ff.; VI 24; VIII 172f.
- Geltungsbereich IV 65
- Günstigkeitsprinzip IV 71, 82ff.
- Inhalt IV 53ff.
- Nachwirkung I 162; IV 75f.
- Organisation der Betriebsverfassung I 149, 160, 162
- Parteien IV 48
- Sozialplan IX 68ff.
- Sperrwirkung von Tarifverträgen I 133; IV 59ff., 80; VI 2ff.
- Tarifautonomie I 133; IV 59
- Tarifvertrag I 133; IV 54, 59ff., 80
- Unabdingbarkeit IV 72
- Wirkung IV 69ff.

Betriebsverfassung
- Begriff I 3
- Geschichte I 4ff.
- Organe III 1ff., 19
- Organisation I 149ff.

Betriebsverfassungsgesetz
- Entwicklung I 5ff.
- Persönlicher Geltungsbereich I 20ff.
- Räumlicher Geltungsbereich I 81
- Sachlicher Geltungsbereich I 71ff.
- Schrifttum I 19
- Tarifdispositivität I 145ff.

Betriebsversammlung
- Abteilungsversammlung III 190
- Arbeitgeber III 193, 195, 202ff., 206, 216f.
- Arbeitgeberverband III 195, 214
- Aufzeichnung III 217f.
- Außerordentliche III 188, 202ff.
- Berichte III 208
- Betriebsteil III 190
- Betriebsvereinbarung IV 49
- Durchführung III 205ff.
- Einberufung III 46, 192 ff, 202ff.
- Friedenspflicht III 211
- Gewerkschaft I 122, 129; III 193, 196, 207, 214
- Kosten III 219ff.
- Ladungsfrist III 194
- Leitung III 46, 205f.
- Ordentliche III 188, 192ff.

- Ort III 189, 198
- Politische Themen III 209, 211f.
- Pressevertreter III 217
- Tagesordnung III 193
- Teilnahmerecht I 129; III 195, 214ff.
- Teilversammlung III 189
- Termin III 199ff., 202ff.
- Themen III 208ff.
- Vergütung III 200ff., 202
- Vollversammlung III 189
- Wahlvorstand II 41ff.; III 190, 208

Beurteilung X 10f.
Beurteilungsgrundsätze VIII 25f.; X 10
Beweisaufnahme XI 34
Bildungsurlaub III 165f.
Bildungsveranstaltungen *s. Berufsbildung; Schulung*
Bordvertretung I 96; IV 34

Caritas I 46, 105

Datenschutz V 19; VII 11; X 17ff.
D'Hondtsches System II 31, 95
Diakonisches Werk I 101
Dolmetscher III 125

Ehegatten I 47
Eingruppierung
- Begriff VIII 56
- Betriebsratsbeteiligung VIII 57ff., 70ff.
- Tendenzunternehmen I 111
- Umgruppierung VIII 19, 21, 58

Einigungsstelle
- Antragsberechtigung III 155; VI 17; IX 29, 51
- Befangenheit XI 89
- Begünstigungsverbot XI 89
- Behinderungsverbot IV 34
- Beisitzer XI 61ff., 78, 89f.
- Benachteiligungsverbot IV 34; XI 89
- Beschluss IX 29, 58, 60; XI 64f., 74ff.
- Beschlussverfahren IX 29, 79; XI 46f., 80ff.; *s. a. dort*
- Besetzung XI 46f., 61ff.
- Betriebsvereinbarung IV 48, 52f.
- Ermessen XI 78ff.
- Errichtung XI 59ff.
- Freiwillige XI 69
- Gerichtliche Überprüfung IX 29, 79; XI 80ff.
- Haftung XI 90
- Interessenausgleich IX 51f.; XI 67
- Kosten XI 84ff.
- Kündigungsschutz VIII 176
- Rechtsstellung der Mitglieder XI 89f.
- Regelungsstreitigkeiten XI 2, 46ff.
- Sachverständige IX 29
- Sozialplan IX 48, 51, 57ff.
- Spruch IX 29, 58, 60; XI 64f., 74ff.
- Ständige XI 60
- Verfahren XI 70ff.
- Vergütung XI 84ff.
- Verschwiegenheitspflicht XI 89
- Vorsitzender XI 63, 89f.
- Zuständigkeit XI 64ff.

Einstellung
- Auswahlrichtlinien VIII 18
- Begriff VIII 54
- Entlassungsverlangen VIII 74
- Fragebogen VIII 10, 65
- Leiharbeitnehmer VIII 54f., 71
- Mitbestimmung VIII 54, 70ff.
- Tendenzunternehmern I 111

Einstweilige Verfügung III 19; IV 94; XI 49ff.
Entfernung betriebsstörender Arbeitnehmer VIII 214ff.

Entlassungsverlangen VIII 74, 219
Entlohnungsgrundsätze VI 69ff.
Erfindungen VI 88
Ergonomie VII 1
Ersatzmitglieder
- Begriff III 31
- Benachteiligungsverbot IV 34
- Betriebsrat II 19f.; III 19, 32ff.
- Gesamtbetriebsrat III 32, 230
- Jugend- und Auszubildendenvertretung III 271
- Kündigungsschutz III 32; VIII 176
- Ladung III 73
- Nachrücken II 19f.; III 33ff., 230
- Rechtsstellung III 32
- Wahlvorstand II 37
- Wirtschaftsausschuss III 32

Erzwingbare Mitbestimmung IX 54ff.; XI 72; *s. a. Mitbestimmung, soziale Angelegenheiten, Mitbestimmung*
- Arbeitsplatzgestaltung VII 11ff.
- Soziale Angelegenheiten VI 1ff.

Europäischer Betriebsrat I 113ff.

Formelle Arbeitsbedingungen IV 16; VI 13
Formularverträge VIII 12
Fortbildung III 157f.; VIII 28, 33; *s. a. Schulung*
Frauenförderung II 30ff.; III 208f.; V 9; VIII 6
Freie Mitarbeiter VIII 54
Freistellung III 142ff., 255, 297
Freiwillige Mitbestimmung VI 91ff.; VIII 172; *s. a. Mitbestimmung*
Freiwilliges soziales Jahr I 42
Friedenspflicht I 139f.; III 20, 211; IV 22f.
Gefahrenschutz VI 53ff., 94, 99ff., 108; VII 1ff.
Gesamtbetriebsausschuss III 234ff.
Gesamtbetriebsrat III 1, 225ff.
- Amtszeit III 249
- Ausschluss III 19
- Beschlussfassung III 239f.
- Bestellung III 229f.
- Betriebsvereinbarung IV 48
- Errichtung III 225ff.
- Ersatzmitglieder III 32, 230
- Gesamtbetriebsausschuss III 234ff.
- Geschäftsführung III 233ff.
- Gewerkschaft III 232, 237
- Rechtsstellung III 250
- Sitzung III 236f.
- Wirtschaftsausschuss IX 4
- Zusammensetzung III 228
- Zuständigkeit III 241ff.; IV 48

Gesamt-Jugend- und Auszubildendenvertretung III 2, 303ff.; IV 34
Gesamtsprecherausschuss I 170
Gesamtzusage IV 81ff.
Geschäftsordnung II 53
Gesellschaftsrecht I 18
Gesundheitsschutz VI 53ff., 94, 99ff., 108; VII 1ff.; X 4f.
Gewerkschaft
- Aufgabe I 121
- Beschlussverfahren IV 95; XI 31, 43
- Betriebsratsmitglied I 134; IV 28f.
- Betriebsratssitzung I 122, 129
- Betriebsversammlung I 122, 129; III 193, 196, 207, 214
- Eigenschaft I 122
- Einigungsstelle XI 63
- Gesamtbetriebsrat III 232, 237
- Rechte I 121ff., 129f.
- Tariffähigkeit I 122

- Teilnahme an Betriebsratssitzung III 44, 84ff.
- Teilnahme an Jugend- und Auszubildendenvertretungssitzung III 271
- Unterlassungsanspruch IV 95; XI 6
- Vertrauensleute I 159, 175f.
- Vorschlagslisten II 73
- Werbung I 132, 143
- Wirtschaftsausschuss IX 26
- Zusammenarbeit mit Betriebsrat I 123; IV 21
- Zutritt zum Betrieb I 122ff., 131f.; III 85, 207

Gleichbehandlungsgrundsatz IV 31ff.
Gruppenarbeit VI 90
Gruppenprinzip I 27; II 30
Günstigkeitsprinzip IV 71, 83, 85

Hauptbetrieb I 83, 90
Heimarbeiter I 26, 33; II 3; VIII 54, 120

Information des Betriebsrats IV 5ff.; V 17ff.; *s. a. Unterrichtung des Betriebsrats*
Initiativrecht des Betriebsrats IV 13; V 7ff.; VI 16f.
Insolvenz
- Arbeitgeber I 22; VIII 132
- Beteiligungsrechte des Betriebsrats IX 37
- Betriebsratskosten III 136
- Betriebsveräußerung IX 42
- Einigungsstellenhonorare XI 88
- Interessenausgleich IX 51
- Nachteilsausgleich IX 85
- Sozialplan IX 73ff.

Interessenausgleich IX 35, 48ff., 81f.; XI 67

Jahresabschluss IX 22
Jugend- und Auszubildendenversammlung III 298ff.
Jugend- und Auszubildendenvertretung III 2, 266ff.
- Amtszeit III 6, 270
- Auszubildende III 288ff.
- Behinderung IV 34ff.
- Benachteiligungsverbot IV 34ff.
- Betriebsratssitzung III 43, 63, 81ff., 100, 281; V 12
- Betriebsvereinbarung IV 48
- Ersatzmitglieder III 271
- Freistellung III 297
- Gesamt-Jugend- und Auszubildendenvertretung III 2, 303ff.
- Geschäftsführung III 271
- Konzern-Jugend- und Auszubildendenvertretung III 2, 316ff.
- Kosten III 271
- Kündigungsschutz III 287; VIII 175, 186
- Schulung III 296
- Seeschifffahrt I 97
- Sitzungen III 52, 280
- Sprechstunde III 53, 119, 285
- Stimmrecht im Betriebsrat III 93, 282; VIII 81
- Wahl II 91; III 266ff.; V 12
- Wahlvorstand III 269
- Weiterbeschäftigungsverlangen III 288ff.
- Zusammensetzung III 268
- Zuständigkeit III 273ff.; IV 48; V 10

Juristische Person
- Arbeitgeber I 22
- Organvertreter I 43

Kampfkündigung VIII 196
Klage XI 14

Kleinbetrieb II 50, 52, 70, 83ff.; III 225
Kontrolleinrichtungen VI 47ff.
Konzern
- Arbeitgeber I 35
- Begriff III 256ff.
Konzernbetriebsrat III 1, 256ff.
- Amtszeit III 19, 265
- Geschäftsführung III 264
- Stimmgewichtung III 262
- Zusammensetzung III 260f.
- Zuständigkeit III 263; IX 5
Kosten
- Betriebsräteversammlung III 255
- Betriebsrat III 122ff.; V 26
- Betriebsratswahl II 50, 103f.
- Betriebsversammlung III 140, 167ff., 220ff.
- Einigungsstelle XI 84ff.
- Jugend- und Auszubildendenvertretung III 271
- Schulungen II 50; III 133ff.
- Umlageverbot III 137ff.
- Wirtschaftsausschuss IX 28
Kündigung VIII 120ff.
- Änderungskündigung VIII 121, 166, 178, 198
- Anhörung des Betriebsrats VIII 120ff., 135ff.; *s. a. dort*
- Annahmeverzug VIII 161, 167ff.
- Arbeitskampf VIII 196
- Außerordentliche VIII 121, 136, 165
- Auswahlrichtlinien VIII 22ff., 155
- Beteiligungsrechte, Erweiterung VIII 171ff.
- Betriebsratsmitglied VIII 139, 195, 197
- Ersatzmitglieder III 32
- Massenentlassung VIII 138
- Nachschieben von Kündigungsgründen VIII 140, 142
- Nachteilsausgleich IX 83, 88ff.
- Ordentliche VIII 121, 178ff.
- Punktesystem VIII 24
- Stellungnahme des Betriebsrats VIII 148ff., 170
- Teilkündigung VIII 122
- Umdeutung VIII 136
- Unterrichtung des Betriebsrats VIII 138ff.
- Verlangen des Betriebsrats VIII 214ff., 219ff.
- Wahlrecht zum Betriebsrat II 6, 10
- Weiterbeschäftigungsanspruch VIII 160ff.
- Weiterbeschäftigungsmöglichkeit VIII 156ff.
- Zustimmungsersetzung VIII 200ff.
Kündigungsschutz VIII 174ff.
- Außerordentliche Kündigung VIII 194ff.
- Betriebsratsmitglieder VIII 175, 178ff., 186, 192, 195
- Betriebsstilllegung VIII 210ff.
- Ersatzmitglieder III 32
- Jugend- und Auszubildendenvertretung VIII 175, 186, 192, 195
- Ordentliche Kündigung VIII 178ff.
- Wahlbewerber VIII 175, 185, 195
- Wahlvorstand II 50; VIII 175, 183, 195

Leiharbeitnehmer I 35; II 3f., 8, 25; V 20; VIII 54f., 71
Leistungslohn VI 79ff.
Leistungszulagen VI 86f.
Leitende Angestellte
- Begriff I 48ff., 57ff.
- Betriebsrat I 51, 69
- Betriebsratsbeteiligung VIII 58, 129

- Einzelfälle I 70
- Kündigung VIII 129
- Sozialplan IX 71
- Sprecherausschuss I 51, 166ff.; s. *auch dort*
- Statusverfahren I 69
- Zuordnung I 65, 69; II 56, 58

Listenwahl s. *Verhältniswahl*
Lohn- und Gehaltslisten III 51; V 21ff.
Luftfahrtunternehmen I 99f.

Massenentlassung VIII 138
Materielle Arbeitsbedingungen IV 16; VI 13
Mehrheitswahl II 70ff.; III 38
Mitbestimmung IV 15f.; VI 1ff.
- Anhörung des Betriebsrats VIII 120ff.; *s. a. dort*
- Arbeitskampf VIII 69, 124
- Bedenken des Betriebsrats VIII 149, 151
- Betriebsratsloser Betrieb VIII 128
- Betriebsvereinbarung s. *dort*
- Durchsetzung VIII 115ff.; XI 1ff.
- Eilfälle VI 20; VIII 104
- Erzwingbare VI 1ff.; IX 54ff.; XI 72
- Fehlende VI 18ff., 52; VIII 70, 74, 105, 107ff., 134
- Form VI 14f.
- Freiwillige VI 91ff.; VIII 172
- Gegenstände VI 22ff., 92ff.; VIII 3ff., 53ff.; IX 11, 38ff.
- Initiativrecht IV 13; V 7ff.; VI 16f.
- Interessenausgleich IX 35, 48ff.
- Konkurrenz von Beteiligungsrechten VIII 67f.
- Leitende Angestellte VIII 54, 129
- Personelle Angelegenheiten VIII 1ff., 53ff.; *s. a. personelle Angelegenheiten, Mitbestimmung*
- Regelungsabrede s. *dort*
- Soziale Angelegenheiten VI 1ff., 22ff.; *s. a. soziale Angelegenheiten, Mitbestimmung*
- Sozialplan IX 34ff., 48, 54ff. *s. a. dort*
- Stellungnahme des Betriebsrats VIII 74, 77ff., 140ff.; *s. a. dort*
- Tarifvorrang VI 2ff., 91ff.
- Tendenzunternehmen I 107ff.
- Theorie der Wirksamkeitsvoraussetzungen VI 19
- Unterlassungsanspruch des Betriebsrats VI 21, 52; VIII 119; XI 5ff.
- Unternehmen I 13ff.
- Unterrichtung des Betriebsrats VIII 70f.; *s. a. dort*
- Verschwiegenheitspflicht VIII 76
- Widerspruch VIII 78ff.; *s. a. Widerspruch des Betriebsrats*
- Wirtschaftliche Angelegenheiten IX 6ff., 31ff.; *s. a. wirtschaftliche Angelegenheiten, Mitbestimmung*
- Wirtschaftsausschuss IX 1ff.; *s. a. dort*
- Zustimmung des Betriebsrats VIII 77ff., 147f.; *s. a. dort*
- Zustimmungsersetzung VIII 103, 106
- Zustimmungsersuchen VIII 72

Mitbestimmungspflicht
- Arbeitsplatzgestaltung VII 1ff.
- Soziale Angelegenheiten VI 1ff.; *s. a. soziale Angelegenheiten, Mitbestimmung*

Mittelbares Arbeitsverhältnis I 35
Montanmitbestimmung I 13ff.

Nachteilsausgleich III 176ff.; IX 81ff.
Nebenbetrieb I 91
Nichtzulassungsbeschwerde XI 44

Öffentlicher Dienst
- Dienstverhältnis I 30f.
- Geltungsbereich BetrVG I 12, 92

OHG I 22
Ordnung des Betriebs VI 23ff.
Ordnungsgeld III 27; XI 10f.
Ordnungsstrafen VI 26ff.
Organisationsbetriebsvereinbarung I 149ff., 160
Organisationstarifvertrag I 149ff.
Organvertreter juristischer Personen I 43

Pausenregelungen VI 29
Personalakten V 20; X 12ff.
Personalausschuss III 67
Personaldaten VII 11; X 17ff.
Personalfragebogen VIII 10ff., 65
Personalplanung VII 3ff.
Personalvertretung I 12, 92
Personelle Angelegenheiten
- Tendenzunternehmen I 110

Personelle Angelegenheiten, Mitbestimmung VIII 1ff.
- Anhörung des Betriebsrats VIII 120ff.; *s. a. dort*
- Auswahlrichtlinien VIII 15ff.
- Beendigung des Arbeitsverhältnisses VIII 121, 124ff.
- Beratungsrecht VIII 4ff., 35ff.
- Berufsbild VIII 27ff.; *s. a. dort*
- Beschäftigtenzahl VIII 64
- Beschäftigungssicherung VIII 7
- Beurteilungsgrundsätze VIII 25f.
- Durchsetzung VIII 115ff.
- Eilfälle VIII 104
- Eingruppierung VIII 56ff.
- Einstellung VIII 54f.
- Einzelmaßnahmen VIII 53ff.
- Fehlende VIII 59, 105, 107ff.
- Formularverträge VIII 12
- Konkurrenz von Beteiligungsrechten VIII 67f.
- Kündigung VIII 22ff., 120ff., 174ff.
- Personalfragebogen VIII 10ff., 65
- Personalplanung VIII 3ff.
- Stellenausschreibung VIII 8f.
- Unterlassungsanspruch des Betriebsrats VIII 119
- Unterrichtung des Betriebsrats VIII 3ff., 70f.; *s. a. dort*
- Versetzung VIII 60ff.
- Vorläufige personelle Maßnahme VIII 4, 110ff.
- Widerspruch VIII 78ff.; *s. a. Widerspruch des Betriebsrats*
- Zustimmung VIII 74; *s. a. Zustimmung des Betriebsrats*
- Zustimmungsersetzung VIII 103, 174ff.

Politische Betätigung I 141ff.; III 209, 211f.; IV 25ff.
Post I 31; II 1, 34, 41, 63, 82
Prämienlohn VI 79, 85ff.
Presse
- Information durch Betriebsrat V 5
- Redaktionsstatut I 112
- Teilnahme an Betriebsversammlung III 217
- Tendenzunternehmen I 106
- Zutritt zum Betrieb V 5

Punktesystem VIII 20, 24

Räume
- Betriebsratsarbeit III 128
- Betriebsversammlung III 198

Rauchverbot VI 24
Rechtsbeschwerde XI 44f.
Rechtsschutzinteresse XI 32
Rechtsstreitigkeiten XI 3
Redaktionsstatut I 112
Regelungsabrede I 22, 133; IV 46, 62, 88ff.; VI 14
Regelungsstreitigkeiten XI 2
Religionsgemeinschaft I 45f., 101
Rotes Kreuz I 46, 105

Sachverständige III 124; V 26ff.; VII 9; IX 29, 49
Schichtarbeit VI 29
Schulung
- Betriebsrat III 133ff., 157ff.
- Gesamtbetriebsrat III 237
- Jugend- und Auszubildendenvertretung III 290
- Wahlvorstand II 50
- Wirtschaftsausschuss IX 28

Schweigepflicht III 18, 78, 85, 181ff.; IV 38ff.; VIII 76; IX 8, 23, 28; X 15; XI 89
Schwerbehinderte IX 64
Schwerbehindertenvertretung I 38; III 3
- Betriebsratssitzung III 43, 63, 83, 101
- Gesamtschwerbehindertenvertretung III 3
- Konzernschwerbehindertenvertretung III 3
- Kündigungsschutz VIII 175
- Wirtschaftsausschuss IX 27

Seeschifffahrt I 11, 94ff.; IV 35; VIII 175, 186, 192
Sicherheitsbeauftragte VI 106f.
Sitzung des Betriebsrats
- Arbeitgeber III 87f.
- Beschlussfassung III 90ff.; *s. a. Beschlussfassung des Betriebsrats*
- Betriebsausschuss III 63
- Einberufung III 42, 72f.
- Gewerkschaft I 122, 129; III 44, 84ff.
- Jugend- und Auszubildendenvertreter III 43, 77, 81ff.
- Konstituierende III 5
- Ladung III 43, 73
- Leitung III 42, 79
- Protokoll III 45, 111ff.
- Sprecherausschuss III 80
- Stimmrecht III 82f., 87
- Tagesordnung III 42, 72
- Teilnahmerecht I 129; III 77, 80ff.
- Verschwiegenheitspflicht III 78, 85
- Vertrauensmann der Zivildienstleistenden III 77, 89

Soziale Angelegenheiten, Mitbestimmung VI 1ff., 22ff.
- Arbeitsvergütung VI 40, 69ff., 79ff., 97
- Arbeitszeit VI 29ff.; *s. a. dort*
- Eilfälle VI 20
- Erzwingbare VI 1ff.
- Fehlende VI 18ff., 52
- Form VI 14f.
- Formelle Arbeitsbedingungen IV 16; VI 13
- Freiwillige VI 91ff.
- Gegenstände VI 22ff., 92ff.
- Gruppenarbeit VI 90
- Initiativrecht IV 13; V 7ff.; VI 16f.
- Kollektive Maßnahmen VI 11ff.
- Materielle Arbeitsbedingungen IV 16; VI 13
- Ordnung des Betriebs VI 23ff.
- Sozialeinrichtungen VI 96, 56ff.
- Tarifvorrang VI 2ff., 91ff.
- Überwachungseinrichtungen VI 47
- Unfall- und Gefahrenschutz VI 53ff., 94, 99ff.

– Unterlassungsanspruch des Betriebsrats VI 21, 52
– Urlaub VI 41ff.
– Vorschlagswesen VI 88f.
– Werkswohnungen VI 65ff.
Sozialeinrichtung
– Mitbestimmung IV 94; VI 15, 57ff., 96
Sozialplan IX 54ff.
– Abfindungsansprüche IX 90
– Beschlussverfahren IX 79
– Einigungsstelle IX 58ff.
– Erzwingbarkeit IX 54, 56, 65f.
– Insolvenz IX 73ff.
– Interessenausgleich IX 35, 48, 58
– Leistungen IX 55, 60ff.
– Leitende Angestellte IX 71
– Personalabbau IX 65f.
– Steuer und Sozialversicherung IX 78
– Streitigkeiten IX 79
– Wirkung IX 68
– Zustandekommen IX 58, 67
Spartenbetriebsrat I 153
Sprecherausschuss
– Benachteiligungsverbot I 169
– Leitende Angestellte I 52f., 166f.
– Mitwirkungsrechte I 172ff.
– Teilnahme an Betriebsratssitzung III 80
– Vertrauensvolle Zusammenarbeit I 168
– Voraussetzungen I 51, 169
Sprechstunden
– Betriebsrat III 116ff.
– Jugend- und Auszubildendenvertretung III 53, 119, 285
Stationierungsstreitkräfte I 93
Stellenausschreibung VIII 8f.
Stellenbeschreibung VIII 18
Stellungnahme des Betriebsrats
– Bedenken VIII 149, 151
– Frist VIII 74, 136
– Gegenvorstellung VIII 77
– Schweigen VIII 74, 148
– Widerspruch VIII 78ff., 152ff.; *s. a. Widerspruch des Betriebsrats*
– Zustimmung des Betriebsrats VIII 77, 147f.
Strafgefangene I 30
Streik I 139; IV 22ff.; VIII 76

Tagesordnung
– Betriebsräteversammlung III 255
– Betriebsratssitzung III 42, 72, 283
– Betriebsversammlung III
Tarifautonomie I 133; IV 59
Tarifvertrag
– Betriebsvereinbarung I 133; IV 54, 59
– Gegenstand I 146ff.; IV 53f., 58; VIII 171
– Nachwirkung VI 7
– Öffnungsklausel IV 59; VI 8
– Organisation der Betriebsverfassung I 149ff.
– Sperrwirkung I 133; IV 59ff.; VI 2ff.
Technische Anlagen VII 4
Technische Einrichtungen
– Mitbestimmung VI 47
Technische Verbesserungsvorschläge VI 89
Teilkündigung VIII 122
Teilzeitbeschäftigte
– Beschäftigtenzahl II 28
– Betriebsratsmitglied III 172ff.
– Stellenausschreibung VIII 9
– Wahlrecht II 2, 12
Telefon/Telefax III 129; IV 35; VI 50
Tendenzunternehmen
– Begriff I 14, 102ff.
– Mitbestimmung I 107ff.; VIII 4, 123

- Redaktionsstatut I 112
- Tendenzträger I 110
- Wirtschaftsausschuss I 107; IX 1

Überstunden VI 29, 35 ff.
Überwachungseinrichtungen VI 47 ff.
Umgruppierung VIII 19, 21, 58, 70 ff.
Umlageverbot III 137 ff.
Umschulung VIII 28, 33
Umweltschutz *s. betrieblicher Umweltschutz*
Unfallanzeige VI 108
Unfallverhütung VI 53 ff., 94, 99 ff.; VII 1 ff.; X 4 f.
Unterlassungsanspruch
- Betriebsänderung IX 53
- Pflichtverletzung des Arbeitgebers III 21 ff.; IV 18 ff.; VI 21; VIII 119; XI 5 ff.
- Pflichtverletzung des Betriebsrats III 16 ff., 20; IV 23

Unternehmen
- Arbeitgeber I 23 ff.
- Aufspaltung III 10; IX 43
- Betriebsrat I 74
- Einheitlicher Betrieb I 74 f.
- Europäischer Betriebsrat I 116 ff.
- Gesamtbetriebsrat I 74
- Mitbestimmung I 13 ff.
- Unternehmenseinheitlicher Betriebsrat I 152
- Wirtschaftsausschuss IX 1 ff.; *s. a. dort*

Unternehmenseinheitlicher Betriebsrat I 152
Unternehmenssprecherausschuss I 170
Unternehmensverfassung I 13 ff.
Unternehmer I 23 ff., 32
Unterrichtung des Arbeitnehmers IX 30; X 2 ff.
Unterrichtung des Betriebsrats IV 5 ff.; V 17 ff.
- Arbeitsplatzgestaltung VII 2 ff.
- Arbeitsverträge V 20
- Auskunftspersonen V 24
- Betriebs- und Geschäftsgeheimnisse V 18
- Betriebsänderungen IX 32
- Fehlende VIII 66
- Kündigung VIII 138 ff.
- Lohn- und Gehaltslisten III 51; V 21 ff.
- Personalakte V 20; X 15
- Personalplanung VIII 3 ff.
- Personelle Angelegenheiten VIII 70 f.
- Rechtsstreitigkeiten V 25
- Tendenzbetrieb VIII 4
- Umfang V 17; VIII 71, 138; IX 32
- Unterlagenvorlage V 20; VIII 71
- Zeitpunkt V 18; VII 8; IX 32

Urteilsverfahren III 143; XI 14, 26 f.

Verfallsfristen IV 73
Vergleich XI 39
Vergütungsfortzahlung III 167 ff., 200 ff.
Verhältniswahl II 30 f., 63 f., 70
Verhalten der Arbeitnehmer im Betrieb VI 23 ff.
Verschwiegenheitspflicht III 18, 78, 85, 181 ff.; IV 38 ff.; V 27; VIII 76; X 15
Versetzung
- Auswahlrichtlinien VIII 19 ff.
- Begriff VIII 19, 60 ff.
- Betriebsratsmitglied VIII 177, 213, 225
- Mitbestimmung VIII 70 ff.
- Verlangen des Betriebsrats VIII 220

Vertrauensleute I 159, 175 f.

Vertrauensvolle Zusammenarbeit I 159, 175f.; III 84; IV 21; VI 19
Verwandte I 47
Vollstreckung III 27; V 25; VIII 118; XI 11ff., 54ff.
Vorläufige personelle Maßnahme VIII 104, 110ff.
Vorrangtheorie IV 63; VI 9
Vorschläge des Arbeitnehmers X 7, 40
Vorschlagsliste II 72ff., 93, 95ff.
Vorschlagswesen VI 88f.

Wählerliste I 69; II 7, 14, 55ff.
Wahlanfechtung
- Anfechtungsberechtigte I 120, 129; II 110, 119
- Frist II 120
- Gründe I 120; II 111, 113ff.
Wahlausschreiben II 29, 31, 65ff., 92, 94
Wahlbeeinflussung I 69; II 46, 108f.
Wahlbehinderung II 106ff.
Wahlbewerber VIII 175, 185, 191, 195, 202
Wahlergebnis III 5
Wahlhelfer II 38, 53
Wahlrecht
- Aktives I 79; II 1ff.
- Altersteilzeit II 6
- Ausländische Arbeitnehmer II 9
- Beamte II 1
- Betreuung II 7
- Betriebsteile I 83
- Betriebszugehörigkeit II 8, 11f.
- Heimarbeiter II 3
- Jugend- und Auszubildendenvertretung III 267
- Kündigung II 6, 10
- Leiharbeitnehmer I 35; II 3f., 8
- Leitende Angestellte I 69; II 11, 56, 58
- Passives I 80; II 8ff.
- Teilzeitbeschäftigte II 2, 11
- Unterbrechung des Arbeitsverhältnisses II 11
- Wehrdienst II 5, 9, 11
Wahlvorschlag I 129; II 53, 73ff., 85, 89
Wahlvorstand
- Arbeitsgericht II 43f., 46ff.; III 19
- Aufgaben I 69; II 7, 14, 31, 53
- Bestellung I 129; II 39ff.; III 19
- Betriebsrat II 45ff.
- Betriebsversammlung II 41ff.; III 191, 208
- Durchführung der Betriebsratswahl II 71, 92ff.
- Einleitung der Betriebsratswahl II 52ff., 57, 85
- Ersatzmitglieder II 37
- Geschäftsführung II 53
- Jugend- und Auszubildendenvertretung III 269
- Kleinbetrieb II 50, 52, 84ff.
- Kündigung VIII 195, 202
- Kündigungsschutz II 50; VIII 175, 183, 189
- Rechte II 50
- Schulung II 50
- Streitigkeiten II 52
- Vorsitzender II 39
- Wählbarkeit II 14, 39
- Wählerliste I 69; II 7, 53
- Wahlausschreiben II 31, 65ff.
- Wahlhelfer II 38, 53
- Zahl II 35f.
- Zusammensetzung II 35f.
Wehrdienst II 5, 9, 11; III 12
Weiterbeschäftigungsanspruch VIII 160ff.
Werkswohnungen VI 65ff.
Widerspruch des Betriebsrats VIII 78ff.

– Beschlussfassung VIII 81
– Form VIII 79, 100, 152f.
– Frist VIII 78
– Gründe VIII 82ff., 154ff.
– Rechtsfolgen VIII 160ff.
Wirtschaftliche Angelegenheiten, Mitbestimmung IX 6ff., 31ff.
– Beratungsrechte IX 6, 33
– Beschäftigtenzahl IX 1, 38
– Betriebsänderung IX 17ff., 31ff.; *s. a. dort*
– Betriebsausschuss IX 3
– Betriebsrat IX 31ff.
– Insolvenz IX 37, 42
– Interessenausgleich IX 35, 48ff.
– Sozialplan IX 34f., 48, 54ff.; *s. a. dort*
– Streitigkeiten IX 79
– Unterrichtung der Arbeitnehmer IX 30
– Unterrichtungspflichten IX 7ff., 32
– Wirtschaftsausschuss IX 1ff.; *s. a. dort*
Wirtschaftsausschuss III 3; VIII 176; IX 1ff.
– Abberufung IX 2
– Betriebs- und Geschäftsgeheimnisse IX 8
– Betriebsvereinbarung IV 48
– Errichtung IX 1ff.
– Geschäftsführung IX 23ff.
– Kosten IX 28
– Rechtsstellung IX 28
– Schulung IX 28
– Streitigkeiten IX 8, 29
– Tendenzunternehmen I 107; IX 1
– Unterrichtung IX 7ff.
– Zusammensetzung IX 2f.
– Zuständigkeit IX 6ff., 30

Zeugnis IV 37
Zeugnisverweigerungsrecht IV 45
Zivildienst I 30; II 9, 11; III 12, 77, 89
Zusätzliche betriebsverfassungsrechtliche Arbeitnehmervertretungen I 156ff.
Zusätzliche betriebsverfassungsrechtliche Gremien I 155
Zusammenfassung von Betrieben I 152
Zustimmung des Betriebsrats
– Erteilung VIII 74, 77
– Frist VIII 74, 77
– Kündigung VIII 147f., 195, 199
– Schweigen VIII 74, 148
– Verweigerung VIII 78ff.; *s. a. Widerspruch des Betriebsrats*
– Zustimmungsersetzung VIII 103, 106, 196, 200ff.
– Zustimmungsersuchen VIII 72
Zutritt zum Betrieb I 122ff., 131f.; III 85, 207; V 5; XI 6
Zwangsgeld XI 12
Zweischrankentheorie IV 63; VI 9

Buchanzeigen

Das Buch zur ZDF-Serie „Wie würden Sie entscheiden?“

Notter/Obenaus/Töpper
Meine Rechte am Arbeitsplatz

Vom Vorstellungsgespräch bis zum Kündigungsschutzprozeß.

1.A.1997. 286 S. mit 6 Fotos
€ 8,13. dtv 5664 §

Wetter
Ärger im Betrieb

Rechtsfragen im Arbeitsverhältnis und bei der Kündigung. Mit Rechtsvorschriften und Mustern.

1.A.1993. 149 S.
€ 5,06. dtv 50606 §

Schulz
Kündigungsschutz im Arbeitsrecht von A–Z

Alle wesentlichen Fragen zum Thema „Kündigung und Kündigungsschutz“ in rund 400 Stichwörtern erläutert.

3.A. 2002. 294 S.
€ 8,–. dtv 5070 §

Wetter
Der richtige Arbeitsvertrag

Die wichtigsten Rechtsfragen bei Vertragsabschluß und späteren Änderungen.
Mit Vertragsmustern und Gesetzestexten im Anhang.

3.A. 2000. 117 S.
€ 5,88. dtv 50607 §

Schulz
Alles über Arbeitszeugnisse

Zeugnissprache, Haftung, Rechtsschutz.
Mit zahlreichen Mustern.

6.A. 2000. 188 S.
€ 8,44. dtv 5280 §

MitbestG · Mitbestimmungsgesetze

in den Unternehmen mit allen Wahlordnungen.

Textausgabe.
6.A. 2000. 378 S.
€ 9,97. dtv 5524

Schaub/Kreft
Der Betriebsrat

Aufgaben – Rechte – Pflichten.
Mit der Reform der Betriebsverfassung. Wahl und Organisation des Betriebsrats, Mitbestimmung in sozialen und personellen Angelegenheiten, Beteiligung des Betriebsrats in wirtschaftlichen Angelegenheiten, Verfahren nach dem BetrVG.

7.A. 2002. 689 S.
Ca. € 14,50. dtv 5202 §

In Vorbereitung für Juni 2002

P123520-S20.2

Schaub
Meine Rechte und Pflichten im Arbeitsgerichtsverfahren

Klagearten, Klageerhebung, Güteverhandlung, Vertretung durch Anwalt, Rechtsmittel, Vollstreckung, Einstweilige Verfügung, Beschlußverfahren, Kosten.

6.A.1997. 388 S.
€ 7,62. dtv 5205

SGB III · Arbeitsförderung

mit ArbeitserlaubnisVO, BaubetriebeVO, Winterbau-UmlageVO, AltersteilzeitG und weiteren wichtigen Vorschriften.

Textausgabe.
7.A. 2002. 388 S.
€ 9,–. dtv 5597

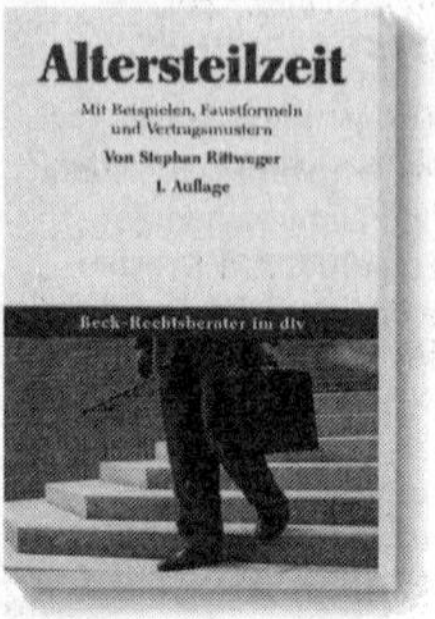

Rittweger
Altersteilzeit

Mit Beispielen, Faustformeln und Vertragsmustern.

1.A. 2001. 233 S.
€ 11,50. dtv 5636

Hansen/Kanstinger
Zeitarbeit von A–Z

Fachbegriffe, Zusammenhänge, Checklisten.
Die übersichtliche und handliche Informationsquelle zur Zeitarbeit in Deutschland, die das breite inhaltliche Spektrum sachlich, kurz, prägnant und verständlich wiedergibt.

1.A. 2001. 152 S.
€ 8,50. dtv 50850

Schmidt
Freie Mitarbeit – Nebentätigkeit von A–Z

Rechtslexikon zu den arbeits-, steuer- und sozialversicherungsrechtlichen Fragen bei der Ausübung eines Ehrenamtes, einer Nebentätigkeit, einer Tätigkeit als freier Mitarbeiter oder Ein-Personen-Unternehmer.

1.A. 2001. 389 S.
€ 11,50. dtv 5678

Fuchs-Brüninghoff/Gröner
Lexikon der Berufsausbildung

1000 Begriffe für Ausbildungsleiter und Ausbilder. Didaktik und Methodik, Rechtsgrundlagen, jugendpsychologische Fragen, Grundfragen der Berufsbildung.

1.A. 2002. Rd. 300 S.
Ca. € 10,–. dtv 50835

In Vorbereitung

Battis
Öffentliches Dienstrecht von A–Z

Beamtenverhältnis, Besoldung, Versorgung, Ruhestand, Nebentätigkeit, Tarifautonomie, Arbeitsentgelt, Arbeitskampf, Personalrat, Personalversammlung.

5.A.1999. 314 S.
€ 8,64. dtv 5230

BeamtR · Beamtenrecht

BundesbeamtenG, BeamtenrechtsrahmenG, BundesbesoldungsG, BeamtenversorgungsG, BundesdisziplinarG, Beihilfevorschriften und weitere Vorschriften des Beamtenrechts.

Textausgabe.
18.A. 2002. 478 S.
€ 8,50. dtv 5529

P123520-S21.2

P123520-S23

Mentzel
Personalentwicklung

Erfolgreich motivieren, fördern und weiterbilden. Bedarfsfeststellung, Planung und Durchführung der Förder- und Bildungsmaßnahmen, Kosten- und Erfolgskontrolle. Zahlreiche Beispiele und Formulare erlauben es auch Klein- und Mittelbetrieben, für ihre Verhältnisse geeignete Lösungen zu finden.

1.A. 2001. 312 S.
€ 10,–. dtv 50854

Lobscheid
Mitarbeiter einvernehmlich führen

Dieser Wirtschaftsberater gibt Hinweise, wie durch positives Führungsverhalten Zufriedenheit und Erfolgsorientierung entstehen und so auch die Verantwortungsbereitschaft erzeugt wird, die in Zeiten des Lean Management immer notwendiger wird.

2.A.1998. 253 S.
€ 8,64. dtv 5848

Zander/Femppel
Praxis der Personalführung

Was Sie tun und lassen sollten. Das Was und Wie der Personalführung, 99 Tipps, Fallbeispiele, Führungsgrundsätze.

1.A. 2001. 129 S.
€ 8,50. dtv 50841

Zander/Femppel
Praxis der Mitarbeiterinformation

Effektiv integrieren und motivieren. Motivation von Mitarbeitern mit gezielter und empfängerorientierter Information.

1.A. 2002. Rd. 150 S.
Ca. € 8,50. dtv 50860

In Vorbereitung für Herbst 2002

Jeske
Erfolgreich verhandeln

Grundlagen der Verhandlungsführung.
Neben den strategischen Momenten der Verhandlungsführung verdeutlicht das Buch die Interaktionsaspekte, die für die Zielerreichung in Verhandlungssituationen wichtig sind.

1.A.1998. 238 S.
€ 8,64. dtv 50824

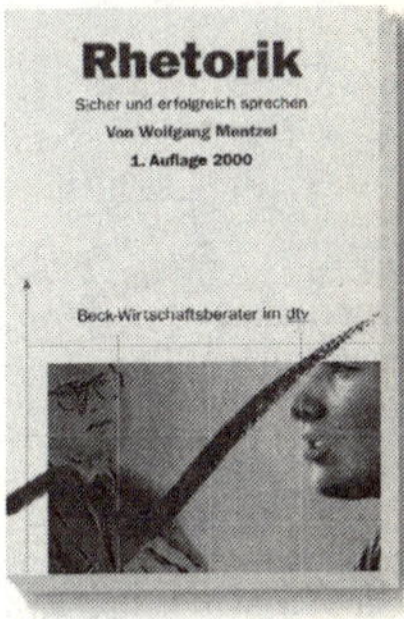

Mentzel
Rhetorik

Sicher und erfolgreich sprechen.
Bausteinsystem für die Vorbereitung und Durchführung eines Vortrags. Zahlreiche Übungen, um die vorgestellten Regeln und Empfehlungen im Einzel- oder Gruppentraining zu vertiefen.

1.A. 2000. 228 S.
€ 8,44. dtv 50845

P123520-S24

Haft

Aus der Waagschale der Justitia

Ein Lesebuch aus 2000 Jahren Rechtsgeschichte. Vom Prozeß Jesu bis zum Nürnberger Tribunal, vom Pentateuch bis zum Grundgesetz, von Platon bis Bloch.

3.A. 2001. 258 S.
€ 10,–. dtv 5690

Europa

EuR · Europa-Recht

Verträge zur Gründung der Europäischen Gemeinschaften, Vertrag über die Europäische Union (beide in der Amsterdamer Fassung), Übereinstimmungstabellen, Charta der Grundrechte, Satzung des Europarates, Verfahrensordnungen, Menschenrechtskonvention, Europawahl-Gesetz, Europa-Abgeordnetengesetz, Art. 23 GG und Ausführungsgesetze.

Textausgabe.
17.A. 2001. 715 S.
€ 9,50. dtv 5014

EUV · Europäischer Unionsvertrag

Vertrag über die Europäische Union mit sämtlichen Protokollen und Erklärungen, Vertrag zur Gründung der Europäischen Gemeinschaft (EG-Vertrag) in der Fassung von Amsterdam und Nizza, Charta der Grundrechte.

Textausgabe.
5.A. 2001. 486 S.
€ 8,50. dtv 5572

Verfassungen der EU-Mitgliedstaaten

Belgien, Dänemark, Deutschland, Finnland, Frankreich, Griechenland, Irland, Italien, Luxemburg, Niederlande, Österreich, Portugal, Schweden, Spanien, Vereinigtes Königreich.

Textausgabe.
5.A. 2000. 626 S.
€ 17,64. dtv 5554

von Borries/Zacker (Hrsg.)

Europarecht von A – Z

Das Recht der Europäischen Union nach dem Vertrag von Nizza.

3.A. 2002. Rd. 750 S.
Ca. € 15,–. dtv 5056 §

In Vorbereitung für Herbst 2002

Bormann

Sicherheit bei Verträgen in Europa

Risiken grenzüberschreitender Rechtsgeschäfte kennen und vermeiden.

1.A.1999. 138 S.
€ 8,64. dtv 5634 §

P123520-S2

Grundlagen

ErbSt · Erbschaftsteuerrecht

BewertungsG, Erbschaftsteuer- und SchenkungsteuerG, Erbschaftsteuer-DurchführungsVO, GrundsteuerG, Erbschaftsteuer-Richtlinien mit amtlichen Hinweisen, Richtlinien für die Bewertung des Grundvermögens, Grundsteuer-Richtlinien.

Textausgabe.
12.A. 2002. 608 S.
€ 10,–. dtv 5547

Wacker/Seibold/Oblau
Lexikon der Steuern

Über 800 Stichwörter für Praxis und Studium. Dieses Lexikon ermöglicht einen schnellen Zugriff auf das aktuelle steuerliche Basiswissen. Mit alphabetischen und systematischen Stichwortübersichten sowie Fachwortverzeichnissen in Englisch und Französisch.

1.A. 2000. 464 S.
€ 12,53. dtv 5882

Fromm/Vogt
Richtig schenken und vererben

Steuertipps und Gestaltungshinweise. Schenkung und Erbfall im Bürgerlichen Recht, Schenkungsteuer, Erbschaftsteuer und ihre Auswirkungen bei der Einkommensteuer.

5.A. 2002. 299 S.
Ca. € 8,–. dtv 5614

In Vorbereitung für Juni 2002

Meyer
Steuer-ABC für Freiberufler

Von Architekt bis Zahnarzt. Über 550 Stichwörter.

4.A. 2000. 429 S.
€ 9,46. dtv 5065

Bombita/Köstler
Gewinnermittlung für Selbständige

Praktische Darstellung der Einnahme-Überschuß-Rechnung. Mit einem ABC der Betriebsausgaben.

2.A. 2001. 386 S.
€ 12,50. dtv 50823

P123520-S46.2

Grundlagen

Schäfer
Steuertipps für Studierende

Mit Hinweisen zur Sozialversicherung.
Ein umfassender Steuerratgeber für Auszubildende und Studierende sowie deren Eltern.

2.A. 2000. 233 S.
€ 7,41. dtv 5661

Bornscheuer
Ratgeber Steuerparadiese

Eine Analyse der 50 besten Steueroasen.

1.A.1999. 250 S.
€ 12,73. dtv 50830

Bilsdorfer/Weyand
Keine Angst vor dem Finanzamt

Anträge, Steuererklärungen, Einspruch, Betriebsprüfung, Selbstanzeige. Mit Beratungshinweisen, Formulierungshilfen und Tipps.

1.A. 2000. 216 S.
€ 8,44. dtv 5677

Helfrich
LEASCALC
Leasing oder Kauf – Entscheidungsfindung am PC

LEASCALC zeigt Gewerbetreibenden, Selbständigen und Privatpersonen, welche Beschaffungsalternative am günstigsten ist.

CD-ROM. Version für Windows. 1.A.1998.
Mit 127 S. Programmanleitung. € 39,88 (unverbindliche Preisempfehlung incl. 16% MwSt.).
dtv 51010

Einkommen- und Lohnsteuer

ESt · Einkommensteuerrecht

Einkommensteuergesetz mit Einkommensteuer-Grund- und Splittingtabelle, Einkommensteuer-DurchführungsVO und Einkommensteuer-Richtlinien.

Textausgabe.
16.A. 2002. 1090 S.
€ 10,–. dtv 5542

LSt · Lohnsteuerrecht

Lohnsteuer-DurchführungsVO, Lohnsteuer-Richtlinien und Lohnsteuer-Hinweise.

Textausgabe.
8.A. 2002. 255 S.
€ 6,–. dtv 5540

P123520-S47.2